Als Käufer dieses Buches möchten Sie auf nützliche Online-Zusatzmaterialien zugreifen? Nichts leichter als das:

Geben Sie einfach unter

www.economag.de/econothek/download
den Code 588119788466 ein.

So erhalten Sie einmalig einen Download zu diesem Buch.

Außerdem warten online weitere Angebote auf Sie – kostenfrei. Unter www.economag.de finden Sie ein umfangreiches Wirtschaftsglossar und -training sowie eine Vielzahl von zitierfähigen Inhalten aus der Welt der Betriebs- und Volkswirtschaftslehre.

Logik der Produktionslogistik

von
Prof. Dr. Frank Herrmann

Oldenbourg Verlag München

Bibliografische Information der Deutschen Nationalbibliothek

Die Deutsche Nationalbibliothek verzeichnet diese Publikation in der Deutschen Nationalbibliografie; detaillierte bibliografische Daten sind im Internet über <http://dnb.d-nb.de> abrufbar.

© 2009 Oldenbourg Wissenschaftsverlag GmbH
Rosenheimer Straße 145, D-81671 München
Telefon: (089) 45051-0
oldenbourg.de

Das Werk einschließlich aller Abbildungen ist urheberrechtlich geschützt. Jede Verwertung außerhalb der Grenzen des Urheberrechtsgesetzes ist ohne Zustimmung des Verlages unzulässig und strafbar. Das gilt insbesondere für Vervielfältigungen, Übersetzungen, Mikroverfilmungen und die Einspeicherung und Bearbeitung in elektronischen Systemen.

Lektorat: Wirtschafts- und Sozialwissenschaften, wiso@oldenbourg.de
Herstellung: Anna Grosser
Coverentwurf: Kochan & Partner, München
Gedruckt auf säure- und chlorfreiem Papier
Gesamtherstellung: CS-Druck CornelsenStürtz GmbH & Co. KG

ISBN 978-3-486-58811-8

Vorwort

Für kosteneffiziente und flexible Produktionsprozesse in der Produktionslogistik wurden und werden zunehmend ausgefeilte Verfahren eingesetzt und in Informationssystemen, wie vor allem Enterprise Resource Planning Systemen und Produktionsplanungs- und -steuerungssystemen, die jeweils um Advanced Planning Systeme verfeinert werden, zur Unterstützung von Produktionsprozessen integriert. Die (Weiter-)Entwicklung solcher Verfahren einerseits und ihre Analyse andererseits setzt die Kenntnis von quantitativen Modellierungsansätzen und Lösungsmethoden voraus. Das vorliegende Buch beschreibt und analysiert grundlegende Resultate der Produktionslogistik und möge daher einen Beitrag für die Einführung in solche quantitativen Verfahren leisten.

Im Hinblick auf die angesprochenen computerunterstützten Systeme in der Produktionslogistik beschränkt sich das Buch auf die charakteristischen Planungsprobleme in der operativen Produktionsplanung und -steuerung, nämlich Prognoseverfahren, Ressourcenbelegungsplanung und Losgrößenverfahren, die, in den angesprochenen Systemen, üblicherweise über ein hierarchisches Planungssystem miteinander verknüpft sind. Auch die in der aktuellen Forschung vorgeschlagenen neuen Ansätze bestehen aus diesen grundlegenden Komponenten. Die Losgrößenverfahren vor allem setzten die Kenntnis der Lagerbestandsentwicklung voraus. Auf die Lagerhaltung unter zufälligen Einflussfaktoren, die für die industrielle Anwendung typisch sind, wird in einem eigenen Abschnitt eingegangen. Diese Optimierungsprobleme basieren auf mathematischen Grundlagen, die in einem eigenen Abschnitt dargestellt werden.

Das Buch beschränkt sich auf grundlegende Resultate und Algorithmen in der Produktionslogistik; ihre Beweise und ergänzende Informationen können von einer passwortgeschützten Internetseite heruntergeladen werden (Details hierzu sind auf der Innenseite des Buchumschlags vorne angegeben). Es setzt Grundkenntnisse aus der Linearen Algebra, der Differential- und Integralrechnung, der Stochastik sowie der Algorithmik wie sie in Standardlehrbüchern vermittelt werden voraus; einen Schnellkurs mit den hier verwendeten Bezeichnungen enthält der Abschnitt „Präliminarien" im Internet. Das Buch wendet sich an Studierende, Forscher und Praktiker mit Interesse an der Mathematik in der Produktionslogistik.

Danken möchte ich dem Oldenbourg Verlag für die sehr bereitwillige Aufnahme des Buchs und Herrn Dr. Jürgen Schechler mit seinem Team für die sehr gute Zusammenarbeit, insbesondere dem Lektorieren, sowie meiner Frau für ihre Unterstützung.

Regensburg, im April 2009 Frank Herrmann

Inhalt

Vorwort		**V**
Inhalt		**VII**
1	**Mathematische Grundlagen von Optimierungsproblemen**	**1**
1.0	Einleitung	1
1.1	Optimierungsprobleme	1
1.2	Konvexe Analysis	13
1.3	Grundlegende Resultate der linearen Optimierung	21
1.4	Schwierigkeiten bei nichtlinearen Optimierungsproblemen	31
1.5	Optimalitätsbedingungen	35
1.6	Konvexe Optimierungsprobleme	44
1.7	Lagrange-Funktion und Karush-Kuhn-Tucker-Bedingung	47
2	**Prognoseverfahren**	**61**
2.0	Einleitung	61
2.1	Grundlegende Begriffe und Überlegungen	64
2.2	Konstanter Bedarfsverlauf	71
2.2.1	Gleitender Durchschnitt	72
2.2.2	Exponentielle Glättung 1. Ordnung	83
2.3	Trendförmiger Bedarfsverlauf	98
2.3.1	Lineare Regressionsrechnung	101
2.3.2	Exponentielle Glättung 2. Ordnung	115
3	**Ressourcenbelegungsplanung**	**131**
3.0	Einleitung	131
3.1	Grundlegende Begriffe und Resultate	132
3.2	Ein-Stationen-Probleme	149
3.3	Mehrere parallele Stationen	174

3.4	Fließfertigungsprobleme	178
3.5	Werkstattfertigungsprobleme	185

4 Einstufige Losgrößenprobleme 207

4.0	Einleitung	207
4.1	Losgrößenmodell mit konstantem Bedarf	209
4.1.1	Das klassische Losgrößenmodell	209
4.1.2	Das Modell mit endlichem Horizont	218
4.1.3	Die Macht von zwei Politiken	223
4.1.4	Erweiterung des Modells um endliche Produktionsgeschwindigkeit und Rüstzeit	230
4.1.5	Beschränkte Lagerkapazität	243
4.2	Losgrößenprobleme mit deterministisch-dynamischem Bedarf	250
4.2.1	Das Wagner-Whitin-Modell	250
4.2.2	Berücksichtigung von Kapazitäten	265

5 Mehrstufige Losgrößenprobleme 279

5.0	Einleitung	279
5.1	Graphische Darstellung des Erzeugniszusammenhangs	280
5.2	Programmorientierte Materialbedarfsrechnung	284
5.2.1	Ablauf der Materialbedarfsrechnung	284
5.2.2	Verfahren der Materialbedarfsrechnung	294
5.2.3	Dispositionsstufenverfahren	294
5.3	Erweiterung der Materialbedarfsrechnung um Produktionslose	304
5.4	Dynamische mehrstufige unkapazitierte Mehrproduktmodelle	312
5.4.1	Modell	312
5.4.2	Lösung durch das Dispositionsstufenverfahren mit Losen	316
5.4.3	Einprodukt-Losgrößenverfahren mit Kostenanpassung	320
5.5	Dynamische mehrstufige kapazitierte Mehrproduktmodelle	323
5.5.1	Grundmodell	323
5.5.2	Lösung durch eine programmorientierte Materialbedarfsrechnung mit Losen	324
5.5.3	Gesamtmodell – Integration allgemeiner zeitverbrauchender Prozesse	332
5.5.4	Lösung mehrstufiger kapazitierter Losgrößenprobleme	336

6 Stochastische Lagerhaltungsprobleme 339

6.0	Einleitung	339
6.1	Berechnung von Nachfragemengen	343
6.2	Optimale Lösung des Einperiodenmodells	349
6.3	Grundlegende Resultate zur optimalen Lösung des Mehrperiodenmodells	374

6.4	Eine optimale (s,S)-Politik zur Lösung eines Mehrperiodenmodells	387
6.5	Anhang	419

Abkürzungsverzeichnis   **427**

Abkürzungsverzeichnis zum Abschnitt 1 427

Abkürzungsverzeichnis zum Abschnitt 2 428

Abkürzungsverzeichnis zum Abschnitt 3 429

Abkürzungsverzeichnis zum Abschnitt 4 433

Abkürzungsverzeichnis zum Abschnitt 5 435

Abkürzungsverzeichnis zum Abschnitt 6 437

Literatur   **441**

Index   **451**

1 Mathematische Grundlagen von Optimierungsproblemen

1.0 Einleitung

Viele Entscheidungsprobleme in der Produktionslogistik – bzw. in der Logistik generell – lassen sich durch mathematische Modelle beschreiben. Ein Anwendungsbeispiel ist die Produktionsprogrammplanung, bei der ein Produktionsprogramm so aufzustellen ist, dass die Auslastungsgrenzen der Produktionsanlagen nicht überschritten werden und eine vorgegebene Zielgröße (z.B. Umsatz oder Gewinn) dabei maximiert wird.

Die charakteristische mathematische Struktur solcher Optimierungsprobleme wird zunächst eingeführt. Klassen von diesen Optimierungsproblemen mit effizienten Lösungsverfahren werden in den folgenden Abschnitten definiert. Überwiegend orientieren sich die Sätze (und Lemmas) an den entsprechenden in den Literaturquellen [Bol80] und [Hors79] (teilweise wurden sie auf Optimierungsprobleme umgeschrieben). Da diese auch in vielen Büchern angegeben worden sind, wurde auf die genaue Quellenangabe verzichtet; sie ist im Internet bei der Angabe der Beweise bzw. der Hinweise zu diesen angegeben. Im Abschnitt „Präliminarien" im Internet sind die grundlegenden mathematischen Konzepte angegeben, die im Folgenden verwendet werden; ihre Beschreibung folgt der in Standardlehrbüchern zur Analysis, linearen Algebra und Stochastik üblichen Form sowie der in dem Taschenbuch der Mathematik [BrSe81] angegebenen Form.

1.1 Optimierungsprobleme

Zur Erläuterung der Struktur von Optimierungsproblemen in der Produktionslogistik wird das bereits angesprochene Problem der Produktionsprogrammplanung verwendet und durch das folgende Zahlenbeispiel konkretisiert.

Beispiel 1 (Zahlenbeispiel zur Produktionsprogrammplanung)

Es seien Schreibtische, Esszimmertische und Küchentische auf zwei Lackierstationen (I und II) zu lackieren. Die folgende Tabelle 1 gibt die Anzahl an Tischen an, die in einer Zeiteinheit von den beiden Lackierstationen lackiert werden können.

		Lackierstationen	
		I	II
Produkte	Schreibtisch	8	10
	Esszimmertisch	6	5
	Küchentisch	8	10

Tabelle 1: Anzahl an lackierbaren Tischen pro Zeiteinheit

Es seien nun

x_S die Produktionsmengen der Schreibtische

x_E die Produktionsmengen der Esszimmertische und

x_K die Produktionsmengen der Küchentische.

Der Vektor $x = (x_S, x_E, x_K)$ ist ein Produktionsprogramm.

Die Gewinne pro Einheit eines Schreibtischs, eines Esszimmertischs und eines Küchentischs seien 2, 4 und 2 €. Daher lautet die Zielfunktion: $2 \cdot x_S + 4 \cdot x_E + 2 \cdot x_K$.

Da ein maximales Produktionsprogramm gesucht ist, ist diese zu maximieren.

Aus Tabelle 1 ergeben sich die folgenden Bearbeitungszeiten – in Zeiteinheiten (ZE):

		Lackierstationen	
		I [ZE]	II [ZE]
Produkte	Schreibtisch	$\frac{1}{8}$	$\frac{1}{10}$
	Esszimmertisch	$\frac{1}{6}$	$\frac{1}{5}$
	Küchentisch	$\frac{1}{8}$	$\frac{1}{10}$

Tabelle 2: Lackierzeiten für Einzeltische

Damit ist $\frac{1}{8} \cdot x_S + \frac{1}{6} \cdot x_E + \frac{1}{8} \cdot x_K$ die Zeit, die zur Bearbeitung des Produktionsprogramms (x) auf der Lackierstation I benötigt wird; für Lackierstation II ergibt sich eine entsprechende Formel (s. das nächste Ungleichungssystem).

Es sei ferner angenommen, dass die beiden Lackierstationen lediglich für einen vorgegebenen, begrenzten Zeitraum T (exklusiv) zur Verfügung stehen. Dieser Zeitraum beschränkt die Kapazität der beiden Lackierstationen und führt zu den folgenden Ungleichungen:

$$\frac{1}{8} \cdot x_S + \frac{1}{6} \cdot x_E + \frac{1}{8} \cdot x_K \leq T \text{ und } \frac{1}{10} \cdot x_S + \frac{1}{5} \cdot x_E + \frac{1}{10} \cdot x_K \leq T.$$

1.1 Optimierungsprobleme

Da negative Produktionsmengen auszuschließen sind, gilt $x_S \geq 0$, $x_E \geq 0$ und $x_K \geq 0$.

Das zu lösende Optimierungsproblem lautet somit insgesamt:

Maximiere $2 \cdot x_S + 4 \cdot x_E + 2 \cdot x_K$

unter den Nebenbedingungen

$$\frac{1}{8} \cdot x_S + \frac{1}{6} \cdot x_E + \frac{1}{8} \cdot x_K \leq T,$$

$$\frac{1}{10} \cdot x_S + \frac{1}{5} \cdot x_E + \frac{1}{10} \cdot x_K \leq T,$$

$$x_S \geq 0,\ x_E \geq 0 \text{ und } x_K \geq 0.$$

Für das allgemeine Produktionsplanungsproblem wird nun eine Grundstruktur entwickelt.

Zur Fertigung von n Produkten stehen m Anlagen zur Verfügung. Die Bearbeitung einer Einheit jedes einzelnen Produkts nehme je nach Anlagentyp eine gewisse Zeit in Anspruch. Diese Bearbeitungszeiten seien in einer Tabelle in der Form von Tabelle 3 aufgelistet.

		\multicolumn{5}{c}{Produktionsanlagen}
		1	2	...	j	...	m
	1	$t_{1,1}$	.	.	.	.	$t_{1,m}$
	2	.					
	...	.					
Produkte	i	.			$t_{i,j}$		
	...	.					
	n	$t_{n,1}$	.	.	.	.	$t_{n,m}$

Tabelle 3: Bearbeitungszeiten für Produkte

Dabei bedeuten (nach der Beschriftung der Zeilen und Spalten der Tabelle 3):

$t_{i,j}$: Anzahl an benötigten Zeiteinheiten zur Bearbeitung einer Einheit von Produkt i auf Produktionsanlage j.

Wie in dem obigen Beispiel erläutert wurde, ist es möglich, anstelle der Bearbeitungszeiten $t_{i,j}$ auch die Anzahl der bearbeitbaren Einheiten eines jeden Produkts auf den einzelnen Anlagen pro Zeiteinheit anzugeben. Diese können dann in Bearbeitungszeiten umgerechnet werden.

Für einen begrenzten Zeitraum T soll nun ein Produktionsprogramm aufgestellt werden. Durch die beschränkten Kapazitäten der Produktionsanlagen ergeben sich dabei Restriktionen, wobei noch berücksichtigt werden kann, dass einzelne Anlagen möglicherweise nicht während des ganzen Zeitraums eingesetzt werden können; beispielsweise wegen Wartungsarbeiten. Es sei

T_j : die Anzahl an Zeiteinheiten, die die Produktionsanlage j zur Verfügung steht.

Ein Produktionsprogramm besteht nun aus der Angabe der Anzahl (bzw. Menge) an herzustellenden Einheiten eines jeden Produkts. Es sei

x_i : die Anzahl der im Zeitraum T insgesamt zu erstellenden Einheiten von Produkt i.

Damit ist der Vektor

$$x = (x_1, \ldots, x_n)$$

ein Produktionsprogramm für den Zeitraum T. Das Produktionsprogramm x erfordert nun eine Bearbeitungszeit der einzelnen Produktionsanlagen, die sich nach der Tabelle 3 ergibt: Es ist für alle $1 \leq j \leq m$

$$t_{1,j} \cdot x_1 + t_{2,j} \cdot x_2 + \ldots + t_{n,j} \cdot x_n$$

die Zeit, die zur Bearbeitung von x auf der Produktionsanlage j benötigt wird.

Das Produktionsprogramm ist also zulässig, sofern es die Bedingungen

$$t_{1,1} \cdot x_1 + t_{2,1} \cdot x_2 + \ldots + t_{n,1} \cdot x_n \leq T_1,$$

$$t_{1,2} \cdot x_1 + t_{2,2} \cdot x_2 + \ldots + t_{n,2} \cdot x_n \leq T_2,$$

$$\cdot \quad \cdot \quad \cdot \quad ,$$

$$t_{1,j} \cdot x_1 + t_{2,j} \cdot x_2 + \ldots + t_{n,j} \cdot x_n \leq T_j,$$

$$\cdot \quad \cdot \quad \cdot \quad \text{und}$$

$$t_{1,m} \cdot x_1 + t_{2,m} \cdot x_2 + \ldots + t_{n,m} \cdot x_n \leq T_m$$

erfüllt.

Daneben sind negative Produktionsmengen auszuschließen. Somit gilt:

$$x_i \geq 0 \quad \text{für alle } 1 \leq i \leq n.$$

Es sei nun p_i $(1 \leq i \leq n)$ der Gewinn pro Einheit von Produkt i, so ist bei Gewinnmaximierung die Funktion

$$p_1 \cdot x_1 + p_2 \cdot x_2 + \ldots + p_n \cdot x_n$$

zu maximieren.

1.1 Optimierungsprobleme

Definition 1 (Optimierungsproblem zur Produktionsprogrammplanung)

Mit den zuvor eingeführten Variablen und Bezeichnungen hat das Optimierungsproblem die Gestalt:

$$\text{Maximiere } p_1 \cdot x_1 + p_2 \cdot x_2 + \ldots + p_n \cdot x_n$$

unter den Nebenbedingungen

$$t_{1,j} \cdot x_1 + t_{2,j} \cdot x_2 + \ldots + t_{n,j} \cdot x_n \leq T_j \text{ für alle } 1 \leq j \leq m \text{ und}$$

$$x_i \geq 0 \text{ für alle } 1 \leq i \leq n.$$

Bemerkung 1 (Ganzzahligkeit)

Da nur ganzzahlige Mengen tatsächlich produziert werden können, sollten einige (oder alle) Variablen ganzzahlig sein. Diese Randbedingung erschwert die Lösung eines Optimierungsproblems und wird im Folgenden nicht berücksichtigt; bei speziellen Optimierungsproblemen wird später darauf noch eingegangen werden. Werden reellwertige Lösungen als Mittelwerte von Produktionsmengen (pro Zeiteinheit) interpretiert, so liegen – in vielen Fällen – aussagekräftige Produktionsmengen vor.

Abschließend sei erwähnt, dass für weitere Anwendungsprobleme wie Mischungsprobleme (beispielsweise bei Flüssigkeiten), Verschnittprobleme (z.B. bei Holzplatten für Tischplatten) oder Transportprobleme (beispielsweise von einem Herstellungsort zu einem Bedarfsort) vergleichbare Grundstrukturen von Optimierungsproblemen aufgestellt werden können.

Kennzeichen produktionslogistischer Optimierungsprobleme sind somit eine endliche Anzahl von Variablen, endlich viele Nebenbedingungen, die durch Gleichungen und/oder Ungleichungen (g_i) beschrieben werden, und eine Funktion (f), die einen möglichst kleinen Wert (ein Minimum etwa bei Kostenfunktionen) oder einen möglichen großen Wert (ein Maximum bei Nutzenfunktionen) annehmen soll.

Diese mathematischen Funktionen beschreiben folglich ein allgemeines Optimierungsproblem. Ihre formal präzise Definition erfolgt nun. Im Mittelpunkt werden Minimal- und Maximalpunkte stehen, deren Definition zunächst angegeben wird.

Definition 2 (lokaler Minimal- und Maximalpunkt)

Gegeben sei eine Teilmenge M des $\mathbb{R}^n$ $\left(M \subseteq \mathbb{R}^n\right)$ und eine Funktion $f : \mathbb{R}^n \to \mathbb{R}$.

- Ein Punkt $x^* \in M$ heißt lokaler Minimalpunkt von f über M, falls eine reelle Zahl $\varepsilon > 0$ existiert, so dass $f\left(x^*\right) \leq f\left(x\right)$ für alle $x \in M \cap \left\{y \in \mathbb{R}^n \mid \left|y - x^*\right| < \varepsilon\right\}$ gilt.

- Ein Punkt $x^* \in M$ heißt lokaler Maximalpunkt von f über M, falls eine reelle Zahl $\varepsilon > 0$ existiert, so dass $f\left(x\right) \leq f\left(x^*\right)$ für alle $x \in M \cap \left\{y \in \mathbb{R}^n \mid \left|y - x^*\right| < \varepsilon\right\}$ gilt.

Bemerkung: $U_\varepsilon(x^*) = \{y \in \mathbb{R}^n \mid |y - x^*| < \varepsilon\}$ heißt ε-Umgebung von x^*.

Definition 3 (globaler Minimal- und Maximalpunkt)

Gegeben sei eine Teilmenge M des $\mathbb{R}^n$ $(M \subseteq \mathbb{R}^n)$ und eine Funktion $f : \mathbb{R}^n \to \mathbb{R}$.

- Ein Punkt $x^* \in M$ heißt globaler Minimalpunkt von f über M, falls $f(x^*) \leq f(x)$ für alle $x \in M$ gilt.
- Ein Punkt $x^* \in M$ heißt globaler Maximalpunkt von f über M, falls $f(x) \leq f(x^*)$ für alle $x \in M$ gilt.

Definition 4 (Optimierungsproblem)

Ein Optimierungsproblem (*O*) besteht aus (m + 1) reellwertigen Funktionen

$$f : \mathbb{R}^n \to \mathbb{R}, \; g_i : \mathbb{R}^n \to \mathbb{R} \text{ für } 1 \leq i \leq m.$$

Die Ungleichungen

Formel 1: $\quad g_i(x) \leq 0$ für alle $1 \leq i \leq m$

definieren eine Menge zulässiger Punkte $M = \{x \in \mathbb{R}^n \mid g_i(x) \leq 0 \wedge 1 \leq i \leq m\}$ von *O*.

Gesucht ist ein absolutes Minimum von f über M. Ein solcher zulässiger Punkt heißt optimaler Punkt von *O*. Die Funktion f heißt Zielfunktion von *O* und die Ungleichungen g_i heißen Nebenbedingungen bzw. Restriktionen von *O*. Die Menge M heißt auch zulässiger Bereich oder Zulässigkeitsbereich von *O*.

Beispiel 2 (Nebenbedingungen; Fortsetzung von Beispiel 1)

Beispiele für Nebenbedingungen ergeben sich aus dem obigen Beispiel 1, bei dem n = 3 ist. Die Kapazitätsrestriktion

$$\frac{1}{8} \cdot x_1 + \frac{1}{6} \cdot x_2 + \frac{1}{8} \cdot x_3 \leq T$$

führt beispielsweise zu der Funktion

$$g_1(x) = \frac{1}{8} \cdot x_1 + \frac{1}{6} \cdot x_2 + \frac{1}{8} \cdot x_3 - T.$$

Nebenbedingungen vom Typ $x_i \geq 0$ stellen eine besonders einfache Form der Ungleichungen nach Formel 1 dar.

1.1 Optimierungsprobleme

Nach der Definition eines globalen Minimums als kleinsten Funktionswert sind also alle Punkte $x^* \in M$ mit der Eigenschaft $f(x^*) \leq f(x)$ für alle $x \in M$ gesucht. Statt der Formulierung in Definition 4 wird auch $\min\limits_{x \in M} f(x)$ geschrieben.

Es bedeutet keine Einschränkung der Allgemeinheit, dass sich die Definition 4 auf Ungleichungen der Form $g_i(x) \leq 0$ (nach Formel 1) beschränkt und die Zielfunktion zu minimieren ist. Jede Gleichung kann durch zwei Ungleichungen ersetzt werden, d.h. $g_i(x) = 0$ ist äquivalent zu $g_i(x) \leq 0$ und $g_i(x) \geq 0$. Es sei aber an dieser Stelle schon bemerkt, dass es i. A. nicht nützlich ist, vor Anwendung eines Lösungsverfahrens Gleichungen in Ungleichungen umzuschreiben. Meist sind Gleichungsrestriktionen numerisch sogar einfacher zu behandeln als Ungleichungen. Statt $g_i(x) \geq 0$ darf offenbar $-g_i(x) \leq 0$ geschrieben werden. Wegen $\max\limits_{x \in M} f(x) = \min\limits_{x \in M} (-f(x))$ sind Maximumprobleme auf Minimumaufgaben zurückführbar.

Eine weitere Abkürzung für ein Optimierungsproblem O hat die Form

$\min f(x)$

u.d.N. $g_i(x) \leq 0$ für alle $1 \leq i \leq m$.

In der mathematischen Form nach Definition 4 lautet nun Beispiel 1.

Beispiel 3 (Zielfunktion und Nebenbedingung als Funktionen; Fortsetzung von Beispiel 1)

Die Zielfunktion des Minimierungsproblems lautet

$$f(x) = -2 \cdot x_1 - 4 \cdot x_2 - 2 \cdot x_3.$$

Dabei ist der tatsächlich gesuchte Zielfunktionswert $-f(x)$.

Für die Nebenbedingungen gelten

$$g_1(x) = \frac{1}{8} \cdot x_1 + \frac{1}{6} \cdot x_2 + \frac{1}{8} \cdot x_3 - T,$$

$$g_2(x) = \frac{1}{10} \cdot x_1 + \frac{1}{5} \cdot x_2 + \frac{1}{10} \cdot x_3 - T,$$

$$g_3(x) = -x_1,$$

$$g_4(x) = -x_2 \text{ und}$$

$$g_5(x) = -x_3.$$

Die in der Definition 4 festgelegte Standardform erlaubt eine kurze und einheitliche Formulierung vieler Ergebnisse aus der Mathematik.

Bemerkung 2 (Definitionsbereich der Zielfunktion)

Der Einfachheit halber wird im allgemeinen Modell weiter vorausgesetzt, dass die Zielfunktion f über dem Raum $\mathbb{R}^n$ definiert sei. Es genügt jedoch offenbar, wenn sie für eine geeignete Obermenge des zulässigen Bereichs M erklärt ist.

Eine weitere kurze Schreibweise der in Definition 4 eingeführten Optimierungsaufgabe O ergibt sich mit Hilfe der vektorwertigen Abbildung

$$g : \mathbb{R}^n \to \mathbb{R}^m \Leftrightarrow (g_1, \ldots, g_m)^T$$

zu

$$\min f(x)$$

u.d.N. $g(x) \leq 0$ mit dem Nullvektor von $\mathbb{R}^m$ $\left(0 = (0, \ldots, 0)^T\right)$.

(Die Ungleichungen sind komponentenweise zu verstehen; i. e. $g(x) \leq 0 \Leftrightarrow g_i(x) \leq 0$ für alle $1 \leq i \leq m$.)

Zur Diskussion von Existenzfragen ist es nützlich, den Begriff des Infimums $\mu = \inf_{x \in M} f(x)$ der Zielfunktion über den zulässigen Bereich M zu benutzen. Vier Fälle können unterschieden werden.

1. Fall $M = \emptyset$:
   Es existiert kein zulässiger Punkt und damit auch keine Lösung. Da M implizit durch die Restriktionen (nach Formel 1) gegeben ist, kann dies meist nicht unmittelbar aus der Aufgabenstellung erkannt werden. Für die mathematische Behandlung wird aber, falls nicht anders erwähnt, $M \neq \emptyset$ vorausgesetzt.

2. Fall $M \neq \emptyset$, μ ist endlich und wird in mindestens einem Punkt $x^* \in M$ angenommen:
   In diesem Fall ist $\mu = f(x^*) = \inf_{x \in M} f(x)$ und x^* ist optimal.
   Dieser Fall kann weiter unterteilt werden in:
   – es gibt nur eine Lösung x^* und
   – es gibt mehrere optimale Punkte.

3. Fall $M \neq \emptyset$, μ ist endlich, wird aber in keinem Punkt aus M angenommen:
   Dann besitzt die Aufgabe keine Lösung. Die Ermittlung von μ und einer Folge (x_k) von Punkten aus M mit $\lim_{k \to \infty} f(x_k) = \mu$ ist manchmal dennoch von Interesse.

4. Fall $M \neq \emptyset$, $\mu = -\infty$:
   Damit ist die Zielfunktion auf M nicht nach unten beschränkt und es existiert keine Lösung.

Eine klassische Existenzaussage für ein globales Minimum ist der Satz von Weierstraß, welcher aus der Analysis bekannt ist.

1.1 Optimierungsprobleme

Satz 1 (Satz von Weierstraß)

Gegeben sei ein Optimierungsproblem (O) mit zulässigem Bereich M. Ist der zulässige Bereich von O beschränkt und ist f stetig auf M, dann nimmt f das Minimum an.

Beweis: s. Abschnitt zu den mathematischen Grundlagen von Optimierungsproblemen im Internet.

In der Mathematik wurden Klassen von Optimierungsproblemen mit Verfahren zu ihrer Lösung entwickelt. Dazu wird das sehr allgemeine Problem weiter eingeschränkt und zusätzliche Forderungen an die auftretenden Funktionen gestellt. Eine wichtige Einschränkung ist die Linearität der Zielfunktionen und der Nebenbedingungen.

Definition 5 (lineares Optimierungsproblem)

Ein Optimierungsproblem O (nach Definition 4) heißt lineares Optimierungsproblem, sofern alle auftretenden Funktionen linear sind. Also ist jede Funktion von der Form $a^T \cdot x + b$ mit gegebenem $a \in \mathbb{R}^n$ und $b \in \mathbb{R}$.

Definition 6 (nichtlineares Optimierungsproblem)

Ein Optimierungsproblem O (nach Definition 4) heißt nichtlineares Optimierungsproblem, sofern mindestens eine der auftretenden Funktionen nicht linear ist. Also eine Funktion ist nicht von der Form $a^T \cdot x + b$ mit gegebenem $a \in \mathbb{R}^n$ und $b \in \mathbb{R}$.

Bei der Grundstruktur eines allgemeinen Produktionsplanungsproblems bzw. dem obigen Beispiel 1 handelt es sich um ein lineares Optimierungsproblem. Ein nichtlineares Optimierungsproblem entsteht (in der industriellen Praxis häufig) durch eine nichtlineare Zielfunktion. Üblicherweise setzt sich der Gewinn pro Einheit eines Produkts aus der Differenz zwischen seinem Verkaufspreis und seinen Herstellungskosten zusammen. Beispielsweise könnten die Herstellungskosten mit der Produktionsmenge abnehmen. Dies wird durch den so genannten Erfahrungskurveneffekt (s. [Hend84]) motiviert, nach dem eine Verdoppelung der kumulierten Ausbringungsmenge zu einer Reduktion der inflationsbereinigten Stückkosten um 20 – 30 % führt. Statt einem konstanten Wert (p_i) für den Gewinn pro Einheit von Produkt i (bei $1 \leq i \leq n$), würde eine nicht lineare Funktion $f_i(x_i)$ den Gewinn von Produkt i bei der Produktionsmenge x_i beschreiben. (Die Zielfunktion f ist dann definiert durch $f(x) = \sum_{i=1}^{n} f_i(x_i)$.) Beispielsweise könnten die Gesamtkosten pro Jahr für ein Produkt durch die Funktion $f(x) = \begin{cases} 439 \cdot x & \text{für} \quad 0 \leq x \leq 300 \\ 0,0002 \cdot x^3 - 0,7 \cdot x^2 + 631 \cdot x & \text{für} \quad 300 \leq x \end{cases}$ beschrieben sein.

Als umfangreicheres Beispiel diene das Folgende.

Beispiel 4 (Lieferantenauswahl)

Ein Unternehmen hat einen Bedarf von b Mengeneinheiten eines bestimmten Produkts. Zur Bedarfsbefriedigung stehen n Lieferanten zur Verfügung, von denen keiner die gewünschte Gesamtmenge alleine liefern kann. Bei dem Lieferant mit Nummer i lautet die maximale Liefermenge M_i, und seine Preise werden durch die Funktion $f_i(x_i)$ in Abhängigkeit von der bestellten Menge x_i beschrieben; eine solche Preisfunktion setzt sich im Allgemeinen aus festen, von der Bestellmenge unabhängigen Kosten (Bestellkosten oder Rüstkosten als Fixkosten) und mit der Bestellmenge abnehmenden Stückpreisen zusammen. Das Optimierungsproblem besteht nun in der Festlegung der bei jedem Lieferanten zu bestellenden Menge, so dass die gesamten Einkaufskosten möglichst klein werden. Damit ergibt sich das folgende Optimierungsproblem:

$$\min\left(\sum_{i=1}^{n} f_i(x_i)\right)$$

mit den Restriktionen:

$$\sum_{i=1}^{n} x_i = b \text{ und}$$

$0 \leq x_i \leq M_i \quad \forall \quad 1 \leq i \leq n$.

Häufig sind die Preise $f_i(x_i)$ unstetig im Nullpunkt und stückweise linear; die Steigung dieser linearen Anteile nimmt häufig mit der Bestellmenge (x_i) ab. Dadurch entsteht ein nichtlineares Optimierungsproblem. Das folgende, einfache Zahlenbeispiel mag dies illustrieren.

Beispiel 5 (konkrete Preisfunktion für eine Lieferantenauswahl nach Beispiel 4)

Ausgangspunkt sind die Daten in Beispiel 4. Danach hat der erste Lieferant 1 Fixkosten von 3520,20 €, die zu zahlen sind, wenn $x_1 > 0$ Einheiten bestellt werden. Zusätzlich kostet jede bestellte Einheit 51,20 €. Er kann höchstens 50000 Einheiten liefern. Bei Lieferant 3 fallen keine Fixkosten an und er kann maximal 80000 Einheiten liefern. Die ersten 50000 Einheiten bietet er zu einem Stückpreis von 60,50 € an, während die nächsten 30000 Einheiten jeweils noch 49 € kosten. Entsprechend werden die Kosten des zweiten Lieferanten berechnet, dessen einzelne Kostensätze in Tabelle 4 angegeben sind. Tabelle 4 fasst die Kostensätze der drei Lieferanten zusammen.

1.1 Optimierungsprobleme

Lieferant mit Nr.	Fixkosten (in €)	Stückpreis pro Einheit (€)	Maximale Einheiten
1	3520,2	51,2	$0 < x_1 \leq 50000$
2	82810	52,1	$0 < x_2 \leq 20000$
		48,5	$20000 < x_2 \leq 60000$
		43,3	$60000 < x_2 \leq 80000$
		39,1	$80000 < x_2 \leq 100000$
3	0	60,5	$0 \leq x_3 \leq 50000$
		49	$50000 < x_3 \leq 80000$

Tabelle 4: Beispiel Lieferantenauswahl – Zusammensetzung der Kosten

Das Unternehmen benötigt 150000 Einheiten und stellt aus den Angeboten der drei Lieferanten folgende Gesamtkostenfunktionen zusammen, die in Abbildung 1 graphisch dargestellt sind:

$$f_1(x_1) = \begin{cases} 0 & x_1 = 0 \\ 3520{,}20 + 51{,}2 \cdot x_1 & 0 < x_1 \leq 50000 \end{cases}$$

$$f_2(x_2) = \begin{cases} 0 & x_2 = 0 \\ 82810 + 52{,}1 \cdot x_2 & 0 < x_2 \leq 20000 \\ (82810 + 52{,}1 \cdot 20000) + 48{,}5 \cdot (x_2 - 20000) = 154810 + 48{,}5 \cdot x_2 & 20000 \leq x_2 \leq 60000 \\ (154810 + 48{,}5 \cdot 60000) + 43{,}3 \cdot (x_2 - 60000) = 466810 + 43{,}3 \cdot x_2 & 60000 \leq x_2 \leq 80000 \\ (466810 + 43{,}3 \cdot 80000) + 39{,}1 \cdot (x_2 - 80000) = 802810 + 39{,}1 \cdot x_2 & 80000 \leq x_2 \leq 100000 \end{cases}$$

$$f_3(x_3) = \begin{cases} 60{,}5 \cdot x_3 & 0 \leq x_3 \leq 50000 \\ (60{,}5 \cdot 50000) + 49 \cdot (x_3 - 50000) = 575000 + 49 \cdot x_3 & 50000 \leq x_3 \leq 80000 \end{cases}$$

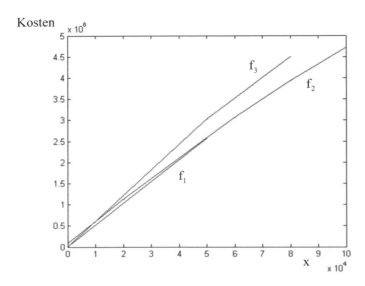

Abbildung 1: Graphen zu den drei Gesamtkostenfunktionen

Es sei angemerkt, dass die drei Gesamtkostenfunktionen für jede echt positive Bestellmenge stetig sind. Würde bei einer Bestellung für jedes Stück ein einheitlicher Stückkostensatz berechnet (z.B. 43,3 € für jedes Stück, falls beim zweiten Lieferanten 70000 Stück bestellt werden), so würden Sprungstellen bei den Gesamtkostenfunktionen zum zweiten und dritten Lieferanten an den Intervallgrenzen für die Stückkosten vorliegen (z.B. bei 60000 beim zweiten Lieferanten). Verantwortlich für die Stetigkeit sind also die Fixkosten.

Ein nichtlineares Optimierungsproblem kann natürlich auch durch nichtlineare Nebenbedingungen entstehen. Bei der Produktionsplanung tritt dies beispielsweise dann auf, wenn die bei der Produktion benötigten Bearbeitungszeiten durch nicht lineare Funktionen beschrieben werden. Es sei angenommen, dass die Werte der Entscheidungsvariablen x_1, ..., x_n die Produktionsmengen für die Produkte P_1, ..., P_n angeben. Bei m Anlagen können die dafür benötigten Bearbeitungszeiten durch nichtlineare Funktionen $g_i(x_1,...,x_n)$, $\forall\ 1 \leq i \leq m$, beschrieben sein; die Nichtlinearität ist wieder durch den Erfahrungskurveneffekt (s. oben und [Hend84]) motiviert.

Bei linearen Optimierungsproblemen kann mit dem so genannten Simplex-Verfahren in endlich vielen Schritten entweder eine Lösung gefunden werden oder festgestellt werden, dass keine Lösung existiert. Essentiell für das Simplex-Verfahren ist die so genannte Konvexität des Zulässigkeitsbereichs eines linearen Optimierungsproblems. Nicht nur Mengen, sondern auch Funktionen können konvex sein, wodurch so genannte konvexe Optimierungsprobleme entstehen. Daher wird im folgenden Abschnitt die Struktur konvexer Mengen und der auf konvexen Mengen definierten Funktionen behandelt. Dies ermöglicht auch die Definition so genannter konvexer Optimierungsprobleme, denen wegen seiner hohen Bedeutung ein eigener Abschnitt gewidmet ist.

1.2 Konvexe Analysis

Grundlegend für die folgenden Betrachtungen ist die Definition einer konvexen Menge.

Definition 7 (konvexe Menge)

- Es seien für ein beliebiges $k \in \mathbb{N}$ $x^1,...,x^k \in \mathbb{R}^n$, $n \in \mathbb{N}$ beliebig, und $\lambda_1,...,\lambda_k \in \mathbb{R}$. Dann heißt $x = \sum_{i=1}^{k} \lambda_i \cdot x^i$ eine Konvexkombination von $x^1,...,x^k$, wenn $\lambda_i \geq 0$ für alle $1 \leq i \leq k$ und $\sum_{i=1}^{k} \lambda_i = 1$ ist. Sind $\lambda_i > 0$ für alle $1 \leq i \leq k$, so heißt x echte Konvexkombination von $x^1,...,x^k$.
- Eine Teilmenge $M \subseteq \mathbb{R}^n$ heißt konvex, wenn mit je zwei Punkten $x^1 \in M$ und $x^2 \in M$ auch jede Konvexkombination von x^1 und x^2 zu M gehört.
  Anmerkung: Die Definition schließt den Fall $M = \emptyset$ nicht aus.

Es wird sich zeigen, dass eine Menge $M \subseteq \mathbb{R}^n$ genau dann konvex ist, wenn sie mit zwei Punkten auch deren abgeschlossene Verbindungsstrecke enthält. Eine konvexe Menge ist also dadurch charakterisiert, dass, bildlich gesprochen, ein Betrachter von jedem ihrer Punkte zu jedem anderen ihrer Punkte längs der Verbindungsstrecke gelangen kann, ohne die Menge zu verlassen. Das folgende Beispiel 6 möge dieses Kriterium illustrieren. Formal präzisiert ist es im anschließenden Lemma 1.

Beispiel 6 (konvexe und nicht konvexe Mengen)

In Abbildung 2 sind die Mengen M_1 und M_2 konvex, während die Mengen M_3 bis M_5 Beispiele für nicht konvexe Mengen sind.

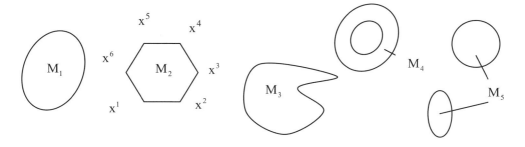

Abbildung 2: konvexe und nicht konvexe Mengen

Lemma 1 (Verbindungsstrecke)

1. Die Menge aller Konvexkombinationen zweier Punkte $x^1, x^2 \in \mathbb{R}^n$, $n \in \mathbb{N}$ beliebig, enthält genau die Punkte der abgeschlossenen Verbindungsstrecke
$$\left[x^1, x^2\right] = \left\{x \in \mathbb{R}^n \,\middle|\, x = \lambda \cdot x^2 + (1-\lambda) \cdot x^1 \text{ für } 0 \leq \lambda \leq 1\right\}$$ von x^1 und x^2. Sie ist in Abbildung 3 dargestellt. (Bem.: $\lambda \cdot x^2 + (1-\lambda) \cdot x^1 = x^1 + \lambda \cdot (x^2 - x^1)$.)

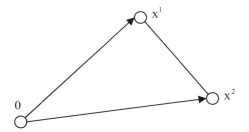

Abbildung 3: Verbindungsstrecke

2. Die Menge aller echten Konvexkombinationen zweier Punkte $x^1, x^2 \in \mathbb{R}^n$, $n \in \mathbb{N}$ beliebig, enthält genau die Punkte der offenen Verbindungsstrecke
$$\left(x^1, x^2\right) = \left\{x \in \mathbb{R}^n \,\middle|\, x = \lambda \cdot x^2 + (1-\lambda) \cdot x^1 \text{ für } 0 < \lambda < 1\right\}$$ von x^1 und x^2.

Beweis: s. Abschnitt zu den mathematischen Grundlagen von Optimierungsproblemen im Internet.

Beispiel 7 (Eckpunkte; Fortsetzung von Beispiel 6)

Ausgangspunkt sind die Mengen in Beispiel 6, die in Abbildung 2 dargestellt sind. Dem intuitiven geometrischen Verständnis nach handelt es sich bei den Punkten x^1 bis x^6 der Menge M_2 um Eckpunkte, die formal wie folgt als Extrempunkte definiert werden.

Definition 8 (Extrempunkte)

Ein Punkt x einer konvexen Teilmenge M des $\mathbb{R}^n$ – $x \in M \subseteq \mathbb{R}^n$ und $n \in \mathbb{N}$ – heißt Extrempunkt (oder Eckpunkt) von M, wenn x sich nicht als echte Konvexkombination zweier verschiedener Punkte aus M darstellen lässt.

Lemma 2 (Extrempunkt ist ein Randpunkt)

- Jeder Extrempunkt einer konvexen Menge M ist auch Randpunkt von M.
- Offene konvexe Mengen besitzen keine Extrempunkte.

Beweis: s. Abschnitt zu den mathematischen Grundlagen von Optimierungsproblemen im Internet.

1.2 Konvexe Analysis

Wie die Menge M_1 im Beispiel 6 zeigt, ist die Menge der Extrempunkte einer konvexen Menge, fast immer, nicht endlich.

Für die mathematische Behandlung von Extrempunkten ist die folgende Charakterisierung sehr hilfreich.

Lemma 3 (Charakterisierung eines Extrempunkts einer konvexen Menge)

Ein Punkt x^0 einer konvexen Teilmenge M des $\mathbb{R}^n$ – $x^0 \in M \subseteq \mathbb{R}^n$ und $n \in \mathbb{N}$ – ist ein Extrempunkt (oder ein Eckpunkt) von M, wenn keine Punkte $x^1, x^2 \in M$ und kein $\lambda \in \mathbb{R}$ existieren, so dass gilt:

$0 < \lambda < 1$, $x^1 \neq x^0 \neq x^2$ und $x^0 = \lambda \cdot x^1 + (1-\lambda) \cdot x^2$.

Beweis: s. Abschnitt zu den mathematischen Grundlagen von Optimierungsproblemen im Internet.

Die Konvexität ist invariant gegenüber der Durchschnittsbildung.

Lemma 4 (Durchschnitt konvexer Mengen)

Es seien M_i für $1 \leq i \leq m$, $m \in \mathbb{N}$, konvexe Teilmengen des $\mathbb{R}^n$, $n \in \mathbb{N}$, (also $M_i \subseteq \mathbb{R}^n$). Dann ist der Durchschnitt $\bigcap_{i=1}^{m} M_i$ konvex.

Beweis: s. Abschnitt zu den mathematischen Grundlagen von Optimierungsproblemen im Internet.

Im Folgenden wird zu einer beliebigen Teilmenge (M) von $\mathbb{R}^n$ eine konvexe Menge gebildet, die möglichst stark mit M übereinstimmt.

Definition 9 (konvexe Hülle)

Die kleinste konvexe Obermenge einer beliebigen Teilmenge M von $\mathbb{R}^n$ – $M \subseteq \mathbb{R}^n$ – heißt konvexe Hülle von M. Sie wird durch $\text{conv}(M)$ bezeichnet.

Beispiel 8 (konvexe Hülle)

Abbildung 4 zeigt eine endliche Menge von Punkten (durch o markiert) und deren konvexe Hülle.

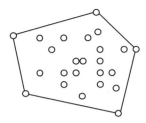

Abbildung 4: konvexe Hülle

Es ist möglich, jede nicht-leere Teilmenge von $\mathbb{R}^n$ durch seine konvexe Menge zu approximieren.

Lemma 5 (konvexe Approximation einer nicht-konvexen Menge)

Es sei $M \subseteq \mathbb{R}^n$ mit $M \neq \emptyset$. Der Durchschnitt aller konvexen Mengen, die M enthalten, ist gleich der konvexen Hülle von M.

Beweis: s. Abschnitt zu den mathematischen Grundlagen von Optimierungsproblemen im Internet.

Hilfreich für Aussagen zu konvexen Hüllen ist sein Zusammenhang zu Konvexkombinationen.

Satz 2 (Konvexkombination und konvexe Hülle)

Es sei $M \subseteq \mathbb{R}^n$ mit $M \neq \emptyset$. Dann ist die konvexe Hülle von M gleich der Menge aller Konvexkombinationen von Punkten aus M, also

$$\text{conv}(M) = \left\{ x \in \mathbb{R}^n \,\middle|\, x = \sum_{m=1}^{k} \lambda_m \cdot x^m \text{ mit } k \in \mathbb{N}, \lambda_m \in \mathbb{R}^+, x^m \in M, \forall\, 1 \leq m \leq k \text{ und } \sum_{m=1}^{k} \lambda_m = 1 \right\}$$

Beweis: s. Abschnitt zu den mathematischen Grundlagen von Optimierungsproblemen im Internet.

Beispiel 9 (konvexe Hülle über Extrempunkte)

Die Menge M_2 aus Beispiel 6 ist die konvexe Hülle ihrer Extrempunkte (x^1, ..., x^6).

Die Gültigkeit der entsprechenden Aussage aus Beispiel 9 für beliebige abgeschlossene und beschränkte konvexe Mengen ist ein klassisches Resultat (s. Satz 3).

Satz 3 (beschränkte konvexe Teilmenge und konvexe Hülle)

Jede abgeschlossene, beschränkte konvexe Teilmenge des $\mathbb{R}^n$ ist die konvexe Hülle ihrer Extrempunkte.

Beweis: s. Abschnitt zu den mathematischen Grundlagen von Optimierungsproblemen im Internet.

1.2 Konvexe Analysis

Über konvexe Mengen können nun konvexe Funktionen definiert werden.

Definition 10 (konvexe und konkave Funktionen)

Es sei M eine konvexe Teilmenge von $\mathbb{R}^n$ – $M \subseteq \mathbb{R}^n$ – und f: $M \to \mathbb{R}$ eine reellwertige Funktion.

1. f heißt konvex (auch konvex von unten) bzw. streng konvex (auf M), wenn für je zwei beliebige Punkte $x^1, x^2 \in M$ und jedes $\lambda \in (0,1)$ gilt:
$$f\left((1-\lambda) \cdot x^1 + \lambda \cdot x^2\right) \leq (1-\lambda) \cdot f\left(x^1\right) + \lambda \cdot f\left(x^2\right) \text{ bzw.}$$
$$f\left((1-\lambda) \cdot x^1 + \lambda \cdot x^2\right) < (1-\lambda) \cdot f\left(x^1\right) + \lambda \cdot f\left(x^2\right).$$

2. f heißt konkav (auch konvex von oben) bzw. streng konkav (auf M), wenn für je zwei beliebige Punkte $x^1, x^2 \in M$ und jedes $\lambda \in (0,1)$ gilt:
$$f\left((1-\lambda) \cdot x^1 + \lambda \cdot x^2\right) \geq (1-\lambda) \cdot f\left(x^1\right) + \lambda \cdot f\left(x^2\right) \text{ bzw.}$$
$$f\left((1-\lambda) \cdot x^1 + \lambda \cdot x^2\right) > (1-\lambda) \cdot f\left(x^1\right) + \lambda \cdot f\left(x^2\right).$$

Graphisch bedeutet die obere Formel in Definition 10 (im Teil (1)) für eine auf $\mathbb{R}$ definierte Funktion f, dass die Verbindungsstrecke der beiden Punkte $\left(x^1, f\left(x^1\right)\right)$ und $\left(x^2, f\left(x^2\right)\right)$ nirgends unterhalb der Kurve $y = f(x)$ liegt; dies in der Abbildung 5 graphisch dargestellt.

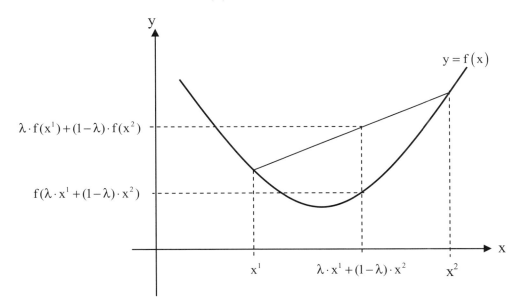

Abbildung 5: konvexe Funktion

Es gibt einen einfachen Zusammenhang zwischen konvexen und konkaven Funktionen.

Lemma 6 (konvexe versus konkave Funktionen)

Eine auf einer konvexen Menge $M \subset \mathbb{R}^n$ definierte reellwertige Funktion f ist konkav (auf M), wenn (-f) konvex ist.

Beweis: s. Abschnitt zu den mathematischen Grundlagen von Optimierungsproblemen im Internet.

Eigenschaften von konvexen Funktionen entsprechen also stets analogen Eigenschaften konkaver Funktionen und umgekehrt.

Einige wichtige Eigenschaften von konvexen Funktionen sind in den folgenden Sätzen angegeben.

Satz 4 (Linearkombination von konvexen Funktionen)

Es seien $M \subseteq \mathbb{R}^n$, $n \in \mathbb{N}$, eine konvexe Menge und $f_1,...,f_m : M \to \mathbb{R}$, $m \in \mathbb{N}$, konvexe Funktionen. Dann ist auch jede nichtnegative Linearkombination der Funktionen $f_1,...,f_m$

$$f(x) = \sum_{i=1}^{m} \mu_i \cdot f_i(x) \text{ mit } \mu_i \geq 0 \; \forall \; 1 \leq i \leq m \text{ eine konvexe Funktion auf M.}$$

Beweis: s. Abschnitt zu den mathematischen Grundlagen von Optimierungsproblemen im Internet.

Satz 5 (Jensens Ungleichheit)

Es seien $M \subseteq \mathbb{R}^n$, $n \in \mathbb{N}$, eine konvexe Menge und $f_1,...,f_m : M \to \mathbb{R}$, $m \in \mathbb{N}$ mit $m \geq 2$, konvexe Funktionen. Dann gilt die so genannte Jensens Ungleichheit

$$f\left(\sum_{i=1}^{m} \mu_i \cdot x^i\right) \leq \sum_{i=1}^{m} \mu_i \cdot f\left(x^i\right) \text{ mit } \mu_i \geq 0 \text{ für alle } 1 \leq i \leq m \text{ und } \sum_{i=1}^{m} \mu_i = 1.$$

Beweis: s. Abschnitt zu den mathematischen Grundlagen von Optimierungsproblemen im Internet.

Satz 6 (konkave Funktion)

Es seien $M \subseteq \mathbb{R}^n$, $n \in \mathbb{N}$, eine konvexe Menge und $f : M \to \mathbb{R}^+$ eine auf M konkave Funktion. Dann ist $g = \dfrac{1}{f}$ konvex auf M.

Beweis: s. Abschnitt zu den mathematischen Grundlagen von Optimierungsproblemen im Internet.

1.2 Konvexe Analysis

Satz 7 (konvexe „Urbild"-Mengen)

Es seien $M \subseteq \mathbb{R}^n$, $n \in \mathbb{N}$, eine konvexe Menge, $f : M \to \mathbb{R}$ eine konvexe Funktion sowie $\alpha \in \mathbb{R}$. Dann sind die Mengen $A_\alpha = \{x \in M \,|\, f(x) \leq \alpha\}$ und $B_\alpha = \{x \in M \,|\, f(x) < \alpha\}$ konvex.

Beweis: s. Abschnitt zu den mathematischen Grundlagen von Optimierungsproblemen im Internet.

Aus dieser Aussage folgt eine Bedingung über die Konvexität von dem zulässigen Bereich eines Optimierungsproblems, der implizit durch Restriktionen gegeben ist.

Lemma 7 (konvexer zulässiger Bereich)

Gegeben sei ein Optimierungsproblem (O), dessen Restriktionen konvexe Funktionen sind. Dann ist der zulässige Bereich von O eine konvexe Menge.

Beweis: s. Abschnitt zu den mathematischen Grundlagen von Optimierungsproblemen im Internet.

Für die Klasse der konvexen Funktionen werden im Folgenden charakterisierende Eigenschafen angegeben. Dabei ist es hilfreich, für die Betrachtung von mehrwertigen Funktionen die folgende Abkürzung zu verwenden. Mit C^m wird die Menge der auf $\mathbb{R}^n$ (bzw. einer Teilmenge von $\mathbb{R}^n$, je nach Anwendungsfall) definierten reellwertigen Funktionen bezeichnet, die überall stetige partielle Ableitungen bis zur m-ten Ordnung besitzen (für die Definition dieser Begriffe sei auf den Abschnitt „Präliminarien" im Internet verwiesen).

Für den Spezialfall von eindimensionalen Funktionen gilt die aus der Analysis bekannte Beziehung zwischen Konvexität und Monotonie der ersten Ableitung.

Satz 8 (Konvexität und Monotonie)

Eine in $(a,b) \subset \mathbb{R}$ differenzierbare Funktion f ist genau dann in (a,b) konvex (von unten), wenn f' in (a,b) monoton wachsend ist. f ist in (a,b) genau dann in (a,b) streng konvex (von unten), wenn f' in (a,b) streng monoton wachsend ist.

Beweis: s. Abschnitt zu den mathematischen Grundlagen von Optimierungsproblemen im Internet.

Auch für mehrwertige Funktionen kann die Konvexität mittels der ersten Ableitung (in Form des Gradienten ∇) getestet werden.

Satz 9 (Bedingung für konvexe Funktionen)

Gegeben seien $f \in C^1$ und eine konvexe Menge $M \subseteq \mathbb{R}^n$, $n \in \mathbb{N}$. f ist genau dann konvex auf M, wenn für alle Punkte $x^1, x^2 \in M$ gilt:

Formel 2: $\quad f(x^2) \geq f(x^1) + (x^2 - x^1)^T \cdot \nabla f(x^1)$

Beweis: s. Abschnitt zu den mathematischen Grundlagen von Optimierungsproblemen im Internet.

Aus geometrischer Sicht charakterisiert Definition 10 konvexe Funktionen durch lineare Interpolationen mit Interpolationsgeraden, wobei eine solche Interpolationsgerade durch zwei beliebige Punkte auf dem Graphen von f geht und f überschätzt; s. Abbildung 5. Demgegenüber charakterisiert Satz 9 konvexe Funktionen durch lineare Approximationen mit Tangentialhyperebenen, wobei eine solche Tangentialhyperebene stets unterhalb des Graphen von f liegt und die zugehörige lineare Approximation f unterschätzt; s. Abbildung 6.

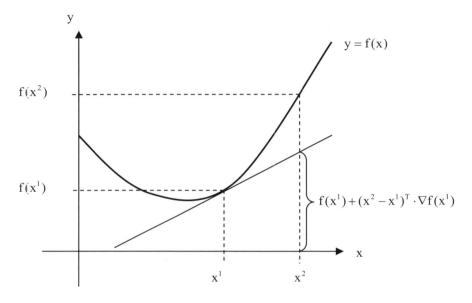

Abbildung 6: Tangentialhyperebene an einer konvexen Funktion

Wiederum für den Spezialfall von eindimensionalen Funktionen ist aus der Analysis eine Beziehung zwischen Konvexität und der zweiten Ableitung bekannt.

Satz 10 (Konvexität und zweite Ableitung)

Eine in $(a,b) \subset \mathbb{R}$ zweimal stetig differenzierbare Funktion f ist genau dann in (a,b) konvex (von unten), wenn für alle $x \in (a,b)$ gilt: $f''(x) \geq 0$.

Beweis: s. Abschnitt zu den mathematischen Grundlagen von Optimierungsproblemen im Internet.

Diese Aussage ist ein Spezialfall des entsprechenden Kriteriums für mehrwertige Funktionen.

Satz 11 (Konvexität und Hesse-Matrix)

Gegeben seien $f \in C^2$ und eine konvexe Menge $M \subseteq \mathbb{R}^n$, $n \in \mathbb{N}$, die innere Punkte enthalte. f ist genau dann konvex (streng konvex) auf M, wenn die Hesse-Matrix $\nabla^2 f(x)$ für alle $x \in M$ positiv semidefinit (positiv definit) ist.

Beweis: s. Abschnitt zu den mathematischen Grundlagen von Optimierungsproblemen im Internet. Zur Definition einer Hesse-Matrix sowie von (positiv) (semi-)definit siehe den Abschnitt „Präliminarien" ebenfalls im Internet.

Für den Spezialfall eindimensionaler Funktionen liegt über die erste Ableitung ein Zusammenhang zwischen Monotonie und Konvexität vor. Wegen des Zusammenhangs zwischen einem Integral und ihrer ersten Ableitung ist die Konvexität des Integrals einer monotonen Funktion zu erwarten, die in Satz 12 formal präzisiert ist. Dieses Ergebnis ist im Zusammenhang mit der Verteilungsfunktion einer stetigen Zufallsvariable interessant (bezogen auf den monoton wachsenden Anteil ihrer Dichtefunktion).

Satz 12 (Konvexität eines Integrals einer monotonen Funktion)

Es sei $f:\mathbb{R}^+ \to \mathbb{R}$ eine monoton wachsende Funktion. Dann ist die durch $F(x) = \int_0^x f(z)\,dz$ auf $\mathbb{R}^+$ definierte Funktion konvex.

Beweis: s. Abschnitt zu den mathematischen Grundlagen von Optimierungsproblemen im Internet.

1.3 Grundlegende Resultate der linearen Optimierung

Zur Lösung linearer Optimierungsprobleme existieren mehrere Monographien, in denen auch das Standardverfahren zu seiner Lösung, nämlich der Simplex-Algorithmus, im Detail erläutert wird. Es ist nicht die Intention dieses Buches, diese Werke um ein Weiteres zu ergänzen. So beschränkt sich dieser Abschnitt auf einige charakteristische Eigenschaften von linearen Optimierungsproblemen und auf die beiden Kernschritte von dem Simplex-Verfahren, deren Darstellung sich an derjenigen in dem Buch von Bol ([Bol80]) orientiert; dort befinden sich auch deren Beweise.

Die oben eingeführte Produktionsprogrammplanung (s. auch Beispiel 1 und Definition 1) kann in der folgenden Form dargestellt werden:

Formel 3: $\quad \min \sum_{j=1}^{q} c_j \cdot x_j$

$\quad\quad\quad\quad\quad$ u.d.N.

Formel 4: $\quad \sum_{j=1}^{q} a_{i,j} \cdot x_j \leq b_i \quad \forall \ 1 \leq i \leq m$ und

Formel 5: $\quad x_j \geq 0 \quad \forall \ 1 \leq j \leq q$.

Nach der Definiton linearer Optimierungsprobleme (s. Definition 5) ist jede Funktion von der Gestalt $a^T \cdot x + b$. In diesem Sinne ist Formel 5 eine einfache Form vom Typ $a^T \cdot x + b \leq 0$ und Formel 4 entsteht durch Umformung von $a^T \cdot x + b \leq 0$. Die Optimalstelle (x) eines linearen Optimierungsproblems wird nicht durch den konstanten Term einer Zielfunktion der Form $a^T \cdot x + b$ beeinflusst. Deswegen kann auf einen konstanten Term in Formel 3 verzichtet werden. Damit hat generell ein typisches lineares Optimierungsproblem die oben angegebene Gestalt (also durch Formel 3 bis Formel 5). Auch die allgemeine Definition linearer Optimierungsprobleme nach Definition 5 kann auf die obige Form zurückgeführt werden. In ihr wird jedoch keine Nichtnegativität der Entscheidungsvariablen gefordert. Negative Entscheidungsvariablen können durch Multiplikation mit -1 in positive umgewandelt werden (die Belegung einer solchen neuen Variablen in einer Lösung des neuen Problems ist wieder mit -1 zu multiplizieren, um eine Lösung des Ausgangsproblems zu erhalten). Damit wurde eine alternative Form eines linearen Optimierungsproblems hergeleitet, die wegen seiner zentralen Bedeutung nun als eine Normalform definiert wird.

Definition 11 (Normalform linearer Optimierungsprobleme)

Gegeben sei eine Matrix $A = \begin{pmatrix} a_{1,1} & \ldots & a_{1,q} \\ \ldots & & \ldots \\ a_{m,1} & \ldots & a_{m,q} \end{pmatrix} \in \mathbb{R}^m \times \mathbb{R}^q$, zwei Vektoren $c = \begin{pmatrix} c_1 \\ \ldots \\ c_q \end{pmatrix} \in \mathbb{R}^q$ und $b = \begin{pmatrix} b_1 \\ \ldots \\ b_m \end{pmatrix} \in \mathbb{R}^m$ und ein Vektor $x = \begin{pmatrix} x_1 \\ \ldots \\ x_q \end{pmatrix}$ von Variablen. Ein Problem der Form

$$\min \sum_{j=1}^{q} c_j \cdot x_j$$

u.d.N.

$$\sum_{j=1}^{q} a_{i,j} \cdot x_j \leq b_i \quad \forall \; 1 \leq i \leq m \; \text{und}$$

$$x_j \geq 0 \quad \forall \; 1 \leq j \leq q$$

bzw. in Matrizen- und Vektorschreibweise

$$\min c^T \cdot x$$

u.d.N.

$$A \cdot x \leq b \; \text{und}$$

$$x \geq 0$$

1.3 Grundlegende Resultate der linearen Optimierung

heißt lineares Optimierungsproblem (O) in Normalform. Dabei heißt A Koeffizientenmatrix von O, b Restriktionsvektor von O und c Zielfunktionsvektor von O. $x_1, \ldots, x_n$ heißen die Entscheidungsvariablen von O.

Läge statt eines Ungleichungssystems für die Restriktionen ein Gleichungssystem vor, statt „≤"-Bedingungen treten nur „="-Bedingungen auf, so könnte dieses mit Methoden der linearen Algebra gelöst werden. Um generell Aussagen der linearen Algebra zur Struktur endlich dimensionaler Vektorräume, insbesondere linearer Gleichungssysteme, anwenden zu können, werden die Nebenbedingungen in ein Gleichungssystem transformiert; diese Transformation wird anhand des folgenden Beispiels erläutert.

Beispiel 10 (Integration von Schlupfvariablen; Fortsetzung von Beispiel 1)

Das Optimierungsproblem zur Produktionsprogrammplanung im Beispiel 1 lautet:

Maximiere $2 \cdot x_S + 4 \cdot x_E + 2 \cdot x_K$

unter den Nebenbedingungen

$$\frac{1}{8} \cdot x_S + \frac{1}{6} \cdot x_E + \frac{1}{8} \cdot x_K \leq T,$$

$$\frac{1}{10} \cdot x_S + \frac{1}{5} \cdot x_E + \frac{1}{10} \cdot x_K \leq T,$$

$x_S \geq 0$, $x_E \geq 0$ und $x_K \geq 0$.

Es sei noch einmal kurz wiederholt, dass x_S, x_E und x_K die Produktionsmengen an Schreibtischen, Esstischen und Küchentischen darstellen. Die Zielfunktion dient zur Gewinnmaximierung und die Nebenbedingungen beschreiben die zur Bearbeitung des Produktionsprogramms benötigte Zeit auf den Produktionsanlagen I sowie II. Ferner gilt, dass die beiden Lackierstationen für einen begrenzten Zeitraum T zur Verfügung stehen.

Eine Belegung von x_S, x_E und x_K, die die 5 Restriktionen erfüllt, führt in vielen Fällen, beispielsweise wenn die Produktionsmengen alle gleich Null sind, zu einem Ungleichheitssystem. Eine solche Abweichung von einem Gleichungssystem bedeutet für das Produktionssystem das Vorliegen von nicht genutzten Kapazitäten auf den beiden Lackierstationen; und zwar individuell für jede Station durch die ihr zugeordnete Restriktion. Im allgemeinen Fall ist für ein beliebiges, aber festes x diese Abweichung (je Restriktion) eine Konstante. Sie lässt sich für beliebige Belegungen von x durch Variablen beschreiben, die in der Literatur als Schlupfvariablen bezeichnet werden. Von diesem Vorgehen werden die Vorzeichenrestriktionen, also $x_S \geq 0$, $x_E \geq 0$ und $x_K \geq 0$, ausgeschlossen. Dadurch werden die beiden Kapazitätsungleichungen in zwei Gleichungen überführt:

$$\frac{1}{8} \cdot x_S + \frac{1}{6} \cdot x_E + \frac{1}{8} \cdot x_K + u_1 = T \text{ und}$$

$$\frac{1}{10} \cdot x_S + \frac{1}{5} \cdot x_E + \frac{1}{10} \cdot x_K + u_2 = T.$$

Falls die zu produzierenden Mengen x_S, x_E und x_K bekannt sind, geben die Schlupfvariablen u_1 und u_2 also die nicht genutzen Kapazitäten der beiden Lackierstationen an.

Bei einem linearen Optimierungsproblem nach Definition 11 wird also für jede Restriktion (abgesehen von den Vorzeichenrestriktionen – d.h. $x_j \geq 0 \ \forall \ 1 \leq j \leq q$) eine eigene Schlupfvariable definiert, weswegen m Schlupfvariablen $u_1, \ldots, u_m$ entstehen. Dadurch bilden diese Restriktionen ein Gleichungssystem. Die Werte dieser Schlupfvariablen sind durch eine konkrete Belegung der Entscheidungsvariablen bestimmt. Sie treten in der Zielfunktion nicht auf, können aber in diese integriert werden, in dem ihre Zielkoeffizienten (im Sinne des Zielvektors in Definition 11) gleich Null gesetzt werden; wodurch sich der Wert der Zielfunktion durch Einführung von Schlupfvariablen nicht ändert.

In der Vektorschreibweise führt die Einführung von Schlupfvariablen zu dem folgenden linearen Optimierungsproblem. Nach der Einführung ist $u = \begin{pmatrix} u_1 \\ \ldots \\ u_m \end{pmatrix} = b - A \cdot x$. Setze

$$y = \begin{pmatrix} x_1 \\ \ldots \\ x_q \\ u_1 \\ \ldots \\ u_m \end{pmatrix} = \begin{pmatrix} x \\ u \end{pmatrix} \text{ mit } y \in \mathbb{R}^{q+m} \text{ und } \overline{A} = \begin{pmatrix} a_{1,1} & \ldots & a_{1,q} & 1 & 0 & \ldots & 0 \\ . & & . & 0 & & & 0 \\ . & & . & & \ldots & & \ldots \\ . & & . & & & & 0 \\ a_{m,1} & \ldots & a_{m,q} & 0 & \ldots & 0 & 1 \end{pmatrix} = (A \ \ I),$$ wobei I

die m-reihige Einheitsmatrix mit Dimension $m \times m$ ist, also $I_m = (\delta_{i,j})$, wobei

$\delta_{i,j} = \begin{cases} 1, & i = j \\ 0, & i \neq j \end{cases}$ ist und $\overline{c} = \begin{pmatrix} c_1 \\ \ldots \\ c_q \\ 0 \\ \ldots \\ 0 \end{pmatrix} = \begin{pmatrix} c \\ 0 \end{pmatrix}$, wobei $\overline{c} \in \mathbb{R}^{q+m}$ und 0 ist der m-dimensionale

Nullvektor. Wegen $b = A \cdot x + u = (A \ \ I_m) \cdot \begin{pmatrix} x \\ u \end{pmatrix} = \overline{A} \cdot y$ lautet damit das Optimierungsproblem:

1.3 Grundlegende Resultate der linearen Optimierung

$$\min \ F(x) = c^T \cdot x + 0^T \cdot u$$

u.d.N.

$$(A \quad I_m) \cdot \begin{pmatrix} x \\ u \end{pmatrix} = b,$$

$x \geq 0$ und $u \geq 0$.

Durch das Einführen nichtnegativer Schlupfvariablen werden also Ungleichungsrestriktionen des Modells in einfacher zu handhabende Gleichungen überführt, ohne dabei das Modell selbst zu ändern.

Definition 12 (Standardproblem der linearen Optimierung)

Es seien $c \in \mathbb{R}^n$, $b \in \mathbb{R}^m$ und A eine beliebige reelle (m × n)-Matrix. Dann ist das Standardproblem O der linearen Optimierung definiert durch:

$$\min \ F(x) = c^T \cdot x$$

u.d.N.

$A \cdot x = b$ und

$x \geq 0$

mit $x \in \mathbb{R}^n$ und 0 ist der n-dimensionale Nullvektor. Wiederum heißt A Koeffizientenmatrix von O, b Restriktionsvektor von O, c Zielfunktionsvektor von O und F Zielfunktion von O. $x_1, \ldots, x_n$ heißen die Entscheidungsvariablen von O.

Bemerkung 3 (Standardproblem der linearen Optimierung)

- Ergibt sich – wie im obigen Fall – das Standardproblem O' aus einem typischen linearen Optimierungsproblem nach Definition 11, so gilt $n = q + m$ und die ersten q Komponenten einer optimalen Lösung von O' stellen eine optimale Lösung von O dar.
- Es sei der Fall erwähnt, bei dem die Ungleichungen des ursprünglichen Optimierungsproblems vom Typ $A \cdot x \geq b$ sind. Dann wird die Matrix $\overline{A} = (A \quad -I)$ eingeführt, um das Standardproblem zu erhalten. Liegen Ungleichungen mit „$\leq$"-Bedingungen und „$\geq$"-Bedingungen vor, so wird entsprechend vorgegangen, so dass ab hier stets vom Standardproblem der linearen Optimierung ausgegangen werden kann und auch wird, welches generell mit O bezeichnet wird.

Ein Lösungsverfahren entsteht durch systematisches Durchsuchen seines zulässigen Bereichs. Eine signifikante Reduktion des Suchaufwands ist möglich, sofern der Suchraum auf eine möglichst kleine Menge möglicher Lösungen reduziert werden kann. Dazu wird der zulässige Bereich von linearen Optimierungsproblemen im Folgenden untersucht.

Definition 13 (zulässiger Bereich)

O sei das Standardproblem der linearen Optimierung nach Definition 12 mit Koeffizientenmatrix A und Restriktionsvektor b. Die Menge $M = \{x \in \mathbb{R}^n \mid A \cdot x = b, x \geq 0\}$ heißt zulässiger Bereich oder Zulässigkeitsbereich des linearen Optimierungsproblems O.

Im Folgenden wird nachgewiesen, dass der zulässige Bereich (M) eines linearen Optimierungsproblems eine konvexe Menge mit Eckpunkten (bzw. Extrempunkten) ist. Eckpunkte wurden (als Extrempunkte) im Rahmen der konvexen Analysis bereits definiert.

Satz 13 (Charakterisierung des zulässigen Bereichs)

Es sei M der zulässige Bereich eines Standardproblems der linearen Optimierung (O) und es sei $M \neq \emptyset$. Dann gilt:

- M ist konvex und
- M hat mindestens einen Eckpunkt.

Beweis: s. Abschnitt zu den mathematischen Grundlagen von Optimierungsproblemen im Internet.

Nach dem folgenden Satz wird ein Minimum, sofern es existiert, in einem Eckpunkt angenommen.

Satz 14 (Charakterisierung der Optimalstellen eines linearen Optimierungsproblems)

Es sei O ein Standardproblem der linearen Optimierung mit dem zulässigen Bereich M und dem Zielfunktionsvektor c. Es existiere eine Optimalstelle $x^* \in M$, also in Formeln $F(x^*) = c^T \cdot x^* = \min\{c^T \cdot x \mid x \in M\}$. Dann gilt für die Menge aller Optimalstellen $M_{opt} = \{x \in M \mid c^T \cdot x = c^T \cdot x^*\}$:

- M_{opt} ist konvex und
- M_{opt} enthält einen Eckpunkt von M. Dieser ist dann auch Eckpunkt von M_{opt}.

Beweis: s. Abschnitt zu den mathematischen Grundlagen von Optimierungsproblemen im Internet.

Nach Satz 14 wird eine optimale Lösung von einem Standardproblem der linearen Optimierung in einem seiner Eckpunkte angenommen. Deswegen ist jedes Standardproblem der linearen Optimierung durch Absuchen seiner Eckpunkte lösbar; dies ist im Algorithmus 1 formalisiert.

Algorithmus 1 (Lösung eines Standardproblems der linearen Optimierung)

Eingabe: Standardproblem der linearen Optimierung O mit der Zielfunktion F

Voraussetzung: O hat eine (optimale) Lösung

1.3 Grundlegende Resultate der linearen Optimierung

1. Bestimme sämtliche Eckpunkte (bzw. Extrempunkte) des zulässigen Bereichs von O und erhalte die Menge $\mathcal{E}$
2. Berechne $x^* = \min\{F(x) \mid x \in \mathcal{E}\}$.

Ausgabe: optimale Lösung x^*.

Für ein Verfahren entscheidend ist die Möglichkeit, solche Eckpunkte berechnen zu können. Dies gelingt über die folgende Charakterisierung von Eckpunkten.

Satz 15 (Bestimmung eines Eckpunktes)

Es sei O ein Standardproblem der linearen Optimierung mit dem zulässigen Bereich M, der Koeffizientenmatrix A mit dem Rang r (also Rang (A) = r). Der zulässige Punkt $x \in M$ ist genau dann Eckpunkt von M, wenn es r linear unabhängige Spaltenvektoren $a^{i_1}, \ldots, a^{i_r}$ von A gibt, mit $x_i = 0$ für alle $i \notin \{i_1, \ldots, i_r\}$.

Beweis: s. Abschnitt zu den mathematischen Grundlagen von Optimierungsproblemen im Internet.

Im Hinblick auf den Nachweis einerseits, aber vor allem auf die Entwicklung eines konkreten Verfahrens andererseits, sei erwähnt, dass zu einer Menge von linear unabhängigen Spaltenvektoren eine Lösung des Gleichungssystems $A \cdot x = b$ berechnet wird, um einen Eckpunkt zu erhalten (also die „$\Leftarrow$"-Richtung in Satz 15), und auch der aus der linearen Algebra bekannte Austauschsatz von Steinitz eingesetzt wird, um einen Eckpunkt durch linear unabhängige Spaltenvektoren zu charakterisieren. Insbesondere besitzt ein Standardproblem der linearen Optimierung nach Definition 12 nur endlich viele Eckpunkte; dies ist in Lemma 8 formalisiert.

Lemma 8 (Folgerungen aus Satz 15)

Es sei M der zulässige Bereich eines linearen Optimierungsproblems in Standardnormalform mit der Koeffizientenmatrix A, deren Rang gleich r ist (also Rang (A) = r).
- Ein Eckpunkt von M hat höchstens r (= Rang A) von Null verschiedene Komponenten.
- Es sei $I \subset \{1, \ldots, r\}$ eine Auswahl von r linear unabhängigen Spaltenvektoren von A. Dann gibt es höchstens einen Eckpunkt x in M mit $x_i = 0$ für alle $i \notin I$.
- M und M_{opt} haben höchstens endlich viele Eckpunkte.

Beweis: s. Abschnitt zu den mathematischen Grundlagen von Optimierungsproblemen im Internet.

Es sei betont, dass Satz 15 und die Folgerungen daraus (s. Lemma 8) nicht ausschließen, dass in einem Eckpunkt weniger als r (= Rang (A)) Komponenten von Null verschieden sind. Dieser Fall tritt beispielsweise für b = 0 ein, da dann der zulässige Bereich $M = \{x \in \mathbb{R}^n \mid A \cdot x = 0, x \geq 0\}$ den Nullpunkt als Eckpunkt hat. Hat die Menge $I = \{i \in \{1, \ldots, r\} \mid x_i \neq 0\}$ für einen Eckpunkt $x \in M$ weniger als r Elemente, so können bei der Ergänzung der Spaltenvektoren (eben nach dem Austauschsatz von Steinitz) für die Richtung „$\Rightarrow$" des Beweises von Satz 15 mehrere Möglichkeiten vorliegen; dies führt zur Einführung eines so genannten entarteten Eckpunkts, auf die hier verzichtet wird (s. z.B. [Bol80]).

Aus Satz 15 lässt sich nachweisen, dass alle Eckpunkte eines Standardproblems der linearen Optimierung über alle Kombinationen linear unabhängiger Spaltenvektoren von seiner Koeffizientenmatrix (A) berechnet werden können (eben durch Lösen eines linearen Gleichungssystems). Damit ist Algorithmus 1 nach endlich vielen Schritten beendet.

Es existiert ein Kriterium für die Optimalität eines Eckpunkts, ohne die übrigen Eckpunkte berechnen zu müssen. Deswegen werden in einem verbesserten Verfahren die Eckpunkte schrittweise erzeugt und auf Optimalität überprüft. Liegt diese vor, so terminiert dieser Algorithmus.

Darüber hinaus wurde ein Verfahren entwickelt, wie von einem Eckpunkt $\left(\mathcal{E}^1\right)$ zu einem neuen Eckpunkt $\left(\mathcal{E}^2\right)$ gegangen werden kann. Das Verfahren entfernt einen Spaltenvektor aus der Kombination linear unabhängiger Spaltenvektoren von A zu $\mathcal{E}^1$ und ersetzt diesen durch einen anderen Spaltenvektoren von A, so dass wieder eine Kombination linear unabhängiger Spaltenvektoren entsteht, die einen Eckpunkt charakterisiert, nämlich den Eckpunkt $\mathcal{E}^2$. Ein solcher Austausch von einem Spaltenvektor kann so erfolgen, dass die Zielfunktionswerte abnehmen (der Zielfunktionswert von $\mathcal{E}^2$ ist kleiner als der von $\mathcal{E}^1$; genau genommen kann (muss aber nicht) bei einem entarteten Eckpunkt wieder der gleiche Eckpunkt erzeugt werden, der dann allerdings durch eine andere Kombination linear unabhängiger Spaltenvektoren charakterisiert wird).

Damit sind die beiden wesentlichen Schritte des Simplex-Verfahrens skizziert: der Austauschschritt und der Optimalitätstest. Die Konkretisierung des Simplex-Verfahrens beschreibt eine effiziente Durchführung dieser beiden Schritte; dies schließt das Finden eines Anfangseckpunkts mit ein. Besonders betont sei an dieser Stelle die Sensitivitätsanalyse einer durch das Simplex-Verfahren berechneten Lösung. Betrachtungen hierzu finden sich ebenfalls in vielen Standardwerken zum Operations Research, wie beispielsweise in [HiLi02].

Abschließend sei auf die Forderung nach ganzzahligen Lösungen eines linearen Optimierungsproblems eingegangen; s. auch Bemerkung 1.

Definition 14 (ganzzahliges lineares Optimierungsproblem)

Gegeben sei ein Standardproblem der linearen Optimierung nach Definition 12 mit Koeffizientenmatrix A, Restriktionsvektor b und Zielfunktionsvektor c. Dann heißt das Problem

$\min F(x) = c^T \cdot x$

u.d.N.

$A \cdot x = b$,

$x \geq 0$

1.3 Grundlegende Resultate der linearen Optimierung

sowie

$x \in \mathbb{Z}$

ganzzahliges lineares Optimierungsproblem.

Bemerkung: Wegen den Nichtnegativitätsbedingungen in Definition 14 sind nur natürliche Zahlen einschließlich der Null als Lösung möglich. Dies ergibt sich aus der zu Beginn dieses Abschnitts (1.3) hergeleiteten Normalform. (Wie ebendort begründet wurde, ergibt sich eine negative Belegung einer Entscheidungsvariable durch die Multiplikation dieser Entscheidungsvariable mit -1.)

Auch bei der Lösung ganzzahliger linearer Optimierungsprobleme kann das Simplex-Verfahren hilfreich sein. Die meisten erfolgreichen Algorithmen zur Lösung solcher Probleme bauen dieses Verfahren mit ein. Ganzzahlige Probleme können zum Beispiel bei der Bestimmung von Stückzahlen in der Produktionsplanung auftreten bzw. allgemein immer dann, wenn die hinter den Entscheidungsvariablen stehenden Faktoren wie Stückzahlen, Menschen, Gebäude, Projekte oder Maschinen nicht beliebig teilbar sind, oder auch dann, wenn Entscheidungsvariablen mit Werten von 0 und 1 verwendet werden, um logische Bedingungen wie Ausschlusskriterien auszudrücken. Sie besitzen im Gegensatz zu linearen Optimierungsproblemen häufig endlich viele zulässige Lösungen. Es liegt nahe, nichtganzzahlige zulässige Lösungen eines linearen Optimierungsproblems auszuklammern. Dies macht es allerdings nicht einfacher, das Problem zu lösen. Denn gerade das Vorhandensein aller zulässigen Lösungen garantiert die Existenz einer zulässigen Eckpunktlösung, welche für den Simplexalgorithmus von zentraler Bedeutung ist; es sei erwähnt, dass auch die Konvexität des Lösungsraums bei ganzzahligen linearen Optimierungsproblemen nicht gegeben ist. Grundsätzlich sind lineare Optimierungsprobleme einfacher zu lösen als ganzzahlige lineare Optimierungsprobleme.

Es gibt allerdings Klassen von linearen Optimierungsproblemen, bei denen das Simplex-Verfahren „automatisch" ganzzahlige Lösungen erzeugt. Es handelt es sich um solche linearen Optimierungsprobleme in Form eines Standardproblems nach Definition 12, bei denen die Koeffizientenmatrix total unimodular ist. Für die formale Definition einer total unimodularen Matrix sei auf [DoDr06] verwiesen. Zur Bedeutung der damit verbundenen Einschränkung sei erwähnt, dass eine total unimodulare Matrix nur die Elemente 0, $+1$ oder -1 hat; es sei betont, dass diese Forderung bei weitem nicht ausreichend (für die totale Unimodularität) ist.

Da in den meisten Fällen die Koeffizientenmatrix nicht total unimodular ist, sind andere Lösungsansätze zu diskutieren. Manchmal wird mit Näherungsverfahren versucht, eine ganzzahlige Lösung zu finden. Dabei werden dann die nichtganzzahligen Werte in der resultierenden Lösung zu ganzzahligen Werten gerundet. Dieses Verfahren kann dann besonders gut angewendet werden, wenn die Variablenwerte ziemlich groß sind, da dann relativ kleine Rundungsfehler zu erwarten sind. Dabei muss jedoch stets berücksichtigt werden, dass ein durch Runden gebildeter Punkt nicht notwendigerweise zulässig sein muss.

Falls die optimale Lösung erfolgreich gerundet werden kann (also eine zulässige Lösung entsteht), ist es keineswegs gesichert, dass der durch Runden gebildete Punkt auch die optimale ganzzahlige Lösung ist. Das Problem, dass die gerundete Lösung sehr weit von der tatsächlichen optimalen Lösung entfernt sein kann, wird nun an dem folgenden Beispiel veranschaulicht.

Beispiel 11 (fehlerhafte Rundung bei gesuchter ganzzahliger Lösung)

Die Zielfunktion des Optimierungsproblems (O) laute $F(x) = 14 \cdot x_1 + 4 \cdot x_2$ und ist, um negative Zielfunktionswerte zu vermeiden, zu maximieren; also max $F(x) = 14 \cdot x_1 + 4 \cdot x_2$. Die Restriktionen von O lauten:

$7 \cdot x_1 + x_2 \leq 7$, $x_2 \leq 2$ und $x_1, x_2 \in \mathbb{N}_0$ (und damit insbesondere $x_1 \geq 0 \land x_2 \geq 0$).

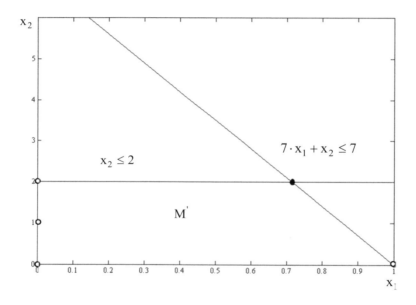

Abbildung 7: zulässiger Bereich von O (durch Kreise markiert) und zulässiger Bereich von O' (als M' markiert)

Die Ungleichungen von O bilden Halbebenen im zweidimensionalen Raum und die Schnittmenge dieser Halbebenen ist gerade der zulässige Bereich (M') des zugehörigen linearen Optimierungsproblems von (O'), also des Problems mit den Restriktionen $x_1 \geq 0 \land x_2 \geq 0$ (anstatt von $x_1, x_2 \in \mathbb{N}_0$). Graphisch ist dies in Abbildung 7 visualisiert. Durch Kreise sind die möglichen Lösungen des Ausgangsproblems O (also sein zulässiger Bereich) markiert. Das abgeleitete lineare Optimierungsproblem O' hat vier Eckpunkte, nämlich $(0,0)$, $(1,0)$, $(0,2)$ und $\left(\frac{5}{7},2\right)$ (der Schnittpunkt zwischen den Geraden $7 \cdot x_1 + x_2 = 7$ und $x_2 = 2$). Die Zielfunktionswerte dieser vier Punkte lauten: $F((0,0)) = 0$, $F((1,0)) = 14$, $F((0,2)) = 8$ und $F\left(\left(\frac{5}{7},2\right)\right) = 18$. Damit ist $\left(\frac{5}{7},2\right)$ der optimale Punkt von O' und sein Zielfunktionswert ist 18; in Abbildung 7 durch einen Punkt markiert.

Der zulässige Bereich des ursprünglichen Problems O besteht nur aus den vier Punkten $(0,0)$, $(1,0)$, $(0,1)$ und $(0,2)$; s. Abbildung 7. Die zugehörigen Zielfunktionswerte sind $F((0,0)) = 0$, $F((1,0)) = 14$, $F((0,1)) = 4$ und $F((0,2)) = 8$. Damit ist $(1,0)$ der optimale Punkt von O und sein Zielfunktionswert ist 14.

Würde der nichtganzzahlige Teil des optimalen Punktes von O', nämlich $x_1 = \frac{5}{7}$, gerundet, so ergibt sich (als einziger möglicher Wert, der zu einem zulässigen Punkt führt) die Belegung $x_1 = 0$ und damit der Punkt $(0,2)$, der nach dem obigen Nachweis kein optimaler Punkt ist. (Es sei angemerkt, dass die Belegung $x_1 = 1$, die sich nach den üblichen Rundungsregeln ergibt, zu dem unzulässigen Punkt $(1,2)$ führt.)

Wegen dieser Probleme gibt es vor allem zur Lösung größerer ganzzahliger linearer Optimierungsprobleme so genannte heuristische Algorithmen. Diese Verfahren sind zwar äußerst wirkungsvoll für umfangreiche Probleme, garantieren aber nicht das Auffinden einer Optimallösung. Heuristische Algorithmen sind jedoch bedeutend effektiver als das oben aufgeführte Rundungsverfahren. Die Entwicklung von rechnerisch effizienten Algorithmen zur Lösung ganzzahliger Optimierungsprobleme stellt weiterhin ein reges Forschungsgebiet dar.

1.4 Schwierigkeiten bei nichtlinearen Optimierungsproblemen

Für das allgemeine nichtlineare Optimierungsproblem wurde bisher auch im Fall von beliebig oft stetig differenzierbaren Ziel- und Restriktionsfunktionen keine befriedigende Lösungsmethode gefunden. Die dafür verantwortlichen Schwierigkeiten werden im Folgenden analysiert. Einige treten bereits in dem folgenden, sehr einfachen Beispiel 12 auf.

Beispiel 12: (Optimierungsproblem mit sehr einfachen Restriktionen und nichtlinearer Zielfunktion)

Mit der in Abbildung 8 dargestellten nichtlinearen Funktion $f: \mathbb{R} \to \mathbb{R}$ lautet das nichtlineare Optimierungsproblem $\min_{x \in [a,b]} f(x)$. f (s. Abbildung 8) hat einen zulässigen Bereich

$(M = [a,b])$, der sich durch sehr einfache lineare Restriktionen charakterisieren lässt. f besitzt in $\overline{x}$ einen globalen Minimalpunkt. $\overline{x}$ und x^* sind lokale Minimalpunkte von f mit $f(\overline{x}) < f(x^*)$. Der zulässige Bereich $[a,b]$ ist konvex mit den beiden Extrempunkten a und b.

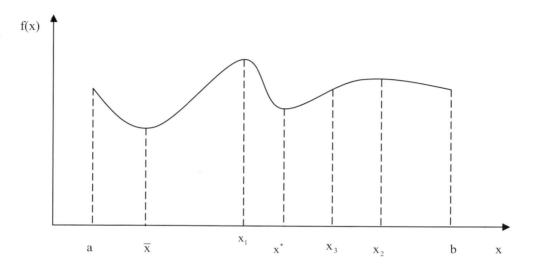

Abbildung 8: lokale Minimalpunkte

Für die Diskussion von Ansätzen für ein Lösungsverfahrens wird zunächst eine differenzierbare reellwertige Funktion f einer Variablen über einem abgeschlossenen, beschränkten Intervall $[a,b]$ betrachtet. Zur Ermittlung eines globalen Minimalpunktes von f ist aus der Analysis der folgende Algorithmus bekannt (s. beispielsweise [EnLu83]):

Algorithmus 2 (Bestimmung von Minimalstellen einer eindimensionalen Funktion)

Eingabe: differenzierbare, reellwertige Funktion f einer eindimensionalen Variablen über einem abgeschlossenen, beschränkten Intervall $[a,b]$.

Schritt 1: Berechne die Funktionswerte f(a) und f(b) an den Intervallenden a und b.

Schritt 2: Bestimme alle Nullstellen der ersten Ableitung $\frac{df(x)}{dx} = f'(x)$ im Inneren von dem Intervall $[a,b]$; also über (a,b). Die Menge $\mathcal{N}$ enthalte alle so bestimmten Nullstellen.

Schritt 3: Bestimme das Minimum y^* von den Funktionswerten (von f) an den Nullstellen von f' und an den Intervallenden; also $y^* = \min\{f(x) | x \in \mathcal{N} \cup \{a,b\}\}$. Die

1.4 Schwierigkeiten bei nichtlinearen Optimierungsproblemen

Punkte aus den Nullstellen von f' und den Intervallenden (also aus $\mathcal{N} \cup \{a,b\}$), bei denen f dieses Minimum (y^*) annimmt, sind globale Minimalpunkte von f über $[a,b]$.

Ausgabe: Globales Minimum von f über $[a,b]$.

Da das Verschwinden der ersten Ableitung nur eine notwendige Bedingung für einen lokalen Minimalpunkt im Innern des Intervalls [a,b] ist, werden in Schritt 2 i. A. auch Punkte berechnet, in denen nicht einmal ein lokales Minimum vorliegt (im obigen Beispiel 12 sind dies die lokalen Maximalpunkte x_1 und x_2; es sind aber auch Wendepunkte mit horizontaler Tangente möglich). Dennoch ist dieses Verfahren gut anwendbar, wenn alle Nullstellen von $f'(x)$ in (a,b) auf einfache Weise bestimmt werden können.

Im Folgenden wird die Übertragbarkeit dieses Vorgehens auf Funktionen mit mehreren Veränderlichen diskutiert. Dazu sei f nun eine differenzierbare reellwertige Funktion von n Variablen $(n \geq 2)$ und M sei eine abgeschlossene und beschränkte Teilmenge des $\mathbb{R}^n$. Dann sind alle im Innern von M liegenden lokalen Minimalpunkte von f in der Menge der Nullstellen des Gradienten ∇f $(= \operatorname{grad} f)$ von f enthalten, die im Innern von M liegen (s. [EnLu81]). Auch wenn es gelingt, alle diese Nullstellen von ∇f zu berechnen, so kann Algorithmus 2 (für den Fall $n = 1$) dennoch nicht unmittelbar auf den Fall $n \geq 2$ übertragen werden. Beim Übergang von $n = 1$ zu $n \geq 2$ werden nämlich die beiden Intervallenden a und b in Schritt 1 durch ein Kontinuum unendlich vieler Randpunkte von M ersetzt. Deswegen kann Schritt 1 (und folglich auch Schritt 3) nicht mehr ausgeführt werden.

Eine Reduktion auf endlich viele Auswertungspunkte (also die Anwendbarkeit von Algorithmus 2) wird erreicht, sofern es gelingt, die Bedingung $\nabla f(x) = 0$ (0 ist der geeignet dimensionierte Nullvektor) für lokale Minima im Inneren von M zu solchen notwendigen Bedingungen zu erweitern, die auch lokale Minimalpunkte auf dem Rand von M erfassen.

Derzeit gibt es jedoch keine numerische Methode, die alle Nullstellen eines beliebigen Gleichungssystems der Form $\nabla f(x) = 0$ (oder alle Lösungen erweiterter notwendiger Bedingungen) ermittelt. Daher ist zu erwarten, dass beim Vorliegen solcher Bedingungen das Verfahren nur in einfachen Ausnahmefällen terminiert.

Deswegen wird häufig versucht, nach dem folgenden Algorithmus 3 vorzugehen.

Algorithmus 3 (Numerisches Verfahren zur Lösung eines nichtlinearen Optimierungsproblems)

Ausgehend von einem zulässigen Punkt x^0 wird geradlinig in Richtung abnehmender Werte der Zielfunktion zu einem neuen zulässigen Punkt $x^1 \in M$ mit $f(x^1) < f(x^0)$ gegangen. Dann übernimmt x^1 die Rolle von x^0; also wird in x^1 erneut eine (neue) Richtung abnehmender Zielfunktionswerte festgelegt und auf dieser ein neuer zulässiger Punkt $x^2 \in M$ mit

$f(x^2) < f(x^1)$ bestimmt. Das Verfahren wird solange iteriert, bis ein Punkt x^* erreicht worden ist, in welchem keine solche „Abstiegsrichtung" mehr existiert.

Die Anwendung eines solchen Verfahrens auf das obigen Beispiel 12 führt vom Punkt x_3 lediglich zu dem lokalen Minimalpunkt x^*. Dieses Beipiel zeigt ein häufig auftretendes Problem dieses Ansatzes, nach dem ein lokaler Minimalpunkt erreicht wird, den das Verfahren auch nicht (zur weiteren Suche nach einem globalen Minimum) wieder verlassen kann. Anders ausgedrückt ist für Probleme höherer Dimension (also $n \geq 2$) lediglich die Konvergenz gegen einen lokalen Minimalpunkt zu erwarten.

Vermieden wird dieses Problem bei der Betrachtung solcher nichtlinearer Optimierungsprobleme, bei denen jeder lokale Minimalpunkt auch globaler Minimalpunkt ist. Es sei betont, dass lineare Optimierungsprobleme diese Eigenschaft besitzen. Sie bedeutet nicht nur eine wesentliche Einschränkung für die Zielfunktionen, sondern auch für die zulässigen Bereiche. Das folgende Beispiel 13 möge dies illustrieren.

Beispiel 13 (lineare Zielfunktion über einen nichtlinearen zulässigen Bereich)

Die einfache lineare Zielfunktion $f(x_1, x_2) = -x_2$ besitzt über den in Abbildung 9 schraffierten zulässigen Bereich M neben dem globalen Minimalpunkt $\overline{x}$ drei lokale, aber nicht globale Minimalpunkte x_1^*, x_2^* und x_3^*.

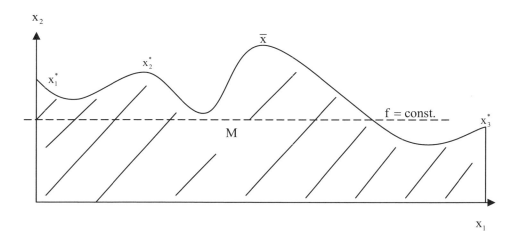

Abbildung 9: Graph zur Funktion $f(x_1, x_2) = -x_2$ über einen nichtlinearen zulässigen Bereich

Für differenzierbare Zielfunktionen lässt sich zeigen, dass der negative Gradient $-\nabla f(x^*)$ in Richtung des stärksten Abstiegs der Funktionswerte $f(x)$ zeigt. Weiter lässt sich zeigen, dass eine Richtung abnehmender Zielfunktionswerte (die so genannte Abstiegsrichtung), die in Algorithmus 3 benötigt wird, mit dem negativen Gradienten einen spitzen Winkel bilden muss. (Beide Aussagen ergeben sich aus Satz 16 im Abschnitt 1.5 über Optimalitätsbedingungen und seine (dort angegebene) Interpretation.) Es lässt sich ferner zeigen, dass in einem Punkt x^* genau dann keine Abstiegsrichtung mehr gefunden werden kann, wenn dort die (erweiterten) notwendigen Bedingungen für einen lokalen Minimalpunkt erfüllt sind. Dies ergibt sich aus der Anwendung der Optimalitätsbedingungen im Abschnitt 1.5.

Deswegen wird im differenzierbaren Fall häufig folgende Verschärfung der Forderung, dass ein lokaler Minimalpunkt auch ein globaler Minimalpunkt ist, verlangt. Bei dieser werden nur solche nichtlinearen Optimierungsprobleme betrachtet, bei denen diese notwendigen Bedingungen auch hinreichend für das Vorliegen eines globalen Minimalpunktes sind. Insbesondere folgt für ein x^* mit $\nabla f(x^*) = 0$, dass x^* ein globaler Minimalpunkt ist. Es sei angemerkt, dass eine solche Verschärfung für lineare Optimierungsprobleme nicht erforderlich ist.

In Anwendungen liegen öfters nichtlineare Optimierungsprobleme vor, bei denen die Zielfunktion (über $\mathbb{R}^n$) zwar lokale, aber nicht globale Minima besitzt, aber ein globales Minimum in einem von endlich vielen ausgezeichneten Randpunkten angenommen wird. Ein geschicktes Absuchen dieser Punkte führt dann zum Optimum. Diese Eigenschaft liegt im Beispiel 12 nicht vor. Es sei betont (s. den Abschnitt über grundlegende Resultate der linearen Optimierung), dass jedes lineare Optimierungsproblem $\mathcal{O}$ diese Eigenschaft besitzt, da ein globales Minimum von $\mathcal{O}$ in einem der endlich vielen ausgezeichneten Extrempunkte (oder Eckpunkte) des zulässigen Bereichs von $\mathcal{O}$ angenommen wird. Dadurch wird in endlich vielen Schritten entweder eine (optimale) Lösung (für $\mathcal{O}$) gefunden oder festgestellt, dass keine Lösung existiert. Da ein lokales Minimum (von $\mathcal{O}$) auch ein globales Minimum ist, berechnet das Simplex-Verfahren ausgehend von einem ersten zulässigen Punkt schrittweise weitere zulässige Punkte mit von Schritt zu Schritt abnehmenden Zielfunktionswerten und dadurch, im Falle eines existierenden Minimums, nach endlichen vielen Schritten ein Minimum.

1.5 Optimalitätsbedingungen

Nach Ansicht des Autors hat Horst [Hors79] im Abschnitt 2.1 die umfangreichste Auflistung über Optimalitätsbedingungen in der Literatur vorgelegt. Zur Vollständigkeit der hier aufgeführten mathematischen Grundlagen sind sie in diesem Abschnitt in der in diesem Buch verwendeten Terminologie, insbesondere in Form von Optimierungsproblemen, angegeben; teilweise wurden sie um einfachere Folgerungen einerseits und um den Zusammenhang zum eindimensionalen Fall andererseits erweitert. Wiederum sind die Beweise im Internet (im Abschnitt zu den mathematischen Grundlagen von Optimierungsproblemen) publiziert, und zwar teilweise zum leichteren Verständnis etwas erweitert.

Bemerkung: Es sei angemerkt, dass die Funktionen eines Optimierungsproblems nach Definition 4 über $\mathbb{R}^n$, $n \in \mathbb{N}$, definiert sind. Maßgeblich ist jedoch der durch die Restriktionen eines Optimierungsproblems festgelegte zulässige Bereich (M). Die in den folgenden Sätzen und Lemmas geforderten Eigenschaften der Funktionen eines Optimierungsproblems beziehen sich zwangsläufig auf diesen zulässigen Bereich M; auch dann, wenn dies nicht immer ganz formal exakt angegeben worden ist.

Im Algorithmus 3 wurde angeregt, Minimalpunkte über einer zulässigen Menge M durch sukzessives Fortschreiten in Richtung abnehmender Zielfunktionswerte zu lokalisieren. Mit der Terminologie von Algorithmus 3 sei angenommen, dass von dem zulässigen Punkt x^0 das Fortschreiten vorgenommen werden würde. Ist x^0 ein Randpunkt von M, so dürfen nur solche Richtungen betrachtet werden, längs derer eine endliche Strecke fortgeschritten werden kann, ohne den zulässigen Bereich zu verlassen. Handelt es sich bei x^0 um einen inneren Punkt von M, so sind keine weiteren Bedingungen zu beachten. Die erforderliche Bedingung an eine Fortschreitungsrichtung führt zu dem Begriff einer zulässigen Richtung.

Definition 15 (zulässige Richtung)

Gegeben sei ein Optimierungsproblem (O) mit zulässigem Bereich $M \subseteq \mathbb{R}^n$. x^* sei ein zulässiger Punkt von O (also $x^* \in M$). Ein Vektor $s \in \mathbb{R}^n$ heißt zulässige Richtung im Punkt x^*, falls eine reelle Zahl $\delta' > 0$ existiert, so dass $x^* + \delta \cdot s \in M$ $\forall$ $0 \leq \delta \leq \delta'$ gilt (also $x^* + \delta \cdot s$ $\forall$ $0 \leq \delta \leq \delta'$ ein zulässiger Punkt von O ist). Die Menge aller zulässigen Richtungen im Punkt x^* wird durch $Z(x^*)$ bezeichnet.

Das folgende Beispiel möge das Konzept, auch graphisch, veranschaulichen.

Beispiel 14 (zulässige Richtung)

Ist x^* ein innerer Punkt eines zulässigen Bereichs $M \subseteq \mathbb{R}^n$, d.h., es gibt eine ε-Umgebung von x^*, die vollständig in M liegt; s. Abbildung 10, links. Dann ist offenbar jeder Vektor $s \in \mathbb{R}^n$ eine zulässige Richtung im Punkt x^*, d.h. $Z(x^*) = \mathbb{R}^n$; s. Abbildung 10, links. Ist x^* ein Randpunkt eines zulässigen Bereichs $M \subseteq \mathbb{R}^n$, d.h., jede ε-Umgebung von x^* enthält mindestens einen Punkt aus M und einen Punkt der nicht zu M gehört; s. Abbildung 10, rechts. Dann existieren im Allgemeinen sowohl zulässige als auch nicht zulässige Richtungen; s. Abbildung 10, rechts.

1.5 Optimalitätsbedingungen

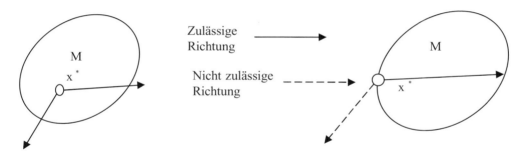

Abbildung 10: zulässige und nicht zulässige Richtungen

Interessant ist die Ermittlung von $Z(x^*)$ für Randpunkte eines zulässigen Bereichs. Dazu dient der folgende Satz 16.

Satz 16 (Hyperfläche, stärkster Anstieg)

Es seien $f \in C^1$ und $x^*, s \in \mathbb{R}^n$ mit $s^T \cdot \nabla f(x^*) < 0$. Dann gibt es ein $\delta' \in \mathbb{R}$ mit $\delta' > 0$, so dass gilt: $f(x^* + \delta \cdot s) < f(x^*) \quad \forall \ 0 < \delta \leq \delta'$.

Beweis: s. Abschnitt zu den mathematischen Grundlagen von Optimierungsproblemen im Internet.

Satz 16 lässt sich auf die folgende Weise anschaulich interpretieren. Zunächst steht der Gradient $\nabla f(x^*)$ senkrecht auf der durch den Punkt x^* gehenden Hyperfläche $f(x) = \alpha$. Er zeigt in Richtung des stärksten Anstiegs der Funktionswerte $f(x)$, s. Abbildung 11, links.

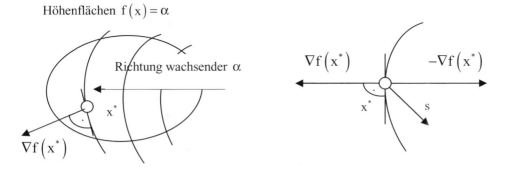

Abbildung 11: Gradient, Hyperfläche und stärkster Anstieg

Die Bedingung in Satz 16, nach der das Skalarprodukt der Vektoren s^T und $\nabla f(x^*)$ negativ ist, bedeutet, dass die beiden Vektoren s und $\nabla f(x^*)$ einen stumpfen Winkel bzw. die beiden Vektoren s und $-\nabla f(x^*)$ einen spitzen Winkel bilden, s. Abbildung 11, rechts. Wird von x^* aus in Richtung s fortgeschritten, so nehmen folglich die Zielfunktionswerte (von f) ab. Ist s zudem eine zulässige Richtung und $x^* \in M$ – d.h. der zulässige Bereich M wird nicht sofort verlassen –, dann wird von x^* aus längs s eine „bessere" zulässige Lösung erreicht (beim Vorliegen eines Minimierungsproblems). Die im Algorithmus 3 benötigte Abstiegsrichtung muss also mit dem negativen Gradienten einen spitzen Winkel bilden.

Mit diesen Begriffen lassen sich nun notwendige und hinreichende Bedingungen dafür angeben, dass ein Punkt x^* ein lokaler oder ein globaler Minimalpunkt einer Zielfunktion f auf einem zulässigen Bereich ist. Mit solchen Bedingungen kann die Terminierung von einem auf Algorithmus 3 basierenden Verfahren realisiert werden.

Satz 17 (notwendige Optimalitätsbedingung 1. Ordnung)

Gegeben sei ein Optimierungsproblem (O) mit Zielfunktion $f \in C^1$ und zulässigem Bereich $M \subseteq \mathbb{R}^n$ sowie mit einem lokalen Minimalpunkt x^* von f auf M. Dann gilt

Formel 6: $\quad s^T \cdot \nabla f(x^*) \geq 0$ für alle $s \in Z(x^*)$.

Beweis: s. Abschnitt zu den mathematischen Grundlagen von Optimierungsproblemen im Internet.

Die Anwendung von Satz 17 wird anhand von Beispiel 15 vorgeführt.

Beispiel 15 (notwendige Optimalitätsbedingung 1. Ordnung)

Die Zielfunktion eines Optimierungsproblems habe die Form

$$f(x_1, x_2) = 7 \cdot (x_1 - 7)^2 + (x_2 + 7)^2.$$

Sein zulässiger Bereich sei $M = \{(x_1, x_2) \in \mathbb{R}^2 \mid x_1 \geq 0, x_2 \geq 0\}$. Die optimale Lösung des Optimierungsproblems wird in $\begin{pmatrix} 7 \\ 0 \end{pmatrix}$ angenommen, da dort f sein Minimum auf M annimmt.

Auf diesen Punkt $\begin{pmatrix} 7 \\ 0 \end{pmatrix}$ wird nun Formel 6 in Satz 17 angewendet. Für den Gradienten von f ist: $\nabla f\left(\begin{pmatrix} x_1 \\ x_2 \end{pmatrix}\right) = \begin{pmatrix} 14 \cdot (x_1 - 7) \\ 2 \cdot (x_2 + 7) \end{pmatrix}$. Damit ist $\nabla f\left(\begin{pmatrix} 7 \\ 0 \end{pmatrix}\right) = \begin{pmatrix} 0 \\ 14 \end{pmatrix}$ und es ist $Z\left(\begin{pmatrix} 7 \\ 0 \end{pmatrix}\right) = \left\{\begin{pmatrix} s_1 \\ s_2 \end{pmatrix} \in \mathbb{R}^2 \mid s_2 \geq 0\right\}$. Für die linke Seite der Formel 6 gilt für alle $s \in Z\left(\begin{pmatrix} 7 \\ 0 \end{pmatrix}\right)$:

$s^T \cdot \begin{pmatrix} 0 \\ 14 \end{pmatrix} = 14 \cdot s_2 \geq 0$, da $s_2 \geq 0$ gilt. Damit ist Formel 6 in Satz 17 erfüllt.

1.5 Optimalitätsbedingungen

Die Formel 6 in Satz 17 besagt, dass längs keiner zulässigen Richtung in einer Umgebung von x^* der Zielfunktionswert $f(x)$ verkleinert werden kann; dies wird wie folgt formalisiert.

Definition 16 (stationärer Punkt)

Gegeben sei ein Optimierungsproblem (O) mit Zielfunktion $f : \mathbb{R}^n \to \mathbb{R}$ und zulässigem Bereich $M \subseteq \mathbb{R}^n$. Ein Punkt $x^* \in M$, der die Bedingung (Formel 6) in Satz 17 erfüllt, heißt stationärer Punkt von f auf M.

Eine Vereinfachung von Satz 17 liegt vor, sofern der betrachtete lokale Minimalpunkt ein innerer Punkt von M ist; dies ist in Lemma 9 formal präzisiert.

Lemma 9 (Vereinfachung von Satz 17)

Gegeben sei ein Optimierungsproblem (O) mit Zielfunktion $f \in C^1$ und zulässigem Bereich $M \subseteq \mathbb{R}^n$ sowie mit einem lokalen Minimalpunkt x^* von f auf M, der zugleich ein innerer Punkt von M ist. Dann gilt: $\nabla f(x^*) = 0$.

Beweis: s. Abschnitt zu den mathematischen Grundlagen von Optimierungsproblemen im Internet.

Besonders interessant ist dieses Ergebnis (nach Lemma 9) für nichtlineare Optimierungsprobleme ohne Nebenbedingungen. Bei diesen ist der zulässige Bereich M gleich $\mathbb{R}^n$; also $M = \mathbb{R}^n$. Damit ist jeder Punkt von M ein innerer Punkt von M.

Für den Fall $n = 1$ nennt Lemma 9 das aus der Analysis bekannte Resultat, nach dem eine Nullstelle der ersten Ableitung von f $\left(f'(x^*) = 0\right)$ eine notwendige Bedingung für einen lokalen Minimalpunkt (x^*) von f auf $\mathbb{R}$ ist. Ein demnach auch stationärer Punkt (x^*) von f auf $\mathbb{R}$ kann eine lokale Minimal- oder Maximalstelle oder ein Wendepunkt mit horizontaler Wendetangente sein. Eine zusätzliche positive zweite Ableitung ist eine hinreichende Bedingung für einen lokalen Minimalpunkt. Dieses Ergebnis ist im folgenden Lemma zusammengefasst, zur Vollständigkeit ergänzt um die entsprechenden Bedingungen für einen lokalen Maximalpunkt.

Lemma 10 (notwendige und hinreichende Bedingungen für einen Extrempunkt bei eindimensionalen Funktionen)

- Ist x^* ein lokaler Minimalpunkt oder ein lokaler Maximalpunkt einer differenzierbaren Funktion $f : \mathbb{R} \to \mathbb{R}$. Dann ist $f'(x^*) = 0$.
- Ist f in einer Umgebung von x^* zweimal stetig differenzierbar, und gilt $f'(x^*) = 0$ sowie $f''(x^*) > 0$ $\left(f''(x^*) < 0\right)$, dann hat f in x^* ein lokales Minimum (Maximum).

Beweis: s. Abschnitt zu den mathematischen Grundlagen von Optimierungsproblemen im Internet.

Um das Analogon für den Fall $n \geq 2$ formulieren zu können, wird die Hesse-Matrix einer Funktion f (also $\nabla^2 f$ - s. den Abschnitt „Präliminarien" im Internet) benötigt.

Satz 18 (notwendige Optimalitätsbedingung 2. Ordnung)

Gegeben sei ein Optimierungsproblem (O) mit Zielfunktion $f \in C^2$ und zulässigem Bereich $M \subseteq \mathbb{R}^n$ sowie mit einem lokalen Minimalpunkt x^* von f auf M. Dann gilt für alle $s \in Z(x^*)$

1. $s^T \cdot \nabla f(x^*) \geq 0$ und
2. aus $s^T \cdot \nabla f(x^*) = 0$ folgt $s^T \cdot \nabla^2 f(x^*) \cdot s \geq 0$.

Beweis: s. Abschnitt zu den mathematischen Grundlagen von Optimierungsproblemen im Internet.

Auf die Funktion im Beispiel 15 wird diese Bedingung angewandt.

Beispiel 16 (notwendige Optimalitätsbedingung 2. Ordnung; Fortsetzung von Beispiel 15)

Der zu betrachtende Punkt ist aufgrund von Beispiel 15 der Punkt $\begin{pmatrix} 7 \\ 0 \end{pmatrix}$.

Teil (1) von Satz 18 ist bereits durch Satz 17 (bzw. die Berechnung in Beispiel 15) erfüllt.

Für Teil (2) von Satz 18 wird $s^T \cdot \nabla f\left(\begin{pmatrix} 7 \\ 0 \end{pmatrix}\right) = s^T \cdot \begin{pmatrix} 0 \\ 14 \end{pmatrix} = 14 \cdot s_2$ betrachtet. Für $s_2 = 0$ ist der Ausdruck gleich Null, also für alle in $\begin{pmatrix} 7 \\ 0 \end{pmatrix}$ zulässigen Richtungen, deren zweite Komponente s_2 verschwindet.

Die Hesse–Matrix von $f(x_1, x_2) = 7 \cdot (x_1 - 7)^2 + (x_2 + 7)^2$ ist: $\nabla^2 f((x_1, x_2)) = \begin{pmatrix} 14 & 0 \\ 0 & 2 \end{pmatrix}$.

Damit ergibt sich für den Wert $s^T \cdot \nabla^2 f(x^*) \cdot s$ eben der Term $s^T \cdot \begin{pmatrix} 14 & 0 \\ 0 & 2 \end{pmatrix} \cdot s = 14 \cdot s_1^2$, der stets nichtnegativ (≥ 0) ist.

Damit ist die notwendige Optimalitätsbedingung 2. Ordnung für dieses Beispiel erfüllt.

Für innere Punkte von M ergibt sich wieder eine ähnliche Vereinfachung wie bei Lemma 9.

1.5 Optimalitätsbedingungen

Lemma 11 (Vereinfachung von Satz 18)

Gegeben sei ein Optimierungsproblem (*O*) mit Zielfunktion $f \in C^2$ und zulässigem Bereich $M \subseteq \mathbb{R}^n$ sowie mit einem lokalen Minimalpunkt x^* von f auf M, der zugleich ein innerer Punkt von M ist. Dann gilt

1. $\nabla f(x^*) = 0$ und
2. $s^T \cdot \nabla^2 f(x^*) \cdot s \geq 0$ für alle $s \in \mathbb{R}^n$.

Beweis: s. Abschnitt zu den mathematischen Grundlagen von Optimierungsproblemen im Internet.

Da jeder Punkt des $\mathbb{R}^n$ ein innerer Punkt von $M = \mathbb{R}^n$ ist, sind die Aussagen (1) und (2) von Lemma 11 auch notwendige Bedingungen für Optimierungsprobleme ohne Nebenbedingungen.

Lemma 11, Teil (2), besagt, dass die Hesse-Matrix von f in einem lokalem Minimalpunkt x^*, der im Innern von M liegt, positiv semidefinit ist.

Lemma 11 erlaubt auch den Nachweis, dass ein Punkt kein lokaler Minimalpunkt sein kann; dies wird am Beispiel 17 demonstriert.

Beispiel 17 (Punkt ist kein lokaler Minimalpunkt aufgrund von Lemma 11)

Das Optimierungsproblem habe die folgende Gestalt:

$$\min_{x \in M} f(x) \text{ mit } f(x_1, x_2) = x_1 \cdot x_2$$

und M sei der Kreis $\{(x_1, x_2) \in \mathbb{R}^2 \mid x_1^2 + x_1^2 \leq 8\}$.

Es ist $\nabla f\left(\begin{pmatrix} x_1 \\ x_2 \end{pmatrix}\right) = \begin{pmatrix} x_2 \\ x_1 \end{pmatrix}$. Damit gilt für die notwendige Bedingung 1. Ordnung, also Teil (1) von Lemma 11, für innere Punkte: $\begin{pmatrix} x_2 \\ x_1 \end{pmatrix} = \begin{pmatrix} 0 \\ 0 \end{pmatrix} \Leftrightarrow x_1 = x_2 = 0$.

Die Hesse–Matrix von f ist: $\nabla^2 f\left(\begin{pmatrix} x_1 \\ x_2 \end{pmatrix}\right) = \begin{pmatrix} 0 & 1 \\ 1 & 0 \end{pmatrix}$. Damit ist für $s^T \cdot \nabla^2 f(x^*) \cdot s$, also für Teil (2) von Lemma 11, mit $x^* = \begin{pmatrix} 0 \\ 0 \end{pmatrix}$: $s^T \cdot \begin{pmatrix} 0 & 1 \\ 1 & 0 \end{pmatrix} \cdot s = 2 \cdot s_1 \cdot s_2$. Ein Ausdruck, der je nach $\begin{pmatrix} s_1 \\ s_2 \end{pmatrix} \in \mathbb{R}^2$ auch kleiner als Null sein kann. Damit ist Teil (2) von Lemma 11 nicht erfüllt, weswegen $\begin{pmatrix} 0 \\ 0 \end{pmatrix}$ kein lokaler Minimalpunkt sein kann. Tatsächlich handelt es sich, wie aus der Analysis bekannt, um einen Sattelpunkt.

Prinzipiell können für $f \in C^p$, mit $p \geq 3$, mit Hilfe von Approximationen höherer Ordnung auf eine analoge Art und Weise auch weitere notwendige Optimalitätsbedingungen höherer Ordnung gewonnenen werden. Diese werden so kompliziert, dass sie für Funktionen von mehr als einer Variablen praktisch bedeutungslos sind.

Keine der bisherigen notwendigen Bedingungen ist auch hinreichend für ein lokales Minimum. Sind sie in einem Punkt x^* erfüllt, dann folgt also nicht, dass x^* auch ein lokaler Minimalpunkt ist. Zulässig ist nur eine negative Identifikation (s. Beispiel 17): Ist eine notwendige Bedingung in x^* verletzt, dann ist x^* kein lokaler Minimalpunkt.

Mit den bisher benutzten einfachen Mitteln aus der Analysis, nämlich dem Satz von Taylor, lässt sich eine einfache hinreichende Bedingung lediglich für Optimierungsprobleme ohne Nebenbedingungen bzw. für innere Punkte von M gewinnen.

Satz 19 (hinreichende Optimalitätsbedingung)

Gegeben sei ein Optimierungsproblem (O) mit Zielfunktion $f \in C^2$ und zulässigem Bereich $M \subseteq \mathbb{R}^n$ sowie mit einem inneren Punkt x^* von M. Gilt

1. $\nabla f\left(x^*\right) = 0$ und

2. $\nabla^2 f\left(x^*\right)$ ist positiv definit,

dann ist x^* ein lokaler Minimalpunkt von f auf M.

Beweis: s. Abschnitt zu den mathematischen Grundlagen von Optimierungsproblemen im Internet.

Auf die Funktion im Beispiel 15 wird diese Bedingung angewandt.

Beispiel 18 (hinreichende Optimalitätsbedingung; Fortsetzung von Beispiel 15)

Es sei erneut die Zielfunktion $f(x_1, x_2) = 7 \cdot (x_1 - 7)^2 + (x_2 + 7)^2$ aus Beispiel 15 für ein Optimierungsproblem betrachtet, welches im Punkt $\begin{pmatrix} 7 \\ -7 \end{pmatrix}$ ihr globales Minimum auf $\mathbb{R}^2$ annimmt.

Teil (1) aus Satz 19 führt zu $\nabla f\left(\begin{pmatrix} x_1 \\ x_2 \end{pmatrix}\right) = \begin{pmatrix} 14 \cdot (x_1 - 7) \\ 2 \cdot (x_2 + 7) \end{pmatrix} = \begin{pmatrix} 0 \\ 0 \end{pmatrix} \Leftrightarrow x^* = \begin{pmatrix} 7 \\ -7 \end{pmatrix}$.

Zu Teil (2) aus Satz 19: $\nabla^2 f\left(\begin{pmatrix} x_1 \\ x_2 \end{pmatrix}\right) = \begin{pmatrix} 14 & 0 \\ 0 & 2 \end{pmatrix}$ ist positiv definit.

Da $x^* = \begin{pmatrix} 7 \\ -7 \end{pmatrix}$ ein innerer Punkt von $\mathbb{R}^2$ ist, ist x^*, nach Satz 19, ein lokaler Minimalpunkt von f auf M.

1.5 Optimalitätsbedingungen

Aus Satz 19 und seines Beweises (s. den Abschnitt zu den mathematischen Grundlagen von Optimierungsproblemen im Internet) lässt sich zeigen, dass aus den Voraussetzungen von Satz 19 sogar folgt, dass x^* ein strenger lokaler Minimalpunkt von f auf M ist. Dies ist in Lemma 12 formal beschrieben; zuvor wird ein strenger lokaler Minimalpunkt formal definiert.

Definition 17: (strenger lokaler Minimalpunkt)

Gegeben sei eine Teilmenge M des $\mathbb{R}^n$ $(M \subseteq \mathbb{R}^n)$ und eine Funktion $f : \mathbb{R}^n \to \mathbb{R}$. Ein Punkt $x^* \in M$ heißt strenger lokaler Minimalpunkt von f auf M, falls eine reelle Zahl $\varepsilon > 0$ existiert, so dass $f(x^*) < f(x)$ für alle $x \in M \cap \{y \in \mathbb{R}^n \mid \|y - x^*\| < \varepsilon\}$ gilt.

Lemma 12 (Vorliegen eines strengen lokalen Minimalpunkts)

Gegeben sei ein Optimierungsproblem (O) mit Zielfunktion $f \in C^2$ und zulässigem Bereich $M \subseteq \mathbb{R}^n$ sowie mit einem inneren Punkt x^* von M. Gilt

1. $\nabla f(x^*) = 0$ und
2. $\nabla^2 f(x^*)$ ist positiv definit,

dann ist x^* ein strenger lokaler Minimalpunkt von f auf M.

Beweis: s. Abschnitt zu den mathematischen Grundlagen von Optimierungsproblemen im Internet.

Damit ergibt sich mit Lemma 11 eine notwendige und hinreichende Bedingung für einen strengen Minimalpunkt.

Satz 20 (hinreichende und notwendige Bedingung für einen strengen Minimalpunkt)

Gegeben sei ein Optimierungsproblem (O) mit Zielfunktion $f \in C^2$ und zulässigem Bereich $M \subseteq \mathbb{R}^n$ sowie mit einem inneren Punkt x^* von M. Weiter sei $\nabla^2 f(x^*)$ nichtsingulär. x^* ist genau dann ein strenger lokaler Minimalpunkt von f auf M, wenn $\nabla f(x^*) = 0$ und $\nabla^2 f(x^*)$ positiv semidefinit sind.

Beweis: s. Abschnitt zu den mathematischen Grundlagen von Optimierungsproblemen im Internet. Zur Definition von „nichtsingulär" siehe den Abschnitt „Präliminarien" ebenfalls im Internet.

Abschließend wird noch erläutert, wie festgestellt werden kann, ob eine reelle, symmetrische (nxn)-Matrix A positiv (semi-)definit ist.

Satz 21 (Charakterisierung von positiv (semi-)definit)

A sei eine reelle, symmetrische (nxn)-Matrix A $\left(A \in \mathbb{R}^n \times \mathbb{R}^n\right)$. Dann existieren eine Diagonalmatrix $S = \begin{pmatrix} s_{1,1} & & 0 \\ & \dots & \\ 0 & & s_{n,n} \end{pmatrix}$ und eine Dreiecksmatrix $L = \begin{pmatrix} 1 & & & 0 \\ l_{2,1} & 1 & & \\ \dots & & \dots & \\ l_{n,1} & \dots & l_{n,n-1} & 1 \end{pmatrix}$ mit $A = L \cdot S \cdot L^T$ und A ist genau dann positiv definit (positiv semidefinit), wenn $s_{i,i} > 0$ $\left(s_{i,i} \geq 0\right)$ für alle $1 \leq i \leq n$ ist.

Beweis: s. Abschnitt zu den mathematischen Grundlagen von Optimierungsproblemen im Internet.

1.6 Konvexe Optimierungsprobleme

Wie im Abschnitt 1.4 bereits angesprochen wurde, werden solche nichtlinearen Optimierungsprobleme behandelt, bei denen jeder lokale Minimalpunkt auch globaler Minimalpunkt ist. Es sei betont, dass es sich dabei um eine grundlegende Eigenschaft linearer Optimierungsprobleme handelt. Bei der in diesem Abschnitt beschriebenen Klasse von (Ziel-)Funktionen einschließlich ihrer zulässigen Bereiche liegt diese Eigenschaft vor. Im Mittelpunkt stehen die bereits im Abschnitt über „konvexe Analysis" eingeführten konvexen Mengen und Funktionen (die Überlegungen gelten sinngemäß auch für konkave Funktionen).

Es sei der Spezialfall eines nichtlinearen Optimierungsproblems betrachtet, bei dem die Nebenbedingungen durch konvexe Funktionen beschrieben werden. Dann ist der zulässige Bereich konvex.

Lemma 13 (konvexer Zulässigkeitsbereich)

Gegeben sei ein Optimierungsproblem (O) mit Nebenbedingungen $g_i : \mathbb{R}^n \to \mathbb{R}$, $1 \leq i \leq m$ und $n, m \in \mathbb{N}$. Sind die Funktionen g_i für alle $1 \leq i \leq m$ konvex, so ist der zulässige Bereich von O konvex.

Beweis: s. Abschnitt zu den mathematischen Grundlagen von Optimierungsproblemen im Internet.

Dieses Ergebnis motiviert die Definition eines konvexen Optimierungsproblems.

1.6 Konvexe Optimierungsprobleme

Definition 18 (konvexes Optimierungsproblem)

Gegeben sei ein Optimierungsproblem (O) mit Zielfunktion $f:\mathbb{R}^n \to \mathbb{R}$, $n \in \mathbb{N}$, und Nebenbedingungen $g_i:\mathbb{R}^n \to \mathbb{R}$, $1 \le i \le m$ und $m \in \mathbb{N}$. O heißt konvexes Optimierungsproblem, wenn die Funktionen g_i, $1 \le i \le m$, konvex sind.

Zur Einordnung konvexer Optimierungsprobleme wird nun der Zusammenhang zu linearen Optimierungsproblemen behandelt. Folgendes Lemma zeigt die Konvexität linearer Nebenbedingungen.

Lemma 14 (Konvexität linearer Nebenbedingungen)

Die mit Hilfe einer reellen (mxn)-Matrix A $\left(A \in \mathbb{R}^m \times \mathbb{R}^n\right)$ und eines Vektors $b \in \mathbb{R}^m$ beschriebenen linearen Nebenbedingungen eines Optimierungsproblems $A \cdot x \le b$ und $x \ge 0$ definieren eine konvexe Menge.

Beweis: s. Abschnitt zu den mathematischen Grundlagen von Optimierungsproblemen im Internet.

Damit gilt für lineare Optimierungsprobleme:

Lemma 15 (Konvexität eines linearen Optimierungsproblems)

Jedes lineare Optimierungsproblem ist ein konvexes Optimierungsproblem.

Beweis: s. Abschnitt zu den mathematischen Grundlagen von Optimierungsproblemen im Internet.

Wie oben bereits angekündigt wurde, fallen bei konvexen Funktionen über konvexe Mengen lokale und globale Minima zusammen und die Menge der Minima ist konvex. Dies ist in Satz 22 formalisiert. Lineare Optimierungsprobleme besitzen auch diese Eigenschaft.

Satz 22 (Konvexität und globale Minimalpunkte)

Gegeben sei ein Optimierungsproblem (O) mit Zielfunktion $f:\mathbb{R}^n \to \mathbb{R}$ und zulässigem Bereich $M \subseteq \mathbb{R}^n$, $n \in \mathbb{N}$. M sei konvex und f sei auf M konvex. Dann gilt:

1. Die Menge M^* aller globalen Minimalpunkte von f auf M ist konvex.
2. Jeder lokale Minimalpunkt von f auf M ist auch ein globaler Minimalpunkt.

Beweis: s. Abschnitt zu den mathematischen Grundlagen von Optimierungsproblemen im Internet.

Lemma 16 (Eindeutigkeit des globalen Minimums)

Gegeben sei ein Optimierungsproblem (O) mit Zielfunktion $f:\mathbb{R}^n \to \mathbb{R}$, $n \in \mathbb{N}$, und zulässigem Bereich $M \subseteq \mathbb{R}^n$. M sei konvex und f sei auf M streng konvex. Dann hat f höchstens ein lokales und ein globales Minimum.

Beweis: s. Abschnitt zu den mathematischen Grundlagen von Optimierungsproblemen im Internet.

Wegen den notwendigen und hinreichenden Bedingungen von nichtlinearen Optimierungsproblemen ist es interessant, im Folgenden differenzierbare konvexe Funktionen zu betrachten. Der folgende Satz 23 besagt, dass für ein konvexes Optimierungsproblem mit Zielfunktion f die notwendige Optimalitätsbedingung $s^T \cdot \nabla f(x^*) \geq 0$ für alle $s \in Z(x^*)$ (s. den Satz über eine notwendige Optimalitätsbedingung, i. e. Satz 17) auch hinreichend ist.

Satz 23 (hinreichende Optimalitätsbedingung)

Gegeben sei ein Optimierungsproblem (O) mit Zielfunktion $f \in C^1$ und zulässigem Bereich $M \subseteq \mathbb{R}^n$, $n \in \mathbb{N}$. M sei konvex und f sei auf M konvex. Gilt für ein $x^* \in M$

$$s^T \cdot \nabla f(x^*) \geq 0 \text{ für alle } s \in Z(x^*),$$

so ist x^* ein globaler Minimalpunkt von f auf M.

Beweis: s. Abschnitt zu den mathematischen Grundlagen von Optimierungsproblemen im Internet.

Sind für ein Optimierungsproblem die Voraussetzungen von Satz 23 erfüllt und erfüllt ein innerer Punkt des zulässigen Bereichs dieses Optimierungsproblems die notwendige Optimalitätsbedingung 1. Ordnung in der Form von Lemma 9, so handelt es sich bei diesem Punkt nach Satz 23 um ein globales Minimum. Die formale Version dieser Aussage enthält das folgende Lemma 17. Es sei besonders betont, insbesondere weil davon in weiteren Abschnitten häufiger Gebrauch gemacht werden wird, dass dieses Resultat, natürlich, auch für den Fall $n = 1$ gilt.

Lemma 17 (notwendige Optimalitätsbedingung 1. Ordnung ist auch hinreichend)

Gegeben sei ein Optimierungsproblem (O) mit Zielfunktion $f \in C^1$ und zulässigem Bereich $M \subseteq \mathbb{R}^n$, $n \in \mathbb{N}$. M sei konvex, f sei auf M konvex und x^* sei ein innerer Punkt von M. x^* ist genau dann ein globaler Minimalpunkt von f auf M, wenn $\nabla f(x^*) = 0$ gilt.

Beweis: s. Abschnitt zu den mathematischen Grundlagen von Optimierungsproblemen im Internet.

Der folgende Satz 24 besagt, dass eine konkave Funktion über eine kompakte konvexe Menge M ihr Minimum in einem Extrempunkt von M annimmt. Manche Lösungsverfahren nutzen diese Beobachtung, wenn bekannt ist (manchmal auch nur vermutet wird), dass nur endlich viele Extrempunkte vorliegen; das Simplex-Verfahren ist ein Beispiel für so ein Vorgehen.

Satz 24 (globaler Minimalpunkt)

Gegeben sei ein Optimierungsproblem (O) mit Zielfunktion $f: \mathbb{R}^n \to \mathbb{R}$, $n \in \mathbb{N}$, und zulässigem Bereich $M \subseteq \mathbb{R}^n$, $n \in \mathbb{N}$. M sei abgeschlossen, beschränkt sowie konvex und f ist konkav auf M. Existiert das (globale) Minimum von f auf M, dann wird es (auch) in einem Extrempunkt von M angenommen.

Beweis: s. Abschnitt zu den mathematischen Grundlagen von Optimierungsproblemen im Internet.

1.7 Lagrange-Funktion und Karush-Kuhn-Tucker-Bedingung

Nach den Optimalitätsbedingungen (s. Abschnitt 1.5) ist – für ein Optimierungsproblem (O) mit Zielfunktion $f: \mathbb{R}^n \to \mathbb{R}$, $n \in \mathbb{N}$, $f \in C^1$, zulässigem Bereich $M \subseteq \mathbb{R}^n$ sowie mit $x^* \in M$ –,

$$s^T \cdot \nabla f(x^*) \geq 0 \text{ für alle in } x^* \text{ zulässigen Richtungen } \left(s \in Z(x^*)\right)$$

eine notwendige Bedingung für einen Minimalpunkt x^*. Diese ist recht unhandlich, da sich die Menge der zulässigen Richtungen $Z(x^*)$ (nach [Hors79] (s. Abschnitt 3.1.1.)) nicht in einfacher Weise bestimmen lässt. Über die so genannte Lagrange-Funktion können – nach der Analysis – die Restriktionen eines Optimierungsproblems in seine Zielfunktion mit einbezogen werden. Das Nullsetzen der partiellen Ableitungen der Lagrange-Funktion führt dann zu notwendigen Bedingungen für die Extremwerte. Im Folgenden wird dieses Konzept auf Ungleichungen als Nebenbedingungen übertragen.

Definition 19 (Lagrange-Funktion)

Gegeben sei ein Optimierungsproblem (O) mit Zielfunktion $f: \mathbb{R}^n \to \mathbb{R}$, $n \in \mathbb{N}$, und Nebenbedingungen $g_i: \mathbb{R}^n \to \mathbb{R}$, $1 \leq i \leq m$ und $m \in \mathbb{N}$, mit $g_i(x) \leq 0$ für alle $x \in \mathbb{R}^n$. Für jede der Nebenbedingungen wird ein Lagrange-Multiplikator u_i, $1 \leq i \leq m$, eingeführt und die Lagrange-Funktion (zu O) ist definiert durch

$$\mathcal{L}: \mathbb{R}^{n+m} \to \mathbb{R} \text{ mit } \mathcal{L}(x,u) = f(x) + \sum_{i=1}^{m} u_i \cdot g_i(x) = f(x) + u^T \cdot g(x),$$

wobei $x \in \mathbb{R}^n$, $u = \begin{pmatrix} u_1 \\ ... \\ u_m \end{pmatrix} \in \mathbb{R}^m$ und $g = \begin{pmatrix} g_1 \\ ... \\ g_m \end{pmatrix}$ sind.

Bemerkung: Die Funktionen f und g_i brauchen nicht konvex zu sein.

Zentral für die optimale Lösung sind untere und obere Schranken der beiden folgenden Restriktionen der Lagrange-Funktion zu einem Optimierungsproblem auf eine Dimension.

Definition 20 (Sattelpunkt einer (Lagrange-)Funktion)

Gegeben sei eine (Lagrange-) Funktion $\mathcal{L}: \mathbb{R}^{n+m} \to \mathbb{R}$, $n, m \in \mathbb{N}$ zu einem Optimierungsproblem. Ein Punkt (x^*, u^*) mit $x^* \in \mathbb{R}^n$, $u^* \in \mathbb{R}^m$ und $u^* \geq 0$ heißt Sattelpunkt von $\mathcal{L}$, wenn gilt:

$$\mathcal{L}(x^*, u) \leq \mathcal{L}(x^*, u^*) \leq \mathcal{L}(x, u^*) \text{ für alle } x \in \mathbb{R}^n \text{ und } u \in \mathbb{R}^{+m}.$$

Nun wird der Spezialfall $m = n = 1$ betrachtet. Ist $f(x^*) = 0$, so zeigt der linke Teil von Abbildung 12 einen Sattelpunkt, und ist $u^* = 0$, so zeigt der rechte Teil von Abbildung 12 einen Sattelpunkt.

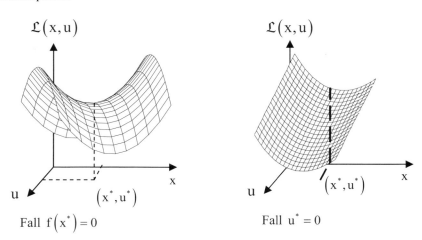

Abbildung 12: Sattelpunkt für m = n = 1

(x^*, u^*) ist also Sattelpunkt, wenn Folgendes gilt: Wird $\mathcal{L}(x^*, u)$ als Funktion von u allein betrachtet, in dem $x = x^*$ festgehalten wird, dann nimmt sie ihr Maximum über $\mathbb{R}^{+m}$ in u^* an. Wird hingegen $\mathcal{L}(x, u^*)$ als Funktion von x allein betrachtet, in dem $u = u^*$ festgehalten wird, dann nimmt sie ihr Minimum über $\mathbb{R}^n$ in x^* an.

1.7 Lagrange-Funktion und Karush-Kuhn-Tucker-Bedingung

Satz 25 (Sattelpunkt und optimale Lösung)

Gegeben sei ein Optimierungsproblem (O) mit Zielfunktion $f : \mathbb{R}^n \to \mathbb{R}$, $n \in \mathbb{N}$, und Nebenbedingungen $g_i : \mathbb{R}^n \to \mathbb{R}$, $1 \leq i \leq m$ und $m \in \mathbb{N}$, mit $g_i(x) \leq 0$ für alle $x \in \mathbb{R}^n$. Ist $\left(x^*, u^*\right)$ mit $u^* \geq 0$ ein Sattelpunkt von $\mathcal{L}$, so ist x^* eine optimale Lösung von O.

Beweis: s. Abschnitt zu den mathematischen Grundlagen von Optimierungsproblemen im Internet.

Für die Umkehrung von Satz 25, um also festzustellen, ob jede optimale Lösung einem Sattelpunkt entspricht, wird die Konvexität des Optimierungsproblems und die so genannte, nachfolgend definierte, Slaterbedingung benötigt.

Definition 21 (Slaterbedingung)

Gegeben sei ein Optimierungsproblem (O) mit den Nebenbedingungen $g_i : \mathbb{R}^n \to \mathbb{R}$, $1 \leq i \leq m$ und $n, m \in \mathbb{N}$, sowie $g_i(x) \leq 0$ für alle $x \in \mathbb{R}^n$. O erfüllt die Slaterbedingung, sofern ein $x^* \in \mathbb{R}^n$ existiert, so dass für alle nichtlinearen g_i $(1 \leq i \leq m)$ gilt: $g_i(x^*) < 0$.

Sind (unter den Bedingungen von Definition 21) alle Funktionen g_i $(1 \leq i \leq m)$ nicht linear, so impliziert die Slaterbedingung, dass der zulässige Bereich von O innere Punkte enthält.

Die Umkehrung von Satz 25 ist der folgende Satz 26 von Kuhn und Tucker. Er enthält auch Satz 25.

Satz 26 (Satz von Kuhn und Tucker)

Gegeben sei ein konvexes Optimierungsproblem (O) mit Zielfunktion $f : \mathbb{R}^n \to \mathbb{R}$, $n \in \mathbb{N}$, und Nebenbedingungen $g_i : \mathbb{R}^n \to \mathbb{R}$, $1 \leq i \leq m$ und $m \in \mathbb{N}$, mit $g_i(x) \leq 0$ für alle $x \in \mathbb{R}^n$. $\mathcal{L}$ sei die Lagrange-Funktion (zu O) und für $x^* \in \mathbb{R}^n$ sei die Slaterbedingung (zu O) erfüllt. x^* ist genau dann eine optimale Lösung von O, wenn $\mathcal{L}$ einen Sattelpunkt $\left(x^*, u^*\right)$ besitzt.

Beweis: s. Abschnitt zu den mathematischen Grundlagen von Optimierungsproblemen im Internet.

Leider beschreibt die Sattelpunktsbedingung in Satz 26, nach Definition 20, eine globale Bedingung für die Lagrange-Funktion, die im Allgemeinen schwer nachprüfbar ist. Sind die Zielfunktion und die Nebenbedingungen eines Optimierungsproblems stetig differenzierbar und konvex, so lässt sich die Sattelpunktsbedingung in Satz 26 im Wesentlichen durch eine (lokale) Bedingung, die so genannte Karush-Kuhn-Tucker-Bedingung, ersetzen.

Satz 27 (Karush-Kuhn-Tucker-Bedingung)

Gegeben sei ein Optimierungsproblem (O) mit Zielfunktion $f : \mathbb{R}^n \to \mathbb{R}$, $n \in \mathbb{N}$, und Nebenbedingungen $g_i : \mathbb{R}^n \to \mathbb{R}$, $1 \leq i \leq m$ und $m \in \mathbb{N}$, mit $g_i(x) \leq 0$ für alle $x \in \mathbb{R}^n$. Die Slaterbedingung (zu O) sei für ein $x^* \in \mathbb{R}^n$ erfüllt. Die Funktionen f und g_i $(1 \leq i \leq m)$ seien stetig differenzierbar und konvex. x^* ist genau dann eine optimale Lösung von O, wenn die Bedingungen

Formel 7
$$\begin{cases} \nabla f\left(x^*\right) + \sum_{i=1}^{m} u_i^* \cdot \nabla g_i\left(x^*\right) = 0 \\ \sum_{i=1}^{m} u_i^* \cdot g_i\left(x^*\right) = 0 \\ g_i\left(x^*\right) \leq 0 \quad \forall 1 \leq i \leq m \\ u \geq 0 \end{cases}$$

gelten. Die Bedingungen in Formel 7 heißen Karush-Kuhn-Tucker-Bedingungen.

Beweis: s. Abschnitt zu den mathematischen Grundlagen von Optimierungsproblemen im Internet.

Bemerkung: Eine genauere Analyse, wie sie in [Hors79] in den Abschnitten 3.1.1 und 3.1.2 angegeben worden ist, führt zu einer Formulierung von Satz 27 mit weniger restriktiven Bedingungen an die Funktionen f und g_i.

Weil bei einem Sattelpunkt $u^* \geq 0$ gilt und in Satz 27 $g_i\left(x^*\right) \leq 0$ ($\forall \ 1 \leq i \leq m$) ist, ist jeder Summand in der zweiten Gleichung in Formel 7 gleich Null. Deswegen kann Formel 7 in Satz 27 durch eine vereinfachte Version der Karush-Kuhn-Tucker-Bedingung ersetzt werden.

Lemma 18 (Vereinfachung der Karush-Kuhn-Tucker-Bedingung)

Gegeben sei ein Optimierungsproblem (O) mit Zielfunktion $f: \mathbb{R}^n \to \mathbb{R}$, $n \in \mathbb{N}$, und Nebenbedingungen $g_i: \mathbb{R}^n \to \mathbb{R}$, $1 \leq i \leq m$ und $m \in \mathbb{N}$, mit $g_i(x) \leq 0$ für alle $x \in \mathbb{R}^n$. Die Slaterbedingung (zu O) sei für ein $x^* \in \mathbb{R}^n$ erfüllt. Die Funktionen f und g_i $(1 \leq i \leq m)$ seien stetig differenzierbar und konvex. x^* ist genau dann eine optimale Lösung von O, wenn die Bedingungen

1.7 Lagrange-Funktion und Karush-Kuhn-Tucker-Bedingung

Formel 8
$$\begin{cases} \nabla f(x^*) + \sum_{i=1}^{m} u_i^* \cdot \nabla g_i(x^*) = 0 \\ \\ u_i^* \cdot g_i(x^*) = 0 \\ g_i(x^*) \leq 0 \end{cases} \forall \ 1 \leq i \leq m$$
$$u \geq 0$$

gelten.

Beweis: s. Abschnitt zu den mathematischen Grundlagen von Optimierungsproblemen im Internet.

Das folgende Beispiel zeigt exemplarisch die Anwendung der vereinfachten Karush-Kuhn-Tucker-Bedingung.

Beispiel 19 (vereinfachte Karush-Kuhn-Tucker-Bedingung)

Gegeben sei das Optimierungsproblem

min $x_1^2 + (x_2 - 7)^2$

u.d.N. $x_1 + x_2 \geq 14$.

Die Funktionen $f(x_1, x_2) = x_1^2 + (x_2 - 7)^2$ und $g_1(x) = -x_1 - x_2 + 14$ sind auf $\mathbb{R}^2$ konvex.

Mit $\nabla f(x) = \begin{pmatrix} 2 \cdot x_1 \\ 2 \cdot (x_2 - 7) \end{pmatrix}$ und $\nabla g_1(x) = \begin{pmatrix} -1 \\ -1 \end{pmatrix}$ lauten die Karush-Kuhn-Tucker-Bedingung nach Formel 8 in Lemma 18:

$2 \cdot x_1 - u = 0,$
$2 \cdot (x_2 - 7) - u = 0,$
$u \cdot (-x_1 - x_2 + 14) = 0,$
$-x_1 - x_2 + 14 \leq 0$ und
$\quad u \geq 0$

Für $u = 0$ folgt aus den ersten beiden Gleichungen $x_1 = 0$ und $x_2 = 7$. $\begin{pmatrix} 0 \\ 7 \end{pmatrix}$ erfüllt jedoch nicht die Restriktion $-x_1 - x_2 + 14 \leq 0$. Für $u > 0$ ist $x_1 + x_2 = 14$, aufgrund der dritten Ungleichung. Die ersten beiden Gleichungen liefern die Gleichung $x_1 - x_2 = -7$. Beide Gleichungen bestimmen ein lineares Gleichungssystem mit der Lösung nach dem Gaußschen

Eliminationsverfahren (s. den Abschnitt „Präliminarien" im Internet) von $x^* = \left(\frac{7}{2}, \frac{21}{2}\right)^T$. x^* erfüllt die Restriktion $-x_1 - x_2 + 14 \leq 0$ und ist daher die optimale Lösung des Optimierungsproblems.

Häufig liegt der Fall vor, dass alle Variablen nichtnegativ sind. Damit lautet das Problem:

$$O = \begin{cases} \min f(x) \\ \text{u.d.N.} \quad g_i(x) \leq 0 \quad \forall \, 1 \leq i \leq m \\ \qquad\quad x \geq 0 \\ f, g_i \, (1 \leq i \leq m) \text{ konvex} \end{cases}.$$

Der folgende Satz beschreibt die dann vorliegende Karush-Kuhn-Tucker-Bedingung.

Satz 28 (Karush-Kuhn-Tucker-Bedingung bei nichtnegativen Variablen und konvexen Funktionen)

Gegeben sei ein Optimierungsproblem (O) mit Zielfunktion $f : \mathbb{R}^n \to \mathbb{R}$, $n \in \mathbb{N}$, und Nebenbedingungen $g_i : \mathbb{R}^n \to \mathbb{R}$, $1 \leq i \leq m$ und $m \in \mathbb{N}$, mit $g_i(x) \leq 0$ für alle $x \in \mathbb{R}^n$ sowie der Nebenbedingung $x \geq 0$. Die Slaterbedingung (zu O) sei für ein $x^* \in \mathbb{R}^n$, $x^* \geq 0$, erfüllt. Die Funktionen f und g_i $(1 \leq i \leq m)$ seien stetig differenzierbar und konvex. x^* ist genau dann eine optimale Lösung von O, wenn die Bedingungen

Formel 9
$$\begin{cases} \nabla f\left(x^*\right) + \sum_{i=1}^m u_i^* \cdot \nabla g_i\left(x^*\right) \geq 0 \\[6pt] \begin{aligned} u_i^* \cdot g_i\left(x^*\right) &= 0 \\ g_i\left(x^*\right) &\leq 0 \end{aligned} \quad \forall \, 1 \leq i \leq m \\[6pt] x_j^* \cdot \left(\frac{\partial f}{\partial x_j}\left(x^*\right) + \sum_{i=1}^m u_i^* \cdot \frac{\partial g_i}{\partial x_j}\left(x^*\right)\right) = 0 \quad \forall \, 1 \leq j \leq n \\[6pt] x^* \geq 0 \\ u \geq 0 \end{cases}$$

erfüllt sind. Die Bedingungen in Formel 9 sind dann die Karush-Kuhn-Tucker-Bedingungen, wobei die Komponenten u_i^* des Vektors u^* die Lagrange-Multiplikatoren sind.

Beweis: s. Abschnitt zu den mathematischen Grundlagen von Optimierungsproblemen im Internet.

1.7 Lagrange-Funktion und Karush-Kuhn-Tucker-Bedingung

Beispiel 20 (Karush-Kuhn-Tucker-Bedingung bei nichtnegativen Variablen und konvexen Funktionen)

Gegeben ist das Optimierungsproblem

$$\min_{(x_1,x_2)\in\mathbb{R}^2} \left(2\cdot(x_1)^2 + 2\cdot x_1\cdot x_2 + (x_2)^2 - 10\cdot x_1 - 10\cdot x_2\right)$$

u.d.N.

$(x_1)^2 + (x_2)^2 \leq 5$,

$3\cdot x_1 + x_2 \leq 6$ und

$x_1, x_2 \geq 0$.

Setze $f(x_1,x_2) = 2\cdot(x_1)^2 + 2\cdot x_1\cdot x_2 + (x_2)^2 - 10\cdot x_1 - 10\cdot x_2$, $g_1(x_1,x_2) = (x_1)^2 + (x_2)^2 - 5$ sowie $g_2(x_1,x_2) = 3\cdot x_1 + x_2 - 6$.

Die Funktionen f, g_1 und g_2 sind stetig differenzierbar und konvex. Die Slaterbedingung ist, z.B., für $x^* = \begin{pmatrix} 1 \\ 1 \end{pmatrix} \in \mathbb{R}^n$ erfüllt, und damit für ein $x^* \in \mathbb{R}^n$ mit $x^* \geq 0$.

Es sind $\nabla f(x_1,x_2) = \begin{pmatrix} 4\cdot x_1 + 2\cdot x_2 - 10 \\ 2\cdot x_1 + 2\cdot x_2 - 10 \end{pmatrix}$, $\nabla g_1(x_1,x_2) = \begin{pmatrix} 2\cdot x_1 \\ 2\cdot x_2 \end{pmatrix}$ und $\nabla g_2(x_1,x_2) = \begin{pmatrix} 3 \\ 1 \end{pmatrix}$.

Damit lauten die Karush-Kuhn-Tucker-Bedingungen nach Formel 9 in Satz 28:

$4\cdot x_1 + 2\cdot x_2 - 10 + 2\cdot u_1\cdot x_1 + 3\cdot u_2 = 0$,

$2\cdot x_1 + 2\cdot x_2 - 10 + 2\cdot u_1\cdot x_2 + u_2 = 0$,

$u_1 \cdot \left[(x_1)^2 + (x_2)^2 - 5\right] = 0$,

$u_2 \cdot [3\cdot x_1 + x_2 - 6] = 0$,

$(x_1)^2 + (x_2)^2 - 5 \leq 0$,

$3\cdot x_1 + x_2 - 6 \leq 0$,

$x_1 \cdot (4\cdot x_1 + 2\cdot x_2 - 10 + 2\cdot u_1\cdot x_1 + 3\cdot u_2) = 0$,

$x_2 \cdot (2\cdot x_1 + 2\cdot x_2 - 10 + 2\cdot u_1\cdot x_2 + u_2) = 0$,

$u_1 \geq 0$ und $u_2 \geq 0$.

Die optimale Lösung ergibt sich durch die folgende Fallunterscheidung:

Fall: $u_1 = 0$

- $u_2 = 0$

  Damit bestimmen die ersten beiden Gleichungen das lineare Gleichungssystem

  $$\begin{bmatrix} 4 \cdot x_1 + 2 \cdot x_2 = 10 \\ 2 \cdot x_1 + 2 \cdot x_2 = 10 \end{bmatrix}.$$

  Mit dem Gaußschen-Eliminationsverfahren ergibt sich:

  $$\Leftrightarrow \begin{bmatrix} 2 \cdot x_1 = 0 \\ 2 \cdot x_1 + 2 \cdot x_2 = 10 \end{bmatrix} \Leftrightarrow \begin{bmatrix} x_1 = 0 \\ 2 \cdot x_2 = 10 \end{bmatrix} \Leftrightarrow \begin{bmatrix} x_1 = 0 \\ x_2 = 5 \end{bmatrix}.$$

  Diese Belegung von x_1 und x_2 erfüllt nicht die Ungleichungen fünf und sechs. Damit existiert für diesen Fall keine zulässige Lösung.

- $u_2 \neq 0$

  Nach der vierten Gleichung ist $x_2 = 6 - 3 \cdot x_1$.

  Damit bestimmen die ersten beiden Gleichungen das lineare Gleichungssystem

  $$\begin{bmatrix} 4 \cdot x_1 + 2 \cdot (6 - 3 \cdot x_1) - 10 + 3 \cdot u_2 = 0 \\ 2 \cdot x_1 + 2 \cdot (6 - 3 \cdot x_1) - 10 + u_2 = 0 \end{bmatrix}.$$

  Mit dem Gaußschen Eliminationsverfahren ergibt sich:

  $$\Leftrightarrow \begin{bmatrix} -2 \cdot x_1 + 2 + 3 \cdot u_2 = 0 \\ -4 \cdot x_1 + 2 + u_2 = 0 \end{bmatrix} \Leftrightarrow \begin{bmatrix} -2 \cdot x_1 + 3 \cdot u_2 = -2 \\ -5 \cdot u_2 = 2 \end{bmatrix} \Leftrightarrow \begin{bmatrix} -2 \cdot x_1 + 3 \cdot u_2 = -2 \\ u_2 = -\dfrac{2}{5} \end{bmatrix}$$

  $$\Leftrightarrow \begin{bmatrix} x_1 = \dfrac{2}{5} \\ u_2 = -\dfrac{2}{5} \end{bmatrix}.$$

  $u_2 = -\dfrac{2}{5}$ ist wegen der zehnten Bedingung ausgeschlossen. Damit existiert für diesen Fall keine zulässige Lösung.

Fall: $u_1 \neq 0$

Die dritte Bedingung ist nur für die beiden Punkte $\begin{pmatrix} 1 \\ 2 \end{pmatrix}$ und $\begin{pmatrix} 2 \\ 1 \end{pmatrix}$ erfüllt. Der Punkt $\begin{pmatrix} 2 \\ 1 \end{pmatrix}$ erfüllt jedoch die sechste Bedingung nicht. In dem Punkt $x_1^* = 1$ und $x_2^* = 2$ muss $u_2^* = 0$

1.7 Lagrange-Funktion und Karush-Kuhn-Tucker-Bedingung

aufgrund der vierten Bedingung gelten. Das Einsetzen dieser Punkte ($x_1^* = 1$, $x_2^* = 2$ und $u_2^* = 0$) in die erste Bedingung führt zu $u_1^* = 1$ (alternativ kann die zweite Bedingung verwendet werden).

Damit lautet die optimale Lösung: $x_1^* = 1$, $x_2^* = 2$, $u_1^* = 1$ und $u_2^* = 0$.

Die zuvor hergeleitete Sattelpunktaussage zur Langrange-Funktion eines Optimierungsproblems gestattet die Formulierung eines so genannten dualen Optimierungsproblems. In vielen Anwendungen kann dadurch einfacher eine Lösung des Ausgangsproblems entwickelt werden.

Gegeben sei wieder das Optimierungsproblem (O)

min $f(x)$

u. d. N. $g(x) \leq 0$.

Mit der Langrange-Funktion zu O $\left(\mathcal{L}(x,u) = f(x) + u^T \cdot g(x)\right)$ gilt, wegen der Definition des Supremums (s. den Abschnitt „Präliminarien" im Internet) und da $g(x) \leq 0$ ist:

$$\sup_{u \in \mathbb{R}^{+m}} \mathcal{L}(x,u) = \sup_{u \in \mathbb{R}^{+m}} \left[f(x) + u^T \cdot g(x) \right] = \begin{cases} f(x) & \text{für } g(x) \leq 0 \\ +\infty & \text{sonst} \end{cases}.$$

Damit lässt sich O formulieren als $\min_{x \in \mathbb{R}^n} \sup_{u \in \mathbb{R}^{+m}} \mathcal{L}(x,u)$. Wird in dieser Formulierung von O das Minimum durch das Maximum und das Supremum durch das Infimum ersetzt, so entsteht das so genannte duale Problem.

Definition 22 (primales und duales Optimierungsproblem)

Gegeben ist ein Optimierungsproblem (O) durch

min $f(x)$ u.d.N. $g(x) \leq 0$,

und setze $\mathcal{L}(x,u) = f(x) + u^T \cdot g(x)$.

Dann heißt das Problem (P)

$$\min_{x \in \mathbb{R}^n} \sup_{u \in \mathbb{R}^{+m}} \mathcal{L}(x,u)$$

das zu O primale Optimierungsproblem und das Problem (D)

$$\max_{u \in \mathbb{R}^{+m}} \inf_{x \in \mathbb{R}^n} \mathcal{L}(x,u)$$

heißt das zu O duale Optimierungsproblem.

Die Bedeutung dieses Konzepts wird bei linearen Optimierungsproblemen deutlich. Dazu sei ein lineares Optimierungsproblem (P) mit der Koeffizientenmatrix A, dem Restriktionsvektor b, dem Zielfunktionsvektor c sowie mit den Entscheidungsvariablen $x_1, \ldots, x_n$ gegeben. Um eine möglichst hohe Übereinstimmung mit der Literatur zu erzielen, habe P die Form

$$\min\ F(x) = c^T \cdot x$$

u.d.N.

$A \cdot x \geq b$ und

$x \geq 0$.

Es ist nun das zu P duale Optimierungsproblem D nach Definition 22 zu bestimmen.

Die Lagrange-Funktion lautet mit den Lagrange-Multiplikatoren $u \in \mathbb{R}^{+^m}$ und $v \in \mathbb{R}^{+^n}$:

$$\mathcal{L}(x, u, v) = c^T \cdot x + u^T \cdot (b - A \cdot x) - v^T \cdot x.$$

$\mathcal{L}$ ist konvex in x, so dass $\inf_{x \in \mathbb{R}^n} \mathcal{L}(x, u, v)$ genau für die Vektoren u und v endlich wird (und in Punkten x angenommen wird), für die

Formel 10: $\quad \nabla_x \mathcal{L}(x, u, v) = c - A^T \cdot u - v = 0$, mit $\nabla_x \mathcal{L}(x, u, v) = \begin{pmatrix} \frac{\partial \mathcal{L}}{\partial x_1}(x, u, v) \\ \ldots \\ \frac{\partial \mathcal{L}}{\partial x_n}(x, u, v) \end{pmatrix}$,

gilt. Dabei hängt der Gradient $\nabla_x \mathcal{L}(x, u, v)$ nicht mehr von x ab.

Deswegen lautet das duale Optimierungsproblem (D)

$$\max \left(c^T \cdot x + u^T \cdot (b - A \cdot x) - v^T \cdot x \right)$$

u.d.N.

$c - A^T \cdot u - v = 0$,

$u \geq 0$ und $v \geq 0$.

Das Einsetzen von $c - A^T \cdot u - v = 0$ in die Zielfunktion führt zu der Zielfunktion $\max\ b^T \cdot u$ und die Berücksichtigung von $v = c - A^T \cdot u \geq 0$ liefert die Restriktion $A^T \cdot u \leq c$, so dass das duale Optimierungsproblem (D) insgesamt lautet:

$\max\ b^T \cdot u$

1.7 Lagrange-Funktion und Karush-Kuhn-Tucker-Bedingung

u.d.N.

$A^T \cdot u \leq c$ und

$u \geq 0$.

Die so hergeleitete Matrixform des dualen Optimierungsproblems zu einem primalen linearen Optimierungsproblem ist identisch mit der in der Literatur üblichen Definition des dualen linearen Optimierungsproblems (D) zu einem primalen linearen Optimierungsproblem (P). Dabei stimmt das duale Problem zu (D) wieder mit dem ursprünglichen Optimierungsproblem P überein.

Tabelle 5 zeigt das duale Problem zum jeweiligen primalen Problem:

Primales Problem P	Duales Problem D
Minimumproblem	Maximumproblem
Koeffizienten der Variablen in der Zielfunktion	Rechte Seite der echten Nebenbedingung
Rechte Seite der echten Nebenbedingung	Koeffizienten der Variablen in der Zielfunktion
Koeffizientenmatrix	Transponierte der Koeffizientenmatrix
$\geq$ bei echter Nebenbedingung	$\leq$ bei echter Nebenbedingung

Tabelle 5: Primales und duales lineares Optimierungsproblem

Die Lösungseigenschaften zueinander dualer linearer Optimierungsprobleme sind im Operations Research von großer Bedeutung. Unter anderem spielen solche Probleme eine Rolle für die Herleitung der dualen Simplexmethode. Für weiterführende Resultate sei auf die einschlägige Literatur, beispielsweise auf [HiLi02], verwiesen.

Für allgemeine primale und duale Optimierungsprobleme werden noch folgende Zusammenhänge in Form von Dualitätssätzen angegeben. Es sei betont, dass im Fall von linearen Optimierungsproblemen ein deutlich engerer Zusammenhang vorliegt.

Satz 29 (schwacher Dualitätssatz)

Gegeben ist ein Optimierungsproblem (O), P ist das zu O primale Problem und D ist das zu O duale Problem. Ist x^* ein zulässiger Punkt des primalen Problems P und ist u^* ein zulässiger Punkt des dualen Problems D, dann ist der Zielfunktionswert von P im Punkt x^* nicht kleiner als der Zielfunktionswert von D im Punkt u^*.

Beweis: s. Abschnitt zu den mathematischen Grundlagen von Optimierungsproblemen im Internet.

Nach dem schwachen Dualitätssatz (Satz 29) liefert jeder zulässige Punkt eines dualen Problems (D) zu dem primalen Ausgangsproblem (P) eine untere Schranke für den optimalen Wert der Zielfunktion (f) von P und jeder zulässige Punkt von P liefert eine obere Schranke für den optimalen Wert der Zielfunktion (d) von D. Deswegen kann ein Verfahren, welches in gewissen Iterationsschritten zulässige Punkte sowohl von P als auch von D bestimmt, abgebrochen werden, wenn die Differenz der Zielfunktionswerte hinreichend klein ist.

Weiter folgt aus dem schwachen Dualitätssatz (Satz 29), dass zulässige Punkte x^* von P und u^* von D optimale Lösungen von P und D sind, falls die Zielfunktionswerte von P in x^* und D in u^* übereinstimmen, wenn also $f(x^*) = d(u^*)$ gilt.

In vielen Fällen sind die Optima von P und D sogar identisch.

Abschließend werden noch zwei wichtige Zusammenhänge zwischen den Optima von P und D sowie der Sattelpunktaussage von P und D angegeben; sie sind für einige Anwendungen in der mathematischen Wirtschaftstheorie und der Spieltheorie interessant.

Satz 30 (Zusammenhang zwischen Gleichheit der Optima und Sattelpunktaussage)

Gegeben sei ein Optimierungsproblem (*O*) mit Zielfunktion $f : \mathbb{R}^n \to \mathbb{R}$, $n \in \mathbb{N}$, und Nebenbedingungen $g : \mathbb{R}^n \to \mathbb{R}^m$, $m \in \mathbb{N}$, mit $g(x) \leq 0$. $\mathcal{L}(x, u) = f(x) + u^T \cdot g(x)$ ist die Lagrange-Funktion zu *O*, (nach Definition 22) $\min_{x \in \mathbb{R}^n} \sup_{u \in \mathbb{R}_+^m} \mathcal{L}(x, u)$ ist das zu *O* primale Optimierungsproblem (P) und $\max_{u \in \mathbb{R}_+^m} \inf_{x \in \mathbb{R}^n} \mathcal{L}(x, u)$ das zu *O* duale Optimierungsproblem (D).

Dann gilt: Die Lagrange-Funktion $\mathcal{L}(x, u)$ besitzt genau dann einen Sattelpunkt (x^*, u^*), wenn x^* Lösung von P ist, u^* Lösung von D ist und die Optima von P und D gleich sind, d.h., es gilt $\mathcal{L}(x^*, u^*) = \min_{x \in \mathbb{R}^n} \max_{u \in \mathbb{R}_+^m} \mathcal{L}(x, u) = \max_{u \in \mathbb{R}_+^m} \min_{x \in \mathbb{R}^n} \mathcal{L}(x, u)$.

Beweis: s. Abschnitt zu den mathematischen Grundlagen von Optimierungsproblemen im Internet.

Der nun folgende Dualitätssatz gilt für so genannte reguläre Optimierungsprobleme, die zunächst definiert werden.

Definition 23 (reguläres Optimierungsproblem)

Es seien g_i, $1 \leq i \leq m$ und $m \in \mathbb{N}$, stetig differenzierbar und $M = \{x \in \mathbb{R}^n \mid g_i(x) \leq 0\}$. Das Optimierungsproblem $\min_{x \in M} f(x)$ heißt regulär in jedem Punkt $x^* \in M$, falls eine der beiden folgenden Bedingungen erfüllt ist:

1. Alle g_i sind konvex und es existiert ein $\bar{x}$ mit $g_i(\bar{x}) < 0$ für alle $1 \leq i \leq m$.
2. Alle Nebenbedingungen sind linear.

Bemerkung: Die erste Bedingung ist im Kern die Slaterbedingung.

1.7 Lagrange-Funktion und Karush-Kuhn-Tucker-Bedingung

Satz 31 (Dualitätssatz)

Gegeben sei ein Optimierungsproblem (O) mit Zielfunktion $f : \mathbb{R}^n \to \mathbb{R}$, $n \in \mathbb{N}$, und Nebenbedingungen $g_i : \mathbb{R}^n \to \mathbb{R}$, $1 \leq i \leq m$ und $m \in \mathbb{N}$. Die f, g_i, $\forall \; 1 \leq i \leq m$, sind stetig differenzierbar und konvex sowie $M = \{x \in \mathbb{R}^n \mid g(x) \leq 0\}$. $\mathcal{L}(x,u) = f(x) + u^T \cdot g(x)$ ist die Lagrange-Funktion zu O über M, $\min_{x \in M} \sup_{u \in \mathbb{R}_+^m} \mathcal{L}(x,u)$ ist das zu O (über M) primale Optimierungsproblem (P) und $\max_{u \in \mathbb{R}_+^m} \inf_{x \in M} \mathcal{L}(x,u)$ das zu O (über M) duale Optimierungsproblem (D). Ist x^* Lösung von P und ist P regulär in x^*, dann gilt:

- D besitzt eine Lösung,
- die Optima von P und D sind gleich und
- ist u^* eine Lösung von D, so sind die minimalen Punkte von $\mathcal{L}(x,u^*) = f(x) + u^{*T} \cdot g(x)$ über $\mathbb{R}^n$, die $g(x) \leq 0$ und $u^{*T} \cdot g(x) = 0$ erfüllen, Lösungen von P.

Beweis: s. Abschnitt zu den mathematischen Grundlagen von Optimierungsproblemen im Internet.

Die Aussage des Dualitätssatzes, dass D eine Lösung besitzt, kann benutzt werden, um aus einer Lösung des dualen Problems eine Lösung des primalen Problems zu ermitteln. Dies wird besonders einfach, wenn $\mathcal{L}(x,u^*)$ streng konvex in x ist. Dann besitzt $\min_{x \in \mathbb{R}^n} \mathcal{L}(x,u^*)$ eine eindeutige Lösung. Diese muss gleich x^* sein, so dass in diesem Fall $g(x^*) \leq 0$ sowie $u^{*T} \cdot g(x^*) = 0$ erfüllt sind, und x^* als Lösung des Optimierungsproblems (ohne Nebenbedingungen) $\min_{x \in \mathbb{R}^n} \mathcal{L}(x,u^*)$ bestimmbar ist. Es sei angemerkt, dass $\mathcal{L}(x,u^*)$ für konvexe f, g_i bereits streng konvex ist, wenn f oder eine der zu $u_i^* > 0$ gehörenden Restriktionsfunktionen g_i streng konvex ist.

Abschließend sei angemerkt, dass diese Lagrange-Multiplikatoren u_i^*, die nach den gerade vorgestellten Überlegungen auch als Optimallösungen des dualen Optimierungsproblems aufgefasst werden können, bei vielen Anwendungen näherungsweise eine Aussage darüber zulassen, ob es sich lohnt, etwa in einem Produktionsprozess die eingesetzten Ressourcenmengen zu erhöhen oder zu verringern. Oft ist ihr Wert für die Anwendungen daher mindestens ebenso wichtig, wie die Lösung des Ausgangsproblems selbst.

2 Prognoseverfahren

2.0 Einleitung

Die Prognose des zukünftigen Bedarfs an Erzeugnissen ist ein wichtiger Bestandteil der betrieblichen Abläufe. Typische Fragestellungen lauten:

- Welcher Umsatz kann im kommenden Jahr erwartet werden?
- Wie viele Produkte werden in welchen Varianten in der nächsten Woche nachgefragt?
- Sollen neue Kapazitäten aufgebaut oder eventuell alte abgebaut werden?
- Wann wird die Nachfrage nach einem Gut so gering sein, dass sich eine weitere Produktion nicht lohnt (ist im PC-Bereich oft anzutreffen)?

Die Antworten auf diese Fragen bestimmen zu einem wesentlichen Teil Logistikstrukturen, Budgets, Produktionsprogramme etc.

So überrascht es nicht, dass Prognosen in vielen funktionalen Bereichen von Unternehmen, wie Marketing, Produktion, Finanz- und Rechnungswesen sowie Personalabteilung, eingesetzt werden. Speziell für die Produktion sind Prognosen vor allem im Bereich der Verkaufszahlen pro Produkt nötig, damit das Unternehmen den Produktionsablauf und die Lagerhaltung planen kann, um die erwartete Nachfrage zu vernünftigen Kosten zu befriedigen. Dazu wird eine Prognose für jedes einzelne Produkt und für jeden Zeitabschnitt benötigt. Verschiedene andere mit der Produktion verknüpften Probleme, für die Prognosen gebraucht werden, sind Materialanforderungen, Trends der Material- und Arbeitskosten, Trends in der Verfügbarkeit von Material und Arbeitskräften, Instandhaltungserfordernisse und die für die Produktion verfügbare Anlagenkapazität.

Mit Prognoseverfahren können solche Bedarfsverläufe sehr wirkungsvoll geschätzt werden. Etabliert haben sich zwei Arten von Prognoseverfahren: qualitative und quantitative Prognosen.

Bei qualitativen Prognoseverfahren werden die Meinungen mehrerer Personen erhoben und daraus Nachfrageprognosen abgeleitet. Solche Prognoseverfahren werden hauptsächlich eingesetzt, wenn keine für die Zukunft repräsentativen Daten aus der Vergangenheit vorliegen, wie bei der Einführung eines neuen Produkts. Daher wird zwischen Vertriebsschätzungen, Kundenbefragung und Expertenschätzung unterschieden. Ein strukturierter Prozess zur Prognose durch Expertenmeinung wird durch die Delphi-Methode beschrieben (s. [Häde02]). Qualitative Prognoseverfahren werden auch eingesetzt, um Prognosen, die mit quantitativen Verfahren erstellt werden, unter Berücksichtigung qualitativer Informationen anzupassen.

Bei den quantitativen Prognosen werden mittels eines mathematischen Modells zukünftige Bedarfe errechnet. Dabei wird in der Literatur zwischen kausaler und Zeitfolgenprognose unterschieden. Bei kausalen Prognosen steht die Erstellung einer Funktion im Vordergrund, welche den Zusammenhang zwischen einer Nachfrage und einer bekannten Größe beschreibt. Bei einer Zeitfolgenprognose wird eine Prognose auf der Basis historischer Daten erstellt; im Grunde handelt es sich um einen Spezialfall der kausalen Prognose.

Außer bei der Nachfrage für Endprodukte werden Prognoseverfahren eingesetzt:

- bei geringwertigen Gütern, wie z.B. Hilfsstoffen, Betriebsstoffen und Verschleißwerkzeugen, die in der betrieblichen Praxis der Gruppe der C-Produkte zugeordnet werden. Hier wären programmorientierte Verfahren zu aufwendig.
- bei untergeordneten Erzeugnissen, die in sehr viele unterschiedliche übergeordnete Baugruppen und Endprodukte eingebaut werden. (Zur Zusammensetzung eines Produkts wie einem Tisch aus Komponenten wie einer Tischplatte und Tischbeinen sei auf den Abschnitt über mehrstufige Losgrößenprobleme verwiesen.) Die Summe der Einzelbedarfe aufgrund der übergeordneten Produkte bildet den Gesamtbedarf. Nach dem zentralen Grenzwertsatz (der Stochastik) konvergiert dieser gegen eine Normalverteilung. Deswegen ist es plausibel, dass ein solcher Gesamtbedarf oft einen regelmäßigen Verlauf annimmt, der mit geeigneten Verfahren bei geringem Aufwand vergleichsweise genau prognostiziert werden kann. Ferner tritt, ebenfalls aufgrund des zentralen Grenzwertsatzes, eine Reduktion der Varianz bei einer solchen Aggregation von Nachfragen auf.
- wenn programmorientierte, deterministische Verfahren (solche werden in den Abschnitten über Planungsverfahren beschrieben) nicht anwendbar sind, weil die zum Einsatz dieser Verfahren notwendigen Informationen nicht verfügbar sind, z.B. beim Ersatzteilebedarf.

Prognoseverfahren sind integraler Bestandteil von Produktionsplanungs- und -steuerungssystemen (PPS-Systemen), Enterprise Resource Planning Systemen (ERP-Systemen) und Supply Chain Mangementsystemen (SCM-Systemen) und zwar unter der Bezeichnung „Demand Planning".

Im Mittelpunkt dieser Ausarbeitung stehen Zeitfolgenprognosen. Grundlage sind, wie bereits erwähnt, historische Daten über den Bedarf eines Produkts für eine hohe Anzahl von aufeinanderfolgenden Betrachtungsperioden, wie Tage; beispielsweise könnte der tägliche (Kunden-)Bedarf an Tischen über die letzten beiden Jahre gegeben sein. Für die Entwicklung von Prognoseverfahren wird angenommen, dass eine Zeitfolge um eine Funktion, dem so genannten Prognosemodell, so schwankt, dass die Abweichungen wiederum einen Prozess bilden, der stationär ist. Dies bedeutet, dass seine Erwartungswerte und seine zweiten zentralen Momente im Zeitablauf konstant sind. Es lässt sich zeigen, dass daraus eine „gewisse" Stationarität für die eigentliche Zeitfolge folgt. Details werden im Abschnitt 2.1 erläutert. Es sei auch auf den Abschnitt „Präliminarien" im Internet verwiesen. Wird ein solcher stationärer Bedarfsverlauf eines Produkts über einen langen Zeitraum beobachtet, so wird im Allgemeinen ein charakteristisches zeitliches Verhalten festgestellt. Sehr viele Materialarten zeigen einen regelmäßigen Bedarfsverlauf, bei denen die folgenden drei Grundtypen von Nachfrageverläufen zu beobachten sind:

2.0 Einleitung

- konstantes Niveau: die Nachfrage schwankt um einen konstanten Wert;
- Trend: die Nachfrage steigt mit der Zeit;
- Saisonalität: die Nachfrage schwankt periodisch.

Daneben treten, allerdings seltener, Bedarfsverläufe auf, bei denen die Bedarfsmengen sehr hohen Schwankungen unterliegen und / oder bei denen sehr viele Perioden überhaupt keinen Bedarf aufweisen. Solche Bedarfsverläufe werden als unregelmäßige Bedarfsverläufe bezeichnet.

Damit sind die in der Abbildung 1 dargestellten Grundtypen von Nachfrageverläufen in der Regel zu beobachten. Für ihre Prognose existieren jeweils eigene mathematische (Prognose-) Modelle. Deswegen ist eine genaue Analyse der vorliegenden Daten zur Identifikation des besten Prognosemodells ein integraler Bestandteil des Einsatzes von Prognoseverfahren.

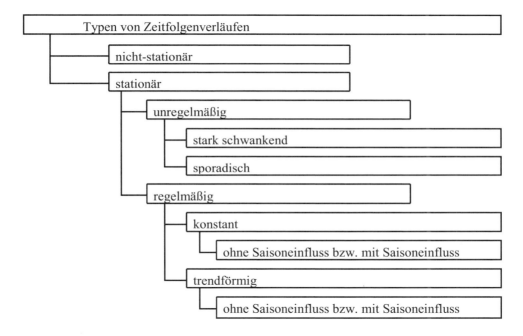

Abbildung 1: Typen von Bedarfsverläufen

Wegen des Charakters dieses Buchs, nämlich die Logik der Verfahren darzustellen, besteht das Ziel nicht in einer weitgehend vollständigen Darstellung von Prognoseverfahren (s. beispielsweise [MeRä05]), sondern in der Logik dieser Verfahren. Diese zeigt sich am nachhaltigsten beim konstanten und beim trendförmigen Bedarf. Eine Zeitfolge mit einem saisonalen Einfluss wird häufig dadurch prognostiziert, dass die Zeitfolge in eine allgemeine Schwankung und eine saisonale Schwankung aufgespalten wird. Diese Aufspaltung kann additiv oder multiplikativ erfolgen; s. z.B. [MeRä05]. Es sei angemerkt, dass die allgemeine Schwankung in der Regel aus einem langfristigen Trend und einer mittelfristigen zyklischen Schwankung besteht. Diese beiden Bestandteile einer Zeitfolge werden dann separat prognostiziert und daraus wird eine Gesamtprognose erstellt; eben durch eine additive oder multiplikative Zusammensetzung. Deswegen wird hier auf die Betrachtung von Saisoneinflüssen verzichtet.

2.1 Grundlegende Begriffe und Überlegungen

Grundlegende Elemente von Prognoseverfahren sind Beobachtungswerte der Vergangenheit, die beliebig umfangreich sein können. Für eine Periode t bezeichnet y_t die in dieser Periode beobachtete Bedarfsmenge. Für die mathematische Herleitung und Analyse der Prognoseverfahren wird von einer unendlich langen geordneten Folge von Vergangenheitswerten $(y_t)_{t=1}^{\infty}$ ausgegangen. Bezogen auf eine aktuelle Periode t wird der Prognosewert für die zukünftige Periode (t+1) mit p_{t+1} (oder $y_t^{(1)}$) bezeichnet bzw. mit p_{t+j} für ein beliebiges $j \in \mathbb{N}$. Es liegen stets äquidistante Abstände (zwischen diesen Beobachtungswerten) von einer Periode vor. Dabei wird der Bedarf für die Periode (t+1) jeweils am Ende der Periode t prognostiziert, nachdem der Beobachtungswert y_t für diese Periode t vorliegt.

Diese einzelnen Begriffe sind in der Abbildung 2 zusammengefasst.

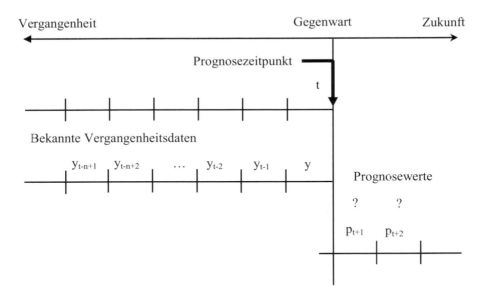

Abbildung 2: Datenstruktur einer Bedarfsprognose

2.1 Grundlegende Begriffe und Überlegungen

Aus Sicht der Stochastik liegen zeitlich geordnete Zufallsvariablen $\{Y\} = (Y_t)_{t=1}^{\infty}$ vor; also liegt ein stochastischer Prozess $(\{Y\})$ vor. Eine beobachtete Zeitfolge y_1, y_2, ..., y_N ist eine Realisation der Länge N des stochastischen Prozesses $\{Y\}$. Es sei betont, dass jeder Beobachtungswert von einer anderen Zufallsvariablen generiert wird. Im Folgenden wird formal nicht zwischen y_t und ihrer Zufallsvariable Y_t unterschieden. Die Unterscheidung ergibt sich aus dem Zusammenhang.

Für die mathematische Betrachtung wird angenommen, dass die Bedarfswerte um eine Funktion schwanken. Diese Funktion beschreibt den Bedarfsverlauf, als Funktion (f) über die Zeit (t). Die Schwankungen werden durch den zeitabhängigen Parameter ε_t ausgedrückt. Die Variable ε_t modelliert die stochastische Komponente einer Zeitfolge und wird daher auch als Störvariable (bezogen auf die Funktion f) bzw. als latente Variable bezeichnet. Dabei ist diese latente Variable von den Beobachtungszeitpunkten unabhängig. Ein Beispiel möge dies illustrieren.

Beispiel 1 (Bedarfsverlauf von Tischen über 12 Monate)

Für Tische liege ein Bedarf über die letzten 12 Monate vor. Dieser ist in Tabelle 1 dargestellt und in Abbildung 3 visualisiert.

Monat	1	2	3	4	5	6	7	8	9	10	11	12
Bedarfswert	115	121	109	117	122	106	107	111	120	116	119	117

Tabelle 1: Bedarfsverlauf für Tische über die letzten 12 Monate

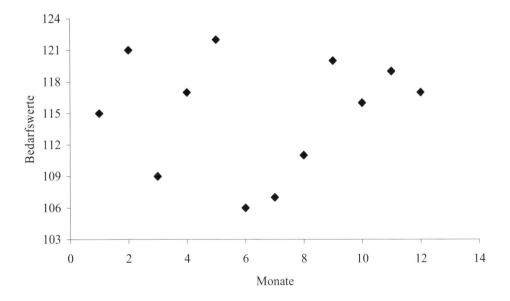

Abbildung 3: Bedarfsverlauf für Tische über die letzten 12 Monate

In diesem Fall schwanken die Beobachtungswerte um die Konstante 115; i. e. $f(k) = 115$. Der Wert im 2. Monat ist gleich 115 + 6 (also $\varepsilon_2 = 6$) und im 7. Monat 115 + (–8) (also $\varepsilon_7 = -8$).

Damit folgen die Beobachtungswerte $(y_t)_{t=1}^{\infty}$ (bzw. $(y_t)_{t=1}^{N}$) der Gleichung:

Formel 1: $\quad y_t = f(t) + \varepsilon_t$ für alle $t = 1, 2, \ldots$.

Damit wird also die strenge funktionale Abhängigkeit zwischen den y-Werten und den t-Werten durch eine stochastische Störung überlagert.

Für die mathematische Behandlung werden Bedingungen an die Folge $(\varepsilon_t)_{t=1}^{\infty}$ gestellt. Diese Folge ist selbst ein stochastischer Prozess $(\{\varepsilon\} = (\varepsilon_t)_{t=1}^{\infty})$; ε_t ist also eine Zufallsvariable. Bei der Anforderung handelt es sich um einen so genannten reinen Zufallsprozess, der in der folgenden Definition 1 definiert ist. Generell hat er in der Zeitfolgenanalyse eine sehr hohe Bedeutung und dient als „Grundbaustein" für die in der Praxis der Zeitfolgenanalyse gebräuchlichsten Prozesse. Deswegen wird sein Vorliegen bei den betrachteten Zeitfolgen im Weiteren vorausgesetzt.

Definition 1 (reiner Zufallsprozess)

Ein stochastischer Prozess $\{\varepsilon\} = (\varepsilon_t)_{t=1}^{\infty}$ heißt reiner Zufallsprozess, weißes Rauschen bzw. White-Noise-Prozess, falls gilt:

1. $E(\varepsilon_t) = 0 \; \forall \; t \in \mathbb{N}$,
2. $\text{Var}(\varepsilon_t) = \sigma_\varepsilon^2 = \text{const.} \; \forall \; t \in \mathbb{N}$ und
3. $\text{Cov}(\varepsilon_t, \varepsilon_{t-j}) = 0 \; \forall \; t \in \mathbb{N}$ und $\forall \; j \in \mathbb{N}$ mit $j \leq t - 1$.

Bemerkung: Reine Zufallsprozesse sind (schwach) stationär; zur Stationarität s. den Abschnitt „Präliminarien" im Internet.

Die obige Forderung (über Definition 1) wird formalisiert durch

Formel 2: $\quad$ Der stochastische Prozess $(\varepsilon_i)_{i=1}^{\infty}$ zu einer beliebigen Folge an Beobachtungswerten $(y_t)_{t=1}^{\infty}$ aufgrund von Formel 1 ist ein reiner Zufallsprozess.

Diese Voraussetzung impliziert, dass die Zeitfolge $(y_t)_{t=1}^{\infty}$ selbst in gewisser Hinsicht stationär ist. Dies wird in den einzelnen Abschnitten konkretisiert werden.

Wegen Bedingung (3) in Definition 1 liegt keine Autokorrelation zwischen den einzelnen Ausprägungen der irregulären Komponente in verschiedenen Perioden vor. Dies bedeutet,

2.1 Grundlegende Begriffe und Überlegungen

dass die Höhe der irregulären Komponente in Periode t ist unabhängig von der Höhe der irregulären Komponente in Periode $(t-j)$, für ein beliebiges $j \in \mathbb{N}$, ist.

Gelegentlich wird ein reiner Zufallsprozess enger definiert und gefordert, dass die Zufallsvariablen ε_t stochastisch unabhängig sind, zusätzlich eventuell noch, dass diese Zufallsvariablen ε_t identisch verteilt sind. Sind die einzelnen Zufallsvariablen ε_t normalverteilt, so liegt ein so genannter Normalprozess vor.

Mit einem Prognoseverfahren wird nun diese Funktion $y_t = f(t) + \varepsilon_t$ durch eine Schätzfunktion $\hat{f}(t)$ approximiert. f wird als Prognosemodell bezeichnet. Wegen der Bedingung (1) in Definition 1 gleichen sich die irregulären Schwankungen ε_t im Zeitablauf aus. Deswegen ist die gesuchte Schätzfunktion eine Approximation der Funktion f. Mit ihr berechnen sich die gesuchten Prognosewerte durch $p_t = \hat{f}(t)$.

Prognosen beziehen sich immer auf zukünftige Ereignisse (z.B. das Eintreffen von Kundenaufträgen oder Material von Lieferanten). Da deren Vorhersage aber i. A. nicht mit Sicherheit möglich ist, treten regelmäßig Prognosefehler auf. Der Prognosefehler einer Periode t ist definiert durch die Differenz aus Beobachtungswert und Prognosewert; also formal durch:

Definition 2 (Prognosefehler)

Für eine beliebige Periode (t) sei y_t ein gegebener Beobachtungswert und p_t sein Prognosewert. Dann ist sein Prognosefehler (e_t) definiert durch $e_t = y_t - p_t$.

Bemerkung 1 (Prognosefehler)

Die Differenz $(y_t - p_t)$, der Prognosefehler, kann (wegen der Approximation von f durch $\hat{f}$) als eine Beobachtung der irregulären Komponente der Zeitfolge $(\varepsilon_t)_{t=1}^{\infty}$ aufgefasst werden.

Deswegen können Prognosefehler durch ein ungeeignetes Prognosemodell oder durch einen Strukturbruch in der Zeitfolge auftreten. Wie in der Stochastik üblich, wird die Zeitfolge der Prognosefehler über ihren Mittelwert und ihre Streuung analysiert. Werden die letzten n Perioden berücksichtigt, so lauten

Formel 3: der Mittelwert der Prognosefehler für die Periode t bezogen auf die letzten n Beobachtungswerte $\mu_{e,t,n} = \frac{1}{n} \cdot \sum_{k=t-n+1}^{t} e_k$ und

Formel 4: die Varianz der Prognosefehler für die Periode t bezogen auf die letzten n Beobachtungswerte $\text{Var}_{e,t,n} = \frac{1}{n-1} \cdot \sum_{k=t-n+1}^{t} (e_k - \mu_{e,t,n})^2$.

Formel 5: Die Standardabweichung der Prognosefehler für die Periode t bezogen auf die letzten n Beobachtungswerte beträgt damit: $\sigma_{e,t,n} = \sqrt{\text{Var}_{e,t,n}}$.

Bemerkung 2 (Anzahl von Beobachtungswerten)

Ist die Anzahl (n) der berücksichtigten letzten n Beobachtungswerte nicht relevant (oder aus dem Zusammenhang klar), so wird der Index bei diesen Kennzahlen weggelassen, also wird beispielsweise $\mu_{e,t}$ statt $\mu_{e,t,n}$ geschrieben.

Die Qualität der Anpassung der Schätzfunktion $\left(p_t = \hat{f}(t)\right)$ an die Bedarfsfolge wird durch einen Vergleich von ex-post Prognosewerten mit den entsprechenden Beobachtungswerten überprüft; s. Abbildung 4. Durch eine Extrapolation der für die Vergangenheit als zutreffend angenommenen Schätzfunktion werden die voraussichtlichen Bedarfsmengen zukünftiger Perioden p_{t+j}, für ein beliebiges $j \in \mathbb{N}$, errechnet; also die ex-ante Prognosewerte, s. Abbildung 4.

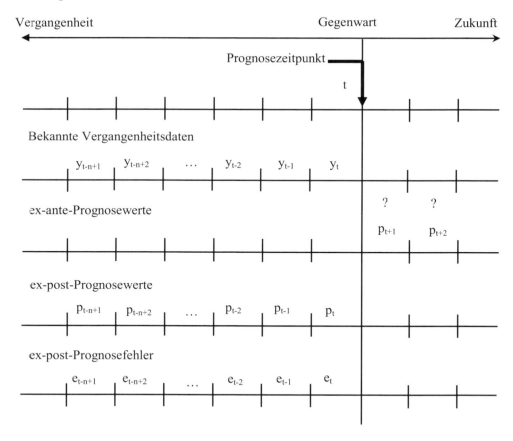

Abbildung 4: vollständige Datenstruktur einer Bedarfsprognose

2.1 Grundlegende Begriffe und Überlegungen

Für ein gutes Prognoseverfahren ist zu fordern, dass die prognostizierten Werte im Durchschnitt (über einen längeren Zeitraum betrachtet) gleich den beobachteten Werten sind. Mathematisch bedeutet dies, dass der Erwartungswert des Prognosefehlers Null ist. Die Prognose ist dann erwartungstreu. Aus dieser Eigenschaft folgt, dass das Niveau der Prognosefehler um Null schwanken muss.

Definition 3 (erwartungstreues Prognoseverfahren)

Ein Prognoseverfahren heißt erwartungstreu, sofern der Erwartungswert seines Prognosefehlers gleich Null ist.

Die Streuung der Prognosefehler erlaubt eine Aussage über den Sicherheitsgrad, mit dem prognostizierte Bedarfsmengen in der Zukunft auch tatsächlich realisiert werden. Wäre er, im Extremfall, gleich Null, so würde der zukünftige Bedarfswert exakt prognostiziert werden. Ist er klein, so liegen die prognostizierten Werte „in der Nähe" der zukünftigen Bedarfswerte. Folgt der Prognosefehler einer Normalverteilung mit einem Erwartungswert von Null und einer Streuung σ_e, so lässt sich aus dem Verlauf der Normalverteilung die Aussage ableiten, dass ca. 95% aller Prognosefehler innerhalb eines Bereichs von zwei Standardabweichungen σ_e um Null liegen. Dies bedeutet: Der tatsächliche Beobachtungswert in der Periode t wird mit der Wahrscheinlichkeit von 95% im Intervall $[p_t - 2 \cdot \sigma_e, p_t + 2 \cdot \sigma_e]$ liegen. Es wird sich zeigen, dass bei den im Folgenden hergeleiteten Verfahren der Prognosefehler normalverteilt ist; genaugenommen unter gewissen Bedingungen, die jedoch bei konkreten Bedarfsfolgen in der Regel erfüllt sein dürften. Einzige Ausnahme ist die exponentielle Glättung 2. Ordnung.

Nun wird der Zusammenhang zwischen der Varianz der Prognosefehler und der Varianz der irregulären Schwankungen untersucht.

Lemma 1 (Varianz der irregulären Schwankungen versus Varianz der Prognosefehler)

Gegeben sei eine Zeitfolge $(Y_i)_{i=1}^{\infty}$ (bzw. $(y_i)_{i=1}^{\infty}$), deren stochastischer Prozess $(\varepsilon_i)_{i=1}^{\infty}$ zu seinen Störvariablen gegenüber dem Prognosemodell f (also $y_i = f(i) + \varepsilon_i$) ein reiner Zufallsprozess ist. $\hat{f}$ sei seine Schätzfunktion. Unter der Annahme, dass $\hat{f} \equiv f$ ist, gilt $\text{Var}(\varepsilon_t) \approx \text{Var}(e_t)$ bzw. $\sigma_\varepsilon \approx \sigma_e$.

Beweis: s. Abschnitt zu Prognoseverfahren im Internet.

Nach Lemma 1 ist die Streuung der Prognosefehler näherungsweise gleich der Streuung der Störvariablen. Da diese nach Voraussetzung konstant ist, gilt dies auch für die Streuung der Prognosefehler. Damit lässt sich die zu erwartende Streuung der Prognosefehler durch die Analyse der ex-post Prognosefehler abschätzen. Aufgrund von Formel 1 ist die Streuung der Störvariablen die optimale Streuung der Prognosefehler. So gibt eine Konkretisierung der Abweichung zwischen beiden Streuungen an, wie gut die optimale Streuung erreicht wird.

Aus diesen Überlegungen ist ersichtlich, dass die Varianz der Prognosefehler von den Maßeinheiten und den absoluten Größenordnungen der Variablen abhängt. Mit standardisierten Maßen kann diese Schwäche vermieden werden. Exemplarisch sei der multiple Korrelationskoeffizient genannt, der für die Güte der multiplen linearen Regressionsanalyse entwickelt worden ist; s. z.B. [Schi05].

Wie im einleitenden Abschnitt bereits ausgeführt wurde, wird ein regelmäßiger Bedarfsverlauf vorausgesetzt. Zur Abgrenzung wird nun der unregelmäßige Bedarfsverlauf definiert.

Definition 4 (Störpegel und Variationskoeffizient)

Gegeben ist eine (beobachtete) Zeitfolge y_1, y_2, ..., y_N, wobei N eine beliebig hohe Anzahl ist. Mit dem Mittelwert $\mu_N = \frac{1}{N} \sum_{i=1}^{N} y_i$, der Standardabweichung $\sigma_N = \frac{1}{N-1} \sum_{i=1}^{N} (y_i - \mu)^2$ und der mittleren absoluten Abweichung $MAD_N = \frac{1}{N} \sum_{i=1}^{N} |y_i - \mu_N|$ heißt der Quotient $SP_N = \frac{MAD_N}{\mu_N}$ Störpegel zur Zeitfolge und der Quotient $\upsilon_N = \frac{\sigma_N}{\mu_N}$ heißt Variationskoeffizient zur Zeitfolge.

Bemerkung 3 (Störpegel und Variationskoeffizient)

- Beim Variationskoeffizienten handelt es sich um eine relative Standardabweichung.
- Der Störpegel, übertragen auf die Zufallsvariablen einer Bedarfsfolge, kann bei einer normalverteilten Bedarfsfolge in den Variationskoeffizienten überführt werden (s. [Trux72]).

Statt einer exakten Definition wird häufig das Vorliegen eines unregelmäßigen Bedarfs wie folgt charakterisiert:

Bemerkung 4 (regelmäßiger und unregelmäßiger Bedarf)

Gegeben ist eine (beobachtete) Zeitfolge y_1, y_2, ..., y_N, wobei N eine beliebig hohe Anzahl ist. $SP = \frac{MAD_N}{\mu_N}$ ist sein Störpegel und $\upsilon = \frac{\sigma_N}{\mu_N}$ sein Variationskoeffizient.

- Überschreitet sein Störpegel einen Wert von ca. 0,5, dann kann von einem stark schwankenden Bedarfsverlauf gesprochen werden.
- Überschreitet der Anteil an Perioden ohne Bedarf einen kritischen Grenzwert von 0,3 bis 0,4, so kann von einer sporadischen Bedarfsfolge gesprochen werden.
- Ist sein Variationskoeffizient relativ gering, in der Regel unter 0,5, so kann von einem gleichmäßigen Bedarfsverlauf gesprochen werden; ansonsten kann von einem ungleichmäßigen Bedarfsverlauf gesprochen werden.

2.2 Konstanter Bedarfsverlauf

In diesem Fall schwankt die Nachfrage um ein konstantes Niveau. Deswegen folgt eine beliebige Bedarfsfolge der Gleichung

Formel 6: $\quad y_t = \beta_0 + \varepsilon_t$ für alle $t \in \mathbb{N}$, mit reinem Zufallsprozess $(\varepsilon_t)_{t=1}^{\infty}$.

Beispiel 2 (Bedarfsverlauf von Tischen über 12 Monate; Fortsetzung von Beispiel 1)

Es handelt sich um die bereits oben (in Beispiel 1) vorgestellte Bedarfsfolge für Tische über 12 Monate, die in der Tabelle 2 angegeben ist und in der Abbildung 5 graphisch dargestellt ist.

Monat	1	2	3	4	5	6	7	8	9	10	11	12
Bedarfswert	115	121	109	117	122	106	107	111	120	116	119	117

Tabelle 2: Bedarfsverlauf für Tische über die letzten 12 Monate

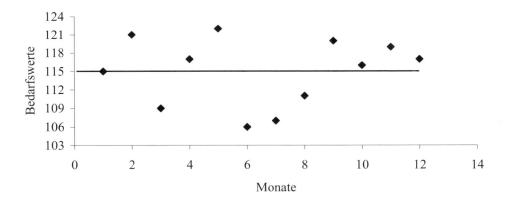

Abbildung 5: Bedarfswerte für Tische über die letzten 12 Monate

Der Mittelwert der Bedarfswerte ist 115, so dass sich 115 für die Konstante β_0 anbietet.

Da eine beliebige Bedarfsfolge um eine Konstante schwankt, ist ein enger Zusammenhang zwischen der Streuungsfunktion des stochastischen Prozesses zu dieser Zeitfolge und der Streuungsfunktion des stochastischen Prozesses seiner Störvariablen zu erwarten.

Lemma 2 (Streuungsfunktion zur Bedarfsfolge versus Streuungsfunktion seiner Störvariablen)

Gegeben sei eine Bedarfsfolge $(y_i)_{i=1}^{\infty}$ (bzw. $(Y_i)_{i=1}^{\infty}$), deren stochastischer Prozess $(\varepsilon_i)_{i=1}^{\infty}$ zu seinen Störvariablen gegenüber dem Prognosemodell β_0 (also $y_i = \beta_0 + \varepsilon_i$) ein reiner

Zufallsprozess mit Streuung σ_ε ist. Dann ist $(Y_i)_{i=1}^\infty$ (bzw. $(y_i)_{i=1}^\infty$) (schwach) stationär mit Streuung σ und es gilt $\sigma = \sigma_\varepsilon$.

Beweis: s. Abschnitt zu Prognoseverfahren im Internet.

Lemma 2 wird nun auf das Beispiel 2 angewandt.

Beispiel 3 (Bedarfsverlauf von Tischen über 12 Monate; Fortsetzung von Beispiel 2)

Für den Bedarfsverlauf in Beispiel 2 lautet der Mittelwert 115 und die Streuung ist 5,49. Mit der Wahl von $\beta_0 = 115$ ist der Mittelwert der Störvariablen gleich Null und seine Streuung beträgt ebenfalls 5,49. Damit wird Lemma 2 bestätigt.

Im Folgenden werden zwei Prognoseverfahren hergeleitet, nämlich der gleitende Durchschnitt und die exponentielle Glättung 1. Ordnung.

2.2.1 Gleitender Durchschnitt

Für die Prognose einer beliebigen Bedarfsfolge ist, wie oben bereits begründet worden ist, lediglich der konstante Parameter β_0 zu approximieren. Somit lautet formal die Approximationsfunktion b_0, wodurch sich die Prognosewerte durch die folgende Formel berechnen lassen.

Formel 7: $\qquad p_{t+1} = b_0 + 0 \quad \forall \ t \in \mathbb{N}_0$.

Die Größe p_{t+1} ist – wie bereits eingeführt – der Prognosewert für die Bedarfsmenge der Periode $(t+1)$. Damit lauten die Prognosen für eine beliebige Periode $(t+j)$ – für ein beliebiges $j \in \mathbb{N}_0$: $p_{t+j} = b_0$.

Die Bestimmung der Approximationsfunktion b_0 erfolgt üblicherweise durch Rückgriff auf endlich viele empirische Daten, d. h. auf die bereits bekannte Zeitfolge der Bedarfsmengen. Unterschiedliche Verfahren ergeben sich durch unterschiedliche Versuche, die Prognosefehler (e_t) zu minimieren. Eine Möglichkeit ist die Minimierung der Prognosefehlerquadratsumme. Bezogen auf die letzten n Beobachtungsbedarfe lautet dann das Optimierungsproblem für die aktuelle Periode t:

Minimiere $\sum_{k=t-n+1}^{t} e_k^2 = \sum_{k=t-n+1}^{t} (y_k - p_k)^2$, für ein beliebiges, aber festes t, mit $t \geq n$.

Wegen Formel 7 ist p_k durch b_0 zu ersetzen. Damit lautet das Optimierungsproblem:

Formel 8: $\qquad$ Minimiere $C(b_0) = \sum_{k=t-n+1}^{t} (y_k - b_0)^2$, für ein beliebiges, aber festes t, $t \geq n$.

2.2 Konstanter Bedarfsverlauf

Im Folgenden sei t beliebig, aber fest, mit $t \geq n$.

Da es sich bei diesem Optimierungsproblem um eine mehrfach differenzierbare Funktion handelt, kann das Optimierungsproblem, d. h. die Suche nach dem globalen Minimum der Funktion C, nach den Optimalitätsbedingungen im Abschnitt über die mathematischen Grundlagen von Optimierungsproblemen durch Nullsetzen seiner ersten Ableitung gelöst werden. Ein lokales Minimum liegt vor, sofern die zweite Ableitung größer Null ist.

Die erste Ableitung von C nach b_0 ergibt: $\dfrac{dC(b_0)}{db_0} = -2 \cdot \sum_{k=t-n+1}^{t} (y_k - b_0)$

Nullsetzen und Auflösen nach b_0 ergibt:

$$-2 \cdot \sum_{k=t-n+1}^{t} (y_k - b_0) = 0 \Leftrightarrow \sum_{k=t-n+1}^{t} y_k = \sum_{k=t-n+1}^{t} b_0 \Leftrightarrow \sum_{k=t-n+1}^{t} y_k = n \cdot b_0$$

$$\Leftrightarrow b_0 = \dfrac{1}{n} \cdot \sum_{k=t-n+1}^{t} y_k$$

Zur Verdeutlichung der Abhängigkeit zu t, wird diese Extremstelle auf einen beliebigen Zeitpunkt (t) bezogen. Somit ergibt sich

$b_{0,t} = \dfrac{1}{n} \cdot \sum_{k=t-n+1}^{t} y_k$ für ein beliebiges, aber festes t, mit $t \geq n$.

Wegen

$$\dfrac{d^2 C(b_0)}{db_0^2} = -2 \cdot \sum_{k=t-n+1}^{t} (-1) = 2 \cdot n > 0$$

stellt die gefundene Extremstelle ein lokales Minimum der Optimierungsfunktion (C) dar. Da keine andere Stelle optimal sein kann, ist es zugleich das globale Minimum. Dies führt zu dem Prognoseverfahren des n-periodischen ungewogenen gleitenden Durchschnitts.

Definition 5 (n-periodischer ungewogener gleitender Durchschnitt)

Für eine Zeitfolge $(y_i)_{i=1}^{\infty}$ und einen beliebigen, aber festen Wert n ($n \in \mathbb{N}$) ist der n-periodische ungewogene gleitende Durchschnitt bezogen auf einen beliebigen Zeitpunkt t, mit $t \geq n$, definiert durch $p_{t+1} = \dfrac{1}{n} \cdot \sum_{k=t-n+1}^{t} y_k$.

Beachte: $p_{t+1} = b_{0,t}$.

Dieses Verfahren des n-periodischen ungewogenen gleitenden Durchschnitts wird nun auf das Beispiel 2 angewendet.

Beispiel 4 (n-periodischer ungewogener gleitender Durchschnitt zum Bedarfsverlauf von Tischen über 12 Monate; Fortsetzung von Beispiel 2)

Gegeben seien die Daten aus Beispiel 2. Exemplarisch lautet die Berechnung für den Prognosewert p_4 (also $t = 3$) mit $n = 3$:

$$p_{3+1} = \frac{1}{3} \cdot \sum_{k=1}^{3} y_k = \frac{1}{3} \cdot (115 + 121 + 109) = \frac{345}{3} = 115$$

Es sei erwähnt, dass p_4 der erste Prognosewert ist, der berechnet werden kann, da nicht genügend Vergangenheitswerte für die Berechnung von p_1, p_2 und p_3 vorliegen.

Alle ex-post Prognosewerte nach dem 3-periodischen ungewogenen Durchschnitt sind in Tabelle 3 angegeben; Tabelle 3 enthält zum Vergleich auch die Bedarfswerte. Die Bedarfsfolge und die Prognosefolge sind graphisch in Abbildung 6 angegeben; um deren zeitliche Entwicklung klarer aufzuzeigen und deren Abweichungen deutlicher zu kennzeichnen, sind die Einzelwerte durch Linien miteinander verbunden.

Monat	1	2	3	4	5	6
Bedarfswert	115	121	109	117	122	106
Prognosewert				115	$115\frac{2}{3}$	116

Monat	7	8	9	10	11	12
Bedarfswert	107	111	120	116	119	117
Prognosewert	115	$111\frac{2}{3}$	108	$112\frac{2}{3}$	$115\frac{2}{3}$	$118\frac{1}{3}$

Tabelle 3: Bedarfswerte und 3-periodischer ungewogener gleitender Durchschnitt für Tische über die letzten 12 Monate

2.2 Konstanter Bedarfsverlauf

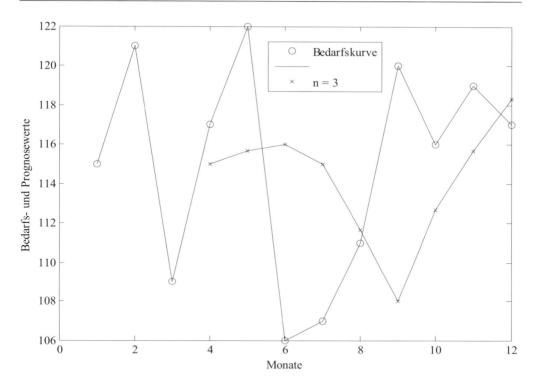

Abbildung 6: Bedarfswerte und 3-periodischer ungewogener gleitender Durchschnitt für Tische über die letzten 12 Monate

Einige Charakteristika zum Verfahren, insbesondere zu seiner Güte, werden anhand des folgenden umfangreichen Beispiels demonstriert.

Beispiel 5 (n-periodischer ungewogener gleitender Durchschnitt zum Bedarf von Tischen über 60 Monate)

Es erweitert die in Tabelle 2 angegebene Bedarfsfolge für Tische auf eine über die letzten 60 Monate; s. Tabelle 4. Betrachtet werden der 3-, 12-, 20- und 50-periodische ungewogene gleitende Durchschnitt. Alle ex-post Prognosewerte, einschließlich ihrer Prognosefehler, sind in Tabelle 4 angegeben. Die Bedarfsfolge und alle (vier) Prognosefolgen sind graphisch in Abbildung 7 angegeben. Alle Werte wurden mit einem Matlab-Programm berechnet. Die Werte in Tabelle 4 wurden auf die 2. Nachkommastelle gerundet. Die Zeichnung basiert auf den Originalwerten, mit denen auch weiter gerechnet wird.

Monat	1	2	3	4	5	6	7	8	9	10
Bedarf	115	121	109	117	122	108	107	113	120	118
n = 3				115	115,67	116,00	115,67	112,33	109,33	113,33
Fehler				2	6,33	−8,00	−8,67	0,67	10,67	4,67
Monat	11	12	13	14	15	16	17	18	19	20
Bedarf	119	117	111	108	103	102	120	105	106	125
n = 3	117	119	118	115,67	112	107,33	104,33	108,33	109	110,33
Fehler	2	−2	−7	−7,67	−9	−5,33	15,67	−3,33	−3	14,67
n = 12			115.5	115.17	114.08	113.58	112.33	112.17	111.92	111.83
Fehler			−4.5	−7.17	−11.08	−11.58	7.67	−7.17	−5.92	13.17
Monat	21	22	23	24	25	26	27	28	29	30
Bedarf	105	100	103	105	106	108	110	112	106	108
n = 3	112.00	112.00	110.00	102.67	102.67	104.67	106.33	108.00	110.00	109.33
Fehler	−7.00	−12.00	−7.00	2.33	3.33	3.33	3.67	4.00	−4.00	−1.33
n = 12	112.83	111.58	110.08	108.75	107.75	107.33	107.33	107.92	108.75	107.58
Fehler	−7.83	−11.58	−7.08	−3.75	−1.75	0.67	2.67	4.08	−2.75	0.42
n = 20	113.30	112.80	111.75	111.45	110.85	110.05	110.05	110.20	110.15	109.45
Fehler	−8.30	−12.80	−8.75	−6.45	−4.85	−2.05	−0.05	1.80	−4.15	−1.45
Monat	31	32	33	34	35	36	37	38	39	40
Bedarf	109	101	104	102	107	110	116	117	101	103
n = 3	108.67	107.67	106.00	104.67	102.33	104.33	106.33	111.00	114.33	111.33
Fehler	0.33	−6.67	−2.00	−2.67	4.67	5.67	9.67	6.00	−13.33	−8.33
n = 12	107.83	108.08	106.08	106.00	106.17	106.50	106.92	107.75	108.50	107.75
Fehler	1.17	−7.08	−2.08	−4.00	0.83	3.50	9.08	9.25	−7.50	−4.75
n = 20	108.95	108.45	107.65	107.30	107.00	107.20	107.60	107.40	108.00	107.75
Fehler	0.05	−7.45	−3.65	−5.30	0.00	2.80	8.40	9.60	−7.00	−4.75

Tabelle 4: Bedarfswerte und n-periodischer ungewogener gleitender Durchschnitt für Tische über die letzten 60 Monate mit n = 3, n = 12, n = 20 und n = 50

2.2 Konstanter Bedarfsverlauf

Monat	41	42	43	44	45	46	47	48	49	50
Bedarf	120	105	110	99	108	102	107	115	124	121
n = 3	107.00	108.00	109.33	111.67	104.67	105.67	103.00	105.67	108.00	115.33
Fehler	13.00	−3.00	0.67	−12.67	3.33	−3.67	4.00	9.33	16.00	5.67
n = 12	107.00	108.17	107.92	108.00	107.83	108.17	108.17	108.17	108.58	109.25
Fehler	13.00	−3.17	2.08	−9.00	0.17	−6.17	−1.17	6.83	15.42	11.75
n = 20	106.65	107.40	107.65	108.00	107.70	107.80	107.50	107.35	107.50	108.40
Fehler	13.35	−2.40	2.35	−9.00	0.30	−5.80	−0.50	7.65	16.50	12.60

Monat	51	52	53	54	55	56	57	58	59	60
Bedarf	105	101	103	109	118	109	108	114	121	102
n = 3	120.00	116.67	109.00	103.00	104.33	110.00	112.00	111.67	110.33	114.33
Fehler	−15.00	−15.67	−6.00	6.00	13.67	−1.00	−4.00	2.33	10.67	−12.33
n = 12	109.58	109.92	109.75	108.33	108.67	109.33	110.17	110.17	111.17	112.33
Fehler	−4.58	−8.92	−6.75	0.67	9.33	−0.33	−2.17	3.83	9.83	−10.33
n = 20	109.05	108.85	108.85	108.80	109.15	109.70	109.65	109.25	109.10	110.10
Fehler	−4.05	−7.85	−5.85	0.20	8.85	−0.70	−1.65	4.75	11.90	−8.10
n = 50	110.20	110.00	109.60	109.48	109.32	109.24	109.26	109.28	109.30	109.32
Fehler	−5.20	−9.00	−6.60	−0.48	8.68	−0.24	−1.26	4.72	11.70	−7.32

Fortsetzung von Tabelle 4: Bedarfswerte und n-periodischer ungewogener gleitender Durchschnitt für Tische über die letzten 60 Monate mit n = 3, n = 12, n = 20 und n = 50

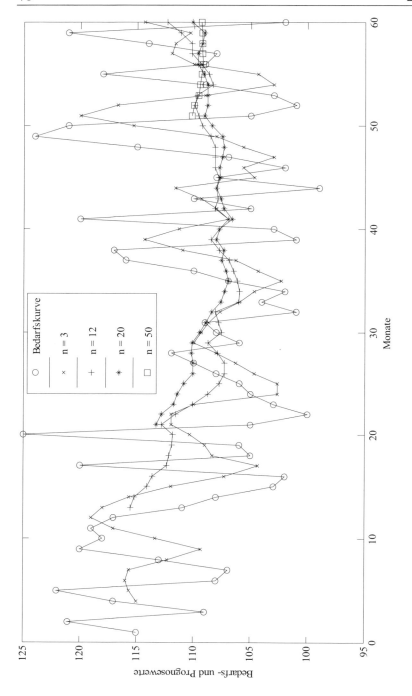

Abbildung 7: Bedarfswerte und n-periodischer ungewogener gleitender Durchschnitt für Tische über die letzten 60 Monate mit n = 3, 12, 20 und 50

2.2 Konstanter Bedarfsverlauf

Das Beispiel 5 zeigt, dass bei einer kleinen Anzahl berücksichtigter Beobachtungswerte die prognostizierte Zeitfolge eher auf Schwankungen des Bedarfs reagiert als bei einer hohen Anzahl berücksichtigter Beobachtungswerte. Später wird sich zeigen, dass bei einer sehr hohen Anzahl berücksichtigter Beobachtungswerte die Prognosezeitfolge eine Konstante ist.

Nun wird die Güte der Methode des n-periodischen ungewogenen gleitenden Durchschnitts analysiert. Nach der Herleitung ist dieses Verfahren optimal für das Kriterium der kleinsten Prognosefehlerquadratsumme. Wie beide Beispiele bereits andeuten, ist generell nicht damit zu rechnen, dass die Prognosewerte mit den Beobachtungswerten übereinstimmen. Damit sind die Prognosefehler e_t, für alle $t \geq n+1$, in der Regel ungleich Null. Aufgrund der Überlegungen im Abschnitt zu grundlegenden Begriffen und Überlegungen (i. e. Abschnitt 2.1) sind der Erwartungswert des Prognosefehlers (für die Erwartungstreue des Prognoseverfahrens) und seine Streuung (für den Sicherheitsgrad des Prognoseverfahrens) zu untersuchen. Es sei betont, dass es sich bei den Prognosefehlern $(e_t)_{t=n+1}^{\infty}$ um einen stochastischen Prozess handelt.

Lemma 3 (Erwartungstreue des n-periodischen ungewogenen gleitenden Durchschnitts)

Die Anwendung des Prognoseverfahrens n-periodischer ungewogener gleitender Durchschnitt auf eine stationäre Zeitfolge ist erwartungstreu; d. h. ist e_t der Prognosefehler für eine beliebige Periode t, mit $t \geq n+1$, so ist $E(e_t) = 0$.

Beweis: s. Abschnitt zu Prognoseverfahren im Internet.

Beispielsweise ist -0,13 der mittlere Prognosefehler im Beispiel 5 für $n = 3$; eine genaue Analyse der Mittelwerte der Prognosefehler zeigt ein starkes Schwanken und z.T. höhere absolute Werte, wofür die geringe Anzahl an Prognosewerten im Beispiel verantwortlich ist.

Lemma 3 beschreibt die Mittelwertfunktion des stochastischen Prozesses der Prognosefehler. Nun wird seine Varianzfunktion angegeben.

Lemma 4 (Varianzfunktion der Prognosefehler zum n-periodischen ungewogenen gleitenden Durchschnitt)

Gegeben sei eine stationäre Bedarfsfolge $(y_i)_{i=1}^{\infty}$ und ein beliebiges, aber festes n ($n \in \mathbb{N}$). $(p_i)_{i=n+1}^{\infty}$ sei das Ergebnis der Anwendung des n-periodischen ungewogenen gleitenden Durchschnitts auf $(y_i)_{i=1}^{\infty}$. Die Varianzfunktion des stochastischen Prozesses der Prognosefehler lautet für ein beliebiges $t \in \mathbb{N}$ mit $t \geq n+1$: $\mathrm{Var}(e_t) = \frac{n+1}{n} \cdot \sigma^2$, mit $\sigma^2 = \mathrm{Var}(y_k)$ für alle $k \in \mathbb{N}$.

Beweis: s. Abschnitt zu Prognoseverfahren im Internet.

Beispielsweise lautet im Beispiel 5 die Varianz der Bedarfsfolge 48,82. Im Fall $n = 3$ ist 64,28 die Varianz des Prognosefehlers und nach Lemma 4 ergibt sich 65,08. Für den Fall

$n = 12$ ist 51,73 die Varianz des Prognosefehlers und nach Lemma 4 ergibt sich 52,88. Die geringen Abweichungen bestätigen somit Lemma 4.

Bemerkung 5 (Varianz der Prognosewerte zum n-periodischen ungewogenen gleitenden Durchschnitt)

In dem Beweis zu Lemma 4 wird nachgewiesen, dass die Varianzfunktion des stochastischen Prozesses der Prognosewerte $\frac{\sigma^2}{n}$ lautet; also ist $\text{Var}(p_t) = \frac{\sigma^2}{n}$, für alle $t \in \mathbb{N}$ mit $t \geq n+1$.

Die Formel in Bemerkung 5 zeigt sich im Beispiel 5 noch nicht bei $n = 3$ und $n = 12$. Für diese beträgt die Varianz der Prognosewerte 20,89 $(n = 3)$ bzw. 5,64 $(n = 12)$, aber die nach Bemerkung 5 zu erwartende Varianz ist 16,27 bzw. 4,07, so dass eine Abweichung von 22,12 % bzw. 27,84 % vorliegt. Bei höheren Werten von n liegen signifikant kleinere Abweichungen vor. So lautet für $n = 20$ die Varianz der Prognosewerte 2,51 und die nach Bemerkung 5 zu erwartende Varianz ist 2,44, weswegen die prozentuale Abweichung nur noch 2,79 % beträgt.

Nach Bemerkung 5 konvergiert mit zunehmenden n die Varianz gegen Null und das Prognoseverfahren prognostiziert zwangsläufig eine Konstante. Dies entspricht der Erwartung, dass die um ein konstantes Niveau schwankende Zeitfolge durch eine Konstante prognostiziert wird. Nach der Formulierung der Approximationsfunktion, s. Formel 7, handelt es sich dabei um die Konstante b_0. Die Formulierung des Minimierungsproblems nach Formel 8 zeigt jedoch, dass die Approximation durch b_0 nur für die berücksichtigten Beobachtungswerte optimal ist. Dies erklärt, warum die Prognosewerte im Beispiel 5 schwanken und eben nicht konstant sind, und warum die Schwankungen der Prognosewerte mit zunehmender Anzahl an berücksichtigten Beobachtungswerten abnehmen (s. ebenfalls die Tabelle im Beispiel 5); $\frac{\sigma^2}{n}$ ist dann ein Maß für diese Schwankungen. Eine weitere Interpretation der Grenzwertbetrachtung ist: Gegeben ist eine beliebige Bedarfsfolge $(y_i)_{i=1}^{\infty}$ und für ein beliebiges, aber festes n ($n \in \mathbb{N}$) sei $(p_i)_{i=n+1}^{\infty}$ das Ergebnis der Anwendung des n-periodischen ungewogenen gleitenden Durchschnitts auf $(y_i)_{i=1}^{\infty}$. Ist n sehr hoch, so sind Werte p_{i+1} und p_{i+2}, mit beliebigem $i \geq n$, nahezu identisch; also $p_{i+1} \approx p_{i+2}$. Bezogen auf das Beispiel 5 lauten die Prognosewerte für p_{59} und p_{60} bei $n = 58$: $p_{59} = 109,9483$ und $p_{60} = 110,0517$; gegenüber dem größeren Wert weisen sie eine prozentuale Abweichung von $\frac{110,0517 - 109,9483}{110,0517} = 0,094\,\%$ auf. Bereits der 50-periodische ungewogene Durchschnitt weist nur noch geringe Schwankungen auf. Diese Beobachtung bedeutet auch, dass für die Realisierung der Formel 6 auf die Nachfrage in Beispiel 2 ein anderer Wert für β_0 zu erwarten ist als bei ihrer Anwendung auf die Nachfrage in Beispiel 5. Wird, wie zuvor, vom Mit-

2.2 Konstanter Bedarfsverlauf

telwert der Bedarfsfolge ausgegangen, so lautet zum ersten Beispiel die Konstante $\beta_0 = 115$ und zum zweiten $\beta_0 = 110$.

Im Abschnitt 2.1 wurde bereits der Zusammenhang zwischen der Streuungsfunktion des stochastischen Prozesses zu den Prognosefehlern (e_t) und der Streuungsfunktion des stochastischen Prozesses zu den Störvariablen (ε_t) untersucht. Möglich war nur die Aussage $\text{Var}(\varepsilon_t) \approx \text{Var}(e_t)$, s. Lemma 1. Durch Einsetzen von Lemma 2 in Lemma 4 gilt:

Lemma 5 (Streuungsfunktion der Prognosefehler versus Streuungsfunktion der Störvariablen beim n-periodischen ungewogenen gleitenden Durchschnitt)

Gegeben sei eine stationäre Bedarfsfolge, auf die der n-periodische ungewogene gleitende Durchschnitt angewandt worden ist. $(\varepsilon_i)_{i=1}^{\infty}$ ist der stochastische Prozess zu seinen Störvariablen mit Streuung σ_ε und $(e_i)_{i=1}^{\infty}$ ist der stochastische Prozess zu den auftretenden Prognosefehlern. Dann gilt:

- $\text{Var}(e_t) = \dfrac{n+1}{n} \cdot \text{Var}(\varepsilon_t)$ für alle $t \in \mathbb{N}$ mit $t \geq n+1$ und

- der stochastische Prozess der Prognosefehler ist stationär mit Streuung σ_e; also

$$\sigma_e = \sqrt{\frac{n+1}{n}} \cdot \sigma \quad \text{bzw.} \quad \sigma_e = \sqrt{\frac{n+1}{n}} \cdot \sigma_\varepsilon.$$

Beweis: s. Abschnitt zu Prognoseverfahren im Internet.

Wegen des engen Zusammenhangs zwischen Lemma 5 und Lemma 4 bestätigt die Anwendung von Lemma 4 auf Beispiel 5 bereits Lemma 5.

Nach Lemma 5 konvergiert die Streuung des Prognosefehlers mit zunehmenden n gegen die Streuung des stochastischen Prozesses der Störungen. Unter der Zielsetzung der Approximation durch eine Konstante kann keine geringere (mittlere) Schwankung der Prognosefehler im Vergleich zu den Beobachtungswerten erwartet werden.

Nach Lemma 5 ist σ die beste Streuung des Prognosefehlers. Bei vorgegebenen n ist die erreichte Streuung des Prognosefehlers um $\dfrac{\sigma_e - \sigma}{\sigma} \cdot 100\% = \left(\sqrt{\dfrac{n+1}{n}} - 1\right) \cdot 100\%$ schlechter als das Optimum. Für verschiedene n-Werte ergeben sich die folgenden prozentualen Abweichungen:

n	1	3	6	12	20	50	100
Prozentuale Abweichung [%]	41,42	15,47	8,01	4,08	2,47	0,99	0,50

Tabelle 5: prozentuale Abweichungen von der optimalen Streuung

Die letzten Überlegungen geben Anhaltspunkte für die Festlegung der für den n-periodischen ungewogenen gleitenden Durchschnitt erforderlichen Beobachtungswerte (bzw. Zeitabschnitt).

Bei der Bemessung des für den n-periodischen ungewogenen gleitenden Durchschnitt erforderlichen Zeitabschnitts n ist darauf zu achten, dass einerseits die Vorhersage auf Schwankungen des Bedarfs umso eher reagiert, je kürzer der Zeitabschnitt n ist. Andererseits kann aber auch nicht ein beliebig kurzer Zeitabschnitt angesetzt werden, da sonst die zufälligen Schwankungen der Zeitfolge nur ungenügend ausgeglichen werden (Extremfall: n = 1). Typische Werte für n liegen zwischen 3 und 12.

Es sei angemerkt, dass sich in der industriellen Praxis der Erwartungswert der Zeitfolge „mit der Zeit" leicht ändert. Bei einem nicht so hohen n werden solche Niveauverschiebungen erkannt und das Verfahren liefert weiterhin brauchbare Werte; dies motiviert die Limitierung der berücksichtigten Beobachtungswerte auf 12. Es sei betont, dass bei einer signifikanten Änderung des Erwartungswerts der Zeitfolge das Prognoseverfahren neu parametrisiert werden sollte.

Die, durch den n-periodischen ungewogenen gleitenden Durchschnitt berechneten, Prognosewerte je Periode t bilden ebenfalls eine Zufallsvariable P_t. Tritt diese Zufallsvariable als Eingangsgröße von (Planungs-)Verfahren auf, so könnte die Kenntnis seiner Verteilung hilfreich sein. Ein Beispiel hierfür sind die Berechnungen beim Bestandsmanagement; diese Überlegung wird im Abschnitt über stochastische Lagerhaltungspolitiken wieder aufgegriffen.

Die Prognosefehler e_t haben damit also laut Lemma 3 für alle $t \in \mathbb{N}$ denselben Erwartungswert $E(e_t) = 0 = \mu_e$ und gemäß Lemma 4 die gleiche Varianz $Var(e_t) = \frac{n+1}{n} \cdot \sigma^2$. Die Zufallsvariablen zu den Prognosefehlern sind somit identisch verteilt. Es sei nun angenommen, dass die Zufallsvariablen zu den Prognosefehlern stochastisch unabhängig sind. Dies ist sicher erfüllt, wenn die Zufallsvariablen zu den Störvariablen ebenfalls stochastisch unabhängig sind; bisher war nur gefordert, dass keine Autokorrelation zwischen den einzelnen Ausprägungen der irregulären Komponente vorliegt. Dann folgt aus dem zentralen Grenzwertsatz, dass der Mittelwert dieser Zufallsvariablen (zu den Prognosefehlern), bei hohem n, ungefähr $\mathcal{N}\left(0; \frac{n+1}{n^2} \cdot \sigma^2\right)$-verteilt ist.

Gegeben sei ein stationärer Zufallsprozess $(Y_t)_{t=1}^{\infty}$ zu den Bedarfswerten mit dem Erwartungswert von $E(Y_t) = \mu$ und der Varianz von $Var(Y_t) = \sigma^2 \ \forall \ t \in \mathbb{N}$. Mit der obigen

Voraussetzung sind auch die Zufallsvariablen Y_t, $\forall\ t \in \mathbb{N}$, stochastisch unabhängig. Da es sich bei der Berechnung von P_t um einen Mittelwert (der Y_t) handelt, folgt aus dem zentralen Grenzwertsatz, dass P_t bei hohem n, nahezu $N\left(\mu; \dfrac{\sigma^2}{n}\right)$-verteilt ist.

2.2.2 Exponentielle Glättung 1. Ordnung

Bei der Methode des n-periodischen ungewogenen gleitenden Durchschnitts werden alle Beobachtungswerte gleich gewichtet; also mit $\dfrac{1}{n}$. Eine andere, den aktuellen Verlauf der beobachteten Zeitfolge stärker berücksichtigende Vorgehensweise besteht darin, die Abweichungen der jüngeren Prognosefehler gegenüber den weiter zurückliegenden stärker zu gewichten. Dies führt zu der Minimierung der gewichteten Prognosefehlerquadratsumme. Bezogen auf die letzten n Beobachtungsbedarfe lautet das Optimierungsproblem für die aktuelle Periode t:

Minimiere $\displaystyle\sum_{k=t-n+1}^{t} w_k \cdot e_k^2 = \sum_{k=t-n+1}^{t} w_k \cdot (y_k - p_k)^2$, für ein beliebiges, aber festes t, mit $t \geq n$.

Wegen Formel 7 ist p_k durch b_0 zu ersetzen. Damit lautet das Optimierungsproblem:

Formel 9: Minimiere $C_w(b_0) = \displaystyle\sum_{k=t-n+1}^{t} w_k \cdot (y_k - b_0)^2$, für ein beliebiges, aber festes t, mit $t \geq n$.

w_k ist also das Gewicht der quadrierten Abweichung des Bedarfswerts von dem Prognosewert in der Periode k. Die stärkere Berücksichtigung jüngerer Abweichungen (gegenüber älteren) führt zu der Forderung

Formel 10: $w_{t-n+1} < w_{t-n+2} < \ldots < w_{t-1} < w_t$ für alle $t \in \mathbb{N}$, $t \geq n$.

Häufig eingesetzt werden die Gewichte:

Formel 11: $w_k = \alpha \cdot (1-\alpha)^{t-k}$ für $t-n+1 \leq k \leq t$ und $0 < \alpha < 1$.

Mit $(1-\alpha)^k < (1-\alpha)^{k-1}$ gilt für alle $1 \leq j \leq n$

$w_{t-n+j} = \alpha \cdot (1-\alpha)^{t-(t-n+j)} < \alpha \cdot (1-\alpha)^{t-(t-n+j)-1} = \alpha \cdot (1-\alpha)^{t-(t-n+j+1)} = w_{t-n+j+1}$ und damit die geforderte Beziehung zwischen den Gewichten nach Formel 10.

Dieses Gewichtungsschema wird in der Literatur als exponentielle Glättung 1. Ordnung bezeichnet. Das zugehörige Optimierungsproblem hat nun die Form

Formel 12:   Minimiere $C_\alpha(b_0) = \sum_{k=t-n+1}^{t} \alpha \cdot (1-\alpha)^{t-k} \cdot (y_k - b_0)^2$, für ein beliebiges, aber festes t, mit $t \geq n$.

Im Folgenden sei t beliebig, aber fest, mit $t \geq n$.

Da es sich bei diesem Optimierungsproblem um eine mehrfach differenzierbare Funktion handelt, kann das Optimierungsproblem, d. h. die Suche nach dem globalen Minimum der Funktion, genauso wie beim gleitenden Durchschnitt mit Methoden der Analysis gelöst werden; also durch Nullsetzen seiner ersten Ableitung, wobei ein lokales Minimum vorliegt, sofern die zweite Ableitung größer Null ist (s. die Optimalitätsbedingungen im Abschnitt über die mathematischen Grundlagen von Optimierungsproblemen).

Die erste Ableitung von C_α nach b_0 ergibt:

$$\frac{dC_\alpha(b_0)}{db_0} = -2 \cdot \sum_{k=t-n+1}^{t} \alpha \cdot (1-\alpha)^{t-k} \cdot (y_k - b_0).$$

Nullsetzen und Auflösen nach b_0 ergibt:

$$-2 \cdot \sum_{k=t-n+1}^{t} \alpha \cdot (1-\alpha)^{t-k} \cdot (y_k - b_0) = 0 \Leftrightarrow \sum_{k=t-n+1}^{t} \alpha \cdot (1-\alpha)^{t-k} \cdot y_k = b_0 \cdot \sum_{k=t-n+1}^{t} \alpha \cdot (1-\alpha)^{t-k}.$$

Durch Auflösen nach b_0 entsteht:

$$b_0 = \frac{\sum_{k=t-n+1}^{t} \alpha \cdot (1-\alpha)^{t-k} \cdot y_k}{\sum_{k=t-n+1}^{t} \alpha \cdot (1-\alpha)^{t-k}}.$$

Der Ausdruck im Nenner ist eine geometrische Reihe. Für eine geometrische Reihe gilt für beliebige $a \in \mathbb{R}$ und $q \in \mathbb{R} \setminus \{1\}$ die Beziehung: $\sum_{i=1}^{m} a \cdot q^{i-1} = a \cdot \frac{q^m - 1}{q - 1}$. Damit ergibt sich für den Nenner:

$$\sum_{k=t-n+1}^{t} \alpha \cdot (1-\alpha)^{t-k} = \sum_{i=1}^{n} \alpha \cdot (1-\alpha)^{i-1} = \alpha \cdot \frac{(1-\alpha)^n - 1}{(1-\alpha) - 1} = 1 - (1-\alpha)^n.$$

Zur Verdeutlichung der Abhängigkeit zu t wird diese Extremstelle auf einen beliebigen Zeitpunkt (t) bezogen. Somit ergibt sich

$$b_{0,t} = \frac{1}{1 - (1-\alpha)^n} \cdot \sum_{k=t-n+1}^{t} \alpha \cdot (1-\alpha)^{t-k} \cdot y_k \text{, für ein beliebiges, aber festes t, mit } t \geq n.$$

2.2 Konstanter Bedarfsverlauf

Nun muss auch hier die Art der gefundenen Extremstelle mit der 2. Ableitung von C_α nach b_0 überprüft werden. Mit $0 < \alpha < 1$ gilt

$$\frac{dC_\alpha^2(b_0)}{db_0^2} = -2 \cdot \sum_{k=t-n+1}^{t} \alpha \cdot (1-\alpha)^{t-k} \cdot (-1) = 2 \cdot \alpha \cdot \sum_{k=t-n+1}^{t} (1-\alpha)^{t-k} > 0.$$

Da die 2. Ableitung größer als Null ist, liegt eine lokale Minimalstelle des Optimierungsproblems vor. Da keine andere Stelle optimal sein kann, handelt es sich um eine globale Minimalstelle des Optimierungsproblems.

Werden alle bzw. viele Beobachtungswerte berücksichtigt, so ergibt sich eine einfachere Formel für $b_{0,t}$ aufgrund der folgenden Grenzwertbetrachtung für n gegen ∞.

$$b_{0,t} = \lim_{n \to \infty} \left(\frac{1}{1-(1-\alpha)^n} \cdot \sum_{k=t-n+1}^{t} \alpha \cdot (1-\alpha)^{t-k} \cdot y_k \right)$$

mit $\lim\limits_{n \to \infty} \left(\dfrac{1}{1-(1-\alpha)^n} \right) = 1$ und $\lim\limits_{n \to \infty} (t-n+1) = -\infty$ folgt:

$$b_{0,t} = \sum_{k=-\infty}^{t} \alpha \cdot (1-\alpha)^{t-k} \cdot y_k.$$

Es sei betont, dass nun die Limitierung auf eine endliche Anzahl an Beobachtungswerten im Optimierungsproblem aufgehoben worden ist; wenigstens ist die Anzahl an Beobachtungswerten n so hoch, dass $\left(\dfrac{1}{1-(1-\alpha)^n} \right) \approx 0$ ist.

Um eine Rekursionsformel für $b_{0,t+1}$ zu erhalten, wird versucht, $b_{0,t+1}$ durch seinen Vorgänger $b_{0,t}$ auszudrücken:

$$\begin{aligned} b_{0,t+1} &= \sum_{k=-\infty}^{t+1} \alpha \cdot (1-\alpha)^{t+1-k} \cdot y_k \\ &= (1-\alpha) \cdot \sum_{k=-\infty}^{t} \alpha \cdot (1-\alpha)^{t-k} \cdot y_k + \alpha \cdot (1-\alpha)^{(t+1)-(t+1)} \cdot y_{t+1} \\ &= (1-\alpha) \cdot b_{0,t} + \alpha \cdot y_{t+1} \end{aligned}$$

Zusammengefasst lautet die Beziehung: $b_{0,t+1} = (1-\alpha) \cdot b_{0,t} + \alpha \cdot y_{t+1}$ für ein beliebiges, aber festes t, mit $t \geq n$.

Diese Herleitung motiviert die folgende Definition.

Definition 6 (exponentielle Glättung 1. Ordnung)

Für eine Zeitfolge $(y_i)_{i=1}^{\infty}$ ist die exponentielle Glättung 1. Ordnung für einen beliebigen, aber festen Glättungsparameter $\alpha \in (0,1)$ für alle $t \in \mathbb{N}$ definiert durch

$$p_{t+1} = \alpha \cdot y_t + (1-\alpha) \cdot p_t \text{ mit Startwert } p_1.$$

Beachte: $p_{t+1} = b_{0,t}$.

Bemerkungen:

- Die bei der Herleitung verwendete Annahme einer hohen Anzahl an Beobachtungswerten ist nicht Teil des Verfahrens. Es ist zu erwarten, dass diese Annahme bei der Analyse der Verfahrensgüte wieder zu berücksichtigen ist.
- Statt p_{t+1} wird auch die Bezeichnung $y_t^{(1)}$ verwendet, bei der der obige Index die Ordnung des Glättungsverfahrens angibt. Die Beziehung lautet: $y_t^{(1)} = \alpha \cdot y_t + (1-\alpha) \cdot y_{t-1}^{(1)}$ für alle $t \in \mathbb{N}$. Für das Verfahren wird ein Startwert $\left(y_0^{(1)} = p_1\right)$ benötigt, der vorzugeben ist, da noch keine empirischen Beobachtungen zu seiner Berechnung vorliegen. Da die Prognosewerte gleichmäßig um eine Konstante schwanken sollen, ist der Mittelwert der Beobachtungswerte eine gute erste Approximation dieser Konstante und damit ein sehr guter Startwert. Sofern die ersten Beobachtungswerte ähnlich wie die weiteren schwanken, vor allem keine Ausreißer haben, ist es für die Mittelwertbildung ausreichend, die ersten Beobachtungswerte zu verwenden. In Regel ist es sogar ausreichend, sich auf die ersten beiden Beobachtungswerte zu beschränken, da mit Experimenten nachgewiesen werden kann, dass etwas ungünstige Startwerte von dem Prognoseverfahren korrigiert werden (es werden nach wenigen Prognoseberechnungen die gleichen Prognosewerte wie bei einem sehr guten Startwert geliefert).
- Die Beziehung beschreibt ein gewogenes arithmetisches Mittel aus dem tatsächlichen Bedarf der Periode t – gewogen um den Faktor α – und dem für die Periode t prognostizierten Bedarf – gewogen um den Faktor $(1-\alpha)$ –, der am Ende der Periode t errechnet wird.
- Dieses Verfahren der exponentiellen Glättung ist Bestandteil vieler Module zur Bedarfsplanung in ERP- und PPS-Systemen.

Das Verfahren wird nun auf den in Beispiel 5 angegebenen Bedarfsverlauf von Tischen über 60 Monate angewendet.

Beispiel 6 (exponentielle Glättung 1. Ordnung zum Bedarfsverlauf von Tischen über 60 Monate)

Dieses Beispiel verwendet den Bedarfsverlauf aus Beispiel 5, der in Tabelle 6 dargestellt ist. Betrachtet wird die exponentielle Glättung 1. Ordnung für die Glättungsparameter 0,005, 0,1, 0,3 und 0,7. Wie beim Beispiel 5 wurden alle Prognosewerte mit einem Matlab-Programm berechnet. Nach dem Runden auf die 2. Nachkommastelle wurden sie in Tabelle 6 eingetra-

2.2 Konstanter Bedarfsverlauf

gen; die Tabelle enthält neben den Bedarfswerten auch die dabei auftretenden Prognosefehler. Die graphische Darstellung von ihren Originalwerten befinden sich in Abbildung 8; mit den Originalwerten wird auch weiter gerechnet. Wie in der Abbildung 8 zu sehen ist, schwanken die ersten drei (und auch mehr) Werte um 115, weswegen der erste Beobachtungswert als Startwert erfolgversprechend erscheint. Wie bei der Analyse der Güte des Verfahrens begründet werden wird, reagiert die exponentielle Glättung 1. Ordnung mit einem hohen Glättungsparameter nur sehr langsam auf Schwankungen in der Nachfrage. Beim Glättungsparameter von 0,005 bewegen sich die Prognosewerte, für diese 60 Bedarfswerte, von 115 nach 113,73. Tatsächlich schwankt die Bedarfsfolge um 110. Dadurch sind die Kennzahlen beim Glättungsparameter von 0,005 ungünstig. Um diese exponentielle Glättung 1. Ordnung auswerten zu können, wird der sehr gute Startwert von 110 tatsächlich verwendet.

Exemplarisch ist die Berechnung der Prognosewerte für die Perioden 2 und 3 mit dem Glättungsparameter $\alpha = 0,1$ und dem Startwert von 110 (für p_1) angegeben. Mit $t=1$ und $t=2$ ergibt sich über $p_{t+1} = \alpha \cdot y_t + (1-\alpha) \cdot p_t$ nach Definition 6:

- $p_2 = 0,1 \cdot y_1 + (1-0,1) \cdot p_1 \Leftrightarrow p_2 = 0,1 \cdot 115 + (1-0,1) \cdot 110 = 110,5$ und
- $p_3 = 0,1 \cdot y_2 + (1-0,1) \cdot p_2 \Leftrightarrow p_3 = 0,1 \cdot 121 + (1-0,1) \cdot 110,5 = 111,55$.

Monat	1	2	3	4	5	6	7	8	9	10
Bedarf	115	121	109	117	122	108	107	113	120	118
$\alpha = 0,1$	110.00	110.50	111.55	111.30	111.87	112.88	112.39	111.85	111.97	112.77
Fehler	5.00	10.50	−2.55	5.71	10.13	−4.88	−5.39	1.15	8.03	5.23
$\alpha = 0,3$	110.00	111.50	114.35	112.75	114.02	116.42	113.89	111.82	112.18	114.52
Fehler	5.00	9.50	−5.35	4.26	7.98	−8.42	−6.89	1.18	7.82	3.48
$\alpha = 0,7$	110.00	113.50	118.75	111.93	115.48	120.04	111.61	108.38	111.62	117.48
Fehler	5.00	7.50	−9.75	5.08	6.52	−12.04	−4.61	4.62	8.38	0.52
$\alpha = 0,005$	110.00	110.03	110.08	110.07	110.11	110.17	110.16	110.14	110.16	110.21
Fehler	5.00	10.98	−1.08	6.93	11.89	−2.17	−3.16	2.86	9.84	7.79

Monat	11	12	13	14	15	16	17	18	19	20
Bedarf	119	117	111	108	103	102	120	105	106	125
$\alpha = 0,1$	113.29	113.86	114.18	113.86	113.27	112.25	111.22	112.10	111.39	110.85
Fehler	5.71	3.14	−3.18	−5.86	−10.27	−10.25	8.78	−7.10	−5.39	14.15
$\alpha = 0,3$	115.57	116.60	116.72	115.00	112.90	109.93	107.55	111.29	109.40	108.38
Fehler	3.43	0.40	−5.72	−7.00	−9.90	−7.93	12.45	−6.29	−3.40	16.62
$\alpha = 0,7$	117.85	118.65	117.50	112.95	109.48	104.95	102.88	114.87	107.96	106.59
Fehler	1.15	−1.65	−6.50	−4.95	−6.48	−2.95	17.12	−9.87	−1.96	18.41
$\alpha = 0,005$	110.24	110.29	110.32	110.33	110.31	110.28	110.24	110.28	110.26	110.24
Fehler	8.76	6.71	0.68	−2.33	−7.31	−8.28	9.76	−5.28	−4.26	14.76

Monat	21	22	23	24	25	26	27	28	29	30
Bedarf	105	100	103	105	106	108	110	112	106	108
$\alpha = 0,1$	112.27	111.54	110.39	109.65	109.18	108.86	108.78	108.90	109.21	108.89
Fehler	−7.27	−11.54	−7.39	−4.65	−3.18	−0.86	1.22	3.10	−3.21	−0.89
$\alpha = 0,3$	113.37	110.86	107.60	106.22	105.85	105.90	106.53	107.57	108.90	108.03
Fehler	−8.37	−10.86	−4.60	−1.22	0.15	2.10	3.47	4.43	−2.90	−0.03
$\alpha = 0,7$	119.48	109.34	102.80	102.94	104.38	105.51	107.25	109.18	111.15	107.55
Fehler	−14.48	−9.34	0.20	2.06	1.62	2.49	2.75	2.82	−5.15	0.45
$\alpha = 0,005$	110.31	110.28	110.23	110.20	110.17	110.15	110.14	110.14	110.15	110.13
Fehler	−5.31	−10.28	−7.23	−5.20	−4.17	−2.15	−0.14	1.86	−4.15	−2.13

Tabelle 6: Bedarfswerte und exponentielle Glättung 1. Ordnung mit $\alpha = 0,005$, 0,1, 0,3 sowie 0,7 und einem Startwert von 110 für Tische über die letzten 60 Monate

2.2 Konstanter Bedarfsverlauf								89

Monat	31	32	33	34	35	36	37	38	39	40
Bedarf	109	101	104	102	107	110	116	117	101	103
$\alpha = 0{,}1$	108.80	108.82	108.04	107.63	107.07	107.06	107.36	108.22	109.10	108.29
Fehler	0.20	−7.82	−4.04	−5.63	−0.07	2.94	8.64	8.78	−8.10	−5.29
$\alpha = 0{,}3$	108.02	108.31	106.12	105.48	104.44	105.21	106.65	109.45	111.72	108.50
Fehler	0.98	−7.31	−2.12	−3.48	2.56	4.79	9.36	7.55	−10.72	−5.50
$\alpha = 0{,}7$	107.86	108.66	103.30	103.79	102.54	105.66	108.70	113.81	116.04	105.51
Fehler	1.14	−7.66	0.70	−1.79	4.46	4.34	7.30	3.19	−15.04	−2.51
$\alpha = 0{,}005$	110.12	110.11	110.06	110.03	109.99	109.98	109.98	110.01	110.04	110.00
Fehler	−1.12	−9.11	−6.06	−8.03	−2.99	0.02	6.02	6.99	−9.04	−7.00

Monat	41	42	43	44	45	46	47	48	49	50
Bedarf	120	105	110	99	108	102	107	115	124	121
$\alpha = 0{,}1$	107.76	108.98	108.59	108.73	107.75	107.78	107.20	107.18	107.96	109.57
Fehler	12.24	−3.98	1.41	−9.73	0.25	−5.78	−0.20	7.82	16.04	11.43
$\alpha = 0{,}3$	106.85	110.80	109.06	109.34	106.24	106.77	105.34	105.84	108.58	113.21
Fehler	13.15	−5.80	0.94	−10.34	1.76	−4.77	1.66	9.16	15.42	7.79
$\alpha = 0{,}7$	103.75	115.13	108.04	109.41	102.12	106.24	103.27	105.88	112.26	120.48
Fehler	16.25	−10.13	1.96	−10.41	5.88	−4.24	3.73	9.12	11.74	0.52
$\alpha = 0{,}005$	109.96	110.01	109.99	109.99	109.93	109.92	109.89	109.87	109.90	109.97
Fehler	10.04	−5.01	0.01	−10.99	−1.93	−7.92	−2.89	5.13	14.10	11.03

Monat	51	52	53	54	55	56	57	58	59	60
Bedarf	105	101	103	109	118	109	108	114	121	102
$\alpha = 0{,}1$	110.71	110.14	109.23	108.60	108.64	109.58	109.52	109.37	109.83	110.95
Fehler	−5.71	−9.14	−6.23	0.40	9.36	−0.58	−1.52	4.63	11.17	−8.95
$\alpha = 0{,}3$	115.55	112.38	108.97	107.18	107.72	110.81	110.26	109.59	110.91	113.94
Fehler	−10.55	−11.38	−5.97	1.82	10.28	−1.81	−2.26	4.41	10.09	−11.94
$\alpha = 0{,}7$	120.84	109.75	103.63	103.19	107.26	114.78	110.73	108.82	112.45	118.43
Fehler	−15.84	−8.75	−0.63	5.81	10.74	−5.78	−2.73	5.18	8.55	−16.43
$\alpha = 0{,}005$	110.02	110.00	109.95	109.92	109.91	109.95	109.95	109.94	109.96	110.01
Fehler	−5.02	−9.00	−6.95	−0.92	8.09	−0.95	−1.95	4.06	11.04	−8.01

Fortsetzung von Tabelle 6: Bedarfswerte und exponentielle Glättung 1. Ordnung mit $\alpha = 0{,}005,\ 0{,}1,\ 0{,}3$ sowie $0{,}7$ und einem Startwert von 110 für Tische über die letzten 60 Monate

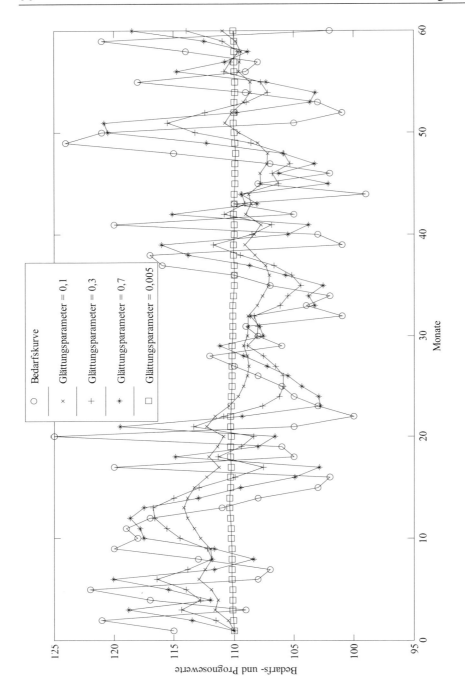

Abbildung 8: Bedarfswerte und exponentielle Glättung 1. Ordnung mit α = 0,005, 0,1, 0,3 sowie 0,7 und einem Startwert von 110 für Tische über die letzten 60 Monate

2.2 Konstanter Bedarfsverlauf

Wie beim n-periodischen ungewogenen gleitenden Durchschnitt reagiert die exponentielle Glättung 1. Ordnung umso eher auf Schwankungen des Bedarfs, je größer der Glättungsparameter α ist; bei $\alpha = 0,7$ schwingt die Prognose genauso stark wie die Bedarfswerte. Verantwortlich dafür ist, dass bei großem α der erste Summand in der Berechnungsformel $p_{t+1} = \alpha \cdot y_t + (1-\alpha) \cdot p_t$ für p_{t+1}, nach Definition 6, einen großen Einfluss aufweist, während dann der zweite nahe bei Null liegt. Ein hoher Einfluss des Prognosewertes der Vorperiode, also des zweiten Summanden, zu Lasten des aktuellen Beobachtungswerts, also des ersten Summanden, bedeutet einen geringen Glättungsparameter α. Später wird noch genau begründet, dass im Prognosewert der Vorperiode alle (bzw. viele) Beobachtungswerte aller Vorperioden enthalten sind. Deswegen tritt nur eine geringe Reaktion auf Schwankungen in der Bedarfsfolge auf.

Hilfreich für die Analyse der exponentiellen Glättung 1. Ordnung ist auch die im folgenden Lemma zusammengefasste alternative Formulierung der Prognosewertgleichung, bei der mit dem Prognosefehler statt mit dem Beobachtungswert gerechnet wird.

Lemma 6 (alternative Formulierung der Prognosewertgleichung)

Gegeben ist eine Zeitfolge $(y_i)_{i=1}^{\infty}$ und ein Glättungsparameter $\alpha \in (0,1)$. Die exponentielle Glättung 1. Ordnung berechnet sich für alle $t \in \mathbb{N}$ durch $p_{t+1} = p_t + \alpha \cdot e_t$.

Beweis: s. Abschnitt zu Prognoseverfahren im Internet.

Um den Zusammenhang zur Ausgangsidee noch einmal herzustellen, wird ausgehend von Definition 6 die Gewichtung der Beobachtungswerte hergeleitet. Es sind die Faktoren $\alpha \cdot (1-\alpha)^{t-k}$, s. Formel 11, zu erwarten. Dazu wird durch iteratives Einsetzen der Prognosewertgleichung nach Definition 6 eine Summenformel für $y_t^{(1)}$ $(= p_{t+1})$ hergeleitet.

Lemma 7 (Gewichtungsfaktoren der Beobachtungswerte bei der exponentiellen Glättung 1. Ordnung)

Gegeben sei eine beliebige Zeitfolge $(y_i)_{i=1}^{\infty}$ und ein beliebiger Glättungsparameter $\alpha \in (0,1)$. Die Anwendung der exponentiellen Glättung 1. Ordnung auf $(y_i)_{i=1}^{\infty}$ ergibt die Prognosefolge $(y_t^{(1)})_{t=0}^{\infty}$, mit dem Startwert $y_0^{(1)}$. Dann gilt für alle $t \in \mathbb{N}$:

$$y_t^{(1)} = \sum_{k=t}^{1} \alpha \cdot (1-\alpha)^{t-k} \cdot y_k + (1-\alpha)^t \cdot y_0^{(1)}$$

bzw. $y_t^{(1)} = \sum_{k=1}^{t} \alpha \cdot (1-\alpha)^{t-k} \cdot y_k + (1-\alpha)^t \cdot y_0^{(1)}$ und $y_t^{(1)} = \sum_{k=0}^{t-1} \alpha \cdot (1-\alpha)^{k} \cdot y_{t-k} + (1-\alpha)^t \cdot y_0^{(1)}$.

Beweis: s. Abschnitt zu Prognoseverfahren im Internet.

Nach der ersten Formel in Lemma 7 werden die Beobachtungswerte y_k mit $\alpha \cdot (1-\alpha)^{t-k}$ gewichtet.

Exemplarisch wird nun für die Daten im Beispiel 6 der Prognosewert für Periode 4, also $t = 3$, mit dem Glättungsparameter $\alpha = 0,1$ nach Lemma 7 angegeben. Mit

$$p_{t+1} = y_t^{(1)} = \sum_{k=0}^{t-1} \alpha \cdot (1-\alpha)^k \cdot y_{t-k} + (1-\alpha)^t \cdot y_0^{(1)} \text{ ergibt sich:}$$

$$p_{3+1} = y_3^{(1)} = \sum_{k=0}^{3-1} 0,1 \cdot (1-0,1)^k \cdot y_{3-k} + (1-0,1)^3 \cdot y_0^{(1)}$$

$$= 0,1 \cdot (1-0,1)^0 \cdot y_{3-0} + 0,1 \cdot (1-0,1)^1 \cdot y_{3-1} + 0,1 \cdot (1-0,1)^2 \cdot y_{3-2} + (1-0,1)^3 \cdot y_0^{(1)}$$

Mit dem Startwert von 110 und den Beobachtungswerten aus Tabelle 6 im Beispiel 6 gilt:

$$= 0,1 \cdot (0,9)^0 \cdot 109 + 0,1 \cdot (0,9)^1 \cdot 121 + 0,1 \cdot (0,9)^2 \cdot 115 + (0,9)^3 \cdot 110$$

$= 111,3$, wieder auf die 2. Nachkommastelle gerundet.

Sollen nun nur die letzten n Beobachtungswerte berücksichtigt werden, wie bei dem n-periodischen gleitenden Durchschnitt, so wird die Summe in Lemma 7 auf diese beschränkt.

Nach Lemma 7 fließen in die Berechnung eines Prognosewerts alle Beobachtungswerte und der Startwert des Verfahrens ein. Zur Analyse des Einflusses der einzelnen Beobachtungswerte wird die Summe $\left(y_t^{(1)} = \sum_{k=0}^{t-1} \alpha \cdot (1-\alpha)^k \cdot y_{t-k} + (1-\alpha)^t \cdot y_0^{(1)} \right)$ bei genügend vielen Bedarfen in einer Zeitfolge betrachtet und anhand des folgenden Zahlenbeispiels illustriert. Für $\alpha = 0,5$ ist $(1-0,5)^{10} = 0,5^{10} \approx 0,000976$. Demnach ist der Einfluss des Restglieds $\left((1-0,5)^{10} \cdot y_0^{(1)} \right)$ auf den Prognosewert kleiner als 0,1% der ersten Schätzung $\left(y_0^{(1)} \right)$ und der Einfluss des Terms $\left(0,5 \cdot (1-0,5)^9 \cdot y_{10-(10-1)} \right)$ ist kleiner als 0,1% des ersten Beobachtungswerts. Wegen $\lim_{t \to \infty} (1-\alpha)^t = 0$ existiert ein t, bei dem der Einfluss der ersten Schätzung (bzw. des Startwerts) auf die Prognose für $(t+1)$ verschwindend gering ist. Genauso existiert ein t, bei dem der Einfluss des ersten Beobachtungswerts auf die Prognose für $(t+1)$ verschwindend gering ist. Damit beeinflusst nur ein Teil der vorliegenden Beobachtungswerte den aktuellen Prognosewert; im Extremfall ist der Prognosewert für $(t+1)$ beinahe exakt gleich dem letzten Zeitfolgenwert (y_t). Diese Anzahl laute m. Sie (m) ist umso kleiner, je größer der Glättungsparameter ist. Umgekehrt ist m umso größer, je kleiner der Glättungsparameter ist. Deswegen reagiert die Vorhersage auf Schwankungen des Bedarfs umso eher, je größer der Glättungsparameter

2.2 Konstanter Bedarfsverlauf

ist; also bei kleinem m. Bei einem kleinen Glättungsparameter (er entspricht einem hohen m) ist dann zu erwarten, dass ein nahezu konstanter Wert je Periode prognostiziert wird. In diesem Fall wird lediglich eine grobe Tendenz der Zeitfolge nachvollzogen. Diese Überlegungen werden bei der Analyse der Güte der Methode der exponentiellen Glättung 1. Ordnung noch bestätigt werden. Es wird sich zudem zeigen, dass zwischen dem n zu dem n-periodischen ungewogenen gleitenden Durchschnitt und dem Glättungsparameter bei der exponentiellen Glättung 1. Ordnung eine Gesetzmäßigkeit besteht (also n = m gilt), nach der der eine Parameter aus dem anderen berechnet werden kann.

Für die geeignete Festlegung des Glättungsparameters bei der exponentiellen Glättung 1. Ordnung ist deswegen die gleiche Überlegung wie beim n-periodischen ungewogenen gleitenden Durchschnitt anwendbar, wonach niedrige und hohe Glättungsparameter ausgeschlossen werden sollten. Typische Werte für α liegen zwischen 0,1 und 0,3.

Im Folgenden wird die Güte der Methode der exponentiellen Glättung 1. Ordnung analysiert. Das Vorgehen folgt dem bei der Analyse des n-periodischen ungewogenen gleitenden Durchschnitts.

Lemma 8 (asymptotische Erwartungstreue der exponentiellen Glättung 1. Ordnung)

Die Anwendung von dem Prognoseverfahren exponentieller Glättung 1. Ordnung auf eine stationäre Zeitfolge ist asymptotisch erwartungstreu; d. h., ist e_t der Prognosefehler für eine beliebige Periode t, so ist $\lim_{t \to \infty} (E(e_t)) = 0$.

Beweis: s. Abschnitt zu Prognoseverfahren im Internet.

Verantwortlich für diese Einschränkung an der Erwartungstreue gegenüber dem Verfahren des n-periodischen ungewogenen gleitenden Durchschnitts ist, dass mit der Summe von Beobachtungswerten nach Lemma 7 – im Beweis – gerechnet wird. Diese Summe an Gewichten ist für jedes beliebige, aber feste t kleiner 1, und sie konvergiert mit zunehmenden t gegen 1. Im Beweis zu Lemma 7 wird diese Grenzwertaussage benötigt, und führt eben nur zu einer asymptotischen Erwartungstreue; für Details sei auf den Beweis im Internet verwiesen. Dies bedeutet auch – aufgrund des Beweises –, dass die Erwartungswerte der Prognosewerte und die der Beobachtungswerte nicht mehr gleich sind, sondern der Erwartungswert der Prognosewerte bei einer exponentiellen Glättung 1. Ordnung nur noch gegen den Erwartungswert der Beobachtungswerte konvergiert, und zwar unabhängig vom Glättungsparameter α.

Beispielsweise hat der Mittelwert des Fehlers der Anwendung der exponentiellen Glättung 1. Ordnung auf die Bedarfsfolge im Beispiel 6 beim Glättungsparameter von 0,1 den Wert 0,0089 und beim Glättungsparameter von 0,7 den Wert –0,07309.

Nun wird die Varianzfunktion betrachtet.

Lemma 9 (Varianzfunktion der Prognosefehler (und -werte) bei der exponentiellen Glättung 1. Ordnung)

Gegeben sei eine stationäre Bedarfsfolge $(y_i)_{i=1}^{\infty}$ und ein beliebiger, aber fester Glättungsparameter α. Das Ergebnis der Anwendung der exponentiellen Glättung 1. Ordnung auf $(y_i)_{i=1}^{\infty}$ sei $(p_i)_{i=1}^{\infty}$.

- Die Varianzfunktion des stochastischen Prozesses der Prognosewerte lautet:

$$\text{Var}(p_{t+1}) = \left(\left((1-\alpha)^2\right)^t - 1\right) \cdot \frac{\alpha}{\alpha-2} \cdot \sigma^2 \text{ für alle } t \in \mathbb{N}.$$

- Die Varianzfunktion des stochastischen Prozesses der Prognosefehler lautet:

$$\text{Var}(e_t) = \sigma^2 + \left(\left((1-\alpha)^2\right)^t - 1\right) \cdot \frac{\alpha}{\alpha-2} \cdot \sigma^2 \text{ für alle } t \in \mathbb{N}.$$

- Für die Grenzwerte der Varianzfunktionen zum stochastischen Prozess der Prognosewerte und -fehler gilt: $\lim_{t \to \infty}(\text{Var}(p_t)) = \frac{\alpha}{2-\alpha} \cdot \sigma^2$ und $\lim_{t \to \infty}(\text{Var}(e_t)) = \frac{2}{2-\alpha} \cdot \sigma^2$.

Beweis: s. Abschnitt zu Prognoseverfahren im Internet.

Unabhängig von einem konkreten Beispiel ist der Term $\left((1-\alpha)^2\right)^t$ bei hohem t sehr nahe bei Null; die dazu notwendige Höhe von t hängt natürlich von der Größe von α ab. Bei $\alpha = 0,5$ und $t = 5$ hat $\left((1-\alpha)^2\right)^t$ den Wert $0,000977$, bei $\alpha = 0,1$ den Wert $0,3487$.

Wegen $\lim_{t \to \infty}\left(\left((1-\alpha)^2\right)^t - 1\right) = 1$ konvergiert die Varianzfunktion des stochastischen Prozesses der Prognosewerte gegen $\frac{\alpha}{2-\alpha} \cdot \sigma^2$ und der Prognosefehler gegen $\frac{2}{2-\alpha} \cdot \sigma^2$.

Lemma 10 (Varianzfunktion des stochastischen Prozesses der Prognosewerte und der Prognosefehler ab einer hohen Anzahl an Prognosewerten)

Gegeben sei eine stationäre Bedarfsfolge $(y_i)_{i=1}^{\infty}$ und ein beliebiger, aber fester Glättungsparameter α. Das Ergebnis der Anwendung der exponentiellen Glättung 1. Ordnung auf $(y_i)_{i=1}^{\infty}$ sei $(p_i)_{i=1}^{\infty}$. Für ein beliebig kleines $\delta \in \mathbb{R}$ gilt ab einer hohen Anzahl an Prognosewerten t_0:

- Für die Varianzfunktion des stochastischen Prozesses der Prognosewerte ist

$\left|\text{Var}(p_t) - \frac{\alpha}{2-\alpha} \cdot \sigma^2\right| \leq \delta$, also ist $\text{Var}(p_t) \approx \frac{\alpha}{2-\alpha} \cdot \sigma^2$, für alle $t \in \mathbb{N}$ mit $t \geq t_0$.

2.2 Konstanter Bedarfsverlauf

- Für die Varianzfunktion des stochastischen Prozesses der Prognosefehler ist $\left| \mathrm{Var}(e_t) - \frac{2}{2-\alpha} \cdot \sigma^2 \right| \leq \delta$, also ist $\mathrm{Var}(e_t) \approx \frac{2}{2-\alpha} \cdot \sigma^2$, für alle $t \in \mathbb{N}$ mit $t \geq t_0$.
- Die Anzahl t_0 hängt vom Glättungsparameter α ab.

Beweis: Der Beweis folgt unmittelbar aus Lemma 9 und $\lim\limits_{t \to \infty} \left(\left((1-\alpha)^2 \right)^t - 1 \right) = 1$.

Bezogen auf die Daten im Beispiel 6 lautet für den Glättungsparameter 0,1 die Varianz des Prognosefehler 50,03 und die nach Lemma 10 zu erwartende Varianz beträgt 51,38; also liegt eine Abweichung (gegenüber dem größeren Wert) von 2,63 % vor. Es sei angemerkt, dass nicht alle Abweichungen bei diesem Beispiel so gering sind, wofür wohl die relativ geringe Anzahl an Beobachtungswerten, gemessen an einer Grenzwertbetrachtung, verantwortlich sein dürfte.

Für den n-periodischen ungewogenen gleitenden Durchschnitt wurde nachgewiesen, dass bei einem hohen n im Grunde keine Streuung der Prognosewerte auftritt. Der gleiche Effekt tritt bei der exponentiellen Glättung 1. Ordnung bei einem sehr kleinen Glättungsparameter α auf. Alle Prognosewerte sind dann nahezu identisch. Dies zeigt sich im Beispiel 6 beim Glättungsparameter von 0,005.

Lemma 11 (Varianz der Prognosewerte bei der exponentiellen Glättung 1. Ordnung)

Gegeben sei eine stationäre Bedarfsfolge $(y_i)_{i=1}^{\infty}$ und ein beliebiger, aber fester Glättungsparameter α. Das Ergebnis der Anwendung der exponentiellen Glättung 1. Ordnung auf $(y_i)_{i=1}^{\infty}$ sei $(p_i)_{i=1}^{\infty}$. Die Varianzfunktion des stochastischen Prozesses der Prognosewerte konvergiert gegen 0, sofern α gegen Null geht.

Beweis: Der Beweis folgt unmittelbar aus Lemma 10 und $\lim\limits_{\alpha \to 0} \left(\frac{\alpha}{2-\alpha} \right) = 0$.

Für die exponentiellen Glättung 1. Ordnung gilt ein ähnlicher Zusammenhang zwischen der Streuungsfunktion des stochastischen Prozesses zu Zeitfolgen und der Streuungsfunktion des stochastischen Prozesses der Störvariablen wie beim n-periodischen ungewogenen gleitenden Durchschnitt, s. Lemma 5.

Lemma 12 (Streuungsfunktion der Prognosefehler versus Streuungsfunktion der Störvariablen bei der exponentiellen Glättung 1. Ordnung)

Gegeben sei eine stationäre Bedarfsfolge $(y_i)_{i=1}^{\infty}$ und ein beliebiger, aber fester Glättungsparameter α. Das Ergebnis der Anwendung der exponentiellen Glättung 1. Ordnung auf $(y_i)_{i=1}^{\infty}$ sei $(p_i)_{i=1}^{\infty}$. Für ein beliebig kleines $\delta \in \mathbb{R}$ gilt ab einer hohen Anzahl an Prognosewerten t_0:

- $\left|\operatorname{Var}(e_t) - \frac{2}{2-\alpha} \cdot \operatorname{Var}(\varepsilon_t)\right| \leq \delta$, also $\operatorname{Var}(e_t) \approx \frac{2}{2-\alpha} \cdot \operatorname{Var}(\varepsilon_t)$, für alle $t \in \mathbb{N}$ mit $t \geq t_0$.

- Es sei t_0 so gewählt, dass die vorhergehende Aussage für ein sehr kleines δ gilt. Dann ist ab t_0 der stochastische Prozess der Prognosefehler stationär mit Streuung σ_e mit

$$\sigma_e \approx \sqrt{\frac{2}{2-\alpha}} \cdot \sigma \quad \text{bzw.} \quad \sigma_e \approx \sqrt{\frac{2}{2-\alpha}} \cdot \sigma_\varepsilon \quad \text{(genauer} \quad \left|\sigma_e - \sqrt{\frac{2}{2-\alpha}} \cdot \sigma\right| \leq \delta \quad \text{bzw.}$$

$$\left|\sigma_e - \sqrt{\frac{2}{2-\alpha}} \cdot \sigma_\varepsilon\right| \leq \delta \text{)}.$$

Beweis: s. Abschnitt zu Prognoseverfahren im Internet.

Bemerkung: Die Streuung des Prognosefehlers konvergiert mit abnehmenden α gegen die Streuung des stochastischen Prozesses der Störungen; s. auch die Formel in Lemma 1. Wie beim n-periodischen ungewogenen gleitenden Durchschnitt ist auch hier unter der Zielsetzung der Approximation durch eine Konstante keine geringere (mittlere) Schwankung der Prognosefehler im Vergleich zu den Beobachtungswerten zu erwarten.

Nach Lemma 12 ist σ die beste Streuung des Prognosefehlers. Bei vorgegebenem Glättungsparameter α ist die erreichte Streuung des Prognosefehlers um $\frac{\sigma_e - \sigma}{\sigma} \cdot 100\%$ = $\left(\sqrt{\frac{2}{2-\alpha}} - 1\right) \cdot 100\%$ schlechter als das Optimum. Für verschiedene Glättungsparameter ergeben sich die folgenden prozentualen Abweichungen:

α	0.005	0,09	0,1	0,2	0,3	0,4	0,9999
Prozentuale Abweichung [%]	0,125	2,33	2,6	5,41	8,47	11,81	41,41

Tabelle 7: Prozentuale Abweichungen von der optimalen Streuung

Im Anschluss an Lemma 7 wurde bereits ein Zusammenhang zwischen dem n beim n-periodischen ungewogenen gleitenden Durchschnitt und dem Glättungsparameter α begründet, der hier nun konkretisiert wird. Liefern die Prognoseverfahren die gleichen Streuungen an Prognosefehlern (also ab einer hohen Anzahl an Prognosewerten t_0), so können die Parameter α und n ineinander überführt werden. Dadurch können Lemma 5 und Lemma 12 angewandt werden. Damit ergibt sich

$$\sqrt{\frac{2}{2-\alpha}} \cdot \sigma_\varepsilon = \sqrt{\frac{n+1}{n}} \cdot \sigma_\varepsilon \Leftrightarrow \alpha = \frac{2}{n+1} \text{ und } \Leftrightarrow n = \frac{2-\alpha}{\alpha}.$$

Zusammengefasst:

Formel 13 $\qquad \alpha = \frac{2}{n+1} \text{ und } n = \frac{2-\alpha}{\alpha}.$

2.2 Konstanter Bedarfsverlauf

Zur weiteren Betonung des engen Zusammenhangs zwischen dem n-periodischen ungewogenen gleitenden Durchschnitt und der exponentiellen Glättung 1. Ordnung wird im Folgenden ebenfalls eine Rekursionsformel für den n-periodischen ungewogenen gleitenden Durchschnitt hergeleitet.

Eine Rekursionsformel existiert bei der exponentiellen Glättung 1 Ordnung, sofern alle Beobachtungswerte berücksichtigt werden. Werden beim ungewogenen gleitenden Durchschnitt ebenfalls alle Beobachtungswerte herangezogen, so berechnet sich die Prognose für die Periode $(t+1)$ durch $p_{t+1} = \frac{1}{t} \cdot \sum_{k=1}^{t} y_k$.

Folgende Umformung führt zu einer Rekursionsgleichung für p_t:

$$p_{t+1} = \frac{1}{t} \cdot \sum_{k=1}^{t} y_k = \frac{1}{t} \cdot \left(\left(\sum_{k=1}^{t-1} y_k \right) + y_t \right) = \frac{1}{t} \cdot \sum_{k=1}^{t-1} y_k + \frac{1}{t} \cdot y_t = \frac{1}{t} \cdot \frac{t-1}{t-1} \cdot \sum_{k=1}^{t-1} y_k + \frac{1}{t} \cdot y_t$$

$$= \frac{t-1}{t} \cdot \frac{1}{t-1} \cdot \sum_{k=1}^{t-1} y_k + \frac{1}{t} \cdot y_t.$$

Also ergibt sich:

Formel 14: $\quad p_{t+1} = \frac{t-1}{t} \cdot p_t + \frac{1}{t} \cdot y_t$ für alle $t \in \mathbb{N}_0$

Diese Rekursionsgleichung hat die gleiche Struktur, wie die für die exponentielle Glättung 1. Ordnung (s. Definition 6). Durch setzen von $\alpha = \frac{1}{t}$ gehen beide ineinander über. Folglich gilt auch hier eine Gleichung vom Typ der Gleichung in Lemma 6:

$p_{t+1} = p_t + \frac{1}{t} \cdot e_t$ für alle $t \in \mathbb{N}_0$

Abschließend wird auch hier versucht, die Verteilung von der Zufallsvariable P_t, zu den nach der exponentiellen Glättung 1. Ordnung berechneten Prognosewerten, anzugeben. Im Kern ist dies nur möglich, wenn ihre Berechnung gleich der beim gleitenden Durchschnitt ist.

Nach Lemma 8 und Lemma 10 haben für eine hinreichend hohe Anzahl an berücksichtigten Beobachtungswerten die Prognosefehler (e_t) denselben Erwartungswert $E(e_t) = 0$ und dieselbe Varianz $Var(e_t) \approx \frac{2}{2-\alpha} \cdot \sigma^2$. Die Zufallsvariablen zu den Prognosefehlern können daher als identisch verteilt angesehen werden. Wie beim gleitenden Durchschnitt sei nun angenommen, dass die Zufallsvariablen zu den Prognosefehlern stochastisch unabhängig sind. Bei n solchen Zufallsvariablen folgt aus dem zentralen Grenzwertsatz, dass der Mittelwert $\bar{e}_t$ (der Zufallsvariablen) zu diesen Prognosefehlern e_t, bei hohem n, ungefähr $\mathcal{N}\left(0; \frac{2}{2-\alpha} \cdot \frac{\sigma^2}{n}\right)$-verteilt ist.

Gegeben sei ein stationärer Zufallsprozess $(Y_t)_{t=1}^\infty$ zu den Bedarfswerten mit dem Erwartungswert von $E(Y_t) = \mu$ und der Varianz von $\mathrm{Var}(Y_t) = \sigma^2$ $\forall\ t \in \mathbb{N}$. Mit der obigen Voraussetzung können auch die Zufallsvariablen Y_t, $\forall\ t \in \mathbb{N}$, als stochastisch unabhängig angesehen werden. Nach Formel 13 existiert ein enger Zusammenhang zwischen α und n. Wird dieser in die Summenformel in Lemma 7 eingesetzt, so ergibt sich, dass bei hohem n die exponentielle Glättung 1. Ordnung und der n-periodische gleitende Durchschnitt übereinstimmen. Genauso wie beim gleitenden Durchschnitt sind dann die P_t bei hohem n nahezu $\mathcal{N}\left(\mu; \frac{\sigma^2}{n}\right)$-verteilt.

2.3 Trendförmiger Bedarfsverlauf

Im vorangegangenen Abschnitt 2.2 wurde ein Modell betrachtet, bei dem die Nachfrage um ein konstantes Niveau schwankte. Dagegen wird bei einem trendförmigen Bedarfsverlauf über einen längeren Zeitraum hinweg eine stetig steigende oder fallende Nachfrage unterstellt. Das folgende Beispiel möge dies verdeutlichen. Es dient auch zur Demonstration der im Weiteren entwickelten Verfahren und deren Analyse.

Beispiel 7 (Bedarfsverlauf für Stühle über die letzten 60 Monate)

Ein Möbelhersteller beobachtete die in Tabelle 8 angegebene Nachfrage nach Stühlen in den letzten 60 Monaten. Sie ist graphisch in Abbildung 9 dargestellt.

2.3 Trendförmiger Bedarfsverlauf

Monat	1	2	3	4	5	6	7	8	9	10	11	12
Bedarfswert	85	93	86	92	106	112	110	120	123	118	130	126
Monat	13	14	15	16	17	18	19	20	21	22	23	24
Bedarfswert	130	128	135	135	129	145	138	150	145	146	156	151
Monat	25	26	27	28	29	30	31	32	33	34	35	36
Bedarfswert	153	148	156	158	159	150	163	178	168	175	170	178
Monat	37	38	39	40	41	42	43	44	45	46	47	48
Bedarfswert	190	185	189	195	206	200	209	211	205	210	215	216
Monat	49	50	51	52	53	54	55	56	57	58	59	60
Bedarfswert	219	215	225	230	236	225	238	245	256	255	260	265

Tabelle 8: Bedarfsverlauf für Stühle über die letzten 60 Monate

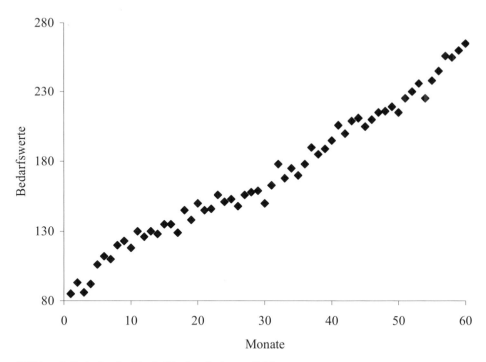

Abbildung 9: Bedarfsverlauf für Stühle über die letzten 60 Monate

In diesem Fall schwankt die Nachfrage um eine lineare Funktion, es liegt also ein steigender linearer Trend vor.

Im Hinblick auf die richtige Wahl eines geeigneten Prognoseverfahrens sei betont, dass die Anwendung eines mittelwertorientierten Approximationsmodells (nach Abschnitt 2.2) auf den Bedarfsverlauf nach Beispiel 7 zu sehr großen, systematischen Prognosefehlern führt, da diese die Trendkomponente nicht in dem Prognosemodell abbilden.

Im Folgenden wird der Fall betrachtet, bei dem der Bedarf regelmäßig um eine lineare Funktion f(t) schwankt. Das Prognosemodell für diese Bedarfsfolge folgt daher der Gleichung:

Formel 15: $\quad y_t = \beta_0 + \beta_1 \cdot t + \varepsilon_t \quad$ für alle $t = 1, 2, ...$

Bezogen auf Beispiel 7 wird sich später zeigen, dass $\beta_0 = 87{,}9$ und $\beta_1 = 2{,}71$ eine gute Wahl sind. Dann ist beispielsweise der Wert im 2. Monat gleich $87{,}9 + 2{,}71 \cdot 2 - 0{,}32$ (also $\varepsilon_2 = -0{,}32$) und im 7. Monat $87{,}9 + 2{,}71 \cdot 7 + 3{,}13$ (also $\varepsilon_7 = 3{,}13$).

Wie oben bereits begründet, ist lediglich die lineare Funktion $\beta_0 + \beta_1 \cdot t$ zu approximieren; also die konstanten Parameter β_0 und β_1 sind zu bestimmen. Formal lautet deswegen die Approximationsfunktion $b_0 + b_1 \cdot t$, wodurch sich die Prognosewerte durch die folgende Formel berechnen lassen.

Formel 16: $\quad p_{t+1} = b_0 + b_1 \cdot (t+1) + 0 \quad \forall \ t \in \mathbb{N}_0$.

Die Größe p_{t+1} ist – wie bereits eingeführt – der Prognosewert für die Bedarfsmenge der Periode $(t+1)$. Damit lauten die Prognosen für eine beliebige Periode $(t+j)$ – für ein beliebiges $j \in \mathbb{N}$:

Formel 17: $\quad p_{t+j} = b_0 + b_1 \cdot (t+j)$.

Generell folgt das Vorgehen demjenigen beim konstanten Bedarfsverlauf. So erfolgt die Bestimmung der Approximationsfunktion $b_0 + b_1 \cdot t$ durch Rückgriff auf empirische Daten. Die Minimierung der Prognosefehler (e_t) erfolgt durch die Minimierung der Fehlerquadratsumme. Auch hier werden zwei unterschiedliche Optimierungsmodelle behandelt. Im ersten werden alle Beobachtungswerte gleich gewichtet; genauso wie bei der Entwicklung des n-periodischen ungewogenen gleitenden Durchschnitts. Dies führt zur linearen Regression. Im zweiten Fall werden jüngere Beobachtungswerte stärker gewichtet; genauso wie bei der Entwicklung der exponentiellen Glättung 1. Ordnung. Das Ergebnis ist die exponentielle Glättung 2. Ordnung.

Offensichtlich kann eine Zeitfolge mit einem Trend nicht stationär sein, also Erwartungswerte und zweite zentrale Momente besitzen, die im Zeitablauf konstant sind; s. die Definition in dem Abschnitt „Präliminarien" im Internet. Um auch für solche Zeitfolgen von stationären Zeitfolgen sprechen zu können, wird versucht, diese mit einem Filter in eine stationäre Zeitfolge zu überführen. Für trendbehaftete Zeitfolgen wird ein so genannter Differenzfilter angewendet, in dem aus der ursprünglichen Zeitfolge eine Zeitfolge ihrer ersten Differenzen gebildet wird. Formal besteht die neue Zeitfolge aus den Gliedern $\Delta y_i = y_i - y_{i-1}$ für alle

$i \in \mathbb{N}$ mit $i \geq 2$, und sie wird als Differenz 1. Ordnung bezeichnet. Ist der Trend linear, so ist die Differenz 1. Ordnung eine Konstante. Sind jedoch die Differenzen 1. Ordnung noch immer nicht stationär, so werden Differenzfilter höherer Ordnung eingesetzt. Sie lauten formal:

- Differenz 2. Ordnung: $\Delta^2 y_i = \Delta y_i - \Delta y_{i-1}$ für alle $i \in \mathbb{N}$ mit $i \geq 3$,
- Differenz 3. Ordnung: $\Delta^3 y_i = \Delta^2 y_i - \Delta^2 y_{i-1}$ für alle $i \in \mathbb{N}$ mit $i \geq 4$,
- u.s.w.

Wegen des hier vorliegenden linearen Trends ist die Zeitfolge der Differenzen 1. Ordnung stationär.

Lemma 13 (Streuungsfunktion der Zeitfolge der Differenzen 1. Ordnung zu einer Bedarfsfolge versus Streuungsfunktion der Störvariablen zur Bedarfsfolge)

Gegeben sei eine Bedarfsfolge $(y_i)_{i=1}^{\infty}$ (bzw. $(Y_i)_{i=1}^{\infty}$), $(\Delta y_i)_{i=1}^{\infty}$ (bzw. $(\Delta Y_i)_{i=1}^{\infty}$) ist die Zeitfolge der Differenzen 1. Ordnung zu $(y_i)_{i=1}^{\infty}$ (bzw. $(Y_i)_{i=1}^{\infty}$) und $(\varepsilon_i)_{i=1}^{\infty}$ ist der reine Zufallsprozess zu den Störvariablen von $(y_i)_{i=1}^{\infty}$ (bzw. $(Y_i)_{i=1}^{\infty}$) gegenüber dem Prognosemodell $\beta_0 + \beta_1 \cdot t$ (also gilt die Beziehung $y_t = \beta_0 + \beta_1 \cdot t + \varepsilon_t$) mit Streuung σ_ε. Dann ist $(\Delta Y_i)_{i=1}^{\infty}$ (bzw. $(\Delta y_i)_{i=1}^{\infty}$) (schwach) stationär mit Streuung σ_Δ und es gilt $\sigma_\Delta = \sqrt{2} \cdot \sigma_\varepsilon$.

Beweis: s. Abschnitt zu Prognoseverfahren im Internet.

Im Hinblick auf die Streuung der Prognosefehler sind im Vergleich zu Abschnitt 2.2 schwächere Ergebnisse zu erwarten. Genauso wie nach Lemma 13 keine zu Lemma 2 vergleichbare Aussage existieren kann (also $\sigma = \sigma_\varepsilon$, wobei σ die Streuung der Bedarfswerte ist, die ja aufgrund des linearen Trends nicht konstant sein kann), ist bei der Varianzfunktion der Prognosefehler kein Zusammenhang zur Varianzfunktion der Bedarfswerte zu erwarten.

2.3.1 Lineare Regressionsrechnung

Wie angesprochen, wird nun ein Optimierungsproblem behandelt, bei dem die endlich vielen Beobachtungswerte gleich gewichtet werden. Bezogen auf die letzten n Beobachtungswerte lautet dann das Optimierungsproblem für die aktuelle Periode t:

Minimiere $\sum_{k=t-n+1}^{t} e_k^2 = \sum_{k=t-n+1}^{t} (y_k - p_k)^2$, für ein beliebiges, aber festes t, $t \geq n$.

Im Optimierungsproblem werden in einer beliebigen Periode t, mit $t \geq n$, ausschließlich die letzten n Werte von y_{t-n+1} bis y_t betrachtet. Deshalb kann der unabhängige Zeitparameter k für ein beliebiges, aber festes t so verändert werden, dass er die Werte von 1 bis n annimmt. Dadurch treten einfachere Indizes und auch einfachere Teilausdrücke auf. Also lautet die Minimierungsaufgabe für ein beliebiges, aber festes t:

$$\text{Minimiere } \sum_{k=1}^{n} e_k^2 = \sum_{k=1}^{n} (y_k - p_k)^2 .$$

Wegen Formel 16 ist p_k durch $b_0 + b_1 \cdot k$ zu ersetzen. Damit lautet das Optimierungsproblem:

Formel 18: $\quad \text{Minimiere } C(b_0, b_1) = \sum_{k=1}^{n} \left(y_k - \left(b_0 + b_1 \cdot k \right) \right)^2$, für ein beliebiges, aber festes t, $t \geq n$.

Im Folgenden sei t beliebig, aber fest, mit $t \geq n$.

Da es sich bei diesem Optimierungsproblem um eine mehrfach differenzierbare Funktion handelt, kann das Optimierungsproblem, d. h. die Suche nach dem globalen Minimum der Funktion, nach den Optimalitätsbedingungen im Abschnitt über die mathematischen Grundlagen von Optimierungsproblemen durch Nullsetzen seines Gradienten gelöst werden; ein lokales Minimum liegt vor, sofern seine Hesse-Matrix positiv definit ist. Dabei müssen zunächst die partiellen Ableitungen 1. Ordnung von $C(b_0, b_1)$ nach b_0 und b_1 bestimmt werden.

Formel 19: $\quad \dfrac{\partial C(b_0, b_1)}{\partial b_0} = \sum_{k=1}^{n} \dfrac{\partial}{\partial b_0} \left(y_k - \left(b_0 + b_1 \cdot k \right) \right)^2 = -2 \cdot \sum_{k=1}^{n} \left(y_k - \left(b_0 + b_1 \cdot k \right) \right)$

Formel 20: $\quad \dfrac{\partial C(b_0, b_1)}{\partial b_1} = \sum_{k=1}^{n} \dfrac{\partial}{\partial b_1} \left[y_k - \left(b_0 + b_1 \cdot k \right) \right]^2 = -2 \cdot \sum_{k=1}^{n} \left(y_k - b_0 - b_1 \cdot k \right) \cdot k$

Durch Nullsetzen der Terme in Formel 19 und Formel 20 entsteht ein Gleichungssystem zur Bestimmung der beiden Parameter b_0 und b_1. Diese beiden Gleichungen heißen dann Normalgleichungen. Durch Division dieser Normalgleichungen mit -2 ergibt sich folgendes übersichtlicheres Gleichungssystem:

$$\begin{bmatrix} (A) & \sum_{k=1}^{n} \left(y_k - b_0 - b_1 \cdot k \right) = 0 \\ (B) & \sum_{k=1}^{n} \left(y_k - b_0 - b_1 \cdot k \right) \cdot k = 0 \end{bmatrix}$$

2.3 Trendförmiger Bedarfsverlauf

Das Auflösen der Klammern liefert folgendes Normalgleichungssystem:

$$\begin{bmatrix} (A') & n \cdot b_0 + b_1 \cdot \sum_{k=1}^{n} k = \sum_{k=1}^{n} y_k \\ (B') & b_0 \cdot \sum_{k=1}^{n} k + b_1 \cdot \sum_{k=1}^{n} k^2 = \sum_{k=1}^{n} k \cdot y_k \end{bmatrix}$$

Die Multiplikation der Gleichung (A') mit $\frac{1}{n}$ liefert:

Formel 21: $\quad b_0 + b_1 \cdot \frac{1}{n} \cdot \sum_{k=1}^{n} k = \frac{1}{n} \cdot \sum_{k=1}^{n} y_k$

Mit der Anwendung der arithmetischen Mittel $\overline{x} = \frac{1}{n} \cdot \sum_{k=1}^{n} k$ und $\overline{y} = \frac{1}{n} \cdot \sum_{k=1}^{n} y_k$ in der Formel 21 ergibt sich:

$$b_0 + b_1 \cdot \overline{x} = \overline{y}$$

Aufgelöst nach b_0 entsteht eine Lösung für den ersten Parameter:

Formel 22: $\quad b_0 = \overline{y} - b_1 \cdot \overline{x}$

Sein Einsetzen in die Gleichung (B') liefert:

Formel 23: $\quad \left(\overline{y} - b_1 \cdot \overline{x}\right) \cdot \sum_{k=1}^{n} k + b_1 \cdot \sum_{k=1}^{n} k^2 = \sum_{k=1}^{n} k \cdot y_k$

Mit der Definition des arithmetischen Mittels $\sum_{k=1}^{n} k = n \cdot \overline{x}$ ergibt sich:

$$\left(\overline{y} - b_1 \cdot \overline{x}\right) \cdot n \cdot \overline{x} + b_1 \cdot \sum_{k=1}^{n} k^2 = \sum_{k=1}^{n} k \cdot y_k$$

Formel 24: $\quad \Leftrightarrow b_1 \cdot \left(\sum_{k=1}^{n} k^2 - n \cdot \overline{x}^2\right) = \sum_{k=1}^{n} k \cdot y_k - n \cdot \overline{x} \cdot \overline{y}$

Aus den Umformungen

Formel 25:
$$\sum_{k=1}^{n} k^2 - n \cdot \overline{x}^2 = \sum_{k=1}^{n} k^2 - 2 \cdot n \cdot \overline{x}^2 + n \cdot \overline{x}^2$$
$$= \sum_{k=1}^{n} k^2 - 2 \cdot n \cdot \overline{x} \cdot \frac{1}{n} \sum_{k=1}^{n} k + n \cdot \overline{x}^2$$
$$= \sum_{k=1}^{n} k^2 - 2 \cdot \overline{x} \cdot \sum_{k=1}^{n} k + \sum_{k=1}^{n} \overline{x}^2$$
$$= \sum_{k=1}^{n} \left(k - \overline{x}\right)^2$$

und

Formel 26:
$$\sum_{k=1}^{n} k \cdot y_k - n \cdot \overline{x} \cdot \overline{y} = \sum_{k=1}^{n} k \cdot y_k - 2 \cdot n \cdot \overline{x} \cdot \overline{y} + n \cdot \overline{x} \cdot \overline{y}$$
$$= \sum_{k=1}^{n} k \cdot y_k - n \cdot \overline{x} \cdot \overline{y} - n \cdot \overline{x} \cdot \overline{y} + n \cdot \overline{x} \cdot \overline{y}$$
$$= \sum_{k=1}^{n} k \cdot y_k - \overline{y} \cdot \sum_{k=1}^{n} k - \overline{x} \cdot \sum_{k=1}^{n} y_k + \sum_{k=1}^{n} \overline{x} \cdot \overline{y}$$
$$= \sum_{k=1}^{n} \left(k \cdot y_k - \overline{y} \cdot k - \overline{x} \cdot y_k + \overline{x} \cdot \overline{y}\right)$$
$$= \sum_{k=1}^{n} \left(k - \overline{x}\right)\left(y_k - \overline{y}\right)$$

eingesetzt in Formel 24 entsteht:

Formel 27: $\quad b_1 \cdot \left(\sum_{k=1}^{n} \left(k - \overline{x}\right)^2 \right) = \sum_{k=1}^{n} \left(k - \overline{x}\right)\left(y_k - \overline{y}\right)$

Die Formel 27 wird nach b_1 umgestellt und damit entsteht die Lösung des zweiten Parameters:

Formel 28: $\quad b_1 = \dfrac{\sum_{k=1}^{n} \left(k - \overline{x}\right)\left(y_k - \overline{y}\right)}{\sum_{k=1}^{n} \left(k - \overline{x}\right)^2}$

2.3 Trendförmiger Bedarfsverlauf

Zur Verdeutlichung der Abhängigkeit zu t, wird diese Extremstelle auf einen beliebigen Zeitpunkt (t) bezogen. Ferner werden mit $\bar{x} = \frac{1}{n} \cdot \sum_{k=1}^{n} k = \frac{1}{n} \cdot \frac{n \cdot (n+1)}{2} = \frac{n+1}{2}$ die beiden Formeln für b_0 und b_1 vereinfacht zu:

Formel 29: $\quad b_{0,t} = \bar{y} - b_{1,t} \cdot \frac{n+1}{2}$

Formel 30: $\quad b_{1,t} = \dfrac{\sum_{k=1}^{n} \left(k - \frac{n+1}{2}\right)(y_k - \bar{y})}{\sum_{k=1}^{n} \left(k - \frac{n+1}{2}\right)^2}$

Um zu zeigen, dass es sich bei den beiden Schätzungen um ein Minimum handelt, ist die Bestimmung der partiellen Ableitungen 2. Ordnung nötig (weiterhin ist t beliebig, aber fest, mit $t \geq n$).

$$\frac{\partial^2 C(b_0, b_1)}{\partial b_0^2} = -2 \cdot \sum_{k=1}^{n} \frac{\partial}{\partial b_0}(y_k - b_0 - b_1 \cdot k) = -2 \cdot \sum_{k=1}^{n}(-1) = 2 \cdot n$$

$$\frac{\partial^2 C(b_0, b_1)}{\partial b_1^2} = -2 \cdot \sum_{k=1}^{n} \frac{\partial}{\partial b_1}(y_k - b_0 - b_1 \cdot k) \cdot k = 2 \cdot \sum_{k=1}^{n} k^2$$

$$\frac{\partial^2 C(b_0, b_1)}{\partial b_0 b_1} = \frac{\partial^2 C(b_0, b_1)}{\partial b_1 b_0} = -2 \cdot \sum_{k=1}^{n} \frac{\partial}{\partial b_1}(y_k - b_0 - b_1 \cdot k) = 2 \cdot \sum_{k=1}^{n} k = 2 \cdot n \cdot \bar{x}$$

Damit lautet die Hesse-Matrix (s. die Definition in dem Abschnitt „Präliminarien" im Internet) der Minimierungsfunktion $C(b_0, b_1)$:

$$H = \begin{pmatrix} \dfrac{\partial^2 C(b_0, b_1)}{\partial b_0^2} & \dfrac{\partial^2 C(b_0, b_1)}{\partial b_0 b_1} \\ \dfrac{\partial^2 C(b_0, b_1)}{\partial b_0 b_1} & \dfrac{\partial^2 C(b_0, b_1)}{\partial b_1^2} \end{pmatrix} = \begin{pmatrix} 2 \cdot n & 2 \cdot n \cdot \bar{x} \\ 2 \cdot n \cdot \bar{x} & 2 \cdot \sum_{k=1}^{n} k^2 \end{pmatrix} = 2 \cdot \begin{pmatrix} n & n \cdot \bar{x} \\ n \cdot \bar{x} & \sum_{k=1}^{n} k^2 \end{pmatrix}$$

Damit die Parameter b_0 und b_1 die Funktion $C(b_0, b_1)$ minimieren, muss die Hesse-Matrix positiv definit sein. Dies ist laut Alberts Theorem (s. den Abschnitt „Präliminarien" im Internet) genau dann der Fall, wenn

(i) $\sum_{k=1}^{r} k^2 > 0$ und (ii) $n > \dfrac{\left(n \cdot \overline{x}\right)^2}{\sum_{k=1}^{n} k^2}$

erfüllt sind.

Da $\sum_{k=1}^{n} k^2$ positiv ist, ist Bedingung (i) erfüllt. Bedingung (ii) kann mit Hilfe der Formel 25 und deren Vereinfachungen umgeformt werden:

$$n > \dfrac{\left(n \cdot \overline{x}\right)^2}{\sum_{k=1}^{n} k^2} \Leftrightarrow n \cdot \sum_{k=1}^{n} k^2 > n^2 \cdot \overline{x}^2 \Leftrightarrow n \cdot \left(\sum_{k=1}^{\infty} k^2 - n \cdot \overline{x}^2\right) > 0.$$

Mit den Termen zu endlichen Summen lässt sich zeigen, dass dies nur für $n = 1$ nicht erfüllt ist.

Insgesamt sind also alle Bedingungen erfüllt. Deshalb ist die Hesse-Matrix positiv definit und infolgedessen stellen die beiden Parameter b_0 und b_1 ein globales Minimum der Funktion $C(b_0, b_1)$ dar.

Dies motiviert die folgende Definition.

Definition 7 (n-periodische lineare Regressionsrechnung)

Für eine Zeitfolge $\left(y_i\right)_{i=1}^{\infty}$ und einem beliebigen, aber festen n ($n \in \mathbb{N}$) ist die n-periodische lineare Regressionsrechung bezogen auf einen beliebigen, aber festen Zeitpunkt t, mit $t \geq n$, definiert durch

$$p_{t+1} = b_{0,t} + b_{1,t} \cdot (n+1) \text{ bzw. } p_{t+j} = b_{0,t} + b_{1,t} \cdot (n+j) \ \forall \ j \in \mathbb{N}$$

mit den Kleinste-Quadrate-Parametern

$$b_{1,t} = \dfrac{\sum_{k=1}^{n}\left(k - \dfrac{n+1}{2}\right)\left(y_k - \overline{y}\right)}{\sum_{k=1}^{n}\left(k - \dfrac{n+1}{2}\right)^2} \text{ und } b_{0,t} = \overline{y} - b_{1,t} \cdot \dfrac{n+1}{2}$$

Bemerkung: Bei der Bestimmungsformel in Definition 7 handelt es sich um eine Ausgleichsgerade durch die berücksichtigten letzten n Betrachtungswerte y_{t-n+1} bis y_t mit Achsenabschnitt $\left(b_{0,t}\right)$ und Steigung $\left(b_{1,t}\right)$. Die zukünftigen Prognosewerte ergeben sich

2.3 Trendförmiger Bedarfsverlauf

durch ihre lineare Fortsetzung, so dass $p_k = b_{0,t} + b_{1,t} \cdot k$ der ex-ante Prognosewert zu y_{t-n+k} für ein beliebiges k, mit $k > n$, ist. Diese Berechnung folgt dem Vorgehen beim n-periodischen ungewogenen gleitenden Durchschnitt, bei dem eine Konstante als Ausgleichsgerade über die letzten n Beobachtungswerte berechnet wurde.

Diese Form der n-periodischen linearen Regressionsrechnung wird nun auf das Beispiel 7 angewendet.

Beispiel 8 (n-periodische lineare Regressionsrechnung zum Bedarfsverlauf von Stühlen über 60 Monate; Fortsetzung von Beispiel 7)

Das Verfahren der n-periodischen linearen Regressionsrechnung wird auf Beispiel 7 mit n = 3, 12, 20 und 50 angewandt. Exemplarisch lautet die 3-periodische lineare Regressionsrechnung für den Prognosewert der vierten Periode p_4 (also $t = 3$; da das Verfahren 3 (bzw. allgemein n) Beobachtungswerte benötigt, können keine Prognosewerte für die Perioden 1 bis 3 berechnet werden):

Zunächst wird der Mittelwert berechnet: $\bar{y} = \frac{1}{3} \cdot \sum_{k=1}^{3} y_k = \frac{85 + 93 + 86}{3} = 88$. Mit ihm ergeben sich die Werte der Parameter $b_{0,3}$ und $b_{1,3}$ durch: $b_{1,3} = \dfrac{\sum_{k=1}^{3}\left(k - \frac{3+1}{2}\right)(y_k - 88)}{\sum_{k=1}^{3}\left(k - \frac{3+1}{2}\right)^2}$ und

$b_{0,3} = 88 - b_{1,3} \cdot \frac{3+1}{2}$, also $b_{1,3} = \dfrac{\sum_{k=1}^{3}\left(k - \frac{3+1}{2}\right)(y_k - 88)}{\sum_{k=1}^{3}\left(k - \frac{3+1}{2}\right)^2} = \dfrac{(-1) \cdot (-3) + 0 \cdot 5 + 1 \cdot (-2)}{1 + 0 + 1} = \frac{1}{2}$

und $b_{0,t} = 88 - \frac{1}{2} \cdot 2 = 87$. Damit ist schließlich $p_4 = b_{0,3} + b_{1,3} \cdot 4 = 87 + \frac{1}{2} \cdot 4 = 89$.

Die Bedarfsfolge und alle ex-post Prognosewerte, einschließlich ihrer Prognosefehler, sind in Tabelle 9 angegeben. Die Bedarfsfolge und alle (vier) Prognosefolgen sind graphisch in Abbildung 10 angegeben. Alle Werte wurden mit einem Matlab-Programm berechnet. Die Werte in Tabelle 9 wurden auf die 2. Nachkommastelle gerundet; die Zeichnung basiert auf den Originalwerten.

Monat	1	2	3	4	5	6	7	8	9	10
Bedarf	85	93	86	92	106	112	110	120	123	118
N = 3				89.00	89.33	114.67	123.33	113.33	122.00	130.67
Fehler				3.00	16.67	−2.67	−13.33	6.67	1.00	−12.67

Monat	11	12	13	14	15	16	17	18	19	20
Bedarf	130	126	130	128	135	135	129	145	138	150
n = 3	118.33	130.67	132.67	128.67	130.00	136.00	139.67	127.00	146.33	146.33
Fehler	11.67	−4.67	−2.67	−0.67	5.00	−1.00	−10.67	18.00	−8.33	3.67
n = 12			135.76	137.98	139.20	139.67	139.18	137.71	141.80	141.64
Fehler			−5.76	−9.98	−4.20	−4.67	−10.18	7.29	−3.80	8.36

Monat	21	22	23	24	25	26	27	28	29	30
Bedarf	145	146	156	151	153	148	156	158	159	150
n = 3	149.33	151.33	143.00	160.00	156.00	150.33	147.67	155.33	164.00	160.67
Fehler	−4.33	−5.33	13.00	−9.00	−3.00	−2.33	8.33	2.67	−5.00	−10.67
n = 12	146.32	148.61	149.17	154.33	155.80	157.65	156.36	158.32	159.98	159.67
Fehler	−1.32	−2.61	6.83	−3.33	−2.80	−9.65	−0.36	−0.32	−0.98	−9.67
n = 20	151.83	152.92	154.19	155.81	156.02	157.32	157.57	158.63	160.51	162.34
Fehler	−6.83	−6.92	1.81	−4.81	−3.02	−9.32	−1.57	−0.63	−1.51	−12.34

Monat	31	32	33	34	35	36	37	38	39	40
Bedarf	163	178	168	175	170	178	190	185	189	195
n = 3	147.67	161.33	191.67	174.67	170.67	173.00	177.33	199.33	191.33	187.00
Fehler	15.33	16.67	−23.67	0.33	−0.67	5.00	12.67	−14.33	−2.33	8.00
n = 12	158.38	159.71	167.45	169.53	173.11	175.82	179.50	186.38	188.85	192.67
Fehler	4.62	18.29	0.55	5.47	−3.11	2.18	10.50	−1.38	0.15	2.33
n = 20	161.23	163.59	167.98	170.01	172.60	174.26	176.97	180.71	184.34	187.32
Fehler	1.77	14.41	0.02	4.99	−2.60	3.74	13.03	4.29	4.66	7.68

Tabelle 9: Bedarfswerte und n-periodische lineare Regressionsrechnung für Stühle über die letzten 60 Monate mit n = 3, 12, 20 sowie 50

2.3 Trendförmiger Bedarfsverlauf

Monat	41	42	43	44	45	46	47	48	49	50
Bedarf	206	200	209	211	205	210	215	216	219	215
N = 3	199.67	213.67	205.33	208.00	217.67	204.33	207.67	220.00	219.67	220.67
Fehler	6.33	−13.67	3.67	3.00	−12.67	5.67	7.33	−4.00	−0.67	−5.67
N = 12	197.41	204.35	205.24	209.62	215.76	216.27	218.26	219.26	220.24	223.05
Fehler	8.59	−4.35	3.76	1.38	−10.76	−6.27	−3.26	−3.26	−1.24	−8.05
N = 20	192.09	197.77	201.40	207.14	211.86	214.66	217.07	220.42	223.27	225.93
Fehler	13.91	2.23	7.60	3.86	−6.86	−4.66	−2.07	−4.42	−4.27	−10.93

Monat	51	52	53	54	55	56	57	58	59	60
Bedarf	225	230	236	225	238	245	256	255	260	265
N = 3	215.67	225.67	238.33	241.33	225.33	235.00	256.00	264.33	262.00	261.00
Fehler	9.33	4.33	−2.33	−16.33	12.67	10.00	0.00	−9.33	−2.00	4.00
N = 12	222.14	224.05	227.26	233.21	232.86	237.62	243.82	250.86	256.32	262.45
Fehler	2.86	5.95	8.74	−8.21	5.14	7.38	12.18	4.14	3.68	2.55
N = 20	225.79	228.13	232.23	235.55	236.41	238.50	241.84	247.72	251.77	256.18
Fehler	−0.79	1.87	3.77	−10.55	1.59	6.50	14.16	7.28	8.23	8.82
N = 50	221.52	224.00	226.88	229.60	231.34	234.38	237.91	241.92	245.90	250.09
Fehler	3.48	6.00	9.12	−4.60	6.66	10.62	18.09	13.08	14.10	14.91

Fortsetzung von Tabelle 9: Bedarfswerte und n-periodische lineare Regressionsrechnung für Stühle über die letzten 60 Monate mit n = 3, 12, 20 sowie 50

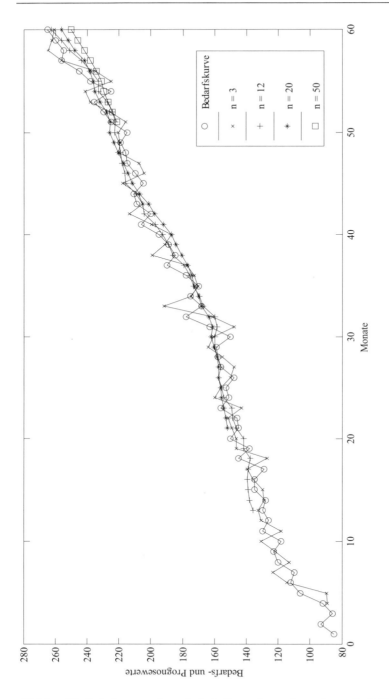

Abbildung 10: Bedarfswerte und n-periodische lineare Regressionsrechnung für Stühle über die letzten 60 Monate mit n = 3, 12, 20 sowie 50

2.3 Trendförmiger Bedarfsverlauf

Wie Abbildung 10 zeigt, reagiert die n-periodische lineare Regressionsrechnung umso eher auf Schwankungen des Bedarfs, je kleiner der Zeitabschnitt n ist; genauso wie beim n-periodischen ungewogenen gleitenden Durchschnitt.

Abschließend wird die Güte der n-periodischen linearen Regressionsrechnung analysiert. Beim konstanten Bedarf erfolgte diese über die Analyse der Prognosefehler $e_{t+1} = y_{t+1} - p_{t+1}$, wobei die Berechnung von p_{t+1} ausschließlich Werte der Vergangenheit bis einschließlich y_t, aber nicht y_{t+1}, berücksichtigt. Genauso wird bei der Berechnung nach Definition 7 vorgegangen, da in der Formel $p_{t+1} = b_{0,t} + b_{1,t} \cdot (n+1)$ der (nicht bekannte) Wert y_{t+1} nicht in die Berechnung von $b_{0,t}$ und $b_{1,t}$ einfließt. Hier wird dem in der Stochastik üblichen Vorgehen gefolgt, nach welchem der Prognosefehler $e_t = y_t - p_t$ mit $p_t = b_{0,t} + b_{1,t} \cdot n$ analysiert wird. Der entscheidende Unterschied besteht somit darin, dass in die Berechnung von p_t der Beobachtungswert y_t (über die Berechnung von $b_{0,t}$ und $b_{1,t}$) einfließt. Bezogen auf Beispiel 8 bedeutet dies, dass bereits für Periode 3 ein Prognosewert berechnet werden kann. Seine Berechnung verwendet den gleichen Achsenabschnitt $\left(b_{0,t} = 87\right)$ und die gleiche Steigung $\left(b_{1,3} = \frac{1}{2}\right)$ und lautet: $p_3 = b_{0,3} + b_{1,3} \cdot 3 = 87 + \frac{1}{2} \cdot 3 = 88,5$. Die übliche Analyse basiert also auf einem leicht modifizierten Verfahren mit etwas anderen Prognosewerten. Wird beim n-periodischen ungewogenen gleitenden Durchschnitt eine solche Modifikation durchgeführt, so ergibt ihre Verschiebung um eine Periode in die Zukunft die nach dem bisherigen Verfahren berechneten Prognosewerte. Es sei betont, dass für den industriellen Einsatz üblicherweise der Prognosewert p_{t+1} ohne Kenntnis vom Beobachtungswert y_{t+1} zu berechnen ist, da dieser eben nicht vorliegen dürfte. Wird stets p_{t+1} beim Vorliegen der letzten n Betrachtungswerte von y_{t-n+1} bis y_t berechnet, so ist das Verfahren nach Definition 7 anzuwenden.

Dieses veränderte Vorgehen bei der Analyse der Verfahrensgüte ist im Sinne der Intention dieses Buches, nach der die methodischen Grundlagen im Vordergrund stehen. Da die Prognosewerte ähnlich sind und ohnehin Aussagen über Zufallsprozesse (und nicht über eine konkrete Realisation) angegeben werden, sind generell vergleichbare Ergebnisse zu erwarten. Im Detail ist kein Unterschied beim Erwartungswert des Prognosefehlers (für die Erwartungstreue des Prognoseverfahrens) zu erwarten, sondern nur bei seiner Streuung (für den Sicherheitsgrad des Prognoseverfahrens). Dass er klein ist, wird anhand des n-periodischen ungewogenen gleitenden Durchschnitts explizit aufgezeigt werden.

Die einzelnen Ergebnisse lauten nun:

Lemma 14 (Erwartungstreue der n-periodischen linearen Regressionsrechnung)

Gegeben sei eine Zeitfolge $\left(y_i\right)_{i=1}^{\infty}$, deren stochastischer Prozess $\left(\varepsilon_i\right)_{i=1}^{\infty}$ zu seinen Störvariablen gegenüber dem Prognosemodell $\beta_0 + \beta_1 \cdot t$ (also $y_i = \beta_0 + \beta_1 \cdot i + \varepsilon_i$) ein reiner Zufallsprozess ist. Dann ist die Anwendung von dem Prognoseverfahren n-periodische lineare Regressionsrechnung auf $\left(y_i\right)_{i=1}^{\infty}$ erwartungstreu; d. h. ist e_t der Prognosefehler für eine beliebige Periode t, mit $t \geq n+1$, so ist $E(e_t) = 0$.

Beweis: s. Abschnitt zu Prognoseverfahren im Internet.

Bemerkung: Diese Aussage ist identisch mit der entsprechenden beim konstanten Bedarf.

Lemma 14 beschreibt die Mittelwertfunktion des stochastischen Prozesses der Prognosefehler. Nun wird seine Varianzfunktion angegeben.

Lemma 15 (Streuungsfunktion der Prognosefehler versus Streuungsfunktion der Störvariablen bei der n-periodischen linearen Regressionsrechnung)

Gegeben sei eine Zeitfolge $\left(y_i\right)_{i=1}^{\infty}$, deren stochastischer Prozess $\left(\varepsilon_i\right)_{i=1}^{\infty}$ zu seinen Störvariablen gegenüber dem Prognosemodell $\beta_0 + \beta_1 \cdot t$ (also $y_i = \beta_0 + \beta_1 \cdot i + \varepsilon_i$) ein reiner Zufallsprozess ist. Die Streuung von $\left(\varepsilon_i\right)_{i=1}^{\infty}$ sei σ_ε. Für ein $n \in \mathbb{N}$ ist auf $\left(y_i\right)_{i=1}^{\infty}$ die n-periodische lineare Regressionsrechnung angewandt worden, und $\left(e_i\right)_{i=1}^{\infty}$ ist der stochastische Prozess zu den dabei auftretenden Prognosefehlern. Dann gilt: Der stochastische Prozess der Prognosefehler ist stationär. Für seine Streuung σ_e gilt: $\sigma_e = \sqrt{\frac{n-2}{n}} \cdot \sigma_\varepsilon$.

Beweis: s. Abschnitt zu Prognoseverfahren im Internet.

Bemerkung: Die Aussage in Lemma 15 findet sich in der Stochastik als Schätzung der Störvariablen.

Nach Lemma 15 konvergiert die Streuung des Prognosefehlers mit zunehmenden n gegen die Streuung des stochastischen Prozesses der Störungen; genauso wie beim konstanten Bedarfsverlauf. Folglich kann auch hier, unter der Zielsetzung der Approximation durch eine Gerade, keine geringere (mittlere) Schwankung der Prognosefehler im Vergleich zu der (mittleren) Schwankung der Beobachtungswerte gegenüber der Approximationsfunktion (also der Gerade) erwartet werden; es sei daran erinnert, dass nach dem Prognosemodell ε_t der optimale Fehler und folglich σ_ε die Streuung des optimalen Prognosefehler ist.

Mit Lemma 15 ergibt sich der relative Abstand zwischen der Streuung der Prognosefehler (σ_e) und der Streuung der Störvariablen (σ_ε) zu $\frac{\sigma_\varepsilon - \sigma_e}{\sigma_\varepsilon} \cdot 100\% = \left(1 - \sqrt{\frac{n-2}{n}}\right) \cdot 100\%$. Für verschiedene n-Werte ergeben sich die folgenden prozentualen Abweichungen:

2.3 Trendförmiger Bedarfsverlauf

n	3	6	12	25	50	100	200
prozentuale Abweichung [%]	42,26	18,35	8,71	4,08	2,02	1,01	0,50

Tabelle 10: Prozentuale Abweichungen zwischen der Streuung der Prognosefehler und der Streuung der Störvariablen

Die beim konstanten Bedarf für den n-periodischen ungewogenen gleitenden Durchschnitt formulierten Überlegungen zur Festlegung des Zeitabschnitts n gelten (sinngemäß) auch hier. Wie Abbildung 10 zeigt, folgen mit zunehmenden n die Prognosewerte immer stärker einer Geraden und reagieren folglich immer weniger auf Schwankungen des Bedarfs. Allerdings liegt bezogen auf diesen Effekt eine im Vergleich zum n-periodischen ungewogenen gleitenden Durchschnitt langsamere Konvergenzgeschwindigkeit vor, wie der Vergleich zwischen Tabelle 10 mit Tabelle 5 zeigt.

Im Gegensatz zum gleitenden Durchschnitt können die Zufallsvariablen zu den Prognosewerten nicht einer Normalverteilung genügen, da die prognostizierten Werte linear ansteigen. Die Anwendung des zentralen Grenzwertsatzes ermöglicht eine Aussage über die Zufallsvariablen zu den Prognosefehlern.

Die Prognosefehler e_t haben nach Lemma 14 für alle $t \in \mathbb{N}$ denselben Erwartungswert $E(e_t) = 0$. Außerdem besitzen sie laut Lemma 15 dieselbe Varianz $Var(e_t) = \frac{n-2}{n} \cdot \sigma_\varepsilon^2$; die Zufallsvariablen zu den Prognosefehlern sind somit identisch verteilt. Es sei nun angenommen, dass die Zufallsvariablen zu den Prognosefehlern stochastisch unabhängig sind. Dies ist sicher erfüllt, wenn die Zufallsvariablen zu den Störvariablen ebenfalls stochastisch unabhängig sind; bisher war nur gefordert, dass keine Autokorrelation zwischen den einzelnen Ausprägungen der irregulären Komponente vorliegt. Dann folgt aus dem zentralen Grenzwertsatz, dass der Mittelwert dieser Zufallsvariablen (zu den Prognosefehlern), bei hohem n, ungefähr $\mathcal{N}\left(0; \frac{n-2}{n^2} \cdot \sigma_\varepsilon^2\right)$-verteilt ist.

Es sei betont, dass dieses Vorgehen zur Berechnung einer Trendgleichung nicht an das Vorliegen eines linearen Trends gebunden ist. Sie kann stets angewendet werden, wenn die funktionale Beziehung zwischen der Zeit und der Bedarfsmengen durch eine geeignete Transformation in eine lineare Funktion überführt werden kann.

Oft ist der lineare Ansatz aus den vorangegangenen Abschnitten für bestimmte Fragestellungen nicht ausreichend, da der Bedarf nicht nur von einer, sondern von mehreren unabhängigen Variablen abhängt. Bei den unabhängigen Variablen handelt es sich um bestimmte Funktionen der Zeit. Ist k ihre Anzahl, so folgt das verallgemeinerte Modell für diese Bedarfsfolge der Gleichung:

Formel 31: $\quad y_t = \beta_0 + \beta_1 \cdot x_{1,t} + \beta_2 \cdot x_{2,t} + ... + \beta_k \cdot x_{k,t} + \varepsilon_t$ für alle $t \in \mathbb{N}$.

Für $k=0$ liegt der konstante Bedarf und für $k=1$ liegt der lineare Trend vor. Die Verwendung von $x_{1,t}$ anstelle von t bedeutet, dass im allgemeinen Fall nicht nur Beobachtungswerte zu (Zeit-) Perioden, wie Wochen, vorliegen.

Approximationsfunktion und Prognosewerte ergeben sich entsprechend wie bei der linearen Regression. Über die Minimierung der Fehlerquadratsumme ergibt sich die multiple lineare Regressionsrechnung, deren Ausarbeitung im Internet angegeben ist.

Für die Verfahrensgüte gilt für den Erwartungswert des Prognosefehlers und seine Streuung (als Schätzung der Störvariablen):

Lemma 16 (Erwartungstreue der multiplen linearen Regressionsrechnung)

Das Prognoseverfahren der multiplen linearen Regressionsrechnung ist erwartungstreu; d. h., ist e_t der Prognosefehler für eine beliebige Periode t, mit $t \geq n+1$, so ist $E(e_t) = 0$.

Beweis: s. Abschnitt zu Prognoseverfahren im Internet.

Lemma 17 (Streuungsfunktion der Prognosefehler versus Streuungsfunktion der Störvariablen bei der multiplen linearen Regressionsrechnung)

Gegeben sei eine Folge $(y_i)_{i=1}^{\infty}$, deren stochastischer Prozess $(\varepsilon_i)_{i=1}^{\infty}$ zu seinen Störvariablen gegenüber dem Prognosemodell $\beta_0 + \beta_1 \cdot x_{1,t} + \beta_2 \cdot x_{2,t} + ... + \beta_k \cdot x_{k,t}$ ein reiner Zufallsprozess ist. Die Streuung von $(\varepsilon_i)_{i=1}^{\infty}$ sei σ_ε. Auf $(y_i)_{i=1}^{\infty}$ ist die multiple lineare Regressionsrechnung mit k zu schätzenden Parametern angewandt worden, und $(e_i)_{i=1}^{\infty}$ ist der stochastische Prozess zu den dabei auftretenden Prognosefehlern. Dann gilt: Der stochastische Prozess der Prognosefehler ist stationär. Für seine Streuung σ_e gilt: $\sigma_e = \sqrt{\dfrac{n-k-1}{n}} \cdot \sigma_\varepsilon$.

Beweis: s. Abschnitt zu Prognoseverfahren im Internet.

Beim linearen Trend ist $k=1$, dadurch ist Lemma 17 gleich Lemma 15. Beim konstanten Bedarf ist $k=0$. Dadurch weicht Lemma 17 vom Lemma 2 ab. Die prozentuale Abweichung beträgt nach Lemma 2 $\left(\sqrt{\dfrac{n+1}{n}}-1\right) \cdot 100\%$ und Lemma 17 $\left(1-\sqrt{\dfrac{n-1}{n}}\right) \cdot 100\%$. Beide sind recht ähnlich, die nach Lemma 2 ist die kleinere.

Nach Lemma 17 konvergiert die Streuung des Prognosefehlers mit zunehmenden n gegen die Streuung des stochastischen Prozesses der Störungen; genauso wie beim Bedarfsverlauf mit linearem Trend. Folglich kann auch hier, unter der Zielsetzung der Approximation durch eine lineare Funktion, keine geringere (mittlere) Schwankung der Prognosefehler im Vergleich zu der (mittleren) Schwankung der Beobachtungswerte gegenüber der Approximationsfunktion (also der linearen Funktion) erwartet werden; es sei daran erinnert, dass nach dem Prognosemodell ε_t der optimale Fehler und folglich σ_ε die Streuung des optimalen Prognosefehler ist.

2.3 Trendförmiger Bedarfsverlauf

Auch für dieses Prognoseverfahren ermöglicht die Anwendung des zentralen Grenzwertsatzes eine Aussage über die Zufallsvariablen zu den Prognosefehlern. Die Prognosefehler e_t haben nach Lemma 16 für alle $t \in \mathbb{N}$ denselben Erwartungswert $E(e_t) = 0$. Außerdem besitzen sie laut Lemma 17 dieselbe Varianz $Var(e_t) = \frac{n-k-1}{n} \cdot \sigma_\varepsilon^2$. Es sei nun wieder angenommen, dass die Zufallsvariablen zu den Prognosefehlern stochastisch unabhängig sind. Dann folgt aus dem zentralen Grenzwertsatz, dass der Mittelwert dieser Zufallsvariablen (zu den Prognosefehlern), bei hohem n, ungefähr $\mathcal{N}\left(0; \frac{n-(k+1)}{n^2} \cdot \sigma_\varepsilon^2\right)$-verteilt ist.

Es sei angemerkt, dass Tempelmeier in [Temp02] angegeben hat, wie mit einer solchen Darstellung auch ein saisonaler Einfluss behandelt werden kann, in dem der saisonale Verlauf einer Zeitfolge durch binäre Dummy-Variablen oder durch eine geeignete Kombination trigonometrischer Funktionen geschätzt wird. In beiden Fällen ist $x_{1,t} = t$ und die restlichen $(k-1)$-Variablen dienen der Berücksichtigung eines saisonalen Einflusses. Im ersten Fall nimmt die Dummy-Variable $(x_{m+1,t})$ den Wert eins an, wenn die Periode t der Saison m angehört und die anderen Perioden erhalten den Wert Null. Im letzten Fall sind die Funktionen $x_{i,t}$, $\forall\ i \geq 2$, eben trigonometrische Funktionen.

2.3.2 Exponentielle Glättung 2. Ordnung

Bei der Methode der n-periodischen linearen Regressionsrechnung werden alle Beobachtungswerte gleich gewichtet; also mit $\frac{1}{n}$. Wie beim konstanten Bedarfsverlauf existiert auch eine andere, den aktuellen Verlauf der betrachteten Zeitfolge besser berücksichtigende Vorgehensweise. Sie besteht darin, die Abweichungen der weiter zurückliegenden Beobachtungswerte gegenüber den jüngeren weniger stark zu gewichten. Somit ist hier eine gewichtete Prognosefehlerquadratsumme zu minimieren. Bezogen auf die letzten n Beobachtungsbedarfe lautet das Optimierungsproblem für die aktuelle Periode t:

Minimiere $\sum_{k=t-n+1}^{t} w_k \cdot e_k^2 = \sum_{k=t-n+1}^{t} w_k \cdot (y_k - p_k)^2$, für ein beliebiges, aber festes t, $t \geq n$.

Im Approximationsmodell werden in einer beliebigen Periode t, mit $t \geq n$, ausschließlich die letzten n Werte von y_{t-n+1} bis y_t betrachtet. Deshalb kann der unabhängige Zeitparameter k für ein beliebiges, aber festes t so verändert werden, dass er die Werte von 1 bis n annimmt. Also lautet die Minimierungsaufgabe für ein beliebiges, aber festes t:

Minimiere $\sum_{k=1}^{n} w_k \cdot e_k^2 = \sum_{k=1}^{n} w_k \cdot (y_k - p_k)^2$.

Auf die grundsätzliche Form der Approximationsfunktion haben diese Gewichte keinen Einfluss. Deshalb ist wegen Formel 16 p_k durch $b_0 + b_1 \cdot k$ zu ersetzen. Damit lautet das Optimierungsproblem:

Formel 32: Minimiere $C_w(b_0, b_1) = \sum_{k=1}^{n} w_k \cdot (y_k - (b_0 + b_1 \cdot k))^2$, für ein beliebiges, aber festes t, $t \geq n$.

Wie beim konstanten Bedarfsverlauf (s. Formel 10 und Formel 11), wird $w_k = \alpha \cdot (1-\alpha)^{n-k}$ mit $0 < \alpha < 1$ gewählt. Somit lautet das Optimierungsproblem nun:

Formel 33: Minimiere $C_\alpha(b_0, b_1) = \alpha \cdot \sum_{k=1}^{n} (1-\alpha)^{n-k} \cdot (y_k - (b_0 + b_1 \cdot k))^2$, für ein beliebiges, aber festes t, $t \geq n$.

Im Folgenden sei t beliebig, aber fest, mit $t \geq n$.

Da es sich bei diesem Optimierungsproblem um eine mehrfach differenzierbare Funktion handelt, kann das Optimierungsproblem, d. h. die Suche nach dem globalen Minimum der Funktion, genauso wie bei der linearen Regressionsrechnung mit Methoden der Analysis gelöst werden (s. auch die Optimalitätsbedingungen im Abschnitt über die mathematischen Grundlagen von Optimierungsproblemen). Dabei müssen zunächst die partiellen Ableitungen 1. Ordnung von $C_\alpha(b_0, b_1)$ nach b_0 und b_1 bestimmt werden.

Formel 34:
$$\frac{\partial C_\alpha(b_0, b_1)}{\partial b_0} = \alpha \cdot \sum_{k=1}^{n} \frac{\partial}{\partial b_0} (1-\alpha)^{n-k} \left[y_k - (b_0 + b_1 \cdot k)\right]^2$$
$$= -2 \cdot \alpha \cdot \sum_{k=1}^{n} (1-\alpha)^{n-k} (y_k - b_0 - b_1 \cdot k)$$

Formel 35:
$$\frac{\partial C_\alpha(b_0, b_1)}{\partial b_1} = \alpha \cdot \sum_{k=1}^{n} \frac{\partial}{\partial b_1} (1-\alpha)^{n-k} \cdot \left[y_k - (b_0 + b_1 \cdot k)\right]^2$$
$$= -2 \cdot \alpha \cdot \sum_{k=1}^{n} (1-\alpha)^{n-k} \cdot (y_k - b_0 - b_1 \cdot k) \cdot k$$

Durch Nullsetzen der Terme in Formel 34 und Formel 35 entsteht ein Normalgleichungssystem zur Bestimmung der beiden Parameter b_0 und b_1. Durch Division dieser Normalgleichungen mit $-2 \cdot \alpha$ ergibt sich folgendes übersichtlicheres Gleichungssystem:

2.3 Trendförmiger Bedarfsverlauf

$$\begin{array}{ll}(A) & \sum_{k=1}^{n}(1-\alpha)^{n-k}\left(y_k - b_0 - b_1 \cdot k\right) = 0 \\ (B) & \sum_{k=1}^{n}(1-\alpha)^{n-k} \cdot \left(y_k - b_0 - b_1 \cdot k\right) \cdot k = 0\end{array}$$

Das Auflösen der Klammern liefert folgendes Normalgleichungssystem:

$$(A') \quad \underbrace{\left(\sum_{k=1}^{n}(1-\alpha)^{n-k}\right)}_{c_{11}} \cdot b_0 + \underbrace{\left(\sum_{k=1}^{n}(1-\alpha)^{n-k} \cdot k\right)}_{c_{12}} \cdot b_1 = \sum_{k=1}^{n}(1-\alpha)^{n-k} \cdot y_k$$

$$(B') \quad \underbrace{\left(\sum_{k=1}^{n}(1-\alpha)^{n-k} \cdot k\right)}_{c_{21}} \cdot b_0 + \underbrace{\left(\sum_{k=1}^{n}(1-\alpha)^{n-k} \cdot k^2\right)}_{c_{22}} \cdot b_1 = \sum_{k=1}^{n}(1-\alpha)^{n-k} \cdot k \cdot y_k$$

Die Ersetzung der Summen durch die Variablen $c_{11}, c_{12}, c_{21}, c_{22}$ führt zu dem stark vereinfachten Gleichungssystem:

$$\begin{array}{ll}(A\,'') & c_{11} \cdot b_0 + c_{12} \cdot b_1 = \sum_{k=1}^{n}(1-\alpha)^{n-k} \cdot y_k \\ (B\,'') & c_{21} \cdot b_0 + c_{22} \cdot b_1 = \sum_{k=1}^{n}(1-\alpha)^{n-k} \cdot k \cdot y_k\end{array}$$

mit

$$c_{11} = \sum_{k=1}^{n}(1-\alpha)^{n-k}, \quad c_{12} = c_{21} = \sum_{k=1}^{n}(1-\alpha)^{n-k} \cdot k, \quad c_{22} = \sum_{k=1}^{n}(1-\alpha)^{n-k} \cdot k^2 .$$

Dieses Gleichungssystem wird nach den gesuchten Parametern b_0 und b_1 aufgelöst:

Formel 36: $\quad b_0 = \dfrac{\sum_{k=1}^{n}(1-\alpha)^{n-k} \cdot y_k}{c_{11}} - \dfrac{c_{12}}{c_{11}} \cdot b_1$

Formel 36 wird nun in $(B\,'')$ eingesetzt:

$$c_{21} \cdot \left(\dfrac{\sum_{k=1}^{n}(1-\alpha)^{n-k} \cdot y_k}{c_{11}} - \dfrac{c_{12}}{c_{11}} \cdot b_1\right) + c_{22} \cdot b_1 = \sum_{k=1}^{n}(1-\alpha)^{n-k} \cdot k \cdot y_k$$

$$\Leftrightarrow \frac{c_{21}}{c_{11}} \cdot \sum_{k=1}^{n} (1-\alpha)^{n-k} \cdot y_k - \frac{c_{12}^2 \cdot b_1}{c_{11}} + c_{22} \cdot b_1 = \sum_{k=1}^{n} (1-\alpha)^{n-k} \cdot k \cdot y_k$$

$$\Leftrightarrow b_1 \cdot \left(c_{22} - \frac{c_{12}^2}{c_{11}} \right) = \sum_{k=1}^{n} (1-\alpha)^{n-k} \cdot k \cdot y_k - \frac{c_{21}}{c_{11}} \cdot \sum_{k=1}^{n} (1-\alpha)^{n-k} \cdot y_k$$

Daraus entsteht der folgende Ausdruck für den Parameter b_1:

Formel 37: $$b_1 = \frac{\sum_{k=1}^{n} (1-\alpha)^{n-k} \cdot k \cdot y_k - \frac{c_{21}}{c_{11}} \cdot \sum_{k=1}^{n} (1-\alpha)^{n-k} \cdot y_k}{c_{22} - \frac{c_{12}^2}{c_{11}}}$$

Um die Parameter b_0 und b_1 bestimmen zu können, sind noch einige Vereinfachungen für die Variablen $c_{11}, c_{12}, c_{21}, c_{22}$ nötig:

Der Ausdruck für c_{11} ist eine geometrische Reihe. Für eine geometrische Reihe gilt, für ein beliebiges $q \in \mathbb{R} \setminus \{1\}$ die Beziehung: $\sum_{i=1}^{m} q^{i-1} = \frac{1-q^m}{1-q}$.

Mit $q = 1-\alpha$ und $i = n-k+1$, welches von 1 nach n läuft, folgt für c_{11}:

$$c_{11} = \sum_{k=1}^{n} (1-\alpha)^{n-k} = \sum_{i=1}^{n} (1-\alpha)^{i-1} = \frac{1-(1-\alpha)^n}{1-(1-\alpha)}$$

Entsprechende endliche Reihen können auch für die Parameter c_{12} und c_{22} verwendet werden. Somit ergeben sich die folgenden vereinfachten Ausdrücke:

$$c_{12} = c_{21} = \sum_{k=1}^{n} (1-\alpha)^{n-k} \cdot k = \frac{(1-\alpha)^{n+1} - (n+1) \cdot (1-\alpha) + n}{(1-(1-\alpha))^2}$$

$$c_{22} = \sum_{k=1}^{n} (1-\alpha)^{n-k} \cdot k^2 = \frac{(n+1)^2 \cdot (1-\alpha)^2 - (2 \cdot n^2 + 2 \cdot n - 1) \cdot (1-\alpha) - (1-\alpha)^{n+1} \cdot \alpha + n^2}{(1-(1-\alpha))^3}$$

Bevor im Folgenden die Lösung unter Annahme von sehr langen Bedarfsfolgen weiter vereinfacht wird, wird nachgewiesen, dass es sich bei dieser Lösung um ein globales Minimum handelt. Hierzu ist die Bestimmung der partiellen Ableitungen 2. Ordnung nötig (weiterhin ist t beliebig, aber fest, mit $t \geq n$):

2.3 Trendförmiger Bedarfsverlauf

$$\frac{\partial^2 C_\alpha(b_0,b_1)}{\partial b_0^2} = -2\cdot\alpha\cdot\sum_{k=1}^{n}\frac{\partial}{\partial b_0}(1-\alpha)^{n-k}\left(y_k - b_0 - b_1\cdot k\right)$$

$$= 2\cdot\alpha\cdot\sum_{k=1}^{n}(1-\alpha)^{n-k}$$

$$\frac{\partial^2 C_\alpha(b_0,b_1)}{\partial b_0 b_1} = -2\cdot\alpha\cdot\sum_{k=1}^{n}\frac{\partial}{\partial b_1}(1-\alpha)^{n-k}\left(y_k - b_0 - b_1\cdot k\right)$$

$$= 2\cdot\alpha\cdot\sum_{k=1}^{n}k\cdot(1-\alpha)^{n-k}$$

$$\frac{\partial C_\alpha(b_0,b_1)}{\partial b_1^2} = -2\cdot\alpha\cdot\sum_{k=1}^{n}\frac{\partial}{\partial b_1}(1-\alpha)^{n-k}\cdot\left(y_k - b_0 - b_1\cdot k\right)\cdot k$$

$$= 2\cdot\alpha\cdot\sum_{k=1}^{n}k^2\cdot(1-\alpha)^{n-k}$$

Damit lautet die Hesse-Matrix der Minimierungsfunktion $C_\alpha(b_0,b_1)$:

$$H = \begin{pmatrix} \dfrac{\partial^2 C_\alpha(b_0,b_1)}{\partial b_0^2} & \dfrac{\partial^2 C_\alpha(b_0,b_1)}{\partial b_0 b_1} \\ \dfrac{\partial^2 C_\alpha(b_0,b_1)}{\partial b_0 b_1} & \dfrac{\partial^2 C_\alpha(b_0,b_1)}{\partial b_1^2} \end{pmatrix}$$

$$= \begin{pmatrix} 2\cdot\alpha\cdot\sum_{k=1}^{n}(1-\alpha)^{n-k} & 2\cdot\alpha\cdot\sum_{k=1}^{n}k\cdot(1-\alpha)^{n-k} \\ 2\cdot\alpha\cdot\sum_{k=1}^{n}k\cdot(1-\alpha)^{n-k} & 2\cdot\alpha\cdot\sum_{k=1}^{n}k^2\cdot(1-\alpha)^{n-k} \end{pmatrix}$$

$$= 2\cdot\alpha\cdot\begin{pmatrix} \sum_{k=1}^{n}(1-\alpha)^{n-k} & \sum_{k=1}^{n}k\cdot(1-\alpha)^{n-k} \\ \sum_{k=1}^{n}k\cdot(1-\alpha)^{n-k} & \sum_{k=1}^{n}k^2\cdot(1-\alpha)^{n-k} \end{pmatrix}$$

Damit die Parameter b_0 und b_1 die Funktion $C_\alpha(b_0, b_1)$ minimieren, muss die Hesse-Matrix positiv definit sein. Dies ist laut Alberts Theorem (s. den Abschnitt „Präliminarien" im Internet) genau dann der Fall, wenn

(i) $\sum_{k=1}^{n} k^2 \cdot (1-\alpha)^{n-k} > 0$ und (ii) $\sum_{k=1}^{n} (1-\alpha)^{n-k} > \dfrac{\left(\sum_{k=1}^{n} k \cdot (1-\alpha)^{n-k}\right)^2}{\sum_{k=1}^{n} k^2 \cdot (1-\alpha)^{n-k}}$

erfüllt sind.

Für die Bedingung (i) gilt:

- $(1-\alpha) > 0$,
- $k \in \mathbb{N}$ und damit $k^2 > 0$.

Folglich ist deren Summe größer als 0 und die Bedingung ist erfüllt.

Für die Bedingung (ii) gilt:

$$\sum_{k=1}^{n} (1-\alpha)^{n-k} > \dfrac{\left(\sum_{k=1}^{n} k \cdot (1-\alpha)^{n-k}\right)^2}{\sum_{k=1}^{n} k^2 \cdot (1-\alpha)^{n-k}} \Leftrightarrow \dfrac{\sum_{k=1}^{n} (1-\alpha)^{n-k}}{\sum_{k=1}^{n} k \cdot (1-\alpha)^{n-k}} > \dfrac{\sum_{k=1}^{n} k \cdot (1-\alpha)^{n-k}}{\sum_{k=1}^{n} k^2 \cdot (1-\alpha)^{n-k}}$$

Diese Bedingung ist also ebenfalls erfüllt.

Insgesamt sind alle Bedingungen erfüllt. Deshalb ist die Hesse-Matrix positiv definit. Infolgedessen stellen die beiden Parameter b_0 und b_1 ein globales Minimum der Funktion $C_\alpha(b_0, b_1)$ dar.

Zur beabsichtigten weiteren Vereinfachung der Lösung wird angenommen, wie bei der exponentiellen Glättung 1. Ordnung, dass alle bzw. viele Bedarfsfolgen vorliegen. Da längere Zeitfolgen vorliegen, es wird von einer unendlich langen Folge von Vergangenheitswerten (gleich Bedarfen) ausgegangen, ist n sehr groß und damit $(1-\alpha)^n \approx 0$.

Es sei betont, dass dadurch nicht mehr, wie bei der linearen Regressionsrechnung, eine Lösung der obigen Optimierungsaufgabe für eine beliebig kleine Anzahl n an Betrachtungswerten erfolgt. Wie bei der exponentiellen Glättung 1. Ordnung wird das Optimierungsproblem für eine hinreichend große Anzahl an Betrachtungswerten gelöst.

Dadurch können die obigen Gleichungen für die Variablen $c_{11}, c_{12}, c_{21}, c_{22}$ weiter vereinfacht werden:

2.3 Trendförmiger Bedarfsverlauf

$$c_{11} = \frac{1}{1-(1-\alpha)} = \frac{1}{\alpha}$$

$$c_{12} = c_{21} = \frac{-(n+1)\cdot(1-\alpha)+n}{(1-(1-\alpha))^2} = \frac{n\cdot(-1+(1-\alpha))-(1-\alpha)}{\alpha^2} = \frac{n\cdot\alpha-(1-\alpha)}{\alpha^2}$$

$$c_{22} = \frac{(n+1)^2\cdot(1-\alpha)^2-(2\cdot n^2+2\cdot n-1)\cdot(1-\alpha)+n^2}{(1-(1-\alpha))^3}$$

$$= \frac{(n+1)^2\cdot(1-\alpha)^2-(2\cdot n^2+2\cdot n)\cdot(1-\alpha)+(1-\alpha)+n^2}{\alpha^3}$$

$$= \frac{(n+1)^2\cdot(1-\alpha)^2-2\cdot n\cdot(n+1)\cdot(1-\alpha)+(1-\alpha)+n^2}{\alpha^3}$$

Mit Hilfe der Erkenntnisse der vorangegangenen Abschnitte können die Ausdrücke für b_0 und b_1 vereinfacht werden:

Gemäß der exponentiellen Glättung 1. Ordnung aus Abschnitt 2.2 nach Lemma 7, mit $n = t$, gilt:

Formel 38: $\quad y_n^{(1)} = \sum_{k=1}^{n} \alpha\cdot(1-\alpha)^{n-k}\cdot y_k + (1-\alpha)^n \cdot y_0^{(1)}$

Und damit gilt für große n und mit $(1-\alpha)^n \approx 0$:

Formel 39: $\quad \dfrac{y_n^{(1)}}{\alpha} = \sum_{k=1}^{n}(1-\alpha)^{n-k}\cdot y_k$

Das Verfahren der exponentiellen Glättung 1. Ordnung (s. Definition 6 bzw. die dazugehörende Bemerkung) wird auf sein Ergebnis $\left(y_n^{(1)}\right)$, $\forall\ n \in \mathbb{N}$, „nochmals" angewendet. Dies ergibt:

$$y_n^{(2)} = \alpha\cdot y_n^{(1)} + (1-\alpha)\cdot y_{n-1}^{(2)}.$$

Mit dem iterativen Einsetzen von $y_{n-1}^{(2)}$, $y_{n-2}^{(2)}$, ... ergibt sich

Formel 40: $y_n^{(2)} = \sum_{k=1}^{n} \alpha\cdot(1-\alpha)^{n-k}\cdot y_k^{(1)} + (1-\alpha)^n \cdot y_0^{(2)}.$

Die Formel 38 für $y_k^{(1)}$ in die letzte Formel (Formel 40) eingesetzt ergibt:

$$y_n^{(2)} = \sum_{k=1}^{n} \alpha \cdot (1-\alpha)^{n-k} \cdot \left(\sum_{j=1}^{k} \alpha \cdot (1-\alpha)^{k-j} \cdot y_j + (1-\alpha)^k \cdot y_0^{(1)} \right) + (1-\alpha)^n \cdot y_0^{(2)}$$

$$= \sum_{k=1}^{n} \alpha \cdot (1-\alpha)^{n-k} \cdot \left(\sum_{j=1}^{k} \alpha \cdot (1-\alpha)^{k-j} \cdot y_j \right) + \sum_{k=1}^{n} \alpha \cdot (1-\alpha)^{n-k} \cdot (1-\alpha)^k \cdot y_0^{(1)} + (1-\alpha)^n \cdot y_0^{(2)}$$

$$= \sum_{k=1}^{n} \alpha^2 \cdot (1-\alpha)^{n-k} \cdot \left(\sum_{j=1}^{k} (1-\alpha)^{k-j} \cdot y_j \right) + n \cdot \alpha \cdot (1-\alpha)^n \cdot y_0^{(1)} + (1-\alpha)^n \cdot y_0^{(2)}$$

$$= \sum_{k=1}^{n} \alpha^2 \cdot (1-\alpha)^{n-k} \cdot \left(\sum_{j=1}^{k} (1-\alpha)^{k-j} \cdot y_j \right) + \underbrace{(1-\alpha)^n \cdot \left(n \cdot \alpha \cdot y_0^{(1)} + y_0^{(2)} \right)}_{\theta}$$

Für den Ausdruck $\theta = (1-\alpha)^n \cdot \left(n \cdot \alpha \cdot y_0^{(1)} + y_0^{(2)} \right)$ gilt (bei einem hohen n, so dass $(1-\alpha)^n \approx 0$ gilt): $\lim_{n \to \infty} \theta = 0$.

Die Einsetzung dieses Ergebnisses in den obigen Term ergibt:

$$y_n^{(2)} = \sum_{k=1}^{n} \alpha^2 \cdot (1-\alpha)^{n-k} \cdot \left(\sum_{j=1}^{k} (1-\alpha)^{k-j} \cdot y_j \right)$$

$$= \alpha^2 \cdot \sum_{k=1}^{n} \sum_{j=1}^{k} (1-\alpha)^{n-j} \cdot y_j$$

$$= \alpha^2 \cdot \sum_{j=1}^{n} (n-j+1) \cdot (1-\alpha)^{n-j} \cdot y_j$$

$$= \alpha^2 \cdot \left((n+1) \cdot \sum_{j=1}^{n} (1-\alpha)^{n-j} \cdot y_j - \sum_{j=1}^{n} (1-\alpha)^{n-j} \cdot j \cdot y_j \right)$$

Mit Hilfe der Formel 39 ergibt sich die weitere Vereinfachung:

$$y_n^{(2)} = \alpha^2 \cdot \left((n+1) \cdot \frac{y_n^{(1)}}{\alpha} - \sum_{j=1}^{n} (1-\alpha)^{n-j} \cdot j \cdot y_j \right)$$

2.3 Trendförmiger Bedarfsverlauf

Dies führt zu:

Formel 41: $\quad \dfrac{y_n^{(2)}}{\alpha^2} = (n+1) \cdot \dfrac{y_n^{(1)}}{\alpha} - \sum\limits_{j=1}^{n} (1-\alpha)^{n-j} \cdot j \cdot y_j$

Nun wird zunächst b_1 bestimmt, indem in die Formel 37 die Formel 39, die Formel 41 und die Vereinfachungen der „c"-Werte eingesetzt werden:

$$b_1 = \dfrac{\sum\limits_{k=1}^{n}(1-\alpha)^{n-k} \cdot k \cdot y_k - \dfrac{c_{21}}{c_{11}} \cdot \sum\limits_{k=1}^{n}(1-\alpha)^{n-k} \cdot y_k}{c_{22} - \dfrac{c_{12}^2}{c_{11}}}$$

$$= \dfrac{\dfrac{n+1}{\alpha} \cdot y_n^{(1)} - \dfrac{1}{\alpha^2} \cdot y_n^{(2)} - \dfrac{\dfrac{n\cdot\alpha - (1-\alpha)}{\alpha^2}}{\dfrac{1}{\alpha}} \cdot y_n^{(1)}}{\dfrac{(n+1)^2 \cdot (1-\alpha)^2 - 2\cdot n \cdot (n+1)\cdot(1-\alpha) + (1-\alpha) + n^2}{\alpha^3} - \dfrac{\left(\dfrac{n\cdot\alpha - (1-\alpha)}{\alpha^2}\right)^2}{\dfrac{1}{\alpha}}}$$

$$= \dfrac{\dfrac{n+1}{\alpha} \cdot y_n^{(1)} - \dfrac{1}{\alpha^2} \cdot y_n^{(2)} - \dfrac{\dfrac{n\cdot\alpha - (1-\alpha)}{\alpha^2}}{\dfrac{1}{\alpha}} \cdot y_n^{(1)}}{\dfrac{(n+1)^2 \cdot (1-\alpha)^2 - 2\cdot n \cdot (n+1)\cdot(1-\alpha) + (1-\alpha) + n^2}{\alpha^3} - \dfrac{n^2\cdot\alpha^2 - 2\cdot n \cdot \alpha \cdot (1-\alpha) + (1-\alpha)^2}{\alpha^3}}$$

$$= \dfrac{\left(\dfrac{n+1}{\alpha} - \dfrac{(n+1)\cdot\alpha - 1}{\alpha^2}\right) \cdot y_n^{(1)} - \dfrac{1}{\alpha^2} \cdot y_n^{(2)}}{\dfrac{1-\alpha}{\alpha^3}} = \dfrac{\dfrac{1}{\alpha^2} \cdot y_n^{(1)} - \dfrac{1}{\alpha^2} \cdot y_n^{(2)}}{\dfrac{1-\alpha}{\alpha^3}}$$

$$= \dfrac{\alpha}{1-\alpha} \cdot \left(y_n^{(1)} - y_n^{(2)}\right).$$

Zur Verdeutlichung der Abhängigkeit zu t, wird diese Extremstelle auf einen beliebigen Zeitpunkt t bezogen.

Formel 42: $\quad b_{1,t} = \dfrac{\alpha}{1-\alpha} \cdot \left(y_t^{(1)} - y_t^{(2)}\right)$

Um das noch ausstehende b_0 zu bestimmen, werden in Formel 36 die Formel 39, die Formel 42 und auch hier die Vereinfachungen der „c"-Werte eingesetzt:

$$b_0 = \frac{\sum_{k=1}^{n}(1-\alpha)^{n-k} \cdot y_k}{c_{11}} - \frac{c_{12}}{c_{11}} \cdot b_1$$

$$= \frac{\frac{y_n^{(1)}}{\alpha}}{\frac{1}{\alpha}} - \frac{\frac{n \cdot \alpha - (1-\alpha)}{\alpha^2}}{\frac{1}{\alpha}} \cdot \frac{\alpha}{1-\alpha} \cdot \left(y_n^{(1)} - y_n^{(2)}\right)$$

$$= y_n^{(1)} - \frac{n \cdot \alpha - (1-\alpha)}{1-\alpha} \cdot \left(y_n^{(1)} - y_n^{(2)}\right)$$

$$= y_n^{(1)} + \left(1 - \frac{n \cdot \alpha}{1-\alpha}\right) \cdot \left(y_n^{(1)} - y_n^{(2)}\right)$$

Daraus ergibt sich der Parameter b_0, der ebenfalls auf einen beliebigen Zeitpunkt t bezogen wird.

Formel 43: $\quad b_{0,t} = 2 \cdot y_t^{(1)} - y_t^{(2)} - \frac{n \cdot \alpha}{1-\alpha} \cdot \left(y_t^{(1)} - y_t^{(2)}\right)$ bzw. $b_{0,t} = 2 \cdot y_t^{(1)} - y_t^{(2)} - n \cdot b_{1,t}$

Aufgrund der Bildung des Minimierungsproblems ist $p_{n+j} = b_{0,t} + b_{,t} \cdot (n+j)$ der ex-ante Prognosewerte $p_{t+j}, \forall \; j \in \mathbb{N}$.

Damit ergibt sich:

$$p_{t+j} = b_{0,t} + b_{1,t} \cdot (n+j)$$

$$= 2 \cdot y_t^{(1)} - y_t^{(2)} - \frac{n \cdot \alpha}{1-\alpha} \cdot \left(y_t^{(1)} - y_t^{(2)}\right) + \frac{\alpha}{1-\alpha} \cdot \left(y_t^{(1)} - y_t^{(2)}\right) \cdot (n+j)$$

$$= 2 \cdot y_t^{(1)} - y_t^{(2)} + \frac{\alpha}{(1-\alpha)} \cdot \left(y_t^{(1)} - y_t^{(2)}\right) \cdot (n+j-n)$$

$$= 2 \cdot y_t^{(1)} - y_t^{(2)} + \frac{\alpha}{(1-\alpha)} \cdot \left(y_t^{(1)} - y_t^{(2)}\right) \cdot j$$

Diese Darstellung hängt ausschließlich von den aktuellen Werten (zur Periode t) von $y^{(1)}$ $\left(y_t^{(1)}\right)$ und $y^{(2)}$ $\left(y_t^{(2)}\right)$ ab; es sei betont, dass der Bezug zu einer eingeschränkten Anzahl (n) an Beobachtungswerten bereits bei der Grenzwertbetrachtung im Rahmen der Herleitung verloren gegangen ist. Aufgrund der Form einer Geradengleichung ist $a_t = 2 \cdot y_t^{(1)} - y_t^{(2)}$ der

2.3 Trendförmiger Bedarfsverlauf

aktuelle Achsenabschnitt und die aktuelle Steigung ist $b_t = \frac{\alpha}{1-\alpha} \cdot \left(y_t^{(1)} - y_t^{(2)} \right)$. Die Prognose zur Periode (t+1) ist dann die Summe aus aktuellem Achsenabschnitt und aktueller Steigung.

Für die Berechnung werden, wie bei der exponentiellen Glättung 1. Ordnung, Startwerte für $y^{(1)}$ und $y^{(2)}$ benötigt, und zwar für die Periode Null, ab der die exponentielle Glättung 2. Ordnung berechnet werden soll. Wegen des angesprochenen Zusammenhangs zum aktuellen Achsenabschnitt und zur aktuellen Steigung können auch Startwerte für diese vorgegeben werden. Diese seien nun durch a_0 und b_0 bezeichnet. Dann ist das Gleichungssystem

$$\begin{bmatrix} a_0 = 2 \cdot y_0^{(1)} - y_0^{(2)} \\ b_0 = \frac{\alpha}{1-\alpha} \cdot \left(y_0^{(1)} - y_0^{(2)} \right) \end{bmatrix} \text{ nach } y_0^{(1)} \text{ und } y_0^{(2)} \text{ aufzulösen.}$$

$$\begin{bmatrix} 2 \cdot y_0^{(1)} - y_0^{(2)} = a_0 \\ y_0^{(1)} - y_0^{(2)} = \frac{1-\alpha}{\alpha} \cdot b_0 \end{bmatrix} \Leftrightarrow \begin{bmatrix} y_0^{(1)} = a_0 - \frac{1-\alpha}{\alpha} \cdot b_0 \\ y_0^{(2)} = y_0^{(1)} - \frac{1-\alpha}{\alpha} \cdot b_0 \end{bmatrix} \Leftrightarrow \begin{bmatrix} y_0^{(1)} = a_0 - \frac{1-\alpha}{\alpha} \cdot b_0 \\ y_0^{(2)} = a_0 - 2 \cdot \frac{1-\alpha}{\alpha} \cdot b_0 \end{bmatrix}$$

Dies motiviert die folgende Definition.

Definition 8 (exponentielle Glättung 2. Ordnung)

Für eine Zeitfolge $(y_i)_{i=1}^{\infty}$ ist die exponentielle Glättung 2. Ordnung für einen beliebigen, aber festen Glättungsparameter $\alpha \in (0,1)$ bezogen auf einen beliebigen, aber festen Zeitpunkt t, $t \in \mathbb{N}_0$, definiert durch

$$p_{t+j} = \left[2 \cdot y_t^{(1)} - y_t^{(2)} \right] + \left[\frac{\alpha}{1-\alpha} \cdot \left(y_t^{(1)} - y_t^{(2)} \right) \right] \cdot j, \ \forall \ j \in \mathbb{N},$$

mit $y_t^{(1)} = \alpha \cdot y_t + (1-\alpha) \cdot y_{t-1}^{(1)}$ und $y_t^{(2)} = \alpha \cdot y_t^{(1)} + (1-\alpha) \cdot y_{t-1}^{(2)}$, $\forall \ t \in \mathbb{N}$ sowie den Startwerten $y_0^{(1)}$ und $y_0^{(2)}$ oder den Startwerten a_0 und b_0 mit $y_0^{(1)} = a_0 - \frac{1-\alpha}{\alpha} \cdot b_0$ und $y_0^{(2)} = a_0 - 2 \cdot \frac{1-\alpha}{\alpha} \cdot b_0$. Dabei heißen $a_t = 2 \cdot y_t^{(1)} - y_t^{(2)}$ der aktuelle Achsenabschnitt und $b_t = \frac{\alpha}{1-\alpha} \cdot \left(y_t^{(1)} - y_t^{(2)} \right)$ die aktuelle Steigung, $\forall \ t \in \mathbb{N}_0$ (und es ist $p_{t+j} = a_t + b_t \cdot j$).

Bemerkungen:

- Für das Verfahren werden Startwerte benötigt, die vorzugeben sind, da noch keine empirischen Beobachtungen zu ihrer Berechnung vorliegen. Am anschaulichsten ist die Vorgabe einer initialen Steigung und eines initialen Achsenabschnitts. Ihre Schätzung wird

durch das folgende Vorgehen motiviert. Da das Prognosemodell eine Gerade ist, können durch die Beobachtungswerte eine Ausgleichsgerade gezogen werden. Sein Achsenabschnitt und seine Steigung sind die idealen Startwerte. Eine gute Approximation für den initialen Achsenabschnitt ist vielfach der Mittelwert der ersten Beobachtungswerte, sofern diese keine Ausreißer aufweisen. Für die Steigung bietet sich die mittlere Differenz zwischen direkt benachbarten Beobachtungswerten an.
- Dieses Verfahren der exponentiellen Glättung ist Bestandteil vieler Module zur Bedarfsplanung in ERP- oder PPS-Systemen.

Die exponentielle Glättung 2. Ordnung wird nun auf das Beispiel 7 angewendet.

Beispiel 9 (exponentielle Glättung 2. Ordnung zum Bedarfsverlauf von Stühlen über 60 Monate; Fortsetzung von Beispiel 7)

Das Verfahren exponentielle Glättung 2. Ordnung wird auf Beispiel 7 für Stühle über die letzten 60 Monate mit einem Startwert für den Achsenabschnitt von $a_0 = 89$, als Mittelwert der ersten vier Beobachtungswerte, und für die Steigung von $b_0 = 3,05$, als mittlere Differenz zwischen direkt benachbarten Beobachtungswerten, angewendet. Als Glättungsparameter (α) werden 0,005, 0,1, 0,3 sowie 0,7 verwendet. Wie beim Beispiel 5 wurden alle Prognosewerte mit einem Matlab-Programm berechnet. Nach dem Runden auf die 2. Nachkommastelle wurden sie in Tabelle 11 eingetragen. Die Tabelle enthält neben den Bedarfswerten auch die dabei auftretenden Prognosefehler. Die graphische Darstellung von ihren Originalwerten befindet sich in Abbildung 11.

Exemplarisch lautet die Berechnung für den Prognosewert der ersten und zweiten Periode (also p_1 und p_2) mit dem Glättungsparameter $\alpha = 0,1$. Aufgrund der Startwerte von $a_0 = 89$ für den Achsenabschnitt und $b_0 = 3,05$ für die Steigung ergibt sich $p_1 = a_0 + b_0$ $= 89 + 3,05 = 92,05$. Für die Startwerte für $y_0^{(1)}$ und $y_0^{(2)}$ ergeben sich: $y_0^{(1)} = a_0 - \frac{1-\alpha}{\alpha} \cdot b_0 = 89 - \frac{1-0,1}{0,1} \cdot 3,05 = 61,55$ und $y_0^{(2)} = 89 - 2 \cdot \frac{1-0,1}{0,1} \cdot 3,05 = 34,1$. Die Anwendung der exponentiellen Glättung 1. Ordnung auf $y_0^{(1)}$ und $y_0^{(2)}$ ergeben: $y_1^{(1)} = \alpha \cdot y_1 + (1-\alpha) \cdot y_0^{(1)} = 0,1 \cdot 85 + (1-0,1) \cdot 61,55 = 63,9$ und

$y_1^{(2)} = \alpha \cdot y_1^{(1)} + (1-\alpha) \cdot y_0^{(2)} = 0,1 \cdot 63,9 + (1-0,1) \cdot 34,1 = 37,08$. Damit ergibt sich für p_2:

$$p_2 = \left[2 \cdot y_1^{(1)} - y_1^{(2)}\right] + \left[\frac{\alpha}{1-\alpha} \cdot \left(y_1^{(1)} - y_1^{(2)}\right)\right]$$
$$= \left[2 \cdot 63,9 - 37,08\right] + \left[\frac{0,1}{1-0,1} \cdot (63,9 - 37,08)\right] = 90,71 + 2,98$$
$$= 93,69.$$

Der aktuelle Achsenabschnitt ist $90,71$ und die aktuelle Steigung ist $2,98$.

2.3 Trendförmiger Bedarfsverlauf

Monat	1	2	3	4	5	6	7	8	9	10
Bedarf	85	93	86	92	106	112	110	120	123	118
$\alpha = 0,1$	92.05	93.69	96.53	97.40	99.19	103.36	107.97	111.34	116.06	120.53
Fehler	−7.05	−0.69	−10.53	−5.40	6.81	8.64	2.03	8.66	6.94	−2.53
$\alpha = 0,3$	92.05	90.87	94.56	92.03	93.85	102.97	111.32	114.27	121.33	126.47
Fehler	−7.05	2.13	−8.56	−0.03	12.15	9.03	−1.32	5.73	1.67	−8.47
$\alpha = 0,7$	92.05	85.23	95.70	85.52	93.24	112.93	119.70	113.74	125.37	127.99
Fehler	−7.05	7.77	−9.70	6.48	12.76	−0.93	−9.70	6.26	−2.37	−9.99
$\alpha = 0,005$	92.05	95.03	98.06	100.99	103.95	107.02	110.12	113.16	116.28	119.40
Fehler	−7.05	−2.03	−12.06	−8.99	2.05	4.98	−0.12	6.84	6.72	−1.40

Monat	11	12	13	14	15	16	17	18	19	20
Bedarf	130	126	130	128	135	135	129	145	138	150
$\alpha = 0,1$	123.16	127.65	130.51	133.58	135.63	138.61	140.99	141.66	145.28	146.80
Fehler	6.84	−1.65	−0.51	−5.58	−0.63	−3.61	−11.99	3.34	−7.28	3.20
$\alpha = 0,3$	125.67	131.80	132.23	134.29	133.71	137.11	138.59	135.39	142.85	142.49
Fehler	4.33	−5.80	−2.23	−6.29	1.29	−2.11	−9.59	9.61	−4.85	7.51
$\alpha = 0,7$	118.78	134.37	128.03	132.07	128.62	137.80	137.26	127.70	149.88	139.68
Fehler	11.22	−8.37	1.97	−4.07	6.38	−2.80	−8.26	17.30	−11.88	10.32
$\alpha = 0,005$	122.44	125.56	128.61	131.68	134.69	137.74	140.77	143.70	146.76	149.72
Fehler	7.56	0.44	1.39	−3.68	0.31	−2.74	−11.77	1.30	−8.76	0.28

Monat	21	22	23	24	25	26	27	28	29	30
Bedarf	145	146	156	151	153	148	156	158	159	150
$\alpha = 0,1$	150.35	152.22	153.86	157.11	158.74	160.37	160.63	162.30	164.00	165.52
Fehler	−5.35	−6.22	2.14	−6.11	−5.74	−12.37	−4.63	−4.30	−5.00	−15.52
$\alpha = 0,3$	149.12	149.44	149.80	155.64	155.53	156.27	153.33	156.22	158.81	160.61
Fehler	−4.12	−3.44	6.20	−4.64	−2.53	−8.27	2.67	1.78	0.19	−10.61
$\alpha = 0,7$	154.74	146.77	146.59	160.28	152.42	153.81	146.54	157.80	160.73	161.06
Fehler	−9.74	−0.77	9.41	−9.28	0.58	−5.81	9.46	0.20	−1.73	−11.06
$\alpha = 0,005$	152.78	155.75	158.70	161.72	164.66	167.59	170.45	173.35	176.24	179.12
Fehler	−7.78	−9.75	−2.70	−10.72	−11.66	−19.59	−14.45	−15.35	−17.24	−29.12

Tabelle 11: Bedarfswerte und exponentielle Glättung 2. Ordnung mit $\alpha = 0,005$, $0,1$, $0,3$ sowie $0,7$ und einem Startwert von 89 für den Achsenabschnitt und von 3,05 für die Steigung für Stühle über die letzten 60 Monate

Monat	31	32	33	34	35	36	37	38	39	40
Bedarf	163	178	168	175	170	178	190	185	189	195
$\alpha = 0,1$	164.88	166.81	171.34	173.07	175.83	177.05	179.57	183.99	186.64	189.57
Fehler	−1.88	11.19	−3.34	1.93	−5.83	0.95	10.43	1.01	2.36	5.43
$\alpha = 0,3$	155.94	160.92	172.55	172.74	176.60	175.35	179.06	187.98	189.53	192.29
Fehler	7.06	17.08	−4.55	2.26	−6.60	2.65	10.94	−2.98	−0.53	2.71
$\alpha = 0,7$	147.48	165.69	187.01	170.51	177.60	169.96	180.49	197.02	188.07	191.36
Fehler	15.52	12.31	−19.01	4.49	−7.60	8.04	9.51	−12.02	0.93	3.64
$\alpha = 0,005$	181.87	184.73	187.71	190.56	193.45	196.26	199.12	202.07	204.94	207.83
Fehler	−18.87	−6.73	−19.71	−15.56	−23.45	−18.26	−9.12	−17.07	−15.94	−12.83
Monat	41	42	43	44	45	46	47	48	49	50
Bedarf	206	200	209	211	205	210	215	216	219	215
$\alpha = 0,1$	193.13	198.24	201.25	205.48	209.34	211.28	213.79	216.79	219.40	222.08
Fehler	12.87	1.76	7.75	5.52	−4.34	−1.28	1.21	−0.79	−0.40	−7.08
$\alpha = 0,3$	196.94	205.64	206.34	211.51	215.02	212.78	213.98	217.21	219.19	221.68
Fehler	9.06	−5.64	2.66	−0.51	−10.02	−2.78	1.02	−1.21	−0.19	−6.68
$\alpha = 0,7$	198.90	213.07	202.48	212.91	214.73	204.67	210.92	218.03	218.59	221.57
Fehler	7.10	−13.07	6.52	−1.91	−9.73	5.33	4.08	−2.03	0.41	−6.57
$\alpha = 0,005$	210.74	213.73	216.64	219.60	222.56	225.42	228.31	231.22	234.11	236.99
Fehler	−4.74	−13.73	−7.64	−8.60	−17.56	−15.42	−13.31	−15.22	−15.11	−21.99
Monat	51	52	53	54	55	56	57	58	59	60
Bedarf	225	230	236	225	238	245	256	255	260	265
$\alpha = 0,1$	223.42	226.42	229.83	233.80	234.84	238.18	242.29	247.84	252.22	256.79
Fehler	1.58	3.58	6.17	−8.80	3.16	6.82	13.71	7.16	7.78	8.21
$\alpha = 0,3$	220.25	225.08	230.44	236.63	233.00	238.31	245.08	254.99	259.34	264.08
Fehler	4.75	4.92	5.56	−11.63	5.00	6.69	10.92	0.01	0.66	0.92
$\alpha = 0,7$	214.98	228.40	234.94	241.51	224.00	241.11	250.93	264.31	260.04	264.19
Fehler	10.02	1.60	1.06	−16.51	14.00	3.89	5.07	−9.31	−0.04	0.81
$\alpha = 0,005$	239.81	242.70	245.61	248.56	251.36	254.26	257.21	260.23	263.22	266.22
Fehler	−14.81	−12.70	−9.61	−23.56	−13.36	−9.26	−1.21	−5.23	−3.22	−1.22

Fortsetzung von Tabelle 11: Bedarfswerte und exponentielle Glättung 2. Ordnung mit $\alpha = 0,005, 0,1, 0,3$ sowie $0,7$ und einem Startwert von 89 für den Achsenabschnitt und von 3,05 für die Steigung für Stühle über die letzten 60 Monate

2.3 Trendförmiger Bedarfsverlauf

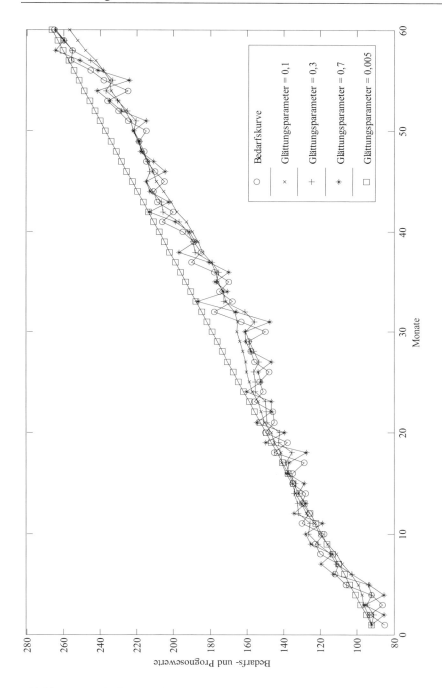

Abbildung 11: Bedarfswerte und exponentielle Glättung 2. Ordnung mit α = 0,005, 0,1, 0,3 sowie 0,7 und einem Startwert von 89 für den Achsenabschnitt und von 3,05 für die Steigung für Stühle über die letzten 60 Monate

Die beim konstanten Bedarf für die exponentielle Glättung 1. Ordnung formulierten Überlegungen zur Festlegung des Glättungsparameters gelten (sinngemäß) auch hier. Wie Abbildung 11 zeigt, folgen mit abnehmendem α die Prognosewerte immer stärker einer Geraden und reagieren folglich immer weniger auf Schwankungen des Bedarfs. So sollten auch in diesem Fall niedrige und hohe Glättungsparameter ausgeschlossen werden.

Zur Verfahrensgüte (Erwartungstreue sowie Streuung des Prognoseverfahrens) sind hier, ähnlich wie bei der exponentiellen Glättung 1. Ordnung, nur Aussagen ab einer sehr hohen Anzahl an Prognosewerten bzw. genauer für $t \rightarrow \infty$ zu erwarten. Problematisch erwies sich die Herleitung einer Formel für die Varianz des Prognosefehlers, weswegen auf die komplette Betrachtung verzichtet wurde.

3 Ressourcenbelegungsplanung

3.0 Einleitung

Ausgangspunkt der Ressourcenbelegungsplanung ist ein Bedarf an Erzeugnissen. Bei diesem kann es sich um vorliegende Kundenaufträge oder Produktionsaufträge aufgrund von Lieferzusagen innerhalb einer Produktion handeln. Alternativ ist es möglich, dass dieser Bedarf durch ein Prognoseverfahren geschätzt worden ist, wie es im Abschnitt über Prognoseverfahren beschrieben worden ist.

Angenommen, es werden von einem Unternehmen Tische hergestellt, beispielsweise Schreib-, Konferenz-, Küchen-, Esszimmer- und Wohnzimmertische. Diese Erzeugnisse müssen mehrere Arbeitsstationen durchlaufen. Die Tischproduktion ist in Abbildung 1 dargestellt. In vorhandene Tischplatten und Tischbeine als Vorprodukte werden an einer Bohrmaschine Löcher gebohrt. An einer weiteren Station werden die gebohrten Tischplatten und -beine zusammenmontiert. In einem weiteren Produktionsprozess wird aus verschiedenen Lacken eine Lackmischung hergestellt. An einer Lackierstation wird der Tisch lackiert und an einer folgenden Trockenstation getrocknet. Danach verlässt der Tisch als Fertigprodukt dieses Produktionssystem und wird im Fertigteilelager eingelagert.

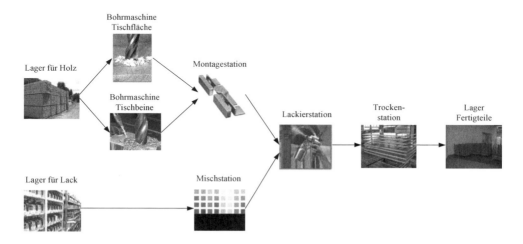

Abbildung 1: Tischproduktion

Charakteristisch für solche Systeme ist, dass auf einer Arbeitstation zu einem Zeitpunkt nur ein Produkt bearbeitet werden kann. Daher ist zu erwarten, dass zu einem Zeitpunkt mehrere Zwischenprodukte vor einer Arbeitsstation warten. Wird diese Station frei, so ist zu entscheiden, welcher der wartenden Aufträge (bzw. Erzeugnisse) auf dieser Station gefertigt wird. Mit der Planung soll beispielsweise erreicht werden, dass alle Aufträge für Tische termingerecht fertig gestellt werden.

Die Ressourcenbelegungsplanung, auch Scheduling genannt, befasst sich mit der optimalen Einplanung von Aufträgen, die auf gewissen Ressourcen (Arbeitsstationen) zu bearbeiten sind. Die zentrale Frage der Ressourcenbelegungsplanung ist, wann welche Aufträge auf welchen Stationen bearbeitet werden sollen, so dass eine bestimmte Zielfunktion minimal wird; z.B. die Zeitspanne bis zum Ende der Bearbeitung des letzten Auftrags, die mittlere Zeit, die ein Auftrag auf seine Erledigung warten muss, oder gewisse mit der Bearbeitung der Aufträge verbundene Kosten. Hierbei zu berücksichtigende Restriktionen können etwa vorgegebene Bereitstellungstermine (d. h. frühest mögliche Anfangszeiten) oder nicht überschreitbare Fertigstellungstermine für gewisse Aufträge sein oder auch eine vorgeschriebene Bearbeitungsreihenfolge für einzelne Aufträge. Ferner ist zu unterscheiden, ob die Bearbeitung eines Auftrags unterbrochen und später (gegebenenfalls auf einer anderen Ressource) fortgesetzt werden kann oder ob die Aufträge nicht unterbrechbar sind.

Typisch für die Ressourcenbelegungsplanung ist die Vielfalt der Optimierungsprobleme, die sich durch Kombinationen unterschiedlicher Ressourcenkonfigurationen, Zielfunktionen und Restriktionen ergeben. Zur Lösung dieser Optimierungsprobleme sind ganz verschiedenartige Lösungskonzepte entwickelt worden, die meist auf den speziellen Problemtyp zugeschnitten sind. Charakteristisch für Schedulingaufgaben ist auch, dass eine kleine Abänderung einer Problemstellung (z.B. die Nichtunterbrechbarkeit oder die Vorgabe von Bereitstellungsterminen für einige Aufträge) häufig ein leichtes (polynomial lösbares) Problem in ein schweres (NP-vollständiges) Problem überführt.

Zur Lösung von Ressourcenbelegungsplanungsproblemen existieren sehr umfangreiche Literaturquellen. Diese Vielzahl von Arbeiten brachte eine Klassifizierung von Schedulingproblemen hervor. Dieser Klassifizierung folgend, werden entsprechend des Charakters dieser Ausarbeitung einige grundlegende Resultate vorgestellt.

3.1 Grundlegende Begriffe und Resultate

Aus den einführenden Erläuterungen ergibt sich, dass bei einem Ressourcenbelegungsplanungsproblem ein Arbeitsvorrat von N Aufträgen auf einem Produktionssystem aus M Arbeitsstationen, die jeweils zu einem Zeitpunkt einen Arbeitsgang an einem Erzeugnis (Los, Charge) ausführen können, zu bearbeiten ist. Die einzelnen Aufträge bestehen daher aus einem oder mehreren Arbeitsgängen, die in der Regel in einer festgelegten Reihenfolge bearbeitet werden müssen. Für jeden Auftrag bzw. genauer für jeden Arbeitsgang ist ein Zeitintervall (eine Belegung) auf einer Arbeitsstation gesucht, in dem dieser bearbeitet werden kann.

3.1 Grundlegende Begriffe und Resultate

Zur formalen Beschreibung von Ressourcenbelegungsplanungsproblemen (bzw. kürzer Ressourcenbelegungsproblemen) hat sich in der Literatur ein weitgehend einheitliches Klassifikationsschema (s. [GLLR79] und [CoMM67]) etabliert. Es charakterisiert die Systeme hinsichtlich ihrer Stationencharakteristik, ihrer Auftragscharakteristik sowie der Zielsetzungen. Es sei angemerkt, dass die folgenden Definitionen bereits den Begriff eines Plans verwenden. Unter einem Plan wird die Zuteilung von Arbeitsgängen auf Ressourcen unter Einhaltung von solchen Restriktionen verstanden, die in den folgenden beiden Definitionen eingeführt werden.

Zur Definition der Stationencharakteristik werden Begriffe benötigt, die bei der Auftragscharakteristik definiert werden sollten. Daher wird mit der Definition der letzteren begonnen. Sie ist erforderlich, da Aufträge nach verschiedenen Merkmalen charakterisiert werden.

Definition 1 (Auftragscharakteristik)

- Die Anzahl an zu planenden Aufträgen ist entweder eine fest vorgegebene konstante Anzahl (N) oder eine beliebige Anzahl $(\circ)$. Diese Auftragscharakteristik wird durch den Parameter Auftragsanzahl $\beta_1 \in \{\circ, N\}$ bezeichnet.

- Ein beliebiger Auftrag A_i besteht aus beliebig vielen $(\circ)$ oder einer festgelegten Anzahl an Arbeitsgängen bzw. Operationen (O_i), die in einer festen linearen Reihenfolge (Arbeitsgangfolge) bearbeitet werden. Dies wird durch den Parameter Arbeitsganganzahl bzw. Operationenanzahl $\beta_2 \in \{\circ, O_i\}$ bezeichnet.

- Die einzelnen Operationen (bzw. Arbeitsgänge) eines beliebigen Auftrags A_i können auf verschiedenen Arbeitsstationen ausgeführt werden. Bei N Aufträgen und M Arbeitsstationen bezeichnet $o_{i,k}$ die k-te Operation des i-ten Auftrags mit der Bearbeitungszeit $t_{i,k,j}$ auf der j-ten Station; $t_{i,k,j} \geq 0$ für alle $1 \leq i \leq N$, $1 \leq k \leq O_i$ und $1 \leq j \leq M$. Liegt nur eine Arbeitsstation vor oder besteht ein Auftrag nur aus einem Arbeitsgang, so werden die entsprechenden Indizes nicht angegeben. Mit $(\circ)$ wird wieder angegeben, dass die Bearbeitungszeiten nicht fest (im Sinne von konstant) vorgegeben sind; sie sind jedoch vorhanden. Diese Auftragscharakteristik wird durch den Parameter Bearbeitungszeiten $\beta_3 \in \{\circ, t_{i,k,j}, t_{i,k}, t_i\}$ bezeichnet.

- Jeder Auftrag (A_i) besitzt einen Auftragsfreigabe- oder Bereitstellungszeitpunkt bzw. -termin (a_i). Bereitstellungstermine werden absolut oder relativ zu einem Planungsintervall angegeben. Keine Angabe $(\circ)$ bedeutet, dass der Auftrag zu Beginn des Planungsintervalls vorliegt – also ist $a_i = 0$. Diese Auftragscharakteristik wird durch den Parameter Bereitstellungszeiten $\beta_4 \in \{\circ, a_i\}$ bezeichnet.

- Arbeitsgänge dürfen eventuell unterbrochen werden und zwischen diesen dürfen eventuell Wartezeiten auftreten. $\circ$ bezeichnet, dass keine Unterbrechungen der Bearbeitung von Arbeitsgängen auf einer Arbeitsstation erlaubt (no preemption) sind. pmtn erlaubt eine beliebige Unterbrechung eines Arbeitsgangs auf einer Station. In beiden Fällen dürfen

Wartezeiten zwischen hintereinander auszuführenden Arbeitsgängen eines Auftrags auftreten. Keine Wartezeiten und keine Unterbrechung wird bei „no wait" gefordert. Diese Auftragscharakteristik wird durch den Parameter Unterbrechung $\beta_5 \in \{\circ, \text{pmtn}, \text{no wait}\}$ bezeichnet.

- Jeder Auftrag (A_i) besitzt einen (gewünschten) Endtermin (f_i). Keine Angabe $(\circ)$ bedeutet, dass Endtermine zwar existieren, aber nicht explizit vorgegeben sind bzw. ihre Einhaltung nicht zwingend ist, um einen zulässigen Plan zu erzeugen (als harte Restriktion), oder keine Endtermine existieren. Diese Auftragscharakteristik wird durch den Parameter Endtermin $\beta_6 \in \{\circ, f_i\}$ bezeichnet.

Die gesamte Auftragscharakteristik ist definiert durch das Tupel $\beta = \beta_1, \beta_2, \beta_3, \beta_4, \beta_5, \beta_6$.

Bemerkungen

- Auch wenn die Bearbeitungszeiten nicht fest vorgegeben sind, sind sie jedoch konstant für das konkrete Planungsproblem.
- Die Forderung nach einer festen linearen Arbeitsgangfolge schließt nicht aus, dass Arbeitsstationen mehrfach durchlaufen werden können. In diesem Fall tritt der gleiche Arbeitsgang in der Folge an mehreren Positionen auf. Zyklen sind jedoch ausgeschlossen.
- Die Auftragscharakteristik kann um weitere Angaben wie reihenfolgeabhängige Rüstzeiten, das Vorhandensein von Ressourcen, die über die zur Bearbeitung verfügbarer Arbeitsstationen hinaus betrachtet werden, wie z.B. einzusetzende Rohstoffe oder Arbeitskräfte, oder Kapazitätsbeschränkungen eines einer Arbeitsstation zugeordneten Lagers, in dem die auf der Arbeitsstation gefertigten Erzeugnisse zwischengelagert werden können, erweitert werden.

Es sei betont, dass der früheste Starttermin eines Auftrags häufig Einschränkungen unterliegt. Verantwortlich hierfür sind Abläufe in vorgelagerten Produktionsbereichen. So könnten alle Aufträge zu Beginn eines Planungszeitraums zur Bearbeitung bereitstehen. Möglich ist auch, dass die einzelnen Aufträge individuelle Bereitstellungstermine besitzen; beispielsweise hervorgerufen durch die Fertigstellung in einem vorgelagerten Produktionsbereich. Läuft beispielsweise das Planungsintervall von 10 Uhr bis 18 Uhr, so könnte der erste Auftrag einen Bereitstellungstermin von 11 Uhr, der zweite einen von 10 Uhr und der dritte einen von 10:30 Uhr haben.

Die Auftragsfreigabetermine der Aufträge und ihre Bearbeitungszeiten können vor Beginn der Planung bekannt bzw. fest vorgegeben sein. Hierdurch ergeben sich charakteristische Unterschiede zwischen Ressourcenbelegungsplanungsproblemen.

Definition 2 (deterministische und zufällige Vorgaben)

1. Bei einem deterministischen Ressourcenbelegungsplanungsproblem sind die Ankunftscharakteristik der Aufträge (Auftragsfreigabetermine) und ihre jeweilige Bearbeitungscharakteristik (Bearbeitungszeiten) vor Beginn der Planung bekannt bzw. fest vorgegeben.

3.1 Grundlegende Begriffe und Resultate

2. Bei einem semideterministischen Ressourcenbelegungsplanungsproblem werden die Aufträge erst nach und nach bekannt gegeben, die Bearbeitungscharakteristik ist vor Beginn der Planung bekannt bzw. fest vorgegeben.
3. Bei einem stochastischen Ressourcenbelegungsplanungsproblem sind die Bearbeitungscharakteristiken der Aufträge zufällig. Es wird zwischen deterministischer und zufälliger Ankunftscharakteristik unterschieden.

Bei einem semideterministischen Ressourcenbelegungsproblem ist die Ankunftscharakteristik der Aufträge durch zufällige Ereignisse bestimmt. In diesem Fall werden die Aufträge ab dem Freigabezeitpunkt für die Belegung der Stationen berücksichtigt, wodurch die Belegungsplanung ein kontinuierlicher Prozess ist. Semideterministische Ressourcenbelegungsprobleme werden im Rahmen der so genannten Feinsteuerung (bzw. Fertigungssteuerung) in PPS-Systemen gelöst. Die charakteristischen Unterschiede zwischen den einzelnen Ressourcenbelegungsproblemen treten bereits bei deterministischen Systemen auf. Sie können auf semideterministische Probleme übertragen werden. Deswegen stehen deterministische Ressourcenbelegungsprobleme im Vordergrund dieses Abschnitts. In der Regel gelten die folgenden Definitionen und Sätze auch für semideterministische Ressourcenbelegungsprobleme.

Bemerkung 1 (Ressourcenbelegungsplanungsproblem)

Wird im Folgenden von einem Ressourcenbelegungsplanungsproblem gesprochen, so liegt stets ein deterministisches Ressourcenbelegungsplanungsproblem vor.

Obwohl die Definition von Ressourcenbelegungsproblemen noch nicht abgeschlossen ist, bietet es sich an, einige Begriffe für Belegungspläne einzuführen, die im Folgenden verwendet werden.

Definition 3 (Stationen- bzw. Auftragsfolgen, Zuteilungen und Pläne)

1. Gegeben sei ein Auftrag A_i. Sofern sich jedem Arbeitsgang $o_{i,k}$ eindeutig eine Station j_k für seine Bearbeitung zuordnen lässt, so heißt die Folge $\left(j_k\right)_{k=1}^{O_i}$ Stationenfolge bzw. Stationenreihenfolge zu A_i. $\left(M_{j_k}\right)_{k=1}^{O_i}$ bezeichnet eine solche Stationenfolge (bzw. Folge von Stationen).
2. Die zeitliche Folge, in der die einzelnen Aufträge auf einer Arbeitsstation j zu bearbeiten sind (genauer der entsprechende Arbeitsgang des Auftrags), heißt Auftragsfolge bzw. Auftragsreihenfolge von j. Ist N die Anzahl zu bearbeitender Aufträge, so sind die Aufträge nach einer Folge $\left(i_j\right)_{j=1}^{N}$ sortiert. $\left(A_{i_j}\right)_{j=1}^{N}$ bezeichnet eine solche Auftragsfolge (bzw. Folge von Aufträgen).
3. Eine Zuteilung $Z = \left(M_j, A_i, o_{i,k}, t_S, t_E\right)$ beschreibt die (geplante) Bearbeitung der k-ten Operation des i-ten Auftrags $\left(o_{i,k}\right)$ auf der Station M_j vom Zeitpunkt t_S bis zum Zeitpunkt t_E.

4. Eine Folge $Z_1,...,Z_n$ solcher Zuteilungen heißt zulässiger Belegungsplan $(\mathcal{P})$ (bzw. Ablaufplan oder Plan), falls alle Reihenfolgebedingungen sowie eventuell vorgegebene Restriktionen eingehalten sind.

Beispiele finden sich in Beispiel 1.

Beispiel 1 (Stationen- bzw. Auftragsfolgen, Zuteilungen und Pläne)

Tabelle 1 enthält für vier Aufträge unterschiedliche Stationenfolgen; eine solche Tabelle wird auch als Stationenfolgetabelle bezeichnet.

		Stationenfolge $\left(M_{j_k}\right)_{k=1}^{O_i}$		
Auftrag A	A_1	M_2	M_1	M_3
	A_2	M_3	M_2	M_1
	A_3	M_1	M_3	M_2
	A_4	M_2	M_3	M_1

Tabelle 1: Stationenfolgetabelle

In Tabelle 2 sind für drei Stationen Auftragsreihenfolgen angegeben; eine solche Tabelle wird auch als Auftragsfolgetabelle bezeichnet.

		Reihenfolge der Aufträge			
Maschine M	M_1	3	1	2	4
	M_2	1	2	4	3
	M_3	2	3	4	1

Tabelle 2: Auftragsfolgetabelle

Bemerkung 2 (Stationen- bzw. Auftragsfolgen, Zuteilungen und Plänen)

- Die Maschinenfolgen sind zumeist durch technologische Erfordernisse festgelegt.
- Mehrere Aufträge (bzw. Arbeitsgänge) können gleichzeitig um dieselben Arbeitsstationen konkurrieren. Auftragsfolgen sind daher nicht vorgegeben, sondern Ergebnis der Planung.
- Im Folgenden wird vorausgesetzt, dass die Zulässigkeit gegeben ist und deswegen wird auf die explizite Angabe der Zulässigkeit verzichtet und es wird kurz von einem Belegungsplan (bzw. Ablaufplan oder Plan) gesprochen.

Eine Auftragsreihenfolge auf einer Arbeitsstation bedeutet (bei nicht unterbrechbaren Aufträgen) die Bearbeitungsreihenfolge der Aufträge auf der Arbeitsstation. Alle Auftragsreihenfolgen bilden eine Menge von möglichen Plänen (bezogen auf eine Arbeitsstation), bei denen die Anfangs- und Endzeitpunkte der Bearbeitung jedes Auftrags festgelegt sind. Zur Veranschaulichung eines Plans wird ein Balken- oder Ganttdiagramm verwendet, wie es in ähnlicher Weise in der Netzplantechnik benutzt wird. Jede Arbeitsstation entspricht einem Balken über der Zeitachse. In jedem Balken sind die Zeitintervalle, in denen die einzelnen

3.1 Grundlegende Begriffe und Resultate

Aufträge auf der betreffenden Arbeitsstation bearbeitet werden, eingetragen. Leerzeiten werden dabei durch eine Schraffur gekennzeichnet. Abbildung 2 zeigt einen Plan für ein Ressourcenbelegungsproblem mit 4 Aufträgen und 3 Arbeitsstationen, bei dem z.B. Auftrag A_1 auf Station M_2 im Zeitintervall [0,2), auf M_1 im Zeitintervall [2,5) und auf M_3 im Zeitintervall [8,10) bearbeitet wird.

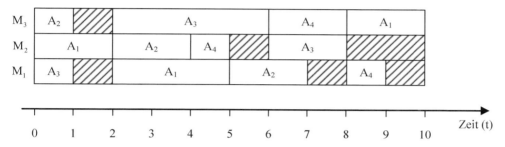

Abbildung 2: Ganttdiagramm

Die durch das Gantt-Diagramm in Abbildung 2 bestimmten Auftrags- und Stationenfolgen stimmen mit den im obigen Beispiel angegebenen überein.

Über die so genannte Stationencharakteristik werden Eigenschaften der Arbeitsstationen festgelegt.

Definition 4 (Stationencharakteristik)

1. Die Stationenart und -anordnung wird durch α_1 bezeichnet.

   Es werden folgende Fälle unterschieden:

   I Alle Aufträge besitzen genau einen Arbeitsgang:

   - $\alpha_1 = \circ$ (eine verfügbare Station) bedeutet, dass genau eine Station zur Bearbeitung aller Aufträge zur Verfügung steht.
   - $\alpha_1 = $ IP (identische parallele Stationen) bedeutet, dass mehrere Stationen existieren, auf denen jeder Auftrag bearbeitet werden kann und bei diesen Stationen stimmen die Produktionsgeschwindigkeiten überein.
   - $\alpha_1 = $ UP (uniforme parallele Stationen) bedeutet, dass mehrere Stationen existieren, auf denen jeder Auftrag bearbeitet werden kann. Die Stationen unterscheiden sich in den Produktionsgeschwindigkeiten, die für die einzelnen Stationen konstant und unabhängig von den zu bearbeitenden Aufträgen sind.
   - $\alpha_1 = $ HP (heterogene parallele Stationen) bedeutet, dass mehrere Stationen existieren, auf denen jeder Auftrag bearbeitet werden kann. Die Produktionsgeschwindigkeiten sind sowohl stationen- als auch auftragsspezifisch.

II Mindestens ein Auftrag besteht aus mehreren Arbeitsgängen:

- Bei einer Fließfertigung $(\alpha_1 = F)$ (flow shop problem) ist jeder Auftrag auf jeder Station genau einmal zu bearbeiten, und zwar in einer für alle Aufträge identischen, fest vorgegebenen Reihenfolge.
- Werden bei einer Fließfertigung zusätzlich identische Auftragsfolgen auf allen Stationen gefordert, so liegt eine Permutations-Fließfertigung $(\alpha_1 = PF)$ (permutation flow shop problem) vor.
- Bei einer Werkstattfertigung $(\alpha_1 = J)$ (job shop problem) hat jeder Auftrag eine beliebige fest vorgegebene Reihenfolge, in der er auf den einzelnen Stationen zu bearbeiten ist. Eine Mehrfachbearbeitung auf einer Station ist genauso möglich wie das Auslassen einzelner Arbeitsstationen.
- Bei einem Open-Shop-Problem $(\alpha_1 = O)$ hat jeder Auftrag jede Station genau einmal zu durchlaufen.

2. Die Anzahl an Arbeitsstationen ist entweder eine fest vorgegebene konstante Anzahl (M) oder eine beliebige Anzahl $(\circ)$. Diese Stationencharakteristik wird durch den Parameter Auftragsanzahl $\alpha_2 \in \{\circ, M\}$ bezeichnet.

3. Damit ist die Stationencharakteristik definiert durch die Konkatenation (Hintereinanderhängen) $\alpha = \alpha_1 \circ \alpha_2$.

Bemerkungen

- Im Fall $\alpha_1 = \circ$ und $\alpha_1 = IP$ wird für die Bearbeitungszeit eines Auftrags A_i anstelle von $t_{i,1,1}$ nur t_i geschrieben.
- Im Fall $\alpha_1 = UP$ sei t_i eine (Grund-)Bearbeitungszeit für Auftrag A_i und p_j sei die Produktionsgeschwindigkeit der Station j, so ist seine Bearbeitungszeit auf Station j gleich $t_{i,1,j} = \dfrac{t_i}{p_j}$.
- Im Fall $\alpha_1 = F$ ist $O_i = M$; M ist die Anzahl der zur Verfügung stehenden Arbeitsstationen.
- Im Fall $\alpha_1 = PF$ ist eine geeignete Permutation der N Aufträge zu bestimmen; N ist die Anzahl zu planender Aufträge.
- Im Fall $\alpha_1 = O$ ist $O_i = M$; M ist die Anzahl der zur Verfügung stehenden Arbeitsstationen. Eine solche Annahme lässt sich über verschwindende Bearbeitungszeiten (d. h. $t_{i,k,j} = 0$) erreichen. Es sei angemerkt, dass ein solches „Aufstocken" von Aufträgen mit kleinerer Operationenanzahl streng genommen zu einem anderen Belegungsplanungsproblem führt, da es ein Unterschied ist, ob eine Operation nicht oder mit einer Bearbeitungszeit von Null durchzuführen ist (vgl. [Fren82]). Bei einem Open-Shop-Problem spielt es keine Rolle, in welcher Reihenfolge die einzelnen Arbeitsgänge durchgeführt

3.1 Grundlegende Begriffe und Resultate

werden. Allerdings darf zu jedem Zeitpunkt jede Station höchstens einen Auftrag bearbeiten und jeder Auftrag nur von höchstens einer Station gleichzeitig bearbeitet werden.

- Für den Fall $\alpha_1 \in \{\circ, IP, UP, HP\}$ beschreibt die Stationenanzahl $\alpha_2 \in \{\circ, M\}$ die Anzahl der zur Verfügung stehenden Stationen, während sie für den Fall $\alpha_1 \in \{F, J, O\}$ die Anzahl der zu durchlaufenden Produktionsstufen angibt. Im Fall $\alpha_2 = \circ$ ist sie beliebig, und für $\alpha_2 = M$ ist sie mit einem Wert M fest vorgegeben.

Wie in der Einführung bereits angedeutet wurde, führen unterschiedliche Zielsetzungen zu unterschiedlichen Ressourcenbelegungsproblemen. Für die unterschiedlichen Arten von zeitorientierten Zielsetzungen für die Ressourcenbelegung werden die nachfolgend definierten Zielfunktionswerte verwendet. Sie werden in Abhängigkeit von einem vorgegebenen Belegungsplan definiert; er ist in den folgenden Definitionen nur dann enthalten, wenn explizite Informationen aus dem Plan verwendet werden.

Definition 5 (Zielfunktionswerte)

Es sei A_i ($1 \leq i \leq N$) ein Auftrag mit seinem Endtermin f_i. Dann ist

- F_i der Fertigstellungszeitpunkt von A_i (also der realisierte Endtermin),
- die Terminabweichung von A_i definiert durch $T_i = F_i - f_i$,
- die Verspätung von A_i definiert durch $V_i = \max\{F_i, 0\}$ und
- die Durchlaufzeit von A_i definiert durch $D_i = F_i - a_i$.

Diese Werte heißen Zielfunktionswerte.

Definition 6 (Zielfunktionen)

Gegeben seien die Zielfunktionswerte $(X = x_1, ..., x_N)$. Dann ist

- das Maximum definiert durch $X_{max} = \max\{x_1, ..., x_N\}$,
- die Summe definiert durch $X = \sum_{i=1}^{N} x_i$,
- der Mittelwert definiert durch $\overline{X} = \frac{1}{N} \sum_{i=1}^{N} x_i$ und
- die Anzahl zählbarer Ereignisse definiert durch $X_\# = |\{x_i; 1 \leq i \leq N\}|$.

Diese Funktionen heißen Zielfunktionen.

Beispiel 2 (Zielfunktionswerte und Zielfunktionen)

Für die Verspätung lauten Zielfunktionen:

$$V_{max} = \max\{V_i, \ 1 \leq i \leq N\}, \ V = \sum_{i=1}^{N} V_i, \ \overline{V} = \frac{V}{N} \text{ und } V_\# = |\{i, \ 0 < V_i\}|.$$

Definition 7 (Zielsetzung)

Eine Zielsetzung γ ist nun eine Minimierung einer Zielfunktion und wird durch die Zielfunktion bezeichnet.

Damit ist die Zielsetzung V die Minimierung der Summe der Verspätungen. Für das Maximum der Fertigstellungszeitpunkte hat sich die Bezeichnung Gesamtbearbeitungszeit oder auch Zykluszeit Z etabliert; also $Z = \max\{F_i, 1 \leq i \leq N\} = F_{max}$, N ist die Anzahl der Aufträge.

Durch Einführung von Wartezeiten an einer Station als Zielfunktionswert lassen sich auch Zielfunktionen für die Leerzeit eines Produktionssystems und die Stationenauslastung der Arbeitsstationen definieren. Hierauf wird an dieser Stellen verzichtet; der interessierte Leser sei auf [DoSV93] verwiesen.

Insgesamt ergibt sich die folgende Charakterisierung eines Ressourcenbelegungsplanungsproblems.

Definition 8 (Ressourcenbelegungsplanungsproblem)

Ein Ressourcenbelegungsplanungsproblem ($\Re$) ist definiert durch ein Tripel $[\alpha|\beta|\gamma]$.

Bemerkung: $[\alpha|\beta|\gamma]$, wobei α eine Stationencharakteristik, β eine Auftragscharakteristik und γ eine Zielsetzung sind.

Beispiel 3 (formale Bezeichnung eines Ressourcenbelegungsproblems)

Das Tripel $[IP2| \, |F_{max}]$ bezeichnet ein Ressourcenbelegungsproblem aus zwei identischen parallelen Arbeitsstationen ohne einschränkende Vorgaben für die Aufträge, bei dem der Fertigstellungszeitpunkt (F_{max}) des zuletzt beendeten Fertigungsauftrags zu minimieren ist.

Es wird sich zeigen, dass bereits geringfügige Änderungen der Zielfunktionen relativ einfach lösbare Ressourcenbelegungsplanungsprobleme in solche verwandeln, die nur mit einem sehr hohen Aufwand gelöst werden können. Daher wird im Folgenden auf den Zusammenhang zwischen Zielfunktionen eingegangen.

Definition 9 (reguläres Zielkriterium)

Ein Zielkriterium heißt regulär, wenn die Zielfunktionswerte bei Erhöhen der Fertigstellungszeitpunkte nicht abnehmen.

Bemerkung: Viele der obigen Zielsetzungen sind regulär.

Die folgende Definition der Äquivalenz von Zielkriterien folgt der Definition von [Fren82].

Definition 10 (äquivalente Zielkriterien)

Zwei Zielkriterien ZK_1 und ZK_2 sind zueinander äquivalent, wenn ein optimaler Plan für eines der beiden Zielkriterien auch optimal für das andere Zielkriterium ist.

3.1 Grundlegende Begriffe und Resultate

Formal lässt sich diese Forderung in Definition 10 dadurch ausdrücken, dass sich die zugehörigen Zielfunktionen eindeutig ineinander überführen lassen, ohne zusätzliche Informationen, beispielsweise aus einem Belegungsplan, zu nutzen. Für die oben genannten Zielfunktionen ist eine lineare Transformation ausreichend (s. [DoSV93]), da diese Zielfunktionen nur quasi lineare Funktionen von Kennwerten wie Fertigstellungszeiten sind.

Zwischen Summe und Maximumbildung von Zielfunktionswerten besteht kein Zusammenhang. Ein geringerer Mittelwert kann durch einen hohen Maximalwert erreicht werden und umgekehrt.

Satz 1 (äquivalente Zielkriterien)

Die Zielkriterien D, F und T sind äquivalent.

Beweis: s. Abschnitt zur Ressourcenbelegungsplanung im Internet.

Zuteilungsprobleme lassen sich teilweise nach ihrer Schwierigkeit ordnen.

Definition 11 (Schwierigkeitsbeziehung zwischen Problemen)

Ein Problem π ist schwieriger als ein Problem π' $(\pi' \rightarrow \pi)$, wenn π' ein Spezialfall von π ist, d. h., wenn sich π' aus π durch Festlegung (Einschränkung) von Parameterwerten ergibt.

Satz 2 (Schwierigkeitsbeziehungen zwischen Ressourcenbelegungsplanungsproblemen)

Zwischen den Zielkriterien existiert die folgende reflexive Halbordnung:

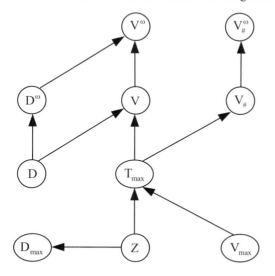

Abbildung 3: Zielbeziehungen

Beweis: s. Abschnitt zur Ressourcenbelegungsplanung im Internet.

Entsprechende Beziehungen existieren auch für Stationen- und Auftragscharakteristika (vgl. [DoSV93]).

In der Literatur werden viele Algorithmen zur Belegungsplanung mit der Gesamtbearbeitungszeit Z als Zielkriterium vorgestellt. Satz 2 zeigt, dass mit einem zur Minimierung der Zykluszeit entwickelten Verfahren kein anderes Zielkriterium optimiert werden kann.

Neben Zusammenhängen zwischen Zielkriterien treten umgekehrt Zielkonflikte auf. So bestehen nach den obigen Ausführungen zwischen den Minimierungen von Z und D direkt keine der genannten Beziehungen. Quasi können indirekt jedoch nach Satz 2 beide Zielfunktionen durch die Minimierung der mittleren Verspätung verringert werden. Dennoch liegt im Allgemeinen keine Korrelation vor. Die Minimierung von D berücksichtigt früheste Startzeitpunkte und wegen ihrer Äquivalenz zur Minimierung von T auch Sollendtermine, während sowohl früheste Startzeitpunkte als auch Sollendtermine ohne Einfluss auf die Minimierung von Z sind. Hierdurch sind die Minimierung der mittleren Durchlaufzeit und die Maximierung der mittleren Kapazitätsauslastung sogar miteinander konkurrierende Ziele, bei denen eine Verbesserung des einen Kriteriums zumeist zu einer Verschlechterung des anderen führt. Gutenberg (s. [Gute83]) bezeichnet dies als „Dilemma der Ablaufplanung". Sind bei einem Belegungsproblem zusätzlich die Rüstzeiten bzw. -kosten zu minimieren, ergeben sich drei miteinander konkurrierende Zielsetzungen (das so genannte „Trilemma der Ablaufplanung", s. Abbildung 4).

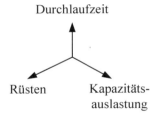

Abbildung 4: Zielsetzungen in der Fertigung (s. [Beie93])

Bei der Fertigungssteuerung in PPS-Systemen wird als primäres Ziel die Einhaltung der Soll-Endtermine bei gleichzeitiger Minimierung der Durchlaufzeit der einzelnen Aufträge verfolgt.

Da keine Obergrenzen für die Start- und Endzeitpunkte der einzelnen Arbeitsgänge eines Ressourcenbelegungsproblems (entsprechendes gilt auch für semideterministische Ressourcenbelegungsprobleme) angegeben werden, kann jeder Arbeitsgang eines Auftrags (A) zu einem beliebigen Zeitpunkt nach seinem frühesten Startzeitpunkt begonnen werden, solange alle Restriktionen eingehalten werden. Die Lösungsmenge ist somit unendlich. Eine Beschränkung auf eine endliche Menge erfolgt durch Ausschluss von Stillstandszeiten auf den Anlagen. In der Literatur üblich ist die nun folgende Unterscheidung in semiaktive, aktive und unverzögerte Belegungspläne (s. [Bake74], [DoSV93] und [Geor95]).

3.1 Grundlegende Begriffe und Resultate

Zur Definition dieser Begriffe wird zunächst der Begriff einer einplanbaren Operation benötigt.

Definition 12 (einplanbarer Arbeitsgang)

Gegeben sei ein Ressourcenbelegungsplanungsproblem $\Re$. Es sei A_i ein beliebiger Auftrag und M_j eine beliebige Station von $\Re$. Ferner können einige Operationen von diesem und anderen Aufträgen von $\Re$ bereits zugeteilt sein (i.S. eines Belegungsplans). Ein noch nicht zugeteilter (bzw. eingeplanter) Arbeitsgang $o_{i,k}$ heißt einplanbar (oder startbereit) in einem Zeitintervall $[t, t+h]$ auf einer Station M_j, falls die Arbeitsgänge $o_{i,1}, \ldots, o_{i,k-1}$ spätestens zum Zeitpunkt t ausgeführt sind, keiner der Arbeitsgänge $o_{i,k+1}, \ldots, o_{i,O_i}$ vor $t+h$ beginnt und die Station M_j in $[t, t+h]$ nicht belegt ist.

Definition 13 (aktive, semiaktive und verzögerungsfrei Pläne)

Gegeben sei ein Ressourcenbelegungsplanungsproblem $\Re$.

1. Ein Belegungsplan (zu $\Re$) heißt semiaktiv, wenn es keine Operation gibt, die zu einem früheren Zeitpunkt begonnen werden kann, ohne dass sich die Reihenfolge der Operationen auf einer der Stationen ändert. Eine solche Verschiebung heißt auch lokale Linksverschiebung.
2. Ein Belegungsplan (zu $\Re$) heißt aktiv, wenn es keine Operation gibt, die zu einem früheren Zeitpunkt begonnen werden kann, ohne dass eine andere Operation deshalb später beginnen müsste. Eine solche Verschiebung heißt auch globale Linksverschiebung.
3. Ein Belegungsplan (zu $\Re$) heißt verzögerungsfrei, falls Leerzeiten nur in solchen Intervallen vorkommen, in denen kein Arbeitsgang einplanbar ist.

Beispiele für derartige Pläne in Form von Gantt-Diagrammen sind im Beispiel 4 angegeben.

Beispiel 4 (aktive, semiaktive und verzögerungsfrei Pläne)

Das in der Abbildung 5 dargestellte Gantt-Diagramm stellt einen semiaktiven Plan dar.

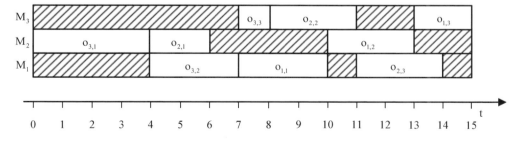

Abbildung 5: Gantt-Diagramm vom normalem Ablaufplan

Während in diesem Plan (Abbildung 5) keine lokale Linksverschiebung möglich ist, kann eine globale Linksverschiebung erfolgen; s. Pfeile in Abbildung 6.

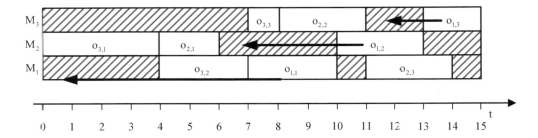

Abbildung 6: Globale Linksverschiebung in einem semiaktiven Plan

Das Gantt-Diagramm in der Abbildung 7 zeigt einen entsprechenden aktiven Plan mit $Z = 14$. Dieser Plan ist jedoch nicht verzögerungsfrei, da der Arbeitsgang $o_{2,2}$ auf M_3 zum Zeitpunkt $t = 6$ einplanbar ist; sein Vorgängerarbeitsgang $o_{2,1}$ ist zum Zeitpunkt $t = 6$ bereits beendet und im (Zeit-) Intervall $[6, 7)$ existiert eine Leerzeit auf M_3.

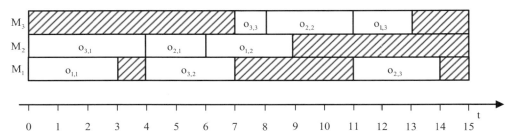

Abbildung 7: Gantt-Diagramm für einen semiaktiven Ablaufplan

Bei dem in der Abbildung 7 dargestellten semiaktiven Plan haben die Stationen die folgenden Auftragsreihenfolgen:

- Station 1: A_1, A_3 und A_2,
- Station 2: A_3, A_2 und A_1 sowie
- Station 3: A_3, A_2 und A_1.

Unter der Prämisse, dass die Operationen (Aufträge) so früh wie möglich begonnen werden, und dass die Operationen in einer linearen Reihenfolge zu bearbeiten sind, bestimmen diese Auftragsreihenfolgen auf den drei Stationen einen Belegungsplan, dessen Gantt-Diagramm mit dem in Abbildung 7 übereinstimmt.

3.1 Grundlegende Begriffe und Resultate

Bemerkung:
Wird ein Plan in der Reihenfolge wachsender Planungszeitpunkte t erstellt, so ist, wegen der Linearität von Arbeitsplänen, ein Arbeitsgang $o_{i,k}$ einplanbar, falls $o_{i,k-1}$ bereits beendet ist und eine Station, auf der $o_{i,k}$ bearbeitbar ist, ab dem Zeitpunkt t frei ist.

Satz 3 (Zusammenhang zwischen aktiven, semiaktiven und verzögerungsfreien Plänen)

Für die Belegungspläne eines Ressourcenbelegungsplanungsproblems gilt bei einem regulären Zielkriterium das folgende Venn-Diagramm:

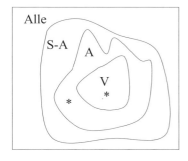

Alle   Menge aller Belegungspläne

S-A   Menge der semiaktiven Pläne

A   Menge der aktiven Pläne

V   Menge der verzögerungsfreien Pläne

*   Mögliche Lage eines Optimums bzgl. einer regulären Zielfunktion

Beweis: s. Abschnitt zur Ressourcenbelegungsplanung im Internet.

Bemerkung: Nach Satz 3 ist eine Beschränkung auf aktive Belegungspläne ausreichend.

Bei gegebener Reihenfolge der Arbeitsgänge auf den einzelnen Stationen bedeutet die Eigenschaft der Semiaktivität, dass keine unnötigen Wartezeiten bzw. Leerzeiten im System enthalten sind. Jede Operation wird auf der entsprechenden Station ausgeführt, wenn erstens ihre Vorgängeroperation im Auftrag beendet ist oder die Auftragsfreigabe erreicht ist, falls es sich um die erste Operation des Auftrags handelt, und zweitens die Vorgängeroperation auf der Station beendet ist. Da diese Abarbeitung von Aufträgen vorausgesetzt werden kann, werden im Folgenden semiaktive Belegungspläne vorausgesetzt. Ein Belegungsplan (auch ein nicht semiaktiver) bestimmt eindeutig eine Auftragsreihenfolge und umgekehrt bestimmt eine Auftragsreihenfolge eindeutig einen semiaktiven Belegungsplan. Diese Überführung wird zunächst definiert und eine Ersetzbarkeit von Belegungsplänen durch Auftragsreihenfolgen wird hergeleitet. Um den Einfluss der Semiaktivität herauszustellen, wird dabei (noch) zwischen allgemeinen und semiaktiven Belegungsplänen unterschieden.

Definition 14 (Überführung eines Belegungsplan in eine Auftragsreihenfolge und umgekehrt)

Gegeben sei ein Ressourcenbelegungsplanungsproblem $\Re$.

1. Es sei $\mathcal{P}$ ein Belegungsplan zu $\Re$. Dann heißt die durch $\mathcal{P}$ bestimmte Auftragsreihenfolge auf den Stationen von $\Re$ die Auftragsreihenfolge zu $\mathcal{P}$ in $\Re$.
2. Eine Auftragsreihenfolge $\mathcal{A}$ auf den Stationen von $\Re$ heißt zulässige Auftragsreihenfolge zu $\Re$, sofern eine Zuteilung der Aufträge auf den Stationen existiert, so dass die da-

durch bestimmte Auftragsreihenfolge auf den Stationen mit der von $\mathfrak{A}$ übereinstimmt und diese Zuteilung alle Reihenfolgebedingungen sowie eventuell vorgegebene Restriktionen einhält.

3. Gegeben sei eine zulässige Auftragsreihenfolge $\mathfrak{A}$ zu $\mathfrak{R}$. Werden die Operationen (Aufträge) nach dieser Auftragsreihenfolge so früh wie möglich eingeplant, ohne die lineare Reihenfolge der Operationen (in den Aufträgen) zu verletzen (und ohne die Kapazitätsrestriktion zu verletzen), so heißt die resultierende Folge von Zuteilungen eine Folge von Zuteilungen zu $\mathfrak{A}$ in $\mathfrak{R}$.

Satz 4 (Belegungsplan versus Auftragsreihenfolgen auf den Stationen)

Gegeben sei ein Ressourcenbelegungsplanungsproblem $\mathfrak{R}$.

1. Es sei $\mathfrak{A}$ eine zulässige Auftragsreihenfolge auf den Stationen von $\mathfrak{R}$. Dann ist eine Folge von Zuteilungen zu $\mathfrak{A}$ in $\mathfrak{R}$ ein zulässiger semiaktiver Belegungsplan von $\mathfrak{R}$. Jede solche Folge von Zuteilungen zu $\mathfrak{A}$ in $\mathfrak{R}$ hat für jeden Auftrag in $\mathfrak{R}$ den gleichen Fertigstellungstermin.
2. Es sei $\mathcal{P}$ ein Belegungsplan zu $\mathfrak{R}$. $\mathfrak{A}$ ist eine Auftragsreihenfolge zu $\mathcal{P}$ in $\mathfrak{R}$. Die nach Teil (1) eindeutig festgelegten Fertigstellungstermine für die einzelnen Aufträge in $\mathfrak{R}$ stimmen mit den Fertigstellungsterminen für diese Aufträge nach $\mathcal{P}$ überein.

Beweis: s. Abschnitt zur Ressourcenbelegungsplanung im Internet.

Bemerkung 3 (Belegungsplan versus Auftragsreihenfolgen auf den Stationen)

- Eine zulässige Auftragsreihenfolge zu $\mathfrak{R}$ legt eindeutig die Fertigstellungstermine aller Aufträge in $\mathfrak{R}$ fest; sofern nur semiaktive Belegungspläne zugelassen werden.
- Nach Satz 4 können statt Belegungsplänen eben Auftragsreihenfolgen und umgekehrt betrachtet werden.

In der industriellen Praxis werden Arbeitsgänge aus verschiedenen Gründen, insbesondere aufgrund unvorhersehbarer Störungen, häufig später als nach einem Belegungsplan vorgesehen begonnen (und damit auch beendet). Würde beispielsweise der Arbeitsgang $o_{2,3}$ im Gantt-Diagramm in Abbildung 7 eine Zeiteinheit später beginnen, so betrüge die Gesamtbearbeitungszeit nicht 14, sondern 15 Zeiteinheiten. Demgegenüber bewirkt ein späterer Beginn von Arbeitsgang $o_{1,2}$ im Gantt-Diagramm in Abbildung 7 um eine Zeiteinheit keine Erhöhung der Gesamtbearbeitungszeit. Dieser Effekt führt also nicht bei allen Arbeitsgängen zu einem späteren Fertigstellungszeitpunkt eines Auftrags, sofern noch ein ausreichend großer zeitlicher Puffer besteht. Dies führt zu einer Unterscheidung der eingeplanten Arbeitsgänge (bzw. genauer Zuteilungen) in kritische und nicht-kritische Arbeitsgänge.

Definition 15 (kritische Zuteilung)

Gegeben sei ein Ressourcenbelegungsplanungsproblem $\mathfrak{R}$ mit einem Belegungsplan $\mathcal{P}$, der aus den Zuteilungen $Z_1, \ldots, Z_n$ mit $Z_k = \left(M_{j_k}, A_{i_k}, o_{i_k,k_k}, t_{S_k}, t_{E_k}\right)$, nach Definition 3, besteht. Eine Zuteilung $Z_k = \left(M_{j_k}, A_{i_k}, o_{i_k,k_k}, t_{S_k}, t_{E_k}\right)$ heißt kritische Zuteilung in $\mathcal{P}$, sofern

3.1 Grundlegende Begriffe und Resultate

die Verschiebung seines Bearbeitungsbeginns t_{s_k} um eine Zeiteinheit zu einem späteren Fertigstellungszeitpunkt von einem Auftrag A (von $\mathfrak{R}$) gegenüber dem Fertigstellungszeitpunkt von A in $\mathcal{P}$ führt. Anderenfalls heißt Z nicht-kritische Zuteilung in $\mathcal{P}$.

Zur Illustration listet die folgende Fortsetzung von Beispiel 4 alle kritischen und nicht-kritischen Zuteilungen eines Belegungsplans auf.

Beispiel 5 (kritische Zuteilung in einem Belegungsplan, Fortsetzung von Beispiel 4)

Betrachtet wird der Belegungsplan $\mathcal{P}$ zu dem Ressourcenbelegungsplanungsproblem von Beispiel 4, der durch das Gantt-Diagramm in Abbildung 7 festgelegt ist. Die fünf Zuteilungen zu den Arbeitsgängen $o_{3,1}$, $o_{3,2}$, $o_{3,3}$, $o_{2,2}$ und $o_{2,3}$ sind kritisch. Die Zuteilung zu den restlichen vier Arbeitsgängen $o_{1,1}$, $o_{2,1}$, $o_{1,2}$, und $o_{1,3}$ sind nicht-kritisch.

Da ein späterer Beginn einer kritischen Zuteilung zu einem schlechteren Fertigstellungszeitpunkt eines Auftrags führt, kann ein früherer Beginn dieser Zuteilung Z zu einem Arbeitsgang o von Auftrag A bewirken, dass die Arbeitsgänge von A, die nach o in der Arbeitsgangfolge von A zu bearbeiten sind, auch zeitlich früher beginnen können und deswegen ein früherer Fertigstellungszeitpunkt von A realisiert werden kann. Dies setzt das Vorliegen eines semiaktiven Belegungsplans voraus. Diese Überlegung trifft auch auf einen Teil der kritischen Zuteilungen des Belegungsplans (der dieser Überlegung zugrunde gelegt ist) zu, die zeitlich nach Z begonnen werden. Dann kann eine Verringerung der Gesamtbearbeitungszeit realisiert werden. Ist die Minimierung der Gesamtbearbeitungszeit das Zielkriterium, so ist eine Folge von Zuteilungen interessant, bei der der frühere Beginn einer Zuteilung zu einer Verringerung der Gesamtbearbeitungszeit führt. Dies wird zu dem Begriff eines kritischen Weges in einer graphischen Repräsentation eines Belegungsplans führen, der später noch im Detail eingeführt werden wird und eine Anwendung von Ansätzen aus der Graphentheorie erlaubt.

Bei dem Ressourcenbelegungsplanungsproblem handelt es sich um ein Optimierungsproblem, dessen Restriktionen über eine Auftrags- und Stationencharakteristik und dessen Optimierungsfunktion durch eine Zielsetzung angegeben wird. Um die Verfahren (und Werkzeuge) aus dem Operations Research anwenden zu können, wird im Folgenden ein (mathematisches) Optimierungsmodell zur Ressourcenbelegungsplanung angegeben. Um die zentralen Konzepte des Vorgehens zu betonen (und wegen der geringeren Bedeutung des mathematischen Optimierungsmodells zur Ressourcenbelegungsplanung für die weitere Ausarbeitung, wie später noch begründet werden wird), wird angenommen, dass jeder Auftrag (des Ressourcenbelegungsplanungsproblems) nur aus einem einzigen Arbeitsgang besteht. Bei einer Verallgemeinerung sind die Auftragsbezeichnungen durch Arbeitsgangbezeichnungen zu ersetzen, wodurch sehr viel mehr Indizes auftreten (worunter die Beschreibung der Konzepte leiden würde).

Ein gegebenes Ressourcenbelegungsplanungsproblem $\mathfrak{R}$ habe N Aufträge A_i ($1 \leq i \leq N$) und M Stationen. Auftrag A_i ($1 \leq i \leq N$) habe die Bearbeitungszeit t_i, den Freigabetermin a_i, den Endtermin f_i und besteht aus genau einer Operation (Arbeitsgang).

Zur Formulierung eines Optimierungsproblems werden Entscheidungsvariablen benötigt. Hierfür existieren zwei Ansätze. Eine Entscheidungsvariable beschreibt:

- die Belegung einer Ressource zu einem Zeitpunkt durch den Auftrag A_i oder
- den Fertigstellungszeitpunkt F_i von A_i.

Für die erste Variante spricht, dass alle Zeitpunkte angegeben sind, an denen A_i die Ressource belegt. Bei einer Zuteilung von A_i auf diese Ressource (mit Fertigstellungszeitpunkt F_i) handelt es sich um alle Zeitpunkte in $[F_i - t_i + 1, F_i]$. Dieses Intervall kann im zweiten Ansatz berechnet werden. Beim ersten ist jedoch noch sicherzustellen, dass die Entscheidungsvariablen ausschließlich ein Intervall beschreiben. Hier liegt ein Schwachpunkt des Vorgehens, weswegen die zweite Variante weiter verfolgt wird.

Der späteste auftretende Fertigstellungszeitpunkt (T) der Aufträge bestimmt ein Intervall, in dem alle Aufträge beendet werden, so dass $x_{i,t} = 0 \quad \forall \; t > T$ gilt. Das Intervall $[1, T]$ ist dann das Betrachtungsintervall.

Die Entscheidungsvariable lautet somit:

$x_{i,t}$: Binärvariable, die den Wert 1 annimmt, wenn der Auftrag A_i zum Zeitpunkt t (in einer Periode) beendet wird; $\forall \; 1 \leq i \leq N$ und $1 \leq t \leq T$.

Der Bedarf an Kapazität für die Bearbeitung eines Auftrags auf einer Ressource wird durch den folgenden Parameter ausgedrückt:

$k_{i,m}$: Kapazitätsbedarf von Auftrag A_i auf Station m je (Belegungs-) Periode; $\forall \; 1 \leq i \leq N$, $1 \leq m \leq M$.

Die beschränkte Kapazität wird beschrieben durch:

K_m: Periodenkapazität der Station m.

Randbedingungen:

1. Damit jeder Auftrag A_i in $[1, T]$ beendet wird, muss gelten: $x_{i,t} = 1$ für ein $t \in [1, T]$ $\forall$ $1 \leq i \leq N$. Dies „für ein" lässt sich ausdrücken durch:

$$\sum_{t=a_i}^{T} x_{i,t} = 1 \quad \forall \; 1 \leq i \leq N$$

2. Zu jedem Zeitpunkt darf jede Ressource nur von einem Auftrag belegt werden. Mit anderen Worten, zwei Aufträge dürfen sich auf keiner Ressource überlappen. Um dies zu prüfen, wird für einen beliebigen Zeitpunkt berechnet, ob ein Auftrag A_i eine Ressource (mit 1) belastet. Dies trifft zu, wenn $t \in \left[F_i - t_i + 1, F_i\right]$ ist

   $\Leftrightarrow \left[t, t + t_i - 1\right]$ enthält F_i

   $\Leftrightarrow x_{i,q} = 1$ für ein $q \in \left[t, t + t_i - 1\right]$

$$\Leftrightarrow \sum_{q=t}^{t+t_i-1} x_{i,q} = 1$$

Liegt eine Belastung in t vor, so wird die m-te Station durch Auftrag A_i mit $k_{i,m} \left(\sum_{q=t}^{t+t_i-1} x_{i,q} \right)$ belastet. Um alle Aufträge zu berücksichtigen, lautet die Restriktion:

$$\sum_{i=1}^{N} k_{i,m} \left(\sum_{q=t}^{t+t_i-1} x_{i,q} \right) \leq K_m \quad \forall \ 1 \leq m \leq M \ \text{und} \ 1 \leq t \leq T.$$

3. $x_{i,t} \in \{0,1\} \quad \forall \ 1 \leq i \leq n \ \text{und} \ 1 \leq t \leq T$ (für die Formalisierung eine Binärvariable zu sein).

Ist die Summe der Fertigstellungszeitpunkte das Zielkriterium $\left(\sum_{i=1}^{N} F_i \right)$, so lautet die Zielfunktion minimiere $\sum_{i=1}^{N} \sum_{t=1}^{T} t \cdot x_{i,t}$.

Ressourcenbelegungsprobleme zeichnen sich durch eine „Sekunden"-genaue Einplanung aus. Damit besitzt das obige Optimierungsmodell bereits bei einem kleinen Betrachtungshorizont, wie beispielsweise einer Arbeitsschicht, eine sehr hohe Anzahl an Entscheidungsvariablen; wobei bei einer kleinen Anzahl an Aufträgen „fast alle" Variablen den Wert Null bekommen werden. Hierbei handelt es sich um eine grundsätzliche Schwäche eines solchen Modells; gerade dann, wenn marktübliche Werkzeuge zur Lösung linearer Optimierungsprobleme eingesetzt werden sollen, da deren Laufzeit sehr wesentlich durch die Anzahl an Entscheidungsvariablen bestimmt ist.

3.2 Ein-Stationen-Probleme

Ein-Stationen-Probleme stellen einen recht einfachen Anwendungsfall dar. Ein Beispiel ist das Lackieren von Schreib-, Konferenz-, Küchen-, Esszimmer- und Wohnzimmertischen eines Tischherstellers durch eine Lackierstation.

Der Aufwand bei der Bearbeitung eines Auftrags von einem Ressourcenbelegungsproblem ist durch eine Kostenfunktion ausdrückbar. Dabei sollten längere Bearbeitungszeiten auch höhere Kosten hervorrufen, weswegen die Monotonie der Kostenfunktion zu fordern ist.

Definition 16 (Kostenfunktion zu einem Ressourcenbelegungsplanungsproblem)

Gegeben sei ein Ressourcenbelegungsplanungsproblem $(\Re)$ und N sei seine beliebige Anzahl an Aufträgen. Die mit der Bearbeitung eines Auftrags A_i, $1 \leq i \leq N$, verbundenen Kosten werden durch eine monoton wachsende Kostenfunktion $k_i : \mathbb{R}^+ \to \mathbb{R}$, $1 \leq i \leq N$, beschrieben. Dabei stellt $k_i(t)$ die anfallenden Kosten dar, wenn Auftrag A_i zum Zeitpunkt t beendet wird.

Durch die Monotonie der Kostenfunktion ergeben sich erste Eigenschaften von Ein-Stationen-Problemen. Die folgende ergibt sich aus der Monotonie der Kostenfunktion nach Definition 16.

Satz 5 (Folgerungen bei einer monotonen Kostenfunktion)

Für ein Ein-Stationen-Problem ohne Bereitstellungstermine existiert stets ein optimaler Plan ohne Leerzeiten. Ferner ist jeder optimale Plan für ein Ein-Stationen-Problem ohne Auftragsunterbrechung auch optimal für das entsprechende Problem, bei dem Auftragsunterbrechungen zugelassen sind.

Beweis: s. Abschnitt zur Ressourcenbelegungsplanung im Internet.

Damit bevorzugt die Monotonie der Kostenfunktion keine Auftragsunterbrechungen und verhindert Leerzeiten bzw. unnötige Wartezeiten.

Im Sinne von Satz 5 ist ein optimaler Plan verzögerungsfrei; dies motiviert den folgenden Satz.

Satz 6 (frühest möglicher Beginn)

Gegeben sei ein Ein-Stationen-Problem $\Re$ und N sei seine beliebige Anzahl an Aufträgen. Es existiert ein optimaler Plan $\mathcal{P}$ zu $\Re$, bei dem jeder Auftrag so früh wie möglich begonnen wird.

Beweis: s. Abschnitt zur Ressourcenbelegungsplanung im Internet.

Im Folgenden werden verschiedene Zielkriterien für Ein-Stationen-Probleme betrachtet.

Satz 7 (Minimierung von der Gesamtbearbeitungszeit)

Für ein $\begin{bmatrix} 1 | & | F_{max} \end{bmatrix}$-Problem ist jede Auftragsreihenfolge optimal.

Beweis: s. Abschnitt zur Ressourcenbelegungsplanung im Internet.

Im Folgenden besteht das Ziel darin, die größtmögliche Verspätung eines Auftrags zu minimieren.

Definition 17 („Earliest Due Date"-Regel)

Es liege ein Ein-Stationen-Problem vor. Eine Sortierung der Aufträge nach nicht fallenden (gewünschten) Endterminen (f_i) ist eine Auftragsreihenfolge zu diesem Ein-Stationen-Problem und heißt „Earliest Due Date"-Regel (EDD-Regel).

Bemerkung: Mit anderen Worten werden durch die EDD-Regel die Aufträge mit frühesten Fälligkeitsterminen bevorzugt.

Das folgende Zahlenbeispiel möge die Anwendung der EDD-Regel erläutern.

Beispiel 6 („Earliest Due Date"-Regel)

Für einen Schreib-, einen Konferenz-, einen Küchen-, einen Esszimmer- und einen Wohnzimmertisch liegt (jeweils genau) ein Lackierauftrag vor. Diese fünf Aufträge sind in einer

3.2 Ein-Stationen-Probleme

bestimmten Reihenfolge der Planung der Lackierstation bekannt gemacht worden. Diese Reihenfolge einschließlich der Bearbeitungszeiten und die Endtermine der Aufträge sind in Tabelle 3 angegeben. Tabelle 3 enthält auch die Reihenfolge der Aufträge durch die Anwendung der EDD-Regel und die sich daraus ergebenden Fertigstellungszeitpunkte, Terminabweichungen und Verspätungen. Diese Auftragsfolge bestimmt ein Gantt-Diagramm, welches in Abbildung 8 aufgezeichnet ist.

Nr.	Auftrag	t_i	f_i	Nummer (Position) in optimaler Reihenfolge	F_i	T_i	V_i
1	Wohnzimmertisch	4	6	5 (Esszimmertisch)	7	1	1
2	Schreibtisch	5	12	1 (Wohnzimmertisch)	20	8	8
3	Konferenztisch	7	6	3 (Konferenztisch)	14	8	8
4	Küchentisch	1	6	4 (Küchentisch)	15	9	9
5	Esszimmertisch	3	5	2 (Schreibtisch)	3	–2	0

Tabelle 3: Anwendung der EDD-Regel

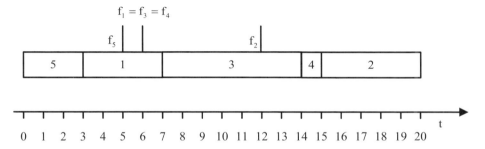

Abbildung 8: Gantt-Diagramm zu einer Lösung über die EDD-Regel

Da bei der EDD-Regel eine Liste von N Aufträgen zu sortieren (nach f_i) ist, beträgt sein Rechenaufwand $O(N \cdot \log(N))$.

Satz 8 (Laufzeit der „Earliest Due Date"-Regel)

Die EDD-Regel hat eine Laufzeit von $O(N \cdot \log(N))$, wobei N die Anzahl an Aufträgen ist.

Beweis: s. Abschnitt zur Ressourcenbelegungsplanung im Internet.

Für den Nachweis der Optimalität der EDD-Regel wird zunächst der folgende grundlegende Satz bewiesen.

Satz 9 (Minimierung der maximalen Verspätung)

Für ein $[1| \ |T_{max}]$- und ein $[1| \ |V_{max}]$-Problem ist jede Sortierung der Aufträge nach nicht fallenden Endterminen optimal.

Beweis: s. Abschnitt zur Ressourcenbelegungsplanung im Internet.

Damit folgt die Optimalität der EDD-Regel unmittelbar.

Lemma 1 (Optimalität der „Earliest Due Date"-Regel)

Für ein $[1| \ |T_{max}]$- und ein $[1| \ |V_{max}]$-Problem ermittelt die EDD-Regel eine optimale Auftragsreihenfolge.

Beweis: s. Abschnitt zur Ressourcenbelegungsplanung im Internet.

Für die Komplexität ergibt sich aus Lemma 1 und Satz 8 unmittelbar.

Satz 10 (polynomiale Lösbarkeit eines $[1| \ |T_{max}]$- und eines $[1| \ |V_{max}]$-Problems)

Das $[1| \ |T_{max}]$- und das $[1| \ |V_{max}]$-Problem ist mit einem Aufwand von $O(N \cdot \log(N))$, wobei N die Anzahl an Aufträgen ist, lösbar.

Beweis: s. Abschnitt zur Ressourcenbelegungsplanung im Internet.

Statt einer Sortierung der Aufträge nach Endterminen, sind auch andere Sortierkriterien möglich.

Definition 18 („Kürzeste Operationszeit"-Regel)

Es liege ein Ein-Stationen-Problem vor. Eine Sortierung der Aufträge nach nicht fallenden Bearbeitungszeiten (t_i) ist eine Auftragsreihenfolge zu diesem Ein-Stationen-Problem und heißt „Kürzeste Operationszeit"-Regel (KOZ-Regel).

Die KOZ-Regel wird auf das obige Zahlenbeispiel (s. Beispiel 6) zum Lackieren von Tischen angewendet.

Beispiel 7 („Kürzeste Operationszeit"-Regel, Fortsetzung von Beispiel 6)

Es sind die gleichen Lackieraufträge wie im Beispiel 6 auf einer Lackierstation einzuplanen. In der Reihenfolge, wie sie der Lackierstation bekannt gemacht worden sind, sind sie in Tabelle 4 mit ihren Bearbeitungszeiten und Endterminen aufgelistet. Tabelle 4 enthält auch die Reihenfolge der Aufträge durch die Anwendung der KOZ-Regel und die sich daraus ergebenden Fertigstellungszeitpunkte, Terminabweichungen und Verspätungen. Diese Auftragsfolge bestimmt ein Gantt-Diagramm, welches in Abbildung 9 aufgezeichnet ist.

3.2 Ein-Stationen-Probleme

Nr.	Auftrag	t_i	f_i	Nummer (Position) in optimaler Reihenfolge	F_i	T_i	V_i
1	Wohnzimmertisch	4	6	4 (Küchentisch)	8	2	2
2	Schreibtisch	5	12	5 (Esszimmertisch)	13	1	1
3	Konferenztisch	7	6	1 (Wohnzimmertisch)	20	14	14
4	Küchentisch	1	6	2 (Schreibtisch)	1	-5	0
5	Esszimmertisch	3	5	3 (Konferenztisch)	4	-1	0

Tabelle 4: Anwendung der KOZ-Regel

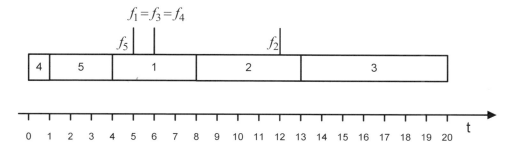

Abbildung 9: Gantt-Diagramm zu einer Lösung über die KOZ-Regel

Satz 11 (Laufzeit der „Kürzesten Operationszeit"-Regel)

Die KOZ-Regel hat eine Laufzeit von $O(N \cdot \log(N))$, wobei N die Anzahl an Aufträgen ist.

Beweis: s. Abschnitt zur Ressourcenbelegungsplanung im Internet.

Da durch die KOZ-Regel die Aufträge mit den kürzesten Bearbeitungszeiten als erstes bearbeitet werden, werden zu Beginn des Planungszeitraums schnell viele Aufträge beendet. So erscheint es intuitiv plausibel, dass dadurch die durchschnittlichen Fertigstellungszeiten minimiert werden. Zu seinem Nachweis wird zunächst der folgende grundlegende Satz bewiesen.

Satz 12 (Minimierung der Summe an Fertigstellungszeitpunkten)

Für ein $[1| \ |\sum F_i]$-Problem ist jede Sortierung der Aufträge nach nicht fallenden Bearbeitungszeiten optimal.

Beweis: s. Abschnitt zur Ressourcenbelegungsplanung im Internet.

Lemma 2 (Optimalität der „Kürzesten Operationszeit"-Regel)

Für ein $[1| \ |\sum F_i]$-Problem liefert die KOZ-Regel eine optimale Lösung.

Beweis: s. Abschnitt zur Ressourcenbelegungsplanung im Internet.

Für die Komplexität ergibt sich aus Lemma 2 und Satz 11 unmittelbar:

Satz 13 (polynomiale Lösbarkeit der Minimierung der Summe an Fertigstellungszeitpunkten)

Das $1| \:|\sum F_i]$-Problem ist mit einem Aufwand von $O(N \cdot \log(N))$, wobei N die Anzahl an Aufträgen ist, lösbar.

Beweis: s. Abschnitt zur Ressourcenbelegungsplanung im Internet.

Im Rahmen der kapazitätsorientierten mehrstufigen Losgrößenplanung (s. den Abschnitt über „mehrstufige Losgrößenprobleme") werden für eine Station und eine einzelne Periode, wie beispielsweise eine Arbeitsschicht, Produktionsaufträge errechnet, zwischen denen eine Reihenfolgebeziehung herrscht. Bei einigen Verfahren, insbesondere beim Anwenden eines Werkzeugs zur Lösung linearer Optimierungsprobleme, wird eine zulässige Lösung, aber kein konkreter Belegungsplan für diese Station in dieser betrachteten Periode geliefert. Dann ist ein Belegungsplan für diese Station in dieser betrachteten Periode gesucht. Es liegt folglich ein Ein-Stationen-Problem mit Reihenfolgenbeziehungen zwischen den Aufträgen vor. Ein Beispiel möge dies verdeutlichen.

Beispiel 8 (Reihenfolgenbeziehung)

Verschiedene Einzelkomponenten müssen durch eine Lackierstation lackiert werden. Eine Reihenfolge entsteht typischerweise dadurch, dass Komponenten sich aus anderen Komponenten zusammensetzen. So wird ein Holzstück zunächst lackiert. Aus diesem werden vier Tischbeine und eine Tischplatte geschnitten, und zwar durch eine Sägemaschine (die Ausgangsdimension des Holzstücks hat eine dafür geeignete Form). Ein solches Produkt „vier Tischbeine und eine Tischplatte" wird wiederum lackiert. Seine Teilkomponenten werden zu einem Tisch montiert, wozu auch hier eine eigene Ressource eingesetzt wird. Der montierte Tisch erhält schließlich an der Lackierstation seine letzte Lackierung. Als weiteres Produkt wird ein Zifferblatt einer Uhr auf dieser Lackierstation lackiert. Wegen den Qualitätsanforderungen an die Lackierung ist eine Wiederholung des Lackiervorgangs erforderlich, wodurch ebenfalls eine Reihenfolge gebildet wird.

Wird das Holzstück mit 1, das Produkt „vier Tischbeine und eine Tischplatte" mit einer 2, der Tisch mit einer 4 und das erste Lackieren eines Zifferblattes mit 3 und das zweite Lackieren mit einer 5 bezeichnet, so ergeben sich die in Abbildung 10 dargestellten Vorgangsbeziehungen.

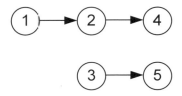

Abbildung 10: Vorranggraph für Tisch- und Zifferblattlackierungen

3.2 Ein-Stationen-Probleme

Die Definition der Auftragscharakteristik (s. Definition 1) wird um Reihenfolgebeziehungen zwischen Aufträgen erweitert.

Definition 19 (Erweiterung der Auftragscharakteristik um Reihenfolgebeziehungen)

Grundlage sind die Beziehungen aus Definition 1. Es werden Reihenfolgebeziehungen zwischen verschiedenen Aufträgen in Form eines beliebigen gerichteten, zyklenfreien Graphen (Vorranggraphen) betrachtet. Ein Pfeil (i,j) bedeutet, dass Auftrag A_i vollständig bearbeitet (d. h. beendet) sein muss, bevor Auftrag A_j begonnen werden kann. Entsprechendes gilt, falls in diesem Graph ein Weg von i nach j existiert. Keine Angabe $(\circ)$ bedeutet, dass keine Reihenfolgebeziehungen zu berücksichtigen sind. Diese Auftragscharakteristik wird durch den Parameter Reihenfolgebeziehung $\beta_7 \in \{\circ, \text{prec}\}$ bezeichnet. Damit erweitert sich die Auftragscharakteristik zu dem Tupel $\beta = \beta_1, \beta_2, \beta_3, \beta_4, \beta_5, \beta_6, \beta_7$.

Bemerkungen

- Es können Reihenfolgebeziehungen in einer gewissen Struktur vorgegeben werden, beispielsweise in Form eines Baums (dies führt zu dem möglichen Parameterwert „tree").
- Definition 19 erlaubt die Formulierung eines Vorranggraphen, der nicht alle Aufträge enthält. Dieser lässt sich zu einem solchen mit allen Aufträgen erweitern, in dem für jeden fehlenden Auftrag ein Knoten ohne eingehende und ausgehende Pfeile, in diesen Vorranggraphen, integriert wird.

Bezogen auf den oben betrachteten Anwendungsfall ist also aus Planungssicht eine Reihenfolge für die Produktionsaufträge auf der Lackierstation zu bestimmen, so dass die Aufträge möglichst schnell das System wieder verlassen. Wie in dem Abschnitt über mehrstufige Losgrößenprobleme erläutert werden wird, haben die Produktionsaufträge den Produktionsbeginn als Bereitstellungstermin und das Periodenende als Endtermin. Daher ist ein $\left[1|\text{prec}|F_{max}\right]$-Problem zu lösen. Allerdings müssen einzelne Komponenten (eventuell) durch eine andere Station bearbeitet werden. Durch die Einplanung eines solchen Arbeitsgangs auf eine andere Station, liegt für einen nachfolgenden Arbeitsgang (in einer Reihenfolgebeziehung) ein Bereitstellungstermin vor, der allerdings zum Planungszeitpunkt nicht bekannt ist. Deswegen wird ein optimales Verfahren für $\left[1|\text{prec}|F_{max}\right]$-Probleme das Planungsproblem im Anwendungsfall nicht immer optimal lösen. Im Abschnitt über mehrstufige Losgrößenprobleme findet sich im Anschluss an die Definition eines mehrstufigen Mehrprodukt-Losgrößenproblems mit Kapazitäten ein konkretes Zahlenbeispiel für diesen Sachverhalt (es zeigt sogar, dass Planungsprobleme vorgegeben werden können, zu denen keine optimale Lösung existiert). Sofern eine optimale Lösung existiert, würde, nach Satz 7, jede Reihenfolge das Problem optimal lösen, sofern keine Reihenfolgebeziehung vorliegt. Daher dürfte in vielen Fällen die Auftragsfolge, die durch das Lösen des zugehörigen $\left[1|\text{prec}|F_{max}\right]$-Problems bestimmt ist, verwendet werden können. Somit bietet es sich an, ein Verfahren zur Lösung dieses allgemeineren Planungsproblems um ein Verfahren zur optimalen Lösung von einem $\left[1|\text{prec}|F_{max}\right]$-Problem zu erweitern.

Lawler entwickelte den folgenden Algorithmus zur Lösung von $[1|\text{prec}|F_{\max}]$-Problemen. Aus dem Vorranggraphen für die Reihenfolgebeziehungen folgen Vorgänger- und Nachfolgemengen, die die Reihenfolgebeziehungen eindeutig beschreiben. In dem Algorithmus wird der Ablaufplan von hinten, also entgegengesetzt der Fertigungsreihenfolge, entwickelt. Es wird dazu in jeder Iteration unter den Aufträgen, deren sämtliche Nachfolger bereits eingeplant sind, derjenige mit dem spätesten gewünschten Endtermin gewählt. Dabei werden die Aufträge ohne Nachfolger oder solche, deren Nachfolger bereits eingeplant sind, als einplanbar bezeichnet.

Algorithmus 1 (Algorithmus von Lawler)

Voraussetzung: Daten eines Problems $[1|\text{prec}|F_{\max}]$ mit Reihenfolgebeziehungen in Form von Vorgängermengen $v(j)$ und Nachfolgermengen $\eta(j)$ für alle $j=1,\ldots,N$

Variablen:

J_1 Menge noch nicht eingeplanter Aufträge

J_2 Menge der einplanbaren Aufträge ohne Nachfolger

L   Liste der bisher eingeplanten Aufträge

Anweisungen:

Start: $J_1 := \{1,\ldots,N\}$; $J_2 := \{j \in J_1 \mid \eta(j) = \emptyset\}$; $L := <\,]$;

Iteration:

    while $J_1 \neq \emptyset$ do

    begin

        wähle ein $k \in J_2$, so dass $f_k = \max\{f_j \mid j \in J_2\}$ gilt;

        $L := <k,L]$; $J_1 := J_1 - \{k\}$; $J_2 := J_2 - \{k\}$;

        for (all) $j \in v(k)$ do

        begin

            $\eta(j) := \eta(j) - \{k\}$;

            if $\eta(j) = \emptyset$ then $J_2 := J_2 \cup \{j\}$;

        end;

    end;

end;

Ergebnis: Auftragsfolge L

3.2 Ein-Stationen-Probleme

Das folgende Beispiel 9 möge die Anwendung des Verfahrens von Lawler demonstrieren; es verwendet die im Beispiel 8 vorgestellte Reihenfolgebeziehung.

Beispiel 9 (Anwendung des Verfahrens von Lawler, Fortsetzung von Beispiel 8)

Das Verfahren von Lawler wird an den folgenden Produktionsaufträgen (s. Tabelle 5) und dem dazu gehörenden Vorranggraphen (s. Abbildung 11 bzw. Abbildung 10) angewendet:

Auftrag	Holz (1)	4 Tischbeine und Tischplatte (2)	Zifferblatt (1. mal) (3)	Tisch (4)	Zifferblatt (2. mal) (5)
t_j	4	5	1	7	3
f_j	7	12	5	9	8

Tabelle 5: Beispielsdaten für $[1|\text{prec}|F_{max}]$ *-Problem*

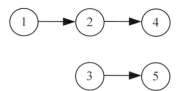

Abbildung 11: Vorranggraph für $[1|\text{prec}|F_{max}]$ *-Problem*

Bei den einzelnen Iterationen werden die folgenden Zwischenergebnisse erzeugt.

- In der ersten Iteration ist die Liste L, der bisher eingeplanten Aufträge, leer, alle Aufträge sind noch nicht eingeplant und daher in J_1 und in der Menge der einplanbaren Aufträge (J_2) sind die Aufträge 4 und 5. Dies ist in den Spalten 2 bis 4 der zweiten Zeile in Tabelle 6 angegeben. Ein Auftrag mit dem maximalen Endtermin (f_i) wird aus J_2 ausgewählt. In diesem Fall ist es nur der Auftrag 4; s. 5. Spalte der zweiten Zeile in Tabelle 6. Die Zuteilung dieses Auftrags erfolgt dadurch, in dem er an den Anfang der, bisher noch leeren, Liste L eingefügt wird; s. 2. Spalte der dritten Zeile in Tabelle 6. Da er zugeteilt ist, ist er aus J_1 und aus J_2 zu löschen; s. Spalten 3 und 4 der dritten Zeile in Tabelle 6. Sein Vorgänger, Auftrag 2, hat dadurch keinen Nachfolger mehr, der eingeplant werden muss, und ist deswegen selbst einplanbar. Somit kommt Auftrag 2 in J_2; s. 4. Spalte der dritten Zeile in Tabelle 6. Algorithmisch wird dies so realisiert, in dem Auftrag 2 aus allen Nachfolgermengen entfernt wird, s. 6. Spalte der zweiten Zeile in Tabelle 6, und alle Knoten mit einer leeren Nachfolgermenge gelangen in J_2.

- In der zweiten Iteration wird Auftrag 2 zugeteilt, in dem er an den Anfang von L eingefügt wird und aus den beiden Mengen J_1 und J_2 gelöscht wird. Da Auftrag 2 der einzige Nachfolger von Auftrag 1 ist, kommt Auftrag 1 in J_2. Diese Iteration ist in der 3. Zeile und ihr Ergebnis in der 4. Zeile in Tabelle 6 dargestellt.

- Die weiteren Iterationen sind in den entsprechenden Zeilen (4 bis 6) in Tabelle 6 angegeben.
- In der letzten (5.) Iteration wird Auftrag 3 eingeplant. Dadurch ist die Menge der noch nicht eingeplanten Aufträge J_1 leer und somit terminiert der Algorithmus. Als Ergebnis liefert der Algorithmus von Lawler die Liste L :=< 3,1,5,2,4] mit $V_{max} = 14$.

Iterations-nummer	L	J_1	J_2	ausgewähltes k	Geänderte Nachfolgermengen $\eta(j)$
1	L :=<]	$J_1 = \{1,2,3,4,5\}$	$J_2 = \{4,5\}$	k = 4	$\eta(2) = \emptyset$
2	L :=< 4]	$J_1 = \{1,2,3,5\}$	$J_2 = \{2,5\}$	k = 2	$\eta(1) = \emptyset$
3	L :=< 2,4]	$J_1 = \{1,3,5\}$	$J_2 = \{1,5\}$	k = 5	$\eta(3) = \emptyset$
4	L :=< 5,2,4]	$J_1 = \{1,3\}$	$J_2 = \{1,3\}$	k = 1	
5	L :=< 1,5,2,4]	$J_1 = \{3\}$	$J_2 = \{3\}$	k = 3	
Ergebnis:	L :=< 3,1,5,2,4]				

Tabelle 6: Zwischenergebnisse zu den Iterationen beim Anwenden des Verfahrens von Lawler

Abbildung 12: Gantt-Diagramm für die Anwendung des Verfahrens von Lawler

Satz 14 (Laufzeit des Algorithmus von Lawler)

Der Algorithmus von Lawler besitzt einen Rechenaufwand von $O(N^2)$, wobei N gleich der Anzahl an Aufträgen ist.

Beweis: s. Abschnitt zur Ressourcenbelegungsplanung im Internet.

Satz 15 (Optimalität des Algorithmus von Lawler)

Für ein $[1|\text{prec}|F_{max}]$-Problem liefert der Algorithmus von Lawler eine optimale Lösung.

Beweis: s. Abschnitt zur Ressourcenbelegungsplanung im Internet.

Für die Komplexität ergibt sich aus Satz 14 und Satz 15 unmittelbar.

3.2 Ein-Stationen-Probleme

Satz 16 (polynomiale Lösbarkeit eines $[1|\text{prec}|F_{\max}]$-Problems)

Das $[1|\text{prec}|F_{\max}]$-Problem ist mit einem Aufwand von $O(N^2)$, wobei N gleich der Anzahl an Aufträgen ist, lösbar.

Beweis: s. Abschnitt zur Ressourcenbelegungsplanung im Internet.

Im Folgenden werden einige Komplexitätsaussagen zu verschiedenen Zielkriterien angegeben, um im Sinne der Schwierigkeitsbeziehungen zwischen Ressourcenbelegungsplanungsproblemen (nach Satz 2) abschätzen zu können, welche Ein-Stationen-Probleme noch mit polynomialem Aufwand gelöst werden können und für welche (voraussichtlich) ein exponentieller Aufwand nötig ist. Die einzelnen Algorithmen und Beweise sind im Sinne der Zielsetzung dieses Buches weniger wichtig; im Internet sind sie angegeben.

Gut lösbar ist die Ermittlung der Anzahl verspäteter Aufträge. Hodgson und Moore haben polynomiale Lösungsverfahren angegeben.

Satz 17 (Minimierung der Anzahl an verspäteten Aufträgen)

Das $[1|\ |V_{\#}]$-Problem ist mit einem Aufwand von $O(N \cdot \log(N))$, wobei N die Anzahl der Aufträge ist, lösbar.

Beweis: s. Abschnitt zur Ressourcenbelegungsplanung im Internet.

Bereits eine Gewichtung führt zu einer substantiellen Verschärfung des Problems.

Satz 18 (Minimierung der gewichteten Anzahl an verspäteten Aufträgen)

Das $[1|\ |w \cdot V_{\#}]$-Problem ist NP-vollständig.

Beweis: s. Abschnitt zur Ressourcenbelegungsplanung im Internet.

Beim Zielkriterium der Minimierung der Summe von Fertigstellungszeitpunkten liegt eine solche Verschärfung nicht vor. Ein Lösungsalgorithmus ist die Erweiterung der KOZ-Regel zu der so genannten Quotientenregel, s. [Smit56].

Satz 19 (Minimierung der Summe von gewichteten Fertigstellungszeitpunkten)

Das $[1|\ |\sum w_j F_j]$-Problem ist mit einem Aufwand von $O(N \cdot \log(N))$, wobei N die Anzahl der Aufträge ist, lösbar.

Beweis: s. Abschnitt zur Ressourcenbelegungsplanung im Internet.

Aufgrund der Äquivalenz der Zielkriterien D und F liefert die KOZ-Regel auch für die Minimierung der mittleren Durchlaufzeit einen optimalen Plan.

Satz 20 (Minimierung der mittleren Durchlaufzeit)

Das $[1| \ |D]$-Problem ist mit einem Aufwand von $O(N \cdot \log(N))$, wobei N die Anzahl der Aufträge ist, lösbar.

Beweis: s. Abschnitt zur Ressourcenbelegungsplanung im Internet.

Mit der gleichen Argumentation liefert auch die Quotientenregel, s. [Smit56], einen optimalen Plan für die Minimierung der mittleren gewichteten Durchlaufzeit.

Satz 21 (Minimierung der mittleren gewichteten Durchlaufzeit)

Das $[1| \ |w \cdot D]$-Problem ist mit einem Aufwand von $O(N \cdot \log(N))$, wobei N die Anzahl der Aufträge ist, lösbar.

Beweis: s. Abschnitt zur Ressourcenbelegungsplanung im Internet.

Von der Minimierung des maximalen Fertigstellungszeitpunkts abweichende Zielkriterien sind häufig (voraussichtlich) nur mit exponentiellem Aufwand lösbar.

Satz 22 (Minimierung der Summe an Verspätungen)

Das $[1| \ |\sum V_i]$-Problem (und damit das $[1| \ |V]$-Problem) ist NP-vollständig.

Beweis: s. Abschnitt zur Ressourcenbelegungsplanung im Internet.

Interessant und für die industrielle Anwendung wichtig ist das Vorliegen von Auftragsfreigabeterminen. Häufig verschärft dies das Ressourcenbelegungsproblem substantiell.

Definition 20 („Früheste Auftragsfreigabezeitpunkt"-Regel)

Es liegt ein Ein-Stationen-Problem mit Auftragsfreigabezeitpunkten vor. Eine Sortierung der Aufträge nach nicht fallenden Auftragsfreigabezeitpunkten a_i ist eine Auftragsreihenfolge zu diesem Ein-Stationen-Problem und heißt „Früheste Auftragsfreigabezeitpunkt"-Regel (ERD-Regel, für Earliest Release Date).

Satz 23 (Minimierung der Gesamtbearbeitungszeit bei Bereitstellungsterminen)

Für das $[1| \ a_i|Z]$-Problem berechnet die ERD-Regel eine optimale Auftragsreihenfolge. Sein Rechenaufwand beträgt $O(N \cdot \log(N))$, wobei N die Anzahl der Aufträge ist.

Beweis: s. Abschnitt zur Ressourcenbelegungsplanung im Internet.

Satz 24 (Minimierung der maximalen Verspätung bei Freigabeterminen)

Das $[1| \ a_i|V_{max}]$-Problem ist NP-vollständig.

Beweis: s. Abschnitt zur Ressourcenbelegungsplanung im Internet.

3.2 Ein-Stationen-Probleme

Daraus ergibt sich nach den Beziehungen zwischen Zielkriterien (s. Satz 2) unmittelbar:

Satz 25 (Minimierung der Terminabweichung bei Freigabeterminen)

Das $[1|\,a_i\,|T_{max}]$-Problem ist NP-vollständig.

Beweis: s. Abschnitt zur Ressourcenbelegungsplanung im Internet.

Mit den Beziehungen zwischen Zielkriterien (s. Satz 2) folgt daraus, dass das $[1|a_i|\sum V_i]$-Problem (und damit das $[1|a_i|V]$-Problem) NP-vollständig ist. Ein Beweis findet sich in [LRKB77]. Genauso folgt aus Satz 25 und Satz 2, dass es sich bei der Ermittlung der Anzahl an verspäteten Aufträgen mit Freigabeterminen um ein NP-vollständiges Problem handelt.

Die NP-Vollständigkeit für einen weiteren Zweig des Diagramms zu den Zielbeziehungen in Satz 2 ergibt sich durch:

Satz 26 (Minimierung der mittleren Durchlaufzeit bei Freigabeterminen)

Das $[1|\,a_i|D]$-Problem ist NP-vollständig.

Beweis: s. Abschnitt zur Ressourcenbelegungsplanung im Internet.

Bei Produktionssystemen über mehrere Stufen kann eine Situation vorliegen, die anhand eines Systems aus drei Fertigungsstufen nun dargestellt wird. Auf der mittleren Stufe befindet sich eine „Engpassstation", d. h. eine Station, die zu jedem Zeitpunkt höchstens einen Auftrag bearbeiten kann. Demgegenüber können auf der ersten und der dritten Fertigungsstufe beliebig viele Aufträge gleichzeitig bearbeitet werden, d. h., dort stehen jeweils N identische parallele Stationen zur Verfügung. Jeder Auftrag j ist zunächst auf einer Station der ersten Stufe mit einer Bearbeitungszeit a_j zu fertigen, danach mit einer Zeit von t_j auf der Station der zweiten Stufe und mit n_j auf einer Station der dritten Stufe. Das Bearbeitungsende auf der ersten Stufe bestimmt den Bereitstellungstermin a_j auf der zweiten Stufe, und nach der Beendigung der Fertigung auf dieser Stufe schließt sich noch die Nachlaufzeit n_j für die dritte Stufe an. Unter der Annahme, dass ein optimaler Plan durch die Auftragsfolge auf der Engpassstation bestimmt ist, liegt aus Planungssicht ein Ein-Stationen-Problem mit Bereitstellungsterminen und Nachlaufzeiten vor. Solche Nachlaufzeiten erweitern die Auftragscharakteristik (s. Definition 1).

Definition 21 (Erweiterung der Auftragscharakteristik um Nachlaufzeiten)

Für den Auftrag A_i bedeutet eine Nachlaufzeit n_i, dass A_i nach seiner Bearbeitung auf einer beliebigen Station (j) noch mindestens n_i Zeiteinheiten benötigt, bevor er fertig gestellt ist bzw. weiterverarbeitet werden kann, ohne dabei die Station j zu belegen. Entsprechend bedeutet für den Arbeitsgang $o_{i,k}$ eines Auftrags A_i eine Nachlaufzeit $(n_{i,k})$, dass $o_{i,k}$ nach seiner Bearbeitung auf einer Station j noch mindestens $n_{i,k}$ Zeiteinheiten benötigt, bevor er fertig gestellt ist bzw. weiterverarbeitet werden kann, ohne die Station j zu belegen. Eine solche Nachlaufzeit erweitert die möglichen Werte des Parameters Bereitstellungszeiten (β_4) zu $\{\circ, a_i, n_i, n_{i,k}\}$.

Bemerkung: Es sei betont, dass die Nachlaufzeit sich eben auf die Zeit nach dem Verlassen einer Bearbeitungsstation bezieht und deswegen unabhängig von dieser Station ist.

Deswegen werden im Folgenden die $[1|\ a_i, n_i|Z]$-Probleme genauer betrachtet. Es sei bereits hier angemerkt, dass bei der Lösung komplexer Werkstattfertigungsprobleme das $[1|\ a_i, n_i|Z]$-Problem als Relaxation eine wichtige Rolle spielt. Hierauf wird im Abschnitt 3.5 noch näher eingegangen werden.

Ein Spezialfall liegt vor, wenn keine Bereitstellungstermine vorliegen.

Satz 27 (Minimierung der Gesamtbearbeitungszeit bei Nachlaufzeiten)

Gegeben sei ein $[1|\ n_i|Z]$-Problem. Das Sortieren und Einplanen aller Aufträge nach monoton fallenden Nachlaufzeiten löst dieses Problem optimal. Sein Rechenaufwand beträgt $O(N \cdot \log(N))$, wobei N die Anzahl der Aufträge ist.

Beweis: s. Abschnitt zur Ressourcenbelegungsplanung im Internet.

Das Hinzunehmen von Nachlaufzeiten bezogen auf Satz 23 bzw. umgekehrt das Hinzunehmen von Bereitstellungsterminen bezogen auf Satz 27 führt zu einem NP-vollständigen Optimierungsproblem.

Satz 28 (Minimierung von Z bei Auftragsfreigabeterminen und Nachlaufzeiten)

Das $[1|\ a_i, n_i|Z]$-Problem ist NP-vollständig.

Beweis: s. Abschnitt zur Ressourcenbelegungsplanung im Internet.

Für solche NP-vollständigen Optimierungsprobleme werden einerseits einfache suboptimale Lösungsverfahren, so genannte Heuristiken oder heuristische Lösungsverfahren, angegeben und andererseits exakte Verfahren, die oftmals auf dem Verzweige-und-Begrenze-Prinzip beruhen. Ein solches Verzweige-und-Begrenze-Prinzip durchsucht, über das Verzweigen, den Raum aller zulässigen Lösungen, wobei die Suche durch untere und obere Schranken für die optimale Lösung begrenzt wird. Oftmals sind diese Schranken Lösungen eines Teilproblems, die durch eine (, der oben erwähnten,) Heuristik berechnet werden. Einen Eindruck über das prinzipielle Vorgehen bei der Entwicklung eines exakten Verzweige-und-Begrenze-Verfahrens, welches auch bei Fließfertigungsproblemen oder Werkstattfertigungsproblemen seine Anwendung findet, soll anhand der Skizzierung des Vorgehens von Carlier (s. [Carl82]) für das $[1|\ a_i, n_i\ Z]$-Problem verdeutlicht werden.

3.2 Ein-Stationen-Probleme

Für die Berechnung der Schranken einerseits, aber auch für die Steuerung des Verzweige-Prozesses andererseits, hat die folgende, von Schrage angegebene Heuristik für das $[1|\, a_i, n_i\,|Z]$-Problem eine hohe Bedeutung.

Algorithmus 2 (Algorithmus von Schrage)

Vorraussetzung: Daten eines $[1|\, a_i, n_i\,|Z]$-Problems

Variablen:

J_1 Menge der noch nicht eingeplanten Aufträge

J_2 Menge der (in der aktuellen Iteration) einplanbaren Aufträge

L   Auftragsfolge der bisher eingeplanten Aufträge

t   aktueller Planungszeitpunkt

Z   aktuelle Gesamtbearbeitungszeit

Anweisungen:

Start: $L = <\ ]$; $J_1 = \{1, ..., n\}$; $t = 0$; $Z = 0$;

repeat

     if $t < \min\{a_j | j \in J_1\}$ then $t = \min\{a_j | j \in J_1\}$;

     $J_2 = \{j \in J_1 | a_j \leq t\}$;

     wähle einen Auftrag $j^* \in J_2$ mit $n_{j^*} \geq n_j$ für alle $j \in J_2$;

     $L = <L, j^*]$;

     $J_1 = J_1 \setminus \{j^*\}$;

     $t = t + t_{j^*}$;

     $Z = \max\{Z, t + n_{j^*}\}$;

until $J_1 = \emptyset$;

Ergebnis: L enthält eine zulässige Reihung der Aufträge mit einer Gesamtbearbeitungszeit von Z.

Beispiel 10 (Anwendung des Algorithmus von Schrage)

Die in den bisherigen Beispielen betrachteten 5 Typen von Tischen sind wieder zu lackieren. Aufgrund von vor- und nachgelagerten Arbeitsgängen treten Auftragsfreigabetermine und Nachlaufzeiten auf. Diese und die Bearbeitungszeiten der fünf Aufträge sind in Tabelle 7 angegeben und sie bestimmen das $[1|\, a_i, n_i\, |Z]$-Problem $\Re$.

Auftrag j	1 (Wohn-zimmertisch)	2 (Schreib-tisch)	3 (Konfe-renztisch)	4 (Küchen-tisch)	5 (Esszim-mertisch)
a_j	13	3	0	4	10
t_j	7	4	2	9	4
n_j	19	10	2	8	9

Tabelle 7: Auftragsfreigabetermine, Bearbeitungszeiten und Nachlaufzeiten zu $\Re$

Bei den einzelnen Iterationen werden die folgenden Zwischenergebnisse erzeugt.

- Am Anfang des Verfahrens sind alle Aufträge nicht eingeplant und damit in J_1, die Ergebnisliste (L) ist leer, der aktuelle Zeitpunkt ist 0 und die aktuelle Gesamtbearbeitungszeit ist ebenfalls 0. Dies ist in Tabelle 8 in der zweiten Zeile in den Spalten zu L, J_1, t und Z angegeben.
- In der ersten Iteration ist der aktuelle Planungszeitpunkt $(t=0)$ nicht kleiner als der früheste Bereitstellungstermin der Aufträge. Nur Auftrag 3 kann zum Planungszeitpunkt 0 begonnen werden und wird daher eingeplant, was die Menge J_2, die Liste L und die reduzierte Menge J_1 in der dritten Zeile in Tabelle 8 erklärt. Die Bearbeitungszeit des Auftrags 3 erhöht den aktuellen Planungszeitpunkt t auf 2, s. Spalte 6 in der dritten Zeile in Tabelle 8. Da für den Fertigstellungszeitpunkt des Auftrags 3 noch seine Nachlaufzeit (von 2) zu berücksichtigen ist, lautet er $2+2$ und führt zu einer entsprechenden Anpassung der aktuellen Gesamtbearbeitungszeit, s. Spalte 7 in der dritten Zeile in Tabelle 8.
- In der zweiten Iteration ist der früheste Bereitstellungszeitpunkt der noch nicht eingeplanten Aufträge größer als der aktuelle Planungszeitpunkt. Er beträgt 3 Zeiteinheiten und wird nur von dem Auftrag 2 angenommen, der dann auch eingeplant wird; er wird am Ende von L angefügt und aus J_1 entfernt. Die Differenz zu dem aktuellen Planungszeitpunkt von 1 Zeiteinheit ist eine nicht vermeidbare Leerzeit auf der Bearbeitungsstation. Daher wird der aktuelle Planungszeitpunkt auf diesen frühesten Bereitstellungszeitpunkt gesetzt. Die Veränderung des aktuellen Planungszeitpunkts und der aktuellen Gesamtbearbeitungszeit erfolgt wie bei der ersten Iteration. Die so berechneten Werte sind in der vierten Zeile in Tabelle 8 angegeben.
- In der dritten Iteration liegt die gleiche Situation wie bei der ersten Iteration vor, weswegen die Einträge für die fünfte Zeile in Tabelle 8 wie bei der ersten Iteration berechnet werden.
- In der vierten Iteration wird das Minimum $\min\{a_j | j \in J_1\}$ durch die Aufträge 1 und 5, die beide zum aktuellen Planungszeitpunkt begonnen werden können, angenommen, wo-

3.2 Ein-Stationen-Probleme

durch $J_2 = \{1, 5\}$ gilt; s. die dritte Spalte in der sechsten Zeile in Tabelle 8. Von den beiden Aufträgen wird derjenige mit der längsten Nachlaufzeit bevorzugt (also Auftrag 1), da diese Nachlaufzeit vor oder mit der Gesamtbearbeitungszeit beendet sein muss. Auftrag 1 wird an das Ende der Liste L angefügt und aus J_1 entfernt. Wie bei der ersten Iteration wird die aktuelle Zeit um die Bearbeitungszeit von Auftrag 1 erhöht und für die aktuelle Gesamtbearbeitungszeit ist zusätzlich noch seine Nachlaufzeit zu berücksichtigen, wodurch sich die Werte in den Spalten 6 und 7 in Zeile 6 in Tabelle 8 erklären.
- Die letzte Iteration hängt den letzten Auftrag (5) an die Liste L an und erhöht die aktuelle Zeit um seine Bearbeitungszeit. Seine Nachlaufzeit erhöht die aktuelle Gesamtbearbeitungszeit nicht, so dass sie aus der vierten Iteration übernommen wird. Die konkreten Belegungen der Variablen sind in der siebten Zeile in Tabelle 8 angegeben.

Iteration	t	J_2	L	J_1	t	Z
Initialisierung			L =<]	$J_1 = \{1, 2, 3, 4, 5\}$	0	0
1	0	$J_2 = \{3\}$	L =< 3]	$J_1 = \{1, 2, 4, 5\}$	2	4
2	3	$J_2 = \{2\}$	L =< 3,2]	$J_1 = \{1, 4, 5\}$	7	17
3	7	$J_2 = \{4\}$	L =< 3,2,4]	$J_1 = \{1, 5\}$	16	24
4	16	$J_2 = \{1, 5\}$	L =< 3,2,4,1]	$J_1 = \{5\}$	23	42
5	23	$J_2 = \{5\}$	L =< 3,2,4,1,5]	$J_1 = \emptyset$	27	42

Tabelle 8: Zwischenergebnisse zu den Iterationen beim Anwenden des Verfahrens von Schrage

Das Ergebnis ist also die Auftragsreihenfolge $[3, 2, 4, 1, 5]$. Es bestimmt (eindeutig) das Gantt-Diagramm, welches in Abbildung 13 angegeben ist.

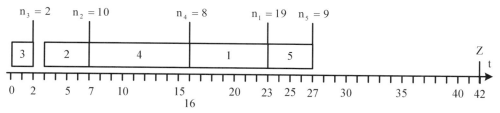

Abbildung 13: Gantt-Diagramm zu der Anwendung des Verfahrens von Schrage

Satz 29 (Laufzeit des Schrage-Algorithmus)

Die Laufzeit des Algorithmus von Schrage beträgt $O(N \cdot \log(N))$, wobei N gleich der Anzahl an Aufträgen ist.

Beweis: s. Abschnitt zur Ressourcenbelegungsplanung im Internet.

Mit dem Algorithmus von Schrage werden nun folgende untere und obere Schranken für die optimale Lösung berechnet. Da der Algorithmus für das $[1 | a_i, n_i | Z]$-Problem eine zulässige

Lösung berechnet, berechnet er auch eine obere Schranke für die minimale Gesamtbearbeitungszeit.

Es sei nun $\Re$ ein $[1|\, a_i, n_i |Z]$-Problem. Es wird um das Zulassen von Auftragsunterbrechungen (wodurch, nach Definition 1, ein Auftrag zugunsten eines anderen Auftrags unterbrochen werden darf) zu dem Problem $\Re'$ erweitert. Eine optimale Lösung von $\Re'$ ist folglich eine untere Schranke von $\Re$.

Mit dem Algorithmus von Schrage wird auf die folgende Art und Weise eine optimale Lösung für ein $[1|\, a_i, n_i, pmtn |Z]$-Problem ($\Re'$) errechnet. Die Auftragsreihenfolge $\mathcal{A}$ sei das Ergebnis der Anwendung von dem Algorithmus von Schrage auf $\Re$. Nach dieser Auftragsreihenfolge soll im Prinzip $\Re'$ gelöst werden. Es ist möglich, dass zu einem Zeitpunkt t ein Auftrag A auf der Station bearbeitet wird und ein zweiter Auftrag B zu diesem Zeitpunkt t verfügbar wird, der aber eine längere Nachlaufzeit hat. Dann wird die Auftragsunterbrechbarkeit genutzt, um A zugunsten von B zurückzustellen. Verfahrenstechnisch wird dazu jedem Auftrag seine Nachlaufzeit als Priorität zugeordnet. Die Abarbeitung erfolgt nun nach der Auftragsreihenfolge $\mathcal{A}$. Wird zu einem Zeitpunkt t ein Auftrag k bereitgestellt (d. h. $a_k = t$), der Auftrag j aktuell bearbeitet und hat k eine höhere Priorität als j (also $n_k > n_j$), so wird die Bearbeitung von dem Auftrag j zugunsten von dem Auftrag k unterbrochen. Im Detail wird die Bearbeitung von dem Auftrag j unterbrochen und stattdessen wird Auftrag k bearbeitet. Ist Auftrag k abgearbeitet, so wird Auftrag j fortgesetzt. Dabei ist es möglich, dass Auftrag j zugunsten eines weiteren höher prioren Auftrags l unterbrochen bleibt; ebenso kann Auftrag k zugunsten eines noch höher prioren Auftrags l verdrängt werden. Das folgende Beispiel möge die Abarbeitung illustrieren.

Beispiel 11 (untere Schranke durch den modifizierten Algorithmus von Schrage)

Es sei angenommen, dass der Algorithmus von Schrage den Belegungsplan, dessen zugehöriges Gantt-Diagramm in Abbildung 14 dargestellt ist, berechnet.

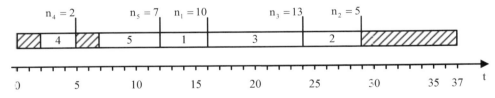

Abbildung 14: Gantt-Diagramm zu einer Lösung mit dem Algorithmus von Scharge

Aufgrund den Nachlaufzeiten der fünf Aufträge, s. Abbildung 14, haben diese Aufträge die in der Tabelle 9 angegebenen Prioritäten. Ihre Bereitstellungstermine sind in Tabelle 10 angegeben.

3.2 Ein-Stationen-Probleme

Auftrag	1	2	3	4	5
Priorität	2	4	1	5	3

Tabelle 9: Prioritäten der Aufträge aufgrund von Nachlaufzeiten

Auftrag	1	2	3	4	5
Bereitstellungstermin	11	9	13	2	7

Tabelle 10: Bereitstellungstermine der Aufträge

Die Bearbeitung vom Auftrag 4 wird nicht unterbrochen, da während seiner Bearbeitung kein Auftrag bereitgestellt wird. Seine Abarbeitung ist im Gantt-Diagramm in Abbildung 15 dargestellt. Anschließend wird mit der Bearbeitung vom Auftrag 5 begonnen. Ohne Unterbrechung würde dieser im Intervall [7,12] bearbeitet werden. In diesem Zeitraum werden die Aufträge 1 und 2 bereitgestellt. Der Auftrag 2, der als erstes bereitgestellt wird, hat eine geringere Priorität als der Auftrag 5 und verdrängt diesen somit nicht. Das Gegenteil ist beim Auftrag 1 der Fall. Dieser wird ab seinen Bereitstellungstermin bearbeitet; s. Abbildung 15. Er wird zugunsten von Auftrag 3 zum Zeitpunkt 13 unterbrochen; s. Abbildung 15. Alle Aufträge sind nun bereitgestellt, so dass zunächst der Auftrag, der gerade bearbeitet wird, nämlich der Auftrag 3, fertiggestellt wird; s. Abbildung 15. Anschließend wird an dem Auftrag weiter gearbeitet, der zugunsten vom Auftrag 3 unterbrochen worden ist, nämlich der Auftrag 1; s. Abbildung 15. Nach seiner Fertigstellung wird der von ihm verdrängte Auftrag beendet, also der Auftrag 5; s. Abbildung 15. Nach der ursprünglichen Reihenfolge wird nun der Auftrag 2 bearbeitet und fertiggestellt; s. Abbildung 15. Der resultierende Plan hat eine Gesamtbearbeitungszeit von 34 Zeiteinheiten.

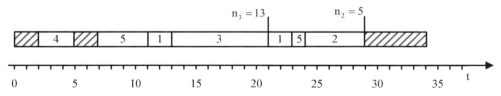

Abbildung 15: Gantt-Diagramm zu dem modifizierten Algorithmus von Scharge

Wegen den umfangreichen Verfahren zum Finden von Wegen in Graphen ist es oft hilfreich, ein Optimierungsproblem auf das Problem zur Bestimmung eines kürzesten und längsten Weges in einem Graphen zurückzuführen. (Für eine kurze Einführung zur Graphentheorie einschließlich wesentlicher Ergebnisse sei auf den Abschnitt „Präliminarien" im Internet verwiesen.) Für ein $[1| a_i, n_i | Z]$-Problem hat sich die folgende Darstellung etabliert, die auch in dem hier skizzierten Verzweige-und-Begrenze-Verfahren von Carlier (s. [Carl82]) verwendet wird. Sie wird später für allgemeine Werkstattfertigungsprobleme noch erweitert werden.

Definition 22 (konjunktiver Graph zu einer zulässigen Lösung eines $[1| a_i, n_i | Z]$-Problems)

Gegeben sei ein $[1| a_i, n_i | Z]$-Problem $\Re$ und eine zulässige Lösung, d. h. eine Auftragsreihenfolge, $L = <j_1, \ldots, j_n]$ (bezogen auf die bisherige Terminologie bezeichnet j_i die Num-

mer vom Auftrag A_{j_i}). Der konjunktive Graph $G_{(\Re,L)}$ zu $\Re$ und L mit der Knotenmenge V, der Pfeilmenge E sowie der Pfeilbewertung M, also $G_{(\Re,L)} = (V,E,M)$, ist definiert durch:

- Die Knotenmenge V besteht aus allen Aufträgen $J = \{1,...,N\}$ sowie einem Anfangsknoten q (einer Quelle von G), für einen fiktiven Anfangsauftrag mit einer Bearbeitungszeit von $t_q = 0$, und einem Endknoten s (einer Senke von G), für einen fiktiven Endauftrag mit einer Bearbeitungszeit von $t_s = 0$, also $V = J \cup \{q,s\}$.
- Die Pfeilmenge E besteht aus einem Pfeil von der Quelle zu jedem Auftrag (Auftragsknoten) und einem Pfeil von jedem Auftrag (Auftragsknoten) zu der Senke. Für zwei direkt aufeinanderfolgende Aufträge j_k und j_{k+1}, $\forall\ 1 \leq k \leq (N-1)$, in L existiert ein Pfeil von j_k nach j_{k+1}, also $E = \{(q,j),(j,s) | j \in J\} \cup \{(j_k,j_{k+1}) | 1 \leq k \leq (N-1)\}$.
- Mit der Pfeilbewertung werden die Auftragsfreigabetermine, die Bearbeitungszeiten und die Nachlaufzeiten der einzelnen Aufträge modelliert. Die Bewertung von einem beliebigen Pfeil (τ,t) aus E wird durch $m_{\tau,t}$ bezeichnet und ist definiert durch
    - $m_{q,j} = a_j$, dem Auftragsfreigabetermin von Auftrag j mit $1 \leq j \leq N$,
    - $m_{j_k,j_{k+1}} = t_{j_k}$, der Bearbeitungszeit von Auftrag j_k mit $1 \leq k \leq (N-1)$ sowie
    - $m_{j,s} = t_j + n_j$, der Bearbeitungs- und Nachlaufzeit von Auftrag j mit $1 \leq j \leq N$.

Folgendes Beispiel möge die Definition illustrieren.

Beispiel 12 (Graph zu einer zulässigen Lösung eines $[1| a_i, n_i |Z]$-Problems; Fortsetzung von Beispiel 10)

Die in den bisherigen Beispielen betrachteten fünf Typen von Tischen sind wieder zu lackieren. Aufgrund von vor- und nachgelagerten Arbeitsgängen treten Auftragsfreigabetermine und Nachlaufzeiten auf. Diese und die Bearbeitungszeiten der Aufträge sind Tabelle 11 angegeben, und sie bestimmen das $[1| a_i, n_i |Z]$-Problem $\Re$.

Auftrag j	1 (Wohnzimmertisch)	2 (Schreibtisch)	3 (Konferenztisch)	4 (Küchentisch)	5 (Esszimmertisch)
a_j	13	3	0	4	10
t_j	7	4	2	9	4
n_j	19	10	2	8	9

Tabelle 11: Auftragsfreigabetermine, Bearbeitungszeiten und Nachlaufzeiten zu $\Re$

Es wird das Ergebnis der Anwendung des Algorithmus von Schrage auf $\Re$, nämlich nach Beispiel 10 die Liste L =< 3,2,4,1,5] mit einer Gesamtbearbeitungszeit von 42 ZE (Zeiteinheiten) betrachtet. Sie führt zu dem in der Abbildung 16 angegebenen konjunktiven Graphen $G_{(\Re,L)}$ zu $\Re$ und L.

3.2 Ein-Stationen-Probleme

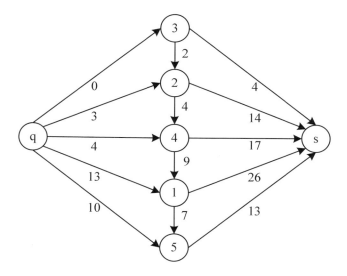

Abbildung 16: konjunktiver Graph $G_{(\Re,L)}$ *zu* $\Re$ *und* $<3,2,4,1,5]$

Es sei noch einmal das Gantt-Diagramm zu dieser Auftragsfolge L in Erinnerung gerufen, welches in Abbildung 17 wiederholt worden ist. Nach ihr sind die Zuteilungen der Aufträge 2, 4 und 1 kritisch (s. Definition 15), da aufgrund der Nachlaufzeit von Auftrag 1 eine zeitliche Verzögerung des Bearbeitungsbeginns einer dieser Aufträge um eine Zeiteinheit die Gesamtbearbeitungszeit ebenfalls um eine Zeiteinheit vergrößert. Der Weg von q über 2, dann über 4, dann zu 1 und schließlich zu s ist der längste Weg in $G_{(\Re,L)}$ und seine Länge ist gleich der Gesamtbearbeitungszeit zu L.

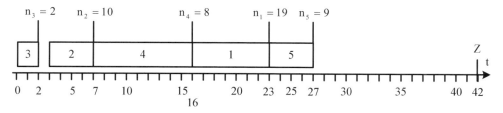

Abbildung 17: Gantt-Diagramm zu der Anwendung des Verfahrens von Schrage

Es sei nun ein beliebiges $[1|\,a_i,n_i|Z]$-Problem $\Re$ mit einer zulässigen Lösung L gegeben. Aufgrund von Definition 22 ist die Länge eines längsten Weges in $G_{(\Re,L)}$ gleich der Gesamtbearbeitungszeit von L. Die Aufträge eines längsten Wegs (w) sind kritische Zuteilungen (nach Definition 15) und deswegen heißt w ein kritischer Weg in $G_{(\Re,L)}$.

Definition 23 (kritischer Weg in einem konjunktiven Graphen zu einem $[1|\,a_i,n_i|Z]$-Problem)

Gegeben sei ein $[1|\,a_i,n_i|Z]$-Problem $\Re$ mit einer zulässigen Lösung L. Es sei w ein längster Weg im konjunktiven Graphen $\left(G_{(\Re,L)}\right)$ zu $\Re$ und L. Dann heißt w ein kritischer Weg von $G_{(\Re,L)}$.

Beispiel 13 (kritischer Weg, Fortsetzung von Beispiel)

Zu den Daten von Beispiel ist in Abbildung 18 der einzige kritische Weg durch stärkere Pfeile markiert. Wird die Vorlaufzeit von Auftrag 5 von 10 auf 23 ZE erhöht und die Summe aus Bearbeitungszeit und Nachlaufzeit von 13 auf 19 ZE erhöht, so ist der Weg von q über 5 nach s ebenfalls ein kritischer Weg.

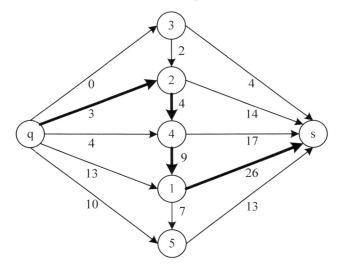

Abbildung 18: kritischer Weg (q,2,4,1,s) *im konjunktiven Graphen zu* $\Re$ *und* $<3,2,4,1,5]$

Aus den obigen Überlegungen (vor Definition 23) folgt unmittelbar:

Satz 30 (Länge eines kritischen Wegs versus Gesamtbearbeitungszeit)

Gegeben sei ein $[1|\,a_i,n_i|Z]$-Problem $\Re$ mit einer zulässigen Lösung $L = <j_1,\ldots,j_n]$. Die Länge eines kritischen Wegs im konjunktiven Graphen $\left(G_{(\Re,L)}\right)$ zu $\Re$ und L ist gleich der Gesamtbearbeitungszeit zu L.

Beweis: s. Abschnitt zur Ressourcenbelegungsplanung im Internet.

3.2 Ein-Stationen-Probleme

Damit ist eine Liste L unter allen möglichen Permutationen der Aufträge eines $[1|a_i,n_i|Z]$-Problems $(\Re)$ gesucht, bei dem die Länge eines kritischen Wegs im zugehörigen konjunktiven Graphen kleiner oder gleich der Länge eines kritischen Wegs von einem beliebigen konjunktiven Graphen zu $\Re$ ist.

Satz 31 ($[1|a_i,n_i|Z]$-Problem als ein kürzestes Wegeproblem)

Gegeben sei ein $[1|a_i,n_i|Z]$-Problem $\Re$. Für eine beliebige Auftragsreihenfolge L sei Z(L) die Länge eines kritischen Wegs im konjunktiven Graph zu $\Re$ und L. Es sei L^* ein Folge der Aufträge von $\Re$. $Z(L^*) = \min\{Z(L) | L \text{ ist eine Auftragsfolge in } \Re\}$ genau dann, wenn L^* eine optimale Lösung von $\Re$ ist.

Beweis: s. Abschnitt zur Ressourcenbelegungsplanung im Internet.

Mit Satz 31 kann die folgende Aussage (s. Satz 32) für die durch den Algorithmus von Schrage berechnete Lösung bewiesen werden. Diese Aussage bildet den Kernschritt des Verzweige-und-Begrenze-Verfahrens von Carlier (s. [Carl82]). Für seine Formulierung wird die folgende (s. Lemma 3) sehr einfache Berechnung einer unteren Schranke für die Gesamtbearbeitungszeit von einem $[1|a_i,n_i|Z]$-Problem verwendet.

Lemma 3 (einfache untere Schranke für die optimale Lösung eines $[1|a_i,n_i|Z]$-Problems)

Gegeben sei ein $[1|a_i,n_i|Z]$-Problem $\Re$ mit Auftragsmenge J. Für eine beliebige Teilmenge J' der Auftragsmenge $(J' \subseteq J)$ sei $US(J') = \min\{a_j | j \in J'\} + \sum_{j \in J'} t_j + \min\{n_j | j \in J'\}$.

$US(J')$ ist eine untere Schranke für die minimale Gesamtbearbeitungszeit von $\Re$.

Beweis: s. Abschnitt zur Ressourcenbelegungsplanung im Internet.

Bemerkung (zu Lemma 3):

Die durch Lemma 3 bestimmte untere Schranke dürfte in der Regel kleiner als diejenige untere Schranke sein, die durch die optimale Lösung eines $[1|a_i,n_i,pmnt|Z]$-Problems mit dem modifizierten Algorithmus von Schrage berechnet wird.

Satz 32 (zentrale Eigenschaft des Ergebnisses vom Algorithmus von Schrage)

Gegeben sei ein $[1|a_i,n_i|Z]$-Problem $\Re$. Es sei $L = [j_1,...,j_n]$ eine Auftragsreihenfolge, die mit dem Algorithmus von Schrage erzeugt worden ist und eine Gesamtbearbeitungszeit von Z hat. Im konjunktiven Graph zu $\Re$ und L existiert ein kritischer Weg $w = [q, j_q,...,j_s, s]$ mit den folgenden Eigenschaften, für deren Formulierung ist $J_w := \{j_q,\ldots,j_s\}$ die Menge der Aufträge von w (beachte, dass die Indizes fortlaufende natürliche Zahlen sind).

1. Ist $n_{j_s} = \min\{n_j \mid j \in J_w\}$, so gilt $US(J_w) = Z$ und L ist optimal.

2. Andernfalls gibt es einen kritischen Auftrag $j_c \in \{j_q,\ldots,j_{s-1}\}$, wobei j_c der letzte Auftrag im kritischen Weg mit der Eigenschaft $n_{j_c} < n_j$ für alle $j \in \{j_{c+1},\ldots,j_s\}$ ist. Für den kritischen Teilweg $[j_{c+1},\ldots,j_s]$ mit Knotenmenge $C = \{j_{c+1},\ldots,j_s\}$ ist $US(C) + t_{j_c} > Z$.

Beweis: s. Abschnitt zur Ressourcenbelegungsplanung im Internet.

Carlier (s. [Carl82]) nutzte die folgende Reihenfolgebedingung aufgrund von Satz 32.

Lemma 4 (Reihenfolgebedingung aufgrund von Satz 32)

Gegeben sei ein $[1 \mid a_i, n_i \mid Z]$-Problem $\mathfrak{R}$ und es sei $L = [j_1,\ldots,j_n]$ eine Auftragsreihenfolge, die mit dem Algorithmus von Schrage erzeugt worden ist. Es trifft die Eigenschaft (2) im Satz 32 zu; C ist die dabei vorliegende Knotenmenge und j_c der dabei auftretende kritische Auftrag. Dann ist es nur sinnvoll, j_c entweder vor oder nach allen Aufträgen aus C zu fertigen.

Beweis: s. Abschnitt zur Ressourcenbelegungsplanung im Internet.

Die Anwendung von Satz 32 auf ein $[1 \mid a_i, n_i \mid Z]$-Problem $\mathfrak{R}$ führt im Fall von dem Vorliegen von Eigenschaft (2) zu zwei Teilproblemen mit einer Reihenfolgebedingung nach Lemma 4. Statt diese Reihenfolgebedingung explizit festzulegen, kann $\mathfrak{R}$ wie folgt modifiziert werden. Es handelt sich dabei um einen Kernschritt im Verzweige-und-Begrenze-Verfahren von Carlier (s. [Carl82]), mit dem aus einem $[1 \mid a_i, n_i \mid Z]$-Problem zwei neue Probleme gebildet werden, denen eine untere Schranke zugeordnet wird.

Definition 24 (Kernschritt im Verzweige-und-Begrenze-Verfahren von Carlier)

Gegeben sei ein $[1 \mid a_i, n_i \mid Z]$-Problem $\mathfrak{R}$ und es sei $L = [j_1,\ldots,j_n]$ eine Auftragsreihenfolge, die mit dem Algorithmus von Schrage erzeugt worden ist. Es trifft Eigenschaft (2) im Satz 32 zu; C ist die dabei vorliegende Knotenmenge und j_c der dabei auftretende kritische Auftrag. Ferner sei $U_\mathfrak{R}$ die bisher (im Verfahren) berechnete untere Schranke zu $\mathfrak{R}$. Ein neues Problem $P_1(\mathfrak{R})$ entsteht aus $\mathfrak{R}$, in dem alle Daten von $\mathfrak{R}$ übernommen werden, mit Ausnahme der Nachlaufzeit von j_c, die durch $n_{j_c} = \sum_{j \in C} t_j + n_{j_s}$ definiert wird. Seine untere Schranke ist definiert durch $\max\{U_\mathfrak{R}, US(C \cup \{j_c\})\}$. Ein weiteres Problem $P_2(\mathfrak{R})$ entsteht aus $\mathfrak{R}$, in dem alle Daten von $\mathfrak{R}$ übernommen werden, mit Ausnahme dem Be-

3.2 Ein-Stationen-Probleme

reitsstellungstermin von j_c, der durch $a_{j_c} = \min\{a_j \mid j \in C\} + \sum_{j \in C} t_j$ definiert wird. Seine untere Schranke ist genauso wie zu $P_l(\mathfrak{R})$ definiert; durch $\max\{U_{\mathfrak{R}}, US(C \cup \{j_c\})\}$.

Dass die im Kernschritt nach Definition 24 geeignet gewählte Nachlaufzeit und der geeignet gewählte Bereitstellungstermin die Reihenfolgebedingung nach Lemma 4 bewirkt, lässt sich wie folgt begründen:

Zunächst wird das Problem $P_l(\mathfrak{R})$ nach Definition 24 betrachtet. Da die Elemente aus C zum kritischen Weg gehören, ist $n_{j_c} \geq n_j$ für alle $j \in C$. Aufgrund der damit erreichten höheren Nachlaufzeit wird j_c vor allen Aufträgen aus C gefertigt. Entsprechend bewirkt die Veränderung des Bereitstellungstermins von Auftrag j_c nach Definition 24, dass j_c nach allen Aufträgen aus C gefertigt wird.

Das Verzweige-und-Begrenze-Verfahren von Carlier (s. [Carl82]) arbeitet nun wie folgt.

Algorithmus 3 (Verzweige-und-Begrenze-Verfahren von Carlier)

Vorraussetzung: Daten eines $[1 \mid a_i, n_i \mid Z]$-Problems

Variablen:

$\mathfrak{R}$ aktuell betrachtetes Problem

$\mathfrak{M}$ Menge von Problemen, die noch zu einer Lösung führen können, deren Gesamtbearbeitungszeit kleiner als die aktuell ermittelte Gesamtbearbeitungszeit ist

Z   aktuell ermittelte Gesamtbearbeitungszeit

$\mathfrak{R}_{opt}$ Problem, dessen Lösung nach dem Algorithmus von Schrage eine Gesamtbearbeitungszeit von Z hat

L   bekannte Auftragsreihenfolge zu $\mathfrak{R}_{opt}$

Anweisungen:

Start: $\mathfrak{R}$ sei das Ausgangsproblem. Wende den Algorithmus von Schrage auf $\mathfrak{R}$ an und erhalte die Auftragsreihenfolge L mit der aktuellen Gesamtbearbeitungszeit von Z. Setze $\mathfrak{R}_{opt} = \mathfrak{R}$.

Schritt 1: Wähle ein $\mathfrak{R}$ aus $\mathfrak{M}$ und lösche dieses aus $\mathfrak{M}$.

Schritt 2: Wende den Algorithmus von Schrage auf $\mathfrak{R}$ an und erhalte die Auftragsreihenfolge L' mit der aktuellen Gesamtbearbeitungszeit von Z' (beim ersten Durchlauf wurde der Schritt bereits unter Start durchgeführt).

Schritt 3: Wende Satz 32 auf L' an.

Schritt 4: Trifft Teil (1) von Satz 32 zu, so bewerte $\Re$ mit Z'. Ist $Z' < Z$, so setze $\Re_{opt} = \Re$ und $L = L'$ sowie $Z = Z'$.

Schritt 5: Trifft Teil (2) von Satz 32 zu, so wende den Kernschritt nach Definition 24 auf $\Re$ an und erhalte zwei Teilprobleme $P_1(\Re)$ und $P_2(\Re)$ mit den nach Definition 24 bestimmten unteren Schranken. Füge $P_1(\Re)$ in $\mathfrak{m}$ ein, sofern seine untere Schranke kleiner als Z ist. (Ansonsten ist zwar die optimale Gesamtbearbeitungszeit von $P_1(\Re)$ nicht bekannt, sie kann aber nicht besser als Z und damit als die bekannte zu $\Re_{opt}$ werden. $P_1(\Re)$ braucht folglich nicht weiter betrachtet zu werden.) Genauso verfahre mit $P_2(\Re)$.

Schritt 6: Gehe zu Schritt 1, sofern $\mathfrak{m} \neq \emptyset$.

Ergebnis: Für das Ausgangsproblem legt L einen optimalen Belegungsplan mit einer Gesamtbearbeitungszeit von Z fest.

Zur Namensgebung im Verzweige-und-Begrenze-Verfahren sei angemerkt: Wird ein Problem durch einen Knoten (k) bezeichnet und werden bei der Anwendung des Kernschritts nach Definition 24 auf einen Knoten (Problem) die dadurch entstehenden beiden neuen Knoten (Probleme) jeweils mit einer Kante mit k verknüpft, so ensteht durch die iterative Anwendung des Kernschritts ein Baum, weswegen das Anwenden des Kernschritts als Verzweigen bezeichnet wird. Durch den Ausschluss von Problemen, die nicht zu einer besseren Lösung führen können (und daher nicht in die Menge $\mathfrak{m}$ eingetragen werden), werden erzeugte Knoten von der weiteren Betrachtung ausgeschlossen, weswegen dieser Vorgang als Begrenzen bezeichnet wird.

Dieser Abschnitt zeigt, dass Ein-Stationen-Probleme mit einfachen Regeln nur in einfachen Fällen optimal gelöst werden können.

3.3 Mehrere parallele Stationen

Parallele Stationen werden nach identischen, uniformen und heterogenen parallelen Stationen untergliedert; für ihre Unterscheidung sei auf die Definition 4 verwiesen. Für jede dieser Varianten existieren dedizierte Algorithmen.

Mit polynomialem Aufwand gelöst werden kann das Problem mit der Minimierung der Summe der Fertigstellungszeitpunkte als Zielkriterium. Bei identischen parallelen Stationen reicht eine Erweiterung der kürzesten Operationszeitregel (KOZ-Regel) aus, welche von Conway präzisiert worden ist; s. [CoMM67]. Es sei erinnert, dass die KOZ-Regel das Problem bei einer Station optimal löst. Es sei $(A_i)_{i=1}^N$ eine Sortierung der N Aufträge eines

3.3 Mehrere parallele Stationen

$\left[\text{IP}|\ |\sum F_i\right]$-Problems nach der KOZ-Regel. Sind die Aufträge A_1 bis A_j für ein j mit $1 \leq j < N$ eingeplant, so wird der Auftrag A_{j+1} auf der Station eingeplant, die am frühesten verfügbar ist. Gibt es mehrere hiervon, dann wird die mit der kleinsten Nummer ausgewählt. Abbildung 19 skizziert die Vorgehensweise. Der Algorithmus hat den gleichen Aufwand wie die kürzeste Operationszeitregel, also $O(N \cdot \log(N))$, wobei N die Anzahl der Aufträge ist.

Mit dem gleichen Aufwand gaben Horowitz und Sahni einen Algorithmus für uniforme parallele Stationen an. Für den Fall heterogener paralleler Stationen haben Bruno, Coffmann Jr. und Sethi in [BrCS74] einen Algorithmus mit einem Aufwand von $O(M \cdot N^3)$ beschrieben, wobei N die Anzahl der Aufträge und M die Anzahl der Stationen ist.

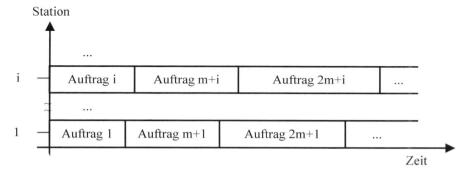

Abbildung 19: prinzipielle Arbeitsweise des Algorithmus von Conway

Satz 33 (Minimierung der durchschnittlichen Fertigstellungszeitpunkte)

Das $\left[\text{IP}|\ |\sum F_i\right]$-, das $\left[\text{UP}|\ |\sum F_i\right]$- und das $\left[\text{HP}|\ |\sum F_i\right]$-Problem sind mit polynomialem Aufwand lösbar.

Beweis: s. Abschnitt zur Ressourcenbelegungsplanung im Internet.

Während beim Ein-Stationen-Problem das Gewichten der Fertigstellungszeitpunkte nicht zu einer substantiellen Verschärfung des Problems führt, ist dies bereits bei identischen parallelen Stationen der Fall.

Satz 34 (Minimierung des Durchschnitts der gewichteten Fertigstellungszeitpunkte)

Das $\left[\text{IP}|\ |\sum w_i \cdot F_i\right]$-Problem ist NP-vollständig.

Beweis: s. Abschnitt zur Ressourcenbelegungsplanung im Internet.

In speziellen Monographien zur Ressourcenbelegungsplanung, wie beispielsweise [Bruc03], wird nachgewiesen, dass es sich bei dem $\left[\text{HP}|\ |\sum F_i\right]$-Problem um das einzige Problem mit beliebigen Bearbeitungszeiten handelt, welches ohne Zulassen von Unterbrechungen mit polynomialem Aufwand lösbar ist; für die Definition von unterbrechbar (pmtn) sei auf die Definition 1 verwiesen.

Im Hinblick auf die Minimierung der Gesamtbearbeitungszeit ist dieses Ergebnis überraschend, da nach Satz 7 jede Auftragsreihenfolge das $[1|\ |Z]$-Problem optimal löst. Die Behauptung ergibt sich aus der NP-Vollständigkeit des $[IP2|\ |Z]$-Problems, die im folgenden Satz formalisiert ist.

Satz 35 (Minimierung der Gesamtbearbeitungszeit bei zwei Stationen)

Das $[IP2|\ |Z]$-Problem ist NP-vollständig.

Beweis: s. Abschnitt zur Ressourcenbelegungsplanung im Internet.

Wird das Unterbrechen eines Auftrags auf einer Station erlaubt, um diesen dann auf einer anderen Station fortsetzen zu dürfen, so existiert für die Minimierung der Gesamtbearbeitungszeit ein Lösungsverfahren mit polynomialem Aufwand. Für den Fall identischer paralleler Stationen werden die Aufträge in irgendeiner Reihenfolge aneinandergefügt. Ohne Leerzeiten beträgt dann die Gesamtbearbeitungszeit auf einer imaginären Station (M')

$Z' = \sum_{i=1}^{N} t_i$, wobei N die Anzahl der Aufträge ist und der i-te Auftrag die Bearbeitungszeit t_i hat. Ist M die Anzahl der Stationen, so wird die Bearbeitung von 1 bis $\frac{Z'}{M}$ auf M' auf der Station M_1, die Bearbeitung von $\left(\frac{Z'}{M}+1\right)$ bis $2 \cdot \frac{Z'}{M}$ auf M' auf M_2 und damit die Bearbeitung von $\left((i-1) \cdot \frac{Z'}{M}+1\right)$ bis $i \cdot \frac{Z'}{M}$ auf M' auf M_i, für alle $1 \leq i \leq M$, durchgeführt. Dieses Vorgehen ist nicht anwendbar, sofern $\max_{1 \leq i \leq N}(t_i) > \frac{Z'}{M}$ ist, da anderenfalls die Differenz $\left(\max_{1 \leq i \leq N}(t_i) - \frac{Z'}{M}\right)$ noch gleichmäßig zu verteilen ist. Dies wird erreicht, indem dieses Verfahren auf $\left(Z' + \max_{1 \leq i \leq N}(t_i) - \frac{Z'}{M}\right)$, statt auf Z', angewandt wird. Ein solches Vorgehen hat eine Laufzeit von $O(N)$ und wurde erstmals von McNaughton in [McNa60] angegeben. Für uniforme parallele Stationen wies Lawler in [Lawl83] die polynomiale Lösbarkeit nach. Die polynomiale Lösbarkeit im Fall von heterogenen parallelen Stationen ist in [Bruc03] bewiesen.

3.3 Mehrere parallele Stationen

Satz 36 (Minimierung der Gesamtbearbeitungszeit bei Unterbrechbarkeit der Aufträge)

Das $[\text{IP}|\text{pmtn}|F_{max}]$-, das $[\text{UP}|\text{pmtn}|F_{max}]$- und das $[\text{HP}|\text{pmtn}|F_{max}]$-Problem sind mit polynomialem Aufwand lösbar.

Beweis: s. Abschnitt zur Ressourcenbelegungsplanung im Internet.

Beim Zulassen von Auftragsunterbrechungen ist auch die Minimierung der Verspätung und zwar selbst beim Vorliegen von Bereitstellungsterminen ein mit polynomialem Aufwand lösbares Optimierungsproblem.

Satz 37 (Minimierung der Verspätung bei Unterbrechbarkeit der Aufträge)

Das $[\text{UP}|\,|V_{max}]$- und das $[\text{UP}|a_i|V_{max}]$-Problem sind mit polynomialem Aufwand lösbar.

Beweis: s. Abschnitt zur Ressourcenbelegungsplanung im Internet.

Selbst wenn eine Unterbrechbarkeit von Aufträgen ausgeschlossen ist, sind diese Resultate hilfreich, da jede Lösung eines Problems mit dem Zulassen von Auftragsunterbrechungen eine untere Schranke für die Gesamtbearbeitungszeit des Problems ohne Auftragsunterbrechungen ist. (Diese Aussage folgt aus der Tatsache, dass bei einem konkreten $[\alpha|\beta|\gamma]$-Problem $\Re$ ohne Auftragsunterbrechungen das Zulassen von Auftragsunterbrechungen die Menge der zulässigen Belegungspläne erhöht.)

Nicht immer führt das Zulassen von Unterbrechungen zu einem mit polynomialem Aufwand lösbaren Optimierungsproblem. Ein Beispiel ist die Minimierung des Durchschnitts der gewichteten Fertigstellungszeitpunkte; s. Satz 38 im Vergleich zu Satz 34. Im Gegenteil: Bei der Minimierung der durchschnittlichen Fertigstellungszeitpunkte erhöht das Zulassen von Unterbrechungen die Problemkomplexität; s. Satz 39.

Satz 38 (Komplexität des $[\text{IP}|\text{pmtn}|\sum w_i \cdot F_i]$-Problems)

Das $[\text{IP}|\text{pmtn}|\sum w_i \cdot F_i]$-Problem ist NP-vollständig.

Beweis: s. Abschnitt zur Ressourcenbelegungsplanung im Internet.

Satz 39 (Minimierung der durchschnittlichen Fertigstellungszeitpunkte)

Das $[\text{HP}|\text{pmtn}|\sum F_i]$-Problem ist NP-vollständig.

Beweis: s. Abschnitt zur Ressourcenbelegungsplanung im Internet.

Liegen zwei parallele Stationen vor, so ist aufgrund der NP-Vollständigkeit von dem $[\text{IP2}|\,|Z]$-Problem nach Satz 35 das resultierende Ressourcenbelegungsplanungsproblem für jedes (hier betrachtete) Zielkriterium ein NP-vollständiges Optimierungsproblem (identische parallele Stationen ist ein Spezialfall von uniformen und heterogenen parallelen Stationen). Somit besteht keine Hoffnung, die in der industriellen Praxis auftretenden Ressourcenbelegungsplanungsprobleme (z.B. s. Abbildung 1) mit polynomialem Aufwand optimal lösen zu können. Entsprechendes dürfte deswegen generell für Planungsprobleme in der Produktionslogistik gelten. Genauso wie bei Ein-Stationen-Problemen sind in der Literatur eine Reihe von suboptimalen (heuristischen) Lösungsverfahren angegeben worden, die mit polynomialem Aufwand Belegungspläne berechnen, die in der Literatur überwiegend als gut brauchbar eingestuft werden. Ebenso existieren exakte Verfahren, von denen einige nach dem Verzweige-und-Begrenze-Verfahren arbeiten. Für einen Einstieg sei auf das Buch [DoSV93] verwiesen.

3.4 Fließfertigungsprobleme

Bei einem Fließfertigungsproblem sind N Aufträge auf M Stationen zu bearbeiten. Jeder Auftrag j besteht aus genau M Arbeitsgängen, die die Stationen jeweils in der Stationenfolge $\mu_j = [1, 2, \ldots, M]$ zu durchlaufen haben. Das folgende Beispiel 14 möge dies illustrieren.

Beispiel 14 (Fließfertigung)

Von einem Möbelproduzenten werden Tische mit drei und vier Beinen, unterschiedlichen Hölzern für die Tischflächen und die Beine sowie verschiedenen Lackierungen hergestellt. Vor Produktionsbeginn wird für einen Tisch seine Tischfläche, seine Tischbeine und die Lacke für seine Lackierung aus dem Lager für Holz und dem für Lack entnommen, s. Abbildung 20. Die Arbeitsgänge bestehen aus dem Bohren der Tischfläche, dem Mischen der Lacke, dem Bohren der Tischbeine, dem Montieren eines Tisches, aus seinen Tischbeinen und seiner Tischfläche, sowie dem Lackieren und anschließendem Trocknen eines Tisches. Diese Arbeitsgänge erfolgen jeweils auf eigenen Stationen, die in einer Linie angeordnet sind, s. Abbildung 20. Nach Verlassen der Fertigungslinie werden die Tische als Fertigteile in das so bezeichnete Lager eingelagert, s. Abbildung 20.

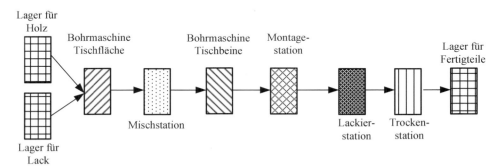

Abbildung 20: schematische Darstellung der Fließfertigung

Es sei betont, dass bei der hier betrachteten Fließfertigung von einer Variante ausgegangen wird, die häufig als ungetaktet bezeichnet wird. Bei dieser Fließfertigung geht jeder Auftrag, nach der Bearbeitung an der ersten Station, direkt zur zweiten Station weiter. Wenn die zwei-

3.4 Fließfertigungsprobleme

te Station frei ist, wird der Auftrag sofort bearbeitet. Wenn sie besetzt ist, wird er bearbeitet, sobald die Station frei wird (wartet noch ein anderer Auftrag auf die Bearbeitung durch die Station, so wird einer der wartenden Aufträge sofort durch die Station bearbeitet). Nach der Bearbeitung geht der Auftrag zur dritten Station und so weiter. Demgegenüber wird bei der so genannten getakteten Fließfertigung die Bearbeitung der Aufträge über alle Stationen synchronisiert. An allen Stationen kommen im gleichen Takt Aufträge an.

Bei einer Fließfertigung wird (wie in Definition 4 bereits angegeben) jeder Auftrag auf jeder Station genau einmal bearbeitet. Die Reihenfolge, in der die Stationen besucht werden, ist für alle Aufträge die gleiche. Zwischen den einzelnen Stationen können Aufträge zwischengelagert werden; die Lagerkapazität für die Zwischenlagerung ist unbegrenzt.

Mögliche konkrete Belegungspläne für eine Linienfertigung mögen durch das folgende Beispiel 15 transparent werden.

Beispiel 15 (Belegungspläne für eine Linienfertigung)

Es werden zwei Stationen bei einer Tischherstellung betrachtet, nämlich eine Lackier- und eine Trockenstation (s. Tabelle 12). An der Lackierstation wird ein Tisch lackiert und an der folgenden Trockenstation getrocknet. Nun muss es entschieden werden, in welcher Reihenfolge die Aufträge an der Lackier- und an der Trockenstation bearbeitet werden sollen.

Auftrag Station	1 (Wohn-zimmer-tisch)	2 (Schreib-tisch)	3 (Konfe-renztisch)	4 (Küchentisch)	5 (Esszim-mertisch)
M_1 Lackstation	2 h	3 h	6 h	1 h	4 h
M_2 Trockenstation	4 h	2 h	3 h	2 h	3 h

Tabelle 12: Belegungszeiten mehrerer Aufträge auf zwei Stationen

Zunächst werden nur die Aufträge 1 und 2 betrachtet. Die vier Möglichkeiten, wie die Aufträge 1 und 2 auf den beiden Stationen bearbeitet werden können, sind in der Abbildung 21 dargestellt. Der Abbildung folgend ist die Lösung A optimal. Es werden an der Lackierstation zuerst ein Wohnzimmertisch und danach ein Schreibtisch lackiert. An der Trockenstation werden die Aufträge in der gleichen Reihenfolge bearbeitet. Die Gesamtbearbeitungszeit beträgt 8 Stunden.

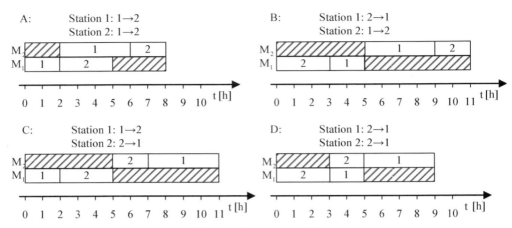

Abbildung 21: Gantt-Diagramme vier möglicher Bearbeitungsreihenfolgen

Einige Lösungsverfahren für Fließfertigungsprobleme ermitteln nur Auftragsfolgen und ein Belegungsplan ergibt sich dadurch, dass an allen Stationen einer Fertigungslinie die Aufträge nach dieser einen Auftragsreihenfolge bearbeitet werden. In der Literatur wird von so genannten Permutationsplänen gesprochen; nach Definition 4 liegt eine Permutations-Fließfertigung vor.

Definition 25 (Permutationsplan)

Pläne, bei denen die Aufträge auf allen Stationen in der gleichen Reihenfolge bearbeitet werden, heißen Permutationspläne.

Die Einschränkung des Lösungsraums durch die Beschränkung auf Permutationspläne möge das obige Beispiel 15 illustrieren.

Eine Beschränkung des Lösungsraums auf $(N!)$-Auftragsfolgen (Permutationspläne), bei einer Linienfertigung mit N Aufträgen, ist in vielen Fällen möglich, ohne dass ein Verlust an erreichbarer Belegungsgüte auftritt. Hierfür grundlegende Resultate wurden von Conway, Maxwell und Miller [CoMM67] bewiesen. Sie sind in dem folgenden Satz 40 angegeben.

Satz 40 (Beschränkung auf gleiche Auftragsreihenfolgen)

- Für ein reguläres Zielkriterium (δ) besitzt jedes $[F| \ |\delta]$-Problem einen optimalen Belegungsplan, bei dem die Auftragsreihenfolgen auf der ersten und zweiten Station der Linie identisch sind.
- Jedes $[F| \ |F_{max}]$-Problem besitzt einen optimalen Belegungsplan, dessen Auftragsfolgen auf der letzten und der vorletzten Station gleich sind.

Beweis: s. Abschnitt zur Ressourcenbelegungsplanung im Internet.

Damit besitzen alle zweistufigen Fertigungslinien aus zwei Stationen mit regulären Zielkriterien eine Auftragsfolge (Permutationsplan) als optimalen Belegungsplan. Für die Minimie-

3.4 Fließfertigungsprobleme

rung der Gesamtbearbeitungszeit (Z) von dreistufigen Fertigungslinien aus drei Stationen zeigte French in [Fren82] den Satz 41.

Satz 41 (Beschränkung auf gleiche Auftragsreihenfolgen bei der Minimierung von Z)

Jedes $[F| \ |Z]$-Problem besitzt eine optimale Lösung mit identischer Auftragsreihenfolge sowohl auf den ersten beiden Stationen als auch auf den letzten beiden Stationen.

Beweis: s. Abschnitt zur Ressourcenbelegungsplanung im Internet.

Aus Satz 41 folgt unmittelbar die Beschränkbarkeit auf Permutationspläne bei Zwei- und Drei-Problemen mit der Minimierung der Gesamtbearbeitungszeit (Z) als Zielkriterium; dies ist in Lemma 5 formalisiert.

Lemma 5 (Beschränkbarkeit auf Permutationspläne bei der Minimierung von Z)

Für die Probleme $[F2| \ |F_{max}]$ und $[F3| \ |F_{max}]$ gibt es stets einen Permutationsplan, der einen optimalen Plan darstellt.

Beweis: s. Abschnitt zur Ressourcenbelegungsplanung im Internet.

Für das Zwei-Stationen-Problem $[F2| \ |F_{max}]$ liefert die Johnson-Bedingung (s. [John54]) einen optimalen Permutationsplan. Dem Problem liegen folgende Annahmen zugrunde: Zu bearbeiten sind N Aufträge mit der Bearbeitungszeit $t_{i,j}$ für alle $i = 1, ..., N$ und $j = 1, 2$. Alle Aufträge müssen die beiden Stationen in der Reihenfolge Station M_1 vor Station M_2 durchlaufen.

Die Johnson-Bedingung lautet nun:

Eine Auftragsfolge $(A_i)_{i=1}^N$ ist optimal, wenn für zwei beliebige Aufträge A_{i_1} und A_{i_2} mit $i_1 < i_2$ die Bedingung $\min\{t_{i_1,1}, t_{i_2,2}\} \leq \min\{t_{i_1,2}, t_{i_2,1}\}$ erfüllt ist.

Aus der Johnson-Bedingung ergibt sich das folgende Verfahren.

Algorithmus 4 (Johnson-Algorithmus)

Voraussetzung: Daten eines $[F2| \ |F_{max}]$-Problems in der folgenden Form: Es werden N Aufträge $(A_i, 1 \leq i \leq N)$ an zwei Stationen M_1 und M_2 in dieser Reihenfolge bearbeitet. Die Bearbeitungszeit von Auftrag A_i an Station M_j beträgt $t_{i,j}$ Zeiteinheiten, für alle $i = 1, ..., N$ und $j = 1, 2$.

Variablen:

Zwei Mengen an Aufträgen N_1 und N_2

Anweisungen:

Schritt 1: Unterteile die Menge der Aufträge in zwei disjunkte Teilmengen $N_1 = \{A_i \mid t_{i,1} \leq t_{i,2}\}$ und $N_2 = \{A_i \mid t_{i,1} > t_{i,2}\}$.

Schritt 2:

1. Sortiere die Aufträge aus N_1 hinsichtlich der Bearbeitungszeiten auf Station M_1 nach monoton steigenden $t_{i,1}$ (KOZ-Regel auf N_1), wodurch eine Auftragsfolge AF_1 entsteht.
2. Sortiere die Aufträge aus N_2 hinsichtlich der Bearbeitungszeiten auf Station M_2 nach monoton fallenden $t_{i,2}$ („Längste Operationszeit"-Regel (LOZ)-Regel auf N_2), wodurch eine Auftragsfolge AF_2 entsteht.

Schritt 3: Konkatenation der beiden Auftragsfolgen $Я = AF_1 \circ AF_2$

Ergebnis: Auftragsfolge $Я$

Das folgende Beispiel 16 möge das Johnson-Verfahren illustrieren.

Beispiel 16 (Johnson-Algorithmus)

Es wird ein Beispiel mit folgenden Bearbeitungszeiten betrachtet:

Auftrag	Wohnzim- mertisch (1)	Schreibtisch (2)	Konferenz- tisch (3)	Küchentisch (4)	Esszimmer- tisch (5)
$t_{i,1}$	2 h	3 h	1 h	3 h	4 h
$t_{i,2}$	5 h	2 h	4 h	3 h	1 h

Tabelle 13: Bearbeitungszeiten für eine Tischproduktion

Im Schritt 1 werden alle Aufträge in zwei Teilmengen unterteilt. Dadurch ergeben sich die beiden Teilmengen $N_1 = \{1, 3, 4\}$ und $N_2 = \{2, 5\}$.

Im Schritt 2 werden die Teilmengen N_1 und N_2 sortiert:

- N_1 nach monoton zunehmenden $t_{i,1}$, wodurch die Auftragsfolge $AF_1 = [3, 1, 4]$ entsteht und
- N_2 nach monoton abnehmenden $t_{i,2}$, wodurch die Auftragsfolge $AF_2 = [2, 5]$ entsteht.

Als Ergebnis wird ein optimaler Plan durch die Konkatenation $AF_1 \circ AF_2 = [3, 1, 4, 2, 5]$ mit einer Zykluszeit von 16 h gebildet. Sein Gantt-Diagramm ist in Abbildung 22 aufgezeichnet.

3.4 Fließfertigungsprobleme

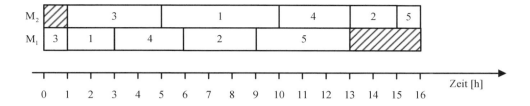

Abbildung 22: Gantt-Diagramm zu einer Lösung mit dem Johnson-Algorithmus

Bemerkung: Der Johnson-Algorithmus geht davon aus, dass zwischen den beiden betrachteten Stationen keine Lagerkapazitätsbeschränkungen existieren. Dies wird an dem Auftragsbestand zwischen zwei Stationen deutlich. Bei der Bearbeitung der Aufträge aus N_1 nimmt die Anzahl der Aufträge, die zwischen den beiden Stationen auf die Bearbeitung auf der zweiten Station warten, tendenziell monoton zu. Analog nimmt diese Anzahl während der Bearbeitung der Aufträge aus N_2 dann wieder monoton ab.

Satz 42 (Laufzeit des Johnson-Algorithmus)

Der Johnson-Algorithmus hat eine Laufzeit von $O(N \cdot \log(N))$, wobei N die Anzahl an Aufträgen ist.

Beweis: s. Abschnitt zur Ressourcenbelegungsplanung im Internet.

Satz 43 (Optimalität des Johnson-Algorithmus)

Der Johnson-Algorithmus löst das $\left[F2 \mid \mid F_{max}\right]$-Problem optimal.

Beweis: s. Abschnitt zur Ressourcenbelegungsplanung im Internet.

Für die Komplexität ergibt sich aus Satz 43 und Satz 42 unmittelbar.

Satz 44 (polynomiale Lösbarkeit eines $\left[F2 \mid \mid F_{max}\right]$-Problems)

Das $\left[F2 \mid \mid F_{max}\right]$-Problem ist mit einem Aufwand von $O(N \cdot \log(N))$, wobei N die Anzahl an Aufträgen ist, lösbar.

Beweis: s. Abschnitt zur Ressourcenbelegungsplanung im Internet.

Leider liegt bereits bei drei Stationen ein NP-vollständiges Optimierungsproblem vor; dies ist in Satz 45 formalisiert.

Satz 45 (Laufzeit des $\left[F3 \mid \mid F_{max}\right]$-Problems)

Das $\left[F3 \mid \mid F_{max}\right]$-Problem ist NP-vollständig.

Beweis: s. Abschnitt zur Ressourcenbelegungsplanung im Internet.

Wird der Lösungsraum auf Permutationspläne reduziert, es liegt also eine Permutations-Fließfertigung (s. Definition 4) vor, so handelt es sich wegen Satz 41 und Satz 45 um ein NP-vollständiges Optimierungsproblem; dies ist in Lemma 6 formalisiert.

Lemma 6 (Laufzeit des $\left[\text{PF3}|\,|F_{max}\right]$-Problems)

Das $\left[\text{PF3}|\,|F_{max}\right]$-Problem ist NP-vollständig.

Beweis: s. Abschnitt zur Ressourcenbelegungsplanung im Internet.

Trotz Satz 45 existieren eine Vielzahl an Fließfertigungsproblemen, die mit einem auf der Johnson-Bedingung beruhenden Verfahren optimal gelöst werden können. Dabei liegen deren Laufzeiten überwiegend in der gleichen Größenordnung wie die Laufzeit des Johnson-Verfahrens selbst.

Zunächst lässt sich die Johnson-Bedingung selbst auf eine M-stufige Linienfertigung aus den Stationen M_1 bis M_M übertragen. Eine Auftragsfolge $\left(A_i\right)_{i=1}^N$ löst dieses Fließfertigungsproblem optimal, wenn für zwei beliebige Aufträge A_{i_1} und A_{i_2}, mit $i_1 < i_2$, und für zwei beliebige Stationen M_j und M_k, mit $j \neq k$, $\min\{t_{i_1,j}, t_{i_2,k}\} \leq \min\{t_{i_1,k}, t_{i_2,j}\}$ erfüllt ist.

Der Johnson-Algorithmus ist direkt anwendbar, sofern Stationen so zusammengefasst werden können, dass ein $\left[F2|\,|F_{max}\right]$-Problem entsteht.

Auch ein [F3| M_2 ist Nichtengpaß-Station|Z]-Problem ist durch den Johnson-Algorithmus optimal lösbar. Hierzu wird eine zweistufige Linienfertigung konstruiert, deren Stationen M_1' und M_2' für jeden Auftrag A_i die Bearbeitungszeiten $t_{i,1}' = t_{i,1} + t_{i,2}$ und $t_{i,2}' = t_{i,2} + t_{i,3}$ besitzen. Deswegen wird auch nach einer Zusammenfassung gesucht, durch die eben ein [F3| M_2 ist Nichtengpaß-Station|Z]-Problem entsteht.

Entscheidend ist nun, dass möglichst viele Stationen zusammengefasst werden können. Sehr umfassend gelingt dies durch das Konzept der Stationendominanz, welches Monma und Rinnooy Kan in [MoRK83] eingeführt haben. Eine Zusammenfassung dieses Konzepts findet sich in [Herr96]; dort finden sich auch Hinweise auf eine Erweiterung dieses Ansatzes.

Bei Ein-Stationen-Problemen führte die Berücksichtigung von Auftragsfreigabeterminen bei fast allen Zielkriterien nach Satz 2 zu einem NP-vollständigen Optimierungsproblem. Allerdings nicht bei der Minimierung der Gesamtbearbeitungszeit; es sei angemerkt, dass der Johnson-Algorithmus das $\left[1|a_i \geq 0|F_{max}\right]$-Problem optimal löst. Sind Auftragsfreigabetermine bei einer Fließfertigung mit zwei Stationen zu berücksichtigen, so liegt ein NP-vollständiges Optimierungsproblem vor; mit anderen Worten: das $\left[F2|a_i|F_{max}\right]$-Problem ist NP-vollständig und damit auch das $\left[F2|a_i,n_i|F_{max}\right]$-Problem.

Die restriktive Formulierung in Satz 40 und Satz 41 lässt erahnen, dass eine Beschränkung auf Permutationspläne bereits ab vier Stationen nicht ausreicht, selbst dann, wenn lediglich die Gesamtbearbeitungszeit zu minimieren ist.

Satz 46 (Optimalität eines Permutationsplans bei einem $\left[Fm\middle|\;\middle|F_{max}\right]$-Problem mit $m \geq 4$)

Bei einer Fließfertigung mit mehr als drei Stationen ist der Plan, der die Gesamtbearbeitungszeit minimiert, nicht notwendigerweise ein Permutationsplan.

Beweis: s. Abschnitt zur Ressourcenbelegungsplanung im Internet.

Potts, Shmoys und Williamson haben in [PoSW91] den Verlust an erreichbarer Lösungsgüte bei einer Beschränkung auf Permutationspläne untersucht. Sie konstruierten Familien von Beispielen, bei denen das Verhältnis der minimalen Gesamtbearbeitungszeit (Z_P) von allen Permutationsplänen zu der tatsächlichen minimalen Gesamtbearbeitungszeit Z von allen möglichen Belegungsplänen der Formel $\frac{Z_P}{Z} \geq \frac{\sqrt{M}}{2}$, wobei M die Anzahl an Stationen ist, genügt; das Verhältnis steigt somit mit zunehmender Anzahl an Stationen an.

Dennoch wird in der Literatur für praktische Probleme die mit Permutationsplänen erzielbare Lösungsgüte auch für eine Stationenanzahl größer als drei im Allgemeinen als ausreichend angesehen (s. [DoSV93]). Auch für alternative Zielkriterien wie die Minimierung der mittleren Durchlaufzeit bzw. der mittleren Verspätung beschränken sich die Arbeiten (vgl. insbesondere [DoSV93]) zumeist auf die Bestimmung von Permutationsplänen.

Alternativ bietet es sich an, für allgemeine Fließfertigungsprobleme mit mindestens vier Stationen ein Verfahren zur Lösung von Werkstattfertigungsproblemen zu verwenden. Es sei betont, dass es sich dabei in der Regel nicht um ein optimales Verfahren handeln wird.

3.5 Werkstattfertigungsprobleme

In Werkstattfertigungsproblemen ist die Reihenfolge, in der die Arbeitsgänge eines Auftrags auf den unterschiedlichen Stationen bearbeitet werden müssen, für jeden Auftrag festgelegt. Im Gegensatz zu einer Fließfertigung variiert hier jedoch die Stationenreihenfolge der Arbeitsgänge zu den unterschiedlichen Aufträgen. Werkstattfertigungsprobleme werden in der Regel in der „klassischen" Form vorgestellt, in der jeder Stationentyp nur genau einmal vorhanden ist und jeder Auftrag auf jeder Station genau einmal bearbeitet werden muss. Das folgende Beispiel 17 möge eine Werkstattfertigung erläutern.

Beispiel 17 (Werkstattfertigung)

Von einem Möbelproduzenten werden unterschiedliche Tische hergestellt. Dazu sind Tischflächen und Tischbeine zu bohren, zu lackieren und zusammenzusetzen. In der Werkstattfertigung existiert dazu eine Bohrmaschine, eine Michstation für Lacke, eine Lackierstation, eine Trockenstation und eine Montagestation, s. Abbildung 23. Tischflächen und Tischbeine werden im Lager für Holz und Lacke im Lager für Lack gelagert. Ein produzierter Tisch wird im Fertigteilelager eingelagert, s. Abbildung 23. Unterschiedliche Arbeitsgänge können beispielsweise durch eine unterschiedliche Position des Lackierens entstehen. So könnte vor bzw. nach dem Montieren lackiert werden. So werden beim Auftragstyp 1 zuerst die Tischfläche und -beine gebohrt, danach wird der Tisch montiert und schließlich der komplette Tisch lackiert und getrocknet, s. Abbildung 23. Demgegenüber werden beim Auftragstyp 2 gebohrte Tischflächen und -beine zuerst lackiert sowie getrocknet und danach zu einem Tisch montiert, s. Abbildung 23.

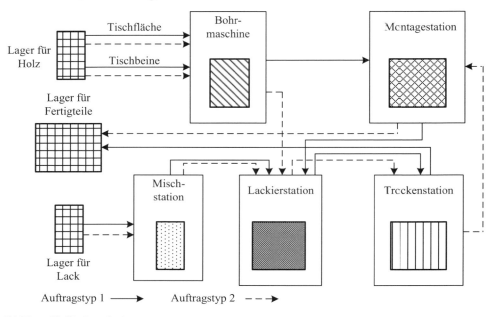

Abbildung 23: Werkstattfertigung

Die Ergebnisse zu den Rechenaufwänden für Ein-Stationen-Probleme (s. Abschnitt 3.2) und für Fließfertigungsprobleme mit der Minimierung der Gesamtbearbeitungszeit als Zielkriterium (s. Abschnitt 3.4) lässt vermuten, dass nur wenige spezielle Werkstattfertigungsprobleme existieren, die mit polynomialem Aufwand lösbar sind.

Ein solcher Spezialfall ist ein Zwei-Stationen-Problem, bei dem die Aufträge aus höchstens zwei Arbeitsgängen bestehen. Es handelt sich folglich um ein Problem der Form $\left[J2 \vert O_i \leq 2 \vert F_{max} \right]$. Es ist durch die Reduktion auf Fließfertigungsprobleme mit zwei Stationen lösbar, die mit dem Johnson-Algorithmus gelöst werden. Dazu werden die Aufträge, die von den beiden Stationen in der gleichen Reihenfolge bearbeitet werden, als eine Linienfertigung betrachtet. Da zwei Reihenfolgen der Stationen möglich sind, liegen zwei Probleme der Form $\left[F2 \vert \vert F_{max} \right]$ vor. Zusätzlich ist noch zu berücksichtigen, dass Aufträge nur von einer der bei-

3.5 Werkstattfertigungsprobleme

den Stationen bearbeitet werden könnten. Das Gesamtverfahren ist als Jackson-Verfahren in der Literatur bekannt.

Algorithmus 5 (Verfahren von Jackson)

Voraussetzung: Daten eines $\left[J2 \mid O_i \leq 2 \mid F_{max} \right]$-Problems in der folgenden Form. Es werden N Aufträge auf maximal zwei Stationen M_1 und M_2 in einer beliebigen, aber festen Reihenfolge bearbeitet; diese Reihenfolge ist für jeden Auftrag bekannt. Die Bearbeitungszeit von Auftrag A_i an Station M_j beträgt $t_{i,j}$ Zeiteinheiten, für alle $i = 1, ..., N$ und $j = 1, 2$. Wird ein Auftrag A_i an Station M_j nicht bearbeitet, so ist $t_{i,j} = 0$.

Variablen

vier Mengen an Aufträgen N_1, N_2, $N_{1,2}$ und $N_{2,1}$

Anweisungen

Start:

- Die Menge N_1 ist die Menge an Aufträgen, die nur auf der Station M_1 bearbeitet werden müssen.
- Die Menge N_2 ist die Menge an Aufträgen, die nur auf der Station M_2 bearbeitet werden müssen.
- Die Menge $N_{1,2}$ ist die Menge an Aufträgen, die zuerst auf der Station M_1 und dann auf der Station M_2 bearbeitet werden müssen.
- Die Menge $N_{2,1}$ ist die Menge an Aufträgen, die zuerst auf der Station M_2 und dann auf der Station M_1 bearbeitet werden müssen.

Schritt 1: Berechne eine optimale Auftragsfolge für das durch $N_{1,2}$ bestimmte Fließfertigungsproblem. (Es besteht aus Station M_1 gefolgt von Station M_2 auf der die Aufträge $N_{1,2}$ zu fertigen sind.) Das Resultat ist die Liste $L_{1,2}$.

Schritt 2: Berechne eine optimale Auftragsfolge für das durch $N_{2,1}$ bestimmte Fließfertigungsproblem. (Es besteht aus Station M_2 gefolgt von Station M_1 auf der die Aufträge $N_{2,1}$ zu fertigen sind.) Das Resultat ist die Liste $L_{2,1}$.

Schritt 3: Bilde eine beliebige Auftragsfolge A_{N_1} für N_1 und eine beliebige Auftragsfolge A_{N_2} für N_2.

Schritt 4: Bilde die Konkatenation $L_1 = L_{1,2} \circ A_{N_1} \circ L_{2,1}$.

Schritt 5: Bilde die Konkatenation $L_2 = L_{2,1} \circ A_{N_2} \circ L_{1,2}$.

Ergebnis: L_1 ist die Auftragsfolge für M_1 und L_2 die Auftragsfolge für M_2.

Bemerkung 4 (Verfahren von Jackson)

- Durch den Schritt „Start" werden Fließfertigungsprobleme mit zwei Stationen gebildet.
- Im Detail lautet Schritt 1: Unter den Aufträgen $A_i \in N_{1,2}$ werden zuerst diejenigen mit $t_{i,1} \leq t_{i,2}$, geordnet nach monoton steigenden $t_{i,1}$ (KOZ-Regel auf diese Auftragsmenge bezüglich M_1 bzw. geordnet nach nicht fallenden $t_{i,1}$), gefertigt und danach diejenigen mit $t_{i,1} > t_{i,2}$, geordnet nach monoton fallenden $t_{i,2}$ („Längste Operationszeit"-Regel (LOZ-Regel) auf diese Auftragsmenge bezüglich M_2 bzw. geordnet nach nicht wachsenden $t_{i,2}$), produziert.
- Im Detail lautet Schritt 2: Unter den Aufträgen $A_i \in N_{2,1}$ werden zuerst diejenigen mit $t_{i,2} \leq t_{i,1}$, geordnet nach monoton steigenden $t_{i,2}$ (KOZ-Regel auf diese Auftragsmenge bezüglich M_2 bzw. geordnet nach nicht fallenden $t_{i,2}$), produziert und danach diejenigen mit $t_{i,2} > t_{i,1}$, geordnet nach monoton fallenden $t_{i,1}$ („Längste Operationszeit"-Regel (LOZ-Regel) auf diese Auftragsmenge bezüglich M_1 bzw. geordnet nach nicht wachsenden $t_{i,1}$), gefertigt.

Beispiel 18 (Verfahren von Jackson)

Acht Möbelstücke werden durch zwei Stationen auf unterschiedliche Art und Weise durch ein oder zwei Arbeitsgänge veredelt. Dadurch werden die Aufträge von beiden Stationen in beiden Richtungen durchlaufen und auch das Bearbeiten durch nur eine Station ist möglich. Die einzelnen Bearbeitungsdauern der Aufträge auf den beiden Stationen sind in Tabelle 14 aufgelistet, wobei der zuerst auszuführende Arbeitsgang jeweils durch einen Stern gekennzeichnet ist.

Auftrag i	1	2	3	4	5	6	7	8
$t_{i,1}$ [h]	1	3*	1	2	2	2*	0	4*
$t_{i,2}$ [h]	0	4	4*	3*	2*	3	1	1

Tabelle 14: Bearbeitungszeiten für beide Stationen

Damit ergeben sich die folgenden Mengen:

$N_1 = \{1\}$,

$N_2 = \{7\}$,

$N_{1,2} = \{2, 6, 8\}$ und $N_{2,1} = \{3, 4, 5\}$.

Die Anwendung von Schritt 1 bedeutet im Detail:

Das durch die Auftragsmenge $N_{1,2}$ bestimmte Fließfertigungsproblem besteht aus der Station 1 gefolgt von der Station 2. Nach dem Johnson-Verfahren zerfällt $N_{1,2}$ in die Menge $\overline{N}_1 = \{2,6\}$ der Aufträge mit $t_{i,1} \leq t_{i,2}$ und die Menge $\overline{N}_2 = \{8\}$ der Aufträge mit $t_{i,1} > t_{i,2}$. $\overline{N}_1$ wird nach der KOZ-Regel bezogen auf die Station 1 sortiert, wodurch die Auftragsfolge $\overline{L}_1 = [6,2]$ entsteht. $\overline{N}_2$ ist als einelementige Menge nicht zu sortieren und führt zu der Auftragsfolge $\overline{L}_2 = [8]$. Die Konkatenation der beiden Listen führt zu der Auftragsfolge $L_{1,2} = [6,2,8]$.

Die Anwendung von Schritt 2 bedeutet im Detail:

Das durch die Auftragsmenge $N_{2,1}$ bestimmte Fließfertigungsproblem besteht aus der Station 2 gefolgt von der Station 1. Nach dem Johnson-Verfahren zerfällt $N_{2,1}$ in die Menge $\overline{N}_1 = \{5\}$ der Aufträge mit $t_{i,2} \leq t_{i,1}$ und die Menge $\overline{N}_2 = \{3,4\}$ der Aufträge mit $t_{i,2} > t_{i,1}$. $\overline{N}_1$ ist als einelementige Menge nicht zu sortieren und führt zu der Auftragsfolge $\overline{L}_1 = [5]$. $\overline{N}_2$ wird nach der LOZ-Regel bezogen auf die Station 1 sortiert, wodurch die Auftragsfolge $\overline{L}_2 = [4,3]$ entsteht. Die Konkatenation der beiden Listen führt zu der Auftragsfolge $L_{2,1} = [5,4,3]$.

Damit ist nach Schritt 3: $\mathcal{A}_{N_1} = [1]$ ist die Auftragsfolge für N_1 und $\mathcal{A}_{N_2} = [7]$ ist diejenige für N_2.

Nach Schritt 4 ist $L_1 = [6,2,8,1,5,4,3]$.

Nach Schritt 5 ist $L_2 = [5,4,3,7,6,2,8]$.

Damit ist $[6,2,8,1,5,4,3]$ die optimale Auftragsreihenfolge auf M_1 und $[5,4,3,7,6,2,8]$ die optimale Auftragsreihenfolge auf M_2. Das Balkendiagramm für den entsprechenden optimalen Plan ist in der folgenden Abbildung (s. Abbildung 24) wiedergegeben. Seine Gesamtbearbeitungszeit beträgt 18 Stunden.

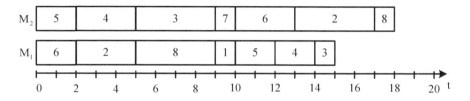

Abbildung 24: Gantt-Diagramm zum Beispiel für das Jackson-Verfahren

Satz 47 (Laufzeit von dem Jackson-Algorithmus)

Der Jackson-Algorithmus hat eine Laufzeit von $O(N \cdot \log(N))$, wobei N gleich der Anzahl an Aufträgen ist.

Beweis: s. Abschnitt zur Ressourcenbelegungsplanung im Internet.

Satz 48 (Optimalität des Jackson-Algorithmus)

Der Jackson-Algorithmus löst das $[J2|O_i \leq 2|F_{max}]$-Problem optimal.

Beweis: s. Abschnitt zur Ressourcenbelegungsplanung im Internet.

Daraus folgt die polynomiale Lösbarkeit eines $[J2|O_i \leq 2|F_{max}]$-Problems.

Satz 49 (polynomiale Lösbarkeit eines $[J2|O_i \leq 2|F_{max}]$-Problems)

Das $[J2|O_i \leq 2|F_{max}]$-Problem ist mit einem Aufwand von $O(N \cdot \log(N))$, wobei N die Anzahl an Aufträgen ist, lösbar.

Beweis: s. Abschnitt zur Ressourcenbelegungsplanung im Internet.

Werkstattfertigungsprobleme mit zwei Aufträgen und einer regulären Zielfunktion (i. e. die Zielfunktion $f(F_1, F_2)$ ist eine monotone nicht fallende Funktion der Fertigstellungszeitpunkte F_1 und F_2) können auf ein kürzestes Wegeproblem in einem geeigneten Graphen zurückgeführt werden und sind deswegen mit einem polynomialem Aufwand lösbar. Brucker spezifiziert in [Bruc03] diesen speziellen Graphen und gibt einen Algorithmus zur Überführung eines Belegungsplanungsproblems in diesen Graphen mit polynomialem Aufwand an. Es sei angemerkt, dass das kürzeste Wegeproblem in Graphen einen polynomialen Aufwand hat.

Bereits die Erhöhung der Anzahl an Stationen und Aufträge um 1, führt bei den Zielkriterien der maximalen Fertigstellungszeit und der Summe an Fertigstellungszeiten zu NP-vollständigen Optimierungsproblemen; s. [SoSh95].

Satz 50 (Aufwand bei 3 Stationen und 3 Aufträgen)

Das $[J3|N = 3|F_{max}]$-Problem und das $[J3|N = 3|\sum F_i]$-Problem sind NP-vollständig.

Beweis: s. Abschnitt zur Ressourcenbelegungsplanung im Internet.

Werden beliebig viele Aufträge mit beliebig vielen Arbeitsgängen zugelassen und ist weiterhin die maximale Fertigstellungszeit zu minimieren – es handelt sich um ein $[J2|\ |F_{max}]$-Problem –, so liegt ebenfalls ein NP-vollständiges Optimierungsproblem vor.

Satz 51 (Aufwand bei zwei Stationen und der Minimierung von Z)

Das $[J2|\ |F_{max}]$-Problem ist NP-vollständig.

Beweis: s. Abschnitt zur Ressourcenbelegungsplanung im Internet.

3.5 Werkstattfertigungsprobleme

Eine Beschränkung auf eine feste Anzahl (k) an Aufträgen – also das $\left[J2|N=k|F_{max}\right]$-Problem – ist mit polynomialem Aufwand lösbar, selbst dann, wenn beliebig viele aufeinanderfolgende Arbeitsgänge eines Auftrags auf einer Station zu bearbeiten sind. Brucker führt in [Bruc03] ein solches Problem mit einer von k und der Anzahl an Arbeitsgängen abhängenden Anzahl an Schritten auf ein kürzestes Wegeproblem mit einer ebenfalls von k und der Anzahl an Arbeitsgängen abhängenden Anzahl an Pfeilen zurück. Im Detail handelt es sich um einen nicht zyklischen Graphen mit $O(r^k)$ Pfeilen, mit $r = \max_{i=1}^{N}(O_i)$, welcher in $O(r^{2 \cdot k})$ Schritten erzeugt werden kann. Damit beträgt die Gesamtkomplexität $O(r^{2 \cdot k})$. Aus diesem Verfahren entwickelte Brucker einen Algorithmus mit einem Aufwand von $O(r^4)$ zur Lösung des $\left[J2|N=3|F_{max}\right]$-Problems, wobei kein Auftrag an einer Station wiederholt (zweimal) bearbeitet wird; s. [Bruc03].

Satz 52 (Aufwand bei 2 Stationen und einer beschränkten Anzahl an Aufträgen)

Das $\left[J2|N=k|F_{max}\right]$-Problem ist mit einem Aufwand von $O(r^{2 \cdot k})$ mit $r = \max_{i=1}^{k}(O_i)$, wobei O_i die Anzahl der Operationen des i-ten Auftrags ist, lösbar.

Beweis: s. Abschnitt zur Ressourcenbelegungsplanung im Internet.

Aus den obigen Ausführungen folgt, dass das allgemeine Werkstattfertigungsproblem ($\left[J\,|\,F_{max}\right]$-Problem) ein NP-vollständiges Optimierungsproblem ist. Dennoch ist es überraschend, dass es erst Ende der 1980er Jahre gelungen ist, ein bereits 1963 von Muth und Thompson (s. [MuTh63]) formuliertes „10x10"-Problem aus 10 Aufträgen mit 10 Operationen und 10 Stationen exakt mit einem Verzweige-und-Begrenze-Verfahren zu lösen. Generell wurden und werden Verzweige-und-Begrenze-Verfahren zur Lösung solcher Werkstattfertigungsprobleme (also $\left[J\,|\,F_{max}\right]$-Probleme) entwickelt. Eine Präzisierung ist in [Bruc03] im Detail angegeben. Die meisten der effizienten Verzweige-und-Begrenze-Verfahren basieren auf der Darstellung von Werkstattfertigungsproblemen durch einen so genannten disjunktiven Graphen. Dies trifft auch auf das in [Bruc03] angegebene Verzweige-und-Begrenze-Verfahren zu. Hierbei handelt es sich um ein grundlegendes Konzept, welches deswegen im Folgenden ausgeführt wird.

Dem Folgenden wird das allgemeine Werkstattfertigungsproblem $\left(\left[J\,|\,\gamma\right]\right)$ mit N Aufträgen, die auf M Stationen zu fertigen sind, zugrunde gelegt; die M Stationen werden durch M_j ($\forall\ 1 \leq j \leq M$) bezeichnet. Alle Aufträge liegen zu Beginn des Bearbeitungszeitraums vor ($a_i = 0$, $\forall\ 1 \leq i \leq N$). Jeder Auftrag A_i ($\forall\ 1 \leq i \leq N$) besteht aus einer festen, linearen Folge an Arbeitsgänge bzw. Operationen (also einer Arbeitsgangfolge) $o_{i,1}$, ..., o_{i,O_i} mit den Bearbeitungszeiten $t_{i,k}$, $\forall\ 1 \leq k \leq O_i$. Jeder Arbeitsgang $o_{i,k}$ ist auf einer vorgegebenen Station $M_{i,k}$ zu bearbeiten.

Zur Vereinfachung der folgenden Überlegungen (und Definitionen) wird ab jetzt vorausgesetzt, dass $O_i = O$ gilt und jeder Auftrag auf jeder Station genau einmal mit positiver Bearbeitungszeit zu fertigen ist. Damit ist $O = M$. Für den allgemeinen Fall gelten entsprechende Definitionen und Aussagen.

Definition 26 (disjunktiver Graph)

Zu einem $[J|\ |\gamma]$-Problem $(\Re)$ ist ein disjunktiver Graph $(G_\Re)$ mit der Knotenmenge V, der Pfeilmenge E sowie der Knotenbewertung c, also $G_\Re = (V, E, c)$, definiert durch (mit den vor der Definition angegebenen Bezeichnungen):

- Die Knotenmenge V besteht aus allen Operationen von $\Re$ sowie einer so genannten Quelle q und einer Senke s; also lautet V formal:
  $V = \{o_{i,k} | \forall\ 1 \leq i \leq N\ \wedge\ 1 \leq k \leq O\} \cup \{q, s\}$.
- Ein Knoten zu einer beliebigen Operation $o_{i,k}$ ($\forall\ 1 \leq i \leq N\ \wedge\ 1 \leq k \leq O$), die auf der Station $M_{i,k}$ bearbeitet wird, ist durch das Tupel aus seiner Bearbeitungszeit $(t_{i,k})$ und der Station $(M_{i,k})$, also $(t_{i,k}, M_{i,k})$, beschriftet und zwar formal durch die Knotenbewertung c, also $c(o_{i,k}) = (t_{i,k}, M_{i,k})$.
- Die Pfeilmenge E besteht aus den folgenden Pfeilen:
  - Je zwei unmittelbar aufeinanderfolgende Arbeitsgänge (einer Arbeitsgangfolge) eines Auftrags A_i, also $o_{i,k}$ und $o_{i,k+1}$ für ein $1 \leq k \leq (O-1)$ sind durch einen so genannten konjunktiven Pfeil $(o_{i,k}, o_{i,k+1})$ verbunden. Die Menge von allen konjunktiven Pfeilen ist die Menge $E_1 = \{(o_{i,k}, o_{i,k+1}) | \forall\ 1 \leq k \leq (O-1)\ \wedge\ \forall\ 1 \leq i \leq N\}$.
  - Je zwei verschiedene Arbeitsgänge o und o' (von unterschiedlichen Aufträgen), die auf derselben Station zu fertigen sind, sind durch die beiden so genannten disjunktiven Pfeile (o, o') und (o', o) verbunden. Es sei für eine beliebige Station M_j ($1 \leq j \leq M$) V_j die Menge der Knoten zu denjenigen Arbeitsgängen von $\Re$, die auf der Station M_j zu fertigen sind; also formal ist $V_j = \{o_{i,k} | \forall\ 1 \leq i \leq N \wedge 1 \leq k \leq O \wedge M_{i,k} = M_j\}$. Dann ist die Menge aller disjunktiver Pfeile die Menge $E_2 = \bigcup_{1 \leq j \leq N} \{(o, o') | \forall\ o, o' \in V_j \wedge o \neq o'\}$.
  - Die Quelle q ist mit jedem ersten Arbeitsgang der N Aufträge verbunden, also $(q, o_{i,1})$, $\forall\ 1 \leq i \leq N$, und jeder letzte Arbeitsgang der N Aufträge ist mit der Sen-

3.5 Werkstattfertigungsprobleme

ke s verbunden; also $(o_{i,O}, s)$, $\forall\ 1 \leq i \leq N$. $E_3 = \{(q, o_{i,1}) | \forall\ 1 \leq i \leq N\}$ und $E_4 = \{(o_{i,O}, s) | \forall\ 1 \leq i \leq N\}$ sind die Mengen dieser Pfeile.

Also besteht E formal aus: $E = E_1 \cup E_2 \cup E_3 \cup E_4$.

Anhand des folgenden Beispiels wird das schrittweise Erstellen eines disjunktiven Graphen vorgestellt.

Beispiel 19 (Erstellen eines disjunktiven Graphen)

Gegeben sei ein Werkstattfertigungsproblem $([J|N=2|Z])$ mit $N = 2$ Aufträgen, die auf $M = 3$ Stationen zu fertigen sind. Jeder Auftrag i besteht aus $O = 3$ Arbeitsgängen, die in der Arbeitsgangfolge $o_{i,1}$, $o_{i,2}$, $o_{i,3}$ ($\forall\ 1 \leq i \leq N$) zu bearbeiten sind. Die folgenden beiden Tabellen beschreiben die Bearbeitungszeiten $t_{i,k}$ ($\forall\ 1 \leq i \leq N\ \land\ 1 \leq k \leq O$) und die Stationenfolgen.

		Bearbeitungszeiten $t_{i,k}$ in ZE			Stationenfolge $(M_k)_{k=1}^{O}$		
		M_1	M_2	M_3			
Auftrag A_i	1	3	1	3	M_1	M_2	M_3
	2	2	2	1	M_1	M_3	M_2

Tabelle 15: Bearbeitungszeiten (in Zeiteinheiten (ZE)) und Stationenfolgen für Beispiel 19

Alle konjunktiven Pfeile bilden den konjunktiven Graphen: Nach Tabelle 15 ist der Auftrag 1 zuerst auf Station 1, danach auf Station 2 und zuletzt auf Station 3 zu bearbeiten. Damit ergibt sich der obige Graph in Abbildung 25. Entsprechend ergibt sich nach Tabelle 15 der untere Graph in der Abbildung 25. Der konjunktive Graph beschreibt die Arbeitsgang- und Stationenfolgen der einzelnen Aufträge.

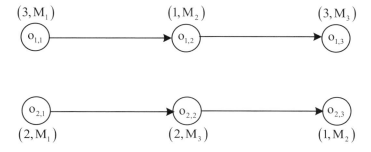

Abbildung 25: konjunktiver Graph zu Beispiel 19

Nach Abbildung 25 (bzw. Tabelle 15) sind die Operationen $o_{1,3}$ und $o_{2,2}$ auf der Station M_3 zu bearbeiten. Dies führt zu den Pfeilen $(o_{1,3}, o_{2,2})$ und $(o_{2,2}, o_{1,3})$ in Abbildung 26. Entsprechende Beobachtungen führen zu den anderen Pfeilen in Abbildung 26. Über die disjunktiven Pfeile enthält der Graph Informationen über den Kapazitätsbedarf der einzelnen Stationen, da jede Station zu jedem Zeitpunkt höchstens einen Auftrag bearbeiten kann.

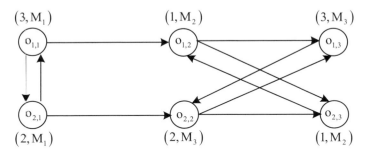

Abbildung 26: disjunktiver Graph zu Beispiel 19

Das Einfügen einer Quelle bzw. einer Senke mit den Pfeilverbindungen zu den jeweils ersten Operationen eines Auftrags bzw. von seinen letzten Operationen führt zur Abbildung 27. Die Quelle (q) lässt sich als Startvorgang und die Senke (s) als Endvorgang (von jedem Auftrag), jeweils mit einer Bearbeitungszeit von 0 Zeiteinheiten, interpretieren.

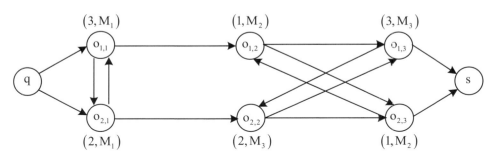

Abbildung 27: vollständiger disjunktiver Graph zu Beispiel 19

Es werden nun alle disjunktiven Pfeile zwischen den M Knoten, deren zugehörigen Operationen auf einer beliebigen, aber festen Station M_j $(1 \leq j \leq M)$ zu fertigen sind, betrachtet. $\mathfrak{m}$ sei die Menge dieser Knoten. Es sei w ein Weg von einem Knoten o aus $\mathfrak{m}$ zu einem anderen dieser Knoten o' aus $\mathfrak{m}$, der alle Knoten aus $\mathfrak{m}$ genau einmal besucht. Dann gibt dieser Weg w eine Reihenfolge für die Bearbeitung dieser Operationen auf M_j an. Das folgende Beispiel illustriert diesen Sachverhalt.

3.5 Werkstattfertigungsprobleme

Beispiel 20 (Festlegung von Pfeilen in einem disjunktiven Graphen; Fortsetzung von Beispiel 19)

Um größere Auswahlmöglichkeiten anzubieten, wird das Werkstattfertigungsproblem $(\Re)$ aus Beispiel 19 um einen weiteren Auftrag erweitert. Dies führt zu den in den beiden folgenden Tabellen angegebenen Bearbeitungszeiten und Stationenfolgen.

		Bearbeitungszeiten $t_{i,k}$ in ZE			Stationenfolge $\left(M_{j_k}\right)_{k=1}^{o}$		
		M_1	M_2	M_3			
Auftrag A_i	1	3	1	3	M_1	M_2	M_3
	2	2	2	1	M_1	M_3	M_2
	3	4	1	3	M_2	M_3	M_1

Tabelle 16: Bearbeitungszeiten (in Zeiteinheiten (ZE)) und Stationenfolgen für Beispiel 20

Der disjunktive Graph zu $\Re$ ist in Abbildung 28 angegeben.

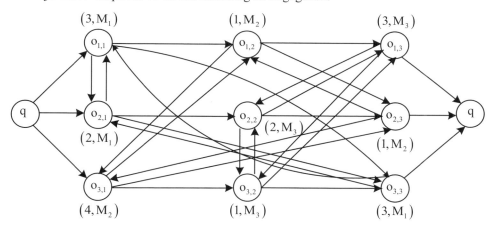

Abbildung 28: disjunktiver Graph zu Beispiel 19

Auf Station M_1 sind die Operationen $o_{1,1}$, $o_{2,1}$ und $o_{3,3}$ zu fertigen. Eine mögliche Bearbeitungsreihenfolge ist die Operationenfolge $o_{1,1}$, $o_{3,3}$ und $o_{2,1}$. Diese korreliert zu dem Weg von $o_{1,1}$ über $o_{3,3}$ zu $o_{2,1}$ und wird durch $[o_{1,1}, o_{3,3}, o_{2,1}]$ bezeichnet.

Eine Operationenfolge (bzw. eine Auftragsfolge) wählt also von den sechs möglichen disjunktiven Pfeilen zwischen den drei Knoten (Stationen) zwei aus und alle anderen werden eliminiert. Da quasi eine „0 oder 1"-Entscheidung zu fällen ist, wird ein solcher Pfeil als „disjunktiv" bezeichnet. Für das Werkstattfertigungsproblem nach Beispiel 19 kann die Festlegung beispielsweise wie folgt lauten: Die Aufträge auf Station M_1 werden in der Reihenfolge A_1 und A_2, auf der Station M_2 in der gleichen Reihenfolge und auf der Station M_3 in der umgekehrten Reihenfolge, also A_2 und A_1, bearbeitet. In dem disjunktiven Graphen (nach Abbildung 27) werden dadurch die disjunktiven Pfeile $(o_{1,1}, o_{2,1})$, $(o_{1,2}, o_{2,3})$ und $(o_{2,2}, o_{1,3})$ ausgewählt. Alle anderen disjunktiven Pfeile werden gelöscht, wodurch sich der Graph in Abbildung 29 ergibt. Die festgelegten Auftragsreihenfolgen je Station bestimmen nach Definition 14 (und Satz 4) einen Belegungsplan, der als Gantt-Diagramm in Abbildung 29 angegeben ist. Da die konjunktiven Pfeile, wie auch die von der Quelle startenden Pfeile, zur Einhaltung der Bearbeitungsreihenfolge der Operationen dienen, beschreibt der Graph (in Abbildung 29) den Ablauf des Plans zum Gantt-Diagramm (in Abbildung 29).

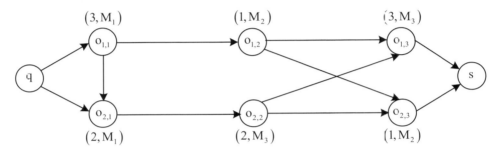

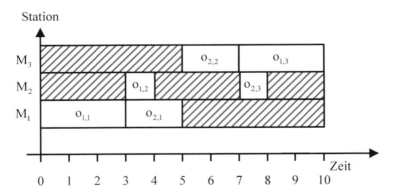

Abbildung 29: disjunktiver Graph und Gantt-Diagramm für ein $[J|N=2|Z]$-Problem

Eine beliebige Auftragsfolge je Station (und damit eine beliebige Festlegung von Wegen) kann im resultierenden Gesamtgraphen zu einem Zyklus führen und ist daher auszuschließen. Ein Beispiel ist die in Abbildung 30 angegebene Festlegung der erweiterten Beispielwerkstattfertigung, bei der für Station M_1 die Operationenfolge $o_{1,1}$, $o_{2,1}$ und $o_{3,3}$, für Station

3.5 Werkstattfertigungsprobleme

M_2 die Operationenfolge $o_{3,1}$, $o_{2,3}$ und $o_{1,2}$ und für Station M_3 die Operationenfolge $o_{1,3}$, $o_{2,2}$ und $o_{3,2}$ ausgewählt worden ist.

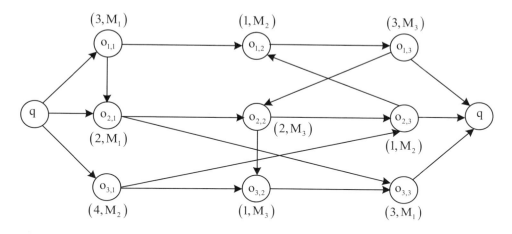

Abbildung 30: Festlegung von disjunktiven Pfeilen zur erweiterten Beispielwerkstattfertigung

Diese Festlegung ist nicht realisierbar, da $o_{2,3}$ vor $o_{1,2}$ und über den Weg [$o_{1,2}$, $o_{1,3}$, $o_{2,2}$, $o_{2,3}$] zugleich $o_{1,2}$ vor $o_{2,3}$ auszuführen ist. Damit bilden die Knoten $o_{2,3}$, $o_{1,2}$, $o_{1,3}$, $o_{2,2}$ und $o_{2,3}$ einen Zyklus. Durch Ersetzung des Weges für M_2 in Abbildung 30 durch den Weg von $o_{3,1}$ über $o_{1,2}$ nach $o_{2,3}$, wie er in Abbildung 31 angegeben ist, wird dieser Zyklus aufgelöst.

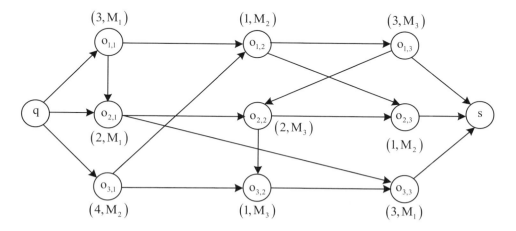

Abbildung 31: Festlegung von disjunktiven Pfeilen zur erweiterten Beispielwerkstattfertigung ohne Zyklus

Die gerade am Beispiel 19 (bzw. Beispiel 20) vorgestellten Begriffe und Überlegungen werden durch die folgende Definition und ihre anschließenden Sätze formalisiert und präzisiert.

Definition 27 (Selektion von und Auftragsfolgegraph zu einem disjunktiven Graphen)

Zu einem $[J|\,|\gamma]$-Problem $(\Re)$ ist der zugehörige disjunktive Graph $G_\Re$ gegeben (mit den vor der Definition 26 angegebenen Bezeichnungen und Festlegungen). Zu einer beliebigen Station M_j $(1 \leq j \leq M)$ enthalte die Menge $\mathfrak{m}_j$ die Knoten, deren zugehörigen Operationen auf M_j zu fertigen sind. $G_\Re^{\mathfrak{m}_j}$ sei der Teilgraph von $G_\Re$, der aus den Knoten von $\mathfrak{m}_j$ und den disjunktiven Pfeilen zwischen den Knoten in $\mathfrak{m}_j$ (in $G_\Re$) besteht. Es sei w_j ein Weg in $G_\Re^{\mathfrak{m}_j}$, der jeden Knoten von $\mathfrak{m}_j$ genau einmal besucht. Die durch einen Weg w_j bestimmten disjunktiven Pfeile in $G_\Re^{\mathfrak{m}_j}$ (und damit auch in $G_\Re$) werden fixiert und alle nicht fixierten disjunktiven Pfeile in $G_\Re^{\mathfrak{m}_j}$ (und damit auch in $G_\Re$) werden gelöscht. Dieser Vorgang wird als Selektion (zu M_j) bezeichnet. Wird für alle Stationen eine solche Selektion durchgeführt, so entsteht ein Graph $G_\Re'$. Dieser Graph heißt vollständige Selektion von $G_\Re$. Enthält $G_\Re'$ keine Zyklen, so heißt $G_\Re'$ Auftragsfolgegraph zu $\Re$ und wird durch $G_\Re^R$ bezeichnet.

Es liege nun ein Auftragsfolgegraph $\left(G_\Re^R\right)$ mit den Bezeichnungen in Definition 27 vor. Für das Weitere ist die Anzahl der Knoten und Pfeile eines Teilgraphen $G_\Re^{\mathfrak{m}_j}$ von $G_\Re^R$ interessant.

Lemma 7 (Dimensionierung eines Teilgraphen $G_\Re^{\mathfrak{m}_j}$ in einem Auftragsfolgegraphen $G_\Re^R$)

Gegeben sei ein Auftragsfolgegraph $\left(G_\Re^R\right)$ mit den Bezeichnungen in Definition 27. N sei die Anzahl an Aufträgen in $\Re$. Jeder Teilgraph $G_\Re^{\mathfrak{m}_j}$ von dem disjunktiven Graphen $G_\Re$ hat N Knoten und genau $N \cdot (N-1)$ disjunktive Pfeile. Es werden $(N-1)$ von diesen selektiert. Deswegen hat der (dadurch entstehende) Teilgraph $G_\Re^{\mathfrak{m}_j}$ von $G_\Re^R$ noch $(N-1)$ disjunktive Pfeile, die alle N Knoten so miteinander verbinden, dass ein Weg in $G_\Re^{\mathfrak{m}_j}$ existiert, der jeden Knoten von $G_\Re^{\mathfrak{m}_j}$ genau einmal besucht.

Beweis: s. Abschnitt zur Ressourcenbelegungsplanung im Internet.

Im Folgenden wird der Zusammenhang zwischen einem längsten Weg in einem Auftragsfolgegraphen und der Lösung des Ausgangsproblems hergestellt. Es wird sich zeigen, dass der bei einem Ein-Stationen-Problem (für konjunktive Graphen) hergestellte Zusammenhang auch für disjunktive Graphen gilt.

Im Abschnitt über grundlegende Begriffe und Resultate wurde gezeigt, dass Belegungspläne und Auftragsreihenfolgen synonym sind; s. Satz 4. Dies wird auf Auftragsfolgegraphen und Belegungspläne übertragen.

3.5 Werkstattfertigungsprobleme

Zunächst wird gezeigt, dass ein Auftragsfolgegraph einen Belegungsplan festlegt. Im Kern ergibt sich dies aus Definition 14 und Satz 4.

Satz 53 (Belegungsplan zu einem Auftragsfolgegraph)

Gegeben sei ein $[J| |\gamma]$-Problem $(\mathfrak{R})$ und $G_{\mathfrak{R}}^{\mathfrak{R}}$ sei ein Auftragsfolgegraph zu $\mathfrak{R}$ (mit den vor der Definition 26 angegebenen Bezeichnungen und Festlegungen). $\mathfrak{m}_j$ sei die Menge der Knoten, deren zugehörigen Operationen auf M_j, $\forall \ 1 \leq j \leq M$, zu fertigen sind. $G_{\mathfrak{R}}^{\mathfrak{m}_j}$ sei der Teilgraph von $G_{\mathfrak{R}}^{\mathfrak{R}}$, der aus den Knoten von $\mathfrak{m}_j$ und den disjunktiven Pfeilen zwischen den Knoten in $\mathfrak{m}_j$ (in $G_{\mathfrak{R}}^{\mathfrak{R}}$) besteht. Dann gilt:

1. Für alle j mit $1 \leq j \leq M$ existiert genau ein längster Weg in $G_{\mathfrak{R}}^{\mathfrak{m}_j}$. Dieser bestimmt eindeutig eine Auftragsreihenfolge $\mathfrak{A}_j$ für alle auf der Station M_j zu produzierenden Aufträge in $\mathfrak{R}$.
2. $\mathfrak{A}$ sei eine Auftragsreihenfolge, die, nach Teil (1), aus den Auftragsfolgen $\mathfrak{A}_j$ für alle Stationen M_j besteht. $\mathfrak{A}$ ist eine zulässige Auftragsreihenfolge.

Beweis: s. Abschnitt zur Ressourcenbelegungsplanung im Internet.

Die zulässige Auftragsreihenfolge aus Teil (2) im Satz 53 bestimmt einen zulässigen Belegungsplan $\mathcal{P}$; nach Definition 14. Dies erlaubt nun die Definition eines Belegungsplans zu einem Auftragsfolgegraphen zu einem $[J| |\gamma]$-Problem.

Definition 28 (Belegungsplan zu einem Auftragsfolgegraph zu einem $[J| |\gamma]$-Problem)

Gegeben sei ein $[J| |\gamma]$-Problem $(\mathfrak{R})$ und $G_{\mathfrak{R}}^{\mathfrak{R}}$ sei ein Auftragsfolgegraph zu $\mathfrak{R}$ (mit den vor der Definition 26 angegebenen Bezeichnungen und Festlegungen). $\mathfrak{m}_j$ sei die Menge der Knoten, deren zugehörigen Operationen auf M_j, $\forall \ 1 \leq j \leq M$, zu fertigen sind. $G_{\mathfrak{R}}^{\mathfrak{m}_j}$ sei der Teilgraph von $G_{\mathfrak{R}}^{\mathfrak{R}}$, der aus den Knoten von $\mathfrak{m}_j$ und den disjunktiven Pfeilen zwischen den Knoten in $\mathfrak{m}_j$ (in $G_{\mathfrak{R}}^{\mathfrak{R}}$) besteht. Für alle auf der Station M_j zu produzierenden Aufträge in $\mathfrak{R}$, $\forall \ 1 \leq j \leq M$, sei $\mathfrak{A}_j$ die Auftragsfolge aufgrund eines längsten Weges in $G_{\mathfrak{R}}^{\mathfrak{m}_j}$. $\mathfrak{A}$ sei eine zulässige Auftragsreihenfolge, die aus den Auftragsfolgen $\mathfrak{A}_j$ für alle Stationen M_j, $1 \leq j \leq M$, besteht. $\mathfrak{A}$ heißt Auftragsreihenfolge zu $G_{\mathfrak{R}}^{\mathfrak{R}}$. Eine Folge von Zuteilungen zu $\mathfrak{A}$ in $\mathfrak{R}$ heißt Belegungsplan zu $G_{\mathfrak{R}}^{\mathfrak{R}}$.

Umgekehrt bestimmt ein Belegungsplan $\mathcal{P}$ einen Auftragsfolgegraphen, da die Auftragsfolge zu einer Station aufgrund von $\mathcal{P}$ eine Selektion in dem zugehörigen disjunktiven Graphen festlegt und der resultierende Graph keinen Zyklus enthalten kann, da $\mathcal{P}$ ein zulässiger Belegungsplan ist.

Satz 54 (Auftragsfolgegraph zu einem Belegungsplan)

Gegeben sei ein $[J|\ |\gamma]$-Problem $(\mathfrak{R})$ mit einem Belegungsplan $\mathcal{P}$ und der zugehörige disjunktive Graph $G_\mathfrak{R}$ ist gegeben (mit den vor der Definition 26 angegebenen Bezeichnungen und Festlegungen). $\mathfrak{A}_j$ sei die (eindeutige) Auftragsfolge aufgrund von $\mathcal{P}$ auf der Station M_j, $\forall\ 1 \leq j \leq M$. Ferner sei $\mathfrak{m}_j$ die Menge der Knoten, deren zugehörigen Operationen auf M_j zu fertigen sind. Dann gilt:

1. Die Auftragsfolge $\mathfrak{A}_j$ bestimmt (eindeutig) einen Weg w_j in $G_\mathfrak{R}^{\mathfrak{m}_j}$, der jeden Knoten von $\mathfrak{m}_j$ genau einmal besucht.
2. Die durch diese M Wege von (1) bestimmten disjunktiven Pfeile in $G_\mathfrak{R}$ werden fixiert und alle nicht fixierten disjunktiven Pfeile werden gelöscht. Der resultierende Graph ist ein Auftragsfolgegraph $\left(G_\mathfrak{R}^\mathfrak{A}\right)$ zu $\mathfrak{R}$.

Beweis: s. Abschnitt zur Ressourcenbelegungsplanung im Internet.

Dies erlaubt nun die Definition eines Auftragsfolgegraphen zu einer zulässigen Lösung eines $[J|\ |\gamma]$-Problems.

Definition 29 (Auftragsfolgegraph zu einer zulässigen Lösung eines $[J|\ |\gamma]$-Problems)

Gegeben sei ein $[J|\ |\gamma]$-Problem $(\mathfrak{R})$ mit einem Belegungsplan $\mathcal{P}$ und der zugehörige disjunktive Graph $G_\mathfrak{R}$ ist gegeben (mit den vor der Definition 26 angegebenen Bezeichnungen und Festlegungen). $\mathfrak{A}_j$ sei die Auftragsfolge aufgrund von $\mathcal{P}$ auf der Station M_j, $\forall\ 1 \leq j \leq M$. Ferner sei $\mathfrak{m}_j$ die Menge der Knoten, deren zugehörigen Operationen auf M_j zu fertigen sind. w_j sei der durch die Auftragsfolge $\mathfrak{A}_j$ bestimmte Weg in $G_\mathfrak{R}^{\mathfrak{m}_j}$, der jeden Knoten von $\mathfrak{m}_j$ genau einmal besucht. Die durch diese M Wege bestimmten disjunktiven Pfeile in $G_\mathfrak{R}$ werden fixiert und alle nicht fixierten disjunktiven Pfeile werden gelöscht. Der resultierende Graph heißt Auftragsfolgegraph $\left(G_\mathfrak{R}^\mathcal{P}\right)$ zu $\mathfrak{R}$ und $\mathcal{P}$.

Satz 55 (Belegungsplan versus Auftragsfolgegraph)

Gegeben sei ein $[J|\ |\gamma]$-Problem $(\mathfrak{R})$ (mit den vor der Definition 26 angegebenen Bezeichnungen und Festlegungen).

- $\mathcal{P}$ sei ein Belegungsplan zu $\mathfrak{R}$. $G_\mathfrak{R}^\mathcal{P}$ ist der Auftragsfolgegraph zu $\mathfrak{R}$ und $\mathcal{P}$. Für jede Auftragsreihenfolge $\mathfrak{A}$ zu $G_\mathfrak{R}^\mathcal{P}$ gilt: Jeder Auftrag in $\mathfrak{R}$ hat in $\mathcal{P}$ und $\mathfrak{A}$ den gleichen Fertigstellungstermin.

3.5 Werkstattfertigungsprobleme

- Es sei $G_\mathfrak{R}^\mathfrak{A}$ ein Auftragsfolgegraph zu $\mathfrak{R}$. $\mathcal{P}$ ist ein Belegungsplan zu $G_\mathfrak{R}^\mathfrak{A}$. Für jede Auftragsreihenfolge $\mathfrak{A}$ zu $G_\mathfrak{R}^\mathfrak{A}$ gilt: Jeder Auftrag in $\mathfrak{R}$ hat in $\mathcal{P}$ und $\mathfrak{A}$ den gleichen Fertigstellungstermin.

Beweis: s. Abschnitt zur Ressourcenbelegungsplanung im Internet.

Damit (nach Satz 55) können statt Belegungspläne eben Auftragsfolgegraphen und umgekehrt verwendet werden.

Bemerkung: Die Transformation von einem Belegungsplan $\mathcal{P}$ in einen Auftragsfolgegraphen zu $\mathcal{P}$ nach Definition 29 und ihre (Rück-)Transformation in einen Belegungsplan $\mathcal{P}'$ nach Definition 28 bewirkt, dass beide Belegungspläne die gleichen Gantt-Diagramme haben und somit strukturell gleich (also isomorph) sind. Ihre Folgen von Zuteilungen sind nicht notwendigerweise identisch, können aber durch Vertauschen ineinander überführt werden.

Für die Minimierung einer Zielfunktion ist, nach Definition 15, weiterhin eine kritische Zuteilung maßgeblich. Bei Ein-Stationen-Problemen wurde ein Zusammenhang zwischen einer kritischen Zuteilung eines Plans und eines längsten bzw. kritischen Wegs in dem zugehörigen konjunktiven Graphen nachgewiesen. Das folgende Beispiel 21 möge demonstrieren, wie ein solcher Zusammenhang beim allgemeinen Werkstattfertigungsproblem und seiner Repräsentation als disjunktiver Graph aussieht.

Beispiel 21 (kritische Zuteilung und kritischer Weg, Fortsetzung von Beispiel 20 und Beispiel 19)

Nach Beispiel 20 liege der in der Abbildung 32 angegebene Auftragsfolgegraph vor. Zwischen der Quelle q und der Senke s existieren mehrere Wege. Ein Beispiel ist der Weg [q, $o_{2,1}$, $o_{3,3}$, s]. Die Länge eines Wegs ist die Summe der Bearbeitungszeiten in der (Knoten-)Bewertung seiner Knoten; also bei dem Beispielweg, nach Abbildung 32, $0+2+3+0=5$; da es sich um Zeiteinheiten handelt, also 5 Zeiteinheiten.

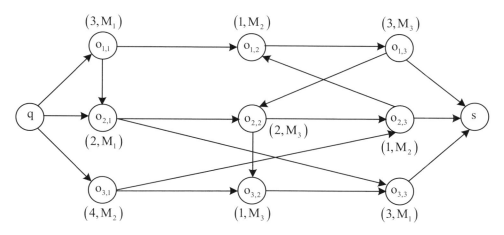

Abbildung 32: Festlegung von disjunktiven Pfeilen zur erweiterten Beispielwerkstattfertigung

Aufgrund der einzuhaltenden Reihenfolgebedingungen ist der früheste Fertigstellungszeitpunkt einer Operation o die Länge des längsten Wegs von der Quelle q zu dem Knoten k, der o repräsentiert. Als Beispiele mögen die Daten aus Beispiel 19 dienen. Allerdings wurde die Bearbeitungszeit des zweiten Arbeitsgangs vom ersten Auftrag $(o_{1,2})$ um drei Zeiteinheiten verlängert. Der oben angegebene Auftragsfolgegraph einschließlich seines Gantt-Diagramms wurde entsprechend angepasst und in Abbildung 33 angegeben bzw. wiederholt.

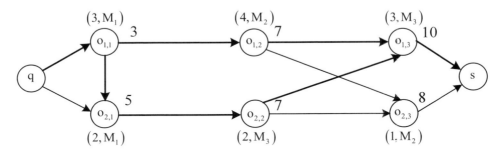

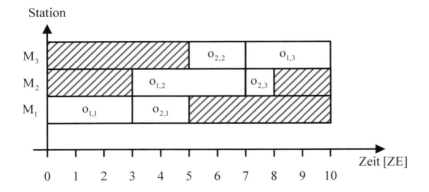

Abbildung 33: Disjunktiver Graph und Gantt-Diagramm für ein $\left[J|N=2|Z\right]$ -Problem

In Abbildung 33 gibt die Ziffer an einem Knoten den frühesten Fertigstellungszeitpunkt der zugehörigen Operation an, der aus dem Gantt-Diagramm abgelesen werden kann. Danach beträgt die maximale Fertigstellungszeit 10 Zeiteinheiten. Nach dem Gantt-Diagramm in Abbildung 33 sind die Zuteilungen zu den Operationen $o_{1,1}$, $o_{1,2}$, $o_{2,1}$, $o_{2,2}$ und $o_{1,3}$ kritisch. Die zugehörigen Knoten im Auftragsfolgegraphen werden als kritische Knoten bezeichnet. Existiert ein Pfeil zwischen zwei kritischen Knoten, so ist dieser in Abbildung 33 als verstärkte Linie eingezeichnet. Es sei k der kritische Knoten, zu $o_{1,1}$, ohne kritischen Vorgänger und k' der kritische Knoten, zu $o_{1,3}$, ohne kritischen Nachfolger, so ist der Pfeil zwischen der Quelle (q) und k sowie der Pfeil zwischen k' und der Senke (s) als verstärkte Linie eingezeichnet. Alle verstärkten Pfeile bestimmen zwei Wege von der Quelle (q) zur Senke (s)

3.5 Werkstattfertigungsprobleme

im disjunktiven Graphen, die nur aus verstärkten Pfeilen bestehen. Die Länge eines Weges ist die Summe der Bearbeitungszeiten der Operationen zu den Knoten auf diesem Weg (die Quelle q hat wie die Senke s die Bearbeitungszeit Null). Beide Wege haben die gleiche Gesamtlänge, nämlich 10 Zeiteinheiten. Die Gesamtbearbeitungszeit ist somit durch die Länge eines längsten Weges in einem Auftragsfolgegraph bestimmt. Die Knoten eines solchen Weges sind die „kritischen" Operationen, weswegen er auch als kritischer Weg bezeichnet wird. (Es sei angemerkt, dass bei einer Erhöhung von $o_{1,2}$ um nur eine Zeiteinheit, statt den drei Zeiteinheiten, die Zuteilung für $o_{1,2}$ eben nicht kritisch wäre.)

Diese Zusammenhänge gelten auch im allgemeinen Fall und führen nun zu den folgenden Definitionen und Sätzen.

Definition 30 (kritischer Weg in einem Auftragsfolgegraph zu einem $[J| |\gamma]$-Problem)

Gegeben sei ein $[J| |\gamma]$-Problem $\mathfrak{R}$ und $G_{\mathfrak{R}}^{R}$ ist ein Auftragsfolgegraph zu $\mathfrak{R}$. Die Länge eines Weges in $G_{\mathfrak{R}}^{R}$ ist die Summe der Bearbeitungszeiten der Operationen zu den Knoten auf diesem Weg (die Quelle q hat wie die Senke s die Bearbeitungszeit Null). Es sei w ein längster Weg in $G_{\mathfrak{R}}^{R}$. Dann heißt w ein kritischer Weg von $G_{\mathfrak{R}}^{R}$. Handelt es sich bei dem Auftragsfolgegraph zu $\mathfrak{R}$ um einen Auftragsfolgegraph zu $\mathfrak{R}$ und einem Belegungsplan $\mathcal{P}$, also $G_{\mathfrak{R}}^{\mathcal{P}}$, so heißt w eben ein kritischer Weg von $G_{\mathfrak{R}}^{\mathcal{P}}$.

Satz 56 (Länge eines kritischen Wegs versus Gesamtbearbeitungszeit)

Gegeben sei ein $[J| |\gamma]$-Problem $\mathfrak{R}$ mit einem Belegungsplan $\mathcal{P}$ und der zugehörige disjunktive Graph $G_{\mathfrak{R}}$ ist gegeben (mit den vor der Definition 26 angegebenen Bezeichnungen und Festlegungen). $G_{\mathfrak{R}}^{\mathcal{P}}$ sei der Auftragsfolgegraph zu $\mathfrak{R}$ und $\mathcal{P}$. Dann gilt:

- Für jeden Knoten k in $G_{\mathfrak{R}}^{\mathcal{P}}$ sei $w_{q,k}$ ein längster Weg von der Quelle q nach k in $G_{\mathfrak{R}}^{\mathcal{P}}$ und $F_{q,k}$ sei die Länge von $w_{q,k}$. Es sei o^* eine beliebige Operation in $\mathfrak{R}$ mit zugehörigem Knoten k^* (in $G_{\mathfrak{R}}$ bzw. $G_{\mathfrak{R}}^{\mathcal{P}}$). Dann ist F_{q,k^*} der Fertigstellungszeitpunkt von o^* in $\mathcal{P}$.

- Die Länge eines längsten Weges von der Quelle q nach der Senke s in $G_{\mathfrak{R}}^{\mathcal{P}}$ ist gleich der Gesamtbearbeitungszeit von $\mathcal{P}$.

Beweis: s. Abschnitt zur Ressourcenbelegungsplanung im Internet.

Mit Satz 56 kann nun das Verfahren von Dijkstra zur Bestimmung von kürzesten Wegen in einem Graphen (s. den Abschnitt „Präliminarien" im Internet) so modifiziert werden, dass die Gesamtbearbeitungszeit von dem durch einen (konkreten) Auftragsfolgegraph bestimmten Belegungsplan berechnet wird (eben über die Berechnung der Länge eines längsten Weges in diesem Auftragsfolgegraph). Dabei wird die Schleife zum Durchlaufen der Knoten übernommen. Für jeden Knoten k (ohne die Quelle q) werden dann die Werte $F_{q,k}$ berechnet. Die Bearbeitungszeit der Senke ist Null.

Da statt Belegungsplänen eben Auftragsfolgegraphen und umgekehrt verwendet werden können (siehe oben bzw. wegen Satz 55), ist die Lösung eines Werkstattfertigungsproblems $(\Re)$ identisch mit der Suche nach dem Auftragsfolgegraphen $\left(G_\Re^R\right)$ zu $\Re$, der die Zielfunktion von $\Re$ optimiert. Bei der Gesamtbearbeitungszeit als Zielkriterium ist nach Satz 56 also der Auftragsfolgegraph zu $\Re$ gesucht, der von allen Auftragsfolgegraphen zu $\Re$ den kürzesten kritischen Weg besitzt.

Satz 57 ($[J| \,|Z]$-Problem als ein Wegeproblem)

Gegeben sei ein $[J|\,|Z]$-Problem $\Re$. Für einen beliebigen Auftragsfolgegraph $G_\Re^R$ zu $\Re$ sei $L\left(G_\Re^R\right)$ die Länge eines kritischen Wegs in $G_\Re^R$. Es sei $\overline{G}_\Re^R$ ein beliebiger Auftragsfolgegraph zu $\Re$. $L\left(\overline{G}_\Re^R\right) = \min\{L(G)|\ G \text{ ist ein beliebiger Auftragsfolgegraph zu } \Re\}$ genau dann, wenn eine (zulässige) Auftragsreihenfolge von $\overline{G}_\Re^R$ eine optimale Lösung von $\Re$ ist.

Beweis: s. Abschnitt zur Ressourcenbelegungsplanung im Internet.

Durch die Darstellungsmöglichkeit eines Werkstattfertigungsproblems als disjunktiven Graphen ergibt sich eine weitere mathematische Formulierung eines Werkstattfertigungsproblems vom Typ $[J|\,|\gamma]$ (im Vergleich zu der im Abschnitt 3.1). Auch diese erlaubt die Begründungen von Relaxationen für die Bestimmung von Schranken der Zielfunktionswerte (vor allem von unteren Schranken); s. beispielsweise [DoSV93]. Durch immer differenziertere Relaxationen konnten in den letzten Jahren deutlich bessere und schnellere Lösungsalgorithmen (vor allem Verzweige-und-Begrenze-Verfahren) entwickelt werden.

Die Darstellung eines Werkstattfertigungsproblems durch einen disjunktiven Graphen ist sehr hilfreich bei einem Ansatz, der unten dem Namen „Shifting-Bottleneck-Verfahren" bekannt ist. Mit dem Ziel der „Minimierung der Zykluszeit" wurde eine Variante von Adams, Balas und Zawack (s. [AdBZ88]) zur Lösung des allgemeinen Werkstattfertigungsproblems, also eines $[J|\,|F_{max}]$-Problems, vorgeschlagen. Es handelt sich um ein sukzessiv vorgehendes Verfahren, bei dem in jeder Iteration eine Station, die bislang noch nicht eingeplant worden ist, als Engpass erkannt wird und anschließend für diese Station eine Auftragsreihenfolge ermittelt wird, die die Auftragsreihenfolge dieser Station im zu erstellenden kompletten Belegungsplan ist. In jeder Iteration werden die in den vorherigen Iterationen getroffenen Entscheidungen für die bereits eingeplanten Stationen berücksichtigt. Seine grundsätzliche Vorgehensweise lautet:

Algorithmus 6 (Shifting-Bottleneck-Verfahren)

Eingabe: $[J|\,|F_{max}]$-Problem $\Re$.

3.5 Werkstattfertigungsprobleme

Variablen

Menge $\mathfrak{M}_{nE}$ an noch nicht eingeplanten Stationen; mit allen Stationen von $\mathfrak{R}$ initialisiert

Menge $\mathfrak{M}_E$ an eingeplanten Stationen; als leere Menge initialisiert

Belegungsplan $\mathcal{P}$

Anweisungen

Schritt 1: Ermittle eine Engpaß-Station M^* aus $\mathfrak{M}_{nE}$.

Schritt 2: Bestimme für diese Engpaß-Station M^* eine Auftragsfolge für das Zielkriterium (Zykluszeit). Dies ist die Auftragsfolge von M^* in $\mathcal{P}$.

Schritt 3: Füge diese Engpaß-Station M^* in $\mathfrak{M}_E$ ein und entferne sie aus $\mathfrak{M}_{nE}$.

Schritt 4: Solange $\mathfrak{M}_{nE}$ nicht leer ist, gehe zu Schritt 1.

Schritt 5: Beende das Shifting-Bottleneck-Verfahren.

Ausgabe: Belegungsplan $\mathcal{P}$

Von zentraler Bedeutung sind offenbar das Verfahren zur Ermittlung der (aktuellen) Engpass-Station und das Verfahren zur Lösung des Ein-Stationen-Problems, die beide in jeder Iteration auszuführen sind. Zunächst sei die erste Iteration betrachtet. Für die Ermittlung der Engpass-Station wird das M-Stationen-Problem, M ist die Anzahl an Stationen eines vorgegebenen Werkstattfertigungsproblems $(\mathfrak{R})$, vorübergehend in M Ein-Stationen-Probleme zerlegt. Ein beliebiges solches Ein-Stationen-Problem zur Station M_j besteht aus den auf M_j in $\mathfrak{R}$ zu bearbeitenden Arbeitsgängen (sie bilden die Aufträge des Belegungsproblems). Jeder beliebige derartige Arbeitsgang (o) gehört zu einem Auftrag (A_i) in $\mathfrak{R}$ und hat eine Menge $(\mathcal{O})$ an Operationen, die aufgrund der Arbeitsgangfolge von A_i vor o zu bearbeiten sind; ggf. ist $\mathcal{O}$ leer. Mit einer Bereitstellungszeit (a_i) wird die Summe der Bearbeitungszeiten der Operationen in $\mathcal{O}$ abgeschätzt. Im disjunktiven Graphen G (zu $\mathfrak{R}$) handelt es sich hierbei um einen Weg von der Quelle (q) von G zu dem Knoten (k) in G, der zu o gehört. Oftmals wird für diese Bereitstellungszeit der kürzeste Weg von q nach k verwendet. Genauso führt die Abschätzung der Bearbeitungszeiten für die Operationen, die, aufgrund der Arbeitsgangfolge von A_i, nach o zu bearbeiten sind, zu einer Nachlaufzeit (n_i). Damit liegt ein $\left[1 \mid a_i, n_i \mid F_{max}\right]$-Problem vor. Für jedes dieser Ein-Stationen-Probleme wird ein Belegungsplan mit einer möglichst geringen Zykluszeit ermittelt. Die Station mit der größten Zykluszeit wird in dieser Iteration als aktueller Engpass betrachtet. Seine optimale Lösung wird als Selektion (s. Definition 27) in den disjunktiven Graphen G eingetragen. Für manchen Knoten k verändert sich dadurch die Länge eines kürzesten Wegs von der Quelle zu k, wodurch sich eine längere Bereitstellungszeit ergibt. Entsprechend verhält es sich mit den bereits berechneten Nachlaufzeiten. Aus Sicht des Produktionsablaufs werden diese Verlängerungen durch Wartezeiten von einzelnen Arbeitsgängen an bereits eingeplanten Stationen verursacht. Die Bereitstellungs- und Nachlaufzeiten der noch nicht eingeplanten Stationen werden daher gegebenenfalls aktualisiert. Anschließend wird dieses Vorgehen für die restlichen $(M-1)$ Stationen durchgeführt. Betont sei, dass durch die Aktualisierungen der Bereitstellungs- und Nachlaufzeiten der Ein-Stationen-Probleme in jeder Iteration keine Selektion zu einem Zyklus im disjunktiven Graphen führen kann. Am Ende des Verfahrens liegt eine vollständige Selektion ohne Zyklen und damit ein Auftragsfolgegraph vor, der, nach Definition 28, einen Belegungsplan für das Ausgangsproblem $(\mathfrak{R})$ bestimmt.

Es sei betont, dass für das $\left[1 \mid a_i, n_i \mid F_{max}\right]$-Problem ein effizienter Algorithmus existiert (s. Abschnitt 3.2). Ferner hängt das generelle Vorgehen eines „Shifting-Bottleneck-Verfahrens" nicht von der Zykluszeit als Zielkriterium ab und ist somit auch bei anderen Zielkriterien anwendbar.

4 Einstufige Losgrößenprobleme

4.0 Einleitung

Ausgangspunkt der folgenden Betrachtungen sind periodenspezifische Nettobedarfsmengen für ein Produkt. Ein Beispiel wären Bedarfe für ein (End-)Produkt wie eine Tischplatte für fünf Tage in der nächsten Woche; diese könnten die folgende Gestalt haben (s. Tabelle 1):

Montag	Dienstag	Mittwoch	Donnerstag	Freitag
100	130	127	115	121

Tabelle 1: Bedarfe an Tischplatten für eine Woche

Ursache für solche Bedarfe können Kundenaufträge aber auch Materialbereitstellungsanforderungen für die Produktion sein. So könnten im obigen Beispiel die Tischplatten einerseits für einen Tischhersteller produziert werden (sie könnten auch direkt an einen Händler verkauft werden, der beispielsweise seinen Kunden die Möglichkeit eröffnen möchte, Tische individuell zusammenzubauen) und andererseits könnten sie für die Montage der eigenen Tischproduktion hergestellt werden.

Eine Vorgehensweise besteht darin, diese Mengen so spät wie möglich – d. h. unmittelbar vor dem Bedarfszeitpunkt (just in time bzw. Materialbereitstellung im Bedarfsfall) durch die eigene Produktion zu produzieren bzw. über einen Lieferanten zu beschaffen. Mit jeder Produktion bzw. Beschaffung fallen Kosten an. Im Falle der Produktion handelt es sich um Rüstkosten für die Vorbereitung der Arbeitssysteme, und im Falle der Beschaffung liegen entsprechende Beschaffungskosten vor. Diese so genannten Bestellkosten lassen sich dadurch reduzieren, in dem Bedarfsmengen aus mehreren aufeinanderfolgenden Perioden zusammen produziert bzw. bestellt werden. Dies führt zu dem Begriff eines Loses.

Definition 1 (Los)

Ein Los (Produktionslos bzw. Bestellmenge) ist eine Anzahl gleichartiger Objekte (Bedarfe, Aufträge etc.), die von einem Arbeitssystem unmittelbar hintereinander ohne Rüstvorgänge gefertigt werden bzw. durch einen Beschaffungsvorgang eingekauft bzw. geliefert werden.

Werden beispielsweise n Bedarfe zu einem Los zusammengefasst, so ist lediglich ein Rüstvorgang bzw. ein Beschaffungsvorgang auszuführen. Allerdings führt die Realisation von Losen dazu, dass zumindest einige der Produkte auf Lager gehalten werden müssen, da diese nicht unmittelbar eingesetzt (abgesetzt) werden können. Für die im Lager befindlichen Produkte fallen Lagerhaltungskosten an. Eine solche Vorgehensweise entspricht dem Materialbereitstellungsprinzip der Vorratshaltung. Gesucht ist folglich eine Entscheidung, wann Lose aufgesetzt werden. Dies bestimmt ein Losgrößenproblem.

Definition 2 (Losgrößenproblem)

- Ein Losgrößenproblem besteht in der Festlegung der Zeitpunkte, an denen Lose aufgelegt werden einschließlich der Größe dieser einzelnen Lose.
- Eine solche Lösung eines Losgrößenproblems wird als Politik ($\mathcal{P}$), gelegentlich auch als Losgrößenpolitik oder Losauflagenpolitik, bezeichnet.
- Werden ausschließlich Endprodukte (also keine Abhängigkeiten zu vorher zu produzierenden (Vor-)Produkte) betrachtet, so werden diese Probleme als einstufige Losgrößenprobleme bezeichnet.

Ein Hauptanliegen der Losgrößentheorie ist der optimale Ausgleich zwischen den losfixen Rüstkosten und den Lagerhaltungskosten. Die sonstigen Produktionskosten werden in der Regel als linear in der Herstellungsmenge und damit aufgrund der weiter unten getroffenen Annahme der vollständigen Nachfragebefriedigung als nicht entscheidungsrelevant unterstellt.

Die Losgröße bei der Herstellung von Produkten korrespondiert mit der Bestellmenge in der Lagerhaltungstheorie. Daher werden die Begriffe Losgröße und Bestellmenge häufig synonym verwendet. Einen wesentlichen Unterschied gegenüber der Situation in der Lagerhaltung stellen aber die Kapazitätsrestriktionen dar. Bei der Lagerhaltung kann in vielen Fällen die Lieferzeit als vernachlässigbar gering und auf jeden Fall unabhängig von der Bestellmenge angesehen werden. Demgegenüber sind bei der Herstellung von Produkten oder Teilen im Unternehmen die Fertigungskapazitäten im Allgemeinen beschränkt und die Bearbeitung des Loses nimmt Zeit in Anspruch, die von der Größe des Loses des betrachteten Produkts und der anderen Produkte beeinflusst wird.

In diesem Abschnitt werden ausschließlich deterministische Losgrößenprobleme und deren Lösungsmöglichkeiten behandelt; d. h., alle Größen sind zu Beginn der Planung fest vorgegeben und bekannt.

Die Grundlage sämtlicher Losgrößenverfahren ist das klassische Losgrößenproblem mit konstantem Bedarf. Konstanter Bedarf bedeutet, dass die periodenspezifischen Nettobedarfsmengen für alle Perioden identisch sind; also z.B. ein Bedarf von 121 Tischen an jedem Tag. Das klassische Losgrößenproblem vernachlässigt für die industrielle Praxis wichtige Größen. Einige können in das klassische Losgrößenmodell integriert werden. Andere führen zu weiteren Modellen. Hierunter fallen dynamische periodenspezifische Nettobedarfsmengen, Beschränkungen der Kapazitätsrestriktionen und die Berücksichtigung mehrerer Produkte.

4.1 Losgrößenmodell mit konstantem Bedarf

4.1.1 Das klassische Losgrößenmodell

Das klassische Losgrößenmodell wurde erstmalig 1915 von Ford W. Harris eingeführt. In Erlenkötter ([Erle90]) wird die historische Entwicklung nachgezeichnet. Hierbei handelt es sich um ein einfaches Modell, das die Zielkonflikte zwischen Rüstkosten (bzw. Bestellkosten) und Lagerkosten veranschaulicht. Anschaulich betrachtet ist im Modell eine Einrichtung eines (produzierenden) Unternehmens wie beispielsweise ein Lager (sowohl als Fertigteilelager als auch als Materialbereitstellungslager für Zwischenprodukte) oder ein Händler einem konstanten Bedarf für ein einzelnes Produkt (bzw. Artikel) ausgesetzt. Dieses Lager beispielsweise bezieht das Produkt von einer anderen Einrichtung in dem Verteilungsnetzwerk (i. e. über einen Produktionsauftrag bzw. eine Bestellung), beispielsweise einem Hersteller. Von diesem Hersteller wird angenommen, dass er das Produkt sofort zur Verfügung stellen kann (bzw. in unbegrenzter Menge vorrätig hat).

Folgende Prämissen liegen daher diesem Modell zugrunde:

- Es tritt ein kontinuierlicher und konstanter Bedarf mit der Bedarfsrate von d Produkten pro Zeiteinheit (ZE) oder Periode (PE), beispielsweise Tage, auf; die Einheit von d ist Mengeneinheit (ME) / ZE.
- Jede Bestellung besteht aus einer festen Bestellmenge (bzw. Losgröße) von q Produkten; die Einheit von q ist ME. Mit anderen Worten (in unserem Beispiel): Das Lager bestellt stets genau q Produkte.
- Ein fixer Kostensatz (Rüstkosten) K fällt bei jeder Bestellung an; die Einheit von K ist Geldeinheit (GE) / Rüstvorgang.
- Jede gelagerte Produkteinheit verursacht Lagerkosten in Höhe von h Geldeinheiten (GE) pro Zeiteinheit oder Periode; die Einheit von h ist $\frac{GE}{ZE \cdot ME}$ oder $\frac{GE}{PE \cdot ME}$; beachte $h > 0$.
- Unter Durchlaufzeit wird die Zeit zwischen Abgabe einer Bestellung bzw. Auftragserteilung und Wareneingang verstanden. Diese Durchlaufzeit ist Null. Insbesondere erfolgt der Lagerzugang unendlich schnell.
- Der Anfangslagerbestand (I_0) ist Null.
- Fehlmengen sind nicht erlaubt.
- Der Planungshorizont ist unbeschränkt; i. e. ein unendlich langer Zeitraum.

Bemerkung

- Generell können diese Parameter als Durchschnittswerte aufgefasst werden, die über einen längeren Zeitraum erhoben worden sind. So kann (und sollte) beispielsweise der fixe Kostensatz als durchschnittlicher Kostensatz (durchschnittliche Rüstkosten) aufgefasst werden. Deswegen werden im Folgenden Durchschnittswerte betrachtet; eine solche Vorgehensweise findet sich beispielsweise bei Tempelmeier ([Temp02]).
- Die Durchlaufzeit (englisch: lead time) eines Produktionsauftrags ist die Zeit zwischen Freigabe des Auftrags und dem Eingang der produzierten Produkte in das Lager. Sie be-

.r die Bereitstellung der Materialien, Wartezeiten aufgrund von Ka-
d Rüstzeiten. Entsprechend wird als Bestelldauer diejenige Zeit-
ie zwischen dem Bestellzeitpunkt und dem Verfügbarkeitszeitpunkt
ie beinhaltet u. a. Zeiten für Lieferantenauswahl, Lieferfristen und

enpolitik befriedigt die vollständige Nachfrage bei minimalen Ge-
is Rüst- und Lagerkosten).

Wie bei allen Modellen handelt es sich um ein extrem vereinfachtes Beispiel eines in der industriellen Praxis auftretenden Losgrößenproblems. Die Annahme einer bekannten festen Nachfrage über einen unendlich langen Planungszeitraum ist klar unrealistisch. Die Wiederbeschaffungszeit von Produkten ist höchstwahrscheinlich positiv; sie dauert in der Regel mehrere Tage. Die Voraussetzung einer festen Bestellmenge ist ebenfalls einschränkend. Aus diesem vereinfachten Modell folgt eine relativ einfache optimale Losgrößenpolitik. Es wird sich zeigen, dass alle diese Einschränkungen leicht gelockert werden können, ohne dass eine aufwendigere Losgrößenpolitik benötigt wird. Mit anderen Worten die relativ einfache optimale Politik des vereinfachten Modells kann im Prinzip auch für den aufwendigeren Fall eingesetzt werden.

Die Beschränkung der Analyse auf die oben aufgelisteten Annahmen dient dem leichteren Verständnis der Grundzusammenhänge.

Für die Lösung dieses Losgrößenproblems ist die Frage zu beantworten, zu welchem Zeitpunkt eine Bestellung aufgegeben werden sollte. Zunächst wird der Fall betrachtet, bei dem noch Lagerbestand vorhanden ist. Die Kosten steigen nicht an, wenn so spät wie möglich bestellt wird. Es reicht somit aus, wenn die Bestellungen exakt zu dem Zeitpunkt im Lager eintreffen, wenn das Lager leer wird. Eine frühere Bestellung verursacht zusätzliche Lagerhaltungskosten, da das Lager früher als notwendig aufgefüllt wird und dadurch in der Summe (bzw. auch im Mittel) ein höherer Bestand an Produkten gelagert werden muss. Diese Eigenschaft einer optimalen Lagerpolitik wird als Nullbestand-Bestelleigenschaft bezeichnet – in der englischsprachigen Literatur als „zero inventory ordering property".

Um die optimale Bestellpolitik mit Hilfe des klassischen Losgrößenmodells herauszufinden, wird der Lagerbestand zeitabhängig betrachtet. Aufgrund der Modellannahmen muss die Lagerbestandsentwicklung einen „Sägezahn"-ähnlichen Verlauf aufweisen; sie ist in Abbildung 1 dargestellt. Beim Lagerzugang zum Zeitpunkt τ erhöht sich der Lagerbestand sofort um die feste Bestellmenge q. Nach den obigen Überlegungen erfolgt der Lagerzugang genau zu dem Zeitpunkt, wenn der Lagerbestand Null ist. Damit beträgt der Lagerbestand nach jedem Zugang ebenfalls q Produkte. Somit ergibt sich zu Beginn des Funktionslaufs die Gerade (Senkrechte) vom Punkt (0,0) zu (0,q). Die kontinuierliche und konstante Bedarfsrate von d führt zur abfallenden Gerade im Diagramm von (0,q) zu (τ,0), wobei τ den nächsten Zeitpunkt bezeichnet, an dem das Lager leer ist. Der nun erfolgende Zugang führt zur Gerade (Senkrechte) vom Punkt (τ,0) zu (τ,q). Wegen der kontinuierlichen und konstanten Bedarfsrate von d ist der nächste Zeitpunkt an dem der Bestand wieder Null ist gerade $2 \cdot \tau$. Damit ist τ die Zeit zwischen zwei Nachschüben; m.a.W. handelt es sich um die Reichweite einer Bestellung.

4.1 Losgrößenmodell mit konstantem Bedarf

Definition 3 (Zyklusdauer)

Als Zyklusdauer τ (Loszyklus oder Reichweite eines Loses q) wird ein Zeitintervall zwischen zwei Losauflagen bzw. Bestellungen bezeichnet.

Da sich der Lagerbestand innerhalb des Zeitraums τ von q auf 0 reduziert und sich die Nachfrage auf konstantem Niveau bewegt, nämlich d Einheiten pro Zeiteinheit innerhalb des betrachteten Zeitraums, muss folglich gelten:

Formel 1: $\qquad q = \tau \cdot d$; insbesondere ist stets $q > 0$.

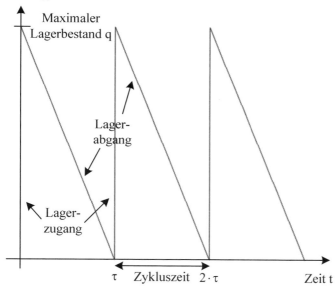

Abbildung 1: Lagerbestandsentwicklung als Funktion über die Zeit

$I(t)$ bezeichne den Lagerbestand zum Zeitpunkt t. Mit den pro Einheit innerhalb einer Periode anfallenden Lagerkosten h beschreibt das Produkt $h \cdot I(t)$ die im Zeitpunkt t anfallenden gesamten Lagerkosten. Für einen Zyklus vom Zeitpunkt $n \cdot \tau$ zum Zeitpunkt $(n+1) \cdot \tau$, für $n \in \mathbb{N}_0$ beliebig, lauten die Lagerkosten $\int_{n \cdot \tau}^{(n+1) \cdot \tau} h \cdot I(t)\, dt$. Nach den obigen Überlegungen ist $I(t)$ für den Bereich $[n \cdot \tau, (n+1) \cdot \tau]$ eine Gerade mit der Steigung $-d$. Also wegen den Intervallgrenzen gilt: $I(t) = q - d \cdot (t - n \cdot \tau)$ in $[n \cdot \tau, (n+1) \cdot \tau]$.

Über den Substitutionssatz für bestimmte Integrale aus der Analysis ist

$$\int_{n\cdot\tau}^{(n+1)\cdot\tau} h\cdot I(t)\,dt = \int_{n\cdot\tau}^{(n+1)\cdot\tau} h\cdot\left(q-d\cdot(t-n\cdot\tau)\right)dt = \int_{0}^{\tau} h\cdot(q-d\cdot t)\,dt = h\cdot\int_{0}^{\tau}(q-d\cdot t)\,dt$$

$$= h\cdot\left[q\cdot t - \frac{d}{2}\cdot t^2\right]_{0}^{\tau} = h\cdot\left(q\cdot\tau - \frac{d}{2}\cdot\tau^2\right)$$

mit Formel 1 ergibt sich:

$$= h\cdot\left(\tau\cdot d\cdot\tau - \frac{d}{2}\cdot\tau^2\right) = h\cdot\frac{d}{2}\cdot\tau^2.$$

Die Gesamtkosten innerhalb eines Zyklus von $n\cdot\tau$ zu $(n+1)\cdot\tau$, für $n \in \mathbb{N}_0$ beliebig, betragen somit:

- den fixen Kostensatz (K), da dieser pro Bestellung anfällt und
- die eben berechneten Lagerkosten.

Also formal

Formel 2: $\quad K + h\cdot\dfrac{d}{2}\cdot\tau^2.$

Zur Berechnung der Gesamtkosten pro Zeiteinheit ist die Formel 2 durch τ zu dividieren. Damit ergeben sich die Gesamtkosten pro Zeiteinheit:

Formel 3: $\quad \dfrac{K}{\tau} + h\cdot\dfrac{d}{2}\cdot\tau.$

Wegen Formel 1 gilt: $\tau = \dfrac{q}{d}.$

Durch Einsetzen in Formel 3 lauten die Gesamtkosten eines Loses q:

Formel 4: $\quad C(q) = \dfrac{K\cdot d}{q} + \dfrac{h\cdot q}{2} \quad$ für $q > 0$.

Satz 1 (Kostenfunktion ist streng konvex)

Die Kostenfunktion $C(q)$ ist streng konvex in $(0,\infty)$.

Beweis: s. Abschnitt zu einstufigen Losgrößenproblemen im Internet.

Da die Kostenfunktion $C(q)$ streng konvex ist, hat sie (nach einem Satz über Konvexität und globale Minimalpunkte aus dem Abschnitt „konvexe Analysis" im Kapitel „mathematische Grundlagen von Optimierungsproblemen") eine einzige kostenminimale Losgröße. Diese kann nach den Optimalitätsbedingungen im Abschnitt über die mathematischen

4.1 Losgrößenmodell mit konstantem Bedarf

Grundlagen von Optimierungsproblemen durch Nullsetzen der 1. Ableitung mit anschließendem Umformen nach q errechnet werden.

Mit der Ableitung $\frac{dC(q)}{dq} = -\frac{K \cdot d}{q^2} + \frac{h}{2}$ lautet die notwendige Bedingung für ein Optimum:

Formel 5: $\quad \frac{dC(q)}{dq} = 0$, also $-\frac{K \cdot d}{q^2} + \frac{h}{2} = 0$.

Aus dieser ergibt sich durch umformen nach q

$$-\frac{K \cdot d}{q^2} + \frac{h}{2} = 0 \Leftrightarrow \frac{h}{2} = \frac{K \cdot d}{q^2} \Leftrightarrow q^2 = \frac{K \cdot d}{\frac{h}{2}} = \frac{2 \cdot K \cdot d}{h} \Leftrightarrow q = \sqrt{\frac{2 \cdot K \cdot d}{h}}$$

das optimale Los:

Formel 6: $\quad q_{opt} = \sqrt{\frac{2 \cdot K \cdot d}{h}}$.

Diese Bestellmenge q_{opt} heißt „wirtschaftliche Bestellmenge" und wird aufgrund der englischsprachigen Bezeichnung „economic order quantity" durch EOQ abgekürzt.

Beispiel 1 (Beispiel zum klassischen Losgrößenmodell)

Als Beispiel wird die obige Tischproduktion um einen Rüstkostensatz (K) von 80 € und einen Lagerkostensatz (h) von 4 € je Tag und Tisch erweitert. Die Bedarfsrate (d) betrage 1000 Tische pro Tag.

Los q [Tische]	Gesamtkosten [€]	Rüstkosten [€]	Lagerkosten [€]
80	1160,00	1000,00	160,00
110	947,27	727,27	220,00
140	851,43	571,43	280,00
170	810,59	470,59	340,00
200	800,00	400,00	400,00
230	807,83	347,83	460,00
260	827,69	307,69	520,00
290	855,86	275,86	580,00
320	890,00	250,00	640,00

Tabelle 2: Kosten gegenüber Losen beim klassischen Losgrößenmodell

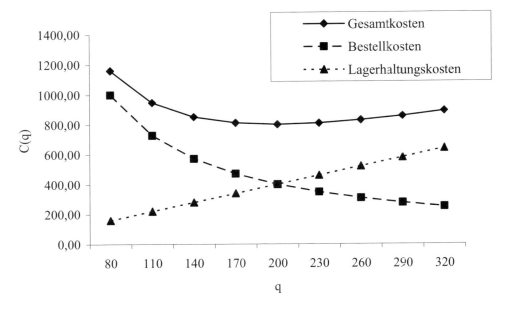

Abbildung 2: Kosten in € gegenüber Losen beim klassischen Losgrößenmodell

Die optimale Lösung lautet nach Formel 6:

$$q_{opt} = \sqrt{\frac{2 \cdot 80 \cdot 1000}{4}} \text{ Tische} = \sqrt{40000} \text{ Tische} = 200 \text{ Tische}.$$

Mit Formel 1 berechnet sich die optimale Zyklusdauer durch:

Formel 7: $\quad \tau_{opt} = \dfrac{q_{opt}}{d} = \dfrac{\sqrt{\dfrac{2 \cdot K \cdot d}{h}}}{d} = \sqrt{\dfrac{2 \cdot K}{h \cdot d}}.$

Für das Beispiel 1 ist folglich: $\tau_{opt} = \sqrt{\dfrac{2 \cdot 80}{4 \cdot 1000}} \text{ Tage} = \dfrac{1}{5} \text{ Tage}.$

Eine Analyse der Kostenfunktion C(Q) zeigt, dass sie im Optimum einige interessante Eigenschaften aufweist.

Satz 2 (Eigenschaften der Kostenfunktion im Optimum)

Es sei q_{opt} die Stelle, an der die Gesamtkostenfunktion (C) ihr Optimum annimmt.

1. Es gilt: $\dfrac{K \cdot d}{q_{opt}} = \dfrac{h \cdot q_{opt}}{2}$.

4.1 Losgrößenmodell mit konstantem Bedarf

2. Die Rüstkosten pro Zeit- und Mengeneinheit $\left(\dfrac{K \cdot d}{q_{opt}^2}\right)$ sind gleich den Lagerkosten pro Zeit- und Mengeneinheit $\left(\dfrac{h}{2}\right)$.

3. Die Lagerkosten bei optimalen Losauflagen ergeben sich aus dem Produkt von Lagerkosten pro Zeiteinheit (also $\dfrac{h \cdot q_{opt}}{2}$) und der optimalen Zyklusdauer (also $\tau_{opt} = \dfrac{q_{opt}}{d}$), also $\dfrac{h \cdot q_{opt}^2}{2 \cdot d}$. Sie sind gleich den Rüstkosten pro Bestellvorgang (K), also $K = \dfrac{h \cdot q_{opt}^2}{2 \cdot d}$.

Beweis: s. Abschnitt zu einstufigen Losgrößenproblemen im Internet.

Durch Einsetzen der optimalen Losgröße (i. e. Formel 6) in die Gesamtkosten eines Loses (i. e. Formel 4) ergeben sich die optimalen Gesamtkosten durch:

$$C(q_{opt}) = \frac{K \cdot d}{q_{opt}} + \frac{h \cdot q_{opt}}{2} = \frac{2 \cdot K \cdot D + h \cdot q_{opt}^2}{2 \cdot q_{opt}}.$$

Durch Einsetzen von q_{opt} (also Formel 6):

$$C(q_{opt}) = \frac{2 \cdot K \cdot d + h \cdot \left(\sqrt{\dfrac{2 \cdot K \cdot d}{h}}\right)^2}{2 \cdot \sqrt{\dfrac{2 \cdot K \cdot d}{h}}} = \frac{2 \cdot K \cdot d}{\sqrt{\dfrac{2 \cdot K \cdot d}{h}}} = \sqrt{2 \cdot K \cdot d \cdot h}.$$

Also lauten die optimalen Gesamtkosten:

Formel 8: $\quad C(q_{opt}) = \sqrt{2 \cdot K \cdot q \cdot h}$.

Beispiel 2 (Beispiel zum klassischen Losgrößenmodell; Fortsetzung von Beispiel 1)

Im Beispiel zur Tischproduktion betragen die optimalen Kosten:

$C(400) = \sqrt{2 \cdot 80 \cdot 1000 \cdot 4}\ € = 800\ €$.

Wie Abbildung 2 bereits andeutet, sind die Kosten relativ unempfindlich gegenüber Abweichungen von der optimalen Bestellmenge. Mit anderen Worten weist die konvexe Kostenfunktion C(q) im Bereich der optimalen Lösung (q_{opt} bzw. τ_{opt}) betragsmäßig nur geringe Steigungen auf. Als Maß wird der Kostenveränderungsgrad $\kappa = \dfrac{C(q)}{C(q_{opt})}$ verwendet.

Satz 3 (Sensitivität der Kosten im Bereich des Optimums)

Gegeben sei ein klassisches Losgrößenproblem P mit der optimalen Lösung q_{opt} und q sei ein beliebiges Los von P. Mit dem Kostenveränderungsgrad von $\kappa = \dfrac{C(q)}{C(q_{opt})}$ gilt:

$$2 \cdot \kappa = \frac{q_{opt}}{q} + \frac{q}{q_{opt}}.$$

Beweis: s. Abschnitt zu einstufigen Losgrößenproblemen im Internet.

Angenommen, die verwendete Losgröße weicht beispielsweise um 20 % von der optimalen Lösung nach oben ab; dann ist $q = 1,2 \cdot q_{opt}$. Eingesetzt in die Formel nach Satz 3 ergibt sich ein Kostenveränderungsgrad von $\kappa = \dfrac{1}{2} \cdot \left[\dfrac{q_{opt}}{1,2 \cdot q_{opt}} + \dfrac{1,2 \cdot q_{opt}}{q_{opt}} \right] = \dfrac{1 + 1,2 \cdot 1,2}{2 \cdot 1,2} = 1,017$. Nach der Definition des Kostenveränderungsgrads weichen damit die tatsächlichen von den minimalen Kosten um 1,7 % ab. Liegt diese Abweichung nach unten vor, also $q = 0,8 \cdot q_{opt}$, so ergibt sich für den Kostenveränderungsgrad $\kappa = \dfrac{1}{2} \cdot \left[\dfrac{q_{opt}}{0,8 \cdot q_{opt}} + \dfrac{0,8 \cdot q_{opt}}{q_{opt}} \right] = \dfrac{1 + 0,8 \cdot 0,8}{2 \cdot 0,8} = 1,025$ und damit eine Abweichung von 2,5 %.

Diese Stabilität der Kosten ist eine grundlegende und wichtige Eigenschaft des klassischen Losgrößenmodells, die selbst bei einigen Erweiterung erhalten bleibt. Sie ist insbesondere dann nützlich, wenn Parameter des Modells, d. h. die Bedarfsrate oder die Kostensätze, in einer Anwendungssituation nicht genau bekannt sind. Auch eine aus diesem Grunde fehlerhaft ermittelte Losgröße wird nicht zu Kostenkonsequenzen in der gleichen Größenordnung führen, wenn die betrieblichen Verhältnisse durch das klassische Modell gut beschrieben sind.

Ergänzend sei erwähnt, dass in der industriellen Praxis häufig sehr viel dediziertere Kostensätze für den Nachschub und die Lagerung (s. beispielsweise [Gude03]) verwendet werden. Diese können als Präzisierungen des fixen Kostensatzes (Rüstkosten) bei jeder Bestellung einerseits und der Lagerkosten andererseits interpretiert werden. Folglich können diese Probleme durch Funktionen gelöst werden, die die gleichen Strukturen wie diejenigen beim gerade betrachteten Modell aufweisen.

In vielen Anwendungsfällen werden nur ganzzahlige Losgrößen sinnvoll sein. Wegen der strengen Konvexität der Kostenfunktion C(q) ist die optimale ganzzahlige Losgröße durch einen Vergleich der Kosten der beiden q_{opt} benachbarten ganzzahligen Losgrößen zu ermitteln. Also lautet die optimale ganzzahlige Losgröße:

4.1 Losgrößenmodell mit konstantem Bedarf

Formel 9:
$$q_{opt}^{ganz} = \begin{cases} \lfloor q_{opt} \rfloor, & \text{falls} \quad C(\lfloor q_{opt} \rfloor) \leq C(\lceil q_{opt} \rceil) \\ \lceil q_{opt} \rceil, & \text{falls} \quad C(\lfloor q_{opt} \rfloor) > C(\lceil q_{opt} \rceil) \end{cases}.$$

Genauso kann für die optimale Zyklusdauer (s. Formel 7) ein ganzzahliger Wert angegeben werden. Wegen Formel 1 lauten die Gesamtkosten in Abhängigkeit von τ: $C(\tau \cdot d)$. Damit ergibt sich:

Formel 10:
$$\tau_{opt}^{ganz} = \begin{cases} \lfloor \tau_{opt} \rfloor, & \text{falls} \quad C(\lfloor \tau_{opt} \rfloor \cdot d) \leq C(\lceil \tau_{opt} \rceil \cdot d) \\ \lceil \tau_{opt} \rceil, & \text{falls} \quad C(\lfloor \tau_{opt} \rfloor \cdot d) > C(\lceil \tau_{opt} \rceil \cdot d) \end{cases}.$$

Wissebach begründet in [Wiss77], dass für die gleichzeitige Forderung nach Ganzzahligkeit für q_{opt} und τ_{opt} ein isoliertes Runden beider Werte nicht ausreicht. Eine spezielle Wahl von τ_{opt}^{ganz} wird im Abschnitt „die Macht von zwei Politiken" analysiert.

Einige Annahmen dieses einfachen Grundmodells können gelockert werden, ohne die Einfachheit des Modells zu verlieren. Zunächst sei der Fall betrachtet, bei dem der Lageranfangsbestand (I_0) positiv ist. Dann erfolgt die erste Bestellung nicht zum Zeitpunkt 0, sondern – quasi verzögert – zum Zeitpunkt $\frac{I_0}{d}$. Die Annahme einer Durchlaufzeit von Null Zeiteinheiten kann ebenfalls auf einfache Weise gelockert werden. Tatsächlich kann das Modell jede deterministische Durchlaufzeit (L) behandeln. Hierzu ist einfach eine Bestellung über q_{opt} Produkte zu dem Zeitpunkt durchzuführen, wenn der Lagerbestand gerade $d \cdot L$ beträgt. Ohne die Struktur der Lösung zu ändern, kann das Modell um das Auftreten von Fehlmengen und das Vorliegen einer endlichen Produktionsgeschwindigkeit erweitert werden. Das Zulassen von Fehlmengen erlaubt eine Verlängerung der optimalen Periodenlänge, wodurch eine Reduzierung des fixen Kostensatzes (Rüstkosten bzw. Bestellkosten) bewirkt wird. Mit endlichen Produktionsgeschwindigkeiten können positive Durchlauf- und Lagerzugangszeiten modelliert werden. Zum Einstieg in die Berücksichtigung von endlichen Produktionskapazitäten wird diese Integration in einem eigenen Abschnitt behandelt. Zusätzlich ist diese Integration um die Berücksichtigung von positiven Rüstzeiten erweiterbar. Als Literaturhinweis seien exemplarisch [NeMo02] und [JaBi99] genannt, in [DoSV93] werden weitere Verallgemeinerungen diskutiert.

Demgegenüber bewirken eine Lockerung des kontinuierlichen und konstanten Bedarfs sowie eine Aufgabe des unbeschränkten (unendlich langen) Planungshorizonts signifikante Änderungen in der optimalen Lösung. Die Herleitung einer Lösung beim endlichen Horizont erfolgt mit dem hier dargestellten Vorgehen und ist im folgenden Abschnitt dargestellt. Demgegenüber erfordert das Vorliegen eines dynamischen Bedarfs eine grundlegend andere Vorgehensweise und ist in einem größeren Abschnitt dargestellt.

4.1.2 Das Modell mit endlichem Horizont

Um das Modell realistischer zu machen, wird ein endlicher Planungshorizont (T) eingeführt. Beispielsweise beträgt ein solcher Horizont in der Bekleidungsindustrie zwischen 8 und 12 Wochen, z.B. die Wintersaison, in der der Bedarf für ein Produkt als konstant und im Voraus bekannt angesehen werden kann. Innerhalb dieses Zeitraums dürfen Lose (also Bestellungen an Bekleidungsstücken) aufgelegt werden, die nicht gleich groß sein müssen; m.a.W. die Annahme von festen Losgrößen wird aufgegeben. Gesucht ist eine Losgrößenpolitik auf dem Intervall [0, T], welche die Bestellkosten und die Lagerhaltungskosten minimiert.

Zu diesem Zweck wird eine Losgrößenpolitik ($\mathcal{P}$) betrachtet, welche $m \geq 0$ Bestellungen in dem Intervall [0, T] ($T < \infty$ und fest vorgegeben) aufgibt. Natürlich muss der erste Auftrag zum Zeitpunkt 0 und die letzte Bestellung so aufgegeben werden, dass ein leerer Lagerbestand (i. e. ein Lagerbestand von Null) zum Zeitpunkt T vorliegt. Bezogen auf diese Konkretisierung der gesuchten Losgrößenpolitik sind nun die Anzahl m und die einzelnen Lose (q_j) für jede der m Bestellungen $(1 \leq j \leq m)$ gesucht; das Problem wird für einen beliebigen, aber festen Planungshorizont gelöst.

Für alle i mit $1 \leq i \leq (m-1)$ sei τ_i die Zeit zwischen der Aufgabe der i-ten und der (i+1)-ten Bestellung und τ_m sei die Zeit zwischen Aufgabe der letzten Bestellung und T. Damit gilt (nach der Definition): $T = \sum_{i=1}^{m} \tau_i$ und $\mathcal{P}$ platziert die j-te Bestellung zum Zeitpunkt $\sum_{i=1}^{j-1} \tau_i$ für $1 \leq j \leq m$ (also die 1-te Bestellung zum Zeitpunkt 0).

Mit der gleichen Argumentation wie beim klassischen Losgrößenmodell muss auch $\mathcal{P}$ die Nullbestand-Bestelleigenschaft erfüllen. Deswegen muss die Lagerbestandsentwicklung als Funktion über die Zeit den in Abbildung 3 dargestellten Verlauf aufweisen.

4.1 Losgrößenmodell mit konstantem Bedarf

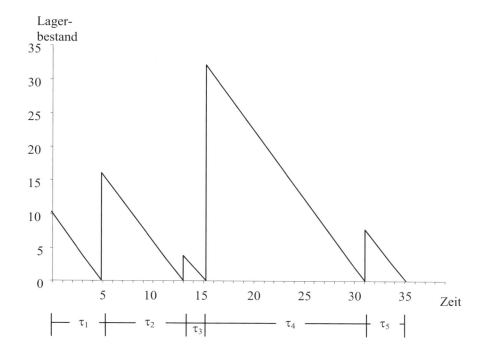

Abbildung 3: Lagerbestandsentwicklung als Funktion über die Zeit

Für die Losgrößenpolitik ($\mathcal{P}$) sei I(t) der Lagerbestand zum Zeitpunkt $t \in [0,T]$. Damit betragen die Gesamtkosten $(C(m))$ pro Zeiteinheit aufgrund von $\mathcal{P}$ (als Summe aus den Kosten für die m Bestellungen und den Lagerkosten als Fläche unter der Lagerbestandskurve, die (Summe) durch die Länge des Betrachtungszeitraums normiert ist):

Formel 11: $\quad C(m) = \dfrac{1}{T} \cdot \left[K \cdot m + \int_0^T h \cdot I(t)\,dt \right]$.

Die einzige bekannte Information über die Funktion I(t) ist die, dass sie genau m-mal mit einer Bedarfsrate von d Produkten pro Zeiteinheit (ZE) abnimmt – i. e. in der Kurve zur Lagerbestandsentwicklung hat die Gerade eine Steigung von (– d) (s. Abbildung 4) – und zwar zwischen einer Bestellung (Lagerbestand wird unendlich schnell aufgefüllt) und dem Erreichen eines leeren Lagerbestands. Damit berechnen sich die Lagerhaltungskosten von der j-ten Bestellung ($1 \leq j \leq (m-1)$) – i. e. dem Zeitpunkt $\sum_{i=1}^{j-1} \tau_i$ – und der (j+1)-ten Bestellung bzw. dem Intervallende T durch das Integral bzw. $\int_{\sum_{i=1}^{j-1}\tau_i}^{T} h \cdot I(t) dt$. Wie im Abschnitt 4.1.1 (zum klassischen Losgrößenmodell) gezeigt worden ist, ist dies gleich

Formel 12: $h \cdot \tau_j \cdot \dfrac{d \cdot \tau_j}{2}$; also die Fläche des Dreiecks für die Lagerbestandsentwicklung im j-ten Zyklus; s. Abbildung 4.

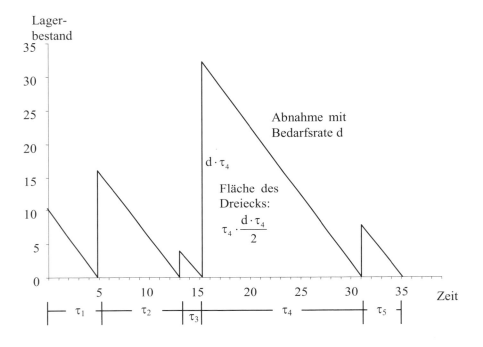

Abbildung 4: Fläche unter der Lagerbestandsentwicklung im 4. Zyklus

Damit lassen sich die gesamten Lagerhaltungskosten bis zum Zeitpunkt T als eine Funktion der Zyklen $\{\tau_i\}_{i=1}^{m}$ wie folgt beschreiben:

Formel 13: $L(\tau_1, ..., \tau_m) = \sum_{i=1}^{m} \left(h \cdot \tau_i \cdot \dfrac{d \cdot \tau_i}{2} \right) = \dfrac{h \cdot d}{2} \sum_{i=1}^{m} \tau_i^2$.

4.1 Losgrößenmodell mit konstantem Bedarf

Die besten Zeitpunkte für die Abgabe der m Bestellungen lässt sich deswegen durch die Lösung des folgenden Minimierungsproblems berechnen:

Formel 14 $\quad \text{Min} \left\{ \dfrac{h \cdot d}{2} \cdot \sum_{i=1}^{m} \tau_i^2 \,\middle|\, \sum_{i=1}^{m} \tau_i = T \wedge \tau_i \geq 0 \; \forall \; 1 \leq i \leq m, \right\}.$

Bei dem durch Formel 14 formulierten Optimierungsproblem handelt es sich um ein Optimierungsproblem mit Nebenbedingungen. Seine Nebenbedingungen legen einen konvexen zulässigen Bereich fest und seine Zielfunktion ist ebenfalls konvex. Zur Lösung des Optimierungsproblems wird die Nebenbedingung $\sum_{i=1}^{m} \tau_i = T$ mit der Zielfunktion über den Lagrange-Multiplikator u zur Lagrange-Funktion $\mathcal{L}(\tau_1, ..., \tau_m, u) = \dfrac{h \cdot d}{2} \sum_{i=1}^{m} \tau_i^2 + u \cdot \left(\sum_{i=1}^{m} \tau_i - T \right)$ verknüpft. Auf diese Funktion ist ein Satz über eine hinreichende und notwendige Bedingung für einen strengen Minimalpunkt aus dem Abschnitt „mathematische Grundlagen von Optimierungsproblemen" anwendbar. Seine Anwendung führt zu dem im folgenden Lemma 1 angegeben Ergebnis.

Lemma 1 (Minimierung der gesamten Lagerhaltungskosten)

Das Optimierungsproblem mit der Optimierungsfunktion $f(\tau_1, ..., \tau_m) = \dfrac{h \cdot D}{2} \cdot \sum_{i=1}^{m} \tau_i^2$ sowie den Nebenbedingungen $\sum_{i=1}^{m} \tau_i = T$ und $\tau_i \geq 0 \;\; \forall \;\; 1 \leq i \leq m$ nimmt in $\tau_i = \dfrac{T}{m}$, $\forall \; 1 \leq i \leq m$, sein globales Minimum an.

Beweis: s. Abschnitt zu einstufigen Losgrößenproblemen im Internet.

Aus dieser optimalen Lösung folgt, dass eine optimale Losgrößenpolitik $\mathcal{P}$ folgende Eigenschaft haben muss:

Satz 4 (Charakterisierung des Losgrößenproblems)

Betrachtet wird ein Losgrößenproblem für ein Produkt im Intervall [0, T]. Die Losgrößenpolitik mit m Bestellungen hat genau dann die geringsten möglichen Kosten, wenn

1. alle Zyklusdauern identisch sind und
2. alle Bestellungen die gleiche Losgröße besitzen.

Beweis: s. Abschnitt zu einstufigen Losgrößenproblemen im Internet.

Das Einsetzen der optimalen Lösung nach Lemma 1 in Formel 11 unter Verwendung von Formel 12 ergibt für die Gesamtkosten pro Zeiteinheit aufgrund von $\mathcal{P}$:

$$C(m) = \dfrac{1}{T} \cdot \left[K \cdot m + \dfrac{h \cdot d}{2} \sum_{i=1}^{m} \left(\dfrac{T}{m} \right)^2 \right] = \dfrac{K \cdot m}{T} + \dfrac{h \cdot d}{2 \cdot T} \cdot \dfrac{m \cdot T^2}{m^2} = \dfrac{K \cdot m}{T} + \dfrac{h \cdot d \cdot T}{2 \cdot m}.$$

Also insgesamt:

Formel 15: $\quad C(m) = \dfrac{K \cdot m}{T} + \dfrac{h \cdot d \cdot T}{2 \cdot m}$.

Nach Satz 4 besteht die einzige offene Frage in der Festlegung von m. Sie wird durch die Lösung des Optimierungsproblems $C(m) = \dfrac{K \cdot m}{T} + \dfrac{h \cdot d \cdot T}{2 \cdot m}$ beantwortet.

Satz 5 (Kostenfunktion ist streng konvex)

$C(m)$ ist streng konvex in $(0, \infty)$.

Beweis: s. Abschnitt zu einstufigen Losgrößenproblemen im Internet.

Da die Kostenfunktion $C(m)$ streng konvex ist, hat sie (nach einem Satz über Konvexität und globale Minimalpunkte aus dem Abschnitt „konvexe Analysis" im Kapitel „mathematische Grundlagen von Optimierungsproblemen") eine einzige kostenminimale Anzahl an Bestellungen (m). Diese kann nach den Optimalitätsbedingungen im Abschnitt über die mathematischen Grundlagen von Optimierungsproblemen durch Nullsetzen der 1. Ableitung mit anschließendem Umformen nach m errechnet werden.

Mit der Ableitung $\dfrac{dC(m)}{dm} = \dfrac{K}{T} - \dfrac{h \cdot D \cdot T}{2 \cdot m^2}$ lautet die notwendige Bedingung für ein Optimum $\dfrac{K}{T} - \dfrac{h \cdot D \cdot T}{2 \cdot m^2} = 0$. Nach m umformen führt zu dem Ergebnis:

Formel 16: $\quad m_{opt} = T \cdot \sqrt{\dfrac{h \cdot D}{2 \cdot K}}$.

Allerdings ist es möglich, dass der Wert von Formel 16 keine natürliche Zahl ist. Deswegen ist der beste Wert für m entweder $m_{opt}^{ganz} = \lfloor m_{opt} \rfloor$ oder $m_{opt}^{ganz} = \lceil m_{opt} \rceil$, je nachdem welcher Wert zu den geringsten Gesamtkosten $(C(m))$ führt; also formal:

Formel 17: $\quad m_{opt}^{ganz} = \begin{cases} \lfloor m_{opt} \rfloor, & \text{falls} \quad C(\lfloor m_{opt} \rfloor) \leq C(\lceil m_{opt} \rceil) \\ \lceil m_{opt} \rceil, & \text{falls} \quad C(\lfloor m_{opt} \rfloor) > C(\lceil m_{opt} \rceil) \end{cases}$.

Damit ist die optimale Losgrößenpolitik bei der Betrachtung eines endlichen Horizonts tatsächlich sehr ähnlich zur Losgrößenpolitik im Falle eines unendlichen Horizonts. Bestellungen werden in gleichen Abständen mit identischen Bestellmengen aufgegeben.

4.1.3 Die Macht von zwei Politiken

Ausgangspunkt der Überlegungen sind die Zyklusdauern einer optimalen Losgrößenpolitik. Es sei betont, dass wegen des Zusammenhangs $\tau = \frac{q}{d}$ das Problem zur Bestimmung der optimalen Losgröße äquivalent mit dem Problem zur Bestimmung der optimalen Zykluszeit ist. Zur Darstellung des Ansatzes reicht es aus, sich auf das Modell bei einem unendlichen Planungshorizont nach dem Abschnitt 4.1.1 (zum klassischen Losgrößenmodell) zu beschränken. Nach Formel 7 lautet die optimale Zyklusdauer: $\tau_{opt} = \sqrt{\frac{2 \cdot K}{h \cdot d}}$. Eine Schwierigkeit mit dieser Formel besteht darin, dass auch nichtganzzahlige optimale Bestellintervalle möglich sind, wodurch höchst unpraktische Losgrößenpolitiken entstehen können. Das folgende Beispiel möge dies illustrieren.

Beispiel 3 (Beispiel zu irrationalen optimalen Zyklusdauern)

Der fixer Kostensatz betrage K = 15 Geldeinheiten, der Lagerhaltungskostensatz sei h = 0,05 Geldeinheiten (GE) / Zeiteinheit (ZE) / Mengeneinheit (ME) und die Bedarfsrate laute d = 200 Mengeneinheiten / Zeiteinheiten.

Dann beträgt die optimale Zyklusdauer (nach Formel 7) $\tau_{opt} = \sqrt{\frac{2 \cdot 15}{0,05 \cdot 200}}$ ZE = $\sqrt{3}$ Zeiteinheiten (beispielsweise Tage) und es fallen nach Formel 4 $C(\sqrt{3} \cdot 200) = 2 \cdot \sqrt{75}$ Geldeinheiten an Gesamtkosten an.

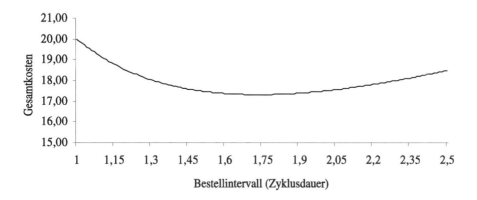

Abbildung 5: Gesamtkosten in GE gegenüber möglichen Bestellintervallen in ZE

Solche Bestellintervalle wie $\sqrt{3}$ Tage (oder auch $\sqrt{\pi}$ Wochen) sind nicht einfach umsetzbar. Aufgrund solcher Bestellintervalle könnte das Model festlegen, dass in einer Woche am Montag, in der darauf folgenden Woche am Donnerstag, in der darauf folgenden Woche am Dienstag usw. bestellt wird. Dadurch entsteht ein Plan für Bestellungen mit einem nicht einfach zu erkennenden Muster. Deswegen erscheint es sinnvoll, nur solche Losgrößenpolitiken zu erlauben, bei denen die Bestellintervalle auf solche Werte beschränkt sind, die zu einfach umsetzbaren Politiken führen. Eine solche Beschränkung liegt vor, wenn die Bestellintervalle nur Werte der Form

Formel 18: $\tau = \tau_B \cdot 2^k$, $k \in \mathbb{N}_0$ und τ_B ist eine feste Grundplanungsperiode,

annehmen. Eine solche Einschränkung wird in der Literatur als 2^x-Beschränkung (im englischen power-of-two restrictions) bezeichnet. Die zugehörige Losgrößenpolitik heißt (wie oben bereits gesagt) 2^x-Politik (im englischen power-of-two policies). Die Grundplanungsperiode (τ_B) kann beispielsweise ein Tag, eine Woche, Monat usw. betragen und liegt im Voraus fest. Sie repräsentiert das kleinste mögliche Bestellintervall.

Eine Beschränkung auf 2^x-Politiken führt zu den folgenden beiden Fragen, die im Rest dieses Abschnitts beantwortet werden.

1. Wie wird die beste 2^x-Politik berechnet?
   Gesucht ist also diejenige 2^x-Politik, die die geringsten Kosten von allen möglichen 2^x-Politiken aufweist.

2. Wie weit ist die beste 2^x-Politik von der optimalen Lösung (nach Formel 7) entfernt?
   Hier stellt sich die Frage nach der Sensitivität der Gesamtkosten gegenüber der Zyklusdauer (bzw. dem Bestellintervall). Wegen des Zusammenhangs zwischen dem Problem zur Bestimmung der optimalen Losgröße und dem zur Bestimmung der optimalen Zyklusdauer ist zu vermuten, dass auch hier eine entsprechende relative Unabhängigkeit der Gesamtkosten von der Zyklusdauer vorliegt. Für die industrielle Praxis bedeutet dies, dass statt kaum umsetzbarer Zyklusdauern (bzw. Bestellintervalle) regelmäßige Zyklusdauern ohne signifikanten Verlust an Lösungsgüte verwendet werden dürfen.

Dieser Abschnitt folgt den Überlegungen von Muckstadt und Roundy (1993) (in [MuRo93]). Nach Formel 4 betragen die Gesamtkosten pro Zeiteinheit $\frac{K \cdot d}{q} + \frac{h \cdot q}{2}$.

Mit der Zykluszeit $\tau = \frac{q}{d}$ (i. e. die Zeit zwischen zwei Bestellungen; s. Formel 1) ergibt sich

Formel 19: $f(\tau) = \frac{K}{\tau} + \frac{h \cdot \tau \cdot d}{2}$.

Um die Analyse zu vereinfachen – und um die gleichen Begriffsbildungen wie in der Literatur, s. z.B. Roundy (1985) (in [Roun85]) oder Muckstadt und Roundy (1993) (in [MuRo93]) zu verwenden –, wird $g = \frac{h \cdot d}{2}$ gesetzt. Damit gilt:

Formel 20: $f(\tau) = \frac{K}{\tau} + g \cdot \tau$.

4.1 Losgrößenmodell mit konstantem Bedarf

Nach Formel 4 aus Abschnitt 4.1.1 betragen die Gesamtkosten C(q) im klassischen Losgrößenproblem: $C(q) = \frac{K \cdot d}{q} + \frac{h \cdot q}{2}$. Mit dem Setzen von $\tau = q$, der Bedarfsrate $d = 1$ und den Lagerkosten $h = 2 \cdot g$ gilt:

Formel 21: $\quad C(\tau) = \frac{K \cdot 1}{\tau} + \frac{2 \cdot g \cdot \tau}{2} = \frac{K}{\tau} + g \cdot \tau$.

Durch Vergleich von Formel 21 mit Formel 20 folgt: Das Problem nach Formel 20 kann als ein klassisches Losgrößenproblem aufgefasst werden. Nach Formel 7 aus Abschnitt 4.1.1 beträgt (durch Einsetzen von $h = 2 \cdot g$ und $d = 1$ in Formel 7) die optimale Lösung

Formel 22: $\quad \tau_{opt} = \sqrt{\frac{K}{g}}$.

Da τ die Zykluszeit ist, ist deswegen τ_{opt} die optimale Zykluszeit bzw. das optimale Bestellintervall.

Die Gesamtkosten je Zeiteinheit betragen nun (durch Einsetzen von τ_{opt} in Formel 20):

$f(\tau_{opt}) = 2 \cdot \sqrt{K \cdot g}$.

Mit diesem Grundgerüst werden die beiden oben gestellten Fragen beantwortet. Zunächst wird die Frage (1) behandelt:

Es sei $\tau_{opt} = \sqrt{\frac{K}{g}}$ das optimale (unbeschränkte) Bestellintervall und τ_{2^x} sei der optimale 2^x-Zyklus. Gesucht ist somit die natürliche Zahl k mit $\tau_{2^x} = \tau_B \cdot 2^k$; m.a.W. gesucht ist das optimale k. Zu ihrer Berechnung wird ausgenutzt, dass die Funktion f konvex ist.

Satz 6 (Konvexität der Kostenfunktion)

Die Funktion $f(\tau) = \frac{K}{\tau} + \frac{h \cdot \tau \cdot d}{2}$ ist konvex auf $(0, \infty)$.

Beweis: s. Abschnitt zu einstufigen Losgrößenproblemen im Internet.

Wegen der Konvexität von f ist das optimale k eben die kleinste Zahl k für die gilt:

Formel 23: $\quad f(\tau_B \cdot 2^k) \leq f(\tau_B \cdot 2^{k+1})$.

Das Einsetzen von Formel 20 in diese Ungleichung ergibt:

$$\frac{K}{\tau_B \cdot 2^k} + g \cdot (\tau_B \cdot 2^k) \leq \frac{K}{\tau_B \cdot 2^{k+1}} + g \cdot (\tau_B \cdot 2^{k+1})$$

wegen $\tau_{2^x} = \tau_B \cdot 2^k$ gilt:

$$\Leftrightarrow \frac{K}{\tau_{2^x}} + g \cdot \tau_{2^x} \leq \frac{K}{2 \cdot \tau_{2^x}} + g \cdot \left(2 \cdot \tau_{2^x}\right) = \frac{K}{2 \cdot \tau_{2^x}} + 2 \cdot g \cdot \tau_{2^x} \Leftrightarrow \frac{K}{2} \leq g \cdot \tau_{2^x}^2$$

Formel 24: $\quad \Leftrightarrow \sqrt{\dfrac{K}{2 \cdot g}} \leq \tau_{2^x}$.

Mit $\tau_{opt} = \sqrt{\dfrac{K}{g}}$ gilt:

$$\sqrt{\frac{K}{2 \cdot g}} = \sqrt{\frac{K}{g}} \cdot \frac{1}{\sqrt{2}} = \frac{1}{\sqrt{2}} \cdot \tau_{opt}$$, also zusammengefasst:

Formel 25: $\quad \sqrt{\dfrac{K}{2 \cdot g}} = \dfrac{1}{\sqrt{2}} \cdot \tau_{opt}$.

Aus Formel 25 und Formel 24 ergibt sich nun:

Formel 26: $\quad \sqrt{\dfrac{K}{2 \cdot g}} = \dfrac{1}{\sqrt{2}} \cdot \tau_{opt} \leq \tau_{2^x} = \tau_B \cdot 2^k$.

Damit gilt für das optimalen k $\left(k_{opt}\right)$ die Eigenschaft:

Formel 27: $\quad k_{opt} = \min\left\{k \in \mathbb{N}; \sqrt{\dfrac{K}{2 \cdot g}} \leq \tau_B \cdot 2^k\right\}$.

Deswegen bestimmt ein Algorithmus zur Berechnung von dem optimalen k eben die kleinste natürliche Zahl k_{opt} mit $\sqrt{\dfrac{K}{2 \cdot g}} \leq \tau_B \cdot 2^{k_{opt}}$.

Damit ist die erste der beiden Fragestellungen gelöst. Für die zweite Fragestellung werden folgende Überlegungen durchgeführt.

Zunächst wird die Beziehung $2 \cdot \sqrt{\dfrac{K}{2 \cdot g}} \geq \tau_B \cdot 2^{k_{opt}}$ gezeigt.

4.1 Losgrößenmodell mit konstantem Bedarf

Angenommen, es ist $2 \cdot \sqrt{\frac{K}{2 \cdot g}} \leq \tau_B \cdot 2^{k_{opt}}$. Dann ist $\sqrt{\frac{K}{2 \cdot g}} \leq \frac{1}{2} \cdot \tau_B \cdot 2^{k_{opt}} = \tau_B \cdot 2^{k_{opt}-1}$. Damit erfüllt $k_{opt} - 1$ die Bedingung $\sqrt{\frac{K}{2 \cdot g}} \leq \tau_B \cdot 2^k$. Dies ist ein Widerspruch zur Optimalität von k_{opt}.

Damit ergibt sich: $\tau_B \cdot 2^{k_{opt}} \leq 2 \cdot \sqrt{\frac{K}{2 \cdot g}} = \sqrt{\frac{4 \cdot K}{2 \cdot g}} = \sqrt{\frac{2 \cdot K}{g}} = \sqrt{2} \cdot \sqrt{\frac{K}{g}} = \sqrt{2} \cdot \tau_{opt}$. Also:

Formel 28: $\tau_{2^x} = \tau_B \cdot 2^{k_{opt}} \leq 2 \cdot \sqrt{\frac{K}{2 \cdot g}} = \sqrt{2} \cdot \tau_{opt}$.

Aufgrund von Formel 26 $\left(\frac{1}{\sqrt{2}} \cdot \tau_{opt} \leq \tau_{2^x}\right)$ und Formel 28 $\left(\tau_{2^x} \leq \sqrt{2} \cdot \tau_{opt}\right)$ liegt die optimale 2^x-Politik für eine vorgegebene Grundplanungsperiode (τ_B) im Intervall:

Formel 29: $\quad \tau_{2^x} \in \left[\frac{1}{\sqrt{2}} \cdot \tau_{opt}, \sqrt{2} \cdot \tau_{opt}\right]$.

Da f konvex ist, muss (nach der Definition der Konvexität, s. die entsprechende Definition in den mathematischen Grundlagen)

Formel 30: $\quad f(\tau_{2^x}) \leq \min\left\{f\left(\frac{1}{\sqrt{2}} \cdot \tau_{opt}\right), f\left(\sqrt{2} \cdot \tau_{opt}\right)\right\}$

gelten.

Im Folgenden werden die beiden Schranken analysiert.

Es gilt nun: $\tau_{opt} = \sqrt{\frac{K}{g}}$

$\Leftrightarrow \frac{K}{\tau_{opt}} = g \cdot \tau_{opt}$. Addieren von $\frac{K}{\tau_{opt}} + g \cdot \tau_{opt}$ auf beiden Seiten ergibt:

$\Leftrightarrow \frac{2 \cdot K}{\tau_{opt}} + g \cdot \tau_{opt} = \frac{K}{\tau_{opt}} + 2 \cdot g \cdot \tau_{opt}$. Division durch $\sqrt{2}$ führt zu:

$\Leftrightarrow \frac{\sqrt{2} \cdot K}{\tau_{opt}} + \frac{1}{\sqrt{2}} g \cdot \tau_{opt} = \frac{K}{\sqrt{2} \cdot \tau_{opt}} + \sqrt{2} \cdot g \cdot \tau_{opt}$.

Mit $f(\frac{1}{\sqrt{2}} \cdot \tau_{opt}) = \frac{\sqrt{2} \cdot K}{\tau_{opt}} + \frac{1}{\sqrt{2}} g \cdot \tau_{opt}$ und $f(\sqrt{2} \cdot \tau_{opt}) = \frac{K}{\sqrt{2} \cdot \tau_{opt}} + \sqrt{2} \cdot g \cdot \tau_{opt}$ gilt nun:

Formel 31: $\quad f\left(\frac{1}{\sqrt{2}} \cdot \tau_{opt}\right) = f\left(\sqrt{2} \cdot \tau_{opt}\right).$

Betrachte nun den Mittelwert dieser beiden Grenzen:

$$\frac{1}{2}\left[f(\frac{1}{\sqrt{2}} \cdot \tau_{opt}) + f(\sqrt{2} \cdot \tau_{opt})\right] = \frac{1}{2}\left[\frac{\sqrt{2} \cdot K}{\tau_{opt}} + \frac{1}{\sqrt{2}} g \cdot \tau_{opt} + \frac{K}{\sqrt{2} \cdot \tau_{opt}} + \sqrt{2} \cdot g \cdot \tau_{opt}\right]$$

$$= \frac{1}{2}\left[\frac{1}{\sqrt{2}} \cdot \left[\frac{K}{\tau_{opt}} + g \cdot \tau_{opt}\right] + \sqrt{2} \cdot \left[\frac{K}{\tau_{opt}} + g \cdot \tau_{opt}\right]\right] = \frac{1}{2}\left[\frac{1}{\sqrt{2}} \cdot f(\tau_{opt}) + \sqrt{2} \cdot f(\tau_{opt})\right]$$

$$= \frac{1}{2}\left[\frac{1}{\sqrt{2}} + \sqrt{2}\right] \cdot f(\tau_{opt}).$$ Also zusammengefasst:

Formel 32: $\quad \frac{1}{2}\left[f(\frac{1}{\sqrt{2}} \cdot \tau_{opt}) + f(\sqrt{2} \cdot \tau_{opt})\right] = \frac{1}{2}\left[\frac{1}{\sqrt{2}} + \sqrt{2}\right] \cdot f(\tau_{opt}).$

Zusammengefasst folgt aus Formel 31 und Formel 32:

Formel 33: $\quad f(\frac{1}{\sqrt{2}} \cdot \tau_{opt}) = f(\sqrt{2} \cdot \tau_{opt}) = \frac{1}{2}\left[\frac{1}{\sqrt{2}} + \sqrt{2}\right] \cdot f(\tau_{opt}).$

Beispiel 4 (Beispiel zu irrationalen optimalen Zyklusdauern; Fortsetzung von Beispiel 3)

Exemplarisch sei wieder das obige Beispiel 3 zugrunde gelegt. Als Grundplanungsperiode wird $\tau_B = 1$ gesetzt. Mit Formel 27 gilt: $k_{opt} = \min\left\{k \in \mathbb{N}; \sqrt{\dfrac{15}{2 \cdot \dfrac{0,05 \cdot 200}{2}}} = \sqrt{\dfrac{3}{2}} \leq 2^k\right\} = 1.$

Die optimale 2^x-Politik liegt im Intervall $\left[\frac{1}{\sqrt{2}} \cdot \sqrt{3}, \sqrt{2} \cdot \sqrt{3}\right]$; beachtet werden muss, dass $\tau_{opt} = \sqrt{3}$ (ZE) gilt. Die Gesamtkosten sind geringer als: $f(\frac{1}{\sqrt{2}} \cdot \sqrt{3}) = f(\sqrt{2} \cdot \sqrt{3})$

$= \frac{1}{2}\left[\frac{1}{\sqrt{2}} + \sqrt{2}\right] \cdot f(\sqrt{3}).$ Dadurch ergibt sich nun das in Abbildung 6 dargestellte Diagramm:

4.1 Losgrößenmodell mit konstantem Bedarf

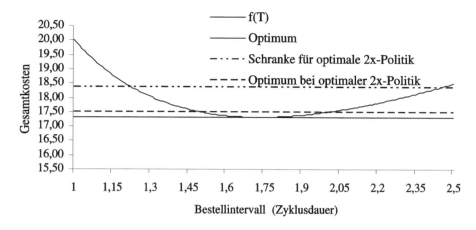

Abbildung 6: Einordnung der optimalen 2x-Politik in das Losgrößenproblem

Damit lässt sich die zweite Fragestellung wie folgt beantworten: Ein Maß für die Entfernung der besten 2^x-Politiken von der optimalen Lösung ist das Verhältnis $\dfrac{f(\tau_{2^x})}{f(\tau_{opt})}$.

Wegen Formel 30 und Formel 33 gilt für dieses Verhältnis:

Formel 34: $\quad \dfrac{f(\tau_{2^x})}{f(\tau_{opt})} \leq \dfrac{\frac{1}{2}\left[\frac{1}{\sqrt{2}} + \sqrt{2}\right] \cdot f(\tau_{opt})}{f(\tau_{opt})} = \dfrac{1}{2}\left[\dfrac{1}{\sqrt{2}} + \sqrt{2}\right] \approx 1.06$.

Die Summe aus durchschnittlichen Rüstkosten (bzw. Bestellkosten) pro Zeiteinheit und Lagerhaltungskosten pro Zeiteinheit bei der optimalen 2^x-Losgrößenpolitik weicht maximal um 6% von dem optimalen Wert ab. Hier zeigt sich die betragsmäßig geringe Steigung der Gesamtkostenfunktion um das Minimum. Es sei betont, dass dieses Ergebnis unabhängig von der Grundplanungsperiode τ_B ist.

Der Übergang von einem optimalen Bestellintervall zu einem zweifachen Vielfachen einer Grundplanungsperiode führt zu einer nur marginalen Verschlechterung der Lösungsgüte. Diese Eigenschaft einer 2^x-Losgrößenpolitik erweist sich bei einem realistischen Losgrößenproblem als nützlich.

4.1.4 Erweiterung des Modells um endliche Produktionsgeschwindigkeit und Rüstzeit

Eine unendliche Produktionsgeschwindigkeit gepaart mit einem unendlich schnellen Lagerzugang im klassischen Modell bedeutet, dass ein Los erst aufgesetzt wird, wenn der Lagerbestand gleich Null ist; s. Abbildung 1 und die dort vorgestellte Argumentation. In der industriellen Praxis vergeht Zeit zur Herstellung und anschließenden Einlagerung von Produkten, bevor mit ihnen Bedarfe befriedigt werden können. Modellseitig führt dies zur Einführung einer endlichen Produktionsgeschwindigkeit (p). Für die Weitergabe des hergestellten Produkts an das Lager existieren zwei Varianten: Eine hergestellte Einheit wird sofort eingelagert oder das Los wird komplett eingelagert. Die erste Variante wird als offene und die zweite als geschlossene Produktion bezeichnet. Bei der offenen Produktion steht jede produzierte Mengeneinheit eines Produkts zur Deckung des Bedarfs an diesem Produkt unmittelbar nach ihrer Fertigstellung zur Verfügung. Demgegenüber steht bei der geschlossenen Produktion eine Mengeneinheit eines Loses erst dann zur Bedarfsdeckung zur Verfügung, nachdem das komplette Los eingelagert worden ist. Aufgrund der im Abschnitt über mehrstufige Losgrößenprobleme angegebenen Arbeitsweise von Planungsverfahren liegt in der industriellen Praxis in der Regel eine geschlossene Produktion vor. Ein Los führt zu einem Produktionsauftrag, der an einer Station bearbeitet wird. Nach der Beendigung des Produktionsauftrags erfolgt eine Rückmeldung, die dann einen Transport zum Lager und die anschließende Einlagerung anstösst. Daher wird jede bearbeitete Einheit bei der Bearbeitungsstation gelagert, bis das Los vollständig gefertigt worden ist. Ein solcher Bestand heißt „work in process"-Bestand.

Definition 4 (WIP-Bestand)

An einer Station (j) werde ein Los (q) gefertigt. Die schon bearbeiteten Mengeneinheiten von q werden an der Station bis zur Einlagerung des kompletten Loses gelagert. Sie bilden den „work in process"-Bestand (WIP–Bestand) von j.

Nach der Fertigstellung des Loses q erfolgt seine Einlagerung, einschließlich seines Transports zum Lager. Bei dem in der Einlagerungszeit vorliegenden Bestand handelt es sich ebenfalls um einen „work in process"-Bestand, nun für das gesamte Werk. Nach der Beendigung der Einlagerung steht, wie gesagt, das Los zur Befriedigung des Bedarfs zur Verfügung. Modellseitig wird dieser Einlagerungsprozess durch eine Einlagerungsgeschwindigkeit (o) ausgedrückt.

Bei diesem Szenario handelt es sich um den genauesten Fall, wie er auch in marktüblichen Enterprise Resource Planning Systemen durch entsprechende Transaktionen abgebildet werden kann. Er wird im Folgenden erläutert, und diese Erläuterung wird durch Abbildung 7 illustriert. Aus den obigen Überlegungen ist zu bestellen, solange der Bestand für die Produktion und die Einlagerung ausreicht. Diese Zeit ist bestimmt durch die Bedarfsrate d und die Produktionszeit des (optimalen) Loses q, also $\frac{q}{p}$. In der Produktionszeit ist also der Gesamtbedarf von $d \cdot \frac{q}{p}$ zu decken. Die Einlagerungszeit beträgt $o \cdot q$. Der in dieser Zeit zu

4.1 Losgrößenmodell mit konstantem Bedarf

deckende Bedarf lautet $d \cdot o \cdot q$. Also wird bei einem Lagerbestand von insgesamt $d \cdot \frac{q}{p} + d \cdot o \cdot q$ bestellt. Es sei t der Bestellzeitpunkt. Dann ist nach $\left(t + \frac{q}{p}\right)$ die Produktion beendet und nach weiteren $(o \cdot q)$ das Los komplett eingelagert. Da dann der Bedarf durch dieses Los befriedigt werden darf, sollte zu diesem Zeitpunkt der Lagerbestand ohne dem neuen Los leer sein. Ab diesem Zeitpunkt $\left(t + \frac{q}{p} + o \cdot q\right)$ wird das Lager wieder mit der Bedarfsrate von d abgebaut. Wenn der Bestand nur noch $\left(d \cdot \frac{q}{p} + d \cdot o \cdot q\right)$ Mengeneinheiten beträgt, ist nach der obigen Überlegung wieder erneut zu bestellen. Dieser Zeitverbrauch ist durch die Gleichung $q - d \cdot t = d \cdot \frac{q}{p} + d \cdot o \cdot q$ bestimmt. Seine Umformung ergibt

$$q - d \cdot t = d \cdot \frac{q}{p} + d \cdot o \cdot q \Leftrightarrow \frac{q}{d} - t = \frac{q}{p} + o \cdot q \Leftrightarrow t = \frac{q}{d} - \frac{q}{p} - o \cdot q .$$

Also lautet der Zeitpunkt der nächsten Bestellung $t + \frac{q}{p} + o \cdot q + \frac{q}{d} - \frac{q}{p} - o \cdot q = t + \frac{q}{d}$. Da sich dieses Verfahren so fortsetzt, beträgt der Zyklus zwischen zwei Bestellungen, wie beim klassischen Losgrößenmodell, $\frac{q}{d}$-Zeiteinheiten. Ferner ergibt sich auch hier ein Sägezahn ähnlicher Verlauf.

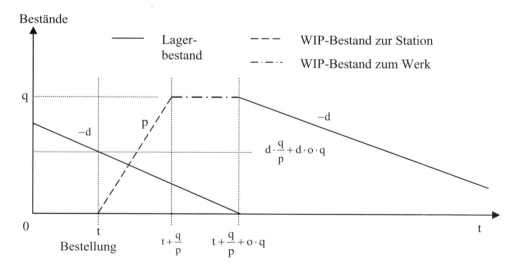

Abbildung 7: physischer Lagerbestand im Zeitablauf bei geschlossener Produktion

Genauso wie beim klassischen Losgrößenmodell lässt sich der Gesamtlagerbestand pro Zyklus berechnen. Daraus ergeben sich die Kosten für den Gesamtlagerbestand und das Rüsten jeweils pro Zyklus sowie durch die Division mit der Zykluszeit auch je Zeiteinheit und zwar in Abhängigkeit von der Losgröße q. Auch hier ist deren Summe die Gesamtkosten pro Zeiteinheit und seine Minimierung berechnet die optimale Losgröße q. Ohne Nachweis sei betont, dass diese Kostenfunktion wiederum streng konvex ist und damit eine einzige kostenminimale Losgröße festlegt; im Detail kann der Beweis wie bei der im Folgenden herzuleitenden Kostenfunktion geführt werden.

Neben diesem sehr genauen Fall sind auch einfachere Varianten möglich, bei denen beispielsweise Transport und Einlagerung nicht explizit ausgewiesen werden.

Wegen des grundlegenden Charakters dieses Buches wird auf die Behandlung des obigen allgemeinen Szenarios zugunsten von dem in der Literatur üblichen Szenario verzichtet. Seine nun folgende Erläuterung ist durch Abbildung 8 illustriert. Ab der Bestellung (Zeitpunkt Null in Abbildung 8, im Text jedoch durch t bezeichnet) nimmt der Lagerbestand mit der Bedarfsrate d pro Zeiteinheit ab und der WIP-Bestand mit der Produktionsgeschwindigkeit von p pro Zeiteinheit zu. Also nimmt der Gesamtbestand $\bigl(I(t)\bigr)$ um $(p-d)$ pro Zeiteinheit zu. Damit ergibt sich als Bedingung für die endliche Produktionsgeschwindigkeit, dass diese größer als die Bedarfsrate sein muss. Nach $\frac{q}{p}$-Zeiteinheiten ist das Los gefertigt, der WIP-Bestand beträgt q Mengeneinheiten, da der zwischenzeitlich auftretende Bedarf nicht aus diesem gedeckt werden darf. Zur Bedarfsdeckung in der Produktionszeit darf ausschließlich der Lagerbestand verwendet werden. Am Ende der Produktionszeit wird der WIP-Bestand unmittelbar dem Lager gut geschrieben; also steht dieser dem Lager unendlich schnell zur Verfügung. Daher darf und sollte das Lager am Ende der Produktionszeit leer sein. Wegen der Bedarfsrate von d muss der Lagerbestand zum Bestellzeitpunkt $\left(d \cdot \frac{q}{p}\right)$-Mengeneinheiten betragen haben. Dann ist der Gesamtbestand am Ende der Produktionszeit gleich q. Nach dem unendlich schnellen Übertragen des WIP-Bestands ins Lager wird ab dem Zeitpunkt $t + \frac{q}{p}$ der Lagerbestand wieder mit der Bedarfsrate von d abgebaut. Beim Erreichen des Bestands von $\frac{d \cdot q}{p}$ wird erneut bestellt. Dieser Zeitverbrauch ist durch

$q - d \cdot t = d \cdot \frac{q}{p}$ bestimmt. Seine Umformung ergibt

$$q - d \cdot t = d \cdot \frac{q}{p} \;\Leftrightarrow\; \frac{q}{d} - t = \frac{q}{p} \;\Leftrightarrow\; t = \frac{q}{d} - \frac{q}{p}.$$

4.1 Losgrößenmodell mit konstantem Bedarf

Also lautet der Zeitpunkt der nächsten Bestellung $t+\frac{q}{p}+\frac{q}{d}-\frac{q}{p}=t+\frac{q}{d}$. Da sich dieses Verfahren so fortsetzt, beträgt auch hier der Zyklus zwischen zwei Bestellungen, wie beim klassischen Losgrößenmodell, $\frac{q}{d}$ -Zeiteinheiten. Ferner ergibt sich auch hier ein Sägezahn ähnlicher Verlauf.

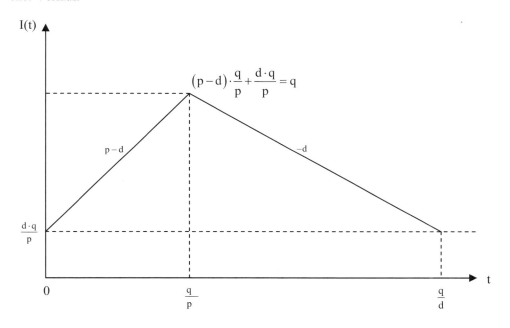

Abbildung 8: physischer Lagerbestand im Zeitablauf bei geschlossener Produktion; beachte: im Gegensatz zur Abbildung 7 erfolgt keine Unterscheidung zwischen dem tatsächlichen Bestand im eigentlichen Lager und dem WIP-Bestand

Im Folgenden wird davon ausgegangen, dass jede Mengeneinheit eines Loses mit seiner Fertigstellung Lagerkosten verursacht. Es wird ein gemeinsamer Kostensatz (h) für den Lagerbestand und den WIP-Bestand verwendet. Für einen Zyklus ist der in ihm auftretende Bestand gerade die Fläche unter der in Abbildung 8 dargestellten Kurve. Die Kurve hat die Form:

$$I(t) = \begin{cases} (p-d)\cdot t + \frac{d\cdot q}{p}, & 0 \leq t \leq \frac{q}{p} \\ \frac{d\cdot q}{p}+q-d\cdot t, & \frac{q}{p} < t \leq \frac{q}{d} \end{cases}.$$

Damit berechnet sich der Lagerbestand durch:

$$\int_0^{\frac{q}{d}} I(t)\,dt = \int_0^{\frac{q}{p}} \left[(p-d)\cdot t + \frac{d\cdot q}{p}\right] dt + \int_{\frac{q}{p}}^{\frac{q}{d}} \left[\frac{d\cdot q}{p} + q - d\cdot t\right] dt$$

$$= \left[\frac{1}{2}(p-d)\cdot t^2 + \frac{d\cdot q}{p}\cdot t\right]_0^{\frac{q}{p}} + \left[\frac{d\cdot q}{p}\cdot t + q\cdot t - \frac{1}{2}\cdot d\cdot t^2\right]_{\frac{q}{p}}^{\frac{q}{d}}$$

$$= \left[\frac{1}{2}(p-d)\cdot \left(\frac{q}{p}\right)^2 + \frac{d\cdot q}{p}\cdot \frac{q}{p}\right]$$

$$+ \left[\frac{d\cdot q}{p}\cdot \frac{q}{d} + q\cdot \frac{q}{d} - \frac{1}{2}\cdot d\cdot \left(\frac{q}{d}\right)^2 - \frac{d\cdot q}{p}\cdot \frac{q}{p} - q\cdot \frac{q}{p} + \frac{1}{2}\cdot d\cdot \left(\frac{q}{p}\right)^2\right]$$

$$= \left[\frac{1}{2}\cdot p\cdot \left(\frac{q}{p}\right)^2 - \frac{1}{2}\cdot d\cdot \left(\frac{q}{p}\right)^2\right] + \left[\frac{q\cdot q}{p} + \frac{q\cdot q}{d} - \frac{1}{2}\cdot \frac{q\cdot q}{d} - \frac{q\cdot q}{p} + \frac{1}{2}\cdot d\cdot \left(\frac{q}{p}\right)^2\right]$$

$$= \frac{q^2}{2}\cdot \left[\frac{1}{p} + \frac{1}{d}\right].$$

Somit betragen die Lagerkosten in einem Zyklus $h\cdot \frac{q^2}{2}\cdot \left[\frac{1}{p} + \frac{1}{d}\right]$ und K lauten die Rüstkosten. Damit lauten die Gesamtkosten pro Los in einem Zyklus: $C(q) = K + h\cdot \frac{q^2}{2}\cdot \left[\frac{1}{p} + \frac{1}{d}\right]$.

Die Gesamtkosten pro Zeiteinheit entstehen durch Division mit der Zykluszeit $\frac{q}{d}$:

$$C(q) = \frac{K + h\cdot \frac{q^2}{2}\cdot \left[\frac{1}{p} + \frac{1}{d}\right]}{\frac{q}{d}} = \frac{K\cdot d}{q} + h\cdot \frac{q^2}{2}\cdot \left[\frac{1}{p} + \frac{1}{d}\right]\cdot \frac{d}{q} = \frac{K\cdot d}{q} + h\cdot \frac{q^2}{2}\cdot \frac{d+p}{p\cdot d}\cdot \frac{d}{q}.$$

Also insgesamt:

Formel 35: $\quad C(q) = \frac{K\cdot d}{q} + \frac{h}{2}\cdot \frac{d+p}{p}\cdot q$ Geldeinheiten.

4.1 Losgrößenmodell mit konstantem Bedarf

Satz 7 (Konvexität der Kostenfunktion)

Die Kostenfunktion $C(q)$ ist streng konvex in $(0,\infty)$.

Beweis: s. Abschnitt zu einstufigen Losgrößenproblemen im Internet.

Da die Kostenfunktion $C(q)$ streng konvex ist, hat sie (nach einem Satz über Konvexität und globale Minimalpunkte aus dem Abschnitt „konvexe Analysis" im Kapitel „mathematische Grundlagen von Optimierungsproblemen") eine einzige kostenminimale Losgröße. Diese kann nach den Optimalitätsbedingungen im Abschnitt über die mathematischen Grundlagen von Optimierungsproblemen durch Nullsetzen der 1. Ableitung mit anschließendem Umformen nach q errechnet werden.

Mit der Ableitung $\dfrac{dC(q)}{dq} = -\dfrac{K \cdot d}{q^2} + \dfrac{h}{2} \cdot \dfrac{d+p}{p}$ lautet die notwendige Bedingung für ein Optimum:

Formel 36: $\qquad \dfrac{dC(q)}{dq} = 0$, also $-\dfrac{K \cdot d}{q^2} + \dfrac{h}{2} \cdot \dfrac{d+p}{p} = 0$.

Aus dieser ergibt sich durch Umformen nach q

$$-\dfrac{K \cdot d}{q^2} + \dfrac{h}{2} \cdot \dfrac{d+p}{p} = 0 \Leftrightarrow \dfrac{h}{2} \cdot \dfrac{d+p}{p} = \dfrac{K \cdot d}{q^2} \Leftrightarrow q^2 = \dfrac{K \cdot d}{\dfrac{h}{2} \cdot \dfrac{d+p}{p}} \Leftrightarrow q^2 = \dfrac{2 \cdot K \cdot d \cdot p}{h \cdot (d+p)}$$

das optimale Los:

Formel 37: $\qquad q_{opt} = \sqrt{\dfrac{2 \cdot K \cdot d \cdot p}{h \cdot (d+p)}}$ Mengeneinheiten.

Das Verhältnis $\eta = \dfrac{d}{p}$ beschreibt den relativen Anteil an einer Zeiteinheit zur Herstellung des Bedarfs pro Zeiteinheit. Dieser Zeitanteil ist notwendig, um den Bedarf einer Zeiteinheit zu decken. Im restlichen Teil einer Zeiteinheit wird der aufzubauende Bestand produziert; gemäß Losgröße q nämlich $\dfrac{(p-d) \cdot q}{p}$. Daher ist η der Auslastungsgrad der Produktion zur vollständigen Befriedigung des Bedarfs.

Mit $\dfrac{d+p}{p} = 1 + \dfrac{d}{p} = 1 + \eta$ lautet das optimale Los:

Formel 38: $\qquad q_{opt} = \sqrt{\dfrac{2 \cdot K \cdot d}{h} \cdot \dfrac{p}{d+p}} = \sqrt{\dfrac{2 \cdot K \cdot d}{h} \cdot \dfrac{1}{1+\eta}}$ Mengeneinheiten.

Nach Formel 38 besteht der einzige Unterschied zur optimalen Losgröße im klassischen Losgrößenmodell (s. Formel 6) in dem Faktor $\sqrt{\dfrac{1}{1+\eta}}$. Da er grundsätzlich kleiner als eins ist ($\eta \in (0,1)$, da $p > d$ ist), liefert Formel 38 ein kleineres Los als das klassische Losgrößenverfahren. Konvergiert der Auslastungsgrad gegen Null, so ist der Faktor 1 und es wird die gleiche Lösung wie im klassischen Losgrößenmodell berechnet. Diese Konvergenz tritt bei der Konvergenz der Produktionsgeschwindigkeit gegen unendlich auf; dann wird die Station eben nicht belastet.

Durch Einsetzen von Formel 37 und Formel 38 in die Zyklusdauer $\dfrac{q}{d}$ und die Kostenfunktion nach Formel 35 ergeben sich:

Formel 39: $\tau_{opt} = \dfrac{q_{opt}}{d} = \sqrt{\dfrac{2 \cdot K \cdot p}{h \cdot d \cdot (d+p)}}$ bzw. $\tau_{opt} = \dfrac{q_{opt}}{d} = \dfrac{\sqrt{\dfrac{2 \cdot K \cdot d}{h} \cdot \dfrac{1}{1+\eta}}}{d} = \sqrt{\dfrac{2 \cdot K}{h \cdot d} \cdot \dfrac{1}{1+\eta}}$

Zeiteinheiten.

$C(q_{opt}) = \dfrac{K \cdot d}{q_{opt}} + \dfrac{h}{2} \cdot \dfrac{d+p}{p} \cdot q_{opt} = \dfrac{K \cdot d}{\sqrt{\dfrac{2 \cdot K \cdot d \cdot p}{h \cdot (d+p)}}} + \dfrac{h}{2} \cdot \dfrac{d+p}{p} \cdot \sqrt{\dfrac{2 \cdot K \cdot d \cdot p}{h \cdot (d+p)}} = \sqrt{\dfrac{2 \cdot K \cdot d \cdot h \cdot (d+p)}{p}}$

und, wiederum mit $\dfrac{d+p}{p} = 1 + \dfrac{d}{p} = 1+\eta$, ist $C(q_{opt}) = \sqrt{2 \cdot K \cdot d \cdot h \cdot (1+\eta)}$.

Also insgesamt:

Formel 40: $C(q_{opt}) = \sqrt{\dfrac{2 \cdot K \cdot d \cdot h \cdot (d+p)}{p}} = \sqrt{2 \cdot K \cdot d \cdot h \cdot (1+\eta)}$ Geldeinheiten.

Durch die folgende Erweiterung des Beispiels zum klassischen Losgrößenmodell (s. Beispiel 1) mögen die Formeln verdeutlicht werden.

Beispiel 5 (Beispiel zum klassischen Losgrößenmodell mit endlicher Produktionsgeschwindigkeit bei einer geschlossenen Produktion)

Bei der Produktion von Tischen entstehen Rüstkosten von K = 80 € pro Rüstvorgang. Der Lagerkostensatz h = 4 € gibt die Lagerkosten pro Tisch und Tag an. Außerdem sei eine Bedarfsrate von d = 1000 Tischen pro Tag gegeben. Die Bearbeitungsstation hat eine endliche Produktionsgeschwindigkeit von p = 1500 Tischen pro Tag. Es liegt eine geschlossene Produktion vor, so dass die verarbeiteten Tische erst nach Fertigstellung des gesamten Loses zur Bedarfsdeckung zur Verfügung stehen.

Der Auslastungsgrad der Bearbeitungsstation beträgt $\eta = \dfrac{1000}{1500} = \dfrac{2}{3}$.

4.1 Losgrößenmodell mit konstantem Bedarf

Die optimale Losgröße berechnet sich nach Formel 38 zu

$$q_{opt} = \sqrt{\frac{2 \cdot 80 \cdot 1000}{4} \cdot \frac{1}{1+\frac{2}{3}}} \text{ Tische} = \sqrt{24000} \text{ Tische} = 154,92 \text{ Tische.}$$ Gegenüber Beispiel 1 führte die endliche Produktionsgeschwindigkeit zu einer geringeren optimalen Losgröße (im Beispiel 1 beträgt sie $q_{opt} = 200$ Tische).

Dies bedeutet eine optimale Zyklusdauer von $\tau_{opt} = \frac{\sqrt{24000}}{1000}$ Tagen $= 0,155$ Tagen (nach Formel 39).

Die optimalen Kosten betragen (nach Formel 40)

$$C(q_{opt}) = \sqrt{2 \cdot 4 \cdot 80 \cdot 1000 \cdot \left(1+\frac{2}{3}\right)} \text{ €} = \sqrt{\frac{3200000}{3}} \text{ €} = 1032,80 \text{ €}.$$

Im Optimum gelten für die Kostenfunktion vergleichbare Eigenschaften wie beim klassischen Losgrößenmodell; s. Satz 2. Besonders wichtig ist, dass die Kosten genauso relativ unempfindlich gegenüber Abweichungen von der optimalen Bestellmenge wie beim klassischen Losgrößenmodell sind, da auch hier Satz 3 gilt.

Satz 8 (Sensitivität der Kosten im Bereich des Optimums bei geschlossener Produktion)

Gegeben sei ein klassisches Losgrößenproblem P mit endlicher Produktionsgeschwindigkeit bei geschlossener Produktion mit der optimalen Lösung q_{opt} und q sei ein beliebiges Los von P. Mit dem Kostenveränderungsgrad von $\kappa = \frac{C(q)}{C(q_{opt})}$ gilt: $2 \cdot \kappa = \frac{q_{opt}}{q} + \frac{q}{q_{opt}}$.

Beweis: s. Abschnitt zu einstufigen Losgrößenproblemen im Internet.

Die geschlossene Produktion impliziert eine explizite Einlagerung der Produkte zwischen zwei Produktionsstufen und die Bedienung der nachgelagerten Produktionsstufe durch das Lager, s. Abbildung 9. In manchen Produktionsprozessen jedoch werden die produzierten Güter von der nachfolgenden Produktionsstufe direkt abgenommen. Dann liefert die Produktionsstufe I mit einer Produktionsgeschwindigkeit von p zur Produktionsstufe II, s. Abbildung 9. Ist deren Bedarfsrate (d) geringer, so entstehen Zwischenbestände, die in einem ausgewiesenen Puffer, aber nicht an einer Station, gelagert werden, s. Abbildung 9. In solchen Fällen liegt eine offene Produktion vor. Es sei betont, dass damit nicht die in der Ressourcenbelegungsplanung vorliegende Situation gemeint ist; gerade deswegen wird die geschlossene Produktion bevorzugt behandelt.

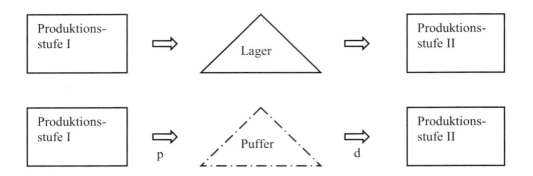

Abbildung 9: Lager versus Puffer zwischen zwei Produktionsstufen

Bei der offenen Produktion, im gerade betrachteten Modell, kann jede produzierte Mengeneinheit sofort zur Bedarfsdeckung verwendet werden. Dies bedeutet, dass, mit $(p-d) > 0$, bestellt werden kann, wenn der Lagerbestand gerade gleich Null ist. Das Szenario sei durch Abbildung 10 zusammengefasst.

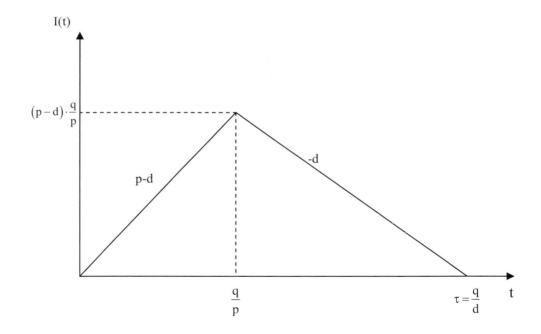

Abbildung 10: physischer Lagerbestand bei offener Produktion

4.1 Losgrößenmodell mit konstantem Bedarf

Satz 9 (optimale Lösung bei offener Produktion)

Mit den Bezeichnungen dieses Abschnitts gilt:

- für die Gesamtkosten pro Zeiteinheit $C(q) = \dfrac{K \cdot d}{q} + \dfrac{h}{2} \cdot \left(1 - \dfrac{d}{p}\right) \cdot q$ Geldeinheiten,

- für die optimale Losgröße $q_{opt} = \sqrt{\dfrac{2 \cdot K \cdot d \cdot p}{h \cdot (p-d)}}$ Mengeneinheiten,

- für die Zyklusdauer $\tau_{opt} = \dfrac{q_{opt}}{d} = \sqrt{\dfrac{2 \cdot K \cdot p}{h \cdot d \cdot (p-d)}}$ Zeiteinheiten und schließlich

- für die optimalen Gesamtkosten $C(q_{opt}) = \sqrt{\dfrac{2 \cdot h \cdot K \cdot d \cdot (p-d)}{p}}$ Geldeinheiten.

Beweis: s. Abschnitt zu einstufigen Losgrößenproblemen im Internet.

Mit $\dfrac{p-d}{p} = 1 - \dfrac{d}{p} = 1 - \eta$ lautet das optimale Los $q_{opt} = \sqrt{\dfrac{2 \cdot K \cdot d}{h} \cdot \dfrac{p}{p-d}} = \sqrt{\dfrac{2 \cdot K \cdot d}{h} \cdot \dfrac{1}{1-\eta}}$.

Damit besteht der einzige Unterschied zur optimalen Losgröße im klassischen Losgrößenmodell (s. Formel 6) in dem Faktor $\sqrt{\dfrac{1}{1-\eta}}$. Da er grundsätzlich größer als eins ist ($\eta \in (0,1)$, da $p > d$ ist), liefert Satz 9 ein größeres Los als das klassische Losgrößenverfahren.

Die Erweiterung vom Beispiel 1 zum klassischen Losgrößenmodell möge die Formeln verdeutlichen.

Beispiel 6 (Beispiel zum klassischen Losgrößenmodell mit endlicher Produktionsgeschwindigkeit bei einer offenen Produktion)

Bei der Produktion von Tischen entstehen Rüstkosten von K = 80 € pro Rüstvorgang. Der Lagerkostensatz h = 4 € gibt die Lagerkosten pro Tisch und Tag an. Außerdem sei eine Bedarfsrate von d = 1000 Tischen pro Tag gegeben. Die Bearbeitungsstation hat eine endliche Produktionsgeschwindigkeit von p = 1500 Tischen pro Tag. Es liegt eine offene Produktion vor, so dass jeder produzierte Tisch sofort nach seiner Fertigstellung zur Bedarfsdeckung zur Verfügung steht.

Der Auslastungsgrad der Bearbeitungsstation beträgt $\eta = \dfrac{1000}{1500} = \dfrac{2}{3}$.

Die optimale Losgröße berechnet sich nach Satz 9 zu

$$q_{opt} = \sqrt{\frac{2 \cdot 80 \cdot 1000}{4} \cdot \frac{1}{1-\frac{1000}{1500}}} \text{ Tische } = \sqrt{120000} \text{ Tische } = 346,41 \text{ Tische.}$$ Gegenüber
Beispiel 5 führte die offene Produktion zu einer höheren optimalen Losgröße (im Beispiel 5 ist $q_{opt} = 154,92$ Tische). Das optimale Los ist auch höher als im Beispiel 1 (dort ist $q_{opt} = 200$ Tische).

Dies bedeutet eine optimale Zyklusdauer (nach Satz 9) von $\tau_{opt} = \frac{\sqrt{120000}}{1000}$ Tagen $= 0,346$ Tagen.

Die optimalen Kosten betragen (nach Satz 9)

$$C(q_{opt}) = \sqrt{2 \cdot 4 \cdot 80 \cdot 1000 \cdot \left(1 - \frac{2}{3}\right)} \text{ € } = \sqrt{213333\frac{1}{3}} \text{ € } = 461,88 \text{ €}.$$

Im Optimum gelten für die Kostenfunktion vergleichbare Eigenschaften wie beim klassischen Losgrößenmodell; s. Satz 2. Besonders wichtig ist, dass die Kosten genauso relativ unempfindlich gegenüber Abweichungen von der optimalen Bestellmenge wie beim klassischen Losgrößenmodell sind, da auch hier Satz 3 gilt.

Satz 10 (Sensitivität der Kosten im Bereich des Optimums bei offener Produktion)

Gegeben sei ein klassisches Losgrößenproblem P mit endlicher Produktionsgeschwindigkeit bei offener Produktion mit der optimalen Lösung q_{opt} und q sei ein beliebiges Los von P.
Mit dem Kostenveränderungsgrad von $\kappa = \frac{C(q)}{C(q_{opt})}$ gilt: $2 \cdot \kappa = \frac{q_{opt}}{q} + \frac{q}{q_{opt}}$.

Beweis: s. Abschnitt zu einstufigen Losgrößenproblemen im Internet.

Das Rüsten der Bearbeitungsstation verbraucht ebenfalls Zeit. Diese Rüstzeit (r) ist spezifisch für das zu produzierende Produkt und ansonsten deterministisch. Bei allen in diesem Abschnitt betrachteten Szenarien ist während der Rüstzeit der Bedarf von $r \cdot d$ zu decken, der zum Bestellzeitpunkt zusätzlich noch im Lager vorhanden sein muss. Da im allgemeinen Szenario bei einem Bestand von $\left(d \cdot \frac{q}{p} + d \cdot o \cdot q\right)$ zu bestellen ist, ist nun bei einem Bestand von $\left(d \cdot \frac{q}{p} + d \cdot o \cdot q + r \cdot d\right)$ bereits zu bestellen. Da in die Kostenfunktion ausschließlich die Rüst- und Lagerkosten einfließen (können), hat das Vorliegen von einer Rüstzeit keinen Einfluss auf die Kostenfunktion. So liegt für die geschlossene Produktion, zu der eine Losgrößenformel hergeleitet wurde, die in Abbildung 11 angegebene Lagerbestandsentwicklung vor. Eine entsprechende Lagerbestandsentwicklung zeigt sich auch bei den anderen Szena-

4.1 Losgrößenmodell mit konstantem Bedarf

rien dieses Abschnitts. Allerdings kann die durch das Minimum der Kostenfunktion bestimmte Losgröße nur realisiert werden, wenn der Bestellbestand den maximalen Bestand nicht überschreitet. Ansonsten steht nicht genügend Zeit für das Rüsten zur Verfügung. Folglich lautet eine äquivalente Bedingung, dass die Summe aus Rüst- und Fertigungszeit die Zyklusdauer nicht übersteigen darf.

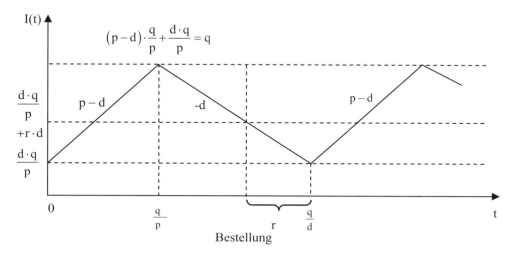

Abbildung 11: physischer Lagerbestand im Zeitablauf bei geschlossener Produktion mit Rüstzeit

Formal bedeutet diese Rüstbedingung für die hier betrachtete geschlossene Produktion (mit $\eta = \frac{d}{p}$):

Formel 41 $\qquad \frac{d \cdot q}{p} + r \cdot d \leq q$ bzw. $\frac{q}{p} + r \leq \frac{q}{d}$ (beide sind äquivalent).

Das Umformen der ersten Ungleichung ergibt:

$\Leftrightarrow \quad q \cdot \eta + r \cdot d \leq q \quad \Leftrightarrow \quad r \cdot d \leq (1-\eta) \cdot q$

Formel 42 $\qquad \Leftrightarrow \quad \frac{r \cdot d}{1-\eta} \leq q \qquad$ Rüstrestriktion.

Damit lautet das Optimierungsproblem:

$$\text{Minimiere } C(q) = \frac{K \cdot d}{q} + \frac{h}{2} \cdot \frac{d+p}{p} \cdot q = \frac{K \cdot d}{q} + \frac{h}{2} \cdot (1+\eta) \cdot q \text{ Geldeinheiten}$$

unter der Rüstrestriktion $\frac{r \cdot d}{1-\eta} \leq q$.

Da die Kostenfunktion streng konvex ist (s. Satz 7), hat sie genau ein Minimum (q_{opt}). Erfüllt es die Rüstrestriktion, so ist es eine optimale Lösung. Andernfalls hat das Optimierungsproblem keine Lösung.

Für die offene Produktion hat folglich die optimale Lösung (s. Satz 9) die Restriktion $r \cdot d \leq (p-d) \cdot \frac{q}{p}$ zu erfüllen. Das Umformen $r \cdot d \leq \left(1 - \frac{d}{p}\right) \cdot q \Leftrightarrow r \cdot d \leq (1-\eta) \cdot q \Leftrightarrow$

$\frac{r \cdot d}{1-\eta} \leq q$ ergibt die gleiche Restriktion wie bei der geschlossenen Produktion.

Die Erweiterung von Beispiel 5 bzw. Beispiel 6 erläutert den Einfluss von Rüstzeit.

Beispiel 7 (Beispiel zum klassischen Losgrößenmodell mit endlicher Produktionsgeschwindigkeit bei einer geschlossenen und einer offenen Produktion mit Rüstzeit)

Grundlage sind die Daten der Tischproduktion aus Beispiel 5. Also Rüstkosten von K = 80 € pro Rüstvorgang, Lagerkostensatz von h = 4 € pro Tisch und Tag, Bedarfsrate von d = 1000 Tischen pro Tag und eine Produktionsgeschwindigkeit von p = 1500 Tischen pro Tag. Das Rüsten der Bearbeitungsstation dauert r = 0,1 Tage. Wie berechnet, beträgt der Auslastungsgrad der Bearbeitungsstation $\eta = \frac{2}{3}$. Damit ergibt sich für die linke Seite der Rüstrestriktion:

$$\frac{r \cdot d}{1-\eta} = \frac{0,1 \cdot 1000}{1 - \frac{2}{3}} \text{ Tische} = 300 \text{ Tische}.$$

Wie berechnet, beträgt die optimale Losgröße bei der geschlossenen Produktion $q_{opt,g} = 154,92$ Tische. Damit ist die Restriktion nicht erfüllt, so dass ihre optimale Zyklusdauer von $\tau_{opt,g} = 0,155$ Tagen zu klein ist, um die Rüstzeit r und die erforderliche Fertigungszeit von $\frac{q}{p} = \frac{154,92}{1500} = 0,103$ zusammen zu ermöglichen. Demgegenüber ist die Restriktion bei der offenen Produktion aufgrund ihrer optimalen Losgröße von $q_{opt,o} = 346,41$ Tischen erfüllt. Ihre längere optimale Zyklusdauer von $\tau_{opt,o} = 0,346$ erlaubt die benötigte Rüst- und Fertigungszeit.

Aufgrund der Struktur des Optimierungsproblems gelten im Optimum für die Kostenfunktion vergleichbare Eigenschaften wie beim klassischen Losgrößenmodell (s. Satz 2) und die

4.1 Losgrößenmodell mit konstantem Bedarf

Kosten sind genauso relativ unempfindlich gegenüber Abweichungen von der optimalen Bestellmenge wie beim klassischen Losgrößenmodell (s. Satz 3).

4.1.5 Beschränkte Lagerkapazität

Das klassische Losgrößenproblem und seine Erweiterungen decken den Fall ab, bei dem ein einziges Produkt gelagert bzw. produziert wird. In der industriellen Realität werden jedoch in der Regel mehrere verschiedene Produkte gelagert bzw. produziert. Bei Anwendung des klassischen Losgrößenmodells werden für die einzelnen Produkte separat optimale Lose berechnet. Dies könnte zu großen Mengen in zu langen Zeitabständen führen. So dürfte beispielsweise für ein Schreibwarengeschäft eine zwar optimale Bestellmenge von 4373 Bleistiften alle 2,53 Jahre aufgrund von mangelnder Lagerfläche und Budget eine wenig hilfreiche Antwort darstellen.

Anhand des folgenden Beispiels wird eine geeignete Vorgehensweise eingeführt.

Beispiel 8 (Mehrprodukt-Losgrößenproblem mit beschränkter Lagerkapazität)

In einer kleinen Fabrik werden unter anderem drei hochwertige bzw. sehr hochwertige Kugelschreiber hergestellt und verkauft. Die Geschäftsleitung legte fest, dass der Wert des Lagerbestands für dieses Produktsegment (zu jedem Zeitpunkt) 30000 € nicht übersteigen darf. Das Management verwendet eine jährliche 25 % Zinsgebühr – bezogen auf vorgegebene jährliche variable Kosten –, um die Lagerhaltungskosten (h) zu berechnen. Die relevanten Kosten und Bedarfsparameter sind in der folgenden Tabelle 3 zusammengefasst; die zugrunde gelegte Zeiteinheit beträgt ein Jahr:

	Produkt		
	1	2	3
Bedarfsrate d_i [Mengeneinheit]	1850	1150	800
variable Kosten c_i [€]	50	350	85
Rüstkosten K_i [€]	100	150	50

Tabelle 3: Budgetbeschränkung für den Lagerbestand von Kugelschreibern

Bei isolierter Betrachtung der Produkte ergeben sich folgende Losgrößen: $q_i^{opt} = \sqrt{\dfrac{2 \cdot K_i \cdot d_i}{25\% \cdot c_i}}$.

Werden mit diesen Losgrößen das verfügbare Budget eingehalten, so bilden diese eine optimale Losgrößenpolitik. Im Beispiel ergeben sich die folgenden Lose für die drei Kugelschreiberprodukte; die Lose werden ohne Einheit angegeben:

$$q_1^{opt} = \sqrt{\dfrac{2 \cdot 100 \cdot 1850}{25\% \cdot 50}} = 172, \quad q_2^{opt} = \sqrt{\dfrac{2 \cdot 150 \cdot 1150}{25\% \cdot 350}} = 63 \text{ und } q_3^{opt} = \sqrt{\dfrac{2 \cdot 50 \cdot 800}{25\% \cdot 85}} = 61.$$

Mit diesen Losen ergibt sich ein maximales Investment von
$172 \cdot 50$ € $+ 63 \cdot 350$ € $+ 61 \cdot 85$ € $= 35835$ €, welches das erlaubte Budget übersteigt; es wird vorausgesetzt, dass die drei Produkte gleichzeitig bestellt werden. Es müssen somit die Losgrößen auf geeignete Weise reduziert werden.

Um eine optimale Lösung zu finden, wird für solche Probleme zunächst ein formales Modell aufgestellt und anschließend analysiert. Grundsätzlich gelten die gleichen Prämissen, wie bei dem klassischen Losgrößenproblem (s. Abschnitt 4.1.1). Folgende Parameter werden verwendet:

- Anzahl der Produkte n, die mit 1, 2, ..., n nummeriert sind,
- kontinuierlicher und konstanter Bedarf mit der Bedarfsrate von d_i des i-ten Produkts für alle $1 \leq i \leq n$; die Einheit von d_i ist Mengeneinheit (ME) / Zeiteinheit (ZE),
- fixer Kostensatz (Rüstkosten) K_i für Produkt i, für alle $1 \leq i \leq n$, bei jeder Bestellung für i; die Einheit von K_i ist Geldeinheit (GE) / Rüstvorgang,
- Lagerhaltungskosten h_i für Produkt i, für alle $1 \leq i \leq n$; die Einheit von h_i ist $\frac{GE}{ZE \cdot ME}$,
- variable Kosten c_i einer Einheit von Produkt i, für alle $1 \leq i \leq n$; die Einheit von c_i ist GE / ME,
- maximale Kosten C; die Einheit von C ist GE.

Es sei angemerkt, dass die variablen sowie maximalen Kosten auch als Kapazitätsbedarf einer Mengeneinheit von Produkt i (beispielsweise m² im Falle von Stellfläche) interpretiert werden können. Das Ziel besteht in der Festlegung einer Losgrößenpolitik, so dass auch bei gleichzeitiger Auflage sämtlicher Lose die erlaubten maximalen Kosten – z.B. die vorhandene Lagerkapazität – nicht überschritten werden.

Die Zielfunktion des formalen Modells wird aus den Gesamtkosten eines Loses für Produkt i gebildet; s. Formel 4. Zur Berücksichtigung von allen Produkten wird die Summe der Kosten der einzelnen Lose gebildet; dabei seien alle Lose durch den Vektor $q = \begin{pmatrix} q_1 \\ ... \\ q_n \end{pmatrix}$ dargestellt:

Formel 43: Minimiere $C(q) = \sum_{i=1}^{n} C(q_i) = \sum_{i=1}^{n} \left(\frac{K_i \cdot d_i}{q_i} + \frac{h_i \cdot q_i}{2} \right)$

mit den Randbedingungen:

Formel 44: $\sum_{i=1}^{n} c_i \cdot q_i \leq C$ Kapazitätsrestriktion und

Formel 45: $q_i \geq 0$ für alle $1 \leq i \leq n$ Nichtnegativität.

4.1 Losgrößenmodell mit konstantem Bedarf

Bei isolierter Betrachtung der Produkte ergeben sich folgende Losgrößen: $q_i^{opt} = \sqrt{\dfrac{2 \cdot K_i \cdot d_i}{h_i}}$.

Erfüllen sie die Kapazitätsrestriktion (s. Formel 44), so liegt eine optimale Lösung des Minimierungsproblems (s. Formel 43 – Formel 45) vor. Anderenfalls wird auf dieses nicht lineare Optimierungsproblem die Karush-Kuhn-Tucker-Bedingung angewendet. Nach den mathematischen Grundlagen wird zunächst die Kapazitätsrestriktion in die Zielfunktion integriert. Hierzu wird für diese Restriktion ein Lagrange-Multiplikator u eingeführt und die Lagrange-Funktion lautet:

Formel 46: $\mathcal{L}(q,u) = C(q) + u \cdot g(q)$ mit $g(q) = \sum\limits_{i=1}^{n} c_i \cdot q_i - C$.

Satz 11 (Konvexität der Kostenfunktion und der Kapazitätsrestriktion)

Die Funktionen $C(q)$ und $g(q)$ sind stetig differenzierbar und konvex auf $\mathbb{R}^+ \setminus \{0\}$.

Beweis: s. Abschnitt zu einstufigen Losgrößenproblemen im Internet.

Aufgrund von Satz 11 sind die Voraussetzungen für die Anwendbarkeit der Karush-Kuhn-Tucker-Bedingung mit nichtnegativen Variablen (s. den Abschnitt zu mathematischen Grundlagen von Optimierungsproblemen) erfüllt. (Es sei angemerkt, dass formal noch die Slaterbedingung erfüllt sein muss (s. den Abschnitt zu mathematischen Grundlagen von Optimierungsproblemen), deren Erfüllung leicht einsehbar ist, und dass die Kapazitätsfunktion eigentlich auf einen Teilbereich von $\mathbb{R}^+$ zu betrachten ist.) Für seine Anwendung berechne

$$\operatorname{grad} C(q) = \left(\dfrac{\partial C(q)}{\partial q_1}, \ldots, \dfrac{\partial C(q)}{\partial q_n} \right)^T \text{ und } \operatorname{grad} g(q) = \left(\dfrac{\partial g(q)}{\partial q_1}, \ldots, \dfrac{\partial g(q)}{\partial q_n} \right)^T.$$

Für alle $1 \leq i \leq n$ ergeben sich: $\dfrac{\partial C(q)}{\partial q_i} = -\dfrac{K_i \cdot g_i}{q_i^2} + \dfrac{h_i}{2}$ und $\dfrac{\partial g(q)}{\partial q_i} = c_i$.

Nach der hier anzuwendenden Karush-Kuhn-Tucker-Bedingung ergibt sich das Gleichungssystem:

$$-\dfrac{K_i \cdot d_i}{q_i^2} + \dfrac{h_i}{2} + u \cdot c_i \geq 0 \text{ für alle } 1 \leq i \leq n,$$

$$u \cdot g(q) = 0,$$

$$q_i \cdot \left(-\dfrac{K_i \cdot d_i}{q_i^2} + \dfrac{h_i}{2} + u \cdot c_i \right) = 0 \text{ für alle } 1 \leq i \leq n,$$

$g(q) \leq 0$,

$u \geq 0$ und

$q \geq 0$.

Der mögliche Fall $u = 0$ fordert aufgrund der Gleichungen „$q_i \cdot \left(-\dfrac{K_i \cdot d_i}{q_i^2} + \dfrac{h_i}{2} + u \cdot c_i \right) = 0$ für alle $1 \leq i \leq n$" die oben verworfenen Lose $q_i^{opt} = \sqrt{\dfrac{2 \cdot K_i \cdot d_i}{h_i}}$.

Es bleibt der Fall $u > 0$. Die Gleichungen „$q_i \cdot \left(-\dfrac{K_i \cdot d_i}{q_i^2} + \dfrac{h_i}{2} + u \cdot c_i \right) = 0$ für alle $1 \leq i \leq n$" bedeuten für ein i mit $1 \leq i \leq n$:

$-\dfrac{K_i \cdot d_i}{q_i^2} + \dfrac{h_i}{2} + u \cdot c_i = 0 \Leftrightarrow q_i^2 = \dfrac{K_i \cdot d_i}{\dfrac{h_i}{2} + u \cdot c_i} = \dfrac{2 \cdot K_i \cdot d_i}{h_i + 2 \cdot u \cdot c_i} \Leftrightarrow q_i = \sqrt{\dfrac{2 \cdot K_i \cdot d_i}{h_i + 2 \cdot u \cdot c_i}}$. Also insgesamt:

Formel 47: $\quad q_i(u) = \sqrt{\dfrac{2 \cdot K_i \cdot d_i}{h_i + 2 \cdot u \cdot c_i}}$.

Diese Lose (nach Formel 47) unterscheiden sich von den optimalen Losen aufgrund der isolierten Anwendung des klassischen Losgrößenmodells auf die einzelnen Produkte nur um den Term $2 \cdot u \cdot c_i$. Er reduziert die Lose, damit die maximalen Kosten (Kapazitäten) nicht überschritten werden. Damit verteuert $2 \cdot u \cdot c_i$ die Lagerhaltungskosten (da nach der Struktur der Formel für die optimale Losgröße der Nenner den Einfluss aufgrund der Lagerhaltungskosten beschreibt); $2 \cdot u \cdot c_i$ kann somit als Opportunitätskosten aufgefasst werden. Es sei angemerkt, dass gilt: $\lim\limits_{u \to 0}\left(q_i(u)\right) = q_i^{opt}$; in Worten, dass die Lose nach Formel 47 gegen die optimalen Lose aufgrund der isolierten Anwendung des klassischen Losgrößenmodells auf die einzelnen Produkte konvergieren, sofern u gegen Null konvergiert.

Das Einsetzen der Lose nach Formel 47 in die Gleichung „$u \cdot g(q) = 0$" nach der Karush-Kuhn-Tucker-Bedingung führt zu

$u \cdot g(q) = 0 \Leftrightarrow u \cdot \left(\sum\limits_{i=1}^{n} c_i \cdot q_i - C \right) = 0 \Rightarrow \sum\limits_{i=1}^{n} c_i \cdot q_i - C = 0$, da $u > 0 \Leftrightarrow \sum\limits_{i=1}^{n} c_i \cdot q_i = C$

durch Ersetzen von q_i durch $q_i(u) = \sqrt{\dfrac{2 \cdot K_i \cdot d_i}{h_i + 2 \cdot u \cdot c_i}}$ ergibt sich:

4.1 Losgrößenmodell mit konstantem Bedarf

$$\Leftrightarrow \sum_{i=1}^{n} c_i \cdot \sqrt{\frac{2 \cdot K_i \cdot d_i}{h_i + 2 \cdot u \cdot c_i}} = C \text{. Also insgesamt:}$$

Formel 48:
$$\sum_{i=1}^{n} c_i \cdot q_i(u) = \sum_{i=1}^{n} c_i \cdot \sqrt{\frac{2 \cdot K_i \cdot d_i}{h_i + 2 \cdot u \cdot c_i}} = C.$$

Die linke Seite der Gleichung (Formel 48) ist eine streng monoton fallende Funktion von u. Sie nimmt folglich an einer Stelle den Wert C an; nach Voraussetzung ist die linke Seite bei $u = 0$ größer als C. Dieser u-Wert lässt sich näherungsweise mit Iterationsverfahren und bei speziellen Datenkonstellationen auch analytisch bestimmen.

Eine analytische Bestimmung ist möglich, falls die Quotienten $\frac{c_i}{h_i}$ für alle $1 \leq i \leq n$ identisch sind. Angenommen sie seien gleich $\frac{c}{h}$.

Einsetzen von $c_i = \frac{c \cdot h_i}{h}$ in Formel 47 ergibt:

$$q_i(u) = \sqrt{\frac{2 \cdot K_i \cdot d_i}{h_i + 2 \cdot u \cdot \frac{c \cdot h_i}{h}}} = \sqrt{\frac{2 \cdot K_i \cdot d_i}{h_i}} \cdot \sqrt{\frac{1}{1 + 2 \cdot u \cdot \frac{c}{h}}}.$$

Der erste Term des Produkts ist gerade die optimale Losgröße für Produkt i nach dem klassischen Losgrößenmodell, also:

Formel 49:
$$q_i(u) = q_i^{opt} \cdot \sqrt{\frac{1}{1 + 2 \cdot u \cdot \frac{c}{h}}}.$$

Durch Einsetzen dieses Ergebnisses in die Formel 48 ergibt sich:

$$\sum_{i=1}^{n} c_i \cdot \left(q_i^{opt} \cdot \sqrt{\frac{1}{1 + 2 \cdot u \cdot \frac{c}{h}}} \right) = C \Leftrightarrow \sqrt{\frac{1}{1 + 2 \cdot u \cdot \frac{c}{h}}} = \frac{C}{\sum_{i=1}^{n} \left(c_i \cdot q_i^{opt} \right)} \text{. Also insgesamt:}$$

Formel 50:
$$\sqrt{\frac{1}{1 + 2 \cdot u \cdot \frac{c}{h}}} = \frac{C}{\sum_{i=1}^{n} \left(c_i \cdot q_i^{opt} \right)}.$$

Über diese Gleichung (Formel 50) lässt sich der Lagrange-Multiplikator in der Gleichung für $q_i(u)$ (Formel 49) eliminieren, mit dem Resultat:

Formel 51: $\quad q_i^{L-opt} = q_i^{opt} \cdot \dfrac{C}{\sum_{i=1}^{n}\left(c_i \cdot q_i^{opt}\right)}$.

Die Losgröße für jedes Produkt verringert sich in diesem Fall gegenüber der Lösung nach dem klassischen Losgrößenmodell um denselben relativen Anteil.

Diese Bedingung wird nun auf das obige Beispiel 8 angewendet.

Beispiel 9 (Mehrprodukt-Losgrößenproblem mit beschränkter Lagerkapazität; Fortsetzung von Beispiel 8)

Im Beispiel 8 ist die Bedingung nach identischen $\dfrac{c_i}{h_i}$ $\forall$ $1 \leq i \leq n$ erfüllt, da $\dfrac{c_i}{h_i} = 0,25$ $\forall$ $1 \leq i \leq 3$ ist. Der relative Anteil ist nun: $\dfrac{C}{\sum_{i=1}^{n}\left(c_i \cdot q_i^{opt}\right)} = \dfrac{30000}{50 \cdot 172 + 350 \cdot 63 - 85 \cdot 61} = \dfrac{30000}{35835}$.

Somit lauten die neuen Losgrößen:

$$q_1^{L-opt} = 172 \cdot \dfrac{30000}{35835} \approx 144 \,,$$

$$q_2^{L-opt} = 63 \cdot \dfrac{30000}{35835} \approx 52 \text{ und}$$

$$q_3^{L-opt} = 61 \cdot \dfrac{30000}{35835} \approx 51 \,.$$

Damit werden als Gesamtbudget 29735 € benötigt. Die nicht ausgeschöpften 265 € können eingesetzt werden, um das Los von Produkt 1 zu erhöhen, da es die wenigstens Kosten verursacht und deswegen am stärksten erhöht werden kann. Dies führt zu dem Wert von $Q_1^{L-opt} = 148$; es bleiben 15 € übrig.

Wie oben bereits betont, können die Budgetbeschränkungen auch als technische Beschränkungen, beispielsweise in Form von beschränkter Lagerfläche, interpretiert werden. Ein identisches Verhältnis von $\dfrac{c_i}{h_i}$ für alle $1 \leq i \leq n$ bedeutet, dass der Platzverbrauch eines Produkts proportional zu seinen Lagerhaltungskosten ist. Bei fester Verzinsungsrate der Produkte ist dies gleichbedeutend mit der Forderung, dass der Platzverbrauch proportional zu seinem Wert ist. In vielen Fällen dürfte eine solche Anforderung zu restriktiv sein; beispielsweise sind Füllfederhalter viel teurer als Schreibblöcke, benötigen aber weniger Platz als diese.

In diesem Sinne wird das Beispiel 8 zu der kleinen Fabrik dahingehend erweitert, dass eine beschränkte Lagerfläche zur Verfügung steht.

4.1 Losgrößenmodell mit konstantem Bedarf

Beispiel 10 (Mehrprodukt-Losgrößenproblem mit beschränkter Lagerkapazität; Fortsetzung von Beispiel 8)

Die Lagerfläche für die drei Typen von Kugelschreibern betrage 2000 cm²; sie wird durch W bezeichnet. Die drei Produkte verbrauchen 9, 12 und 18 cm² je Mengeneinheit, die im Folgenden durch w_i ($1 \leq i \leq 3$) bezeichnet werden.

Zunächst wird überprüft, ob die separate Anwendung des klassischen Losgrößenmodells auf die drei Produkte auch den verfügbaren Lagerplatz übersteigt. Nach

$$172 \cdot 9 \text{ cm}^2 + 63 \cdot 12 \text{ cm}^2 + 61 \cdot 18 \text{ cm}^2 = 3402 \text{ cm}^2$$

ist dies deutlich der Fall. Auch die Lösung unter Beachtung der Budgetrestriktion benötigt mit

$$148 \cdot 9 \text{ cm}^2 + 52 \cdot 12 \text{ cm}^2 + 51 \cdot 18 \text{ cm}^2 = 2874 \text{ cm}^2$$

zu viel Lagerplatz.

Als nächstes werden die Verhältnisse $\frac{w_i}{h_i}$ für $1 \leq i \leq 3$ gebildet; sie lauten: $\frac{w_1}{h_1} = 0,72$, $\frac{w_2}{h_2} = 0,14$ und $\frac{w_3}{h_3} = 0,85$; die Einheit ist jeweils $\frac{\text{cm}^2 \cdot \text{Jahr}}{\text{€}}$ · Kugelschreiber-Produkt. Da diese unterschiedlich sind, ist die obige Verfahrensvereinfachung nicht anwendbar. Der Wert des Lagrange-Multiplikators u ist zu berechnen.

Das vereinfachte Verfahren kann verwendet werden, um eine untere und obere Schranken für den Wert des Lagrange-Multiplikators zu ermitteln. Nach dem vereinfachten Verfahren lautet der relative Anteil zur Reduktion der Losgrößen

$$\frac{W}{\sum_{i=1}^{n}\left(w_i \cdot q_i^{opt}\right)} = \frac{2000}{3402} = 0,5879.$$

Mit $q_i^{L-opt} = q_i^{opt} \cdot \dfrac{W}{\sum_{i=1}^{n}\left(w_i \cdot q_i^{opt}\right)}$ ergeben sich die Lose 101, 37 und 36 für die drei Produkte.

Mit $q_i^{L-opt} = q_i^{opt} \cdot \sqrt{\dfrac{1}{1 + 2 \cdot u \cdot \dfrac{w_i}{h_i}}} \Leftrightarrow u = \dfrac{\left(\dfrac{q_i^{opt}}{q_i^{L-opt}}\right)^2 - 1}{2 \cdot \dfrac{w_i}{h_i}}$ ergeben sich die Lagrange-Multiplikatoren $u = 1,32$ (für Produkt 1), $u = 6,9$ (für Produkt 2) und schließlich $u = 1,12$ (für Produkt 3).

Damit liegt der gesuchte tatsächliche Wert von u zwischen 1,12 und 6,9. Beim Setzen von u = 3,1 (als Mittelwert aus den drei u-Werten ergeben sich die Lose $q_1^{L-cpt} = 74$, $q_2^{L-opt} = 46$ und $q_1^{L-opt} = 25$ mit der Lagerfläche von 1658 cm². Nach beträchtlichem Probieren ergibt sich ein u-Wert von u = 1,75 mit einer Lagerfläche von 1998 cm².

4.2 Losgrößenprobleme mit deterministisch-dynamischem Bedarf

Das klassische Modell des vorigen Abschnitts ist auf den Fall eines im Zeitablauf bekannten und konstanten Bedarfsverlaufs zugeschnitten. Planungssituationen sind jedoch dadurch gekennzeichnet, dass Aufträge im Voraus (von Kunden bzw. Auftraggebern, wobei auch interne Auftraggeber wie andere Abteilungen möglich sind) platziert worden sind oder alternativ Verträge unterzeichnet worden sind, die die Lieferungen der nächsten paar Monate spezifizieren. In solchen Fällen liegt ein endlicher Planungshorizont vor, der in gleich langen Perioden unterteilt wird, und es existieren Bedarfe in diesen einzelnen Planungsperioden, die üblicherweise unterschiedlich sind; wie beispielsweise die Bedarfe an Tischplatten im Beispiel zu Beginn der Einleitung von diesem Abschnitt (s. Tabelle 1). Wie bei Prognoseverfahren handelt es sich um diskrete Perioden wie Tage, Wochen, aber auch Schichten oder noch kleinere Zeiteinheiten. Die Bedarfe können auch das Ergebnis eines Prognoseverfahrens auf tatsächliche Aufträge sein. Wie beim konstanten Bedarf wird zunächst das Problem ohne Kapazitäten optimal gelöst. Anschließend wird die grundsätzliche Problemverschärfung für das Einhalten von Kapazitätsrestriktionen analysiert.

4.2.1 Das Wagner-Whitin-Modell

Wagner und Whitin [WaWi58] haben im Jahre 1958 schwankende, d. h. dynamische, Bedarfsprofile über einen endlichen Horizont in einem Modell abgebildet und dafür ein Verfahren zum Auffinden optimaler Bestellmengen und -zeitpunkte vorgeschlagen.

Wie beim klassischen Losgrößenmodell wird genau ein Lagergut betrachtet. Der Bedarf in der Periode t nach diesem Lagergut beträgt d_t ME. Er ist deterministisch, bekannt und tritt in den Periodenanfangszeitpunkten auf; der Bedarf verschiedener Perioden darf unterschiedlich hoch sein. Die d_t sind Nettobedarfe in dem Sinne, dass ein Lageranfangsbestand, der im Planungszeitpunkt vorhanden ist, mit dem (zunächst gegebenen) Bruttobedarf der ersten Periode saldiert wird. Sollte der Anfangsbestand den Bruttobedarf der ersten Periode übersteigen, wird der nach der Saldierung verbleibende Rest mit dem Bruttobedarf der nächsten Periode verrechnet usw. Ein eventuell angestrebter Lagerendbestand wird dem Bedarf der letzten Periode hinzugerechnet. Die Werte d_t werden im Weiteren kurz (Netto-)Bedarfe genannt.

4.2 Losgrößenprobleme mit deterministisch-dynamischem Bedarf

Das Modell von Wagner und Whitin basiert auf folgenden Annahmen:

- Für einen Planungszeitraum von T Perioden seien geplante Nettobedarfsmengen d_t ($1 \leq t \leq T$) eines Erzeugnisses gegeben, die jeweils zum Beginn einer Periode bereitzustellen sind; die Einheit von d_t ist Mengeneinheit (ME).
- Der Lagerbestand des Produkts zu Beginn einer Periode 1 bzw. am Ende der Periode 0, y_0, sei Null. Der Lagerbestand am Ende des Planungszeitraums, y_T, soll ebenfalls Null betragen. y_0 und y_T haben ME als Einheit.
- Fehlmengen sind nicht erlaubt, d. h., der Bedarf einer Periode muss vollständig und rechtzeitig befriedigt werden.
- Wie im klassischen Lagerhaltungsmodell gibt es keine Kapazitätsbeschränkung und keine Lieferzeit.
- Jede Auflage eines Produktionsloses bzw. jede Beschaffungsmaßnahme (q_t, mit $q_t > 0$) in einer Periode t ($1 \leq t \leq T$) verursacht fixe Rüst- bzw. Bestellkosten in Höhe von s Geldeinheiten (GE); die Einheit von s ist GE.
- Lagerungskosten in Höhe von h GE je Mengeneinheit (ME) und Periode werden immer auf die am Ende einer Periode gelagerte Produktmenge berechnet; die Einheit von h ist $\frac{GE}{PE \cdot ME}$; beachte $h > 0$.
- Die Einstands- bzw. Bezugspreise in den verschiedenen Perioden sind konstant.

Bemerkungen zu den Annahmen

- Die Forderung nach einem leeren Lager wird erhoben, da Bruttobedarf und Lageranfangs- bzw. -endbestand miteinander verrechnet werden (sollen).
- Keine Kapazitätsbeschränkungen (etwa eine Restriktion bezüglich des vorhandenen Lagerraums oder der maximalen Menge, die der Lieferant bereitstellen kann) und keine Lieferzeit bedeuten, dass das Produkt auf einer Ressource mit unbeschränkter Kapazität produziert wird. Damit werden Wartezeiten vor Produktionsbeginn ausgeschlossen. Die am Anfang einer Periode t ($1 \leq t \leq T$) bestellten Mengeneinheiten q_t treffen sofort ein und stehen zusammen mit dem Lagerendbestand der Vorperiode für die Bedarfsbefriedigung (in der aktuellen Periode) zur Verfügung.
- Durch den Lagerungskostensatz (h) werden die Lagerbestände analog zum klassischen Losgrößenmodell gewichtet.
- Die Berechnung der Lagerungskosten für die am Ende einer Periode gelagerte Produktmenge bedeutet, dass die in einer Periode benötigten Einheiten bereits zu Beginn der Periode entnommen werden. Ihre Zwischenlagerung vor ihrem Verbrauch verursacht keine Kosten. Dies entspricht dem Vorgehen in der industriellen Praxis, bei dem der Bestand in Unternehmen im Allgemeinen höchstens einmal am Tag überprüft wird. Die Kostenberechnung bezieht sich dann auf diesen Meßpunkt. Damit erfolgt eine Losgrößenentscheidung stets zu Beginn einer Periode.
- Die Konstanz der Einstands- bzw. Bezugspreise der verschiedenen Perioden dient im Wesentlichen der Vereinfachung der Darstellung. Der Algorithmus, der unten dargestellt

wird, lässt sich leicht für den allgemeinen Fall periodenabhängiger Bezugspreise modifizieren (vgl. [DoSV93]). Aufgrund des Verbotes von Fehlmengen und der Annahme über die Lageranfangs- und -endbestände muss für zulässige Bestellmengen ferner gelten, dass die während des Planungszeitraumes insgesamt bestellte Menge dem Gesamtbedarf entspricht, also $\sum_{t=1}^{T} q_t = \sum_{t=1}^{T} d_t$. Folglich ist die Summe der mit den Einstandspreisen gewichteten Bestellmengen eine Konstante, die in den nachfolgenden Überlegungen vernachlässigt wird.

Optimiert wird (wiederum analog zum klassischen Losgrößenmodell) der erzielte Gewinn. Der erzielbare Umsatz hängt von der Absatzmenge und den Absatzpreisen ab. Die Absatzpreise sind gegeben, müssen aber nicht für jede Periode identisch sein. Da nach den Annahmen des Modells die Gesamtabsatzmenge konstant (und fest vorgegeben) ist, ist somit der erzielbare Umsatz konstant. Folglich sind die über die Perioden des Planungszeitraums kumulierten Lagerhaltungs- und bestellfixen Kosten durch die Wahl der Lose $q_t \geq 0 \ \forall \ 1 \leq t \leq T$ zu minimieren. Es sei betont, dass sich aus den Losen die Losauflagezeitpunkte ergeben (keine Losauflage in Periode t wird mit $q_t = 0$ bezeichnet). Da eine Lösung des Lagerhaltungsproblems beim Wagner-Whitin-Modell schon durch die Lose vollständig beschrieben ist, beschreibt der Vektor $(q_1, ..., q_T)$ eine Losgrößenpolitik $\mathcal{P}$. Eine kostenminimale Folge von Losen $\mathcal{P} = (q_1, ..., q_T)$ (Produktionsplan) ist daher eine optimale Lösung des Modells.

Diese Überlegungen führen zu folgendem formalen Modell, welches in der Literatur auch als **S**ingle-**L**evel **U**ncapacitated **L**ot **S**izing **P**roblem (SLULSP) bezeichnet wird; es entspricht dem Wagner-Whitin-Modell.

Eine (kosten-)optimale Lösung minimiert die Summe aus allen Rüst- und Lagerhaltungskosten. Diese Einzelkosten sind durch die Losgrößen q_t ($1 \leq t \leq T$) in den einzelnen Perioden bestimmt. Zu ihrer Berechnung sind die aus den q_t ableitbaren Lagerbestände für die Produkte am Ende der einzelnen Perioden y_t und die ebenfalls aus q_t ableitbaren Informationen über das Rüsten in einer Periode t $(1 \leq t \leq T)$, ausgedrückt durch eine binäre Rüstvariable γ_t, erforderlich. Ein Los q_t in Periode t verursacht Rüstkosten $s \cdot \gamma_t$ und Lagerkosten von $h \cdot y_t$. Die Gesamtkosten ergeben sich als Summe dieser Terme und zwar für alle Perioden, also lautet die Zielfunktion formal

$$Z = \sum_{t=1}^{T} (s \cdot \gamma_t + h \cdot y_t).$$

Sie ist zu minimieren.

Für jede Periode t ist der aktuelle Bedarf (d_t) durch das Los (q_t) und dem vorhandenen Bestand (und zwar am Ende der Vorperiode y_{t-1}) zu befriedigen. Ein eventuell verbleibender Rest bleibt im Lager. Dies führt zu der Lagerbilanzgleichung $y_{t-1} + q_t - d_t = y_t$ für alle $1 \leq t \leq T$.

Die Bedingung „nur falls $q_t > 0$ ist, so ist in Periode t zu rüsten", legt die Rüstvariable fest. Also ist sicher zu stellen, dass $\gamma_t = 1 \Leftrightarrow q_t > 0$ und $\gamma_t = 0 \Leftrightarrow q_t = 0$ für alle $1 \leq t \leq T$ gilt. Für die Anwendung von Standardsoftware zur Lösung linearer Optimierungsprobleme ist es notwendig, diese Bedingung als eine Ungleichung darzustellen. Eine Lösung entsteht durch die Idee, die Differenz aus Los (q_t) und Rüstvariable (γ_t) – also $q_t - \gamma_t$ – zu betrachten. Ist $q_t > 0$, so ist die Differenz negativ, wenn $\gamma_t = 1$ mit einer großen Zahl M ($M \in \mathbb{N}$) multipliziert wird. Dies motiviert die Rüstbedingung: $q_t - M \cdot \gamma_t \leq 0$ für alle $1 \leq t \leq T$. Ihre Richtigkeit ergibt sich aufgrund der folgenden Überlegungen: Bei $q_t > 0$ und $\gamma_t = 0$ wird nicht gerüstet, aber ein Los aufgesetzt. Dieser nicht erlaubte Fall wird durch die Rüstbedingung ausgeschlossen. Ist $q_t = 0$, so ist die Differenz 0, falls nicht gerüstet wird ($\gamma_t = 0$). Der Fall, bei dem gerüstet, aber kein Los aufgesetzt wird, wird durch die Rüstbedingung nicht ausgeschlossen. Er wird jedoch durch die Minimierung der Zielfunktion ausgeschlossen, da nicht erforderliches Rüsten zu unnötigen Rüstkosten ($s \cdot \gamma_t$) führt. Abschließend wird die Frage geklärt, ob eine solche Zahl überhaupt existiert. M muss lediglich größer als das größte Los sein. Ein solches ist durch $\sum_{t=1}^{T} q_t = \sum_{t=1}^{T} d_t$ beschränkt.

Aus den Annahmen ergeben sich weitere Restriktionen, die gleich in der formalen Definition dieses Modells (Definition 5) angegeben werden:

- Bedingungen für den Lageranfangs- und endbestand: $y_0 = 0$ und $y_T = 0$,
- Bedingungen für die Nichtnegativität: $q_t \geq 0$ und $y_t \geq 0$ für alle $1 \leq t \leq T$ sowie
- Bedingung, dass die Rüstungsvariable binär ist: $\gamma_t \in \{0,1\}$ und damit wird das Rüsten durch 1 und kein Rüsten durch 0 modelliert.

Formal ergibt sich nun zusammengefasst das folgende Modell.

Definition 5 (Modell SLULSP)

Das **S**ingle-**L**evel **U**ncapacitated **L**ot **S**izing **P**roblem (SLULSP) besteht aus:

- den Parametern:
  - T Länge des Planungszeitraums
  - d_t Nettobedarfsmenge in Periode t $\forall$ $1 \leq t \leq T$
  - h Lagerkostensatz
  - M große Zahl (M muss größer als die maximale mögliche Losgröße sein)
  - s Rüstkostensatz
- den Variablen:
  - q_t Losgröße in Periode t $\forall$ $1 \leq t \leq T$
  - y_t Lagerbestand am Ende der Periode t $\forall$ $0 \leq t \leq T$
  - γ_t binäre Rüstungsvariable mit $\gamma_t = \begin{cases} 1, & \text{falls } q_t > 0 \\ 0, & \text{falls } q_t = 0 \end{cases}$ $\forall$ $1 \leq t \leq T$

- der Zielfunktion:

  Formel 52: $\quad Z = \sum_{t=1}^{T} (s \cdot \gamma_t + h \cdot y_t)$

- den Restriktionen:

  Formel 53: $\quad y_{t-1} + q_t - d_t = y_t \quad \forall \ 1 \leq t \leq T$ $\qquad$ Lagerbilanzgleichung

  Formel 54: $\quad q_t - M \cdot \gamma_t \leq 0 \quad \forall \ 1 \leq t \leq T$ $\qquad$ Rüstbedingung

  Formel 55: $\quad y_0 = 0$ und $y_T = 0$ $\qquad$ Lageranfangs- und endbestand

  Formel 56: $q_t \geq 0$ und $y_t \geq 0 \quad \forall \ 1 \leq t \leq T$ $\qquad$ Nichtnegativität

  Formel 57: $\gamma_t \in \{0,1\} \quad \forall \ 1 \leq t \leq T$ $\qquad$ binäre Rüstungsvariable

- und dem Minimierungsproblem

  Formel 58: $\quad$ Minimiere Z.

Bemerkungen:

- Eine optimale Lösung ist durch die Belegung der Variablen q_t, $\forall \ 1 \leq t \leq T$, bestimmt; sie bestimmt die Belegung der anderen Variablen.
- Eine optimale Losgrößenpolitik wird durch $\mathcal{P}^{opt} = \left(q_1^{opt},...,q_T^{opt}\right)$ bezeichnet.

Ein SLULSP bzw. das „Wagner-Whitin"-Modell lässt sich mit Hilfe von Standardsoftware für die ganzzahlige Optimierung lösen. Wagner und Whitin gingen allerdings einen anderen Weg, indem sie die Stufenstruktur des Problems ausnutzten, um das ursprüngliche Optimierungsproblem als Aufgabe der Dynamischen Optimierung zu formulieren und ein sehr effizientes Verfahren zu seiner Lösung entwickelten.

Das Verfahren von Wagner und Whitin beruht auf zwei Beobachtungen über die Struktur einer optimalen Bestellpolitik.

Satz 12 (Regenerationseigenschaft im SLULSP)

Für jede optimale Losgrößenpolitik $\mathcal{P}^{opt} = \left(q_1^{opt},...,q_T^{opt}\right)$ von einem SLULSP, bei der y_t^{opt} der Lagerbestand am Ende von Periode t ist, gilt die Regenerationseigenschaft:

$q_t^{opt} \cdot y_{t-1}^{opt} = 0 \quad \forall \ 1 \leq t \leq T$.

Beweis: s. Abschnitt zu einstufigen Losgrößenproblemen im Internet.

Die optimalen Bestellmengen und die zugehörigen Lageranfangsbestände haben, ähnlich wie beim klassischen Losgrößenmodell, die Komplementaritätseigenschaft $q_t^{opt} \cdot y_{t-1}^{opt} = 0$. Das heißt, eine Bestellung erfolgt in einer Periode nur dann, wenn der Lageranfangsbestand der Periode Null ist. Aus dieser ersten Eigenschaft folgt unmittelbar die zweite über den Wertebereich der Bestellmengen.

4.2 Losgrößenprobleme mit deterministisch-dynamischem Bedarf

Satz 13 (mögliche Losgrößen einer optimalen Politik im SLULSP)

Für eine optimale Politik $\mathcal{P}^{opt} = \left(q_1^{opt},...,q_T^{opt}\right)$ von einem SLULSP gilt für alle $1 \leq t \leq T$:

entweder ist $q_t^{opt} = 0$ oder $\exists\ \tau$ mit $t \leq \tau \leq T$ und $q_t^{opt} = \sum_{i=t}^{\tau} d_i$.

Mit anderen Worten: Für ein beliebiges t mit $1 \leq t \leq T$ kann q_t^{opt} nur einen der $(T-t+2)$ Werte $0, d_t, d_t + d_{t+1}, ..., d_t + d_{t+1} + ... + d_T$ annehmen.

Beweis: s. Abschnitt zu einstufigen Losgrößenproblemen im Internet.

Bemerkung: Aus der Beweisführung wird dabei deutlich, dass die beiden Eigenschaften optimale Politiken nur bei unbeschränkter Produktionskapazität kennzeichnen; hierauf wird im Abschnitt 4.2.2 eingegangen.

Satz 12 und Satz 13 besagen, dass für eine optimale Politik $\mathcal{P}^{opt}$ gilt: In einer Periode t wird entweder keine Bestellung aufgegeben und der Bedarf wird aus dem vorhandenen Lagerbestand befriedigt oder der gesamte Bedarf (mehrerer) Perioden wird geordert. Ist der Lageranfangsbestand unter einer solchen optimalen Politik positiv, so reicht er aus, um den Bedarf mindestens einer Periode vollständig zu befriedigen. Falls der Bedarf einer Periode i, d_i, aus der Bestellung der Periode $t \leq i$ gedeckt wird, gilt dies auch für den Bedarf d_j jeder der Zwischenperioden $t \leq j \leq i$. Mit anderen Worten besteht jedes Los aus einer ganzzahligen Anzahl an Periodenbedarfen und insbesondere wird jeder Bedarf in einer einzigen Periode produziert. Außerdem reicht der Lagerbestand am Ende einer Periode zur Deckung des Bedarfs der nächsten Periode oder er ist Null.

Hieraus folgt, dass in einer optimalen Losgrößenpolitik jedes Los q_t^{opt} den Bedarf für eine Anzahl n (n > 0) von aufeinanderfolgenden Perioden abdeckt. Hieraus ergibt sich der Begriff der Reichweite.

Definition 6 (Reichweite eines Loses in einer optimalen Politik)

Es sei $\mathcal{P}^{opt} = \left(q_1^{opt},...,q_T^{opt}\right)$ eine optimale Losgrößenpolitik von einem SLULSP. Für jede Periode t mit $1 \leq t \leq T$ heißt die Anzahl von aufeinanderfolgenden Perioden, die das Los q_t^{opt} abdeckt, die Reichweite von q_t^{opt}. Mit $q_t^{opt} = \sum_{i=t}^{\tau} d_i$ ist τ die Reichweite von q_t^{opt}.

Bemerkung: Die Definition einer Reichweite lässt sich erweitern auf Losgrößenpolitiken, bei denen die einzelnen Lose aus der Summe aufeinanderfolgender Bedarfe bestehen.

Eine wesentliche Voraussetzung für die Gültigkeit der obigen Sätze ist die Annahme, dass der Bedarf einer Periode zu Beginn derselben anfällt. Demgegenüber wird bei statischen Modellen (vgl. den Abschnitt 4.1) davon ausgegangen, dass der Periodenbedarf d_t $(1 \leq t \leq T)$ stets gleichmäßig über die Periode verteilt entsteht und dass die durchschnittlich zu lagernde Menge $\frac{d_t}{2}$ auch Lagerhaltungskosten verursacht. Diese Annahme im SLULSP bzw. beim Wagner-Whitin-Modell stellt für viele praktische Fälle eine Vereinfachung dar. Deswegen ist die Periodenlänge für die Güte der erzielbaren Lösung bedeutsam. Sie ist so festzulegen, dass es nicht wirtschaftlich sein kann, innerhalb einer Periode mehrmals zu bestellen.

Für einen Algorithmus zu Ermittlung einer optimalen Politik bedeuten diese Ergebnisse: Es sind ausschließlich Politiken zu untersuchen, bei denen die Lose den Bedarf für eine Anzahl n (n > 0) von aufeinanderfolgenden Perioden abdecken. Dadurch lassen sich exakte Verfahren mit polynomialen Aufwand angeben. Hierzu eignen sich die folgenden Modellierungsansätze:

1. exakt lösbar mit dynamischer Optimierung,
2. Transformation in ein Warehouse Location-Problem,
3. Abbildung des Problems als kürzestes Wegeproblem in einem Graphen.

Wagner und Whitin verwendeten die Variante (1) zur Entwicklung ihres exakten Verfahrens. Im Folgenden wird der Ansatz (3) vorgestellt. Hierzu wird zunächst eine graphische Darstellung des Problems hergeleitet; für die formale Definition von Graphen sei auf die Präliminarien im Internet verwiesen.

Definition 7 (Graph zu einem SLULSP)

Gegeben sei ein SLULSP (S).

1. Der gerichtete und bewertete Graph G = (V,E,M) zu S ist definiert durch:
   - Die Knotenmenge V besteht aus den Knoten 1, ..., (T+1). Dabei repräsentiert der Knoten t den Bedarf d_t in der Periode t, $1 \leq t \leq T$. Der Knoten (T+1) ist der Endknoten des Graphen und stets der letzte Knoten eines Weges im Wegeproblem; er kann als eine fiktive Endperiode (T+1) aufgefasst werden.
   - Die Pfeilmenge $E = \{(\tau,t) | 1 \leq \tau \leq T \wedge (\tau+1) \leq t \leq (T+1)\}$, i. e. jeder Knoten (Periodenbedarf) wird durch Pfeile mit allen nachfolgenden Knoten (i. e. Periodenbedarfen) verbunden. Ein Pfeil von Knoten (Periode) τ zu Knoten t bedeutet, dass zu Beginn der Periode τ (bzw. alternativ am Ende der Periode $(\tau-1)$) ein Los aufgesetzt (und produziert) wird, das die Bedarfsmengen der Perioden τ bis $(t-1)$ deckt.
   - Bei einem beliebigen Pfeil (τ,t) fallen im Allgemeinen Rüst- und Fertigungskosten in Periode τ und Lagerkosten für die Bedarfe der Perioden $(\tau+1)$ bis $(t-1)$ in den Perioden τ bis $(t-1)$ an. Diese Kosten sind in den Pfeilbewertungen zu berücksichtigen und führen zu ($m_{\tau,t}$ ist die Bewertung des Pfeils (τ,t)):

$$m_{\tau,t} = K + h \cdot \sum_{j=\tau}^{t-1}((j-1)-\tau+1) \cdot d_j = K + h \cdot \sum_{j=\tau+1}^{t-1}(j-\tau) \cdot d_j$$

$\forall \ 1 \leq \tau \leq T$ und $\forall \ \tau+1 \leq t \leq T+1$.

4.2 Losgrößenprobleme mit deterministisch-dynamischem Bedarf

- Es sei $w = (j_0,...,j_k)$ ein Weg in G vom Knoten 1, also $j_0 = 1$, zum Endknoten (T+1), also $j_k = T+1$. Die Kosten von w betragen: $K(w) = \sum_{i=1}^{k} m_{j_{i-1}, j_i}$.

2. Es sei $w = (j_0,...,j_k)$ ein Weg in G vom Knoten 1, also $j_0 = 1$, zum Endknoten (T+1), also $j_k = T+1$; damit ist $k \geq 1$. Dann ist die Lospolitik von w $(\mathcal{P}(w) = (q_1,...,q_T))$ definiert durch: Für alle $0 \leq t \leq (k-1)$ setze $q_{j_t} = \sum_{i=j_t}^{j_{t+1}-1} d_i$ und für alle $t \notin \{j_0,...,j_{k-1}\}$ setze $q_t = 0$.

3. Es sei $\mathcal{P} = (q_1,...,q_T)$ eine Lospolitik, die alle Restriktionen von S erfüllt. Es existieren $j_0, ..., j_{k-1}$ mit $q_{j_t} > 0$ für alle $0 \leq t \leq (k-1)$, $q_t = 0 \ \forall \ t \notin \{j_0,...,j_{k-1}\}$ sowie $j_0 = 1$ und $j_{t-1} < j_t$ für alle $1 \leq t \leq (k-1)$. Dann heißt die Folge $(j_0,...,j_{k-1},(T+1))$ Knotenfolge zu $\mathcal{P}$ $(k(\mathcal{P}))$ in G.

Bemerkungen:

- Zur Pfeilbewertung sei angemerkt: Bei einem Pfeil (τ, t) wird in der Periode τ gerüstet und der Bedarf der Periode d_τ wird gleich verbraucht, also nicht gelagert (weswegen für ihn keine Lagerkosten anfallen). Ebenso wird der Periodenbedarf d_{t-1} der letzten Periode $(t-1)$ in der Periode $(t-1)$ verbraucht und für diesen fallen dort keine Lagerkosten an. Der Bedarf d_j wird von Periode τ bis zur Periode $(j-1)$ gelagert; die Anzahl der zu lagernden Perioden ist also $((j-1)-\tau+1)$.

- Da für jeden Pfeil (τ, t) in G $\tau < t$ gilt, können keine Zyklen im Graphen auftreten.

Beispiel 11 (Graph zu einem SLULSP)

Ein SLULSP S besteht aus der Produktion eines sehr wertvollen Schranks und dieser habe die Bedarfe von 15, 5, 20 und 25 Stück für vier aufeinanderfolgende Wochen. Die Rüstkosten betragen K = 150 € und die Lagerkosten lauten h = 5 € je Schrank und Woche. Der Graph zum SLULSP S einschließlich der Pfeilbewertungen hat die in Abbildung 12 dargestellte Gestalt.

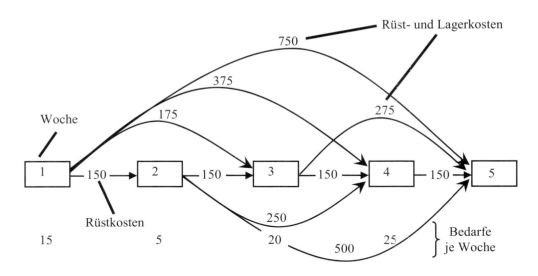

Abbildung 12: Beispielgraph zu einem SLULSP; mit € als Einheit für die Kosten

Exemplarisch sei die Bewertung des Pfeils vom Knoten 1 zum Knoten 4 angegeben. Nach der Definition 7 deckt er den Bedarf der Wochen 1 bis 3 ab. Das Los lautet folglich $(15+5+20=)\,40$ Schränke. Es wird einmal gerüstet, welches die Kosten von 150 € erklärt. Von den 40 Schränken werden in der ersten Woche 15 ausgeliefert und somit nicht gelagert. Folglich werden $(5+20=)\,25$ Schränke in der ersten Woche gelagert. In der zweiten Woche werden weitere 5 Schränke ausgeliefert, so dass nur noch 20 Schränke zu lagern sind. Anders formuliert, werden 5 Schränke eine Woche und 20 Schränke zwei Wochen lang gelagert. Deswegen lauten die Lagerkosten insgesamt: $(5\cdot5\cdot1+20\cdot5\cdot2)\ € = (25+200)\ € = 225\ €$.

Die Summe aus Rüst- und Lagerkosten beträgt damit schließlich $(150+225)\ € = 375\ €$.

Für die Entwicklung eines Lösungsalgorithmus sind die folgenden Eigenschaften des Graphen zu einem SLULSP hilfreich.

Satz 14 (Graph zu einem SLULSP)

Es sei G der Graph zu einem SLULSP (S). Es gilt:

1. Für jeden Weg w in G vom Knoten 1 bis zum Knoten (T+1) erfüllt die Lospolitik von w die Restriktionen von S.
2. Für jede Lospolitik $\mathcal{P}$, die alle Restriktionen an eine optimale Lösung von S erfüllt, ist die Knotenfolge zu $\mathcal{P}$ in G ein Weg in G.
3. Ist $\mathcal{P}^{opt}$ eine optimale Lospolitik (also eine Lösung von dem SLULSP S), so ist die Knotenfolge zu $\mathcal{P}^{opt}$ in G ein kürzester Weg in G.

4.2 Losgrößenprobleme mit deterministisch-dynamischem Bedarf

4. Ist w ein kürzester Weg in G, so ist die Lospolitik von w optimal (also eine Lösung von dem SLULSP S).

Beweis: s. Abschnitt zu einstufigen Losgrößenproblemen im Internet.

Nach Satz 14 kann eine optimale Lösung von einem SLULSP S durch Lösen des kürzesten Wegeproblems im Graph zu S ermittelt werden. Da alle Pfeile eine nichtnegative Pfeilbeschriftung haben, ist der Dijkstra-Algorithmus anwendbar.

Algorithmus 1 (Lösung von einem SLULSP)

Eingabe: SLULSP S (nach Definition 5)

Voraussetzungen:

- Ein SLULSP S wurde in dem Graphen G = (V,E,M) (nach Definition 7) transformiert.
- Es werden die in Definition 5 und Definition 7 angegebenen Variablen sowie Parameter verwendet.

Variablen:

τ Knotenbezeichnung bzw. Periodenbezeichnung vom Knoten 1 zum Knoten T

t   Knotenbezeichnung (Periodenbezeichnung) vom Knoten 1 zum Knoten T

$C^*(t)$ Hilfsvariable zur Berechnung von $C(t)$

j(t)   vorletzter Knoten auf dem (aktuell) besten Weg vom Knoten 1 zum Knoten t

j_i Knoten auf einem Weg

Anweisungen:

1. Start mit Knoten $\tau = 1$
2. $\forall \ t \in V$ mit $1 < t$ setze $C(t) = m_{1,t}$ (beachte, dass $(1,t) \in E$ gilt)
   und setze $j(t) = 1$ (also markiere 1 als den vorletzten Knoten auf dem aktuell besten Weg vom Knoten 1 zum Knoten t)
   (Begründung: Für alle $t > 1$ sind $m_{1,t}$ die Kosten des kürzesten Weges vom Knoten 1 zum Knoten t mit der Länge 1, da dieser nur aus dem Pfeil vom Knoten 1 bis zum Knoten t besteht.)
3. $\tau = \tau + 1$
   (Da bei jedem Pfeil (τ,t) $\tau < t$ gilt, sind $C(\tau)$ die Kosten des kürzesten Wegs vom Knoten 1 zum Knoten τ und $j(\tau)$ der vorletzte Knoten auf dem kürzesten Weg vom Knoten 1 zum Knoten τ. Nur die bisher berechneten Wege zu den Knoten $t > \tau$ lassen sich eventuell noch verbessern (über Schritt 4).)

4. $\forall\ t \in V$ mit $\tau < t$
   - Berechne $C^*(t) = C(\tau) + m_{\tau,t}$ (beachte, dass $(\tau,t) \in E$ gilt).

   ($C^*(t)$ sind die Kosten der bisher ermittelten minimalen Kosten von Knoten 1 nach τ (also dem bisherigen kürzesten Weg von 1 nach τ) und der Kostenbewertung des Pfeils vom Knoten τ nach t (i. e. der „Pfeilbeschriftung" $m_{\tau,t}$). Diese Kosten können günstiger oder ungünstiger als die bisher berechneten Kosten für einen Weg vom Knoten 1 zum Knoten t $(C(t))$ sein. Daher ist mit dem Minimum $\left(\min\{C(t), C^*(t)\}\right)$ aus beiden Alternativen weiter zu rechnen.)

   - Ist $C^*(t) < C(t)$, so setze $C(t) = C^*(t)$ und $j(t) = \tau$ (markiere also τ als den vorletzten Knoten auf dem aktuell besten Weg vom Knoten 1 zum Knoten t).

   (Dieser Schritt versucht den bisher berechneten günstigsten Weg vom Knoten 1 zum Knoten t dadurch zu verbessern, indem geprüft wird, ob der optimale Weg vom Knoten 1 zum Knoten τ und seine Verlängerung um den Pfeil (τ,t), durch den ebenfalls ein Weg vom Knoten 1 zum Knoten t entsteht, geringere Kosten verursacht.)

5. Gehe zu Schritt 3, solange $\tau < T$

6. (Es gilt: $C(T+1)$ sind die Kosten eines kostenminimalen Weges vom Knoten 1 zum Knoten $(T+1)$.)

   Bestimme einen optimalen Weg $w = (j_0, ..., j_k)$ vom Knoten 1 (also $j_0 = 1$) zum Knoten $(T+1)$ (also $j_k = T+1$) mit Kosten $C(T+1)$ durch die Iteration $(T+1)$, $j(T+1)$, $j(j(T+1))$, bis schließlich $j(...(j(T+1))) = 1$.

7. Berechne nach Definition 7 (2) die optimale Losgrößenpolitik $(q_1, ..., q_T)$.

Ausgabe: Losgrößenpolitik $(q_1, ..., q_T)$ mit Kosten $C(T+1)$.

Bemerkung: Es sei angemerkt, dass die Aussage in Schritt 3 eine Verfahrensvereinfachung gegenüber dem Dijkstra-Algorithmus für allgemeine Graphen bedeutet.

Nun wird Algorithmus 1 beispielhaft angewendet.

Beispiel 12 (Anwendung von Algorithmus 1, Fortsetzung von Beispiel 11)

Der Algorithmus 1 wird auf das SLULSP aus Beispiel 11 angewendet. Sein Ergebnis ist in Tabelle 4 angegeben, wobei eine tabellarische Darstellung gewählt wurde, die der Struktur der Iteration entspricht.

Unter Weg wird stets ein kürzester Weg (w) vom Knoten 1 bis zum Knoten τ verstanden und durch $1 \to \tau$ bezeichnet. Es sei an die Bemerkung zum Schritt 3 im Algorithmus 1 erinnert, nach der sich nur noch die bisher berechneten Wege zu den Knoten $t > \tau$ eventuell verbessern lassen, weswegen ein kürzester Weg vom Knoten 1 bis zum Knoten τ bekannt ist. Zu einem vollständigen Weg (vom Knoten 1 bis zum Knoten t) kommt es, in dem w um den Pfeil (τ,t) verlängert wird. Dieser ist unter Weg durch $1 \to \tau \to t$ angegeben; der erste

4.2 Losgrößenprobleme mit deterministisch-dynamischem Bedarf

Teil für w und der zweite für den Pfeil (τ, t). Die Kosten ergeben sich als Kosten von w plus den Kosten des Pfeils (τ, t). Dabei geben die gepunkteten Linien an, in welchem Tabellenfeld die Kosten für w angegeben sind.

Schritt 2 bestimmt die dritte Spalte in Tabelle 4 (also zu $\tau = 1$). Der erste Durchlauf von Schritt 4 bestimmt die vierte Spalte in Tabelle 4 (also zu $\tau = 2$). Zeile 4 in Tabelle 4 (also zu $t = 3$) zeigt, dass Schritt 4 zu keiner Verbesserung des bisher ermittelten besten Weges vom Knoten 1 zum Knoten 3 führt; wie auch bei Zeile 5. Demgegenüber zeigt Zeile 6 (also zu $t = 5$), dass Schritt 4 zu einer Verbesserung des bisher ermittelten besten Weges vom Knoten 1 zum Knoten 5 führt. Der zweite Durchlauf von Schritt 4 bestimmt die fünfte Spalte in Tabelle 4 (also zu $\tau = 3$), und der dritte Durchlauf von Schritt 4 ist der letzte Durchlauf von Schritt 4. Er führt zur sechsten Spalte in Tabelle 4 (also zu $\tau = 4$).

Folgeknoten		letzter Zwischenknoten auf dem Weg vom Knoten 1 zum Folgeknoten (t)			
		$\tau = 1$	$\tau = 2$	$\tau = 3$	$\tau = 4$
t = 2	Weg	1→2	-	-	-
	Kosten	150	-	-	-
	Summe	<u>150</u>	-	-	-
t = 3	Weg	1→3	1→2→3	-	-
	Kosten	175	150+150	-	-
	Summe	<u>175</u>	300	-	-
t = 4	Weg	1→4	1→2→4	1→3→4	-
	Kosten	375	150+250	175+150	-
	Summe	375	400	<u>325</u>	-
t = 5	Weg	1→5	1→2→5	1→3→5	1→4→5
	Kosten	750	150+500	175+275	325+150
	Summe	750	650	<u>450</u>	475

Tabelle 4: Beispielberechnung zum Algorithmus 1 zur Lösung von dem SLULSP

Für einen beliebigen Knoten t' gibt die Zeile zu $t = t'$ die Kosten aller Wege vom Knoten 1 zum Knoten t' über Knoten τ mit $1 \leq \tau \leq (t'-1)$ als vorletzten Knoten an. Sein Minimum ist in Tabelle 4 unterstrichen.

Es liegt ein kostenminimaler Weg vom Knoten 1 zum Knoten 5 vor, der aus den beiden Pfeilen vom Knoten 1 bis zum Knoten 3 und vom Knoten 3 bis zum Knoten 5 besteht. Seine

Kosten betragen 450 €. Er führt zu den Losen über $q_1 = 20$ Schränke, ($q_2 = 0$,) und $q_3 = 45$ Schränke (sowie $q_4 = 0$).

Satz 15 (Optimalität des Algorithmus zur Lösung von einem SLULSP)

Der Algorithmus zur Lösung von einem SLULSP bestimmt eine optimale Losgrößenpolitik.

Beweis: s. Abschnitt zu einstufigen Losgrößenproblemen im Internet.

Der Rechenaufwand des Algorithmus ist (wie beim Dijkstra-Algorithmus).

Satz 16 (Laufzeit des Algorithmus zur Lösung eines SLULSP)

Beweis: s. Abschnitt zu einstufigen Losgrößenproblemen im Internet.

Der Algorithmus zur Lösung eines SLULSP besitzt einen Rechenaufwand von $O(T^2)$, wobei T die Anzahl der Perioden des Planungszeitraums ist.

Es sei angemerkt, dass Losgrößenprobleme mit praxisrelevanten Dimensionen in Bruchteilen von Sekunden auf einem PC optimal gelöst werden können.

Zur Lösung mehrstufiger Mehrprodukt-Losgrößenproblem werden häufig mehrere voneinander unabhängige dynamische Einprodukt-Losgrößenprobleme vom Wagner-Whitin-Typ gelöst; hierauf wird im Abschnitt „Mehrstufige Losgrößenprobleme" noch eingegangen werden. Dies unterstreicht die Bedeutung schneller Verfahren zur exakten Lösung des Wagner-Whitin-Problems.

Anfang der 1990er Jahre wurde von verschiedenen Forschern gezeigt, dass die spezielle Kostenstruktur im Wagner-Whitin-Modell ausgenutzt werden kann, um einen schnelleren exakten Algorithmus, dessen Laufzeit in O(T) liegt, zu entwickeln. Hierunter fallen die Arbeiten von Aggarwal und Park (s. [AgPa90]), Federgruen und Tzur (s. [FeTz91]) und Wagelmans et al. (s. [WvHK92]). Von diesen Ansätzen ist der von Wagelmans et al. der intuitivste.

Die meisten der oben genannten Annahmen können gelockert werden, ohne dass sich die Grundlösungsmethode verändert. Zum Beispiel können periodenabhängige Daten für die fixen Rüstkosten (K), dem Lagerkostensatz (h) und den Produktionskosten bzw. den Einkaufskosten (c) (die Preise pro Einheit des Produkts) verwendet werden. Die Annahme vernachlässigbarer Lieferzeit (i. e. die Lieferzeit beträgt 0 Zeiteinheiten) kann ebenfalls fallen gelassen werden, sofern die Lieferzeiten im Voraus bekannt und deterministisch sind. In diesem Fall wird eine in Periode t benötigte Bestellmenge in Periode t – L bestellt, wobei L die Lieferzeit ist. Darüber hinaus wurden Rüstkosten untersucht, bei denen es sich um allgemeine konkave Kostenfunktionen über die Losgröße handelt. Solche Probleme können als Flussprobleme in Netzwerken formuliert werden.

In Anwendungen wird dieses Verfahren in einem Konzept der rollenden Planung mit einem zeitlich sich verschiebenden Planungsfenster eingesetzt. Im Detail wird zunächst für einen Planungshorizont T eine Planung erstellt. Bei den Bedarfen (im Planungszeitraum) handelt es sich um Schätzungen (i. e. Prognosen der Nachfragemengen). Nach Ablauf jeweils weni-

4.2 Losgrößenprobleme mit deterministisch-dynamischem Bedarf

ger Perioden (kleiner oder gleich T) erfolgt eine (Neu-)Planung wieder über einen Zeitraum von T Perioden. Dabei werden Perioden gegebenenfalls (neu-)geplant, die im vorhergehenden Planungslauf bereits geplant worden waren, und es kommen weitere (neue) Perioden hinzu. Durch die rollende Planung können Entscheidungen einer vorhergehenden Planung revidiert werden. Sogar können sich bereits produzierte Lose als insgesamt nicht optimal erweisen. Der gleiche Effekt tritt auf, wenn sich die Schätzwerte in den noch einmal zu planenden Perioden geändert haben. Das folgende Beispiel möge dies beleuchten.

Beispiel 13 (rollende Planung)

Ein SLULSP S besteht aus der Produktion eines wertvollen Schreibtisches und dieser habe die Bedarfe von 100, 120, 90 und 80 Stück für vier aufeinanderfolgende Tage. Die Rüstkosten betragen K = 250 € und die Lagerkosten lauten h = 2 € je Schreibtisch und Tag. Es sei angenommen, dass zunächst lediglich die Bedarfe der ersten drei Tage bekannt seien. Die Anwendung von Algorithmus 1 berechnet als optimale Lösung die Lose $q_1 = 100$ Schreibtische und $q_2 = 210$ Schreibtische (sowie $q_3 = 0$). Am Ende der ersten Tags wird der Bedarf des vierten Tags bekannt. Eine Neuplanung über die Tage 2 bis 4 durch Algorithmus 1 führt zu den Losen $q_2 = 120$ Schreibtische und $q_3 = 170$ Schreibtische (sowie $q_4 = 0$) als optimale Lösung. Damit führt diese gesamte Lösung zu Kosten von $250 € + 250 € + 250 € + 2 \cdot 80 € = 910 €$. Wird Algorithmus 1 auf die Bedarfe der vier aufeinanderfolgenden Tage direkt angewandt, so werden die Lose $q_1 = 220$ Schreibtische und $q_3 = 170$ Schreibtische als optimale Lösung berechnet. Die Gesamtkosten betragen deswegen nur noch $(250 € + 120 \cdot 2 €) + (250 € + 80 \cdot 2 €) = 900 €$.

Es sei angemerkt, dass der gleiche Effekt auftritt, wenn sich die Schätzwerte in den noch einmal zu planenden Perioden geändert haben.

Allerdings gibt es eine gewisse Stabilität im Wagner-Whitin-Modell bzw. im SLULSP. Hierzu werden Zeiträume aus aufeinanderfolgenden Perioden, ein so genannter Entscheidungshorizont oder Planungshorizont, definiert, in denen eine Entscheidung nicht mehr revidiert wird. Zur Motivation wird ein Graph G zu einem SLULSP S betrachtet; T sei die Anzahl der Planungsperioden von S. Die optimale Lösung von S führt nach Satz 14 zu einer Knotenfolge, die in G einen kürzesten Weg kennzeichnet. In einem Knoten einer solchen Knotenfolge endet ein Pfeil eines kürzesten Weges. Damit bezeichnet ein solcher Knoten k' die erste Periode t', deren Bedarf nicht mehr aus der Bestellung des letzten vorgelagerten Bestellzeitpunkts t befriedigt wird. Für einen solchen Graphen gilt das so genannte Optimalitätsprinzip von Bellmann [Bell57]. Auf G angewandt besagt es: Ein kürzester Weg zwischen den Knoten 0 und (T+1), der durch die Knoten X und Y führt, muss auch zwischen X und Y einen kürzesten Weg zwischen diesen beiden Knoten verwenden. Es sei angemerkt, dass Algorithmus 1 (wie auch der Algorithmus von Dijkstra) auf diesem Optimalitätsprinzip beruht. Bezogen auf die oben erwähnten Perioden t und t' bedeutet diese Aussage: Die optimale Losgröße in Periode t ist unabhängig von dem Bedarfsverlauf ab Periode t'. Wird das Ganze auf die erste Periode bezogen, also t = 1, so berechnet Algorithmus 1 ein optimales

Los für die erste Periode, sofern die Bedarfe der ersten $(t'-1)$ Perioden sich nicht mehr ändern. Entsprechendes gilt für weitere Perioden, wodurch die oben beschriebene Sensitivität des optimalen Verfahrens gegenüber Veränderungen der geschätzten Bedarfe ausgeschlossen wird.

Nun werden die Entscheidungshorizonte formal definiert und die Anwendung des Optimalitätsprinzips von Bellmann wird als Satz angegeben. Letzterer ist in der Literatur als Entscheidungshorizont-Theorem oder Wagner-Whitin-Planungshorizont-Theorem bekannt.

Definition 8 (Entscheidungshorizont im SLULSP)

Es sei $\mathcal{P}^{opt} = \left(q_1^{opt},...,q_T^{opt}\right)$ eine optimale Losgrößenpolitik von einem SLULSP. $q_{\tau_1},...,q_{\tau_n}$ seien alle positiven Lose von $\mathcal{P}^{opt}$ (d. h. $\{\tau_1,...,\tau_n\} \subseteq \{1,...,T\}$ und $q_{\tau_i} > 0 \ \forall \ 1 \leq i \leq n$ sowie $q_\tau = 0 \ \forall \ \tau \in \{1,...,T\}/\{\tau_1,...,\tau_n\}$). Dann heißen die $\tau_1,...,\tau_n$ Entscheidungshorizonte oder Planungshorizonte von $\mathcal{P}^{opt}$.

Satz 17 (Entscheidungshorizont-Theorem oder Wagner-Whitin-Planungshorizont-Theorem)

Gegeben sei ein SLULSP S. Bekannt sei ein optimaler Plan für die ersten t von den T Perioden des Planungszeitraums von S, der positive Bestellmengen $q_{\tau_1},...,q_{\tau_n}$ mit $\{\tau_1,...,\tau_n\} \subseteq \{1,...,t\}$ vorsieht; i. e. $q_{\tau_i} > 0 \ \forall \ 1 \leq i \leq n$. Gibt es einen optimalen Plan für die ersten $(t+1)$ Perioden von T mit denselben positiven Bestellmengen $q_{\tau_1},...,q_{\tau_n}$ sowie $q_{t+1} = d_{t+1}$ (d_t ist der Bedarf in der Periode t), so gibt es auch für die ersten $(t+2)$, $(t+3)$, ..., T Perioden optimale Pläne, die $q_{\tau_1},...,q_{\tau_n}$ unverändert lassen.

Beweis: s. Abschnitt zu einstufigen Losgrößenproblemen im Internet.

Mit anderen Worten besagt Satz 17: Wird in einer optimalen Politik in Periode t eine Bestellung aufgegeben, dann hängt die optimale Politik für die Perioden 1, 2, ..., $(t-1)$ nicht von den Bedarfen ab der Periode t ab.

Satz 17 bedeutet auch die Anwendbarkeit von Algorithmus 1, wenn die Bedarfe von weit in der Zukunft liegenden Perioden nicht bekannt sind.

Für die Nutzung des Entscheidungshorizont-Theorems möge die folgende äquivalente Formulierung dienen.

Satz 18 (Äquivalente Formulierung von dem Entscheidungshorizont-Theorem)

$\mathcal{P}^{opt} = \left(q_1^{opt},...,q_T^{opt}\right)$ sei eine optimale Politik zu einem SLULSP S mit T Planungsperioden und t sei die letzte Periode, in der eine Bestellung (größer Null) aufgegeben worden ist. S' sei ein beliebiges SLULSP mit T' Planungsperioden, so dass die Bedarfsmengen der ersten

T-Perioden von S und S' identisch sind. Für die Bestimmung der Losgröße in Periode t zum Problem S' sind ausschließlich die Bedarfe der Perioden $\{j; t \leq j \leq T'\}$ zu berücksichtigen.

Beweis: s. Abschnitt zu einstufigen Losgrößenproblemen im Internet.

Damit Algorithmus 1 auch bei einer rollenden Planung optimale Lose berechnet, muss nach Satz 17 der Planungshorizont T so wählbar sein, dass mindestens ein Entscheidungshorizont abgedeckt wird. Spätestens bei Erreichen des letzten Entscheidungshorizonts müssen die Daten über weitere T Perioden zur Neuplanung vorliegen. Es sei betont, dass die Länge eines Entscheidungshorizonts nach Satz 17 eine dynamische Größe ist. Für die Bestimmung von größtmöglichen Entscheidungshorizonten sei auf [Bast90] verwiesen.

Da in der industriellen Praxis die vorhergesagten Bedarfe, im Rahmen der rollenden Planung, typischerweise sehr kurzfristig einer neuen (Planungs-)Situation angepasst werden, ist zu erwarten, dass eine derartige Stabilität von Bedarfen nicht gegeben sein dürfte. Deswegen kann das exakte Verfahren (Algorithmus 1) nicht a priori als das beste Verfahren angesehen werden. Es gibt nun einige Heuristiken mit einer Laufzeit von $O(T)$, die weniger sensitiv gegenüber Veränderungen der geschätzten Bedarfe reagieren und dennoch sehr häufig optimale oder wenigstens nahe am Optimum liegende Losgrößenpolitiken liefern. Literaturarbeiten zeigen anhand von zahlreichen Fallstudien, dass der sukzessive Einsatz solcher Heuristiken bei rollender Planung zu besseren Resultaten führt. Dies ist ein wesentlicher Grund für den bevorzugten Einsatz von Heuristiken in der industriellen Praxis und ihre Implementierung in Enterprise Resource Planning Systemen.

Zur Beseitigung dieses Mangels schlägt Stadtler (s. [Stad00]) vor, zunächst für jede potentielle Produktionsperiode t die mögliche Reichweite n_t eines in dieser Periode aufgelegten Loses abzuschätzen. Für alle Perioden, deren geschätzte Reichweite über den Planungshorizont T hinausragt, werden die Kostenkoeffizienten $c_{t,T}$ um den Faktor $\frac{T-t+1}{n_t}$, der kleiner als 1 ist, verringert. Dies hat zur Folge, dass die Produktion in späteren Perioden des Planungszeitraums vorteilhafter wird. In einem umfangreichen numerischen Experiment weist Stadtler nach, dass diese Modifikation dazu führt, dass die exakte Lösung den heuristischen Lösungen auch unter den Einsatzbedingungen der rollenden Planung überlegen ist.

4.2.2 Berücksichtigung von Kapazitäten

Zunächst wird das Wagner-Whitin-Modell bzw. das SLULSP um knappe Lager- und Produktionskapazität erweitert. Deren Erweiterung beim Vorliegen von mehreren Produkten führt dann zu dem kapazitierten Mehrproduktmodell. Diese allgemeine Form wird in der Literatur intensiv behandelt.

Die Berücksichtigung einer beschränkten Lagerkapazität im SLULSP bedeutet die Beschränkung des Lagerbestands am Ende einer Periode durch eine vorgegeben Lagerkapazität C^l. Formal führt dies zu dem folgenden Modell.

Definition 9 (Modell ICSLLSP)

Das **I**nventory **C**apacitated **S**ingle-**L**evel **L**ot **S**izing **P**roblem (ICSLLSP) ist ein SLULSP mit einer Lagerkapazität von C^I und der weiteren Restriktion

Formel 59: $\quad y_t \leq C^I \ \forall \ 0 \leq t \leq T \quad$ Lagerkapazitätsbedingung,

wobei y_t der Lagerbestand am Ende der Periode t ist (y_0 bedeutet der Anfangslagerbestand) und T die Anzahl der Planungsperioden bezeichnet.

Dadurch, dass der Bedarf der Periode, in der ein Los aufgesetzt wird, nicht gelagert wird, existiert für jedes ICSLLSP eine Lösung, da die Lospolitik $(d_1,...,d_T)$ alle Restriktionen erfüllt; sofern der Anfangslagerbestand der Lagerkapazitätsbedingung genügt.

Die Regenerationseigenschaft für das SLULSP, nach der eine Bestellung in einer Periode nur dann erfolgt, wenn der Lagerbestand zu Beginn der Periode bzw. am Ende der Vorperiode gleich Null ist, gilt auch bei knappen Lagerkapazitäten.

Satz 19 (Regenerationseigenschaft im ICSLLSP)

Für jede optimale Losgrößenpolitik $\mathcal{P}^{opt} = \left(q_1^{opt},...,q_T^{opt}\right)$ von einem ICSLLSP, bei der y_t^{opt} der Lagerbestand am Ende von Periode t ist, gilt die Regenerationseigenschaft:

$$q_t^{opt} \cdot y_{t-1}^{opt} = 0 \ \forall \ 1 \leq t \leq T.$$

Beweis: s. Abschnitt zu einstufigen Losgrößenproblemen im Internet.

Nach Satz 19 wird ein Los zu Beginn einer Periode nur dann aufgesetzt, wenn der Lagerbestand zu Beginn dieser Periode gleich Null ist. Deswegen ist der Lagerbestand in den Perioden am höchsten, in denen Lose aufgesetzt werden. In solchen Perioden gilt $q_t - d_t = y_t \leq C^I \Leftrightarrow q_t \leq C^I + d_t$. In Worten: da der Bedarf d_t einer beliebigen Periode t, in der das Los q_t aufgesetzt wird, direkt durch das Los q_t gedeckt wird, ohne dass diese Bedarfsmenge d_t gelagert wird. In den anderen Perioden gilt $q_t = 0 \leq C^I + d_t$. Ist generell $q_t \leq C^I + d_t$ für eine beliebige Periode t, so ist für diese Periode t auch $y_t = q_t - d_t \leq C^I$. Deswegen lässt sich die Lagerkapazitätsrestriktion durch die Produktionskapazitätsbedingung $q_t \leq C^I + d_t, \forall \ 1 \leq t \leq T$, für die Losgrößen ersetzen. Dies ist im Satz 20 formalisiert.

Satz 20 (Lagerkapazitätsrestriktion im ICSLLSP versus Produktionskapazitätsbedingung)

Gegeben sei ein SLULSP S mit einer Lösung $(q_t)_{t=1}^T$, deren Lagerbestand am Ende einer beliebigen Periode t, $\forall \ 0 \leq t \leq T$, durch y_t bezeichnet wird. C^I sei die Lagerkapazität.

4.2 Losgrößenprobleme mit deterministisch-dynamischem Bedarf

Dann ist die Lagerkapazitätsrestriktion $y_t \leq C^I \; \forall \; 1 \leq t \leq T$ äquivalent zu der Produktionskapazitätsbedingung $q_t \leq C^I + d_t \; \forall \; 1 \leq t \leq T$.

Beweis: Satz 20 ist durch die Aussagen vor diesem Satz bewiesen.

Bemerkung: Durch die Ersetzung der Lagerkapazitätsrestriktion für ein ICSLLSP durch eine Produktionskapazitätsbedingung nach Satz 20 geht die Bedingung für die Beschränkung des Anfangslagerbestands, also des Bestands zu Beginn der ersten Periode, verloren. Im Hinblick auf die optimale Lösung von einem ICSLLSP hat dies jedoch untergeordnete Bedeutung, da aufgrund der unendlichen schnellen Produktionsgeschwindigkeit, also einer Lieferzeit von Null, der Bedarf der ersten Periode durch ein Los in dieser Periode gedeckt werden kann und deswegen von einem leeren Anfangslagerbestand ausgegangen werden kann und nach Definition 5 auch wird.

Wie beim SLULSP folgt aus der Regenerationseigenschaft (Satz 19) eine Aussage über den Wertebereich der Losgrößen.

Satz 21 (mögliche Losgrößen einer optimalen Politik im ICSLLSP)

Für eine optimale Politik $\mathcal{P}^{opt} = \left(q_1^{opt}, \ldots, q_T^{opt}\right)$ von einem ICSLLSP (mit einer Lagerkapazität von C^I) gilt für alle $1 \leq t \leq T$:

Entweder ist $q_t^{opt} = 0$ oder $\exists \; \tau$ mit $t \leq \tau \leq T$ und $q_t^{opt} = \sum_{i=t}^{\tau} d_i$ (mit $q_t^{opt} \leq C^I + d_t$).

Mit anderen Worten: Für ein beliebiges t, mit $1 \leq t \leq T$, kann q_t^{opt} nur einen der $(T-t+2)$ Werte $0, d_t, d_t + d_{t+1}, \ldots, d_t + d_{t+1} + \ldots + d_T$ annehmen.

Beweis: s. Abschnitt zu einstufigen Losgrößenproblemen im Internet.

Damit gilt auch hier, dass in einer optimalen Losgrößenpolitik jedes Los q_t^{opt} den Bedarf für eine Anzahl n (n > 0) von aufeinanderfolgenden Perioden abdeckt. Deswegen kann der Begriff der Reichweite auch auf ein ICSLLSP ausgedehnt werden.

Ferner ist der Wertebereich eines ICSLLSP eine Teilmenge des Wertebereichs eines SLULSP; s. Satz 13. Die Anwendung der Bildung eines Graphen für ein SLULSP, nach Definition 7, auf ein ICSLLSP ergibt eine graphische Darstellung des Wertebereichs der Losgrößen durch Pfeile, sofern jeder Pfeil zu dem Los q eliminiert wird, sofern q die Produktionskapazitätsbedingung verletzt. Ein Pfeil wird dadurch eliminiert, in dem ihm die Bewertung ∞ zugeordnet wird. Deswegen gilt Satz 14 für einen Graphen zu einem beliebigen ICSLLSP, Algorithmus 1 ist auf diesen Graphen anwendbar und er löst das ICSLLSP optimal.

Die Erweiterung vom Beispiel 11 um eine Lagerkapazität möge dies illustrieren.

Beispiel 14 (optimale Lösung von einem ICSLLSP; Erweiterung von Beispiel 11)

Die Daten von Beispiel 11 seien wiederholt. Produziert wird ein sehr wertvoller Schrank und seine Bedarfe für die kommenden vier aufeinanderfolgenden Wochen lauten: 15, 5, 20 und 25 Stück. Die Rüstkosten betragen K = 150 € und die Lagerkosten lauten h = 5 € je Schrank und Woche. Die Lagerkapazität betrage 24 Schränke. Die im Beispiel 12 mit Algorithmus 1 errechneten Lose über $q_1 = 20$ Schränke, ($q_2 = 0$,) und $q_3 = 45$ Schränke (sowie $q_4 = 0$) führen zu den Lagerbeständen am Ende der ersten Periode von fünf Schränken, der zweiten Periode von keinem Schrank, der dritten Periode von 25 Schränken und der vierten Periode von keinem Schrank. Der Bestand am Ende der dritten Periode verletzt die Lagerkapazitätsbedingung (und auch die Produktionskapazitätsbedingung von $q_3 = 45 \leq 24 + 20 = 44$) und deswegen ist diese Lösung nicht mehr umsetzbar. Mit der Produktionskapazitätsbedingung nach Satz 20 entfallen nach dem gerade beschriebenen Verfahren die Pfeile zwischen den Knoten 1 und 4, zwischen den Knoten 1 und 5, zwischen den Knoten 2 und 5 sowie zwischen den Knoten 3 und 5. Der Graph zum ICSLLSP S einschließlich der Pfeilbewertungen hat insgesamt die in Abbildung 13 dargestellte Gestalt.

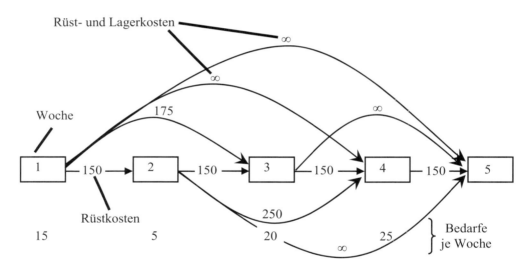

Abbildung 13: Beispielgraph zu einem ICSLLSP

Das Ergebnis der Anwendung von Algorithmus 1 auf dieses ICSLLSP ist in Tabelle 5 angegeben. Es liegt ein kostenminimaler Weg vom Knoten 1 zum Knoten 5 vor, der aus den drei Pfeilen vom Knoten 1 bis zum Knoten 3, vom Knoten 3 bis zum Knoten 4 und vom Knoten 4 bis zum Knoten 5 besteht. Er führt zu den Losen über $q_1 = 20$ Schränke, ($q_2 = 0$,), $q_3 = 20$ Schränke und $q_4 = 25$ Schränke. Seine Kosten betragen 475 € (also um 25 € höher als ohne beschränkte Lagerkapazität).

4.2 Losgrößenprobleme mit deterministisch-dynamischem Bedarf

Folgeknoten		letzter Zwischenknoten auf dem Weg vom Knoten 1 zum Folgeknoten (t)			
		$\tau = 1$	$\tau = 2$	$\tau = 3$	$\tau = 4$
t = 2	Weg	1→2	–	–	–
	Kosten	150	–	–	–
	Summe	150	–		
t = 3	Weg	1→3	1→2→3	–	–
	Kosten	175	150+150	–	–
	Summe	175	300	–	–
t = 4	Weg	1→4	1→2→4	1→3→4	–
	Kosten	∞	150+250	175+150	–
	Summe	∞	400	325	–
t = 5	Weg	1→5	1→2→5	1→3→5	1→4→5
	Kosten	∞	∞	∞	325+150
	Summe	∞	∞	∞	475

Tabelle 5: Beispielberechnung zum Algorithmus 1 zur Lösung von dem SLULSP

Satz 22 (optimale Lösung von einem ICSLLSP)

Ein ICSLLSP wird durch Algorithmus 1 mit einem Rechenaufwand von $O(T^2)$ optimal gelöst.

Beweis: s. Abschnitt zu einstufigen Losgrößenproblemen im Internet.

Wegen der Anwendbarkeit von Algorithmus 1 und dem engen Zusammenhang zwischen den Graphen zu einem SLULSP und ICSLLSP, auch ausgedrückt durch Satz 21, gilt auch für ein ICSLLSP das Entscheidungshorizont-Theorem oder Wagner-Whitin-Planungshorizont-Theorem.

Satz 23 (Entscheidungshorizont-Theorem oder Wagner-Whitin-Planungshorizont-Theorem)

Gegeben sei ein ICSLLSP S. Bekannt sei ein optimaler Plan für die ersten t von den T Perioden des Planungszeitraums von S, der positive Bestellmengen $q_{\tau_1}, \ldots, q_{\tau_n}$ mit $\{\tau_1, \ldots, \tau_n\} \subseteq \{1, \ldots, t\}$ vorsieht; i. e. $q_{\tau_i} > 0 \ \forall \ 1 \leq i \leq n$. Gibt es einen optimalen Plan für die ersten $(t+1)$ Perioden von T mit denselben positiven Bestellmengen $q_{\tau_1}, \ldots, q_{\tau_n}$ sowie

$q_{t+1} = d_{t+1}$ (d_t ist der Bedarf in der Periode t), so gibt es auch für die ersten $(t+2)$, $(t+3)$, ..., T Perioden optimale Pläne, die $q_{\tau_1}, ..., q_{\tau_n}$ unverändert lassen.

Beweis: s. Abschnitt zu einstufigen Losgrößenproblemen im Internet.

Weniger einfach ist die Erweiterung von einem SLULSP um die allgemeine Beschränkung der Bestellmenge, in der Regel aufgrund von beschränkter Produktionskapazität. Problematisch ist, dass es aufgrund des Abgleichs zwischen Rüst- und Lagerungskosten bei einem SLULSP optimal sein kann, sehr wenig oder gar nicht zu rüsten, also möglichst große Lose zu bilden. Sind Produktionskapazitätsrestriktionen einzuhalten, so müssen jedoch wenigstens teilweise bewusst kleine Lose gebildet werden. Das folgende Beispiel mag dies verdeutlichen.

Beispiel 15 (SLULSP mit beschränkten Produktionskapazitäten)

Ein SLULSP S besteht aus dem Lackieren eines wertvollen Schreibtischs und dieser habe die Bedarfe von 110, 70, 55, und 115 Stück für vier aufeinanderfolgende Tage. Die Rüstkosten betragen K = 250 € und die Lagerkosten lauten h = 2 € je Schreibtisch und Tag; die Daten sind ähnlich denen im Beispiel 13. Die Anwendung von Algorithmus 1 führt zu der optimalen Lösung mit den Losen über $q_1 = 235$ Schreibtische und $q_4 = 115$ Schreibtische; die Gesamtkosten betragen 860 €. Die Bearbeitungszeit eines Schreibtischs betrage 12 min (Minuten), und die Produktionskapazität pro Tag betrage 23 h (Stunden) (beispielsweise bei einem Drei-Schicht-Betrieb pro Tag mit einer Schicht von 8 h und einem Wartungsintervall von 1 h). Dadurch können pro Tag maximal 115 Schreibtische lackiert werden. Aufgrund dieser Restriktion kann der erste Produktionsauftrag nicht mehr in der ersten Periode beendet werden. Wird nun dieser Produktionsplan als Vorgabe für die Durchführung der Produktion verwendet, dann stehen die 235 Schreibtische des ersten Produktionsauftrags nach 47 h und damit nach einer Stunde am dritten Tag zur Bedarfsdeckung zur Verfügung. Werden die Endtermine stets auf das Periodenende bezogen, also in diesem Beispiel auf das Ende eines Tages, so hat der erste Produktionsauftrag eine Verspätung von einem Tag und einer h. Dieses Ergebnis ist in der Abbildung 14 graphisch dargestellt. Erfolgt die Auslieferung am Ende eines Tages, wobei es sich um ein in der industriellen Praxis übliches Vorgehen handelt, so wird der erste Bedarf um zwei Tage zu spät ausgeliefert und damit zwei Tage zu spät beim Kunden angeliefert.

4.2 Losgrößenprobleme mit deterministisch-dynamischem Bedarf 271

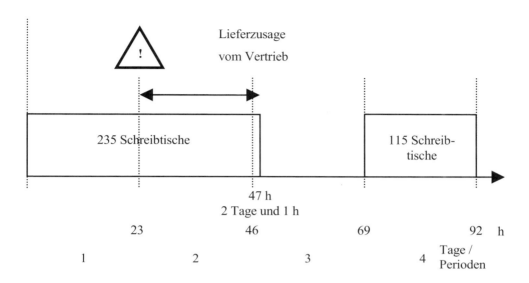

Abbildung 14: planungsbedingte Terminabweichungen

Eine termingerechte Auslieferung der Schreibtische wird erreicht, in dem das Los pro Periode genau aus dem aktuellen Periodenbedarf besteht, da dann die Produktionskapazität erfüllt ist; also lauten die Lose: $q_1 = 110$ Schreibtische, $q_2 = 70$ Schreibtische, $q_3 = 55$ Schreibtische und $q_4 = 115$ Schreibtische mit den Berabeitungszeiten von 22 h, 14 h, 11 h und 23 h. Die Kosten für diese Lospolitik betragen 1000 € (wegen des viermaligen Rüstens).

Eine entscheidende Restriktion gegenüber einem SLULSP ist die Produktionskapazitätsgrenze (b) einer Station. Mit der Bearbeitungszeit für eine Einheit des Produkts auf dieser Station von tb berechnet sich die Bearbeitungszeit des Loses (auf dieser Station) durch $tb \cdot q$. Damit lautet die Produktionskapazitätsbedingung: $tb \cdot q \leq b$.

Definition 10 (Modell PCSLLSP)

Das **P**roduction **C**apacitated **S**ingle-**L**evel **L**ot **S**izing **P**roblem (PCSLLSP) besteht aus den Parametern, den Variablen, der zu minimierenden Zielfunktion und den Restriktionen eines SLULSP. Das Produkt des SLULSP ist auf einer Station zu produzieren. Daneben hat es die Parameter

tb   Bearbeitungszeit für eine Einheit des Produkts auf der Station,
b_t Kapazität der Station in einer Periode t, $\forall\ 1 \leq t \leq T$,
und die Restriktion

Formel 60: $\quad q_t \cdot tb \leq b_t \quad \forall \ 1 \leq t \leq T \quad$ Produktionskapazitätsbedingung der Station.

Wegen der Nichtnegativität der Lagerbestände müssen für jede Periode t, innerhalb des Planungszeitraums, die kumulierten Kapazitäten bis einschließlich dieser Periode ausreichen, um die bis zu dieser Periode angefallenen Nettobedarfsmengen erfüllen zu können. Anderenfalls würden Fehlmengen auftreten und es existiert keine zulässige Lösung. Formal muss gelten:

Formel 61: $\quad \sum_{j=1}^{t} q_j \leq \sum_{j=1}^{t} b_j \quad \forall \ 1 \leq t \leq T$.

Eine leichte Modifikation von Beispiel 15 zeigt, dass die Regenerationseigenschaft für das SLULSP (und auch für das ICSLLSP) für ein PCSLLSP im Allgemeinen nicht gilt.

Beispiel 16 (Regenerationseigenschaft für ein PCSLLSP; Fortsetzung von Beispiel 15)

Die Produktionskapazität für das Lackieren eines wertvollen Schreibtischs im Beispiel 15 wird so gelockert, dass nun 120 Schreibtische (statt 115 Schreibtische) an einem Tag lackiert werden können. (Beispielsweise ist dies durch eine Prozessbeschleunigung um eine halbe Minute auf 11,5 Minuten (von 12 Minuten) möglich.) Weiterhin erfüllt die Lospolitik, bei der das Los pro Periode aus dem aktuellen Periodenbedarf besteht ($q_1 = 110$ Schreibtische, $q_2 = 70$ Schreibtische, $q_3 = 55$ Schreibtische und $q_4 = 115$ Schreibtische), die Produktionskapazität. Durch die maximale Ausnutung der Produktionskapazität in der zweiten Periode kann ein so großes Los in der ersten Periode realisiert werden, dass der Bedarf der dritten Periode vorproduziert wird und somit ein Rüstvorgang eingespart wird. Diese Lospolitik, also $q_1 = 115$ Schreibtische, $q_2 = 120$ Schreibtische, $q_3 = 0$ Schreibtische und $q_4 = 115$ Schreibtische, ist optimal und reduziert die Kosten um 130 € auf 870 €.

Für eine Regenerationseigenschaft bei einem PCSLLSP ist die beschränkte Produktionskapazität explizit mit zu berücksichtigen. Dies erfolgt über den zusätzlichen Faktor $\left(b_t - q_t^{opt}\right)$.

Satz 24 (Regenerationseigenschaft im PCSLLSP)

Gegeben ist ein PCSLLSP (P) mit der Anzahl an Planungsperioden von T. Seine Stationenkapazität lautet b_t, $\forall \ 1 \leq t \leq T$. Für jede optimale Losgrößenpolitik $\mathcal{P}^{opt} = \left(q_1^{opt},...,q_T^{opt}\right)$ von P, bei der y_t^{opt} der Lagerbestand am Ende von Periode t ist, gilt die Regenerationseigenschaft:

$$q_t^{opt} \cdot \left(b_t - q_t^{opt}\right) \cdot y_{t-1}^{opt} = 0 \quad \forall \ 1 \leq t \leq T.$$

Beweis: s. Abschnitt zu einstufigen Losgrößenproblemen im Internet.

4.2 Losgrößenprobleme mit deterministisch-dynamischem Bedarf

Satz 24 besagt, dass das Los einer Periode Null ist oder in dieser Periode das aufgrund der beschränkten Produktionskapazität größtmögliche Los produziert wird oder der Lagerbestand am Ende der Vorperiode Null ist. In jeder der vier Perioden im Beispiel 16 liegt eine dieser drei Bedingungen vor.

Beispiel 17 (Regenerationseigenschaft für ein PCSLLSP; Fortsetzung von Beispiel 15)

Wie im Beispiel 16 angegeben, ist $q_1 = 115$, $q_2 = 120$, $q_3 = 0$ und $q_4 = 115$ die optimale Losgrößenpolitik für das Lackieren eines wertvollen Schreibtischs im Beispiel 15 (mit der Produktionskapazität nach Beispiel 16). Es gilt:

Periode (t)	Term der Regenerationsbedingung nach Satz 24, der gleich Null ist.
t = 1	$y_{t-1}^{opt} = y_0^{opt} = 0$
t = 2	$b_t - q_t^{opt} = b_2 - q_2^{opt} = 120 - 120 = 0$
t = 3	$q_t^{opt} = q_3^{opt} = 0$
t = 4	$y_{t-1}^{opt} = y_3^{opt} = 0$

Im Hinblick auf die Entwicklung eines optimalen Verfahrens stellt sich aufgrund des Vorgehens bei einem SLULSP und einem ICSLLSP die Frage nach der Anzahl an möglichen Losen. Basierend auf ihre Limitierung wurden einige Algorithmen angegeben. Zunächst von Florian und Klein, s. [FlKl71], und später durch das Verzeige- und Begrenze-Verfahren von Baker, Dixon, Magazine und Silver, s. [BDMS78], welches nach Einschätzung des Autors im Hinblick auf die Rechenzeit die effizienteste Lösung darstellt. Es ist klar, dass aufgrund von Satz 24 mit einer signifikant höheren Anzahl an möglichen Losen zu rechnen ist. Florian und Klein haben in [FlKl71] gezeigt, dass in einer optimalen Lösung ein (positives) Los mit einem Produktionskapazitätsbedarf von weniger als der Kapazität (der Station) recht selten auftritt. Deswegen ist eine signifikant kleinere Anzahl an möglichen Losen für ein optimales Verfahren zu berücksichtigen, wodurch sich das Problem deutlich vereinfacht. Allerdings handelt es sich dennoch um ein NP-vollständiges Optimierungsproblem.

Satz 25 (Komplexität von einem PCSLLSP)

Das PCSLLSP ist NP-vollständig.

Beweis: s. Abschnitt zu einstufigen Losgrößenproblemen im Internet.

Abschließend soll auch hier auf das Vorliegen von einem Entscheidungshorizont eingegangen werden. Die grundlegende Schwierigkeit ergibt sich aus der folgenden Übertragung von dem Vorgehen bei einem SLULSP (und auch bei einem ICSLLSP). Bei der Herleitung eines Entscheidungshorizont-Theorems erfolgte eine Betrachtung von einem Problem bis zu einem Entscheidungshorizont (t) und einem zweiten, welches mit der Periode (t+1) beginnt und zeitlich unlimitiert ist. Entscheidend ist nun, dass das erste Problem separat betrachtet werden kann. Liegt eine beschränkte Produktionskapazität vor, so könnte das zweite Teilproblem eine Periode aufweisen, bei der die kumulierte Kapazität bis einschließlich dieser Periode nicht ausreicht, um die bis zu dieser Periode angefallenen Nettobedarfsmengen erfüllen zu können; also ist Formel 61 für dieses zweite Teilproblem (mit beschränkten Produktionskapazitäten) verletzt. Dann existiert für dieses zweite Teilproblem keine Lösung. Werden die Kapazitäten im ersten Teilproblem jedoch nicht vollständig genutzt, so besteht die Möglichkeit durch Vorratsproduktion im ersten Teilproblem den Kapazitätsengpass im zweiten zu vermeiden. Da die Formel 61 nur für einen begrenzten Zeitraum überprüft werden kann, muss das zweite Teilproblem zeitlich limitiert sein, oder es muss bekannt sein, dass dieser Effekt ab einer bestimmten Periode nicht auftreten kann. Die zuletzt vorgeschlagene Bedingung führt zu der Einführung von einem so genannten schwachen Entscheidungshorizont, für dessen Nachweis auch Bedingungen an die Entwicklung der Bedarfe erforderlich sind, die zeitlich nach den Perioden auftreten werden, für die die Bedarfe bekannt bzw. prognostiziert sind. Eine Konkretisierung dieses Konzepts für PCSLLSP befindet sich in [Sche91].

Allgemein handelt es sich beim PCSLLSP um einen Spezialfall des kapazitierten Mehrproduktmodells, welches nun eingeführt wird. Wie in der Literatur üblich, werden die Annahmen des Wagner-Whitin-Modells (also SLULSP) wie folgt erweitert (s. z.B. [Ders95], [Temp02]). Der Planungszeitraum umfasst wieder T Perioden und es werden K (einstufige) Produkte auf J Stationen produziert (bzw. beschafft), deren periodenspezifische Bedarfe durch $d_{k,t}$ und Lose durch $q_{k,t}$ bezeichnet werden. Für die Produktion einer Einheit eines Produkts k auf einer Station j liegen eine Bearbeitungszeit $\left(tb_{k,j}\right)$ und eine Rüstzeit $\left(tr_{k,j}\right)$ vor. Ein Los $q_{k,t}$ hat damit (in t) die Bearbeitungszeit von $tb_{k,j} \cdot q_{k,t}$ und die Rüstzeit von $tr_{k,j} \cdot \gamma_{k,t}$ (auf j in t). Für eine Station (j) darf die Summe aus Rüst- und Bearbeitungszeiten aller Lose, die auf j in einer Periode (t) zu fertigen sind, die zulässige Kapazität von j in t $\left(b_{j,t}\right)$ nicht überschreiten. Also: $\sum_{k=1}^{K}(tb_{k,j} \cdot q_{k,t} + tr_{k,j} \cdot \gamma_{k,t}) \leq b_{j,t}$ ($\forall\ 1 \leq j \leq J$ und $1 \leq t \leq T$).

Damit verbrauchen die Lose (Produktionsaufträge) Stationenkapazitäten zum Rüsten und zum eigentlichen Bearbeiten. Folglich werden sie innerhalb, und nicht zu Beginn, einer Periode t beendet. Dennoch stehen (in diesem Modell) die produzierten Mengen in dieser Periode t zur Deckung des Bedarfs in t zur Verfügung; so, als wären sie zu Beginn einer Periode verfügbar.

Zusammengefasst lautet das Modell nun:

Definition 11 (Modell CLSP)

Das **C**apacitated **L**ot **S**izing **P**roblem (CLSP) besteht aus:

- den Parametern:
  - T   Länge des Planungszeitraums $\left(1 \leq t \leq T\right)$
  - K   Anzahl an Produkten $\left(1 \leq k \leq K\right)$
  - $d_{k,t}$ Nettobedarfsmenge des Produkts k in Periode t $\forall\ 1 \leq k \leq K$ und $1 \leq t \leq T$
  - h_k Lagerkostensatz für Produkt k $\forall\ 1 \leq k \leq K$
  - s_k Rüstkostensatz für Produkt k $\forall\ 1 \leq k \leq K$

4.2 Losgrößenprobleme mit deterministisch-dynamischem Bedarf

- $tb_{k,j}$ Bearbeitungszeit für eine Einheit von Produkt k auf Station j $\forall$ $1 \leq k \leq K$ und $1 \leq j \leq J$
- $tr_{k,j}$ Rüstzeit für Produkt k an Station j $\forall$ $1 \leq k \leq K$ und $1 \leq j \leq J$
- J Anzahl der Stationen ($1 \leq j \leq J$)
- $b_{j,t}$ verfügbare Kapazität der Station j in Periode t $\forall$ $1 \leq j \leq J$ und $1 \leq t \leq T$
- M große Zahl (M muss größer als die maximale mögliche Losgröße sein)

- den Variablen:
  - $q_{k,t}$ Losgröße des Produkts k in Periode t $\forall$ $1 \leq k \leq K$ und $1 \leq t \leq T$
  - $y_{k,t}$ Lagerbestand für Produkt k am Ende der Periode t $\forall$ $1 \leq k \leq K$ und $0 \leq t \leq T$
  - $\gamma_{k,t}$ binäre Rüstungsvariable für Produkt k mit $\gamma_{k,t} = \begin{cases} 1, & \text{falls } q_{k,t} > 0 \\ 0, & \text{falls } q_{k,t} = 0 \end{cases}$ $\forall$ $1 \leq k \leq K$ und $1 \leq t \leq T$

- der Zielfunktion:
  - Formel 62: $Z = \sum_{k=1}^{K} \sum_{t=1}^{T} \left(s_k \cdot \gamma_{k,t} + h_k \cdot y_{k,t} \right)$

- den Restriktionen:
  - Formel 63: $y_{k,t-1} + q_{k,t} - d_{k,t} = y_{k,t}$ $\forall$ $1 \leq k \leq K$ und $1 \leq t \leq T$ Lagerbilanzgleichung
  - Formel 64: $q_{k,t} - M \cdot \gamma_{k,t} \leq 0$ $\forall$ $1 \leq k \leq K$ und $1 \leq t \leq T$ Rüstbedingung
  - Formel 65: $\sum_{k=1}^{K} (tb_{k,j} \cdot q_{k,t} + tr_{k,j} \cdot \gamma_{k,t}) \leq b_{j,t}$ $\forall$ $1 \leq j \leq J$ und $1 \leq t \leq T$ Kapazitätsbedingung
  - Formel 66: $y_{k,0} = 0$ und $y_{k,T} = 0$ $\forall$ $1 \leq k \leq K$ Lageranfangs- und endbestand
  - Formel 67: $q_{k,t} \geq 0$ und $y_{k,t} \geq 0$ $\forall$ $1 \leq k \leq K$ und $1 \leq t \leq T$ Nichtnegativität
  - Formel 68: $\gamma_{k,t} \in \{0,1\}$ $\forall$ $1 \leq k \leq K$ und $1 \leq t \leq T$ binäre Rüstungsvariable

- und dem Minimierungsproblem
  - Formel 69: Minimiere Z.

Bemerkung: Die Berücksichtigung beliebig vieler Produkte bewirkt, dass keine der bisher präzisierten Regenerationseigenschaften (s. Satz 12 bzw. Satz 19 für ein SLULSP bzw. ein ICSLLSP sowie Satz 24 für ein PCSLLSP) für ein CLSP gelten und eine strukturell ähnliche nicht hergeleitet werden konnte. Folglich hat sich die Problemkomplexität signifikant weiter erhöht.

Die Rüstzeit geht nicht direkt in die Zielfunktion ein. Sie verringert die für die eigentliche Produktion zur Verfügung stehende Zeit, im Prinzip genauso wie bei der Erweiterung des klassischen Losgrößenmodells um eine endliche Produktionsgeschwindigkeit durch die Verkleinerung der Zyklusdauer. Im CLSP führt dies zu kleineren Losen; beim klassischen Losgrößenmodell allerdings nicht.

Durch die Berücksichtigung von Rüstzeiten kann in vielen Fällen auf die Angabe von Rüstkosten in der Zielfunktion verzichtet werden. Daher quantifizieren Rüstkosten den

Wert der durch einen Rüstvorgang entgangenen Ressourcennutzung und können als Opportunitätskosten bezeichnet werden. Ihr Wert ist nicht statisch vorgebbar (beispielsweise durch das betriebliche Rechnungswesen), sondern ist dynamisch durch die zeitliche Entwicklung der Ressourcenbelastung aufgrund des Ergebnisses der Losgrößenplanung bestimmt. So verursacht ein zusätzlicher Rüstvorgang in einer Periode, in der eine Ressource nicht ausgelastet ist, keine Rüstkosten. Oftmals ist bei einem dynamischem Bedarf nicht immer dieselbe Ressource kritisch; „Engpässe können wandern".

In der Literatur finden sich Modellformulierungen ohne explizite Angabe von Rüstzeiten; s. z.B. [DoSV93]. Entsprechend den obigen Überlegungen werden die Rüstzeiten dann implizit integriert, in dem die in einer Periode benötigte Gesamtrüstzeit von der verfügbaren Kapazität der Periode abgezogen wird. Allerdings bestimmen die Lose die tatsächliche Gesamtrüstzeit und diese sind erst durch das Ergebnis der Losgrößenplanung bekannt. Sind jedoch die Rüstzeiten im Vergleich zu den Bearbeitungszeiten sehr klein, so ist der auftretende Fehler vernachlässigbar. Im CLSP ist die Periodenlänge so groß, dass in der Regel eine größere Anzahl an Produkten in einer Periode produziert werden können; weswegen es teilweise als „big bucket"-Modell bezeichnet wird. Dabei ist jedes (positive) Los mit einem Rüstvorgang verbunden, selbst dann, wenn das letzte in einer Periode t durch eine Station zu produzierende Produkt identisch mit dem ersten in der nächsten Periode $(t+1)$ zu produzierenden Produkt ist. Beispielsweise könnte die Produktion eines Produkts am Ende eines Tages unterbrochen und am Beginn des Folgetages auf derselben Station fortgesetzt werden. Für die Fortsetzung fällt tatsächlich keine Rüstzeit an, im Modell wird jedoch eine ausgewiesen, da es sich um zwei Lose handeln wird. Folglich wird keine systematische Rüstzeitoptimierung bei der Aufstellung eines Produktionsplans vorgenommen. Abhilfe schaffen Modelle, bei denen auch die periodenübergreifende Produktion erfasst wird; Beispiele finden sich u. a. in [Temp02].

Daneben gibt es auch Modelle, bei denen für eine Station und eine Periode die Losgrößen und ihre Reihenfolgen angegeben werden. Diese Modelle sind durch sehr kurze Perioden gekennzeichnet, weswegen diese auch als „small bucket"-Modelle bezeichnet werden. Ein Beispiel ist das so genannte Discrete Lotsizing and Scheduling Problem (DLSP), bei dem die Periodeneinteilung so klein ist, dass stets nur ein oder kein Produkt in einer Periode gefertigt wird. Dadurch kann für jede Station ein eindeutiger Rüstzustand für jede Periode erfaßt und fortgeschrieben werden. Benötigen zwei aufeinanderfolgende Perioden den gleichen Rüstzustand, so wird erkannt, dass in der zweiten Periode ein Rüstvorgang eingespart werden kann.

Es wurden viele exakte Verfahren und Heuristiken zur Lösung von einem CLSP entwickelt und analysiert. Die Schwierigkeit solcher Vorhaben wird dadurch ersichtlich, dass bei der Anwendung von Standardwerkzeugen zur Lösung linearer Optimierungsprobleme auf ein CLSP hohe Rechenzeiten auftreten. Häufig sind die Rechenzeiten sogar so extrem lang, dass mit diesen Werkzeugen keine Lösung gefunden werden kann. Verantwortlich dafür ist, dass die Werkzeuge nahezu alle Ecken des Lösungsraums überprüfen, da mit dieser Modellformulierung sehr schlechte untere Schranken für den optimalen Zielfunktionswert verbunden sind. (Bei einem linearen Optimierungsproblem wird die optimale Lösung an einem Eckpunkt angenommen.) Dies motivierte die Entwicklung alternativer Modellformulierungen, mit denen tatsächlich in den letzten Jahren beachtliche Fortschritte erzielt werden konnten; einige wenige und die damit verknüpften Heuristiken finden sich in [Temp02]. Dennoch ist weiterhin davon auszugehen, dass praxisrelevante einstufige Losgrößenprobleme mit knappen Produktionsressourcen nicht exakt lösbar sind.

5 Mehrstufige Losgrößenprobleme

5.0 Einleitung

Ziel ist die Erweiterung der einstufigen Losgrößenprobleme zu mehrstufigen Losgrößenproblemen. Das folgende Beispiel möge dies erläutern.

Beispiel 1 (einfache Tischproduktion)

Aus dem Rohstoff Holz werden in zwei voneinander getrennten Arbeitsgängen einerseits eine Tischplatte und andererseits ein Tischbein gefertigt. Ein Tisch entsteht nun aus einer Tischplatte und vier Tischbeinen; s. Abbildung 1, die exemplarischen Bedarfe für die Tische finden sich eben dort.

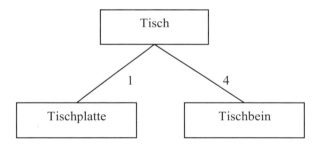

Mo.	Di.	Mi.	Do.	Fr.
50	63	73	49	55

Abbildung 1: einfache Tischproduktion mit Bedarfen für die Tische

Die Mehrstufigkeit des Losgrößenproblems besteht nun darin, dass für alle drei Produkte (also Tisch, Tischplatte und Tischbein) simultan Lose berechnet werden sollen.

Kennzeichen mehrstufiger Losgrößenprobleme ist daher, dass Endprodukte sich aus Baugruppen und Einzelteilen zusammensetzen. Deswegen sind sie schwieriger zu lösen als einstufige Losgrößenprobleme. Aufgrund der Ergebnisse zu einstufigen Losgrößenproblemen ist zu erwarten, dass Probleme ohne Kapazitätsrestriktionen grundsätzlich leichter zu lösen sind als Probleme mit derartigen Restriktionen. Ferner sind Probleme, bei denen lediglich Endprodukte Bedarfe aufweisen, leichter zu lösen als Probleme mit Bedarfen bei Zwischen- und Endprodukten; beispielsweise können Zwischenprodukte als Ersatzteile verkaufsfähig sein, weswegen für diese Kundenaufträge existieren können. Ein polynomialer Aufwand ist bestenfalls dann zu erwarten, wenn Kapazitätsrestriktionen nicht berücksichtigt werden. Es wird sich jedoch zeigen, dass die gegenseitigen Abhängigkeiten zwischen den Produkten zu einem NP-vollständigen Optimierungsproblem führen.

Grundlage aller Lösungsverfahren ist die Darstellung des Erzeugniszusammenhangs, auf die zunächst eingegangen wird. Wegen seiner bis heute hohen Bedeutung in Enterprise Resource Planning Systemen (ERP-Systeme) und Produktionsplanungs- und -steuerungssystemen (PPS-Systemen) wird danach die programmorientierte Materialbedarfsrechnung vorgestellt. Sie legt bereits wichtige Grundlagen für das allgemeine mehrstufige Losgrößenproblem, welches anschließend behandelt wird. Wie beim einstufigen Losgrößenproblem kann der statische Fall betrachtet werden, bei dem ein im Zeitablauf bekannter und konstanter Bedarfsverlauf vorliegt. Für diesen Fall können Gesetzmäßigkeiten aufgezeigt werden, die die Grundlage für Verfahren bilden, bei denen dynamische Bedarfsprofile zugrunde gelegt werden; der interessierte Leser sei auf [DoSV93] verwiesen. Dynamische Bedarfsprofile werden in zwei Abschnitten behandelt. Im ersten Abschnitt stehen die Abhängigkeiten zwischen Erzeugnissen verschiedener Erzeugnisstufen im Vordergrund. Kapazitätsrestriktionen werden erst im zweiten Abschnitt berücksichtigt. In beiden Abschnitten wird die grundsätzliche Problematik dieser beiden Schwierigkeiten beleuchtet. Es wird aufgezeigt, dass beide Schwierigkeiten durch die in der betrieblichen Praxis vorwiegend eingesetzten PPS-Systeme nicht oder unzureichend behandelt werden und es wird auf den Stand der Technik zu ihrer algorithmischen Lösung eingegangen.

5.1 Graphische Darstellung des Erzeugniszusammenhangs

Eine Erzeugnisstruktur kann graphisch in Form eines gerichteten Graphen dargestellt werden; zur Definition von Graphen sei auf die Präliminarien im Internet verwiesen. Anhand des folgenden Beispiels wird das Konzept eingeführt.

Beispiel 2 (graphische Darstellung einer Tischproduktion)

Ein solcher Graph (s. Abbildung 2) besteht aus Knoten und Pfeilen (gerichteten Kanten). Die Knoten repräsentieren die Erzeugnisse wie Tisch, Tischfuß oder Befestigungsschraube, während die Pfeile die mengenmäßigen Eingangs-Ausgangs-Beziehungen zwischen den Erzeugnissen beschreiben. So signalisiert ein Pfeil, der im Knoten i – beispielsweise zur Tischplatte – startet und im Knoten j – beispielsweise zum Tisch – endet: das (untergeordnete) Erzeugnis i – also die Tischplatte – geht in das (übergeordnete) Erzeugnis j – also den Tisch – ein, d. h., es wird dessen Bestandteil. Die Bewertungen der Pfeile geben an, wie viele Mengeneinheiten des untergeordneten Erzeugnisses i zur Herstellung einer Mengeneinheit des übergeordneten Erzeugnisses j benötigt werden; beispielsweise werden vier Tischbeine zur Herstellung eines Tisches benötigt. Diese Größen werden als Direktbedarfskoeffizienten oder Produktionskoeffizienten bezeichnet.

5.1 Graphische Darstellung des Erzeugniszusammenhangs

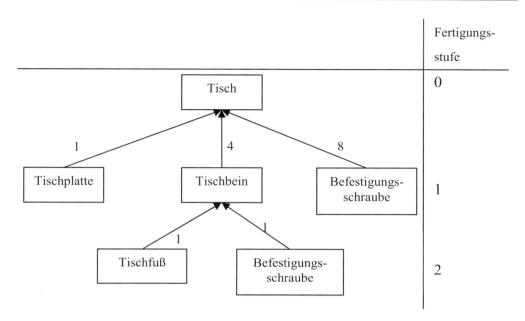

Abbildung 2: Tischproduktion als Erzeugnisbaum

Handelt es sich bei dem gerichteten Graphen um einen Baum, so wird auch von einem Erzeugnisbaum gesprochen. Häufig werden die Knoten des Erzeugnisbaums graphisch so angeordnet, dass gleichzeitig die Grundstruktur des fertigungstechnischen Ablaufs und des Materialflusses ersichtlich wird. Dies trifft auf Abbildung 2 zu. Die Fertigungsstufen werden dabei i. A. entgegen dem Fertigungsablauf durchnumeriert: das Endprodukt ist der Fertigungsstufe 0 zugeordnet (in der Abbildung 2 der Tisch), alle Erzeugnisse, die unmittelbar in das Endprodukt eingehen, gehören der Fertigungsstufe 1 an (in Abbildung 2 z.B. das Tischbein), usw.

Es ist kennzeichnend für die Baumstruktur, dass jeder Knoten (in Pfeilrichtung gesehen) nur einen Nachfolger hat, aber mehrere Vorgänger haben kann. Endprodukte sind Knoten ohne Nachfolger, Einzelteile sind Knoten ohne Vorgänger und Baugruppen haben sowohl (mindestens) einen Vorgänger als auch (mindestens) einen Nachfolger. Baugruppen oder Einzelteile, die in mehrere übergeordnete Erzeugnisse eingehen (im Beispiel die Befestigungsschrauben), werden jeweils an den Stellen im Erzeugnisbaum aufgeführt, an denen sie in der Erzeugnisstruktur vorkommen. Das führt dazu, dass ein Erzeugnis oft durch mehrere Knoten im Erzeugnisbaum dargestellt werden muss. In der Abbildung 2 geht die Befestigungsschraube direkt sowohl in einen Tisch als auch in ein Tischbein ein. Daher ist das Einzelteil „Befestigungsschraube" zweimal im Erzeugnisbaum aufgeführt. Einmal auf der Fertigungsstufe 1 und einmal auf der Fertigungsstufe 2. Dadurch entstehen bei der Speicherung des Erzeugnisbaums Redundanzen, die bei der Darstellung mit einem Gozintographen vermieden werden können.

Der Begriff „Gozintograph" wurde von Vazsony geprägt, der einen nicht existenten italienischen Mathematiker mit dem Namen Zepartzat Gozinto erwähnte. Ein „oberflächlicher" Vergleich mit den englischen Worten „the part that goes into" zeigt, was Vazsonyi mit dieser Bezeichnung gemeint haben dürfte, und damit auch, was der eigentliche Inhalt des Gozintographen ist. Der Gozintograph ist ein gerichteter, bewerteter Graph G, der formal durch eine Knotenmenge V, eine Pfeilmenge E und Pfeilbewertungen ω beschrieben wird.

Die Knoten des Gozintographen stellen die Endprodukte, Baugruppen und Einzelteile dar, während die Pfeile die Eingangs-Ausgangs-Beziehungen angeben. Die Pfeilbewertungen repräsentieren die Direktbedarfskoeffizienten. Als Beispiel wird der Erzeugnisbaum im Beispiel 2 als Gozintograph dargestellt.

Beispiel 3 (Gozintograph für eine Tischproduktion; Fortsetzung von Beispiel 2)

In Abbildung 3 ist die in diesem Abschnitt betrachtete Tischproduktion als ein Gozintograph dargestellt.

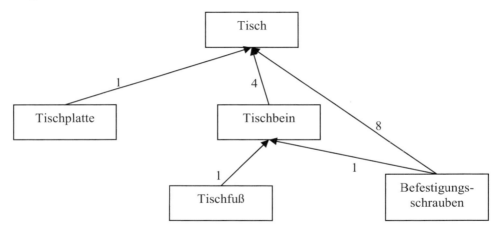

Abbildung 3: Tischproduktion als Gonzintograph

Die Besonderheit des Gozintographen gegenüber dem Erzeugnisbaum besteht darin, dass auch in dem Fall, dass ein Produkt in mehrere übergeordnete Produkte eingeht, jedes Erzeugnis nur durch einen Knoten repräsentiert wird. Diese redundanzfreie Darstellung wird dadurch möglich, dass im Gozintographen mehrere Pfeile von einem Knoten ausgehen können. Mit Hilfe des Gozintographen lassen sich beliebige Formen von Erzeugnisstrukturen darstellen. Nach ihrer Komplexität werden die folgenden Grundformen von Erzeugnisstrukturen unterschieden: linear, konvergierend, divergierend und generell. Grundsätzlich lässt sich feststellen, dass Probleme mit serieller und solche mit konvergierender oder divergierender Struktur leichter zu lösen sind als solche mit allgemeiner Struktur.

Im Folgenden werden zyklenfreie Erzeugnisstrukturen betrachtet. Ein Gozintograph ist zyklenfrei, wenn es keinen geschlossenen Weg von einem Knoten zu diesem zurück gibt; an-

5.1 Graphische Darstellung des Erzeugniszusammenhangs

dernfalls ist der Gozintograph zyklisch. Zyklische Erzeugnisstrukturen kommen z.B. in der chemischen Industrie vor.

Bei der Betrachtung eines Gozintographen drängt sich unmittelbar die Analogie zu einem Leitungsnetz auf, durch das Material in Pfeilrichtung hindurchfließt. Für jeden Knoten kann eine Gleichung formuliert werden, die den Ausgang des Knotens (Menge, die in die ausgehenden Pfeile eines Knotens fließt) als Funktion des erforderlichen Eingangs an allen direkten Folgeknoten (Menge, die an den Zielknoten der Pfeile ankommt) beschreibt. Dieser Ansatz wird auf den Gozintographen aus Beispiel 3 angewandt.

Beispiel 4 (lineares Gleichungssystem zu einem Gozintographen; Fortsetzung von Beispiel 3)

Es sei ein so genannter Gesamtbedarf für den Tisch (r_T) und das Tischbein (r_{TB}) zu decken. Aufgrund dieses Ansatzes ist vom Einzelteil Befestigungsschraube aufgrund des Gozintographen in Abbildung 3 das Achtfache des Gesamtbedarfs des Endprodukts Tisch und das Einfache vom Gesamtbedarf der Baugruppe Tischbein bereitzustellen. Dieser abgeleitete Bedarf für die Befestigungsschraube (BS) wird als Sekundärbedarf (y_{BS}) bezeichnet. Es liegt folgender formaler Zusammenhang vor:

Formel 1: $\quad y_{BS} = 8 \cdot r_T + 1 \cdot r_{TB}$.

Eine solche Gleichung kann für jeden Knoten dieses Gozintographen (s. Abbildung 3) aufgestellt werden. Dies führt zu dem folgenden Gleichungssystem, wobei TP für Tischplatte sowie TF für Tischfuß stehen und die obigen Abkürzungen auch hier verwendet werden.

$$y_{BS} = 0 \cdot r_{BS} + 0 \cdot r_{TF} + 1 \cdot r_{TB} + 0 \cdot r_{TP} + 8 \cdot r_T$$
$$y_{TF} = 0 \cdot r_{BS} + 0 \cdot r_{TF} + 1 \cdot r_{TB} + 0 \cdot r_{TP} + 0 \cdot r_T$$
$$y_{TB} = 0 \cdot r_{BS} + 0 \cdot r_{TF} + 0 \cdot r_{TB} + 0 \cdot r_{TP} + 4 \cdot r_T$$
$$y_{TP} = 0 \cdot r_{BS} + 0 \cdot r_{TF} + 0 \cdot r_{TB} + 0 \cdot r_{TP} + 1 \cdot r_T$$
$$y_T = 0 \cdot r_{BS} + 0 \cdot r_{TF} + 0 \cdot r_{TB} + 0 \cdot r_{TP} + 0 \cdot r_T$$

Damit ist im allgemeinen Fall der Sekundärbedarf, d. h. der abgeleitete Bedarf, eines Erzeugnisses k bestimmt durch

Formel 2: $\quad y_k = \sum_{j \in \mathcal{N}_k} a_{k,j} \cdot r_j \qquad$ für k = 1, 2, ..., K

mit

K   Anzahl an Erzeugnissen und alle Erzeugnisse sind durchnummeriert

r_j Gesamtbedarf des übergeordneten Erzeugnisses j

$a_{k,j}$ Direktbedarfskoeffizient, d. h. Anzahl an Mengeneinheiten des Erzeugnisses k, die zur Produktion einer Mengeneinheit des Erzeugnisses j benötigt werden

$\mathcal{N}_k$ Indexmenge der dem Erzeugnis k direkt übergeordneten Erzeugnisse (Nachfolger des Erzeugnisses k)

Bei den Gesamtbedarfen wird es sich letztlich um die gesuchten Lose handeln. Dies wird durch die nächsten Abschnitte verständlich.

Formel 2 ist ein wichtiger Bestandteil der programmorientierten Materialbedarfsrechnung und auch der mehrstufigen Mehrproduktmodelle.

Die vorgestellten Darstellungen berücksichtigen keine Ressourcen. In kommerziellen Systemen wie dem Advanced Planner and Optimizer (APO) der SAP AG hat sich für deren Integration eine Kombination eines Gozintographen mit den jeweiligen produktbezogenen Arbeitsplänen etabliert; sie wird im APO als Produktionsprozessmodell bezeichnet.

5.2 Programmorientierte Materialbedarfsrechnung

Ausgangspunkt sind Bedarfe für die Endprodukte. Mit der Materialbedarfsrechnung werden die für die Deckung dieser Bedarfe erforderlichen Verbrauchsfaktoren in der benötigten Menge termingenau ermittelt. Hierzu wird der Bedarf an Baugruppen und untergeordneten Teilen abgeleitet. Dabei sind auch zeitliche Vorlaufverschiebungen zu berücksichtigen. Sie entstehen dadurch, dass die Produktion bzw. Beschaffung der Vorprodukte selbst wiederum Zeit in Anspruch nimmt.

Zunächst werden grundlegende Formeln zur Beschreibung des Ablaufs der Materialbedarfsrechnung hergeleitet. Zu deren besseren Verständnis wird als erstes der prinzipielle Ablauf exemplarisch vorgestellt. Auf diesen Formeln basieren die bekannten Algorithmen zur Materialbedarfsrechnung. Einer von ihnen wird im Detail erläutert.

5.2.1 Ablauf der Materialbedarfsrechnung

Prinzipieller Ablauf
Abbildung 4 zeigt die grundlegenden Elemente der Materialbedarfsrechnung. In der Bruttobedarfsrechnung werden aus den Bedarfen der jeweils nachgelagerten Produktionsstufen die Bedarfe für Komponenten und Teile ermittelt. In der Nettobedarfsrechnung werden die Bruttobedarfe um auf dem Lager vorhandene Teilemengen bereinigt und in der Grobterminierung um die jeweilige Produktions- beziehungsweise Lieferzeit vorlaufverschoben.

5.2 Programmorientierte Materialbedarfsrechnung

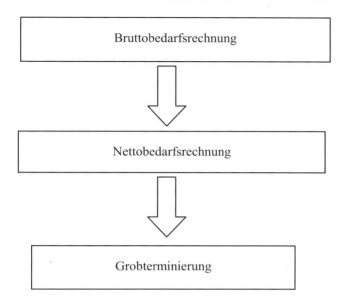

Abbildung 4: Elemente der Materialbedarfsrechnung

- Bruttobedarfsrechnung

Bei der Bruttobedarfsrechnung wird bestimmt, wie viele Komponenten und Teile in jeder Periode zur Verfügung gestellt werden müssen. Dazu werden die Bedarfe aller nachgelagerten Produktionsstufen addiert. Die Bruttobedarfsrechnung wird anhand des folgenden Beispiels erläutert.

Beispiel 5 (Bruttobedarfsrechnung zur Tischproduktion; Fortsetzung von Beispiel 3)

Es werden zwei verschiedene Tische produziert. Tisch 1 ist ein Tisch mit drei Beinen. Tisch 2 ist ein Tisch mit vier Beinen. Beide Tischvarianten nutzen jedoch die gleichen Tischbeine. Für beide Tischvarianten wurde bereits bestimmt, in welcher Woche mit der Produktion welcher Tische in welcher Menge begonnen werden soll.

Die folgende Tabelle stellt die Bruttobedarfsrechnung der Tischbeine für Tisch 1 dar:

Woche	8	9	10	11	12
Bedarf für Tisch 1	100	0	60	10	20
Direktbedarfskoeffizient zwischen Tischbeinen und Tisch 1	3	3	3	3	3
Bruttobedarf Tischbeine für Tisch 1	300	0	180	30	60

In Woche 8 soll beispielsweise mit der Produktion von 100 Tischen vom Typ Tisch 1 begonnen werden, weswegen der Bruttobedarf von Tisch 1 in Woche 8 eben 100 Tische ist. Da Tisch 1 ein Tisch mit drei Tischbeinen ist, beträgt in Woche 8 der Bruttobedarf an Tischbeinen für Tisch 1 gerade 300 Tischbeine.

Entsprechend ist der Bruttobedarf an Tischbeinen für Tisch 2 in der folgenden Tabelle dargestellt:

Woche	8	9	10	11	12
Bedarf für Tisch 2	0	30	0	30	10
Direktbedarfskoeffizient zwischen Tischbeinen und Tisch 2	4	4	4	4	4
Bruttobedarf Tischbeine für Tisch 2	0	120	0	120	40

Als Bruttobedarf an Tischbeinen ergibt sich somit:

Woche	8	9	10	11	12
Bruttobedarf Tischbeine für Tisch 1	300	0	180	30	60
Bruttobedarf Tischbeine für Tisch 2	0	120	0	120	40
Bruttobedarf Tischbeine	300	120	180	150	100

Bei diesem Verfahren handelt es sich also um die Berechnung des Sekundärbedarfs $\left(y_{k,t}\right)$ eines Erzeugnisses k in der Periode t nach Formel 2.

Formel 3: $\quad y_{k,t} = \sum_{j \in \mathcal{N}_k} a_{k,j} \cdot r_{j,t}$

mit

- Gesamtbedarf $r_{j,t}$ des übergeordneten Erzeugnisses j in Periode t,
- Direktbedarfskoeffizienten $a_{k,j}$ und
- (Index-)Menge $\mathcal{N}_k$ der dem Erzeugnis k direkt übergeordneten Erzeugnisse (also Nachfolger des Erzeugnisses k).

Im obigen Beispiel bestand folglich der Bruttobedarf ausschließlich aus dem Sekundärbedarf; bezogen auf das obige Beispiel bezeichnete k somit die Tischbeine und $\mathcal{N}_k$ bestand aus den Tischvarianten 1 und 2.

- Nettobedarfsrechnung

Der Bruttobedarf ist der Bedarf, der in einer Periode auf den nachgelagerten Produktionsstufen benötigt wird. Dieser Bedarf entspricht jedoch nicht notwendigerweise der Menge, die in der Periode gefertigt werden muss. Sind Lagerbestände vorhanden oder treffen Rückgaben von Kunden ein, so ist weniger als der Bruttobedarf zu produzieren. Der Bedarf, der produziert werden muss, wird als Nettobedarf bezeichnet und berechnet sich durch

Nettobedarf = max (Bruttobedarf - geplanter Lagerzugang - Anfangsbestand, 0).

Anhand einer Nettobedarfsrechnung zum Beispiel 5 werden einzelnen Schritte erläutert.

Beispiel 6 (Nettobedarfsrechnung zur Tischproduktion; Fortsetzung von Beispiel 5)

In Woche 8 beträgt beispielsweise der Bruttobedarf 300 Tischbeine. Für Woche 8 hat eine Schreinerei angekündigt, dass sie 120 Tischbeine an den Tischhersteller zurückschicken wird. Diese Tischbeine wurden von der Schreinerei in Vorperioden gekauft, um sie für Sonderanfertigungen zu nutzen. Da bei der Schreinerei weniger Tischbeine als prognostiziert benötigt wurden, schickt die Schreinerei diese 120 Tischbeine zurück. Der Anfangsbestand in Woche 8 beträgt 200 Tischbeine. Damit stehen insgesamt 320 Tischbeine zur Deckung des Bruttobedarfs von 300 zur Verfügung. Es ist nichts zu produzieren und die übrig bleibende Menge von 20 bildet den Anfangslagerbestand zu Beginn der Woche 9. Formal ist

Nettobedarf = max (300 Tischbeine - 120 Tischbeine - 200 Tischbeine, 0) = 0 Tischbeine.

Lagerbestand am Periodenende = max (120 Tischbeine + 200 Tischbeine – 300 Tischbeine, 0) = 20 Tischbeine.

Diese Einzelwerte sind in der ersten Spalte von Tabelle 1 eingetragen.

Woche	8	9	10	11	12
Bruttobedarf Tischbeine	300	120	180	150	100
geplanter Lagerzugang Tischbeine	120	10	0	0	0
Anfangslagerbestand Tischbeine	200	20			
Nettobedarf Tischbeine	0	90	180	150	100

Tabelle 1: Beispiel für die Nettobedarfsrechnung der Tischbeine

Nach Tabelle 1 stehen in Woche 9 insgesamt 30 Tischbeine zur Deckung des Bedarfs von 120 zur Verfügung. Als Nettobedarf ergibt sich somit

max (120 Tischbeine - 10 Tischbeine - 20 Tischbeine, 0) = 90 Tischbeine.

Die nächsten Wochen berechnen sich entsprechend und sind in Tabelle 1 angegeben.

- Grobterminierung

Die Beschaffung bzw. Produktion einer Komponente oder eines Teils nimmt selbst eine bestimmte Zeitdauer in Anspruch, die als Vorlaufzeit z bezeichnet wird. Diese Vorlaufzeit muss in der Planung berücksichtigt werden. Die Vorlaufzeit wird berücksichtigt, indem die Nettobedarfe einfach um die Vorlaufzeit nach vorne verschoben werden. Dies wird an dem fortlaufenden Beispiel (Beispiel 5) erläutert.

Beispiel 7 (Grobterminierung zur Tischproduktion; Fortsetzung von Beispiel 5)

Die Tischbeine haben beispielsweise eine Vorlaufzeit von $z = 1$ Woche, was bedeutet, dass mit der Produktion der Tischbeine, die in Woche 8 benötigt werden, in Woche 7 begonnen werden muss; damit die fertigen Tischbeine in der Woche 8 zur Verfügung stehen. Es können also einfach alle Nettobedarfe um eine Woche nach vorne verschoben werden und dann ist bekannt, wann mit der Produktion welcher Mengen an Tischbeinen zu beginnen ist. Für das Beispiel lauten die vorlaufzeitverschobenen Nettobedarfe:

Woche	7	8	9	10	11	12
Nettobedarf für Tischbeine		80	110	180	150	100
vorlaufzeitverschobener Nettobedarf für Tischbeine	80	110	180	150	100	

Nachdem die vorlaufzeitverschobenen Nettobedarfe bestimmt worden sind, brauchen die Vorlaufzeiten nicht mehr berücksichtigt werden.

Nach diesem Vorgehen können nun auch die Nettobedarfe für den Tischfuß, als eingehende Komponente in ein Tischbein, berechnet werden, die nötig sind, um die so ermittelten Bedarfe an Tischbeinen für die Perioden 7 bis 11 zu decken.

Allgemeiner Fall

Der Bedarf für ein Erzeugnis kann nach unterschiedlichen Kriterien gegliedert werden. Nach seiner Stellung im Produktions- bzw. Planungsprozess ist zu unterscheiden zwischen

- Primärbedarf,
- Sekundärbedarf und
- zusätzlichem Bedarf.

Unter Primärbedarf wird der Bedarf an Fertigprodukten und Ersatzteilen für den Verkauf verstanden. Diese Bedarfe gehen nicht mehr in nachgelagerte Produktionsprozesse ein; es sei betont, dass Ersatzteile als Komponenten in Produkte (und damit in nachgelagerte Produktionsprozesse) typischerweise eingehen und zwar mit ihrem Sekundärbedarf. Primärbedarfsmengen werden aus einer übergeordneten Planung übernommen, die in der Literatur als kurzfristiges Hauptproduktionsprogramm bezeichnet wird.

Bei mehrstufiger Produktion wird bei der programmorientierten Materialbedarfsrechnung aus dem Primärbedarf der Sekundärbedarf abgeleitet. Der Sekundärbedarf umfasst die Bedarfsmengen an Rohstoffen, Einzelteilen und Baugruppen, die zur Herstellung des Primärbedarfs notwendig sind.

Neben diesem programmorientiert errechneten Bedarf werden in der industriellen Praxis Bedarfe auch auf andere Weise berechnet. Dies ist hier mit zusätzlichem Bedarf bezeichnet worden. Beispielsweise kann erwarteter Mehrbedarf aufgrund von Ausschuss auftreten. Dieser kann über einen prozentualen Zuschlag pauschal erfasst werden oder auch mittels eines Prognoseverfahrens quantifiziert werden.

Beispiele für Bedarfssituationen werden nun für das fortlaufende Beispiel zur Tischproduktion angegeben.

Beispiel 8 (Bedarfssituationen für die Tischproduktion; Fortsetzung von Beispiel 3)

Für das Folgende wird wiederum die Tischproduktion nach Abbildung 5 betrachtet.

5.2 Programmorientierte Materialbedarfsrechnung

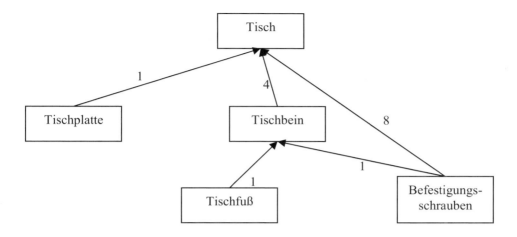

Abbildung 5: Tischproduktion

Zwei Beispiele für Bedarfssituationen sind in der folgenden Tabelle 2 angegeben. Für den Tisch liegen nur Primärbedarfe vor, während für die Tischplatte alle drei Bedarfsarten auftreten.

Woche	8	9	10	11
Primärbedarf für den Tisch	0	100	300	50
Sekundärbedarf für den Tisch	0	0	0	0
Zusätzlicher Bedarf für den Tisch	0	0	0	0
Bruttobedarf für den Tisch	0	100	300	50
Primärbedarf für die Tischplatte	0	50	0	50
Sekundärbedarf für die Tischplatte	0	100	300	50
Zusätzlicher Bedarf für die Tischplatte	0	0	50	0
Bruttobedarf für die Tischplatte	0	150	350	100

Tabelle 2: Beispiele für Bedarfssituationen

In die bisherige Bruttoberechnung eines Erzeugnisses k in Periode t sind die beiden weiteren Bedarfsarten als Summanden zu integrieren.

Formel 4:   Bruttobedarf von k in Periode t ($Brutto_{k,t}$)

   = Primärbedarf von k in Periode t

   + Sekundärbedarf von k in Periode t

   + zusätzlicher Bedarf von k in Periode t.

Wie bereits ausgeführt wurde, sind neben dem physisch vorhandenen Lagerbestand in einer Periode t noch alle zum Planungszeitraum für Periode t geplanten, aber eben nicht physisch vollzogenen Zu- und Abgänge des Lagers zu berücksichtigen. Für die folgende Betrachtung ist es ausreichend, ihre Summe als geplanten Lagerzugang in t zu bezeichnen. Es sei erwähnt, dass es sich letztlich um noch ausstehende Bestellungen (auch Rückgaben), reservierten Bestand und Sicherheitsbestand handelt.

Formel 5: disponibler Lagerbestand von k in Periode t ($\text{Dispon}_{k,t}$)

= geplanter Lagerzugang von k in Periode t

+ physischer Lagerbestand von k zu Beginn von Periode t.

(Beachte: im Fall der ersten Periode (also $t = 1$) ist der physische Lagerbestand von k gleich dem Anfangslagerbestand dieses Produkts k.)

Damit ergibt sich der Nettobedarf eines Erzeugnisses k in der Periode t durch:

Formel 6: Nettobedarf von k in Periode t ($\text{Netto}_{k,t}$) = max ($\text{Brutto}_{k,t}$ - $\text{Dispon}_{k,t}$, 0).

Aus diesen Nettobedarfen werden nun Produktionsaufträge gebildet, in dem Nettobedarfe um die Vorlaufzeit (z_k im Falle des Produkts k) in zeitlich frühere Perioden verschoben werden. Die Vorlaufzeit modelliert die geschätzte Bearbeitungszeit des Produkts k. Bezeichnet $\text{PAuf}_{k,t}$ den Produktionsauftrag des Produkts k in der Periode t, so gilt:

Formel 7: Produktionsauftrag von k in Periode $(t - z_k)$: $\text{PAuf}_{k,t-z_k} = \text{Netto}_{k,t}$

bzw. Produktionsauftrag von k in Periode t: $\text{PAuf}_{k,t} = \text{Netto}_{k,t+z_k}$.

Um einen solchen Produktionsauftrag für eine beliebige Periode t termingerecht erfüllen zu können, beschreibt $\text{PAuf}_{j,t}$ den Gesamtbedarf $(r_{j,t})$ eines Produkts (j) in Periode t für die Berechnung des Sekundärbedarfs einer in j direkt eingehenden Komponente ebenfalls in der Periode t nach der Formel 3. Deswegen wird ein solcher Produktionsauftrag auch als Bedarf für die Auflösung bezeichnet.

Die Formeln werden nun ineinander eingesetzt. Hierzu sind folgende Daten erforderlich:

Produktdaten:

K   Anzahl der Produkte ($k = 1, 2, \ldots, K$)

$a_{k,j}$ Direktbedarfskoeffizient bezüglich Erzeugnis k und j; d. h. Anzahl an Mengeneinheiten des Erzeugnisses k, die zur Produktion einer Mengeneinheit des Erzeugnisses j benötigt werden

$\mathcal{N}_k$ Indexmenge der Nachfolger des Erzeugnisses k (direkt übergeordnete Erzeugnisse)

z_k Vorlaufzeit eines Produktionsauftrags für Produkt k

5.2 Programmorientierte Materialbedarfsrechnung

Planungsdaten:

T Länge des Planungszeitraums in Perioden ($t = 1, 2, \ldots, T$)

$d_{k,t}$ Primärbedarf für Produkt k in Periode t, $\forall\ 1 \leq k \leq K$ und $1 \leq t \leq T$

$ZB_{k,t}$ zusätzlicher Bedarf für Produkt k in Periode t, $\forall\ 1 \leq k \leq K$ und $1 \leq t \leq T$

$LZ_{k,t}$ geplanter Lagerzugang von Produkt k in Periode t, $\forall\ 1 \leq k \leq K$ und $1 \leq t \leq T$

LA_k Anfangslagerbestand für Produkt k (liegt zu Beginn von Periode 1 vor), $\forall\ 1 \leq k \leq K$

$L_{k,t}$ Lagerbestand für Produkt k am Ende der Periode t, $\forall\ 1 \leq k \leq K$ und $1 \leq t \leq T$; also ist $L_{k,t-1}$ der Anfangslagerbestand von k in Periode t, und es ist $L_{k,0} = LA_k$

Variablen:

$q_{k,t}$ Produktionsauftrag für Produkt k in Periode t ($= PAuf_{k,t} = r_{k,t}$)

$Brutto_{k,t}$ berechnet sich durch (Formel 3 in Formel 4 eingesetzt)

Formel 8: $\quad Brutto_{k,t} = d_{k,t} + \sum_{j \in \mathcal{N}_k} a_{k,j} \cdot q_{j,t} + ZB_{k,t}$.

$Dispon_{k,t}$ berechnet sich durch (s. Formel 5):

Formel 9: $\quad Dispon_{k,t} = LZ_{k,t} + L_{k,t-1}$.

$q_{k,t-z_k}$ (bzw. $PAuf_{k,t-z_k}$) berechnet sich durch (s. Formel 6 und Formel 7):

Formel 10: $\quad q_{k,t-z_k} = \max\left(Brutto_{k,t} - (LZ_{k,t} + L_{k,t-1}), 0\right)$.

Für das Folgende wird eine Formel zur Berechnung von $L_{k,t}$ für ein beliebiges t mit $1 \leq t \leq T$ hergeleitet. Hierbei ist folgende Folgerung aus Formel 7 zu beachten: Wegen der Vorlaufzeit z_k erfolgt der Lagerzugang durch ein $q_{k,t}$ erst in Periode $t + z_k$. Umgekehrt wird der Lagerzugang für Periode t durch den Produktionsauftrag für Periode $t - z_k$ bewirkt.

Für die erste Periode ergibt sich ein Endbestand von

$$L_{k,1} = LA_k + LZ_{k,1} + q_{k,1-z_k} - Brutto_{k,1},$$

bei der zweiten Periode errechnet sich der Endbestand durch

$$L_{k,2} = L_{k,1} + LZ_{k,2} + q_{k,2-z_k} - Brutto_{k,2},$$

und entsprechend lautet die Formel für die dritte Periode

$$L_{k,3} = L_{k,2} + LZ_{k,3} + q_{k,3-z_k} - \text{Brutto}_{k,3},$$

also allgemein beträgt für die Periode t (t > 0)

Formel 11: der physische Lagerbestand ($L_{k,t}$) von Produkt k am Ende der Periode t

$$L_{k,t} = L_{k,t-1} + LZ_{k,t} + q_{k,t-z_k} - \text{Brutto}_{k,t} \text{ mit } L_{k,0} = LA_k.$$

Diese Gleichung heißt Lagerbilanzgleichung. Es sei angemerkt, dass die Ersetzung von $\text{Brutto}_{k,t}$ (in dieser Formel) durch Formel 8 (als Formel) ein wichtiger Bestandteil mehrstufiger Losgrößenmodelle sein wird.

Durch iteratives Einsetzen ergibt sich:

Formel 12: $\quad L_{k,t} = LA_k + \sum_{\tau=1}^{t} LZ_{k,\tau} + \sum_{\tau=1}^{t} q_{k,\tau-z_k} - \sum_{\tau=1}^{t} \text{Brutto}_{k,\tau}.$

Also ergibt sich insgesamt für Produktionsaufträge durch Einsetzen in Formel 10:

$$q_{k,t-z_k} = \max\left(\text{Brutto}_{k,t} - \left(LZ_{k,t} + LA_k + \sum_{\tau=1}^{t-1} LZ_{k,\tau} + \sum_{\tau=1}^{t-1} q_{k,\tau-z_k} - \sum_{\tau=1}^{t-1} \text{Brutto}_{k,\tau}\right), 0\right).$$

Durch Zusammenfassung:

$$q_{k,t-z_k} = \max\left(\sum_{\tau=1}^{t} \text{Brutto}_{k,\tau} - \left(LA_k + \sum_{\tau=1}^{t} LZ_{k,\tau} + \sum_{\tau=1}^{t-1} q_{k,\tau-z_k}\right), 0\right).$$

Durch Ersetzen von $\text{Brutto}_{k,t}$ (nach Formel 8):

Formel 13: $\quad q_{k,t-z_k}$

$$= \max\left(\sum_{\tau=1}^{t}\left(d_{k,\tau} + \sum_{j \in \mathcal{N}_k} a_{k,j} \cdot q_{j,\tau} + ZB_{k,\tau}\right) - \left(LA_k + \sum_{\tau=1}^{t} LZ_{k,\tau} + \sum_{\tau=1}^{t-1} q_{k,\tau-z_k}\right), 0\right),$$

$\forall \ 1 \leq k \leq K \text{ und } 1 \leq t \leq T.$

Die Maximierung ist nur erforderlich, wenn der disponible Lagerbestand größer als der Bruttobedarf ist; sie verhindert negative Produktionsaufträge. Ohne Maximierung liegt ein lineares Gleichungssystem vor, mit den Produktionsaufträgen $q_{k,t}$, $\forall \ 1 \leq k \leq K$ und $1 \leq t \leq T$, als Variablen. Die Fälle, in denen ein solches lineares Gleichungssystem nicht lösbar ist, bestimmen die Erzeugnisstrukturen, bei denen der Ablauf der Materialbedarfsrechnung eben nicht terminiert, denn dann hat auch Formel 13 keine Lösung. Kritisch dürften Produktionssysteme sein, bei denen der zugehörige Gozintograph Schleifen enthält. Solche Schleifen bedeuten, dass zur Herstellung eines Produktes das Produkt selbst erneut gebraucht wird. Derartige Produktionsverhältnisse bzw. Produktionsstrukturen treten insbesondere in der chemischen Industrie auf.

5.2 Programmorientierte Materialbedarfsrechnung

Es sei angemerkt, dass das durch Formel 13 bestimmte lineare Gleichungssystem auch durch Matrizenoperationen gelöst werden kann. Wie später bei der Gegenüberstellung von Verfahren der Materialbedarfsrechnung (s. Abschnitt 5.2.2) noch erläutert wird, hat ein solches Verfahren eine hohe Laufzeit.

Laufzeiteffiziente Lösungen entstehen durch eine genauere Analyse der Bedarfsrechnung aufgrund von Formel 13, nach der für ein Produkt k und eine Periode t die Gleichung in Formel 13 zu lösen ist. Im Sinne der obigen Terminologie handelt es sich um die folgenden Verfahrensschritte, die in einem so genannten Grundverfahren zusammengefasst sind:

Algorithmus 1 (Grundverfahren)

Für ein Produkt k und eine Periode t durchlaufe die Schritte 1 bis 3:

1.
   (a) Berechne den Sekundärbedarf von Produkt k in Periode t $\left(y_{k,t}\right)$ nach der Formel 3, in der der Gesamtbedarf $r_{j,t}$ eines Produkts j in der Periode t der Produktionsauftrag $PAuf_{j,t}$ (eben der Bedarf für die Auflösung von j in t) ist.
   (b) Berechne $Brutto_{k,t}$ nach Formel 8.
   Es sei betont, dass der Bruttobedarf terminiert ist. Das heißt, er wird zu einem bestimmten Zeitpunkt t benötigt, und zwar zu dem Termin, an dem mit der Produktion eines übergeordneten Produkts begonnen werden soll.
2.
   (a) Berechne $Dispon_{k,t}$ nach Formel 9.
   (b) Berechne $Netto_{k,t}$ nach Formel 6.
3. $PAuf_{k,t-z_k} = Netto_{k,t}$ nach Formel 7.

Dieses Grundverfahren führt ausgehend von einer Menge an Produktionsaufträgen bzw. Bedarfen für die Auflösung zu einer neuen Menge von Produktionsaufträgen. Dieses Verfahren kann für ein beliebiges Erzeugnis und eine beliebige Periode wiederholt durchgeführt werden. Es bietet sich an, mit einer Initialisierung von $PAuf_{k,t}$ durch Null zu starten. Diese Iteration bricht ab, wenn kein Erzeugnis und keine Periode existiert, so dass die Anwendung dieses Grundverfahrens zu einer neuen Menge an Produktionsaufträgen führt; d. h., die Produktionsaufträge sind sowohl mengenmäßig als auch terminmäßig identisch.

Nachdem nunmehr die Existenz eines Verfahrens nachgewiesen worden ist, erhebt sich die Frage nach einem effizienten algorithmischen Verfahren. Die bekannten Verfahren unterscheiden sich in der Reihenfolge der Abarbeitung der einzelnen Produkte und Perioden. In der Literatur werden sie als analytische, synthetischen Verfahren oder Verfahren, die auf der Darstellung des Erzeugniszusammenhangs als lineares Gleichungssystem aufbauen, klassifiziert.

5.2.2 Verfahren der Materialbedarfsrechnung

Analytische Verfahren der Bedarfsauflösung gehen von den bereitzustellenden Mengen der für den Absatz bestimmten Produkte aus, wie sie im kurzfristigen Hauptproduktionsprogramm festgelegt sind. Die Enderzeugnisse werden dann aufgrund der bekannten Erzeugniszusammensetzung auf dem Weg über die verschiedenen Baugruppen bis hin zu den nicht weiter zerlegbaren Einzelteilen und Rohmaterialien zergliedert. Im Gegensatz hierzu wird bei der synthetischen Bedarfsermittlung nicht vom Enderzeugnis, sondern von der Ebene der Einzelteile ausgegangen. Während bei der analytischen Bedarfsrechnung die Suche nach den Bestandteilen eines Erzeugnisses im Vordergrund des Interesses steht, lautet die Fragestellung nun: In welche übergeordneten Produkte geht das betrachtete Einzelteil ein? Diese Frage ist z.B. dann zu beantworten, wenn sich die Produktionsdauer eines untergeordneten Teils aufgrund unvorhersehbarer Verzögerungen verlängert hat und festzustellen ist, welche übergeordneten Erzeugnisse davon betroffen sind.

Die beiden Klassen von Verfahren unterscheiden sich somit in der Bearbeitungsrichtung für die Abarbeitung der einzelnen Produkte. Bei den analytischen Verfahren erfolgt die Bearbeitungsrichtung von den Endprodukten in Richtung auf die Einzelteile, während sie bei den synthetischen Verfahren genau umgekehrt ist.

Im Folgenden wird das Dispositionsstufenverfahren als analytisches Verfahren eingehend erläutert; da dies bei der Implementierung der MRP-Logik in ERP- und PPS-Systemen in der Regel angewendet wird. Das Gozintoverfahren ist eine effiziente Alternative. Für die aus theoretischer und praktischer Sicht unbefriedigenden Baustufen- und Renettingverfahren sei auf die Literatur verwiesen. Aufgrund der Darstellbarkeit der Erzeugnisstrukturen durch ein lineares Gleichungssystem ist die Materialbedarfsrechnung auch durch seine Lösung durchführbar. Für eine solche Darstellung sei auf [Temp02] verwiesen. Dort ist auch angegeben, wie die Materialbedarfsrechnung durch Matrizenoperationen, mit der Matrixinversion als zentrale Operation, gelöst werden kann. Dieses Verfahren benötigt allerdings bei umfangreichen Erzeugnisstrukturen einen hohen Rechenaufwand, der durch spezialisierte Verfahren zur Matrizeninversion reduziert werden kann, und die Matrizen haben einen hohen Speicherbedarf. Die Berücksichtigung der Darstellung einer Erzeugnisstruktur als lineares Gleichungsystem wurde deswegen in dieser Ausarbeitung ausgeschlossen, da durch sie nicht alle Aspekte der programmorientierten Losgrößen- und Materialbedarfsplanung erfasst werden. Vor allem die Berücksichtigung der in den einzelnen Perioden des Planungszeitraums verfügbaren Lagerbestände und die Einbeziehung der Losgrößenplanung bereiten erhebliche Probleme.

5.2.3 Dispositionsstufenverfahren

Zur Erläuterung der Kernidee des Dispositionsstufenverfahrens sei die folgende Situation für ein Produkt (P) angenommen: Das Ergebnis der Materialbedarfsermittlung ist für alle übergeordneten Produkte von P bekannt. Die Anwendung der Formel 13 auf P errechnet dann für P das Ergebnis der Materialbedarfsermittlung; m.a.W. es berechnet einen Bedarf für P, der durch weitere Anwendungen von Formel 13, auch auf andere Produkte, nicht mehr verändert wird. Das Ergebnis für P ist also endgültig. Beim Dispositionsstufenverfahren wird die Erzeugnisstruktur so durchlaufen, dass der Bedarf eines Produktes (nach Formel 13) erst dann berechnet wird, wenn diese Annahme gilt.

Das dabei zu lösende Problem soll anhand des Erzeugnisbaums in Fertigstufendarstellung für die Tischproduktion nach Beispiel 2 erläutert werden.

Beispiel 9 (Dispositionsstufen für die Tischproduktion; Fortsetzung von Beispiel 2)

Ausgangspunkt ist die in Abbildung 6 wiederholte Tischproduktion. Ist der Bedarf für den Tisch (allgemein) bekannt, so kann der endgültige Bedarf für die Tischplatte und das Tischbein berechnet werden. Obwohl auch die Befestigungsschraube direkt in den Tisch eingeht, kann ihr Bedarf nicht endgültig berechnet werden, da zur Berechnung ihres Bedarfs zusätzlich der endgültige Bedarf vom Tischbein benötigt wird.

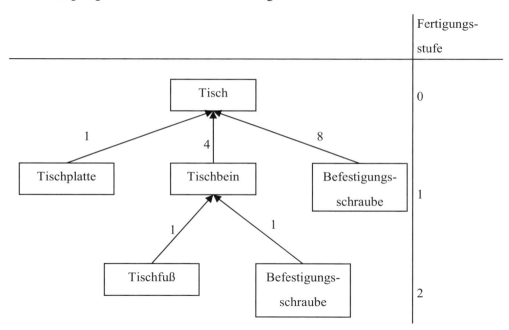

Abbildung 6: Tischproduktion in Fertigungsstufendarstellung

Zur Lösung werden allen Produkten so genannte Dispositionsstufen (im englischsprachigen Raum als „low level code" bezeichnet) zugeordnet, so dass das folgende Kriterium für die Produkte einer Dispositionsstufe erfüllt ist. Sind die Bedarfe aller Produkte auf den vorhergehenden Dispositionsstufen bekannt, so können über die Formel 13 die endgültigen Bedarfe aller Produkte auf dieser Dispositionsstufe berechnet werden.

In allen Fertigungsstufen bietet es sich an, für die Dispositionsstufe natürliche Zahlen zu verwenden. Da Endprodukte keine übergeordneten Produkte haben, bietet es sich an, diesen die

Dispositionsstufennummer 0 zu zuordnen. Nach der obigen Intention bekommen dann alle Produkte die Dispositionsstufennummer 1, bei denen die Bedarfe endgültig berechnet werden können, wenn die endgültigen Bedarfe der Endprodukte (also alle Produkte mit der Dispositionsstufennummer 0) bekannt sind. Entsprechend bekommen alle Produkte die Dispositionsstufennummer 2, wenn ihre Bedarfe endgültig berechnet werden können, sobald die endgültigen Bedarfe der Produkte mit den Dispositionsstufennummern 0 und 1 vorliegen. Die Anwendung dieses Verfahrens führt zu den in der nachfolgenden Abbildung (Abbildung 7) angegebenen Dispositionsstufen.

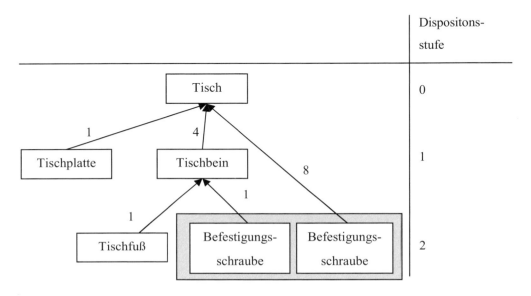

Abbildung 7: Tischproduktion in Dispositionsstufendarstellung

Beide Vorkommen des Einzelteils Befestigungsschraube sind nun auf der gleiche Dispositionsstufe und deren Bedarf wird erst dann berechnet werden, wenn die Bedarfe an Tischbeinen und an Tischen vorliegen.

Die vorgestellte Berechnung von Dispositionsstufen wird nun durch die folgende Definition 1 formalisiert.

Definition 1 (Dispositionsstufe)

Gegeben sei ein Erzeugnis k. $\mathcal{N}_k$ ist die Indexmenge der Erzeugnisse, in die das Erzeugnis k direkt eingeht; im Gozintographen handelt es sich um die Menge der direkten Nachfolger des Knotens k. Dann ist die Dispositionsstufe, u_k, von k definiert durch

Formel 14:
$$u_k = \begin{cases} \max_{j \in \mathcal{N}_k}\{u_j\} + 1 & , \mathcal{N}_k \neq \emptyset \quad \text{(untergeordnete Produkte)} \\ 0 & , \mathcal{N}_k = \emptyset \quad \text{(Endprodukte)} \end{cases}.$$

5.2 Programmorientierte Materialbedarfsrechnung

Bemerkung (Definition 1)

Die Dispositionsstufe des Produkts k entspricht somit dem längsten Weg (gemessen durch die Anzahl der Pfeile) im Gozintographen (bzw. Erzeugnisbaum) von einem Endprodukt zu dem betrachteten Produkt.

Damit kann nun das Dispositionsstufenverfahren wie folgt beschrieben werden.

Algorithmus 2 (Dispositionsstufenverfahren)

Voraussetzungen:

Für ein oder mehrere Endprodukte

- liegt deren Fertigungsstruktur als Gozintograph einschließlich Dispositionsstufen (nach Definition 1) vor und
- deren Bedarfe über (endlich viele) Perioden ist bekannt.

Variablen bzw. Parameter:

K	Anzahl der Produkte mit k = 1, 2, ..., K
$a_{k,j}$	Direktbedarfskoeffizient bezüglich Erzeugnis k und j; d. h. die Anzahl an Mengeneinheiten des Erzeugnisses k, die zur Produktion einer Mengeneinheit des Erzeugnisses j benötigt werden, $\forall \ 1 \leq k, j \leq K$
$\mathcal{N}_k$	Indexmenge der Nachfolger des Erzeugnisses k (direkt übergeordneten Erzeugnisse), $\forall \ 1 \leq k \leq K$
z_k	Vorlaufzeit eines Produktionsauftrags für Produkt k, $\forall \ 1 \leq k \leq K$
T	Länge des Planungszeitraums in Perioden mit t = 1, 2, ..., T
$d_{k,t}$	Primärbedarf für Produkt k in Periode t, $\forall \ 1 \leq k \leq K$ und $1 \leq t \leq T$
$ZB_{k,t}$	zusätzlicher Bedarf für Produkt k in Periode t, $\forall \ 1 \leq k \leq K$ und $1 \leq t \leq T$
$LZ_{k,t}$	geplanter Lagerzugang von Produkt k in Periode t, $\forall \ 1 \leq k \leq K$ und $1 \leq t \leq T$
LA_k	Anfangslagerbestand für Produkt k, $\forall \ 1 \leq k \leq K$
u	Dispositionsstufe
$q_{k,t}$ bzw. $PAuf_{k,t}$	Produktionsauftrag für Produkt k in Periode t, $\forall \ 1 \leq k \leq K$ und $1 \leq t \leq T$

Anweisungen:

Durchlaufe die Dispositionsstufen (u) von 0 bis zur höchsten Dispositionsstufe:

    Für jedes Produkt (k) auf der Dispositionsstufe u:

        Durchlaufe die Perioden (t) von 1 bis T.

            Wende die Verfahrensschritte 1 bis 3 aus dem Grundverfahren nach Algorithmus 1 (auf k und t) an.

oder alternativ:

            Berechne $q_{k,t-z_k}$ nach der Formel 13 – einschließlich der in ihr auftretenden Parameter –; also

$$q_{k,t-z_k} = \max\left(\sum_{\tau=1}^{t}\left(d_{k,\tau} + \sum_{j\in\mathcal{N}_k} a_{k,j}\cdot q_{j,\tau} + ZB_{k,\tau}\right) - \left(LA_k + \sum_{\tau=1}^{t} LZ_{k,\tau} + \sum_{\tau=1}^{t-1} q_{k,\tau-z_k}\right), 0\right)$$

Ausgabe: Produktionsauftrag ($q_{k,t}$ bzw. $PAuf_{k,t}$) für jedes Produkt k in jeder Periode t.

Durch die dispositionsstufenbezogene Vorgehensweise ist sichergestellt, dass bei der Bestimmung des Bedarfs für ein Produkt (k) bereits alle k übergeordneten Produkte behandelt worden sind und deswegen alle für die Bedarfsauflösung (Sekundärbedarfsberechnung) von k relevanten Nettobedarfsmengen bekannt sind.

Als Beispiel wird wiederum die Tischproduktion (nach Beispiel 3) betrachtet.

Beispiel 10 (Anwendung von dem Dispositionsstufenverfahren auf eine Tischproduktion; Fortsetzung von Beispiel 3)

Die betrachtete Tischproduktion ist in Abbildung 8 mit ihren Dispositionsstufen wiederholt.

5.2 Programmorientierte Materialbedarfsrechnung

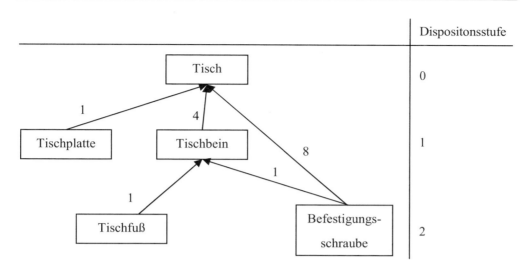

Abbildung 8: Tischproduktion in Dispositionsstufendarstellung

Von folgender Situation an Primärbedarfen, Anfangslagerbeständen und Lagerzugängen sowie an Zusatzbedarf wird ausgegangen (s. Tabelle 3):

	Tage				
	1	2	3	4	5
Tisch [Anzahl]	35	30	20	25	15
Tischplatte [Anzahl]	3	0	1	0	2
Tischbein [Anzahl]	0	0	0	0	0
Tischfuß [Anzahl]	0	5	0	8	0
Befestigungsschraube [Anzahl]	0	0	0	0	0

Tabelle 3: Primärbedarfe für die Tische, Tischplatten, -beine und -füße sowie Befestigungsschrauben

	Tage				
	1	2	3	4	5
Tisch [Anzahl]	0	0	0	0	0
Tischplatte [Anzahl]	0	0	0	0	0
Tischbein [Anzahl]	1	2	0	1	0
Tischfuß [Anzahl]	3	5	2	4	1
Befestigungsschraube [Anzahl]	10	5	20	0	13

Tabelle 4: Zusatzbedarfe für die Tische, Tischplatten, -beine und -füße sowie Befestigungsschrauben

	Tage					
	0	1	2	3	4	5
Tisch [Anzahl]	40	20	5	0	0	0
Tischplatte [Anzahl]	10	11	2	7	0	0
Tischbein [Anzahl]	13	19	10	7	0	1
Tischfuß [Anzahl]	19	25	0	0	3	0
Befestigungsschraube [Anzahl]	60	0	0	0	0	0

Tabelle 5: Lagerzugänge für die Tische, Tischplatten, -beine und -füße sowie Befestigungsschrauben

Tische haben eine Vorlaufzeit von einem Tag, Tischplatten von zwei Tagen, Tischbeine und -füße von jeweils einem Tag und Befestigungsschrauben haben keine Vorlaufzeit.

Nach dem Verfahren sind zunächst die Produkte der ersten Dispositionsstufe zu betrachten; also nur der Tisch. Beginnend mit dem ersten Tag werden die fünf Tage durchlaufen und für jeden Tag werden mit den Verfahrensschritten 1 bis 3 (s. Algorithmus 1) die Größen

- Sekundärbedarf (Verfahrensschritt 1 (a) von Algorithmus 1 nach Formel 3),
- Bruttobedarf (Verfahrensschritt 1 (b) von Algorithmus 1 nach Formel 8),
- disponibler Lagerbestand (Verfahrensschritt 2 (a) von Algorithmus 1 nach Formel 9),
- Nettobedarf (Verfahrensschritt 2 (b) von Algorithmus 1 nach Formel 6) und
- Produktionsauftrag (Verfahrensschritt 3 von Algorithmus 1 nach Formel 7)

berechnet. Das Ergebnis ist in der Tabelle 6 zusammengefasst.

	Tage				
	1	2	3	4	5
Primärbedarf	35	30	20	25	15
Sekundärbedarf	0	0	0	0	0
Zusatzbedarf	0	0	0	0	0
Bruttobedarf	35	30	20	25	15
physischer Lagerbestand	40	25	0	0	0
Lagerzugang	20	5	0	0	0
disponibler Lagerbestand	60	30	0	0	0
Nettobedarf	0	0	20	25	15
Produktionsauftrag	0	20	25	15	0

Tabelle 6: Anwendung der Verfahrensschritte 1 bis 3 von Algorithmus 1 auf Tische für fünf Tage

Aufgrund des Verfahrens sind nun die Produkte der ersten Dispositionsstufe zu planen; also die Tischplatten und die Tischbeine. Es wird zunächst mit den Tischplatten begonnen. Wiederum werden je Produkt die Verfahrensschritte 1 bis 3 von Algorithmus 1 nacheinander auf die fünf Tage angewendet. Das Ergebnis befindet sich in Tabelle 7.

5.2 Programmorientierte Materialbedarfsrechnung

	Tage				
	1	2	3	4	5
Primärbedarf	3	0	1	0	2
Sekundärbedarf	0	20	25	15	0
Zusatzbedarf	0	0	0	0	0
Bruttobedarf	3	20	26	15	2
physischer Lagerbestand	10	18	0	0	0
Lagerzugang	11	2	7	0	0
disponibler Lagerbestand	21	20	7	0	0
Nettobedarf	0	0	19	15	2
Produktionsauftrag	19	15	2	0	0

Tabelle 7: Anwendung der Verfahrensschritte 1 bis 3 von Algorithmus 1 auf Tischplatten für fünf Tage

Das gleiche Verfahren angewandt auf Tischbeine führt zu dem in Tabelle 8 angegebenen Ergebnis.

	Tage				
	1	2	3	4	5
Primärbedarf	0	0	0	0	0
Sekundärbedarf	0	80	100	60	0
Zusatzbedarf	1	2	0	1	0
Bruttobedarf	1	82	100	61	0
physischer Lagerbestand	13	31	0	0	0
Lagerzugang	19	10	7	0	1
disponibler Lagerbestand	32	41	7	0	1
Nettobedarf	0	41	93	61	0
Produktionsauftrag	41	93	61	0	0

Tabelle 8: Anwendung der Verfahrensschritte 1 bis 3 von Algorithmus 1 auf Tischbeine für fünf Tage

Die Dispositionsstufe 2 ist die letzte Dispositionsstufe. Auf ihr befinden sich die Produkte Tischfuß und Befestigungsschraube. Ihre Planung, nach dem gleichen Verfahren, führt zu den in den Tabellen Tabelle 9 (für Tischfüße) und Tabelle 10 (für Befestigungsschrauben) angegebenen Ergebnissen.

	Tage				
	1	2	3	4	5
Primärbedarf	0	5	0	8	0
Sekundärbedarf	41	93	61	0	0
Zusatzbedarf	3	5	2	4	1
Bruttobedarf	44	103	63	12	1
physischer Lagerbestand	19	0	0	0	0
Lagerzugang	25	0	0	3	0
disponibler Lagerbestand	44	0	0	3	0
Nettobedarf	0	103	63	9	1
Produktionsauftrag	103	63	9	1	0

Tabelle 9: Anwendung der Verfahrensschritte 1 bis 3 von Algorithmus 1 auf Tischfüße für fünf Tage

	Tage				
	1	2	3	4	5
Primärbedarf	0	0	0	0	0
Sekundärbedarf	41	253	261	120	0
Zusatzbedarf	10	5	20	0	13
Bruttobedarf	51	258	281	120	13
physischer Lagerbestand	60	9	0	0	0
Lagerzugang	0	0	0	0	0
disponibler Lagerbestand	60	9	0	0	0
Nettobedarf	0	249	281	120	13
Produktionsauftrag	0	249	281	120	13

Tabelle 10: Anwendung der Verfahrensschritte 1 bis 3 von Algorithmus 1 auf Befestigungsschrauben für fünf Tage

Bei positiven Vorlaufzeiten kann das Problem auftreten, dass zu Beginn des Planungszeitraums Produktionsaufträge mit einer Produktionsmenge größer Null für Perioden benötigt werden, die zeitlich vor der ersten Periode (Anfangsperiode) liegen; d. h. $t - z_k < 1$. Hierzu wird das Beispiel 10 betrachtet.

Beispiel 11 (Produktionsaufträge zeitlich vor dem Planungszeitraum; Fortsetzung von Beispiel 10)

Im Beispiel 10 wurde dieses Problem durch ausreichend hohe Anfangslagerbestände bzw. noch ausstehende Auftragsmengen vermieden. Schon eine Reduzierung des Anfangslagerbestands für Tischfüße um eine Einheit bewirkt, dass der Nettobedarf am ersten Tag nicht gedeckt werden kann.

Ohne vorliegende Anfangslagerbestände und auftretende Lagerzugänge kann eine solche Situation vermieden werden, indem Planungsprobleme so gebildet werden, dass die ersten

5.2 Programmorientierte Materialbedarfsrechnung

Perioden keine Bedarfe besitzen. Formal wird dazu für ein Produkt (k) die Sum... Vorlaufzeiten seiner eingehenden Komponenten und seiner eigenen Vorlaufzeit... Dann darf dieses Produkt in den ersten sz_k-Perioden keine Bedarfe besitzen.

Es sei angenommen, dass eine rollende Planung vorliegt, deren Definition im Abschnitt über... einstufige Losgrößenprobleme auch hier zutrifft. Dann wird beispielsweise in der 7. Periode der Bedarf für die Perioden 10 bis 18 geplant. In diesem Fall ist es sehr sinnvoll, Produktionsaufträge auch für die Perioden vor der 10. Periode (etwa die Perioden 8 und 9) zuzulassen. Damit diese Produktionsaufträge bei der Sekundärbedarfsrechnung für die Produkte der (nächst)höheren Dispositionsstufen berücksichtigt werden, ist der Planungszeitraum entsprechend in die zeitliche Vergangenheit zu verlängern. Dies führt zu folgender Modifikation:

Algorithmus 3 (erweitertes Dispositionsstufenverfahren)

(Erweiterung, bezogen auf die bisherige Variante; s. Algorithmus 2)

Zwei zusätzliche Parameter:

t_A Anfangsperiode

t_B Endperiode

Im Algorithmus „Dispositionsstufenverfahren" (Algorithmus 2) wird der Teil:

> Durchlaufe die Perioden (t) von 1 bis T.
>> Wende die Verfahrensschritte 1 bis 3 aus dem Grundverfahren nach Algorithmus 1 (auf k und t) an.

durch

> Durchlaufe die Perioden (t) von der Anfangsperiode (t_A) bis zur Endperiode (t_E).
>> Wende die Verfahrensschritte 1 bis 3 aus dem Grundverfahren nach Algorithmus 1 (auf k und t) an.
>>
>> Ist $t - z_k < t_A$, so setze $t_A = t - z_k$.

ersetzt.

Oder alternativ wird der Teil

> Durchlaufe die Perioden (t) von 1 bis T.
>> Berechne $q_{k,t-z_k}$ nach der Formel 13 – einschließlich der in ihr auftretenden Parameter.

durch

> Durchlaufe die Perioden (t) von der Anfangsperiode (t_A) bis zur Endperiode (t_E).

5 Mehrstufige Losgrößenprobleme

z_k nach der Formel 13 - einschließlich der in ihr auftretenden

, so setze $t_A = t - z_k$.

ingerung des Planungszeitraums, im Hinblick auf die Schleife
Produkte auf den nächsthöheren Dispositionsstufen relevant
Produkte werden im Verfahrensablauf nicht erneut betrachtet.

Die vor Beginn der Bedarfsrechnung vorzunehmende, u. U. aufwendige Bestimmung der Dispositionsstufen der einzelnen Produkte wird in der Literatur teilweise als Nachteil interpretiert. Da die Produkte, die in die Bedarfsrechnung aufgenommen werden müssen, ohnehin zu ermitteln sind, kommt dem Argument des zusätzlichen Planungsaufwandes jedoch nur geringe Bedeutung zu.

5.3 Erweiterung der Materialbedarfsrechnung um Produktionslose

Die bisherige Verfahrensbeschreibung erzwingt, dass mit der Produktion (bzw. Beschaffung) der Nettobedarfsmenge $\left(\text{Netto}_{k,t}\right)$ ausschließlich in der Periode $\left(t - z_k\right)$ begonnen werden kann. In der Regel darf auch vor dieser Periode begonnen werden. Beispielsweise kann dies aufgrund von Kapazitätsbeschränkungen notwendig sein. Dadurch können auch Produktionslose gebildet werden. Es sei betont, dass die Vorlaufzeit unverändert bleibt; d. h., nach z_k (Zeiteinheiten) ist der Produktionsauftrag abgearbeitet; und zwar unabhängig von der zu produzierenden Menge. Eine erweiterte Formulierung für diese Planungslogik lautet somit: Soll die Nettobedarfsmenge des Erzeugnisses k in der Periode t, $\text{Netto}_{k,t}$, termingerecht bereitstehen, dann muss mit der Produktion (bzw. Beschaffung) dieser Menge spätestens in der Periode $\left(t - z_k\right)$ begonnen worden sein. Zu jedem Zeitpunkt t muss also sichergestellt sein, dass die bereits bis zum Zeitpunkt $\left(t - z_k\right)$ eingeplante gesamte Produktionsmenge mindestens so groß ist wie die bis zum Zeitpunkt t kumulierte Nettobedarfsmenge. Damit ergibt sich die folgende Restriktion:

Formel 15: $\qquad \sum_{\tau=1}^{t-z_k} q_{k,\tau} \geq \sum_{\tau=1}^{t} \text{Netto}_{k,\tau} \qquad$ für alle $1 \leq k \leq K$ und $z_k + 1 \leq t \leq T$

bzw. unter Berücksichtigung der Lageranfangsbestände und Zugänge

5.3 Erweiterung der Materialbedarfsrechnung um Produktionslose

Formel 16: $\sum_{\tau=1}^{t-z_k} q_{k,\tau} \geq \sum_{\tau=1}^{t} \left(\max\left(\text{Brutto}_{k,\tau} - \left(LZ_{k,\tau} + L_{k,\tau-1} \right), 0 \right) \right)$ für alle $1 \leq k \leq K$ und $z_k + 1 \leq t \leq T$.

Die Bildung von Produktionslosen im Dispositionsstufenverfahren wird anhand einer einfachen Tischproduktion erläutert, bei der es sich um eine Erweiterung der bisherigen in Beispiel 3 handelt.

Beispiel 12 (Bestimmung von Losen bei der erweiterten Tischproduktion)

Die Erzeugnisstruktur hat folgende Gestalt und wird in der Abbildung 9 illustriert. Tischbeine und Tischplatten werden zunächst zugeschnitten. Ihre Lackierung führt zu lackierten Tischplatten und lackierten Tischbeinen. Um beides zu einem Tisch zu montieren, werden noch Befestigungswinkel benötigt. Zur Vereinfachung der Produktionsstruktur werden diese vor dem Lackieren an ein Tischbein befestigt; dies erklärt das Zwischenprodukt lackiertes Tischbein mit Befestigung.

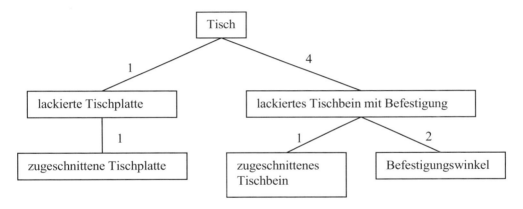

Abbildung 9: erweiterte Tischproduktion

Die Kostensätze bei der Tischproduktion sind durch die Tabelle 11 zusammengefasst.

		Lagerhaltungskostensatz und Rüstkosten für ein Produkt	
		h_k [€]	s_k [€]
Produkt	Tisch	60	2000
	lackierte Tischplatte	10	1500
	lackiertes Tischbein mit Befestigung	10	1500
	zugeschnittene Tischplatte	5	750
	zugeschnittenes Tischbein	3	750
	Befestigungswinkel	0,10	250

Tabelle 11: Kostensätze für die erweiterte Tischproduktion

Für die Tische liegen für die nächsten fünf Perioden geplante Primärbedarfsmengen vor, die in der Tabelle 12 angegeben sind. Variable Produktionskosten treten nicht auf.

	Tage				
	1	2	3	4	5
Tische [Anzahl]	35	30	20	25	15

Tabelle 12: Primärbedarfe für die Tische

Es liegt ein Anfangslagerbestand von 10 Tischen vor. Darüber hinaus treten keine Lagerzugänge sowie Zusatzbedarfe auf. Kein Erzeugnis hat eine Vorlaufzeit.

Die Anwendung der programmorientierten Materialbedarfsrechnung mit Losbildung berechnet zunächst für jede Periode die Nettobedarfe für die einzelnen Tische. In diesem Fall reduziert der Anfangslagerbestand von Tischen den zu berücksichtigenden Bedarf in der ersten Periode um 10 Einheiten; das Ergebnis ist in der Tabelle 13 dargestellt.

	Tage				
	1	2	3	4	5
Tische [Anzahl]	25	30	20	25	15

Tabelle 13: Nettobedarfe für die Tische

Nach dem Verfahren von Wagner und Whitin wird das einstufige Losgrößenproblem für Tische (optimal) gelöst. Es übernimmt den Bedarf für Periode 1 und fasst die Bedarfe der Perioden 2 und 3 sowie der Perioden 4 und 5 zusammen; s. Tabelle 14.

5.3 Erweiterung der Materialbedarfsrechnung um Produktionslose

	Tage				
	1	2	3	4	5
Tische [Anzahl]	25	50		40	

Tabelle 14: Lose für die Tische

Damit ist die Dispositionsstufe 0 abgearbeitet. Auf der ersten Dispositionsstufe befinden sich nun die beiden Produkte:

- lackierte Tischplatte und
- lackiertes Tischbein mit Befestigung

Zunächst werden für lackierte Tischplatten die Nettobedarfe errechnet. Da keine Lagerzugänge oder sonstigen Bedarfe zu berücksichtigen sind und eine lackierte Tischplatte einfach in einen Tisch eingeht, sind lediglich die Lose zu übernehmen; sein Ergebnis befindet sich in der Tabelle 15.

	Tage				
	1	2	3	4	5
lackierte Tischplatten [Anzahl]	25	50		40	

Tabelle 15: Nettobedarfe für die lackierten Tischplatten

Die Lösung des einstufigen Losgrößenproblems nach dem Verfahren von Wagner-Whitin fasst die (verbliebenen positiven) Bedarfe zusammen; s. Tabelle 16.

	Tage				
	1	2	3	4	5
lackierte Tischplatten [Anzahl]	115				

Tabelle 16: Lose für lackierte Tischplatten

Lackierte Tischbeine mit Befestigung sind als nächstes in der Dispositionsstufe 1 zu behandeln. Auch in diesem Fall liegen keine Lagerzugänge oder sonstigen Bedarfe vor. Da lackierte Tischbeine mit Befestigung vierfach in einen Tisch eingehen, sind die Lose für Tische je Periode mit 4 zu multiplizieren; s. Tabelle 14 und Tabelle 17. In diesem Fall fasst das Losgrößenverfahren von Wagner und Whitin keine Periodenbedarfe zusammen; s. Tabelle 17.

		Tage				
		1	2	3	4	5
lackiertes Tischbein mit Befestigung	Nettobedarf [Anzahl]	100	200		160	
	Los [Anzahl]	100	200		160	

Tabelle 17: Nettobedarfe und Lose für lackierte Tischbeine mit Befestigung

Lackierte Tischbeine mit Befestigung sind das zweite und letzte Produkt der Dispositionsstufe 1. Daher geht das Dispositionsstufenverfahren nun zur zweiten (und letzten) Stufe über, auf der sich drei Erzeugnisse befinden:

- zugeschnittene Tischplatte und
- zugeschnittenes Tischbein und
- Befestigungswinkel.

Für alle diese Erzeugnisse treten keine Lagerzugänge auf und es sind keine sonstigen Bedarfe zu berücksichtigen.

Im Falle von zugeschnittenen Tischplatten liegt nur für die erste Periode ein Bedarf vor. Dieser wird wegen des Direktbedarfskoeffizienten von eins zwischen zugeschnittenen Tischplatten und lackierten Tischplatten übernommen und bildet zwangsläufig das einzige Los für alle Perioden; s. Tabelle 18.

		Tage				
		1	2	3	4	5
zugeschnittene Tischplatte	Nettobedarf [Anzahl]	115				
	Los [Anzahl]	115				

Tabelle 18: Nettobedarfe und Lose für zugeschnittene Tischplatten

Genauso gehen ein zugeschnittenes Tischbein einfach in ein lackiertes Tischbein mit Befestigung ein. Dies führt zu den in Tabelle 19 dargestellten Nettobedarfen. Das Wagner-Whitin-Verfahren fasst nun die Bedarfe der ersten beiden Perioden zusammen und übernimmt den Bedarf der vierten Periode; s. Tabelle 19.

		Tage				
		1	2	3	4	5
zugeschnittenes Tischbein	Nettobedarf [Anzahl]	100	200		160	
	Los [Anzahl]	300			160	

Tabelle 19: Nettobedarfe und Lose für zugeschnittene Tischbeine

Zwei Befestigungswinkel werden für ein lackiertes Tischbein mit Befestigung benötigt. Daher sind die Lose für lackierte Tischbeine mit Befestigung mit zwei zu multiplizieren; die

5.3 Erweiterung der Materialbedarfsrechnung um Produktionslose

resultierenden Nettobedarfe sind in der Tabelle 20 aufgeführt. Die Losgrößenberechnung nach dem Wagner und Whitin bevorzugt ein einmaliges Rüsten zu Lasten einer Lagerhaltung, weswegen für die fünf Perioden nur ein Los von 920 Einheiten in der ersten Periode anfällt; s. Tabelle 20.

		Tage				
		1	2	3	4	5
Befestigungswinkel	Nettobedarf [Anzahl]	200	400		320	
	Los [Anzahl]	920				

Tabelle 20: Nettobedarfe und Lose für Befestigungswinkel

Die folgende Tabelle (Tabelle 21) fasst das Gesamtergebnis zusammen. Für die Berechnung der mit dieser Lösung anfallenden Gesamtkosten sei auf den Abschnitt 5.4.2 verwiesen.

		Tage				
		1	2	3	4	5
Tisch	Primärbedarf [Anzahl]	35	30	20	25	15
	Nettobedarf [Anzahl]	25	30	20	25	15
	Los [Anzahl]	25	50		40	
lackierte Tischplatte	Nettobedarf [Anzahl]	25	50		40	
	Los [Anzahl]	115				
lackiertes Tischbein mit Befestigung	Nettobedarf [Anzahl]	100	200		160	
	Los [Anzahl]	100	200		160	
zugeschnittene Tischplatte	Nettobedarf [Anzahl]	115				
	Los [Anzahl]	115				
zugeschnittenes Tischbein	Nettobedarf [Anzahl]	100	200		160	
	Los [Anzahl]	300			160	
Befestigungswinkel	Nettobedarf [Anzahl]	200	400		320	
	Los [Anzahl]	920				

Tabelle 21: Primärbedarfe für Tische sowie alle Nettobedarfe und Lose (nach dem Wagner-Whitin-Verfahren) für alle Erzeugnisse der Tischproduktion

Zusammengefasst werden beim Dispositionsstufenverfahren Produktionslose gebildet (s. auch Abbildung 10), indem zunächst die Produkte nach Dispositionsstufen sortiert werden. Für ein Produkt einer Dispositionsstufe (u) werden dann in einem ersten Rechengang seine Nettobedarfsmengen über alle Perioden errechnet. Damit liegt für dieses Produkt ein einstufiges Losgrößenproblem ohne Kapazitätsbeschränkungen vor. Zu seiner Lösung werden neben dem Wagner-Whitin-Verfahren auch heuristische Verfahren wie das Silver-Meal- oder das Groff-Verfahren angewendet. Häufig werden in PPS-Systemen lediglich die klassische Losgrößenformel, die gleitende wirtschaftliche Losgröße oder das Stückperiodenausgleichsverfahren zur Auswahl angeboten. Diese Berechnung wird für jedes Produkt dieser Dispositionsstufe (u) durchgeführt. Wie beim Dispositionsstufenverfahren beschrieben, wird dann zur nächst höheren Dispositionsstufe übergegangen. Es sei betont, dass dies bedeutet: Formel 7 (bzw. Formel 10) darf nicht durch die Formel 15 (bzw. Formel 16) ersetzt werden, da die Anwendung eines Einprodukt-Losgrößenverfahrens nicht modelliert worden ist.

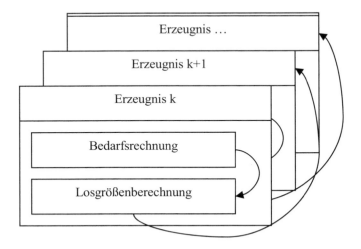

Abbildung 10: Struktur der Materialbedarfsrechnung mit Losbildung

Damit bildet die Bedarfsrechnung den Verfahrensrahmen, innerhalb dessen die Auftragsgrößen bestimmt werden. Die vergleichsweise einfache Bedarfsrechnung wird damit dem äußerst komplexen Losgrößenproblem hierarchisch übergeordnet. Hiermit ist eine grundlegende Schwäche verbunden, auf die im Abschnitt 5.4.2 näher eingegangen wird.

Diese Erweiterung führt dann zu dem folgenden Algorithmus.

Algorithmus 4 (Dispositionsstufenverfahren mit optimaler Lösung der SLULSP)

Voraussetzung:

Für ein oder mehrere Endprodukte

- liegt deren Fertigungsstruktur als Gozintograph einschließlich Dispositionsstufen (nach Definition 1) vor und
- deren Bedarfe über (endlich viele) Perioden ist bekannt.

Variablen bzw. Parameter:

5.3 Erweiterung der Materialbedarfsrechnung um Produktionslose

K	Anzahl der Produkte mit $k = 1, 2, \ldots, K$
$a_{k,j}$	Direktbedarfskoeffizient bezüglich Erzeugnis k und j; d.h. die Anzahl an Mengeneinheiten des Erzeugnisses k, die zur Produktion einer Mengeneinheit des Erzeugnisses j benötigt werden, $\forall\ 1 \leq k, j \leq K$
$\mathcal{N}_k$	Indexmenge der Nachfolger des Erzeugnisses k (direkt übergeordneten Erzeugnisse), $\forall\ 1 \leq k \leq K$
z_k	Vorlaufzeit eines Produktionsauftrags für Produkt k, $\forall\ 1 \leq k \leq K$
T	Länge des Planungszeitraums in Perioden, mit $t = 1, 2, \ldots, T$
$d_{k,t}$	Primärbedarf für Produkt k in Periode t, $\forall\ 1 \leq k \leq K$ und $1 \leq t \leq T$
$ZB_{k,t}$	zusätzlicher Bedarf für Produkt k in Periode t, $\forall\ 1 \leq k \leq K$ und $1 \leq t \leq T$
$LZ_{k,t}$	geplanter Lagerzugang von Produkt k in Periode t, $\forall\ 1 \leq k \leq K$ und $1 \leq t \leq T$
LA_k	Anfangslagerbestand für Produkt k, $\forall\ 1 \leq k \leq K$
u	Dispositionsstufe
h_k	Lagerkostensatz für Produkt k, $\forall\ 1 \leq k \leq K$
s_k	Rüstkosten für Produkt k, $\forall\ 1 \leq k \leq K$
$q_{k,t}$ bzw. $PAuf_{k,t}$	Produktionsauftrag für Produkt k in Periode t, $\forall\ 1 \leq k \leq K$ und $1 \leq t \leq T$

Anweisungen:

Durchlaufe die Dispositionsstufen (u) von 0 bis zur höchsten Dispositionsstufe:

    Für jedes Produkt (k) auf der Dispositionsstufe u:

        1. Durchlaufe die Perioden (t) von 1 bis T
           Wende die Verfahrensschritte 1 bis 3 aus dem Grundverfahren nach Algorithmus 1 (auf k und t) an.

        2. Interpretiere die $PAuf_{k,t}$ bzw. $q_{k,t}$ ($\forall\ 1 \leq t \leq T$) als Bedarfe für ein SLULSP zu k über die Perioden 1 bis T und wende darauf den Algorithmus zum SLULSP an.

Ausgabe: Produktionslos ($PAuf_{k,t}$ bzw. $q_{k,t}$) für jedes Produkt k in jeder Periode t.

5.4 Dynamische mehrstufige unkapazitierte Mehrproduktmodelle

5.4.1 Modell

Die grundlegende Form eines mehrstufigen unkapazitierten Mehrproduktmodells wird anhand des folgenden Beispiels aus der Tischproduktion erläutert.

Beispiel 13 (Beispiel zum mehrstufigen unkapazitierten Mehrproduktmodell)

Als Beispiel diene eine Tischproduktion, bei der Tische mit drei und solche mit vier Tischbeinen hergestellt werden. Die zugehörige Erzeugnisstruktur ist in Abbildung 11 dargestellt. Es handelt sich zugleich um ein Beispiel für eine divergierende Erzeugnisstruktur.

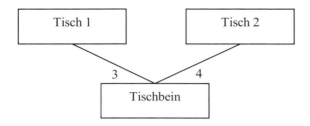

Abbildung 11: einfache divergierende Tischproduktion

Die Primärbedarfe für vier Monate eines Jahres sind in der Tabelle 22 dargestellt.

Primärbedarf	Januar	Februar	März	April
Tisch 1	110	115	120	125
Tisch 2	135	100	125	130

Tabelle 22: Primärbedarfe für die einfache Tischproduktion

Für alle drei Produkte (also Tisch 1, Tisch 2 und Tischbein) sind simultan Lose zu berechnen, mit denen die kleinsten Gesamtkosten in den vier Perioden realisiert werden.

In der Literatur wurde eine Vielzahl von Modellen für solche Losgrößenprobleme formuliert und zwar vor allem um, wie beim Capacitated Lot Sizing Problem (CLSP) im Abschnitt über einstufige Losgrößenprobleme vorgestellt, effizientere Lösungsverfahren entwickeln zu können.

Allen gemeinsam sind die folgenden Annahmen (s. auch [Salo91] und [Temp02]). Bei ihnen handelt es sich um eine Erweiterung der Annahmen zum Wagner-Whitin-Modell auf eine mehrstufige Mehrproduktproduktion.

- Produziert werden K Produkte ($1 \leq k \leq K$), deren Erzeugniszusammenhang über Direktbedarfskoeffizienten $a_{k,i}$ bezüglich Produkt k und i ($\forall\ 1 \leq k, i \leq K$) beschrieben ist.

5.4 Dynamische mehrstufige unkapazitierte Mehrproduktmodelle

- Für einen Planungszeitraum von T Perioden seien geplante Nettobedarfsmengen $d_{k,t}$ ($\forall$ $1 \leq k \leq K$ und $1 \leq t \leq T$) der Erzeugnisse gegeben, die jeweils zum Beginn einer Periode bereitzustellen sind; die Einheit von $d_{k,t}$ ist Mengeneinheit (ME) / Periode (PE).
- Der Lagerbestand eines Produkts k ($\forall\, 1 \leq k \leq K$) zu Beginn einer Periode 1 bzw. am Ende der Periode 0, $y_{k,0}$, sei Null. Der Lagerbestand am Ende des Planungszeitraums, $y_{k,T}$, soll ebenfalls Null betragen. $y_{k,0}$ und $y_{k,T}$ haben ME als Einheit.
- Fehlmengen sind nicht erlaubt, d. h., der Bedarf einer Periode muss vollständig und rechtzeitig befriedigt werden.
- Wie im klassischen Lagerhaltungsmodell gibt es keine Kapazitätsbeschränkung und keine Lieferzeit.
- Jede Auflage eines Produktionsloses bzw. jede Beschaffungsmaßnahme ($q_{k,t}$, mit $q_{k,t} > 0$) in einer Periode t $(1 \leq t \leq T)$ verursacht für jedes Produkt k $(1 \leq k \leq K)$ fixe Rüst- bzw. Bestellkosten in Höhe von s_k Geldeinheiten (GE); die Einheit von s_k ist Geldeinheit (GE).
- Lagerungskosten für jedes Produkt k $(1 \leq k \leq K)$ in Höhe von h_k Geldeinheiten (GE) je Mengeneinheit (ME) und Periode werden immer auf die am Ende einer Periode (PE) gelagerte Produktmenge berechnet; die Einheit von h_k ist $\frac{GE}{PE \cdot ME}$; beachte $h_k > 0$.
- Die Einstands- bzw. Bezugspreise in den verschiedenen Perioden sind variabel und werden als variable Produktionskosten $(p_{k,t})$ für Produkt k in Periode t ($\forall\, 1 \leq k \leq K$ und $1 \leq t \leq T$) bezeichnet; die Einheit von $p_{k,t}$ ist GE.

Bemerkung zu den Annahmen:

Die Bemerkungen zu den Annahmen beim Wagner-Whitin-Modell (s. den Abschnitt über einstufige Losgrößenprobleme) gelten, nach ihrer Übertragung auf die mehrstufige Mehrproduktproduktion, auch hier und werden daher hier nicht wiederholt. Da keine Kapazitätsbeschränkung (etwa eine Restriktion bezüglich des vorhandenen Lagerraums oder der maximalen Menge, die der Lieferant bereitstellen kann) und keine Lieferzeit charakteristisch für dieses Modell ist, wird seine Bedeutung hier wiederholt. Danach werden die Produkte auf einer Ressource mit unbeschränkter Kapazität produziert. Damit werden Wartezeiten vor Produktionsbeginn ausgeschlossen. Die am Anfang einer Periode t $(1 \leq t \leq T)$ bestellten Mengeneinheiten $q_{k,t}$ ($1 \leq k \leq K$ und $1 \leq t \leq T$) treffen sofort ein und stehen zusammen mit dem Lagerendbestand der Vorperiode für die Bedarfsbefriedigung (in der aktuellen Periode) zur Verfügung.

Ziel des Modells ist die Ermittlung einer allgemeinen Losauflagepolitik, die zu minimalen Gesamtkosten im Planungszeitraum führt.

Die Gesamtkosten sind durch die Summe der auftretenden Rüst-, Lager- und Produktionskosten bestimmt. Wie beim Wagner-Whitin-Modell ergeben sich diese aus den Losgrößen

$q_{k,t}$ ($1 \leq k \leq K$ und $1 \leq t \leq T$) der einzelnen Produkte in den einzelnen Perioden. Zu ihrer Berechnung sind die aus den $q_{k,t}$ ableitbaren Lagerbestände für die Produkte am Ende der einzelnen Perioden $y_{k,t}$ und die ebenfalls aus $q_{k,t}$ ableitbaren Informationen über das Rüsten für ein Produkt k $(1 \leq k \leq K)$ in einer Periode t $(1 \leq t \leq T)$, ausgedrückt durch eine binäre Rüstvariable $\gamma_{k,t}$, erforderlich. Ein Los $q_{k,t}$ für Produkt k in Periode t verursacht Rüstkosten von $s_k \cdot \gamma_{k,t}$, Lagerkosten von $h_k \cdot y_{k,t}$ und Produktionskosten von $p_{k,t} \cdot q_{k,t}$. Die Gesamtkosten ergeben sich als Summe dieser Terme und zwar für alle Produkte und Perioden, also lautet die Zielfunktion formal: $Z = \sum_{k=1}^{K} \sum_{t=1}^{T} (s_k \cdot \gamma_{k,t} + h_k \cdot y_{k,t} + p_{k,t} \cdot q_{k,t})$. Sie ist zu minimieren.

Wie erwähnt, legen die Lose die Lagerbestände am Ende der einzelnen Perioden fest. Wie beim Wagner-Whitin-Modell (bzw. SLULSP) werden sie implizit durch das Erfüllen einer Lagerbilanzgleichung bestimmt. Danach ist für jedes Produkt sein Lagerbestand am Anfang der Periode plus seinen Zugängen minus seinen Abgängen gleich seinem Lagerbestand am Ende dieser Periode. Für dieses Produkt und eine Periode treten als Abgänge seine Sekundärbedarfe und seine Primärbedarfe auf. Für Zugänge sind Lose verantwortlich. Es sei betont, dass das Los $q_{k,t}$ bedeutet, dass $q_{k,t}$-Einheiten für Produkt k in Periode t produziert werden und der Lagerzugang in dieser Periode t erfolgt. Zur Berücksichtigung des Sekundärbedarfs für Produkt k in Periode t werden die Nachfolger des Produkts k (also die direkt übergeordneten Produkte) benötigt. Sie sind in der Indexmenge $\mathcal{N}_k$ angegeben. Damit lautet der Sekundärbedarf für Produkt k in Periode t: $\sum_{i \in \mathcal{N}_k} a_{k,i} \cdot q_{i,t}$. Die Lagerbilanzgleichung hat nun die Form: $y_{k,t-1} + q_{k,t} - \sum_{i \in \mathcal{N}_k} a_{k,i} \cdot q_{i,t} - y_{k,t} = d_{k,t}$, $\forall$ $1 \leq k \leq K$ und $1 \leq t \leq T$.

Zum Ausdrücken, das gerüstet worden ist, wird die sinngemäß gleiche Rüstbedingung wie beim SLULSP verwendet; dort (s. den Abschnitt über einstufige Losgrößenprobleme) ist auch seine Richtigkeit begründet.

$q_{k,t} - M \cdot \gamma_{k,t} \leq 0$, $\forall$ $1 \leq k \leq K$ und $1 \leq t \leq T$ sowie einer großen Zahl M, die größer als die maximale mögliche Losgröße sein muss.

Die Nichtnegativität der Entscheidungsvariablen und der Wertebereich der Rüstvariablen wird auch hier durch die sinngemäß gleichen Restriktionen wie beim SLULSP gesichert (s. den Abschnitt über einstufige Losgrößenprobleme); sie sind formal in Defintion 2 präzisiert. Das Gleiche gilt für das Verhindern positiver Lagerbestände am Planungsanfang und Planungsende.

In Anlehnung an das Modell SLULSP wird dieses Modell MLULSP (Multi-Level Uncapacitated Lot Sizing Problem) genannt.

5.4 Dynamische mehrstufige unkapazitierte Mehrproduktmodelle

Definition 2 (Modell MLULSP)

Das **M**ulti-**L**evel **U**ncapacitated **L**ot **S**izing **P**roblem (MLULSP) besteht aus:

- den Parametern:
  - T Länge des Planungszeitraums $(1 \leq t \leq T)$
  - K Anzahl der Produkte bzw. Arbeitsgänge $(1 \leq k \leq K)$
  - $d_{k,t}$ Nettobedarfsmenge (Primärbedarf) für Produkt k in Periode t $\forall$ $1 \leq k \leq K$ und $1 \leq t \leq T$
  - $a_{k,i}$ Direktbedarfskoeffizient bezüglich Produkt k und i $\forall$ $1 \leq i, k \leq K$
  - $\mathcal{N}_k$ Indexmenge der Nachfolger des Produkts k $\forall$ $1 \leq k \leq K$
  - h_k voller Lagerkostensatz des Produkts k $\forall$ $1 \leq k \leq K$
  - $p_{k,t}$ variable Produktionskosten für Produkt k in Periode t
  - s_k Rüstkostensatz des Produkts k $\forall$ $1 \leq k \leq K$
  - M große Zahl (M muss größer als die maximale mögliche Losgröße sein)

- den Variablen:
  - $q_{k,t}$ Losgröße für Produkt k in Periode t $\forall$ $1 \leq k \leq K$ und $1 \leq t \leq T$
  - $y_{k,t}$ Lagerbestand für Produkt k am Ende der Periode t $\forall$ $1 \leq k \leq K$ und $0 \leq t \leq T$
  - $\gamma_{k,t}$ binäre Rüstvariable für Produkt k in Periode t mit $\gamma_{k,t} = \begin{cases} 1, & \text{falls } q_{k,t} > 0 \\ 0, & \text{falls } q_{k,t} = 0 \end{cases}$

    $\forall$ $1 \leq k \leq K$ und $1 \leq t \leq T$

- der Zielfunktion:

  Formel 17: $\displaystyle Z = \sum_{k=1}^{K} \sum_{t=1}^{T} (s_k \cdot \gamma_{k,t} + h_k \cdot y_{k,t} + p_{k,t} \cdot q_{k,t})$

- den Restriktionen:

  Formel 18: $\displaystyle y_{k,t-1} + q_{k,t} - \sum_{i \in \mathcal{N}_k} a_{k,i} \cdot q_{i,t} - y_{k,t} = d_{k,t}$ $\forall$ $1 \leq k \leq K$ und $1 \leq t \leq T$ Lagerbilanzgleichungen

  Formel 19: $q_{k,t} - M \cdot \gamma_{k,t} \leq 0$ $\forall$ $1 \leq k \leq K$ und $1 \leq t \leq T$ Rüstbedingungen

  Formel 20: $y_{k,0} = 0$ und $y_{k,T} = 0$ $\forall$ $1 \leq k \leq K$ Lageranfangs- und -endbestand

  Formel 21: $q_{k,t} \geq 0$ und $y_{k,t} \geq 0$ $\forall$ $1 \leq k \leq K$ und $1 \leq t \leq T$ Nichtnegativität

  Formel 22: $\gamma_{k,t} \in \{0,1\}$ $\forall$ $1 \leq k \leq K$ und $1 \leq t \leq T$ binäre Rüstvariablen

- und dem Minimierungsproblem:
  Formel 23:   Minimiere Z.

Bemerkung: Sowohl der Lagerkostensatz als auch der Rüstkostensatz können auch periodenabhängig definiert werden.

Nach Definition 2 können Lose für mehrstufige Mehrproduktmodelle durch Werkzeuge zur Lösung linearer Optimierungsmodelle, wie beispielsweise dem Werkzeug ILOG, berechnet werden. Bei der Lösung von mehrstufigen Losgrößenproblemen mit genereller Erzeugnisstruktur bei 10 Produkten und 4 Perioden durch das lineare Optimierungswerkzeug ILOG auf einem PC, dessen Prozessor eine Frequenz von 2,50 GHz hat, beobachtete der Verfasser Laufzeiten, die zwischen wenigen Minuten und vielen Stunden lagen. Bereits nur geringfügig größere Probleme waren auch auf einer schnellen Workstation nicht mehr lösbar. Obwohl solche Systeme in marktüblichen Enterprise Resource Planning Systemen, wie dem Advanced Planner and Optimizer von SAP, integriert sind, ist diese Vorgehensweise nicht praktikabel. Bessere Ergebnisse konnten bisher auch nicht mit Verfahren erzielt werden, die die spezielle Struktur der jeweiligen Modellformulierung ausnutzen; exemplarisch sei die Arbeit von Rao (s. [Rao81]) genannt, der ein auf dem Benders'schen Dekompositionsverfahren basierendes exaktes Lösungsverfahren für Losgrößenprobleme bei genereller Erzeugnisstruktur ohne Kapazitätsbeschränkungen entwickelte. Die Formulierung eines solchen Optimierungsproblems als ein verallgemeinertes Netzwerkflussproblem mit Fixkosten schlagen Steinberg und Napier (s. [StNa80]) vor. Effiziente Verfahren konnten für spezielle Erzeugnisstrukturen entwickelt werden. Im Fall von konvergierenden Erzeugnisstrukturen sei auf die Arbeit von Afentakis, Gavish und Karmarkar in [AfGK84] verwiesen. Rosling gab in [Rosl86] ein sehr effizientes Verfahren für solche konvergierenden Erzeugnisstrukturen an.

5.4.2 Lösung durch das Dispositionsstufenverfahren mit Losen

Gegenstand dieses Abschnitts ist die Lösungsgüte der Anwendung des Dispositionsstufenverfahrens mit Losen auf ein MLULSP. Obwohl es aus der Herleitung von einem MLULSP sehr naheliegend erscheint, dass das Dispositionsstufenverfahren mit Losen auf ein MLULSP überhaupt angewendet werden kann, wird dies zugunsten der Systematik formal hergeleitet.

Lemma 1 (Anwendbarkeit des Dispositionsstufenverfahrens mit Losen auf ein MLULSP)

Gegeben ist ein MLULSP P mit Produktanzahl K und Anzahl an Planungsperioden T. Die Anwendung des Dispositionsstufenverfahrens mit Losen liefert Lose $q_{k,t}$ ($\forall$ $1 \leq k \leq K$ und $1 \leq t \leq T$), die alle Restriktionen von P erfüllen.

Beweis: s. Abschnitt zu mehrstufigen Losgrößenproblemen im Internet.

Als deterministisches Verfahren wird durch das Dispositionsstufenverfahren mit Losen keine Zielfunktion optimiert. Um ihre Lose (Pläne) mit der optimalen Lösung von einem MLULSP vergleichen zu können, ist es notwendig, eine Bewertungsfunktion zur Verfügung zu stellen. Hierzu dient die Zielfunktion im Modell MLULSP, also:

5.4 Dynamische mehrstufige unkapazitierte Mehrproduktmodelle

$$Z = \sum_{k=1}^{K} \sum_{t=1}^{T} (s_k \cdot \gamma_{k,t} + h_k \cdot y_{k,t} + p_{k,t} \cdot q_{k,t})$$

mit den in Definition 2 genannten Parametern und Variablen.

Diese Bewertungsfunktion wird nun auf die Anwendung des Dispositionsstufenverfahrens auf die erweiterte Tischproduktion in Beispiel 12 angewendet.

Beispiel 14 (Berechnung der Gesamtkosten nach der Anwendung des Dispositionsstufenverfahrens; Fortsetzung von Beispiel 12)

Im Beispiel 12 wurde die in Tabelle 23 angegebene Lösung berechnet; in dem für jedes Erzeugnis und jede Periode das Los, sofern eines aufgesetzt worden ist, angegeben ist. Die Kostensätze im Beispiel 12 sind in Tabelle 24 wiederholt. Da keine Produktionskosten (also $p_{k,t} = 0$) anfallen, reduziert sich die Bewertungsfunktion auf $\sum_{k=1}^{6} \sum_{t=1}^{5} (s_k \cdot \gamma_{k,t} + h_k \cdot y_{k,t})$. Die Anzahl der Lose je Produkt im Planungszeitraum ergibt die Anzahl der Rüstvorgänge für dieses Produkt im Planungszeitraum; also für den Tisch 3-mal und damit Rüstkosten von 6000 €, für die lackierte Tischplatte einmal und damit Rüstkosten 1500 €, für das lackierte Tischbein mit Befestigung dreimal und damit Rüstkosten von 4500 €, die zugeschnittene Tischplatte einmal und damit Rüstkosten von 750 €, das zugeschnittene Tischbein zweimal und damit Rüstkosten von 1500 € und schließlich die Befestigungswinkel einmal und damit Rüstkosten von 250 €; insgesamt betragen die Rüstkosten 14500 €. Die Lagerbestände am Ende der einzelnen Perioden im Planungszeitraum bestimmen die Lagerhaltungskosten. Für 20 Tische fallen in Periode 2 1200 € Lagerhaltungskosten an und für weitere 15 fallen in Periode 4 900 € Lagerhaltungskosten an; also insgesamt 2100 €. Mit entsprechenden Berechnungen betragen die Lagerhaltungskosten für die lackierte Tischplatte 1700 € $(= 900 € + 400 € + 400 €)$, für das lackierte Tischbein mit Befestigung 0 €, für die zugeschnittene Tischplatte 0 €, für das zugeschnittene Tischbein 600 € und für die Befestigungswinkel 136 €; insgesamt betragen die Lagerhaltungskosten 4536 €. Die Gesamtkosten lauten damit: 19036 €.

		Tage				
		1	2	3	4	5
Tisch	Los [Anzahl]	25	50		40	
	Lagerbestand [Anzahl]		20		15	
lackierte Tischplatte	Los [Anzahl]	115				
	Lagerbestand [Anzahl]	90	40	40		
lackiertes Tischbein mit Befestigung	Los [Anzahl]	100	200		160	
	Lagerbestand [Anzahl]					
zugeschnittene Tischplatte	Los [Anzahl]	115				
	Lagerbestand [Anzahl]					
zugeschnittenes Tischbein	Los [Anzahl]	300			160	
	Lagerbestand [Anzahl]	200				
Befestigungswinkel	Los [Anzahl]	920				
	Lagerbestand [Anzahl]	720	320	320		

Tabelle 23: Lose und Lagerbestände am Periodenende für alle Erzeugnisse der Tischproduktion; Ergebnis des Dispositionsstufenverfahrens in Beispiel 12.

		Lagerhaltungskostensatz und Rüstkosten für ein Produkt	
		h_k [€]	s_k [€]
Produkt	Tisch	60	2000
	lackierte Tischplatte	10	1500
	lackiertes Tischbein mit Befestigung	10	1500
	zugeschnittene Tischplatte	5	750
	zugeschnittenes Tischbein	3	750
	Befestigungswinkel	0,10	250

Tabelle 24: Kostensätze für die erweiterte Tischproduktion

Es wird sich eine strukturelle Schwäche des Dispositionsstufenverfahrens mit Losen zur Lösung von einem MLULSP zeigen. Bevor hierauf näher eingegangen wird, erfolgt eine einfache Charakterisierung derjenigen MLULSP, bei denen Dispositionsstufenverfahren (ohne Lose) eine optimale Lösung finden. Es handelt sich um eine Just-In-Time Produktion.

Lemma 2 (Dispositionsstufenverfahren mit Losen liefert eine Lösung eines MLULSP)

Ist eine Just-in-Time Produktion, nach der keine Lagerbestände am Periodenende auftreten, eine optimale Lösung eines MLULSP, so findet das Dispositionsstufenverfahren diese Lösung.

Beweis: s. Abschnitt zu mehrstufigen Losgrößenproblemen im Internet.

5.4 Dynamische mehrstufige unkapazitierte Mehrproduktmodelle

Bemerkung: Der Beweis zu Lemma 2 zeigt, dass jedes programmorientierte Verfahren die optimale Lösung findet.

Interessant sind MLULSP mit auftretenden Zwischenlagerbeständen.

Wie in Abschnitt 5.3 dargelegt worden ist, wird durch das Dispositionsstufenverfahren mit Losen das mehrstufige Losgrößenproblem für K Produkte in K voneinander unabhängig zu behandelnde Einprodukt-Losgrößenprobleme zerlegt. Durch diese produktorientierte Dekomposition wird somit implizit unterstellt, die Losgrößenentscheidung für ein übergeordnetes Produkt könne unabhängig von den für die untergeordneten Baugruppen und Einzelteile zu bestimmenden Losgrößen getroffen werden. Selbst Beispiel 13, welches zu Beginn des Abschnitts 5.4.1 eingeführt worden war, zeigt, dass diese Annahme nicht korrekt ist.

Beispiel 15 (nicht optimale Lösung von einem MLULSP durch das Dispositionsstufenverfahren mit Losen; Fortsetzung von Beispiel 13)

Zur besseren Lesbarkeit dieses Textes werden die Daten von Beispiel 13 wiederholt. Es handelt es sich um eine Tischproduktion bei dem zwei Tische aus drei bzw. vier Tischbeinen montiert werden; die zugehörige divergierende Erzeugnisstruktur ist in Abbildung 12 dargestellt.

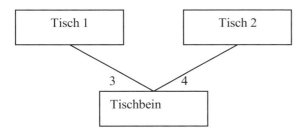

Abbildung 12: einfache divergierende Tischproduktion

Die Primärbedarfe für vier Perioden sind in der Tabelle 25 dargestellt.

Primärbedarf	Januar	Februar	März	April
Tisch 1	110	115	120	125
Tisch 2	135	100	125	130

Tabelle 25: Primärbedarfe

Folgende Kostensätze (in Geldeinheiten (GE)) werden beobachtet:

- $h_k = 1$ GE für alle $1 \leq k \leq 3$,
- $p_{k,t} = 0$ GE für alle $1 \leq k \leq 3$ und $1 \leq t \leq 4$ sowie
- $s_k = 100$ GE für alle $1 \leq k \leq 3$.

Die programmorientierte Materialbedarfsrechnung mit Losgrößenberechnung nach dem Wagner-Whitin-Verfahren, welches allerdings keine Lose zusammenfasst, führt zu dem in der Tabelle 26 dargestellten Plan.

Los	Januar	Februar	März	April
Tisch 1	110	115	120	125
Tisch 2	135	100	125	130
Tischbein	870	745	860	895

Tabelle 26: Lösung mit einer programmorientierten Materialbedarfsrechnung mit Losen

Die optimale Lösung verbraucht 1070 Geldeinheiten und kann durch den in der Tabelle 27 dargestellten Plan erreicht werden.

Los	Januar	Februar	März	April
Tisch 1	225	0	245	0
Tisch 2	235	0	255	0
Tischbein	1615	0	1755	0

Tabelle 27: optimale Lösung

Da die einzelnen Losgrößenprobleme (für Tisch 1, Tisch 2 und Tischbein) im Beispiel 15 optimal gelöst worden sind, aber kein Gesamtoptimum erzielt wurde, ist eine Verbesserung der Gesamtkosten durch ein suboptimales Los für ein Einzelerzeugnis erzielbar, wodurch ein Los von einem anderen Erzeugnis vergrößert wird. Folglich bestehen kostenmäßige Abhängigkeiten zwischen den Losgrößenbestimmungen für die einzelnen Erzeugnisse in diesem Beispiel. Mittels empirischer Untersuchungen konnte nachgewiesen werden, dass dieser Effekt mit zunehmender Tiefe der Erzeugnisstruktur zunimmt. So wurden Kostenerhöhungen zwischen 2% und 37% publiziert (s. [Grav81], [BlMi82], [Afen87] und [Hein87]).

5.4.3 Einprodukt-Losgrößenverfahren mit Kostenanpassung

Nach den bisherigen Ausführungen (Abschnitt 5.3 und auch Abschnitt 5.4.2) wird in der betrieblichen Praxis, in Form des Dispositionsstufenverfahrens mit Losen, eine produktbezogene Dekomposition des Planungsproblems vorgenommen. Bei dieser Dekomposition werden einstufige Einprodukt-Losgrößenprobleme gelöst, bei deren Lagerkostensätze es sich in der industriellen Praxis naheliegenderweise um Vollkostensätze handeln dürfte, die, vom Controlling, aus den gesamten Kosten aller vorhergehenden Produktionsstufen berechnet werden. Es ist nicht zu erwarten, dass diese Kostensätze die kostenmäßigen Abhängigkeiten zwischen den einzelnen einstufigen Einprodukt-Losgrößenproblemen vollkommen erfassen; dies erklärt auch die oben zitierten Untersuchungen und Analysen. Zu erwarten ist jedoch, dass die Lager- und Rüstkostensätze der einzelnen Einprodukt-Losgrößenprobleme so gewählt werden können, dass das Dispositionsstufenverfahren mit Losen eine optimale Lösung findet. Dies wird nun anhand vom Beispiel 15 demonstriert.

5.4 Dynamische mehrstufige unkapazitierte Mehrproduktmodelle

Beispiel 16 (optimale Lösung von einem MLULSP durch das Dispositionsstufenverfahren mit Losen bei geeigneter Wahl der Lager- und Rüstkostensätze; Fortsetzung von Beispiel 15)

Unabhängig von den tatsächlichen Gegebenheiten (Beobachtungen) in der Produktion, werden nun die folgenden Kostensätze ausgewählt; die Produktionskosten $p_{k,t}$ bleiben unverändert (gleich Null):

- $h_k = 2$ GE, für alle $1 \leq k \leq 3$ und
- $s_k = 500$ GE, für alle $1 \leq k \leq 3$.

Die programmorientierte Materialbedarfsrechnung mit Losgrößenberechnung nach dem Wagner-Whitin-Verfahren führt zu dem in der Tabelle 28 dargestellten Plan, der identisch mit der optimalen Lösung ist (vgl. Tabelle 27). Es sei angemerkt, dass aufgrund der speziell gewählten Kostensätze die Gesamtkosten nicht identisch mit den optimalen Gesamtkosten bei den ursprünglich zugrunde gelegten Kostensätzen sein kann; die Gesamtkosten lauten nun 3940 GE.

Los	Januar	Februar	März	April
Tisch 1	225	0	245	0
Tisch 2	235	0	255	0
Tischbeine	1615	0	1755	0

Tabelle 28: optimale Lösung durch eine programmorientierte Materialbedarfsrechnung mit Losen bei geeignet gewählten Kostensätzen

Löst das Dispositionsstufenverfahren mit Losen ein MLULSP optimal, so sind die auf den unterschiedlichen Erzeugnisstufen zu treffenden Losgrößenentscheidungen optimal aufeinander abgestimmt. Die dazu speziell gewählten Lager- und Rüstkostensätze können daher als das Ergebnis einer solchen Abstimmung aufgefasst werden. In verschiedenen Arbeiten wurde untersucht, inwieweit diese Kostensätze als Bestandteil eines Gesamtlösungsverfahrens berechnet werden können. Tatsächlich existieren einige Methoden zur Bestimmung der „optimalen" Werte. Angenommen, es liegt eine optimale Abstimmung vor. Dann ist zu erwarten, dass eine Losvergrößerung oder -verkleinerung zu einem Produkt auf einer Dispositionsstufe u eine Veränderung der Rüst- und Lagerkosten der Produkte auf den zu u untergeordneten Erzeugnisstufen erfordert, damit die optimale Abstimmung weiterhin erhalten bleibt. Eine solche Veränderung der Kostensätze versuchen solche Verfahren abschätzen. Bei den Verfahren von Heinrich und Graves sowie den Lagrange-Heuristiken handelt es sich um Verfahrensbeispiele für diesen Ansatz.

Das Verfahren von Heinrich (s. [Hein87] bzw. [HeSc86]) besteht aus zwei Phasen. In Phase I wird das ursprüngliche dynamische Ausgangs-Losgrößenproblem durch ein mehrstufiges Mehrprodukt-Losgrößenproblem (P) mit stationärer Nachfrage (und unendlichem Planungshorizont) angenähert. Dieses Problem P wird durch ein heuristisches Verfahren gelöst. In der Phase II wird dann aus der Lösung von P ein Produktionsplan zur Lösung des Ausgangsproblems erzeugt. Dabei kommen auch Kostenanpassungen zum Tragen.

Beim Verfahren von Graves (s. [Grav81]) werden für ein Produkt und seine direkt eingehenden Komponenten iterativ verschiedene einstufige dynamische Einprodukt-Losgrößenprobleme vom Modell SLULSP gebildet und optimal gelöst. Über periodenspezifische variable Produktionskosten werden direkt benachbarte Erzeugnisse abgestimmt.

Wie in den mathematischen Grundlagen dargestellt, kann durch eine Lagrange Relaxation der Bereich zulässiger Lösungen eines Optimierungsproblems, der durch Restriktionen aufgespannt wird, durch Entfernen von Restriktionen verändert werden. Damit solche Restriktionen weiterhin berücksichtigt werden, werden sie mit Lagrange-Multiplikatoren multipliziert und die dadurch entstehenden Terme werden als Summand in die Zielfunktion aufgenommen. Durch eine solche Veränderung des Optimierungsproblems kann insbesondere ein algorithmisch einfacher zu durchsuchender zulässiger Bereich entstehen. Nach der Lösung eines so vereinfachten Problems sind solche Werte für die Lagrange-Multiplikatoren zu bestimmen, dass die eliminierten Restriktionen eingehalten werden. In diesem Sinne handelt es sich bei den Lagrange-Multiplikatoren um Strafkosten der eliminierten Restriktionen. Die Arbeit von Salomon in [Salo91] belegt die Leistungsfähigkeit dieses Vorgehens.

Bei den bisher vorgestellten Verfahren wird in einem Schritt für ein Produkt ein Produktionsplan für den gesamten Planungshorizont angegeben. Durch eine Schleife über alle Produkte entsteht eine Lösung des Ausgangsproblems. Deswegen wird in der Literatur auch von einer erzeugnisorientierten Dekomposition gesprochen. Das zentrale Problem mehrstufiger Losgrößenverfahren, nämlich die Abstimmung zwischen den auf unterschiedlichen Erzeugnisstufen zu treffenden Losgrößenentscheidungen wird nachgelagert, im günstigen Fall durch geeignet berechnete Lager- und Rüstkostensätze für die so gebildeten Einprodukt-Losgrößenprobleme, behandelt.

Alternativ wurden Verfahren untersucht, die in einem Planungsschritt für alle Erzeugnisse aufeinander abgestimmte Losgrößen für eine einzige Periode berechnen. Das Gesamtverfahren durchläuft schrittweise alle Planungsperioden. Ein solches Vorgehen wird als periodenorientierte Dekomposition bezeichnet.

Kurzfristige Änderungen der vorhergesagten Bedarfe aufgrund einer neuen (Planungs-)Situation, wie sie typischerweise in der industriellen Praxis im Rahmen der rollenden Planung zu beobachten sind, wirken sich bei einer periodenorientierten Dekomposition weniger stark auf die Planungsgüte aus, als bei einer erzeugnisorientierten Dekomposition, da die prognostizierten Bedarfe in der (den) ersten Periode (-n) des Planungszeitraums sich weniger stark verändern dürften als in den zeitlich späteren Planungsperioden; siehe auch die entsprechenden Ausführungen hierzu im Abschnitt „Losgrößenprobleme mit deterministisch-dynamischen Bedarf" im Kapitel über einstufige Losgrößenprobleme. Es sei erwähnt, dass die Betrachtung einstufiger Losgrößenprobleme zeigte, dass optimale Entscheidungen in der (den) ersten Periode (-n) des Planungszeitraums durchaus von den Bedarfen in den zeitlich späteren Planungsperioden abhängen.

Als Beispiele für eine periodenorientierte Dekomposition seien die Verfahren von Afentakis [Afen82, Afen87] und Lambrecht, Vander Eecken und Vanderveken [LvEV83] genannt. Allerdings lösen diese ausschließlich dynamische Mehrprodukt-Losgrößenprobleme mit konvergierender Erzeugnisstruktur. Die Anwendung des Verfahrens von Afentakis auf verschiedene konvergierende Erzeugnisstrukturen mit bis zu 200 Erzeugnissen auf maximal 45 Produktionsstufen sowie einer Variation der Länge des Planungshorizonts zwischen 6 und 18

Perioden führte zu einer mittleren Abweichung der Zielfunktionswerte vom Optimum um 0,5 %. Gegenüber der Anwendung des Dispositionsstufenverfahrens mit optimaler Lösung der einstufigen Losgrößenprobleme durch das Wagner-Whitin-Verfahren erhöhte sich die Rechenzeit im Mittel um das Dreifache. Umfangreiche Tests zeigen, dass das Verfahren von Lambrecht, Vander Eecken und Vanderveken im Vergleich zum Verfahren von Graves mit einer signifikant geringeren Rechenzeit nur etwas ungünstigere Ergebnisse liefert.

Gute Ergebnisse werden durch den „Non-Sequential Incremental Part Period Algorithm (NIPPA)" von Simpson und Erenguc (s. [SiEr98a]) erzielt. Durch Anwendung des Dispositionsstufenverfahrens (ohne Losbildung) entsteht zunächst eine Startlösung. Sie produziert jeden Nettobedarf in seiner Bedarfsperiode („lot-for-lot"). Im Verbesserungsteil wird diese Lösung iterativ durch die folgenden Schritte verbessert. Für ein Produkt k und eine Periode t wird der Produktionsauftrag in t (also der Nettobedarf) schrittweise solange um die Produktionsaufträge in den Perioden $(t+1)$, $(t+2)$, … vergrößert, wie ein Auswahlkriterium erfüllt ist. Ist es nicht mehr erfüllt, so wird die Zusammenfassung beendet. Ist $(t+j)$, $0 \leq j$, die letzte Periode, für die das Auswahlkriterium erfüllt ist, und ist $q_{k,(t+i)}$, $\forall \; 0 \leq i \leq j$, der Produktionsauftrag von k in $(t+i)$, so berechnet sich das neue Los von k in t durch $\sum_{i=0}^{j} q_{k,(t+i)}$. Eine solche Loszusammenfassung für k bewirkt einerseits höhere Lagerkosten und andererseits reduziert es die Rüstkosten auf die Höhe eines Rüstkostensatzes (s_k). Diese Zusammenfassung der Lose zu einem Produkt (k) erzwingt in der Regel Verschiebungen der Lose von Produkten auf den untergeordneten Erzeugnisstufen. Sie gehen in die Kostenberechnungen ein. Das Verhältnis dieser beiden Größen wird schließlich als Auswahlkriterium verwendet. Es sei erwähnt, dass viele Heuristiken zur Lösung einstufiger dynamischer Losgrößenprobleme auf einem ähnlichen Ansatz beruhen. Dabei verwendet das so genannte Stückperiodenausgleichsverfahren (s. z.B. [Temp02]) ein vergleichbares Auswahlkriterium. Die Anwendung von NIPPA auf sehr viele Probleme zum Modell MLULSP durch Simpson und Erenguc ergaben im Mittel sehr gute Lösungen, die von einer unteren Schranke des Zielfunktionswertes um weniger als 1 % abwichen. Es ist jedoch offen, wie Nahe diese untere Schranke am Optimum ist.

5.5 Dynamische mehrstufige kapazitierte Mehrproduktmodelle

5.5.1 Grundmodell

Gegenüber mehrstufigen unkapazitierten Losgrößenproblemen wird berücksichtigt, dass für die Bearbeitung eines Loses für ein Produkt eine Station (z.B. eine Werkzeugmaschine oder ein Handarbeitsplatz) notwendig ist, die über eine beschränkte Kapazität verfügt. Beispielsweise könnte ein Tisch an einem Montagearbeitsplatz montiert werden. Deswegen wird das

Modells MLULSP ausschließlich um eine Kapazitätsbedingung erweitert, die im Folgenden erläutert wird. Das resultierende Modell wird durch MLCLSP (Multi-Level Capacitated Lot Sizing Problem) bezeichnet. Seine formale Definition wird zugunsten der Analyse von den Auswirkungen von Kapazitätsbedingungen zurückgestellt und erfolgt in Definition 3 im Abschnitt 5.5.3.

Die Bearbeitung eines Loses auf einer Station wird in der Regel als Arbeitsgang oder als arbeitsgangbezogener Auftrag bezeichnet. Er und nicht das Erzeugnis nimmt Ressourcen in Anspruch. Dadurch werden in dem Modell neben den Endprodukten und den extern bei Zulieferern zu beschaffenden Vorprodukten als Planungsobjekte auch Zwischenprodukte betrachtet, die nach Abschluss der einzelnen Arbeitsgänge vorliegen. Um nicht zwischen der Bearbeitung eines Produkts (Arbeitsgang wie beispielsweise Montage von Tisch 1 in Beispiel 13) und dem zu lagernden Zwischenprodukt (also Tisch 1) unterscheiden zu müssen, werden im Folgenden die Begriffe (Zwischen-)Produkt und Arbeitsgang synonym verwendet. Bei einer solchen Erweiterung von Beispiel 13 um Stationen hätte Beispiel 13 drei Arbeitsgänge.

Der Planungszeitraum umfasst wieder T Perioden und es werden K Produkte auf J Stationen produziert (bzw. beschafft), deren periodenspezifische Bedarfe durch $d_{k,t}$ und Lose durch $q_{k,t}$ bezeichnet werden. Es liegen die Bearbeitungszeit für eine Einheit eines Arbeitsgangs k (tb_k) wie auch die Rüstzeit für die Produktion eines Loses für ein Produkt k (tr_k) vor. Ein Los $q_{k,t}$ hat damit (in t) die Bearbeitungszeit von $tb_k \cdot q_{k,t}$. Gibt, wie bei einem MLULSP, die binäre Rüstvariable $\gamma_{k,t}$ an, ob für k in t gerüstet wird, so ist $tr_k \cdot \gamma_{k,t}$ die Rüstzeit für $q_{k,t}$ in t. Für eine Station j darf die Summe aus Rüst- und Bearbeitungszeiten aller Lose, die auf j in einer Periode t zu fertigen sind, die zulässige Kapazität von j in t $(b_{j,t})$ nicht überschreiten. $\mathcal{K}_j$ sei die Indexmenge der Arbeitsgänge, die durch die Ressource j vollzogen werden. Dann lautet die Kapazitätsbedingung formal:

Formel 24 $\qquad \sum_{k \in \mathcal{K}_j}(tb_k \cdot q_{k,t} + tr_k \cdot \gamma_{k,t}) \leq b_{j,t}, \ \forall \ 1 \leq j \leq J \text{ und } 1 \leq t \leq T$.

5.5.2 Lösung durch eine programmorientierte Materialbedarfsrechnung mit Losen

In den bisher dargestellten Lösungsansätzen zur Behandlung des dynamischen mehrstufigen Mehrprodukt-Losgrößenproblems blieben die Kapazitäten der Ressourcen unberücksichtigt. Dies ist auch die Vorgehensweise bei den Implementierungen der MRP-Logik in marktüblichen Systemen zur Produktionsplanung und -steuerung (PPS-Systeme) als Dispositionsstufenverfahren mit Losen. Diese nach dem Sukzessivplanungskonzept vorgehenden Planungssysteme zerlegen – wie im linken Teil in der Abbildung 13 dargestellt – das Gesamtproblem der Produktionsplanung und -steuerung in die nacheinander zu durchlaufenden Planungsphasen der Mengenplanung, der Terminplanung sowie der Produktionssteuerung. Im Kern legt

5.5 Dynamische mehrstufige kapazitierte Mehrproduktmodelle

die Terminplanung für jeden Auftrag, der im aktuellen Planungszeitraum fertig zu stellen ist, seinen Start- und Endtermin auf der benötigten Station fest. Für die dazu eingesetzte Durchlaufterminierung und Kapazitätsplanung sei auf die einschlägige Literatur, z.B. [Kurb05] oder auch [Gron04] verwiesen. Die Produktionssteuerung besteht aus der Auftragsveranlassung und der Kapazitäts- und Auftragsüberwachung; für Details wird auch hier auf die Literatur, z.B. [Kurb05] (bzw. [Gron04]), verwiesen. Diese Grundkonzeption kann als phasenbezogene Sukzessivplanung bezeichnet werden.

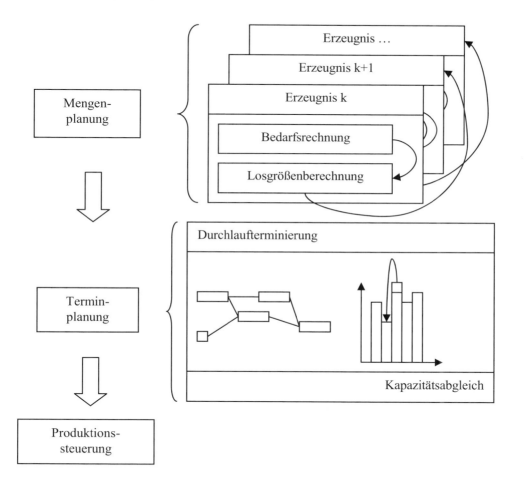

Abbildung 13: Struktur eines MRP-Konzept in marktüblichen PPS-Systemen

Anhand des folgenden mehrstufigen Mehrprodukt-Losgrößenproblems mit Kapazitäten wird aufgezeigt, dass sich die Termineinhaltung signifikant verschlechtert, wenn das Dispositionsstufenverfahren mit Losen zu seiner Lösung eingesetzt wird.

Beispiel 17 (Dispositionsstufenverfahren mit Losen bei Vorliegen von Kapazitätsrestriktionen)

In dem Beispiel werden wiederum Tische, mit der in Abbildung 14 dargestellten Stückliste, produziert. Dazu werden aus dem Rohstoff Holz in zwei voneinander getrennten Arbeitsgängen einerseits eine Tischplatte und andererseits vier Tischbeine gefertigt, die mit dem Direktbedarfskoeffizienten von 1 in den Tisch eingehen. Diese beiden Arbeitsgänge bestehen jeweils aus den Teilschritten:

- Zuschneiden,
- Bohren (für die spätere Montage) und
- Lackieren einschließlich Trocknen.

Aus einer Tischplatte und vier Tischbeinen wird ein Tisch erstellt. Dieser Arbeitsgang besteht aus den beiden Teilschritten:

- Montieren und
- Lackieren einschließlich Trocknen.

Um zu demonstrieren, dass die Konsequenzen bereits bei sehr einfachen Beispielen auftreten, wird angenommen, dass alle drei Arbeitsgänge auf einer gemeinsamen Ressource bearbeitet werden. Dies lässt sich dadurch motivieren, dass es sich beim Lackieren um die zeitlich dominierende Aufgabe handelt, und die anderen Aufgaben quasi mit gemacht werden können. Da der Lackieraufwand bei den Komponenten höher als beim Endprodukt sein dürfte, ist die Stückbearbeitungszeit für die eingehenden Komponenten jeweils 640 Minuten, während sie für das Endprodukt 320 Minuten beträgt. Für alle Arbeitsgänge treten keine Rüstzeiten auf. Die Lagerkosten pro Zeiteinheit und Mengeneinheit betragen für einen Tisch 40 €, für eine Tischplatte 11 € und für vier Tischbeine 11 €. Die Rüstkostensätze lauten einheitlich 1000 €. Die Vorlaufzeiten je Produkt betragen Null Tage. Diese Daten sind in der Tabelle 29 zusammengefasst.

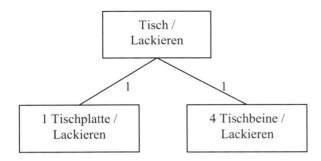

Abbildung 14: einfache Tischproduktion mit Kapazitäten

5.5 Dynamische mehrstufige kapazitierte Mehrproduktmodelle

		Kosten- oder Zeitsatz				
		h_k [€]	s_k [€]	tb_k [s]	tr_k [s]	z_k [Schicht]
Produkt	Tisch	40	1000	320	0	0
	Tischplatte	11	1000	640	0	0
	4 Tischbeine	11	1000	640	0	0

Tabelle 29: Parameter für die einfache Tischproduktion mit Kapazitäten

Für die Tische liegen für die nächsten vier Perioden geplante Primärbedarfsmengen vor, die in der Tabelle 30 angegeben sind. Variable Produktionskosten treten nicht auf.

	Tage			
	1	2	3	4
Tische [Anzahl]	10	10	30	15

Tabelle 30: Primärbedarfe für die Tische

Die Anwendung des Wagner-Whitin-Verfahrens zur produktspezifischen Losbildung im Rahmen des Dispositionsstufenverfahrens mit Losen führt zu den in Tabelle 31 angegebenen Produktionsmengen (Lose) mit Gesamtkosten von 6980 €. Zur besseren Orientierung enthält Tabelle 31 auch die Lagerbestände für die drei Produkte am Ende von jedem der vier Tage sowie den Kapazitätsbedarf dieser Lösung an jedem Tag. Zugleich ist diese Lösung optimal für dieses mehrstufige Losgrößenproblem ohne Berücksichtigung von Kapazitätsbeschränkungen.

		Produktionsmenge				Lagerbestand			
		Tage				Tage			
		1	2	3	4	1	2	3	4
Produkte [Anzahl]	Tisch	20	0	45	0	10	0	15	0
	Tischplatte	65	0	0	0	45	45	0	0
	4 Tischbeine	65	0	0	0	45	45	0	0
Kapazitätsbedarf [h]		$24\frac{8}{9}$	0	4	0				

Tabelle 31: Dispositionsstufenverfahren mit optimaler Lösung der Einprodukt-Losgrößenprobleme: Produktionsmengen, Lagerbestände und Kapazitätsbedarf

Die im Vergleich zu den Lagerkosten relativ hohen Rüstkosten haben dazu geführt, dass alle Bedarfsmengen der beiden eingehenden Komponenten (d. h. eine Tischplatte und vier Tischbeine) bereits in der ersten Periode produziert werden.

Bei den marktüblichen Systemen zur Produktionsplanung und -steuerung (PPS-Systeme) werden Kapazitätsgesichtspunkte i. A. erst in einer nachgelagerten Planungsstufe im Rahmen der so genannten Terminplanung berücksichtigt; s. Abbildung 13. Aufgrund des Konzepts der phasenbezogenen Sukzessivplanung sind die Ergebnisse der Mengenplanung die Eingabedaten für die anschließende Planung der Termine und der Kapazitätsbelegungen. Also würden die im Beispiel 17 (Dispositionsstufenverfahren mit Losen bei Vorliegen von Kapazitätsrestriktionen) berechneten Produktionsaufträge an die nachgelagerte Terminplanung übergeben. Da die Losgrößenplanung bereits abgeschlossen ist, bestehen im Rahmen der Terminplanung nur Variationsmöglichkeiten bei der Reihenfolge der Abarbeitung der Aufträge. Dies ist die Ursache für signifikante Terminabweichungen, die nun anhand von Beispiel 17 aufgezeigt wird.

Beispiel 18 (Dispositionsstufenverfahren mit Losen bei Vorliegen von Kapazitätsrestriktionen; Fortsetzung von Beispiel 17)

Es sei nun angenommen, dass die Kapazität der Lackier-Station je Tag 480 Minuten (also 8 h mit jeweils 60 min.) beträgt. Unter dieser Annahme ist die obige Lösung offensichtlich nicht mehr zulässig. Wird dennoch versucht, diesen Produktionsplan als Vorgabe für die Durchführung der Produktion beizubehalten, dann ergibt sich folgender Produktionsablauf: Wegen der Verfügbarkeit der eingehenden Komponenten ist entweder zuerst die eine Tischplatte oder die vier Tischbeine zu produzieren. Die beiden in Frage kommenden Lose benötigen auf der einen Ressource (Lackiererei) die gleiche Kapazität. Angenommen es wird mit dem Los von 65 Tischplatten begonnen, so ist dieser Auftrag erst nach 11 h 33 min 20 s (h = Stunden, min = Minuten, s = Sekunden) beendet; also nach 3 h 33 min 20 s am zweiten Tag. Am Ende des ersten Tags werden also nur 45 der geplanten 65 Tischplatten produziert. Weder ein Tischbein noch ein Tisch wurden produziert. Bevor nach Beendigung des Loses für die Tischplatten mit der Produktion von Tischen begonnen werden kann, ist das Los von 65 „4 Tischbeine" zu produzieren. Mit diesem wird noch am zweiten Tag nach 3 h 33 min 20 s begonnen und diese Produktion ist nach weiteren 11 h 33 min 20 s beendet. Also nach 23 h 6 min 40 s. Damit kann erst nach 2 Tagen 7 h 6 min 40 s mit der Produktion von Tischen begonnen werden. Zunächst wird mit der Produktion des für den ersten Tag eingeplanten Auftrags begonnen. Seine Produktion erstreckt sich in den vierten Tag und ist nach 24 h 53 min 20 s, also nach 53 min 20 s am vierten Tag, beendet. Im Anschluss daran wird der zweite für den dritten Tag eingeplante Auftrag für Tische produziert, der nach 28 h 53 min 20 s, also am vierten Tag nach 4 h 53 min 20 s, fertiggestellt wird. Termingerecht wird folglich nur der Primärbedarf über 15 Tische mit dem Ende des vierten Tages als Endtermin fertiggestellt. Werden die Endtermine stets auf das Periodenende bezogen, also in diesem Beispiel auf das Ende eines Tages, so hat der erste Primärbedarf eine Verspätung von 2 Tagen 53 min 20 s, der zweite eine Verspätung von 1 Tag 53 min 20 s und der dritte eine Verspätung von 53 min 20 s.

Dieses Ergebnis ist in der Abbildung 15 graphisch dargestellt. Es sei angemerkt, dass dieses Beispiel so konstruiert ist, dass der erste Primärbedarf noch am Ende des dritten Tages hätte fertiggestellt werden können, wenn der erste Auftrag lediglich die Produktion von 10 Tischen umfasst hätte. Dies ist dann besonders wichtig, wenn stets am Ende eines Tages (einer Periode) ausgeliefert wird; in diesem Fall betrüge die Verspätung statt drei Tage lediglich zwei Tage.

5.5 Dynamische mehrstufige kapazitierte Mehrproduktmodelle

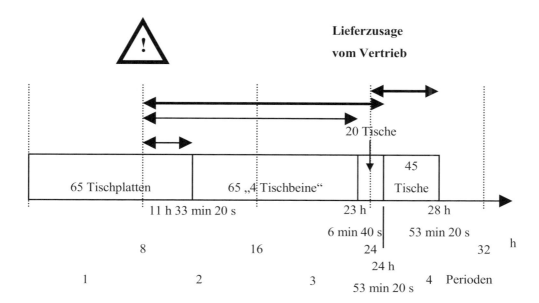

Abbildung 15: planungsbedingte Terminabweichungen

Die in diesem Beispiel geschilderte Situation ist für die industrielle Praxis nicht ungewöhnlich. Sie ist zum einen dadurch gekennzeichnet, dass nur durch einen Sicherheitsbestand für Tische die für die ersten drei Tage zugesagten Auslieferungen an Tischen eingehalten werden können, da die Produktion von Tischen noch nicht erfolgt ist. Im Beispiel kommt es in drei Perioden zu Fehlmengen. Zum anderen geht die programmorientierte Materialbedarfsplanung davon aus, dass die Durchlaufzeiten für Tischplatten, „4 Tischbeine" und Tische innerhalb eines Tages liegt. Formal bedeutet dies: Die Vorlaufzeiten (z_k) der einzelnen Arbeitsgänge sind Null. Tatsächlich kommt es zu einer ungeplanten Erhöhung der Durchlaufzeiten. In diesem Beispiel führt dies zu einer verspäteten Fertigstellung der beiden an den Tagen eins und drei eingeplanten Aufträge für Tische.

Dieses mehrstufige Losgrößenproblem besitzt jedoch eine optimale Lösung, die in der Tabelle 32 dargestellt ist. In ihr wird in jeder Periode nur soviel produziert, so dass die Kapazität der Lackiererei nicht überschritten wird. Folglich kommt es auch nicht mehr zu einer ungeplanten Erhöhung der Durchlaufzeiten.

		Produktionsmenge				Lagerbestand			
		Tage				Tage			
		1	2	3	4	1	2	3	4
Produkte [Anzahl]	Tisch	10	10	30	15	0	0	0	0
	Tischplatte	20	0	30	15	10	0	0	0
	4 Tischbeine	10	40	0	15	0	30	0	0
Kapazitätsbedarf [h]:		$6\frac{2}{9}$	8	8	$6\frac{2}{3}$				

Tabelle 32: optimale Lösung mit einer Kapazität der Lackiererei von 8 h pro Tag: Produktionsmengen und Lagerbestände

Wie dieses einfache Beispiel bereits zeigt, hängt die tatsächliche Durchlaufzeit eines eigen gefertigten Loses von der Größe der Konkurrenz um die knappen Ressourcen (im Beispiel von der Lackiererei) ab. Nach Vorgabe ergab sich für das Dispositionsstufenverfahren mit Losen eine Gesamtdurchlaufzeit für jedes Los des Tisches von Null Perioden, in dem Sinne, dass in einer Periode mit einer Komponente für ein Los des Tisches begonnen wird und dieses Los in dieser Periode fertiggestellt wird. Bei der optimalen Lösung erfolgt die Produktion von 10 Tischen für den ersten Tag innerhalb dieses Tages, also mit einer Gesamtdurchlaufzeit von Null Tagen. Demgegenüber beginnt die Produktion der 10 Tische für den zweiten Tag ebenfalls am ersten Tag, weswegen die Gesamtdurchlaufzeit nun ein Tag beträgt. Die Gesamtdurchlaufzeit der Produktion von 30 Tischen für den dritten Tag ist ebenfalls ein Tag und diejenige für die Produktion von 15 Tischen für den vierten Tag beträgt Null Tage.

Damit ist die tatsächliche Durchlaufzeit eines eigen gefertigten Loses in der Regel zum Planungszeitpunkt nicht bekannt. Von der programmorientierten Materialbedarfsplanung wird die zu erwartende Durchlaufzeit eines eigen gefertigten Erzeugnisses nicht berechnet, sondern zum Planungszeitpunkt fest vorgegebenen; in der Regel durch einen Eintrag in den Materialstamm eines PPS- oder ERP-Systems verbindlich für die nächste mittelfristige Zukunft. Dadurch können erhebliche Probleme für die Durchführbarkeit eines aufgestellten Produktionsplans entstehen, da der gerade beschriebene Effekt bei den in der industriellen Praxis üblichen Größenordnungen im Mittel noch deutlicher auftritt.

Es ist nun nahe liegend, durch eine Erhöhung der (statischen) Vorlaufzeit einen zeitlichen Puffer für die Kapazitätsengpässe zu schaffen. Experimente des Verfassers zeigen, dass mit zunehmender Vorlaufzeit längere Durchlaufzeiten auftreten. Demgegenüber verringern sich die Verspätungen mit zunehmender Vorlaufzeit, weil durch eine frühere Freigabe der erhoffte zeitliche Puffer für die Kapazitätsengpässe gebildet wird. Die frühere Freigabe bewirkt eine frühere Fertigstellung der einzelnen Arbeitsgänge (bezogen sowohl auf ihre Anzahl als auch auf ihre Terminabweichung) und dadurch eine beträchtliche Erhöhung der Lagerbestände. Insgesamt kommt es in Abhängigkeit vom Einlastungszeitpunkt entweder zu einer zu frühen Fertigstellung, und damit zu einem unnötig hohem Lagerbestand, oder ein Auftrag hält sich länger als erwartet in der Produktion auf und wird demzufolge zu spät fertiggestellt.

5.5 Dynamische mehrstufige kapazitierte Mehrproduktmodelle

Eine optimale Lösung des MLCLSP-Problems bedeutet, dass weder Verspätungen noch Verfrühungen auftreten. Eine Vorverlegung des Produktionsbeginns eines Auftrags in eine frühere Periode wird ausschließlich aufgrund mangelnder Bearbeitungskapazität durch die Einhaltung der Kapazitätsrestriktion (s. Formel 24) erzwungen. Dadurch entstehen Wartezeiten der Zwischenprodukte nach Beendigung der Produktion. Dabei kann es auch vorkommen, dass die Periodenbedarfsmenge eines Produkts durch Produktion in mehreren Perioden – evtl. mit zusätzlichen Rüstzeitverlusten – bereitgestellt wird. Mit der optimalen Lösung eines MLCLSP sind die in der Praxis angestrebten kurzen Durchlaufzeiten und die damit eng verbundenen geringen Lagerbestände realisierbar. Eine vom Planer bereitzustellende und in der Regel falsche Schätzung der zu erwartenden Durchlaufzeit eines Auftrags wird nicht mehr benötigt.

Werden also in der Mengenplanung die Kapazitäten nicht berücksichtigt, so entstehen nicht zulässige Produktionspläne als Eingabedaten für die nachfolgende Terminplanung. Bei der Terminplanung handelt es sich um eine detaillierte Planungsphase mit zusätzlichen Nebenbedingungen. Da derartige zusätzliche Nebenbedingungen den Lösungsraum in der Regel verkleinern, hat die Terminplanung keinen Spielraum zur Generierung einer zulässigen Lösung. Im Gegenteil dürfte der in der Terminplanung erstellte Produktionsplan noch „unzulässiger" werden.

Vermieden werden diese Schwierigkeiten nur dann, wenn bereits in der Mengenplanung die Kapazitäten der Ressourcen explizit berücksichtigt werden. Benötigt wird somit ein Algorithmus zur Lösung eines mehrstufigen Mehrprodukt-Losgrößenproblems bei beschränkten Kapazitäten mit dynamisch schwankenden Bedarfsmengen und genereller Erzeugnis- und Prozessstruktur; also von einem MLCLSP. Liefert dieser Algorithmus, beispielsweise durch die Anwendung eines Werkzeugs zur Lösung linearer Optimierungsprobleme, lediglich perioden- und produktspezifische Lose (also die Losgröße $q_{k,t}$ für Arbeitsgang k in Periode t), so ist die Ermittlung ihrer Start- und Endtermine auf den jeweiligen Stationen ein Ein-Stationen-Problem vom Typ $\left[1|\text{prec}|F_{\max}\right]$, s. den Abschnitt über die Ressourcenbelegungsplanung, welches mit dem Algorithmus von Lawler optimal gelöst wird; im Detail wird dieser Ansatz im Anschluss an der Definition von einem MLCLSP (Definition 3, Beispiel 19) analysiert. Im Kern muss folglich ein PPS-System die in Abbildung 16 auf der rechten Seite skizzierte Grundstruktur eines erzeugnisbezogenen Simultanplanungskonzepts aufweisen.

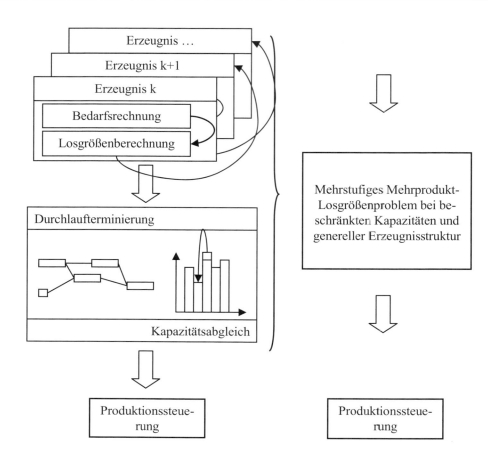

Abbildung 16: sukzessiv versus Simultanplanung bei Mengenplanung

Es sei erwähnt, dass dieses Vorgehen für jede Werkstattproduktion angewendet werden kann. Liegt jedoch eine Fließproduktion vor, so ist in der Regel simultan mit der Losgrößenplanung die Reihenfolgeplanung durchzuführen, die mit vereinfachten Modellen möglich ist. Auf solche Modelle der simultanen Losgrößen- und Reihenfolgeplanung wird beispielsweise in [DrKi97] oder [Grün98] eingegangen.

5.5.3 Gesamtmodell – Integration allgemeiner zeitverbrauchender Prozesse

In der industriellen Realität treten, neben den Rüst- und Bearbeitungszeiten noch weitere zeitverbrauchende Prozesse auf. Beispielsweise sind die Werkstücke nach Abschluss eines Arbeitsgangs zur nächsten Ressource zu transportieren. Dies wird im bisherigen Modell

5.5 Dynamische mehrstufige kapazitierte Mehrproduktmodelle

MLCLSP nicht berücksichtigt. Mit einer Mindestvorlaufzeit kann Zeit für derartige Prozesse eingeplant werden. Dies führt zu dem weiteren Parameter

z_k Mindestvorlaufzeit eines Auftrags für Arbeitsgang (bzw. Produkt) k.

Diese minimale arbeitsgangbezogene Vorlaufzeit eines Produktionsauftrags für einen Arbeitsgang k bewirkt, dass ein in der Periode t aufgesetztes Los nicht wie bisher in der Periode t zu einem Lagerzugang für dieses Produkt k führt, sondern der Lagerzugang für Produkt k erst in der Periode $(t+z_k)$ erfolgt. Folglich wird ein Lagerzugang in Periode t durch ein Los in der Periode $(t-z_k)$ hervorgerufen. Damit ändert sich die Lagerbilanzgleichung (Formel 18) zu:

Formel 25: $y_{k,t-1} + q_{k,t-z_k} - \sum_{i \in \mathcal{N}_k} a_{k,i} \cdot q_{i,t} - y_{k,t} = d_{k,t}$, $\forall\ 1 \leq k \leq K$ und $1 \leq t \leq T$.

Zusammengefasst lautet das Modell MLCLSP nun.

Definition 3 (Modell MLCLSP)

Das **M**ulti-**L**evel **C**apacitated **L**ot **S**izing **P**roblem (MLCLSP) besteht aus:

- den Parametern:
    - T   Länge des Planungszeitraums $(1 \leq t \leq T)$
    - K   Anzahl der Produkte bzw. Arbeitsgänge $(1 \leq k \leq K)$
    - $d_{k,t}$ Nettobedarfsmenge (Primärbedarf) für Produkt k in Periode t $\forall\ 1 \leq k \leq K$ und $1 \leq t \leq T$
    - $a_{k,i}$ Direktbedarfskoeffizient bezüglich Produkt k und i $\forall\ 1 \leq i, k \leq K$
    - J   Anzahl der Ressourcen $\forall\ 1 \leq j \leq J$
    - $\mathcal{K}_j$ Indexmenge der Arbeitsgänge, die durch die Ressource j vollzogen werden
    - $\mathcal{N}_k$ Indexmenge der Nachfolger des Produkts k $\forall\ 1 \leq k \leq K$
    - h_k voller Lagerkostensatz des Produkts k $\forall\ 1 \leq k \leq K$
    - $p_{k,t}$ variable Produktionskosten für Produkt k in Periode t
    - s_k Rüstkostensatz des Produkts k $\forall\ 1 \leq k \leq K$
    - tb_k Stückbearbeitungszeit für Arbeitsgang k $\forall\ 1 \leq k \leq K$
    - tr_k Rüstzeit für Arbeitsgang k $\forall\ 1 \leq k \leq K$
    - z_k Mindestvorlaufzeit eines Auftrags für Arbeitsgang (bzw. Produkt) k $\forall\ 1 \leq k \leq K$
    - M   große Zahl (M muss größer als die maximale mögliche Losgröße sein)
- den Variablen:
    - $q_{k,t}$ Losgröße für Produkt k in Periode t $\forall\ 1 \leq k \leq K$ und $1 \leq t \leq T$
    - $y_{k,t}$ Lagerbestand für Produkt k am Ende der Periode t $\forall\ 1 \leq k \leq K$ und $0 \leq t \leq T$

$\gamma_{k,t}$ binäre Rüstvariable für Produkt k in Periode t mit $\gamma_{k,t} = \begin{cases} 1, & \text{falls } q_{k,t} > 0 \\ 0, & \text{falls } q_{k,t} = 0 \end{cases}$

$\forall \ 1 \leq k \leq K$ und $1 \leq t \leq T$

- der Zielfunktion:

  Formel 26: $\quad Z = \sum_{k=1}^{K} \sum_{t=1}^{T} (s_k \cdot \gamma_{k,t} + h_k \cdot y_{k,t} + p_{k,t} \cdot q_{k,t})$

- den Restriktionen:

  Formel 27: $\quad y_{k,t-1} + q_{k,t-z_k} - \sum_{i \in \mathcal{N}_k} a_{k,i} \cdot q_{i,t} - y_{k,t} = d_{k,t} \quad \forall \ 1 \leq k \leq K$ und $1 \leq t \leq T \quad$ Lagerbilanzgleichungen

  Formel 28: $\quad \sum_{k \in \mathcal{K}_j} (tb_k \cdot q_{k,t} + tr_k \cdot \gamma_{k,t}) \leq b_{j,t} \quad \forall \ 1 \leq j \leq J$ und $1 \leq t \leq T \quad$ Kapazitätsbedingungen

  Formel 29: $\quad q_{k,t} - M \cdot \gamma_{k,t} \leq 0 \quad \forall \ 1 \leq k \leq K$ und $1 \leq t \leq T \quad$ Rüstbedingungen

  Formel 30: $\quad y_{k,0} = 0$ und $y_{k,T} = 0 \quad \forall \ 1 \leq k \leq K \quad$ Lageranfangs- und endbestand

  Formel 31: $\quad q_{k,t} \geq 0$ und $y_{k,t} \geq 0 \quad \forall \ 1 \leq k \leq K$ und $1 \leq t \leq T \quad$ Nichtnegativität

  Formel 32: $\quad \gamma_{k,t} \in \{0,1\} \quad \forall \ 1 \leq k \leq K$ und $1 \leq t \leq T \quad$ binäre Rüstvariablen

- und dem Minimierungsproblem:

  Formel 33: Minimiere Z.

Bemerkungen:

- Wie beim Modell MLULSP können sowohl der Lagerkostensatz als auch der Rüstkostensatz auch periodenabhängig definiert werden.
- Die im Anschluss an die Definition des Modells CLSP, im Abschnitt über einstufige Losgrößenprobleme, formulierten Überlegungen zu Rüstzeiten gelten sinngemäß auch hier. Noch stärker als bei einstufigen Losgrößenproblemen ist bei mehrstufigen Losgrößenproblemen zu beobachten, dass nicht immer dieselbe Ressource in allen Perioden kritisch ist: „Engpässe können wandern."

Die Einführung einer Mindestvorlaufzeit eines Produktionsauftrags für einen Arbeitsgang wurde für die Modellierung von zeitverbrauchenden Prozessen motiviert. Sie kann auch zur Vermeidung des folgenden Problems genutzt werden.

Es sei angenommen, dass eine Ressource für die Bearbeitung von mehreren Arbeitsgängen (Produkten) auf unterschiedlichen Dispositionsstufen benötigt wird; eine solche Konstellation wird als stufenübergreifende Ressourcenkonkurrenz bezeichnet. Dann ist es möglich, dass eine bezüglich der Kapazitätsrestriktionen (Formel 28) zulässige Lösung praktisch nicht umsetzbar ist. Dies soll anhand des folgenden Beispiels konkretisiert werden.

5.5 Dynamische mehrstufige kapazitierte Mehrproduktmodelle

Beispiel 19 (stufenübergreifende Ressourcenkonkurrenz)

Ein hochwertiger Schrank ist zunächst vorzulackieren, dann sind Löcher zu bohren und anschließend erfolgt die abschließende Lackierung. Dieses Prozessmodell ist in Abbildung 17 dargestellt. Das Vorlackieren dauert 3 h, die Bohrungen dauern 2 h und das abschließende Lackieren dauert 4 h. Die Kapazität der dazu notwendigen Lackier- und Bohrstation in einer Periode beträgt jeweils 8 h; Vorlackieren und abschließendes Lackieren erfolgen auf der gleichen Lackierstation. Damit liegt der Nettokapazitätsbedarf je Station unterhalb der Kapazitätsgrenze, so dass im zugehörigen Modell MLCLSP alle Restriktionen erfüllt sind und damit ein zulässiger Plan existiert, mit dem ein Schrank in einer Periode produzierbar sein müsste. Tatsächlich ist dieser Plan nicht umsetzbar, da der Schrank für den abschließenden Lackiervorgang frühestens nach 5 h zur Verfügung steht. Die dann noch verbleibenden 3 h reichen nicht aus, um diesen abschließenden Lackiervorgang (in der laufenden Periode) noch beenden zu können. Wird für das Vorlackieren eine Mindestvorlaufzeit von einer Periode $(z_1 = 1)$ vorgesehen, wodurch mit dem Vorlackieren eine Periode früher begonnen wird, so liegt ein umsetzbarer Plan vor, nach dem ein Schrank 2 (genauer 1,75) Perioden benötigt.

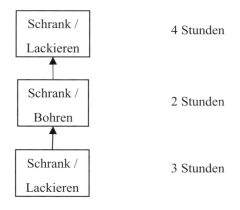

Abbildung 17: Prozessmodell für einen hochwertigen Schrank mit stufenübergreifender Ressourcenkonkurrenz

Aufgrund den Überlegungen in Beispiel 19 kann die Mindestvorlaufzeit z_k eingesetzt werden, um Zeit für zeitverbrauchende Prozesse einzuplanen, die nicht in dem Modell explizit berücksichtigt sind. In vielen Fällen wird ein zulässiger Produktionsplan erreicht, wenn die Periodenlänge ausreichend groß gewählt wird und die Mindestvorlaufzeit eine Periode $(z_k = 1)$ beträgt.

Nach Beispiel 19 existieren somit Konstellationen, in denen zulässige Lösungen von einem MLCLSP nicht umsetzbar sind. Die oben angesprochene Anwendung des Algorithmus von Lawler berechnet dann Pläne, die die Kapazitätsrestriktionen nicht einhalten.

Wie beim Dispositionsstufenverfahren muss bei positiven Mindestvorlaufzeiten zu Beginn des Planungszeitraums eventuell auch auf Anfangslagerbestände bzw. noch ausstehende Auftragsmengen zurückgegriffen werden, um überhaupt einen zulässigen Produktionsplan ohne Fehlmengen erzeugen zu können. Dies soll anhand von Beispiel 19 illustriert werden.

Beispiel 20 (Notwendigkeit eines Anfangslagerbestands; Fortsetzung von Beispiel 19)

Es wird wieder das Prozessmodell aus dem Beispiel 19 zugrunde gelegt; s. Abbildung 17. Soll ein Schrank in der ersten Periode abschließend lackiert werden und hat ein gebohrter Schrank eine Vorlaufzeit von einer Periode $(z_2 = 1)$, so muss zu Beginn der ersten Periode bereits ein gebohrter Schrank vorrätig sein.

Dieser Effekt bedeutet, dass der Index der Perioden (bzw. der Zeit) t einer Losgrößenvariablen $q_{k,t}$ kleiner als der erste Wert des Planungsintervalls werden kann; beginnt er mit eins, so kann der Zeitindex eben Null oder negativ werden. Solche Mengen sind als externe Zugangsmengen interpretierbar. Sie können als Planungsdaten (in Form von Variablen) betrachtet werden, wobei ihre Werte in der Vergangenheit festgelegt wurden. Das Problem tritt nicht auf, sofern für ein Produkt in jeder Periode keine Primärbedarfsmenge vorliegt, in der der Effekt auftritt, sofern für seine Vorerzeugnisse kein Lagerbestand vorliegt. Diese Lösung wird auf Beispiel 20 angewandt.

Beispiel 21 (Perioden ohne Primärbedarfsmengen; Fortsetzung von Beispiel 20)

Grundlage ist die Herstellung eines hochwertigen Schrankes nach Beispiel 19 und Beispiel 20; s. Abbildung 17. Angenommen, der vorzulackierende Schrank habe eine Mindestvorlaufzeit von 2 (Perioden) und der gebohrte Schrank eine von eins. Liegen keine Anfangslagerbestände vor, so werden zwei Perioden benötigt um einen vorlackierten Schrank zur Verfügung zu haben, und es wird eine weitere Periode benötigt, damit ein gebohrter Schrank zur Verfügung steht. Damit darf in den ersten drei Perioden keine Primärbedarfsmenge für den Schrank vorliegen; m.a.W. Periode vier ist die erste Periode, in der ein Primärbedarf vorliegen darf. Hat der (abschließend lackierte) Schrank (selbst) eine Mindestvorlaufzeit von eins, so darf in den ersten 4 Perioden keine Primärbedarfsmenge für den Schrank vorliegen.

Zeitliche Abstimmungsprobleme dieser Art treten bei der rollenden Planung auf, deren Definition im Abschnitt über einstufige Losgrößenprobleme auch hier zutrifft.

Abschließend sei betont, dass eine periodenbezogene Kapazitätsbeanspruchung der einzelnen Ressourcen dadurch hergestellt wird, dass sich die Formulierung des Modells MLCLSP auf Arbeitsgänge bzw. deren Ergebnisse, die Zwischen- und Endprodukte, bezieht.

5.5.4 Lösung mehrstufiger kapazitierter Losgrößenprobleme

Im Abschnitt über einstufige Losgrößenprobleme wurde begründet, dass es sich bei einem dynamischen einstufigen Mehrproduktlosgrößenproblem (CLSP) bereits um ein NP-vollständiges Optimierungsproblem handelt. Folglich ist die Verallgemeinerung zu einem MLCLSP ebenfalls NP-vollständig. Wie oben bereits dargelegt wurde, s. Abbildung 16, ist

5.5 Dynamische mehrstufige kapazitierte Mehrproduktmodelle

seine effiziente Lösung entscheidend für leistungsfähigere Produktionsplanungs- und -steuerungssysteme (in Form eines Simultanplanungskonzepts). Lange Zeit wurde in diesem Sinne keine Verbesserung des aus den 1960er Jahren stammenden Dispositionsstufenverfahrens publiziert. Für spezielle Erzeugnisstrukturen wurden seit Ende der 1980er Jahre einige heuristische Algorithmen entworfen. An dieser Stelle sei für konvergierende Erzeugnis- und Prozessstrukturen stellvertretend auf die Arbeiten von Maes und auch van Wassenhove ([Maes87], [MaMW91] und [MavW91]) hingewiesen. Für den Fall genereller Erzeugnis- und Prozessstrukturen sei zunächst das Dekompositionsverfahren von Helber (s. [Helb94] bzw. [TeHe94]) genannt. Darüber hinaus gibt nach Auffassung des Verfassers Tempelmeier in [Temp02] einen guten Überblick über existierende Verfahren.

Beim Dekompositionsverfahren werden einstufige Mehrprodukt-Losgrößenprobleme mit beschränkten Produktionskapazitäten (also vom Typ CLSP) gebildet und mit Hilfe der Silver-Dixon-Heuristik gelöst. Bezogen auf eine Dispositionsstufe können solche CLSP sehr einfach gebildet werden. Allerdings dürften auch Produkte auf unterschiedlichen Dispositionsstufen eine gemeinsame Ressource beanspruchen. Sie sollten in einem CLSP zusammengefasst sein; m.a.W. nur ein CLSP für jede Ressource wäre günstig, wobei die Dispositionsstufenzuordnung für die Einhaltung der Bedarfsbeziehungen zwischen den Produkten (zur Sekundärbedarfsberechnung) erhalten bleiben sollte. Für diese Zusammenfassung entwickelte Helber das Konzept des zyklenfreien Ressourcengraphen, durch den im Mittel die Anzahl an zu lösenden CLSP deutlich kleiner als die Anzahl an Dispositionsstufen ist.

Aufgrund der Mehrstufigkeit der Erzeugnisstruktur hat ein Produktionsplan für ein Produkt k nicht nur die Kapazitätsbedingung der Station zu berücksichtigen, auf der k hergestellt wird. Dies sei durch ein einziges CLSP beschrieben. Zusätzlich ist zu beachten, dass eine Verschiebung von einer Produktionsmenge (M) in eine zeitlich frühere Periode nur dann möglich ist, sofern jede Vorgänger-Erzeugnis-Menge zu M (im Sinne der Sekundärbedarfsberechnung) entsprechend früher beendet ist oder in eine geeignete frühere Periode verschoben werden kann. Für die hierfür erforderliche Überprüfung schlägt Helber die erfolgreiche Anwendung einer heuristischen Rückwärtseinplanung vor. Diese zieht die abgeleiteten Bedarfsmengen der untergeordneten Erzeugnisse sukzessiv soweit vor, bis für diese ein zulässiger Produktionsplan gefunden worden ist.

Für die einzelnen CLSP-Losgrößenprobleme können modifizierte Kostensätze verwendet werden, wobei Helber vorschlägt, die Kostensätze nach dem Verfahren von Heinrich [Hein87] zu modifizieren.

Das Verfahren von Helber wurde auf zahlreiche (kleinere) Beispiele angewandt, für die optimale Lösungen mit Hilfe eines Standardwerkzeugs zur Lösung linearer Optimierungsprobleme berechnet werden konnten. Die durch das Verfahren von Helber ermittelten Lösungen wichen im Mittel um 3,7% vom Optimum ab. Helber wendete dieses Verfahren auch auf größere Probleme mit bis zu 80 Produkten und 16 Perioden an, analysierte die Verfahrensgüte und maß die Rechenzeit. Seine Ergebnisse erhärten die Hoffnung, dass ein MLCLSP unter industriellen Bedingungen zufriedenstellend gelöst werden kann.

Überwiegend bessere Werte werden durch die Lagrange-Heuristik von Destroff (s. [Ders95] bzw. [TeDe96]) erzielt. Es handelt sich um ein mehrstufiges iteratives Verfahren. Im Ausgangsproblem werden Nebenbedingungen, die die beschränkten Kapazitäten (über die Kapazitätsrestriktionen) und die Mehrstufigkeit der Erzeugnisstruktur (über die Lagerbilanzgleichungen) beschreiben, vernachlässigt, so dass mehrere voneinander unabhängige unkapazitierte dynamische Einprodukt-Losgrößenprobleme vom Typ SLULSP entstehen. Die optimale Lösung dieser (isolierten) SLULSP führt zu produktbezogenen Produktionsplänen, aus denen eine echte untere Schranke für die optimale Lösung (also für den Zielfunktionswert) des Ausgangsproblems ermittelt wird. Unter der Annahme, dass diese Pläne umgesetzt werden, werden die dann auftretenden Fehlmengen sowie Überlastungen der Ressourcen ermittelt. Aus diesen werden Strafkostensätze in Form von Lagrange-Multiplikatoren abgeleitet und in den Zielfunktionen der Teilprobleme berücksichtigt. Dabei werden diese Lagrange-Multiplikatoren mit Hilfe eines Verfahrens der Subgradientenoptimierung aktualisiert. Dann wird eine zulässige Lösung des Problems ermittelt, mit der unter Umständen die obere Schranke des optimalen Zielfunktionswerts aktualisiert werden kann. Vorliegende Fehlmengen werden durch die Verwendung des Dispositionsstufenverfahrens beseitigt. Mit einem heuristischen Kapazitätsabgleich werden die Überlastungen der Ressourcen abgebaut.

Als Alternative sei ergänzend erwähnt, dass Simpson und Erenguc ihren „Non-Sequential Incremental Part Period Algorithm (NIPPA)" (s. [SiEr98b]) für mehrstufige unkapazitierte Losgrößenprobleme um die Berücksichtigung von Kapazitäten verallgemeinerten.

Anwendungen dieser beiden Verfahren, und ihrer Erweiterungen, zeigen, dass das oben angesprochene Simultanplanungsmodell in einem Produktionsplanungs- und -steuerungssystem für in der industriellen Praxis realistische Größenordnungen näherungsweise gelöst werden kann. Aufgrund der Analyse der Dispositionsstufenverfahren mit Losen in Abschnitt 5.5.2 dürften die somit erzeugten zulässigen Lösungen selbst dann eine signifikante Verbesserung darstellen, wenn ihre Lösung nicht nahe am Optimum liegt.

6 Stochastische Lagerhaltungsprobleme

6.0 Einleitung

Aufgrund der, in den beiden vorhergehenden Kapiteln besprochenen, dynamischen Losgrößenverfahren tritt Vorratsproduktion für Endprodukte und Zwischenprodukte auf. Zu ihrer Lagerung sind Lager sowohl innerhalb eines Produktionsprozesses von einem Unternehmen als auch innerhalb einer Lieferkette mit den Zulieferern und Kunden eines Unternehmens unvermeidlich. Das im Abschnitt „einstufige Losgrößenprobleme" vorgestellte Losgrößenverfahren löste den Zielkonflikt zwischen Bestellkosten und Lagerkosten (bzw. Rüstkosten). Bei den dort vorgestellten deterministischen Modellen wurde angenommen, dass der Bedarf bekannt ist und entweder über einen unendlich langen Planungshorizont konstant bleibt oder über einen endlichen Planungshorizont variiert. Damit bleiben Schwankungen in der Nachfrage bzw. (alternativ betrachtet) in der Nachfrageprognose jedoch unberücksichtigt. Ihr Auftreten wird anhand eines Ersatzteilelagers beispielhaft erläutert.

Beispiel 1 (Ersatzteilelager)

Der Betreiber eines Ersatzteilelagers möchte den Bestand eines bestimmten Ersatzteils optimieren. Das fragliche Ersatzteil wird für eine computergesteuerte Säge für die Tischproduktion benötigt. Diese Säge wird in Zukunft nicht mehr hergestellt. Deswegen kann der Lagerbetreiber dieses Ersatzteil nur noch einmal bestellen, bevor die Produktion vom Hersteller eingestellt wird. Erschwert wird seine Bestellentscheidung durch seine vertragliche Verpflichtung, nach der er das Ersatzteil für seine Kunden im kommenden Jahr lieferbereit zu halten hat. Die Nachfragen nach diesem Ersatzteil in den letzten Jahren mit ihren jeweiligen Wahrscheinlichkeiten sind in der Tabelle 1 dargestellt:

jährliche Nachfrage	Wahrscheinlichkeit
0	0,02
1	0,07
2	0,15
3	0,2
4	0,2
5	0,15
6	0,11
7	0,1

Tabelle 1: Wahrscheinlichkeit der jährlichen Nachfrage für das Ersatzteil

Ein Ersatzteil kostet 100 €. Nach dem Auslaufen der vertraglichen Lieferverpflichtung (am Ende des kommenden Jahres) betragen die jährlichen Lagerkosten für jedes noch zu lagernde Ersatzteil 20 €. Wurden alle Ersatzteile verkauft, so kann eine dann auftretende Nachfrage nach einem Ersatzteil nur durch die Verwendung eines Ersatzteils für eine andere Säge befriedigt werden. Allerdings muss dazu dieses alternative Ersatzteil noch überarbeitet werden, wodurch Mehrkosten von insgesamt 150 € anfallen. Auftretende Fehlmengen verursachen somit auch Kosten, wodurch eine mangelnde Bedarfsdeckung bestraft wird. Der Bestellvorgang selbst verursacht einmalige Kosten von 25 €. Gesucht ist die optimale Bestellmenge, die die Gesamtkosten für den Bestellvorgang selbst, für etwaige Lagerkosten, für nicht verkaufte Ersatzteile und für mögliche Kosten aufgrund einer zu geringen Bestellung von Ersatzteilen minimiert.

Das Beispiel zum Ersatzteilmanagement zeigt, dass die Annahme eines konstanten Bedarfs wie im bisherigen Modell also fallenzulassen ist. Für den Bedarf ist eine Zufallsvariable zu verwenden, deren Verteilungsfunktion als bekannt angenommen werden darf.

In der dargestellten Form handelt sich bei dem Ersatzteilmanagement um ein so genanntes Einperiodenmodell. Solche Modelle beschreiben üblicherweise die Lagerung eines Gutes, das schnell altert (z.B. eine Zeitung oder auch Modeartikel wie Badeanzüge), schnell verdirbt (z.B. Obst oder Gemüse), nur einmal gelagert wird (wie die im Beispiel betrachteten Ersatzteile für eine auslaufende Produktionsserie) oder dessen Zukunft nach einer Planungsperiode ungewiss ist. Sie finden sich in der Literatur auch unter dem Namen Zeitungsstandbesitzerproblem bzw. „Newsvendor Problem".

Bei vielen anderen Produkten kann der Entscheidungsträger zu jeder Zeit erneut bestellen. Ein Beispiel dafür ist ein Händler für Tische. Für das Produkt gibt es eine eher zufällig verteilte Nachfrage, während der Händler Lieferungen von einem Möbelhersteller das ganze Jahr über erhalten kann. Natürlich kann der Hersteller nicht sofort nach Eingang der Bestellung vom Händler liefern; vorab wird eine fixe Lieferzeit bzw. Wiederbeschaffungszeit festgelegt, innerhalb welcher der Hersteller nach Eingang die Bestellung ausführt. Als konkretes Beispiel sei die Lieferung von Befestigungsschrauben für die Tischproduktion im Beispiel für mehrstufige Losgrößenprobleme betrachtet.

6.0 Einleitung

Beispiel 2 (Lagerhaltung von Befestigungsschrauben für die Tischproduktion)

Die Nachfrage nach Befestigungsschrauben für einen Spezialtisch sei normalverteilt mit dem Erwartungswert von 184000 Befestigungsschrauben pro Jahr und der Standardabweichung von 3400 Befestigungsschrauben pro Jahr. Nachfragen zwischen Tagen sind unabhängig und es wird an 230 Tagen im Jahr produziert. Die (fixen) Bestellkosten betragen 50 € pro Bestellung, die variablen Einkaufskosten betragen 1,2 € je Befestigungsschraube und die Lagerung einer Befestigungsschraube pro Jahr kostet 0,3 €. Bei Fehlmengen von Befestigungsschrauben kommt es in der Tischproduktion zu Störungen. Die Komponenten der Tische werden lackiert und deren Montage wird soweit wie möglich vorbereitet. Bis eine neue Lieferung an Befestigungsschrauben eintrifft, werden diese Komponenten zwischengelagert. Diese verzögerte Montage führt zu geschätzten Mehrkosten von 3 € je Befestigungsschraube. Die Befestigungsschrauben werden in Polen gefertigt und nach 5 Tagen angeliefert.

Auch bei diesem Beispiel ist die Nachfrage unsicher. Mögliche Ursachen der Unsicherheit sind:

- Die Nachfragemenge pro Periode ist nicht sicher.
- Aus den vorhergehenden beiden Abschnitten ist klar, dass beim Hersteller keine konstante Produktionszeit vorliegen dürfte. Seine Schwankungen bedeuten, dass tatsächlich eine zufällige Lieferzeit auftritt, die ebenfalls durch eine Zufallsvariable beschrieben wird.
- Die Liefermenge weicht von der Bestellmenge ab.
- Die Aufzeichnungen der Lagerbestandsführung stimmen nicht mit den tatsächlich vorhandenen Beständen überein.

Um den Einfluss der Unsicherheit berücksichtigen zu können, wird durch den folgenden Abschnitt zunächst die Bestimmung der Nachfragemengen erläutert.

Aufgrund dieser Nachfrageunsicherheit muss ein Händler aus den folgenden beiden Gründen ein Lager halten, selbst dann, wenn bei einer Bestellung der Produkte keine fixen Stückkosten anfallen,

- um die Nachfrage zu befriedigen, die während der Lieferzeit auftritt. Da Bestellungen nicht sofort erfüllt werden können, müssen im Lager einige Einheiten zur Verfügung stehen, um die Kundennachfrage auch in der Zeit zwischen dem Bestellzeitpunkt des Händlers und dem Lieferzeitpunkt der Produkte erfüllen zu können.
- um sich gegen Nachfrageunsicherheiten abzusichern.

Während diese Punkte (es sei auch an den zu Anfang des Abschnitts erwähnten Ausgleich zwischen (jährlichen) Lagerhaltungskosten und (jährlichen) fixen Bestellkosten als Grund für ein Lager erinnert) intuitiv einleuchten, ist die spezielle Lagerhaltungspolitik für ein solches so genanntes Mehrperiodenmodell, die der Händler verfolgen sollte, alles andere als einfach. Um das Lager effektiv zu führen, muss er entscheiden, wann er wie viele Tische bestellt.

Abbildung 1 skizziert ein solches Lagerhaltungssystem. Statt zwischen einem Lieferanten und einem Händler kann ein Lager sich auch zwischen zwei Produktionsstufen eines Produktionsprozesses befinden.

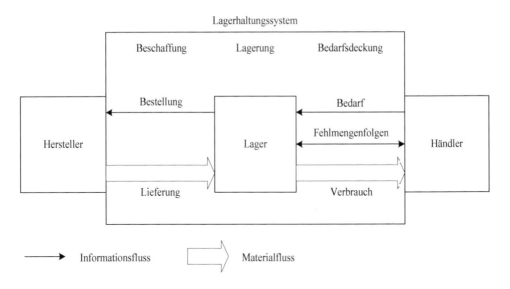

Abbildung 1: Lagerhaltungssystem

Mit der wissenschaftlichen Untersuchung von Lagerhaltungssystemen wurde bereits in den 1950er und 1960er Jahren begonnen. Hier ist zunächst die Untersuchung von Arrow, Harris und Marschak (s. [ArHM51]) zu nennen, die als Pionierarbeit angesehen wird. Mit den wegweisenden Arbeiten von Scarf (s. [Scar59]), Iglehart (s. [Igle63a] und [Igle63b]) sowie Veinott und Wagner (s. [VeWa65]) für ein einzelnes Lager wurden in den 1960er Jahren Grundlagen erarbeitet, die in den Arbeiten von Hochstädter (s. [Hoch69]) sowie Klemm und Mikut (s. [KlMi72]) mathematisch sehr detailliert zusammenhängend dargestellt sind. Zu weiteren Lagerkonzepten sind die Untersuchung von Clark und Scarf (s. [ClSc60]) zu multi-echelon Systemen, die Forschungsarbeiten von Eppen und Schrage (s. [EpSc81]) sowie Federgruen und Zipkin (s. [FeZi84a] – [FeZi84c]) für Verteilungssysteme und Rosling (s. [Rosl89]) für Montagesysteme zu nennen. Jede dieser Forschungsarbeiten wird zugleich als ein Meilenstein zum Verständnis komplexer stochastischer Systeme aufgefasst. Auffrischungen, neuere Einsichten und die Entwicklung von vor allem effizienteren Algorithmen für diese Probleme erfolgten verstärkt ab den 1990er Jahren beispielsweise in den Arbeiten von Porteus (s. [Port90]), Zheng (s. [Zhen91]), Zheng und Federgruen (s. [ZhFe91]), Lee und Nahmias (s. [LeNa93]), Chen und Zheng (s. [ChZh94]) und Zipkin (s. [Zipk00]). Aktuelle Arbeiten (wie beispielsweise [LiLY04]) fokussieren sich zunehmend auf die Analyse mehrstufiger Lieferketten, die typischerweise aus mehreren Produktionsstufen von einem oder mehreren Unternehmen bestehen, zwischen denen Lager zur Lagerung von Zwischenprodukten existieren. Da die Produktionsstufen und die Lager nicht immer in Form einer Kette miteinander verbunden sind, sollte genauer von einem Liefernetzwerk gesprochen werden.

6.1 Berechnung von Nachfragemengen

Ein zentraler Bestandteil jedes Lagerhaltungsproblems ist die Nachfrage. Die Nachfrage in einem Modell kann ein Produkt oder mehrere Produkte umfassen und in deterministischer bzw. stochastischer Form auftreten. Im deterministischen Fall ist die Nachfrage für einen Planungszeitraum mit Sicherheit bekannt, während im stochastischen Fall die Bedarfserfassung über Wahrscheinlichkeitsverteilungen erfolgt. Je nach Art des Gutes liegt eine stetige (z.B. Öl) oder eine diskrete Verteilung der Nachfrage (z.B. Schrauben) vor. Diese Verteilung wird meistens als zeitunabhängig angenommen, d. h., zwischen aufeinanderfolgenden Entscheidungszeitpunkten gehorcht die Nachfrage der gleichen Verteilungsfunktion.

Solche Nachfragen können nun nach einheitlichen Vorschriften erhoben bzw. gemessen werden, wodurch empirisch gefundene Nachfrageverteilungen vorliegen. Wie in [HaWi63] begründet worden ist, können sie in vielen Fällen nicht eingesetzt werden. Aus den in den folgenden Abschnitten hergeleiteten Formeln wird deutlich werden (und damit diese Aussage leichter verständlich werden), dass bei einem Mehrperiodenmodell oft nur ein Teil der Verteilung, nämlich der hintere Teil, benötigt wird. Bei einer empirischen Verteilung liegen aber häufig nicht genügend Daten vor, um diesen genau genug zu repräsentieren. Verantwortlich hierfür sind die Berücksichtigung von Lieferzeiten und das Vorliegen von signifikanten Fehlmengenkosten. Beim Einperiodenmodell können eher empirische Verteilungen angewendet werden.

Empirisch gefundene Nachfrageverteilungen lassen sich häufig durch theoretische Verteilungen approximieren. Die Nachfrage beim Einzelhandel ist oft annähernd poissonverteilt. Mit Hilfe der Exponentialverteilung kann die Nachfrage in vielen Großhandelslagern beschrieben werden. Die Nachfragemengen beim Hersteller unterliegen meist einer Normalverteilung (s. [Hoch69] und [Assf76]).

Es hat sich gezeigt, dass die Normalverteilung auf viele empirische Verteilungen zutrifft, sofern die in der Lagerhaltungspraxis üblichen Zeitintervalle zugrunde gelegt werden. Gerade in der Wiederbeschaffungszeit ist die Nachfragemenge die Summe aus einer (mehr oder weniger) großen Anzahl von Periodennachfragemengen. Nach dem zentralen Grenzwertsatz aus der Stochastik ist die Summe einer ausreichend großen Anzahl von unabhängigen Zufallsvariablen (hier Periodennachfragemengen) normalverteilt. Bei deterministischen und langen Wiederbeschaffungszeiten und regelmäßigem Bedarf wird daher die Normalverteilungsannahme als vertretbar angesehen. Außerdem bildet die Normalverteilung die Grenzverteilung für eine ganze Reihe von Verteilungen (etwa Binomial-, Poisson- und Gammaverteilung (s. [Assf76])). Deswegen wird eine Nachfrageverteilung sehr häufig durch eine Normalverteilung approximiert.

Liegt jedoch ein sporadischer Bedarf (s. seine Charakterisierung im Abschnitt „Prognoseverfahren") vor, so ist eine hohe Streuung des Bedarfs gegenüber seinem Erwartungwert zu erwarten. Eine relativ große Streuung führt bei einer Normalverteilung zu einer erkennbaren Wahrscheinlichkeit für negative Werte. Beispielsweise betrage der Erwartungswert der Nachfrage im Wiederbeschaffungszeitraum 25 und seine Streuung laute 15. Die Normalverteilung mit diesen (ersten) Momenten hat die in Abbildung 2 dargestellte Gestalt, und es liegen nicht vernachlässigbare Wahrscheinlichkeiten für negative Bedarfe vor. Negative Bedarfe sind in der Lagerhaltung ausgeschlossen. Deshalb ist bei einem sporadischen Bedarf eine Normalverteilung von vornherein ungeeignet.

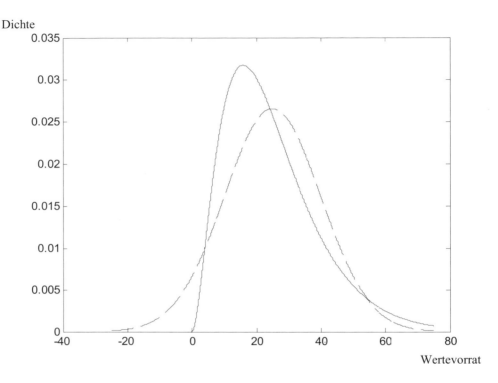

Abbildung 2: Normalverteilung („- -"-Linie) und Gammaverteilung („-"-Linie) jeweils mit dem Erwartungswert von 25 und Streuung von 15

Bei sporadischem Bedarf kann von den folgenden Charakteristika der empirischen Verteilung ausgegangen werden:

- sie existiert nur für nichtnegative Werte der Nachfrage,
- wenn die mittlere Nachfrage steigt, verändert sich die Verteilung von einer
  - monoton fallenden zu einer
  - unimodalen rechtsschiefen Verteilung (eine unimodale Verteilung ist eine Verteilung mit nur einem Gipfel und somit mit einem Modalwert)
  - und schließlich zu einer Normalverteilung.

Außer der Normalverteilung, die nur für große Mittelwerte geeignet ist, könnten weitere Verteilungen in Betracht gezogen werden, z.B. die negative Exponentialverteilung und die Gammaverteilung. Bei der negativen Exponentialverteilung handelt es sich um einen Spezialfall der Gammaverteilung, und sie ist nur für sehr kleine Mittelwerte geeignet. Die Gammaverteilung ist besser geeignet. Ihre Eigenschaften sind:

- sie ist nur für positive Werte definiert,
- sie ist sehr anpassungsfähig, d. h., entsprechend ihren Parameterwerten lässt sie sich von einer negativen Exponentialverteilung über eine rechtsschiefe unimodale Verteilung bis zu einer der Normalverteilung ähnlichen Verteilung variieren.

Abbildung 2 enthält auch die Werte einer Gammaverteilung mit den gleichen (ersten) Momenten.

Typischerweise haben bei einem sporadischen Bedarf viele Perioden keinen Bedarf. Eine dadurch bedingte hohe Wahrscheinlichkeit für einen Bedarf von Null widerspricht der Annahme einer Gammaverteilung. Daher bietet es sich an, zunächst die Perioden ohne Nachfrage zu eliminieren. Allerdings liegt in vielen praktischen Fällen auch dann noch eine hohe Streuung des Bedarfs gegenüber seinem Erwartungwert vor. Dadurch bleibt die Anwendung einer Normalverteilung ausgeschlossen und es ist sinnvoll, auf die positiven Bedarfe eine Gammaverteilung anzuwenden. Gegenüber der Anwendung einer Gammaverteilung auf die Gesamtbedarfe ist dieses Vorgehen deswegen vorteilhaft, weil durch die Elimination der Perioden ohne Nachfrage die stochastischen Eigenschaften der Bedarfe häufig klarer hervortreten. In diesen Fällen werden die positiven Bedarfe genauer.

Die Überlegungen zur Behandlung des sporadischen Bedarfs betonen die aus mathematischer Sicht nicht weiter zu begründende Aussage, dass eine möglichst genaue Approximation der Verteilung (durch eine theoretische Verteilung) zu den besten Ergebnissen führt. Dennoch wird in der Literatur sehr häufig ausschließlich eine Normalverteilung für die Nachfrageverteilung unterstellt. Die Signifikanz eines solchen grundsätzlich falschen Ansatzes ist in [Temp05] anhand eines Beispiels dargestellt.

Bei einem Mehrperiodenmodell lassen sich die Nachfragemengen je Periode (bei der Periodenlänge handelt es sich in der industriellen Praxis häufig um einen Tag) d_1, d_2, ... (wie bei den Prognoseverfahren; s. den Abschnitt über Prognoseverfahren) durch unabhängige Zufallsvariablen D_1, D_2, ... beschreiben, und sie bilden einen stationären Prozess (s. den Abschnitt „Präliminarien" im Internet) mit einem gemeinsamen, endlichen Erwartungswert μ und einer gemeinsamen, endlichen Standardabweichung σ. Zu diesen Kenngrößen sei D die (gemeinsame) Zufallsvariable mit dem Erwartungswert $E(D) = \mu$ und der Standardabweichung $\sigma(D) = \mu$ sowie der Verteilungsfunktion Φ_D. Die Wahrscheinlichkeitsverteilung (z.B. Normalverteilung, Gammaverteilung, diskrete empirische Verteilung) bzw. ihre Parameter seien aus Aufzeichnungen über die Nachfrageentwicklung in der Vergangenheit geschätzt worden. Es sei betont, dass für diese Abschätzung auch ein Prognoseverfahren eingesetzt werden kann. Nach den obigen Überlegungen ist eine experimentelle Analyse der Nachfrageentwicklung eine unverzichtbare Voraussetzung einer stochastischen (i. e. zufallsbedingten) Lagerhaltungspolitik; leider wird sie in der Praxis oft vernachlässigt. Es sei angemerkt, dass dieser stochastische Prozess auch das Ergebnis der Anwendung eines Prognoseverfahrens sein kann.

Bemerkung 1 (Art einer Zufallsvariable)

In der Stochastik werden in der Regel zwei Klassen von Zufallsvariablen betrachtet: diskrete und stetige. Daneben existieren auch noch solche Zufallsvariablen, die weder diskret noch stetig sind; für ein Beispiel und Details sei auf den Abschnitt „Präliminarien" im Internet verwiesen. Eine solche Zufallsvariable wird als allgemeine Zufallsvariable bezeichnet. Für die Resultate in diesem Abschnitt sind überwiegend, im Abschnitt „Prognoseverfahren" sogar gänzlich (weswegen dieses Thema ebendort auch nicht angesprochen worden war) die Eigenschaften der Erwartungswerte und Varianzen entscheidend, und diese Eigenschaften bei einer diskreten bzw. stetigen Zufallsvariable lassen sich auf eine allgemeine Zufallsvariable übertragen (s. den Abschnitt „Präliminarien" im Internet). Da diskrete und stetige Zufallsvariablen einfacher zu handhaben sind, wird deswegen im Folgenden angenommen, dass eine Zufallsvariable entweder diskret oder stetig ist.

Die Verteilungsfunktion Φ_D ist die Wahrscheinlichkeit dafür, dass die Zufallsvariable D einen Wert annimmt, der kleiner oder gleich einer vorgegebenen reellen Zahl d ist. Ist P das Wahrscheinlichkeitsmaß zu D, so gilt: $\Phi_D(d) = P(D \leq d)$; s. auch den Abschnitt „Präliminarien" im Internet.

Im Falle einer kontinuierlichen (stetigen) Zufallsvariablen D lässt sich ihre Wahrscheinlichkeitsverteilung über die Dichtefunktion φ_D durch die zugehörige Verteilungsfunktion Φ_D beschreiben, wobei der folgende Zusammenhang gilt: $\Phi_D(d) = P(D \leq d) = \int_{-\infty}^{d} \varphi_D(u) du$.

Im diskreten Fall sind Wahrscheinlichkeiten $P(D = d)$ mit $d_{min} \leq d \leq d_{max}$ gegeben; dabei wird zur Vereinfachung angenommen, dass der Wertevorrat eine Teilmenge der ganzen Zahlen ist. Die Wahrscheinlichkeitsverteilung lässt sich über die Wahrscheinlichkeitsfunktion $\varphi_D(d_i) = P(D = d_i)$ durch die zugehörige Verteilungsfunktion $\Phi_D(d) = P(D \leq d) = \sum_{d_i \leq d} \varphi(d_i)$ beschreiben.

Formal wird nun die Wiederbeschaffungszeit definiert.

Definition 1 (Wiederbeschaffungszeit)

Die Wiederbeschaffungszeit (WBZ) entspricht der Dauer, die zwischen dem Auslösen einer Bestellung und dem Zeitpunkt liegt, an dem die bestellte Ware zur Befriedigung der Kundennachfrage bereitsteht.

Die Wiederbeschaffungszeit kann für jede Bestellung die gleiche konstante Größe sein oder je nach Zeitpunkt in bekannter Weise variieren oder schließlich in zufälliger Weise schwanken. Falls dann wenigstens eine Wahrscheinlichkeitsverteilung der Beschaffungszeit bekannt ist, wird von stochastischer Wiederbeschaffungszeit (s. [KlMi72]) gesprochen.

Die Wiederbeschaffungszeit kann als Zufallsvariable L modelliert werden, wobei in der industriellen Praxis davon ausgegangen werden kann, dass L durch eine diskrete Wahr-

6.1 Berechnung von Nachfragemengen

scheinlichkeitsverteilung $P(L=l)$ mit $l_{min} \leq l \leq l_{max}$ beschrieben wird. Diese Diskretisierung der Zeitachse stimmt mit dem normalen Ablauf logistischer Prozesse in der betrieblichen Praxis überein. Wird z.B. eine Bestellung an einen Lieferanten ausgelöst, dann wird die bestellte Ware selbst unter günstigen Bedingungen (z.B. bei telefonischer Bestellannahme, Lieferfähigkeit des Lieferanten und unverzüglicher Auftragsabwicklung mit einer WBZ von $L = 0$) in der Regel erst zu Beginn des nächsten Tages angeliefert bzw. ist zu Beginn des nächsten Tages aus dem Lager entnehmbar. Kontinuierliche, z.B. exponentialverteilte, Wiederbeschaffungszeiten dagegen sind in der Praxis wohl eher selten anzutreffen (s. [Temp02]).

Bei deterministischen Wiederbeschaffungszeiten ergibt sich für einen bekannten, konstanten, Wert l der WBZ die Wahrscheinlichkeitsverteilung der Nachfragemenge in der Wiederbeschaffungszeit (also im Wiederbeschaffungszeitraum) durch die Zufallsvariable Y als Summe der l Periodennachfragemengen: $Y = \sum_{i=1}^{l} D \left(= \sum_{i=1}^{l} D_i \right)$. Die Wahrscheinlichkeitsverteilung dieser Summe kann in Abhängigkeit von der Verteilung der Periodennachfragemenge D bestimmt werden. Ebenso lassen sich sein Erwartungswert und seine Varianz aus diesen Kenngrößen von D berechnen. Diese Größen sind in dem folgenden Lemma 1 angegeben.

Lemma 1 (Kenngrößen zur Wiederbeschaffungszeit mit einer konstanten Länge)

Gegeben seien die Zufallsvariablen D_1, D_2, ... mit einem gemeinsamen, endlichen Erwartungswert μ und einer gemeinsamen, endlichen Standardabweichung σ. Zu diesen Kenngrößen sei D die (gemeinsame) Zufallsvariable mit dem Erwartungswert $E(D) = \mu$ und der Standardabweichung $\sigma(D) = \sigma$. Dann gilt für die Zufallsvariable $Y = \sum_{i=1}^{l} D_i$ für ein beliebiges, aber festes $l \in \mathbb{N}$:

- Sind die Zufallsvariablen D_1, D_2, ... stetig, so ist Y ebenfalls stetig. Sind die Zufallsvariablen D_1, D_2, ... diskret, so ist Y ebenfalls diskret.
- Für den Erwartungswert gilt: $E(Y) = E\left(\sum_{i=1}^{l} D_i \right) = l \cdot E(D)$.
- Für die Varianz gilt: $Var(Y) = l \cdot Var(D)$.

Beweis: s. Abschnitt zu stochastischen Lagerhaltungspolitiken im Internet.

Da in diesem Buch konkrete Wiederbeschaffungszeiten, in den Anwendungsbeispielen für eine konkrete Lagerhaltung, ausschließlich durch normalverteilte Zufallsvariablen angegeben werden, werden diese Berechnungen im Folgenden für eine Normalverteilung durchgeführt. Für die Berechnungen im Falle einer Gammaverteilung und einer diskreten empirischen Verteilung sei auf die Literatur verwiesen. Ergänzend sei angemerkt, dass bei einer diskreten Verteilung eine einfache Faltung der Wahrscheinlichkeitsverteilung der Periodennachfragemenge durchzuführen ist.

Lemma 2 (Bedarf in der Wiederbeschaffungszeit bei normalverteilter Nachfrage und konstanter Lieferzeit)

Die Periodennachfragenmenge D sei eine Normalverteilung mit dem Erwartungswert μ_D und der Standardabweichung σ_D, also eine $\mathcal{N}(\mu_D, \sigma_D^2)$-Verteilung, und l sei die konstante Wiederbeschaffungszeit. Dann gilt: Die Nachfragemenge in der WBZ Y ist ebenfalls normalverteilt, also eine $\mathcal{N}(\mu_Y, \sigma_Y^2)$-Verteilung mit

- dem Erwartungswert $\mu_Y = E(Y) = E(D) \cdot l = \mu_D \cdot l$ und
- der Standardabweichung $\sigma_Y = \sigma(Y) = \sqrt{VAR(Y)} = \sqrt{VAR(D) \cdot l} = \sigma_D \cdot \sqrt{l}$.

Beweis: s. Abschnitt zu stochastischen Lagerhaltungspolitiken im Internet.

Wie oben bereits begründet worden ist, sind in der Praxis die Wiederbeschaffungszeiten (WBZ-en) oft stochastisch verteilt. Stochastische Wiederbeschaffungszeiten werden in Lagerhaltungsmodellen oft wie folgt berücksichtigt. Es wird angenommen, dass eine Wiederbeschaffungszeit eine Zufallsvariable (L) mit dem Erwartungswert E(L) und der Varianz Var(L) ist, die unabhängig von den Periodennachfragen ist. (Streng genommen handelt es sich auch bei den Wiederbeschaffungszeiten, wie bei den Nachfragemengen, um einen stationären Prozess (s. den Abschnitt „Präliminarien" im Internet) mit einem gemeinsamen endlichen Erwartungswert (E(L)) und einer gemeinsamen, endlichen Varianz (Var(L)).) Die Nachfragemenge in der WBZ, Y, ist dann eine zufällige Summe von Zufallsvariablen (s. den Abschnitt „Präliminarien" im Internet). Ihre Momente lassen sich nach Lemma 3 bestimmen.

Lemma 3 (Kenngrößen zur zufälligen Summe von Zufallsvariablen)

Gegeben seien die Zufallsvariablen D_1, D_2, ... mit einem gemeinsamen, endlichen Erwartungswert μ und einer gemeinsamen, endlichen Standardabweichung σ. Zu diesen Kenngrößen sei D die (gemeinsame) Zufallsvariable mit dem Erwartungswert $E(D) = \mu$ und der Standardabweichung $\sigma(D) = \sigma$. L sei eine weitere Zufallsvariable mit dem Erwartungswert $E(L)$ und der Standardabweichung $\sigma(L)$. Dann gilt für die zufällige Summe $Y = \sum_{i=1}^{L} D_i$:

- Sind die Zufallsvariablen D_1, D_2, ... stetig, so ist Y ebenfalls stetig. Sind die Zufallsvariablen D_1, D_2, ... diskret, so ist Y ebenfalls diskret.
- Für den Erwartungswert gilt: $E(Y) = E(L) \cdot E(D)$.
- Für die Varianz gilt: $Var(Y) = E(L) \cdot Var(D) + Var(L) \cdot (E(D))^2$.

Beweis: s. Abschnitt zu stochastischen Lagerhaltungspolitiken im Internet.

Die Form der Wahrscheinlichkeitsverteilung der Zufallsvariablen Y hängt u. a. von der Form der Wahrscheinlichkeitsverteilung der Wiederbeschaffungszeiten ab, wobei sich auch mehrgipflige Verteilungen von Y ergeben können. Nur in speziellen Fällen hat die Verteilung einer zufälligen Summe eine einfache Form. Für normalverteilte Zufallsvariablen sind die Formeln in Lemma 4 angegeben.

Lemma 4 (Bedarf in der Wiederbeschaffungszeit bei normalverteilter Nachfrage und Lieferzeit)

Die Periodennachfragemenge D sei eine Normalverteilung mit dem Erwartungswert μ_D und der Standardabweichung σ_D, also eine $\mathcal{N}(\mu_D, \sigma_D^2)$-Verteilung, und die Wiederbeschaffungszeit L sei ebenfalls eine Normalverteilung mit dem Erwartungswert μ_L und der Standardabweichung σ_L, also eine $\mathcal{N}(\mu_L, \sigma_L^2)$-Verteilung. Dann gilt: Die Nachfragemenge in der Wiederbeschaffungszeit Y ist normalverteilt, also eine $\mathcal{N}(\mu_Y, \sigma_Y^2)$-Verteilung, mit

- dem Erwartungswert: $\mu_Y = E(Y) = \mu_L \cdot \mu_D$ und
- der Standardabweichung: $\sigma_Y = \sigma(Y) = \mu_L \cdot \sigma_D^2 + \sigma_L^2 \cdot \mu_D^2$.

Beweis: s. Abschnitt zu stochastischen Lagerhaltungspolitiken im Internet.

Ist die Wiederbeschaffungszeit als diskrete Zufallsvariable modelliert, so existiert eine Berechnungsformel für die Dichte (bei kontinuierlicher Nachfrage) und für die Wahrscheinlichkeit (bei diskreter Nachfrage) der Nachfragemenge in der Wiederbeschaffungszeit; sie ist im Abschnitt zu stochastischen Lagerhaltungspolitiken im Internet angegeben.

6.2 Optimale Lösung des Einperiodenmodells

Wie im Einführungsabschnitt anhand von Beispiel 1 dargelegt wurde, sind Einperiodenmodelle dadurch charakterisiert, dass ein Entscheidungsträger im gesamten Bestellhorizont nur eine Bestellung ausführen kann. Damit ist vor dem Periodenbeginn (Bestellhorizont) zu entscheiden, ob produziert (bzw. bestellt) wird und, im positiven Falle, welche Menge produziert wird. Dort wurde das Vorliegen einer zufälligen Nachfrage begründet und das Beispiel enthält fast alle charakteristischen Kostensätze eines Einperiodenmodells. Sie bestimmen die Informationen, die einem Entscheider zur Verfügung stehen, und sie sind in Definition 2 aufgelistet.

Definition 2 (Annahmen zu einem Einperiodenmodell und Optimierungsproblem)

Für die Lagerhaltung eines Produkts seien gegeben:

- eine auftretende Nachfrage d, unmittelbar nach Eingang einer Lieferung; die Einheit von d ist Mengeneinheit (ME); beachte $d \geq 0$. Die Nachfrage ist durch eine nichtnegative Zufallsvariable (D) beschrieben, deren Verteilung über die Verteilungsfunktion Φ angegeben ist.
- variable Produktions- oder Einkaufskosten c pro Mengeneinheit; die Einheit von c ist Geldeinheit (GE) / Mengeneinheit (ME); beachte $c \geq 0$. Sofern die Produktions- oder

Einkaufskosten in jedem Fall auftreten sollen und nicht zur Vereinfachung ignoriert werden dürfen, ist $c > 0$.
- ein fixer Kostensatz (Rüstkosten bzw. Bestellkosten) K fällt bei jeder Bestellung an; die Einheit von K ist Geldeinheit (GE) / Rüstvorgang; beachte $K \geq 0$.
- jede gelagerte Produkteinheit verursacht Lagerhaltungskosten in Höhe von h Geldeinheiten (GE) pro Periode (PE) (entspricht einer Zeiteinheit (ZE)); die Einheit von h ist $\frac{\frac{GE}{PE}}{ME}$ bzw. $\frac{\frac{GE}{ZE}}{ME}$; beachte $h > 0$.
- Fehlmengenkosten p pro Mengeneinheit (ME) unbefriedigter Nachfrage; die Einheit von p ist GE/ME. Der Fall $p \leq c$ bedeutet, dass die Entscheidung nichts zu bestellen kostenminimal ist. Daher gilt $p > c$.
- Anfangslagerbestand x; die Einheit von x ist ME.
- bestellte (oder produzierte) Menge u zu Beginn einer Periode; die Einheit von u ist ME; beachte $u \geq 0$.
- Lieferzeit ist gleich 0.
- Lagerbestand y unmittelbar nach der Lieferung der bestellten Menge; d. h. der Bestand, bis zu dem das Lager aufgefüllt wird; die Einheit von y ist ME. Damit ist der Lagerbestand: $y = x + u$.

Es sei $C_E(u)$ der Erwartungswert der Gesamtkosten bei einer Bestellung von u. Eine solche Lagerhaltung heißt Einperiodenmodell. Das Optimierungsproblem zu einem Einperiodenmodell besteht in der Suche nach einem absoluten Minimum von $C_E(u)$ über $\mathbb{R}^+$.

Konkrete Werte für die Parameter ergeben sich aus dem Beispiel 1 und sind im Folgenden zusammengefasst:

Beispiel 3 (Zuordnung von Parametern zu konkreten Zahlen; Fortsetzung von Beispiel 1)

Die Wahrscheinlichkeiten der jährlichen Nachfrage sind in Tabelle 1 angegeben. Die variablen Einkaufskosten betragen $c = 100 \, €$, die fixen Bestellkosten $K = 25 \, €$, die jährlichen Lagerhaltungskosten $h = 20 \, €$ und die Fehlmengenkosten $p = 150 \, €$.

Bemerkung 2 (Interpretation der Annahmen, Parameter und Kostensätze)

- Die Verteilungsfunktion Φ ist (natürlich) produktspezifisch.
- Die variablen Produktions- oder Einkaufskosten (c) variieren mit der Bestellmenge. Zu ihnen gehören:
  - der Preis des Produkts (also die eigentlichen Herstellkosten),
  - die Transportkosten sowie die Kosten für die Wareneingangskontrolle, soweit diese von der Bestellmenge abhängen.
- Für die Beschaffung treten noch Kosten für
  - die Ermittlung der Bestellmenge,

6.2 Optimale Lösung des Einperiodenmodells

    – das Ausschreiben der förmlichen Bestellung,
    – den Transport sowie die Wareneingangskontrolle, soweit diese nicht von der Bestellmenge abhängen und
    – die Verbuchung des Wareneingangs

auf. Diese Kosten entstehen bei jeder Bestellung und zwar unabhängig von der Bestellmenge; deswegen werden diese als fixer Kostensatz bezeichnet.

- Unter den Lagerhaltungskosten werden alle Aufwendungen verstanden, die für eine ordnungsgemäße Aufbewahrung des Produkts sowie die dabei auftretenden Verluste anfallen. Dazu gehören:
  – die Abschreibungen für Gebäude und Lagerinventar,
  – die Kosten des einmaligen Aufwandes für Gebäude und Lagerinventar,
  – die Kosten für laufende Reparaturen an Gebäuden und Inventar,
  – die Kosten für Heizung und Beleuchtung des Lagers,
  – die Löhne der im Lager Beschäftigten einschließlich Zuschläge und Sozialversicherung,
  – die Kosten für Hilfsmaterialien, geringwertige und schnell verschleißende Arbeitsmittel, die zur Lagerunterhaltung benötigt werden,
  – die Verluste durch Gebrauchswertminderung während der Lagerung und
  – sonstige Kosten der Lagerhaltung.

  Daneben werden finanzielle Mittel in Höhe des Wertes der Bestände gebunden (Umlaufmittel). Durch diese Kosten der Bestandsfinanzierung wird eine Mindestverwertung der in den Beständen gebundenen Mittel gefordert. Diese Kosten bilden den Hauptanteil an den Lagerkosten.

- Beispiele für Fehlmengenkosten sind zusätzliche Kosten für die Extralieferung einer benötigten Mengeneinheit oder der Einnahmeverlust, wenn die Nachfrage verloren geht. Das Auftreten von Fehlmengen kann, wie später (im Abschnitt 6.4) noch detaillierter begründet werden wird, bei einem stochastischen Bedarf nur dann völlig ausgeschlossen werden, wenn stets die maximale Menge gelagert wird, die überhaupt jemals benötigt werden kann (bei einer Normalverteilung beispielsweise besitzt jeder Wert eine, wenn auch eine geringe, Wahrscheinlichkeit). Dies führt zu der Frage, ob es nicht ökonomischer ist, eine geringere Menge zu lagern, um dadurch (gegenüber dem Extremszenario) Lagerkosten einzusparen, aber zwangsläufig Fehlmengensituationen zuzulassen. Solche Situationen sollen durch die Fehlmengenkosten bewertet werden.

- Ein negativer Anfangslagerbestand bedeutet, dass bereits Lieferzusagen vorliegen – im Sinne des Zeitungsstandbesitzerproblems beispielsweise feste Abonnenten. Diese sind beim Eingang einer Bestellung bevorzugt zu befriedigen.

Nach Definition 2 besteht das Optimierungsproblem in der Minimierung von dem Erwartungswert der Summe aller Kosten. Zu seiner Lösung werden zunächst Formeln für die einzelnen Kosten hergeleitet und diese dann mit Methoden der Mathematik minimiert. Als Kostenarten wird zwischen den Bestellkosten, den Produktionskosten bzw. (Einkaufskosten) und den Lagerungs- und Fehlmengenkosten unterschieden.

Zuerst werden die auftretenden Lager- und Fehlmengenkosten in Abhängigkeit vom Lagerbestand y (unmittelbar nach der Lieferung der bestellten Menge) betrachtet.

- Fall $d \leq y$: Es entstehen Lagerkosten in Höhe von $h \cdot (y-d)$.
- Fall $d \geq y$: Es fallen Fehlmengenkosten von $p \cdot (d-y)$ an.

Nun wird der Erwartungswert von der Summe $(L(y))$ aus den Lagerungs- und Fehlmengenkosten in Abhängigkeit vom Lagerbestand y bestimmt, die Einheit von $L(y)$ ist GE; zur Betonung des Erwartungswerts wird dieser durch L_E bezeichnet, die Einheit von $L_E(y)$ ist GE.

Zunächst habe die Nachfrage D eine diskrete Verteilung (etwa, wenn es sich um Stückgut handelt). Mit $P(D=d)$ gleich der Wahrscheinlichkeit, dass die Zufallsvariable D den Wert d annimmt, ergeben sich aufgrund der obigen Fallunterscheidung für das Auftreten der beiden Kostenarten:

Der Erwartungswert für die Lagerungskosten LK_E beträgt

$$LK_E(y) = \sum_{d=0}^{y} \left(h \cdot (y-d) \cdot P(D=d) \right) \text{ für } y \in \mathbb{Z}^+; \text{ die Einheit von } LK_E(y) \text{ ist GE}$$

und entsprechend lautet der Erwartungswert für die Fehlmengenkosten FK_E

$$FK_E(y) = \sum_{d=y+1}^{\infty} \left(p \cdot (d-y) \cdot P(D=d) \right) \text{ für } y \in \mathbb{Z}^+; \text{ die Einheit von } LK_E(y) \text{ ist GE}.$$

Damit ist der Erwartungswert der Lagerungs- und Fehlmengenkosten (beachte den Satz aus der Stochastik über den Erwartungswert der Summe von zwei Zufallszahlen im Abschnitt „Präliminarien" im Internet):

Formel 1: $\quad L_E(y) = LK_E(y) + FK_E(y)$ für $y \in \mathbb{Z}^+$.

Lemma 5 (Erwartungswert der Lagerungs- und Fehlmengenkosten bei einer diskreten Verteilung)

Der Erwartungswert der Lagerungs- und Fehlmengenkosten bei einer diskreten Verteilung lautet:

$$L_E(y) = (h+p) \cdot \sum_{d=0}^{y} (y-d) \cdot P(D=d) + p \cdot \sum_{d=0}^{\infty} (d-y) \cdot P(D=d) \text{ für } y \in \mathbb{Z}^+.$$

Beweis: s. Abschnitt zu stochastischen Lagerhaltungspolitiken im Internet.

Im Fall einer stetigen Verteilungsfunktion mit der (Riemann-)Dichte φ lautet entsprechend:

der Erwartungswert für die Lagerungskosten $LK_E(y) = \int_{0}^{y} h \cdot (y-d) \cdot \varphi(d) \, dd$ für $y \geq 0$

6.2 Optimale Lösung des Einperiodenmodells

und der Erwartungswert für die Fehlmengenkosten $FK_E(y) = \int_y^\infty p \cdot (d-y) \cdot \varphi(d) \, dd$ für $y \geq 0$.

Der Erwartungswert der Lagerungs- und Fehlmengenkosten ist wiederum:

Formel 2: $\qquad L_E(y) = LK_E(y) + FK_E(y)$ für $y \geq 0$.

Lemma 6 (Erwartungswert der Lagerungs- und Fehlmengenkosten bei einer stetigen Verteilung)

Der Erwartungswert der Lagerungs- und Fehlmengenkosten bei einer stetigen Verteilung lautet:

$$L_E(y) = (h+p) \cdot \int_0^y (y-d) \cdot \varphi(d) \, dd + p \cdot \int_0^\infty (d-y) \cdot \varphi(d) \, dd \text{ für } y \geq 0.$$

Beweis: s. Abschnitt zu stochastischen Lagerhaltungspolitiken im Internet.

Nun wird für $L_E(y)$ eine Formel angegeben, die sowohl für diskrete als auch für stetige Nachfrageverteilungen gültig ist. Im Weiteren wird es sich als erforderlich erweisen, den Erwartungswert der Gesamtkosten auch für negative Lagerbestände, die als Fehlmengen bzw. unbefriedigte Nachfrage (eventuell in Form von Lieferzusagen) interpretiert werden, angeben zu können. Hierzu wird die Funktion $L_E(y)$ auf $\mathbb{R}$ (ohne Änderung der Bestimmungsgleichung) erweitert; die Details befinden sich im Beweis zum Lemma 7.

Lemma 7 (Summe aus Lagerungs- und Fehlmengenkosten)

Für ein Einperiodenmodell mit den über Definition 2 formulierten Prämissen ist der Erwartungswert von der Summe aus den Lagerungs- und Fehlmengenkosten in Abhängigkeit von einem Lagerbestand y durch die Funktion $L_E : \mathbb{R} \to \mathbb{R}$

mit $L_E(y) = \begin{cases} (h+p) \cdot \int_0^y \Phi(d) \, dd + p \cdot (E(D) - y), & \text{falls } y \geq 0 \\ p \cdot (E(D) - y), & \text{falls } y < 0 \end{cases}$ beschrieben.

Beweis: s. Abschnitt zu stochastischen Lagerhaltungspolitiken im Internet.

Für die Betrachtung aller Kostenarten sei angenommen, dass nun eine Menge u produziert (bzw. eingekauft) worden ist. Dafür setzt sich der Erwartungswert der Gesamtkosten, in Abhängigkeit von einem Anfangslagerbestand x, wie folgt zusammen:

- fixe Bestellkosten $K \cdot \delta(u)$ (beachte δ ist das Kroneckersymbol, also
  $\delta(x) = \begin{cases} 1, & \text{falls } x > 0 \\ 0, & \text{falls } x \leq 0 \end{cases}$),
- Produktionskosten (bzw. Einkaufskosten) $c \cdot u$,

- Lagerungs- und Fehlmengenkosten: $L_E(x+u)$ (da der Bestand $y = x+u$ ist).

Also: $C_E^u(x) = K \cdot \delta(u) + c \cdot u + L_E(x+u)$.

Der Erwartungswert der minimalen Gesamtkosten C_E^* in Abhängigkeit von einem Anfangslagerbestand x beträgt

Formel 3: $\quad C_E^*(x) = \min_{u \geq 0} \{K \cdot \delta(u) + c \cdot u + L_E(x+u)\}$ für ein $x \in \mathbb{R}$.

Im Folgenden wird nachgewiesen, dass $C_E^*(x)$ tatsächlich eine Funktion vom Anfangslagerbestand x ist; also $C_E^u(x)$ als Funktion von u für jeden Anfangslagerbestand x ein absolutes Minimum hat und es wird der Wert (u_{opt}) berechnet, an dem $C_E^u(x)$ dieses Minimum $\left(C_E^{u_{opt}}(x)\right)$ annimmt.

Für die weitere Betrachtung bezeichne die Funktion, über die minimiert wird, durch:

Formel 4: $\quad W(x,u) = K \cdot \delta(u) + c \cdot u + L_E(x+u)$.

Zur Berechnung einer optimale Bestellmenge wird das Minimum $\left(C_E^*(x)\right)$ von $W(x, \cdot)$ auf $\mathbb{R}^+$ bestimmt und angegeben, an welcher Stelle $\left(z^*(x)\right)$ es angenommen wird.

Hierzu wird zunächst der Teil

Formel 5: $\quad G(y) = c \cdot y + L_E(y)$

von der Funktion W untersucht, der sich analytisch gut behandeln lässt. Ein Vergleich mit $W(x,u)$ ergibt $G(y) = W(0,y)$. Damit wird der Fall betrachtet, bei dem ein leerer Anfangslagerbestand vorliegt und die fixen Bestellkosten (bzw. Rüstkosten) den Wert Null haben. Es sei daran erinnert, dass in dem hier betrachteten Einperiodenmodell die Strategie, generell nichts zu bestellen, nicht kostenminimal ist. Später wird sich zeigen, dass die Bestellmenge in diesem Szenario stets positiv ist.

Aus der Formel in Lemma 7 und Formel 5 gilt (beachte $p > c$):

$$\lim_{y \to -\infty} G(y) = \lim_{y \to -\infty} \left(c \cdot y + p \cdot (E(D) - y)\right) = \infty \text{ und}$$

$$\lim_{y \to \infty} G(y) = \lim_{y \to \infty} \left(c \cdot y + (h+p) \cdot \int_0^y \Phi(d)\, dd + p \cdot (E(D) - y)\right) = \infty,$$

da wegen $\lim_{d \to \infty} \Phi(d) = 1$ auch $\int_0^y \Phi(d)\, dd$ gegen ∞ für $y \to \infty$ konvergiert.

6.2 Optimale Lösung des Einperiodenmodells

Beachte: Bei sehr langsam ansteigenden Verteilungsfunktionen i. S. von $\lim_{d \to \infty} \Phi(d) = 1$ und geeignet gewählten Parametern c und h konvergiert auch G(y) sehr langsam gegen unendlich (für $y \to \infty$); die Funktion kann sogar für viele y-Werte negativ sein.

Lemma 8 (Konvexität der Kostenfunktionen L_E und G)

L_E und G sind konvexe Funktionen.

Beweis: s. Abschnitt zu stochastischen Lagerhaltungspolitiken im Internet.

Aufgrund dieser Überlegungen hat G eine der Kurve in Abbildung 3 vergleichbare Form; s. auch die Abbildung über konvexe Funktionen in dem Abschnitt über mathematische Grundlagen von Optimierungsproblemen. Hieraus folgt insbesondere:

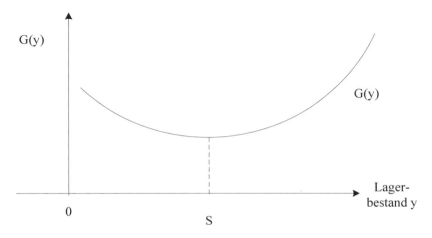

Abbildung 3: beispielhafter Verlauf von G(y); y ist der Lagerbestand

Lemma 9 (Minima von L_E, G und $C_E^u(x)$)

Die Funktionen L_E, G und $C_E^u(x)$, für jeden Anfangslagerbestand x, haben jeweils mindestens ein lokales Minimum und jedes lokale Minimum einer dieser Funktionen ist zugleich ein globales Minimum (dieser Funktion).

Beweis: s. Abschnitt zu stochastischen Lagerhaltungspolitiken im Internet.

Der Kurvenverlauf lässt sich wie folgt interpretieren. Mit zunehmendem Lagerbestand (y) fallen die Gesamtkosten zunächst und steigen dann an. Dies liegt an dem auftretenden Fehlbestand gegenüber der Nachfrage. Bei kleinen, positiven Werten (des Lagerbestands) ist dieser aufgrund von $E(D)$ zunächst hoch. Mit zunehmenden Lagerbestand fällt der Term $(E(D) - y)$; sein Minimum wird in dem Punkt angenommen, an dem kein (Erwartungswert von dem) Fehlbestand mehr auftritt (da genügend Lagerbestand (y) vorliegt). Ein weiterer Anstieg des Lagerbestands (y) lässt G steigen, wofür vermeidbare Lagerkosten verantwortlich sind. Neben dem Term $(E(D)-y)$ gehen dabei die Produktionskosten von $c \cdot y$ in die Betrachtung ein.

Es sei S die Minimalstelle von G auf $\mathbb{R}$; bei mehreren Möglichkeiten für S wird die kleinste, also der niedrigste Lagerbestand, ausgewählt – beachte: da G konvex ist, kann dieser Fall nur eintreten, wenn beim Minimalwert von G die Funktion G eine Gerade ist und dadurch das Minimum an mehreren Stellen angenommen wird. Somit ist S die optimale Bestellmenge bei leerem Anfangslagerbestand und ohne Berücksichtigung von fixen Bestellkosten.

Zunächst wird festgestellt, dass $S \geq 0$ sein muss.

Lemma 10 (Nichtnegativität der Bestellmenge S)

Für die Minimalstelle S von G auf $\mathbb{R}$ gilt $S \geq 0$.

Beweis: s. Abschnitt zu stochastischen Lagerhaltungspolitiken im Internet.

Im Fall eines kontinuierlichen Lagergutes mit stetiger Verteilungsfunktion Φ der Nachfrage ist die Funktion G stetig differenzierbar. Wegen Lemma 9 kann die (globale) Minimalstelle S von G durch Nullsetzen der ersten Ableitung (von Formel 5) berechnet werden (s. den Abschnitt über mathematische Grundlagen von Optimierungsproblemen).

$$\frac{dG(y)}{dy} = G'(y) = c + \frac{dL_E(y)}{dy} = 0 \text{ also } G'(S) = c + L'_E(S) = 0.$$

Wegen $S \geq 0$ (s. Lemma 10) und wegen Formel 5 gilt:

$$L'_E(y) = \frac{d\left[(h+p) \cdot \int_0^y \Phi(d)\, dd + p \cdot (E(D)-y)\right]}{dy}$$

$$\Leftrightarrow L'_E(y) = (h+p) \cdot \Phi(y) - p.$$

Durch Nullsetzen der ersten Ableitung von G gilt für S die Bedingung: $c + (h+p) \cdot \Phi(S) - p = 0$. Umformen nach $\Phi(S)$ ergibt:

Formel 6: $\qquad \Phi(S) = \dfrac{p-c}{p+h}$.

Nach der obigen Terminologie bedeutet dies:

Formel 7: $\qquad z^*(0) = S = \Phi^{-1}\left(\dfrac{p-c}{p+h}\right)$.

6.2 Optimale Lösung des Einperiodenmodells

Nun ist der Fall eines diskreten Lagerguts mit einer diskreten Verteilungsfunktion Φ der Nachfrage zu betrachten. Das obige Vorgehen der Bestimmung des globalen Minimums kann nicht übernommen werden, da nur die folgende Aussage gilt (s. [BrSe81]): Ist die Funktion $f(t)$ im Intervall $[a,b]$ stetig, dann ist die Funktion $F(x) = \int_a^x f(t)\,dt$ im Intervall $[a,b]$ stetig und differenzierbar mit der Ableitung $\frac{dF(x)}{dx} = f(x)$. Eine diskrete Verteilungsfunktion Φ ist eben nicht stetig. Einen Ausweg beschreibt die nachfolgende Argumentation.

Ausgangspunkt ist (nach Formel 5) $G(y) = c \cdot y + L_E(y)$. Wegen $S \geq 0$ ist eine Beschränkung auf $y \geq 0$ erlaubt, so dass wegen der Formel in Lemma 7 gilt:

Formel 8: $\qquad G(y) = c \cdot y + (h+p) \cdot \int_0^y \Phi(d)\,dd + p \cdot (E(D) - y)$.

Im Beweis zum Lemma 7 wurde $\int_0^y \Phi(d)\,dd = \sum_{d=0}^y ((y-d) \cdot P(D=d))$ hergeleitet; s. Abschnitt zu stochastischen Lagerhaltungspolitiken im Internet. Sein Einsetzen in Formel 8 ergibt:

Formel 9: $\qquad G(y) = c \cdot y + (h+p) \cdot \sum_{d=0}^y ((y-d) \cdot P(D=d)) + p \cdot (E(D) - y)$.

Da G konvex ist (beachte: der Nachweis der Konvexität von G ist nicht an die Verteilungsfunktion gebunden), lauten notwendige und hinreichende Bedingungen für den optimalen Wert S (von y):

Formel 10: $\qquad G(S-1) \geq G(S) \leq G(S+1)$.

Durch Einsetzen von Formel 9 in Formel 10 und Umformen ergibt sich:

Lemma 11 (Bestimmungsungleichung für $\Phi(S)$)

$$\Phi(S-1) \leq \frac{p-c}{p+h} \leq \Phi(S).$$

Beweis: s. Abschnitt zu stochastischen Lagerhaltungspolitiken im Internet.

Die Formel in Lemma 11 zeigt, dass die optimale Bestellmenge S den Zielkonflikt zwischen den Kosten bei einem zu niedrigen Lagerbestand und den Kosten bei einem zu hohen Lagerbestand zum Ausdruck bringt. Exakt ausgeglichen werden diese Kosten bei einer kontinuierlichen Verteilung.

Zusammengefasst lautet das Ergebnis nun:

Formel 11: Die optimale Bestellmenge S ist die kleinste ganze Zahl mit $\Phi(S) \geq \dfrac{p-c}{p+h}$.

Bemerkung 3:

Aufgrund der Definition von $\Phi(S)$ durch $\sum_{d=0}^{S} P(D=d)$ kommen als Werte von S nur die Zahlen aus dem Ergebnisraum (Wertebereich) der Zufallsvariablen D in Frage, da die Summe wegen $P(D=d)$ eben nur diese Werte berücksichtigt. Wegen $0 \leq \dfrac{p-c}{p+h} \leq 1$ und $\Phi(d_{max}) = 1$ für die größte Zahl d_{max} aus dem Ergebnisraum (Wertebereich) von D existiert eine solche Zahl.

Da Φ^{-1} existiert, bedeutet dies mit der obigen Terminologie:

Formel 12: die kleinste ganze Zahl $z^*(0)$ mit $z^*(0) \geq \Phi^{-1}\left(\dfrac{p-c}{p+h}\right)$.

Der diskrete und der kontinuierliche Fall haben daher wieder die gleiche Struktur.

Beispiel 4 (Ersatzteilelager, Fortsetzung von Beispiel 1)

Zur besseren Lesbarkeit werden die Daten des Problems zunächst wiederholt. Es handelt sich um den Betrieb eines Ersatzteilelagers, für welches ein Ersatzteil für eine Säge, deren Produktion ausläuft, zum letzten Mal bestellt werden soll. Die variablen Einkaufskosten für dieses Ersatzteil betragen c = 100 €. Die fixen Bestellkosten betragen K = 25 €. Aufgrund einer vertraglichen Verpflichtung ist eine Lieferfähigkeit für das kommende Jahr zu gewährleisten. Jedes bis zum Ende des kommenden Jahres nicht verkaufte Ersatzteil verursacht jährliche Lagerhaltungskosten von h = 20 €. Wurden alle Ersatzteile verkauft, so kann eine dann auftretende Nachfrage nach einem Ersatzteil nur durch die Verwendung eines Ersatzteils für eine andere Säge befriedigt werden. Allerdings muss dazu dieses alternative Ersatzteil noch überarbeitet werden, wodurch Mehrkosten von insgesamt p = 150 € anfallen. Die Nachfragen nach diesem Ersatzteil in den letzten Jahren mit ihren jeweiligen Wahrscheinlichkeiten sind in der folgenden Tabelle (s. Tabelle 2, links) dargestellt:

6.2 Optimale Lösung des Einperiodenmodells

jährliche Nachfrage (d) $\left(=\Phi^{-1}(z)\right)$	Wahr- schein- lichkeit	Verteilungs- funktion $(z = \Phi(d))$	$LK_E(d)$ [€]	$FK_E(d)$ [€]	$G(d)$ [€]	
0	0,02	0,02	0	582	582	
1	0,07	0,09	0,4	435	535,4	
2	0,15	0,24	2,2	298,5	500,7	
3	0,2	0,44	7	184,5	491,5	= S
4	0,2	0,64	15,8	100,5	516,3	
5	0,15	0,79	28,6	46,5	575,1	
6	0,11	0,9	44,4	15	659,4	
7	0,1	1	62,4	0	762,4	

Tabelle 2: Wahrscheinlichkeit der jährlichen Nachfrage für das Ersatzteil mit Verteilungsfunktion (links) und Kostenfunktion G(d) für das Ersatzteilmanagement (rechts)

Aufgrund der Angaben beträgt der so genannte kritische Faktor $\dfrac{p-c}{h+p} = \dfrac{150\,€ - 100\,€}{20\,€ + 150\,€}$ $= 0,29$. Die Verteilungsfunktion ist ebenfalls in Tabelle 2 (links) dargestellt. Nach der Formel 11 lautet wegen $\Phi(2) = 0,24 \leq 0,29 \leq 0,44 = \Phi(3)$ die optimale Bestellmenge $S = 3$. Zu seiner Bestätigung sind in Tabelle 2 (rechts) die Werte von $G(y)$ für alle möglichen Werte von d angegeben.

Beispiel 4 zeigt, dass im Fall eines diskreten Lagerguts die optimale Bestellmenge S durch Absuchen der kumulierten Wahrscheinlichkeitsverteilung der Nachfragemenge bestimmt werden kann.

Für ein Beispiel bei einer kontinuierlichen Verteilung bietet sich die häufig auftretende Normalverteilung an. Wie häufig bei Normalverteilungen ist eine Rückführung der allgemeinen $\mathcal{N}(\mu,\sigma^2)$-Verteilungsfunktion auf die $\mathcal{N}(0,1)$-Verteilungsfunktion notwendig. Es bietet sich an, an dieser Stelle auf die Herleitung der dafür erforderlichen Formeln zugunsten der Verallgemeinerung dieses Bestellpunktverfahrens zu verzichten; ein Beispiel wird im späteren Teil dieses Abschnitts nachgeholt.

Eine Verallgemeinerung entsteht durch das Berücksichtigen eines Anfangslagerbestands (x); weiterhin bleiben fixe Bestellkosten unberücksichtigt; also $(K = 0)$. Durch den Anfangslagerbestand von x reduzieren sich die Produktionskosten um $-c \cdot x$. Dies wird durch den folgenden Zusammenhang zwischen $W(x,\cdot)$ und $G(\cdot)$ ausgedrückt. Es sei $y = x + u$ der Gesamtlagerbestand. Mit Formel 4 ist

$$W(x, y-x) = c \cdot (y-x) + L_E(x + (y-x)) = -c \cdot x + c \cdot y + L_E(y)$$

mit $G(y) = c \cdot y + L_E(y)$ (s. Formel 5) gilt

$$= -c \cdot x + G(y).$$

Als Funktion von y ist $W(x, y-x)$ um die Konstante $-c \cdot x$ gegenüber $G(y)$ verschoben; dies ist in Abbildung 4 graphisch dargestellt.

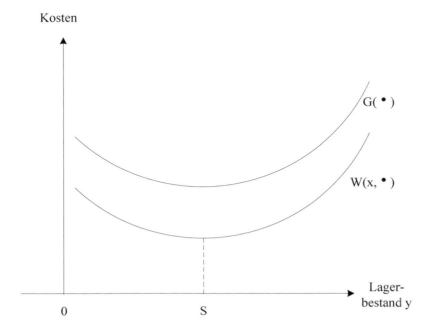

Abbildung 4: *beispielhafter Verlauf der Kostenfunktionen bei Vorliegen eines Anfangslagerbestands* $(W(x, \cdot))$ *und ohne Anfangslagerbestand* $(G(\cdot) = W(0, \cdot))$

Wie $G(y)$ muss damit auch $W(x, y-x)$ an der Stelle $y = S$ sein Minimum annehmen. Damit lautet – wegen $y = x + u$ – die optimale Bestellmenge:

Formel 13: $\quad u = S - x$.

Also ergibt sich in der obigen Terminologie:

Formel 14: $\quad z^*(x) = S - x$.

Nach Lemma 10 gilt für die Minimalstelle S von G auf $\mathbb{R}$ $S \geq 0$. Allerdings ist $S < x$ auch möglich und bedarf einer Sonderbehandlung. Da in diesem Fall bereits zuviel Lagerbestand vorhanden ist, würde eine Bestellung $(u > 0)$ die Kosten ansteigen lassen. Also darf keine

6.2 Optimale Lösung des Einperiodenmodells

Bestellung $(u = 0)$ durchgeführt werden. Die formale Korrektheit dieser Argumentation erfolgt über Lemma 12.

Lemma 12 (optimale Bestellung bei Anfangslagerbestand (x) und ohne fixe Bestellkosten K)

Gegeben sei ein Einperiodenmodell mit optimaler Bestellmenge S. Mit $x > 0$ und $K = 0$ gilt: Bei $S < x$ ist $u = 0$ optimal.

Beweis: s. Abschnitt zu stochastischen Lagerhaltungspolitiken im Internet.

Mit der obigen Terminologie gilt also: $\forall$ x mit $x > S$ ist $u = 0$ $\left(= z^*(x)\right)$ die beste Bestellmenge.

Damit ist die folgende Bestellpolitik (bei $x > 0$ und $K = 0$) optimal:

Formel 15: $\quad z^*(x) = \begin{cases} S - x, & x < S \\ 0, & x \geq S \end{cases}$.

Nach dieser Bestellregel ist S eine optimale Bestellgrenze. Formal führt dies also zur Definition:

Definition 3 (optimale Bestellgrenze eines Einperiodenmodells)

Gegeben sei ein Einperiodenmodell mit optimaler Bestellmenge S. S heißt optimale Bestellgrenze von diesem Einperiodenmodell.

Die Bestellregel (s. Formel 15) besagt, dass, falls der Anfangslagerbestand x unter der Bestellgrenze S liegt, bis zur Bestellgrenze S aufzufüllen ist, und falls $x \geq S$ ist, nichts bestellt werden soll.

Der allgemeine Fall ergibt sich nun durch die Berücksichtigung von fixen Bestellkosten K (zur Erinnerung: diese sind unabhängig von der Bestellmenge).

Rein formal besteht somit das Ziel darin, schließlich zu einer Aussage über den Erwartungswert der Gesamtkosten $C_E^u(x)$ zu gelangen; es sei noch einmal betont, dass der Anfangslagerbestand beliebig, aber fest vorgegeben ist und damit für die weiteren Betrachtungen eine Konstante ist.

Informell lassen sich nun die folgenden Fälle unterscheiden:

Fall $x \geq S$: In diesem Fall ist bereits zu viel Lagerbestand vorhanden. Eine Bestellung lohnt sich nicht und würde die Kosten ansteigen lassen. Die Kosten lauten: $L_E(x) = G(x) - c \cdot x$.

Fall $x < S$: Ist x sehr viel kleiner als S, so ist es günstiger, den Bestand durch eine Bestellung auf S anzuheben und mit dieser Menge die Nachfrage zu decken. Die Kosten lauten dann $K + L_E(x + S - x) + c \cdot (S - x)$. Ist jedoch x nahe bei S, so ist es günstiger, nicht den Lagerbestand durch eine Bestellung auf S anzuheben, da die Kosten für eine Bestellung plus den dann (durch eine Bestellung) erzielbaren minimalen Kosten höher als die Kosten sind, die durch den Anfangslagerbestand verursacht werden. Die Kosten lauten nun $L_E(x)$.

Dieser Übergang zwischen „bestellen" und „nicht bestellen" ist in Abbildung 5 dargestellt. Informell bedeutet dies, dass die Kosten $L_E(x)$ und $K + L_E(x + S - x) + c \cdot (S - x)$ an der Übergangsstelle gleich sein müssen. Dies trifft auf den Grenzpunkt s mit $G(s) = G(S) + K$ zu. Die Richtigkeit dieser Wahl und die damit verknüpfte Entscheidungsregel wird über Satz 1 bewiesen. Dazu werden die erwarteten Gesamtkosten zu den beiden Alternativen einer positiven Bestellung $(u > 0)$ und keiner Bestellung $(u = 0)$ formal analysiert.

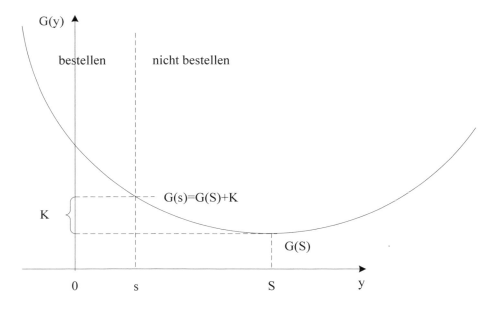

Abbildung 5: Zusammenhang zwischen s und S in einem beispielhaften Verlauf von G(y); y ist der Lagerbestand

Satz 1 (allgemeine Bestellregel bzw. optimale Bestellpolitik)

Gegeben ist ein Einperiodenmodell mit optimaler Bestellmenge S. Wähle

- Formel 16: für eine kontinuierliche Verteilung $s \leq S$ so, dass $G(s) = G(S) + K$ gilt und
- Formel 17: für eine diskrete Verteilung die größte ganze Zahl $s \leq S$ so, dass $G(s) \geq G(S) + K$ gilt.

Die optimale Bestellpolitik lautet damit $z^*(x) = \begin{cases} S - x, & \text{falls } x < s \\ 0, & \text{falls } x \geq s \end{cases}$.

Beweis: s. Abschnitt zu stochastischen Lagerhaltungspolitiken im Internet.

6.2 Optimale Lösung des Einperiodenmodells

Bemerkung 4 (Interpretation zu Satz 1)

- Es sei daran erinnert, dass S die (kleinste) Minimalstelle von G ist.
- Bei der diskreten Verteilung handelt es sich um Stückgüter (diskretes Lagergut), bei denen x, u und y ganzzahlige Werte annehmen und S die (kleinste) Minimalstelle von G auf $\mathbb{Z}$ ist.

Für das Einperiodenmodell im Beispiel 4 wird der Wert s nun beispielhaft berechnet.

Beispiel 5 (Ersatzteilelager ohne Anfangslagerbestand (x) und mit fixen Bestellkosten (K), Fortsetzung von Beispiel 4 (bzw. Beispiel 1))

Es handelt sich um eine Fortsetzung von Beispiel 4 (und Beispiel 1), in dem die optimale Bestellgrenze von $S = 3$ ermittelt worden ist. Zur Ermittlung von s werden $G(y)$ und $G(y) - K$ für alle möglichen Werte von d berechnet; die Ergebnisse befinden sich in Tabelle 3, K beträgt 25 €.

	d	$LK_E(d)$	$FK_E(d)$	$G(d)$	$G(d) - 25$
	0	0	582	582	557
	1	0,4	435	535,4	510,4
	2	2,2	298,5	500,7	475,7
S =	3	7	184,5	491,5	466,5
	4	15,8	100,5	516,3	491,3
	5	28,6	46,5	575,1	550,1
	6	44,4	15	659,4	634,4
	7	62,4	0	762,4	737,4

Tabelle 3: Kosten in € für das Ersatzteilmanagement

Nun ist nach der Bestellregel (s. Satz 1) die größte ganze Zahl $s \leq S = 3$ gesucht, welche die Beziehung $G(s) \geq G(S) + K = 491{,}5\,€ + 25\,€ = 516{,}5\,€$ erfüllt bzw. die alternative Beziehung $G(s) - K \geq G(S) = 491{,}5\,€$ erfüllt. Dies ist für $s = 1$ erfüllt.

Anders als bei der Bemerkung 3 können bei einem diskreten Lagergut nun alle ganzen Zahlen für den Bestellpunkt s auftreten, da G nicht auf den Ergebnisraum (Wertebereich) der Zufallsvariablen D beschränkt ist.

Lemma 10 besagt: Für die Minimalstelle S von G auf $\mathbb{R}$ muss gelten: $S \geq 0$. Der Fall $s < 0$ ist jedoch möglich. Ein negativer Lagerbestand kann nur als Fehlmenge bzw. unbefriedigte Nachfrage (eventuell in Form von Lieferzusagen) interpretiert werden. Damit bedeutet dieser Fall, dass erst dann bestellt wird, wenn eine unbefriedigte Nachfrage (Fehlmenge) in der Höhe $|s|$ vorliegt.

Nach der optimalen Bestellpolitik (s. Satz 1) ist s ein optimaler Bestellpunkt. Formal führt dies zu den Definitionen:

Definition 4 (optimaler Bestellpunkt eines Einperiodenmodells)

Zu einem Einperiodenmodell sei ein s nach Satz 1 gewählt worden. Dann heißt s optimaler Bestellpunkt von diesem Einperiodenmodell.

Es bietet sich nun an, die Bestellregel formal zu definieren.

Definition 5 (Bestellregel eines Einperiodenmodells)

Gegeben sei ein Einperiodenmodell mit einem Bestellpunkt s und einer Bestellgrenze S. Die Funktion

$z^*: \quad \mathbb{R} \to \mathbb{R}$ mit

$$x \mapsto \begin{cases} S-x, & \text{falls} \quad x < s \\ 0, & \text{falls} \quad x \geq s \end{cases}, \text{ wobei x als Anfangslagerbestand interpretiert wird,}$$

heißt Bestellregel. Sind s und S optimal, so heißt z^* optimale Bestellregel.

Die optimale Bestellregel (s. Definition 5 bzw. Satz 1) besagt, dass, falls der Anfangslagerbestand x unter dem Bestellpunkt s liegt, bis zur Bestellgrenze S aufzufüllen ist, und falls $x \geq s$ ist, nicht bestellt (bzw. produziert) werden soll. Ihre übliche Bezeichnung wird wie folgt definiert.

Definition 6 ((s,S)-Bestellpolitik eines Einperiodenmodells)

Gegeben sei ein Einperiodenmodell mit optimalem Bestellpunkt s und optimaler Bestellgrenze S. x sei ein Anfangslagerbestand. Die optimale Bestellpolitik $z^*(x) = \begin{cases} S-x, & \text{falls} \quad x < s \\ 0, & \text{falls} \quad x \geq s \end{cases}$

heißt (s,S)-Bestellpolitik oder auch min max-Politik.

Bemerkung 5 (ergänzende Bezeichnungen zur Definition 6 und der Spezialfall $K = 0$)

Der Bestellpunkt s wird auch als Meldebestand (reorder point) und die Bestellgrenze S als Bestellniveau (orderup-to level) bezeichnet. Treten keine fixen Bestellkosten auf $(K = 0)$, so ist $s = S$, in anderen Worten, eine (S,S)-Bestellpolitik ist optimal; eine solche (S,S)-Bestellpolitik ist auch unter dem Namen „base stock policy" bekannt.

Für das Ersatzteilelager nach Beispiel 1 lautet die optimale Lösung einschließlich der dabei auftretenden Kosten zusammengefasst:

Beispiel 6 ((s,S)-Bestellpolitik für ein Ersatzteilelager ohne Anfangslagerbestand (x) und mit fixen Bestellkosten (K), Fortsetzung von Beispiel 5 (bzw. Beispiel 1))

Das Ersatzteilelager (s. Beispiel 1) hat nach Beispiel 5 einen optimalen Bestellpunkt von einem Ersatzteil $(s = 1)$ und eine optimale Bestellgrenze von drei Ersatzteilen $(S = 3)$. Nach

6.2 Optimale Lösung des Einperiodenmodells

der optimalen Bestellregel (s. Definition 5 und Definition 6) beträgt die optimale Bestellmenge, bei einem leeren Anfangslagerbestand $(x = 0)$, drei Ersatzteile $(u = S - x = 3)$.

Über die Formel 3 $\left(C_E^*(x) = \min_{u \geq 0} \{ K \cdot \delta(u) + c \cdot u + L_E(x + u) \} \right)$ für $x \in \mathbb{R}$ lassen sich die optimalen Gesamtkosten bei einem leeren Anfangslagerbestand $(x = 0)$ und einer optimalen Bestellmenge von 3 Ersatzteilen $(u = 3)$ berechnen durch

$$C_E^*(0) = K \cdot \delta(3) \; € + c \cdot 3 \; € + L_E(0 + 3) \; € = 516{,}5 \; €.$$

Mit der optimale Bestellmenge nach Satz 1 kann bei einer kontinuierlichen Verteilung eine vereinfachte Formel für den Erwartungswert der minimalen Gesamtkosten $C_E^*(x)$, in Abhängigkeit von einem Anfangslagerbestand x, angegeben werden.

Lemma 13 (Erwartungswert der minimalen Gesamtkosten bei einer kontinuierlichen Verteilung)

Gegeben sei ein Einperiodenmodell mit optimalem Bestellpunkt s und ein Anfangslagerbestand von x. Der Erwartungswert der minimalen Gesamtkosten $\left(C_E^*(x) \right)$ berechnet sich durch

$$C_E^*(x) = \begin{cases} -c \cdot x + G(s), & \text{falls} \quad x < s \\ -c \cdot x + G(x), & \text{falls} \quad x \geq s \end{cases}.$$

Beweis: s. Abschnitt zu stochastischen Lagerhaltungspolitiken im Internet.

Lemma 13 erlaubt die folgende Interpretation der Kosten – unter Berücksichtigung der Teilergebnisse. Die Interpretation gilt im Kern auch bei einer diskreten Verteilung: Die fixen Bestellkosten beeinflussen nur den Bestellpunkt, nicht aber den Erwartungswert der minimalen Gesamtkosten. Ist der Anfangslagerbestand größer als der Bestellpunkt, so sind die Kosten komplett durch den Anfangslagerbestand bestimmt, da ja keine Bestellung vorgenommen wird; eben durch die Lagerkosten für den Anfangslagerbestand $\left(L_E(x) \right)$. Im anderen Fall ergeben die Kosten sich aus den fixen Bestellkosten, den Produktionskosten für die Bestellmenge und den Lagerkosten für den Ziellagerbestand $\left(K + c \cdot (S - x) + L_E(S) \right)$. Entscheidend ist, dass dieser Wert berechnet werden kann, sofern S bekannt ist.

Nach der Herleitung ist eine optimale Bestellpolitik für ein Einperiodenmodell durch den optimalen Bestellpunkt (s) und die optimale Bestellgrenze (S) über die optimale Bestellregel bestimmt. Im Folgenden wird die konkrete Berechnung der beiden entscheidenden Parameter präzisiert. Zunächst für beliebige Verteilungen und anschließend für die Normalverteilung als ein (wichtiges) Beispiel für eine kontinuierliche Verteilung.

Die Berechnung von S wurde bereits vollständig entwickelt und wird wie folgt zusammengefasst: S ist das Minimum von $G(\cdot)$ und beträgt

- bei einem kontinuierlichen Lagergut also mit einer stetigen Verteilungsfunktion Φ nach Formel 6:

  Formel 18: $\quad S = \Phi^{-1}\left(\dfrac{p-c}{p+h}\right)$ und

- bei einem diskreten Lagergut also mit einer diskreten Verteilungsfunktion Φ nach Formel 11:

  Formel 19: $\quad$ die kleinste ganze Zahl S mit $S \geq \Phi^{-1}\left(\dfrac{p-c}{p+h}\right)$.

Nun zur Berechnung von s:

Im Fall von Stückgütern (diskretes Lagergut) wird – zum Erfüllen von Formel 17 in Satz 1 – zunächst $G(\cdot)$ für alle möglichen Lagerbestände berechnet. Aus S ergibt sich nun $G(S)$ und mit $G(s) \geq G(S) + K$ wird die größte ganze Zahl s mit $s \leq S$ so festgelegt, dass $G(s) \geq G(S) + K$ gilt. Möglich ist nun der Fall, dass kein nichtnegativer Lagerbestand (y) mit $0 \leq y \leq S$ existiert, so dass gilt: $G(y) \geq G(S) + K$. Dann muss $s < 0$ gelten. Zu seiner Berechnung ist die Formel vom Lemma 7 für $y < 0$ in die Definition von G (s. Formel 5) einzusetzen. Dies ergibt:

Formel 20: $\quad G(y) = c \cdot y + p \cdot (E(D) - y)$ für $y < 0$.

Damit kann die Bedingung $G(s) \geq G(S) + K$ umgeformt werden zu

$$c \cdot s + p \cdot (E(D) - s) \geq G(S) + K \iff (c - p) \cdot s \geq G(S) + K - p \cdot E(D)$$

$$\iff s \geq \frac{G(S) + K - p \cdot E(D)}{c - p} \quad \text{(beachte: } p > c \text{)}.$$

Also wird (für $s < 0$) die größte ganze Zahl s mit $s \leq S$ so festgelegt, dass $s \geq \dfrac{G(S) + K - p \cdot E(D)}{c - p}$ gilt.

Im Fall von einem kontinuierlichem Lagergut wird G für negative Lagerbestände über Formel 20 berechnet. Zum Erfüllen von $G(s) = G(S) + K$ (nach Formel 16 in Satz 1) kann diese (s. oben) umgeformt werden zu

Formel 21: $\quad s = \dfrac{G(S) + K - p \cdot E(D)}{c - p}\quad$ (beachte: $p > c$) (Berechnung, falls $s < 0$ ist).

Ist $s \geq 0$, so ist die

Formel 22: $\quad$ Gleichung $G(s) = G(S) + K$ (näherungsweise) numerisch zu lösen.

6.2 Optimale Lösung des Einperiodenmodells

Die (näherungsweise) Bestimmung von s, also die Berechnung einer Nullstelle von der Funktion $G(\cdot) - G(S) - K$ auf dem Intervall $(0, S]$, kann wegen der Monotonie der Funktion G z.B. mit dem Halbierungsverfahren oder dem Sekantenverfahren (s. etwa [BrSe81]) oder bei einer differenzierbaren Funktion G mit dem Newton-Verfahren (s. etwa [BrSe81]) erfolgen (s. auch [EnLu83]).

Bei beiden Typen von Verteilungen hängt die Berechnungsvorschrift davon ab, ob der optimale Bestellpunkt negativ ist oder nicht. Mit dem folgenden, einfachen Kriterium kann dies überprüft werden. Da G konvex ist und in S sein globales Minimum annimmt, ist G generell auf dem Intervall $(-\infty, S]$ monoton fallend. Also gilt:

- Fall $s < 0$: wenn $G(0) < G(s) = G(S) + K$ und
- Fall $s \geq 0$ (genauer $(0 \leq s \leq S)$): wenn $G(0) \geq G(s) = G(S) + K$ ist.

Durch die Berechnung von $G(0)$ und $G(S) + K$ kann somit geprüft werden, ob einer der beiden Fälle vorliegt.

Das Verfahren kann nun auf verschiedene Verteilungsfunktionen für die Nachfrage D, mit der Dichte φ, angewandt werden. Hier wird nur der Fall eines kontinuierlichen Lagerguts mit einer normalverteilten Nachfragemenge D pro Periode behandelt.

D sei nun eine $N(\mu, \sigma^2)$-verteilte Zufallsvariable mit $\mu = E(D)$ und $\sigma = \sigma(D)$. $\Phi_{N(\mu,\sigma^2)}$ bezeichnet ihre Verteilungsfunktion und $\varphi_{N(\mu,\sigma^2)}$ ihre Dichte.

Zunächst zur Berechnung von S:

Nach Formel 18 ist das S gesucht, mit:

Formel 23: $\quad \Phi_{N(\mu,\sigma^2)}(S) = \dfrac{p-c}{p+h}$.

Da in $\Phi_{N(\mu,\sigma^2)}(x) = \displaystyle\int_{-\infty}^{x} \dfrac{1}{\sqrt{2 \cdot \pi \cdot \sigma(D)^2}} e^{-\frac{(z-E(D))^2}{2 \cdot \sigma(D)^2}} \, dz$ und auch in $\Phi_{N(0,1)}(x) = \displaystyle\int_{-\infty}^{x} \dfrac{1}{\sqrt{2 \cdot \pi}} e^{-\frac{z^2}{2}} \, dz$

die Terme $\dfrac{1}{\sqrt{2 \cdot \pi \cdot \sigma(D)^2}} e^{-\frac{(z-E(D))^2}{2 \cdot \sigma(D)^2}}$ und $\dfrac{1}{\sqrt{2 \cdot \pi}} e^{-\frac{z^2}{2}}$ nicht elementar integrierbar sind, müssen die Werte von $\Phi_{N(0,1)}(x) = \displaystyle\int_{-\infty}^{x} \dfrac{1}{\sqrt{2 \cdot \pi}} e^{-\frac{z^2}{2}} \, dz$ mit Hilfe komplizierter Verfahren bestimmt werden. Sie werden in Formelsammlungen tabellarisch angegeben. Die Werte für $\Phi_{N(\mu,\sigma^2)}(x)$ selbst können errechnet werden, in dem $\Phi_{N(\mu,\sigma^2)}(x)$ auf $\Phi_{N(0,1)}(x)$ zurückgeführt wird. Nach dem Lemma zum „Zusammenhang zwischen einer Zufallsvariablen und ihrer Standardisierung" (s. den Abschnitt „Präliminarien" im Internet) ist die so genannte Standardisierte zu D (also $D^* = \frac{D-\mu}{\sigma}$) eine $\mathcal{N}(0,1)$-verteilte Zufallsvariable und für die Verteilungsfunktionen gilt der Zusammenhang:

Formel 24: $\quad \Phi_{\mathcal{N}(\mu,\sigma^2)}(x) = \Phi_{\mathcal{N}(0,1)}\left(\frac{x - E(D)}{\sigma(D)}\right)$.

Also in der vorliegenden Situation gilt:

$$\Phi_{\mathcal{N}(\mu,\sigma^2)}(S) = \Phi_{\mathcal{N}(0,1)}\left(\frac{S - E(D)}{\sigma(D)}\right).$$

Mit der Formel 23

$$\Phi_{\mathcal{N}(0,1)}\left(\frac{S - E(D)}{\sigma(D)}\right) = \frac{p-c}{p+h}$$

$$\Leftrightarrow \frac{S - E(D)}{\sigma(D)} = \Phi^{-1}_{\mathcal{N}(0,1)}\left(\frac{p-c}{p+h}\right)$$

Formel 25: $\quad \Leftrightarrow S = \sigma(D) \cdot \Phi^{-1}_{\mathcal{N}(0,1)}\left(\frac{p-c}{p+h}\right) + E(D)$.

Folgendes Zahlenbeispiel soll die Berechnung illustrieren.

Beispiel 7 (Ersatzteilelager, Fortsetzung von Beispiel 1)

Grundlage sind die Kostensätze aus Beispiel 1, also: variable Einkaufskosten von c = 100 €, fixe Bestellkosten von K = 25 €, Lagerhaltungskosten von h = 20 € sowie Fehlmengenkosten von p = 150 €. Die ursprüngliche diskrete Verteilung wird durch eine Normalverteilung mit dem gleichen Erwartungswert von 3,88 und der gleichen Standardabweichung von 1,8 (auf die zweite Nachkommastelle gerundet) approximiert. Dann ist die optimale Bestellgrenze S bestimmt durch:

$$\Phi_{\mathcal{N}(\mu,\sigma^2)}(S) = \frac{p-c}{h+p} = \frac{150\,€ - 100\,€}{20\,€ + 150\,€} = 0{,}29.$$

Mit der Formel 25 ergibt sich nun: $S = \left(1{,}8 \cdot \Phi^{-1}_{\mathcal{N}(0,1)}(0{,}29) + 3{,}88\right)$ Ersatzteile.

Nach einer Formelsammlung über $\Phi^{-1}_{\mathcal{N}(0,1)}$ ist: $v = \Phi^{-1}_{\mathcal{N}(0,1)}(0{,}29) = -0{,}54$.

Der optimale Lagerbestand beträgt somit: $S = (-1{,}8 \cdot 0{,}54 + 3{,}88)$ Ersatzteile = 2,91 Ersatzteile.

6.2 Optimale Lösung des Einperiodenmodells

Es sei angemerkt, dass bei der Verwendung einer kontinuierlichen Verteilung offen bleibt, ob die Bestellgrenze besser aufgerundet oder abgerundet werden muss. Deutlich wird dies beim Analysieren der Fehlmengenkosten von 500 € und 600 € (in diesem Zahlenbeispiel 7). Die folgende Tabelle 4 beschreibt die optimalen Bestellgrenzen bei Verwendung der diskreten bzw. der kontinuierlichen Verteilung:

p = 500 €		p = 600 €	
Verteilung		Verteilung	
diskret	stetig	diskret	stetig
$S_{opt} = 5$	$S_{opt} = 5,21$	$S_{opt} = 6$	$S_{opt} = 5,44$

Tabelle 4: offene Rundungsregel bei Approximation einer diskreten Verteilung durch eine Normalverteilung

Keine Rundungsregel führt zu der gleichen Bestellgrenze bei den beiden Verteilungen, weswegen darauf verzichtet wird. Die Verwendung der bekannten diskreten Verteilung ist am genauesten.

Zur Berechnung des Bestellpunkts s wird zunächst $G(S)$ bestimmt.

Durch Einsetzen der Formel in Lemma 7 in Formel 5 gilt für $y \geq 0$ (beachte: $S \geq 0$ gilt nach Lemma 10):

Formel 26:
$$G(y) = c \cdot y + (h+p) \cdot \int_0^y (y-d) \cdot \varphi_{N(\mu,\sigma^2)}(d) \, dd$$

$$+ p \cdot \int_0^\infty (d-y) \cdot \varphi_{N(\mu,\sigma^2)}(d) \, dd \, .$$

Durch einige Resultate aus der Stochastik lässt sich diese Formel vereinfachen. Dazu wird die so genannte Verlustfunktion 1. Ordnung („first-order loss function") verwendet.

Definition 7 (Verlustfunktion 1. Ordnung für eine kontinuierliche Verteilung)

Gegeben sei eine Zufallsvariable X mit einer kontinuierlichen Verteilung, deren Verteilungsfunktion durch Φ_X und deren Dichte durch φ_X bezeichnet wird. Dann ist die Verlustfunktion 1. Ordnung definiert durch:

$$\Phi_X^1(x) = \int_x^\infty (z-x) \cdot \varphi_X(z) \, dz \, .$$

Bemerkung 6 (zur Verlustfunktion 1. Ordnung)

- Die Verlustfunktion 1. Ordnung für eine Standardnormalverteilung wird durch $\Phi^1_{\mathcal{N}(0,1)}(x)$ bezeichnet (also: $\Phi^1_{\mathcal{N}(0,1)}(x) = \int_x^\infty (z-x)\cdot \varphi_{\mathcal{N}(0,1)}(z)\,dz$).

- Auch für eine diskrete Verteilung lässt sich eine Verlustfunktion 1. Ordnung definieren, indem statt dem Integral eine Summe betrachtet wird.

Anhand von Abbildung 6 wird die Verlustfunktion 1. Ordnung interpretiert. Die Interpretation ist unabhängig von der zugrunde liegenden Verteilung; Abbildung 6 ist eine Normalverteilung zugrunde gelegt. Es sei x der vorliegende Anfangslagerbestand. Ist die Nachfrage durch eine Zufallsvariable beschrieben, deren Verteilungsfunktion die in Abbildung 6 durch die gestrichelte Linie dargestellte Dichte besitzt, so treten Fehlbestände auf, sofern der Bedarf (d) größer als der Anfangslagerbestand (x) ist. Mit der Wahrscheinlichkeit $\varphi(d)$ für das Auftreten von dem Bedarf d beschreibt die Fläche unter der Kurve zu φ ab einem Bedarf von x, also das Intergral $\int_x^\infty \varphi(d)\,dd$, das Risiko für das Auftreten eines Fehlbestands. Die Höhe des Fehlbestands zum Bedarf d, mit $d \geq x$, ist $(d-x)$, der mit der Wahrscheinlichkeit von $\varphi(d)$ auftritt. Der auftretende Verlust ist somit $\int_x^\infty (d-x)\cdot \varphi(d)\,dd$, eben die Verlustfunktion 1. Ordnung.

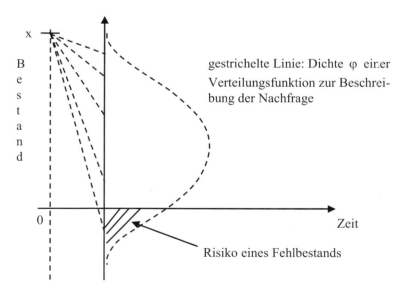

Abbildung 6: zur Interpretation der Verlustfunktion 1. Ordnung

6.2 Optimale Lösung des Einperiodenmodells

Damit lautet die Berechnungsvorschrift im Detail:

Lemma 14 (Berechnung von G bei einer Normalverteilung)

D ist eine $N(\mu, \sigma^2)$-verteilte Zufallsvariable mit $\mu = E(D)$ und $\sigma = \sigma(D)$. $\Phi_{N(\mu,\sigma^2)}$ bezeichnet ihre Verteilungsfunktion und $\varphi_{N(\mu,\sigma^2)}$ ihre Dichte. Mit $v = \dfrac{y - E(D)}{\sigma(D)}$ gilt für die Kostenfunktion G: $G(y) = c \cdot y + (h+p) \cdot \left(y - E(D) + \sigma(D) \cdot \Phi^1_{N(0,1)}(v)\right) + p \cdot (E(D) - y)$

bzw. $G(y) = (c+h) \cdot y - h \cdot E(D) + (h+p) \cdot \sigma(D) \cdot \Phi^1_{N(0,1)}(v)$.

Beweis: s. Abschnitt zu stochastischen Lagerhaltungspolitiken im Internet.

Durch Fortsetzung des Zahlenbeispiels in Beispiel 7 ergibt sich eine konkrete Berechnung für die (Hilfs-)Kostenfunktion G.

Beispiel 8 (Ersatzteilelager, Fortsetzung von Beispiel 7 (bzw. Beispiel 1))

Grundlage sind die Kostensätze aus Beispiel 1, also: variable Einkaufskosten von c = 100 €, fixe Bestellkosten von K = 25 €, Lagerhaltungskosten von h = 20 € sowie Fehlmengenkosten von p = 150 €. Nach Beispiel 7 folgt der Bedarf einer Normalverteilung mit dem Erwartungswert von 3,88 und der Standardabweichung von 1,8. Im Beispiel 7 wurde für die optimale Bestellgrenze der Wert S = 2,91 berechnet. Für diesen Ziellagerbestand berechnet sich die (Hilfs-)Kostenfunktion G, nach Lemma 14, wie folgt:

Es ist $v = \dfrac{S - E(D)}{\sigma(D)} = \dfrac{2,91 - 3,88}{1,8} = -0,5389$. Nach einschlägigen stochastischen Tabellen ist $\Phi^1_{N(0,1)}(v) = 0,72496$, s. den Anhang zu diesem Abschnitt. Damit ist dann

$G(2,91) = (100 € + 20 €) \cdot 2,91 - 20 € \cdot 3,88 + (20 € + 150 €) \cdot 1,8 \cdot 0,72496 = 493,44 €$.

In Tabelle 5 sind die Werte der (Hilfs-)Kostenfunktion G in € für verschiedene Ziellagerbestände y angegeben.

	y	$LK_E(y)$	$FK_E(y)$	$G(y)$
	0	0,2 €	583,5 €	583,7 €
	1	0,84 €	438,28 €	539,11 €
	2	2,75 €	302,65 €	505,41 €
	2,83	6,24 €	204,29 €	493,53 €
	2,85	6,35 €	202,13 €	493,48 €
	2,87	6,47 €	199,99 €	493,46 €
	2,89	6,58 €	197,86 €	493,44 €
	2,90	6,64 €	196,8 €	493,44 €
$S =$	2,91	6,7 €	195,74 €	493,44 €
	2,92	6,76 €	194,68 €	493,44 €
	2,93	6,82 €	193,63 €	493,45 €
	2,95	6,94 €	191,53 €	493,47 €
	2,97	7,06 €	189,44 €	493,50 €
	3	7,24 €	186,34 €	493,58 €
	4	15,59 €	98,95 €	514,54 €

Tabelle 5: Kosten für das Ersatzteilmanagement

Für die Bestimmung des optimalen Bestellpunkts (s) ist keine weitere für die Normalverteilung spezifische Formel herzuleiten. Das Verfahren wird exemplarisch auf das Ersatzteilelager angewendet.

Beispiel 9 (Ersatzteilelager, Fortsetzung von Beispiel 8 (bzw. Beispiel 1))

Für die konkreten Einzeldaten sei auf die Angaben in Beispiel 8 verwiesen. In Tabelle 6 sind die Werte der (Hilfs-)Kostenfunktion G in € für verschiedene Ziellagerbestände y angegeben. Wegen $G(0) = 583{,}7\ € > 493{,}44\ € + 25\ € = 518{,}44\ € = G(S) + K$ ist die Gleichung $G(s) = G(S) + K$ näherungsweise numerisch zu ermitteln (nach Formel 22). Dies ist durch die Angabe von einigen Werten für G in Tabelle 6 nachgezeichnet. Der optimale Bestellpunkt beträgt $s = 1{,}5549$ Ersatzteile.

6.2 Optimale Lösung des Einperiodenmodells

	y	$LK_E(y)$	$FK_E(y)$	$G(y)$	
	1	0,84 €	438,28 €	539,11 €	
	1,5	1,56 €	368,72 €	520,28 €	
	1,55	1,66 €	361,94 €	518,6 €	
	1,555	1,67 €	361,26 €	518,43 €	
s =	1,5549	1,67 €	361,28 €	518,44 €	$G(2,91)\, € + 25\, € = 518,44\, €$
	1,56	1,68 €	360,59 €	518,27 €	
	1,6	1,76 €	355,19 €	516,95 €	
	2	2,75 €	302,65 €	505,41 €	
S =	2,91	6,7 €	195,74 €	493,44 €	

Tabelle 6: Kosten für das Ersatzteilmanagement

Spezifische Formeln beim Vorliegen einer Normalverteilung ergeben sich für den Erwartungswert der minimalen Gesamtkosten $\left(C_E^*(x)\right)$. In Abhängigkeit von einem Anfangslagerbestand x berechnet er sich durch Einsetzen der Formel in Lemma 14 wie folgt:

Formel 27:

$$C_E^*(x) = \begin{cases} -c \cdot x + (c+h) \cdot s - h \cdot E(D) + (h+p) \cdot \sigma(D) \cdot \Phi_{N(0,1)}^1\left(\dfrac{s - E(D)}{\sigma(D)}\right), & \text{falls } x < s \\ h \cdot x - h \cdot E(D) + (h+p) \cdot \sigma(D) \cdot \Phi_{N(0,1)}^1\left(\dfrac{x - E(D)}{\sigma(D)}\right), & \text{falls } x \geq s \end{cases}$$

bzw. bezogen auf die Bestellgrenze S (s. den Beweis zu der Formel in Lemma 13):

Formel 28:

$$C_E^*(x) = \begin{cases} K - c \cdot x + (c+h) \cdot S - h \cdot E(D) + (h+p) \cdot \sigma(D) \cdot \Phi_{N(0,1)}^1\left(\dfrac{S - E(D)}{\sigma(D)}\right), & \text{falls } x < s \\ h \cdot x - h \cdot E(D) + (h+p) \cdot \sigma(D) \cdot \Phi_{N(0,1)}^1\left(\dfrac{x - E(D)}{\sigma(D)}\right), & \text{falls } x \geq s \end{cases}.$$

Damit werden nun die konkreten Kosten beim optimalen Betrieb des Ersatzteilelagers berechnet.

Beispiel 10 (Ersatzteilelager, Fortsetzung von Beispiel 9)

Für die konkreten Einzeldaten sei auf die Angaben in Beispiel 9 verwiesen. Da kein Anfangslagerbestand vorliegt $(x = 0)$, wird die Bestellgrenze bestellt; formal ist, mit $s = 1,556$,

$x < s$. Der Erwartungswert der minimalen Gesamtkosten berechnet sich, nach Formel 28, durch $C_E^*(0) = \left(25 - 100 \cdot 0 + (100+20) \cdot 2,91 - 20 \cdot 3,88 + (20+150) \cdot 1,8 \cdot \Phi^1_{N(0,1)}\left(\frac{2,91-3,88}{1,8}\right)\right)$ €.

Nach einschlägigen stochastischen Tabellen ist $\Phi^1_{N(0,1)}\left(\frac{2,91-3,88}{1,8}\right) = 0,72496$, s. den Anhang zu diesem Abschnitt, und damit ist $C_E^*(0) = 518,44$ €.

Es sei angemerkt: Sofern kein Anfangslagerbestand vorliegt, lassen sich die minimalen Gesamtkosten auch über die Hilfsfunktion G durch $G(s) = G(S) + K$ direkt angeben; im Beispiel 10 über die Tabelle 6.

6.3 Grundlegende Resultate zur optimalen Lösung des Mehrperiodenmodells

Wie bereits im einleitenden Abschnitt ausgearbeitet wurde, sind Mehrperiodenmodelle dadurch charakterisiert, dass ein Entscheidungsträger zu jeder Zeit im gesamten Planungsintervall (Bestellhorizont) erneut bestellen kann. Als Beispiel sei an die Lagerhaltung von Befestigungsschrauben für die Tischproduktion (also Beispiel 2) erinnert.

Definition 8 (Mehrperiodenmodell)

Eine Lagerhaltung für ein Produkt über einen Planungszeitraum, bei der zu jedem Zeitpunkt eine Bestellung ausgelöst werden kann, heißt Mehrperiodenmodell.

Die Literatur zu stochastischen Lagerhaltungspolitiken zeigt, dass Mehrperiodenmodelle sehr viel schwieriger als Einperiodenmodelle zu behandeln sind. Dennoch haben die optimalen Lösungen eine vergleichbare Struktur. Dieser Abschnitt soll dies aufzeigen; deswegen wird auch auf ein Höchstmaß an Allgemeingültigkeit verzichtet.

Ähnlich wie im Abschnitt „das klassische Losgrößenmodell mit endlichem Horizont" im Kapitel „einstufige Losgrößenprobleme" wird dieses Kennzeichen eines Mehrperiodenmodells (s. Definition 8) zunächst durch ein Modell aus einer bestimmten Anzahl (m) an Perioden ausgedrückt, bei dem zu Beginn jeder Periode eine Bestellung aufgegeben werden kann. Damit bezieht sich auch hier das Optimierungsproblem auf den Beginn einer Periode. Für dieses Modell seien die folgenden Annahmen zugrunde gelegt:

- Der Planungszeitraum bestehe aus m Perioden.
- Die auftretenden Nachfragen d_i, in den Perioden 1 bis m, können durch stochastisch unabhängige, identisch verteilte, nichtnegative stetige Zufallsvariablen beschrieben werden und können damit durch eine Zufallsvariable D ausgedrückt werden, deren Verteilung über die Verteilungsfunktion Φ mit der Dichte φ angegeben ist. Läge (statt einem

6.3 Grundlegende Resultate zur optimalen Lösung des Mehrperiodenmodells

solchen kontinuierlichen Lagergut) ein diskretes Lagergut vor, so sind die im Folgenden auftretenden Integrale durch entsprechende Summen zu ersetzen.
- Variable Produktions- oder Einkaufskosten c pro Mengeneinheit, mit $c > 0$ (s. die Annahmen zum Einperiodenmodell); die Einheit von c ist Geldeinheit (GE) / Mengeneinheit (ME).
- Ein fixer Kostensatz (Rüstkosten bzw. Bestellkosten) K fällt bei jeder Bestellung an; die Einheit von K ist Geldeinheit (GE) / Rüstvorgang; beachte $K \geq 0$.
- Jede gelagerte Produkteinheit verursacht Lagerhaltungskosten in Höhe von h Geldeinheiten (GE) pro Periode (PE) (entspricht einer Zeiteinheit); die Einheit von h ist $\frac{GE}{PE}$ bzw. $\frac{GE}{ZE}$; beachte $h > 0$.
- Fehlmengenkosten p pro Mengeneinheit (ME) unbefriedigter Nachfrage mit $p > c$ (s. die Annahmen zum Einperiodenmodell); die Einheit von p ist GE/ME. Eine in einer Periode auftretende Fehlmenge wird vorgemerkt und bei nächster Gelegenheit bevorzugt ausgeliefert (Rückstandsaufträge).
- Lieferzeit ist gleich 0.
Eine Lieferzeit von Null bedeutet tatsächlich eine unmittelbare Lieferung, wie sie auch beim klassischen Losgrößenverfahren zugrunde gelegt worden ist.

Es sei angemerkt, dass in vielen Literaturarbeiten der Verlust des Werts einer Geldeinheit in einer Periode durch einen so genannten Diskontfaktor α modelliert wird.

Eine gravierende Einschränkung für viele industrierelevante Probleme ist die Forderung nach stochastischer Unabhängigkeit. Allerdings kann auf so genannte dynamische Sicherheitsäquivalente, aus der stochastischen dynamischen Optimierung, zurückgegriffen werden, mit denen der stochastische Prozess durch gewisse als Prognosen deutbare bedingte Erwartungswerte beschrieben werden kann.

Jede Bestellpolitik besteht aus einer Menge an Regeln, mit denen die Bestellmenge zu Beginn jeder dieser Perioden als eine Funktion über alle bis zu diesem Zeitpunkt kumulierten Informationen festgelegt wird. Aufgrund der inneren Logik des Problems ist es ausreichend sich auf die Regeln zu beschränken, die von der Höhe des Lagerbestands zum Zeitpunkt der Entscheidung abhängen (s. [Scar63]).

Jede Bestellpolitik erzeugt eine zufällige Sequenz von Kosten, wobei die Zufälligkeit durch die Zufälligkeit des zukünftigen Bedarfs hervorgerufen wird. Eine Bestellpolitik ist optimal, wenn sie die Erwartungswerte dieser Kosten minimiert.

Ein Lösungsansatz teilt diese Sequenz von Entscheidungsproblemen in die erste Entscheidung (also zum aktuellen Zeitpunkt) und in alle nachfolgenden Entscheidungen. Dadurch entsteht eine iterative Sequenz von Funktionalgleichungen, deren Lösung die optimale Bestellpolitik festlegt. Mit dieser Technik formulierte Bellmann in [Bell57] die Grundlagen der dynamischen Programmierung; damit hat dieses Vorgehen (i. e. von diesem Abschnitt) einen Bezug zur Wirtschaftstheorie, zur Spieltheorie und zur statistischen Entscheidungstheorie.

Nun bezeichne x_{i+1} den Lagerbestand am Ende der i-ten Periode bzw. zu Beginn der (i+1)-ten Periode. Wegen der Zufälligkeit der auftretenden Bedarfe ist x_{i+1}, für alle $1 \leq i \leq (m-1)$, eine Zufallsvariable X_{i+1}. Der Lagerbestand x_1 zu Beginn der ersten Periode (Anfangslagerbestand) ist fest vorgegeben und daher eine deterministische Größe. Nach den Modellannahmen wird zu Beginn der i-ten Periode die Menge u_i, für alle $1 \leq i \leq m$, bestellt. Damit gilt die Lagerbilanzgleichung

$x_{i+1} = x_i + u_i - d_i \quad \forall \ 1 \leq i \leq m$, x_{m+1} ist der (Rest-)Lagerbestand am Ende von Periode m.

Es sei nun $y_i = x_i + u_i$, für alle $1 \leq i \leq m$, der tatsächliche Lagerbestand unmittelbar nach Eingang der Bestellung in der i-ten Periode. Der Erwartungswert der Lagerungs- und Fehlmengenkosten in der i-ten Periode sei (wieder) $L_E(y_i)$. Wie beim Einperiodenmodell geht in die Berechnung von $L_E(y_i)$ der aktuelle Bedarf d_i ein. Es lässt sich sogar zeigen, dass $L_E(y_i)$ die gleiche Form wie beim Einperiodenmodell (s. Lemma 7) hat. Die erwarteten Kosten in der i-ten Periode lauten damit

Formel 29: $\quad K \cdot \delta(u_i) + c \cdot u_i + L_E(x_i + u_i) \quad \forall \ 1 \leq i \leq m$.

Das Optimierungsproblem besteht aus der Minimierung der erwarteten Gesamtkosten über den gesamten Planungszeitraum. Es lässt sich zeigen, dass damit ein stochastisches Optimierungsproblem vorliegt.

Damit ist das oben erwähnte Vorgehen zur optimalen Lösung anwendbar und wird auf eine Periode i mit $1 \leq i \leq m$ bezogen. Dann zerfallen die Kosten in zwei Teile: die Kosten für die i-te Periode (s. Formel 29) und die erwarteten zukünftigen Kosten. Aufgrund der Bellmannschen Optimalitätsbedingung werden optimale Entscheidungen für die folgenden Perioden gefällt. Dadurch werden die minimalen erwarteten Gesamtkosten $\left(C_i^*(x_i)\right)$ der Perioden i, $(i+1)$, ..., m realisiert; es sei betont, dass die Länge des Planungsintervalls m ein Parameter von $C_i^*(x_i)$ ist. Damit betragen die erwarteten zukünftigen Kosten ab dem Beginn der $(i+1)$-ten Periode (der Fall i gleich m wird später behandelt)

$$E\left(C_{i+1}^*(x_{i+1})\right) = \int_{-\infty}^{\infty} C_{i+1}^*(x_{i+1}) \cdot \varphi(d_i) \, dd_i \text{ und da die Bedarfe nichtnegativ sind:}$$

Formel 30 $\quad E\left(C_{i+1}^*(x_{i+1})\right) = \int_{0}^{\infty} C_{i+1}^*(x_{i+1}) \cdot \varphi(d_i) \, dd_i = \int_{0}^{\infty} C_{i+1}^*(x_i + u_i - d_i) \cdot \varphi(d_i) \, dd_i$.

Damit die Bestellentscheidung zu Beginn der i-ten Periode die Kosten minimiert, ist die Summe aus Formel 29 und Formel 30 zu minimieren, also:

6.3 Grundlegende Resultate zur optimalen Lösung des Mehrperiodenmodells

$$\min_{u_i \geq 0} \left(K \cdot \delta(u_i) + c \cdot u_i + L_E(x_i + u_i) + \int_0^\infty C_{i+1}^*(x_i + u_i - d_i) \cdot \varphi(d_i) \, dd_i \right).$$

Da diese Summe gleich $C_i^*(x_i)$ ist, ergibt sich die Funktionalgleichung

Formel 31: $\quad C_i^*(x_i) =$

$$\min_{u_i \geq 0} \left(K \cdot \delta(u_i) + c \cdot u_i + L_E(x_i + u_i) + \int_0^\infty C_{i+1}^*(x_i + u_i - d_i) \cdot \varphi(d_i) \, dd_i \right) \quad \forall \ 1 \leq i \leq m.$$

$C_{m+1}^*(x_{m+1})$ ist bestimmt durch die Bewertung des Restlagerbestands und damit gleich Null, sofern dieser am Ende von Periode m verloren geht.

Diese Funktionalgleichung (oder ihre Varianten) stellt einen sehr effizienten Algorithmus zur Berechnung einer optimalen Lagerhaltungspolitik dar. Der Algorithmus erlaubt die Änderung der Kosten und Bedarfsverteilung über die Zeit und ist daher sehr flexibel.

Bellman, Glicksberg und Gross leiteten in [BeGG55] als erste aus solchen Bestandsgleichungen die (Grund-)Form einer optimalen Entscheidungsregel her. Das Ergebnis war das Gleiche wie beim Einperiodenmodell, nämlich eine (s,S)-Bestellpolitik. Es sei betont, dass sowohl der Bestellpunkt s als auch das Bestellniveau S periodenspezifisch sind. Dargestellt ist eine (s,S)-Bestellpolitik in Abbildung 7; dort allerdings mit periodenunabhängigen Bestellpunkt (s) und Bestellniveau (S). Zu jedem möglichen Bestelltermin wird der Bestand x überprüft und immer dann, wenn der Lagerbestand x (gestrichelte Linie in Abbildung 7) auf oder unter den Bestellpunkt s gesunken ist, wird eine Bestellung in der Höhe ausgelöst, die ausreicht, um zum Zeitpunkt der Bestellung den (verfügbaren) Lagerbestand wieder auf das Bestellniveau S anzuheben (Linie mit Wechsel aus Strich und zwei aufeinanderfolgenden Punkten in Abbildung 7; die Bestellmenge ist also: $(S-x)$).

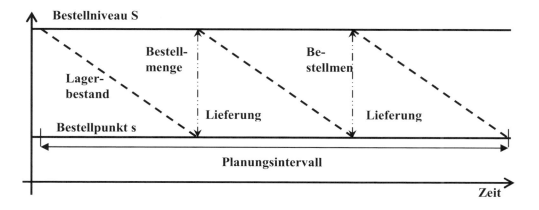

Abbildung 7: (s,S)-Lagerpolitik

Entscheidungsvariablen von dem (s,S)-Lagerhaltungsmodell sind

- der Bestellpunkt (Meldebestand) s und
- das Bestellniveau S.

Der Nachweis der Optimalität einer (s,S)-Bestellpolitik (in [BeGG55]) gilt nur bei eingeschränkten Lagerhaltungs- und Fehlmengenkosten. Mit der Arbeit von Scarf (s. [Scar59]) wurden diese Einschränkungen weitgehend überwunden.

Problematisch ist die Annahme einer unmittelbaren Lieferung (also einer Lieferzeit von Null, mit einem unendlich schnellen Lagerzugang). Wie bereits im einleitenden Abschnitt ausgearbeitet wurde, dürfte sich in der industriellen Praxis eine, im Allgemeinen stochastische, Lieferzeit nicht vermeiden lassen. In [Scar59] wurde die Optimalität der (s,S)-Bestellpolitik beim Auftreten von einer Wiederbeschaffungszeit über eine konstante und ganzzahlige Anzahl an Perioden nachgewiesen. Eine Verallgemeinerung auf eine beliebige, aber nach wie vor konstante Wiederbeschaffungszeit lässt sich ohne weiteres vornehmen.

Bei Modellen mit stochastischen Wiederbeschaffungszeiten ergibt sich eine Schwierigkeit, die von Hochstädter (s. [Hoch69]) ausgearbeitet wurde. Bei einer festen Lieferzeit (l) werden bei einer Bestellung zu Beginn einer Periode (i) nur die Kosten ab der $(l+i)$-ten Periode beeinflusst. Deswegen wird der Bestellentscheidung der Zustand zu Beginn der $(l+i)$-ten Periode zugrunde gelegt. Dadurch ist der Zustand des Systems durch eine einzige Zustandsvariable beschreibbar; dies wurde in [KaSc58] bewiesen. Dieser Zustand beschreibt die Summe aus dem aktuellen Bestand und den bereits bestellten Mengen. Ist jedoch die Lieferzeit zufällig, so ist nicht bekannt, wann die noch ausstehenden bereits bestellten Lieferungen im Lager eintreffen werden. Deswegen hängt der Zustand des Systems von mehreren Zustandsvariablen ab, nämlich dem aktuellen Lagerbestand und den noch ausstehenden bereits bestellten Lieferungen. Die Frage bei den Modellen mit stochastischen Lieferzeiten lautet daher: Kann ein Zeitpunkt angegeben werden, bis zu dem es unmöglich ist, die Kosten durch die jetzige Entscheidung noch zu beeinflussen? In diesem Fall kann für ein Modell, bei dem eine unbefriedigte Nachfrage vorgemerkt wird, der Zustand durch eine Zustandsvariable dargestellt werden.

Beim Finden eines solchen Zeitpunkts erwies sich die folgende Konstellation als besonders problematisch. Zu Beginn einer Periode wird eine neue Bestellentscheidung getroffen und in früheren Perioden wurden bereits einige Bestellentscheidungen getroffen, deren Bestellmengen aber noch nicht geliefert worden sind. Angenommen, die mit dieser Bestellung verbundene Lieferzeit sei stochastisch unabhängig von den anderen Bestellungen. Dann kann sich die Bestell- und Lieferreihenfolge der einzelnen Entscheidungen überschneiden, d. h., eine Bestellung, die später aufgegeben wurde, wird früher geliefert als eine, deren Bestellentscheidung vorher getroffen wurde. Eine solche Lieferweise würde die Berechnung der zukünftigen Kosten erschweren, wäre allerdings relativ unrealistisch.

Um die angegebenen Schwierigkeiten zu umgehen, wurde versucht, Bedingungen anzugeben, unter denen der Zustandsvektor transformiert werden kann, so dass er nur noch von einer Variablen abhängt. Scarf fand (s. [Scar60]) eine optimale Lösung für solche Modelle,

6.3 Grundlegende Resultate zur optimalen Lösung des Mehrperiodenmodells

bei denen zu einem Zeitpunkt nur höchstens eine Bestellung aussteht. In den folgenden Jahren wurden weniger einschränkende Bedingungen formuliert (s. erneut [Hoch69]). Die – dem Autor bekannte – allgemeinste Bedingung wurde von Kaplan (s. [Kapl68], s. auch [KlMi72]) formuliert und lautet:

1. Die Lieferzeiten L_t für die Bestellungen zu beliebigen Zeitpunkten t sind stochastisch unabhängige, identisch verteilte Zufallsvariablen mit der Wahrscheinlichkeitsverteilung

$$P(L_t \leq \tau) = \int_0^\tau \varphi_L(u)\,du$$

2. Die Bestellungen werden in der gleichen Reihenfolge verfügbar, in der sie aufgegeben werden.

Aufgrund der Unabhängigkeit der Zufallsvariablen zu den Lieferzeiten ist das oben angesprochene Überschneiden der Bestell- und Lieferreihenfolge der einzelnen Entscheidungen möglich. Damit widersprechen sich die beiden Bedingungen im Allgemeinen. Eine detaillierte Analyse dieser beiden Bedingungen wurde von Klemm und Mikut in [KlMi72] angegeben. Sie zeigen, dass weiterhin eine (s,S)-Bestellpolitik optimal ist. Der Versuch ihrer Berechnung bei Klemm und Mikut (in [KLMi72]) führte zu ähnlichen Bestimmungsgleichungen wie bei einer konstanten Lieferzeit plus einer so genannten Randverteilung. Für die Bestimmung seiner Form sind komplizierte Integrale geschlossen zu lösen, was nur in Ausnahmefällen (also bei speziellen Verteilungen) möglich ist. Die Erwartungswerte und Varianzen solcher Randverteilungen können im Allgemeinen (sogar leicht) berechnet werden. Deswegen schlugen Klemm und Mikut (in [KLMi72]) eine Näherung vor, in dem die Form der Verteilungen unverändert bleiben, ihre Parameter aber aus dem Erwartungswert beziehungsweise der Varianz berechnet werden. Dadurch führten sie letztlich das Problem auf ein Bestandsmanagementproblem mit konstanter Lieferzeit zurück.

Es sei angemerkt, dass die zweite Bedingung von Kaplan im Abschnitt 6.4 genutzt wird, um für ein deutlich vereinfachtes Optimierungsmodell eine konkrete Berechnung für den Bestellbestand s und für das Bestellniveau S herzuleiten. Dabei wird die Bedeutung dieser Bedingung weiter beleuchtet.

Nun kann der Planungshorizont sehr lang oder sein Ende ungewiss sein. Daher bietet sich der Übergang zu einem unendlich-periodischen Modell an. Bei diesem unterscheidet sich die Situation zu Beginn einer Periode von derjenigen zu Beginn der Folgeperiode ausschließlich in der Höhe des Lagerbestands; ohne sich natürlich dem Ende des Programms zu nähern. Damit ist zu erwarten, dass die Funktionalgleichung zur Bestimmung einer optimalen Lösung in einer beliebigen Periode nun lediglich eine Kostenfunktion $\left(C^*(x)\right)$, eben ohne einen Index für die Abhängigkeit zur Programmlänge (über die Bezeichnung einer Periode) im Vergleich zu den Funktionalgleichungen beim endlich-periodischen Modell, enthält. Tatsächlich lautet diese

Formel 32: $\quad C^*(x) = \min_{u \geq 0} \left(K \cdot \delta(u) + c \cdot u + L_E(x+u) + \int_0^\infty C^*(x+u-d) \cdot \varphi(d)\,dd \right).$

Dadurch, dass die gleiche Funktion auf den beiden Seiten der Gleichung auftaucht, ist diese Funktionalgleichung nun komplizierter als die beim endlich-periodischen Modell. In verschiedenen Arbeiten wurden diese Funktionalgleichung analysiert und gelöst, einschließlich ihre Erweiterung um konstante Wiederbeschaffungszeiten; s. z.B. [ScGS63], [ArKS60] und [IgKa62]. Dabei kann in gewisser Hinsicht die Berechnung bei endlich-periodischen Modellen als eine Approximation der Berechnung bei unendlich-periodischen Modellen angesehen werden; ihre Abstände sind auch untersucht worden (s. z.B. [ScGS63]). Die Approximation zeigt sich auch darin, dass bei einem unendlich-periodischen Modell Folgen von Bestellpunkten $(s_i)_{i=1}^{\infty}$ und Bestellniveaus $(S_i)_{i=1}^{\infty}$ berechnet werden, die die Häufungspunkte s^* zu $(s_i)_{i=1}^{\infty}$ und S^* zu $(S_i)_{i=1}^{\infty}$ besitzen, die dann der optimale Bestellpunkt und das optimale Bestellniveau des unendlich-periodischen Modells sind. In jedem Fall liegt eine Mindestzeit zwischen zwei Bestellpunkten vor, weswegen wieder Perioden identischer Länge vorliegen, an deren Beginn eine Bestellung aufgegeben werden kann.

Nach dem bisherigen Ansatz wurde über rekursive Gleichungen bzw. Techniken der dynamischen Programmierung hergeleitet, dass eine (s,S)-Bestellpolitik optimal ist. Für die Anwendung solcher Techniken spricht ihre Flexibilität und geringe Rechenzeit, sofern die spezielle Form der optimalen Bestellpolitik ein Bestandteil des Programms ist. (Bereits mit den Rechenkapazitäten in 1963 waren die Laufzeiten beeindruckend kurz; s. [ScGS63].)

Nachteilhaft ist jedoch, dass dieser Ansatz keine Informationen über den Einfluss der vielen Parameter eines Mehrperiodenmodells auf die optimale Bestellpolitik und ebenfalls keine Informationen über die Sensitivität der Kosten als Funktion von der Bestellpolitik liefert. Geliefert werden solche Informationen durch den stochastischen Ansatz, der im Folgenden vorgestellt wird. Genaugenommen werden „erwartete" Informationen ermittelt, da der stochastische Zugang im Prinzip das Verhalten der einzelnen Perioden „im Mittel" analysiert.

Die folgende Betrachtung zeigt, dass dadurch keine grundlegend andere Situation vorliegt. Da alle Elemente des Lagerhaltungssystems stationär sind, werden die Entscheidungen in allen möglichen Bestellterminen unter den gleichen Bedingungen gefällt, sofern angenommen wird, dass das Lager jeweils noch über die gleiche Anzahl an Perioden arbeitet. Es entspricht der stationären Betrachtungsweise, diesen Zeitraum nicht zu beschränken.

Es liege nun ein Einzelprodukt mit einem Bedarf pro Periode vor. Diese Periodenbedarfe d_1, d_2, ... (wie bei den Prognoseverfahren; s. den Abschnitt über Prognoseverfahren) lassen sich durch unabhängige Zufallsvariablen D_1, D_2, ... mit einer gemeinsamen Verteilungsfunktion Φ_D, deren Erwartungswert $E(D)$ und Standardabweichung $\sigma(D)$ endlich sind, beschreiben.

Da im Folgenden auf die Auswertung (und auch Herleitung) konkreter Formeln verzichtet wird, handelt es sich der Einfachheit halber um eine kontinuierliche Verteilung mit der Dichte φ_D; es sei betont, dass dieser Ansatz auch bei einer diskreten Verteilung verwendet werden kann.

6.3 Grundlegende Resultate zur optimalen Lösung des Mehrperiodenmodells

Nachgefragte Mengen werden unverzüglich ausgeliefert. Nachfragemengen, die aufgrund mangelnder Lieferfähigkeit des Lagers nicht unverzüglich ausgeliefert werden können, werden als so genannte Fehlmengen (Rückstandsaufträge) vorgemerkt und bei nächster Gelegenheit bevorzugt ausgeliefert. Bestellentscheidungen pro Periode erfolgen aufgrund einer (s,S)-Bestellpolitik; mit einem Bestellpunkt s und einem Bestellniveau S. Durch die Vorgabe dieser Bestellpolitik sind die Werte für den Bestellpunkt s und das Bestellniveau S Steuerungsparameter des Bestandsmanagements, deren optimale Werte die (zu erwartenden) Gesamtkosten minimieren; beim Einperiodenmodell sind der Bestellpunkt s und das Bestellniveau S das Ergebnis der Minimierung einer von s und S unabhängigen Kostenfunktion und deswegen optimal.

Zu einen bestimmten Anfangslagerbestand x zu Beginn der ersten Periode bilden, aufgrund der Zufälligkeit des Bedarfs, die Bestände zu Beginn der folgenden Perioden eine Folge von Zufallsvariablen X_1, X_2, ... ; x_i bezeichnet einen konkreten Wert der Zufallsvariable X_i, $\forall\ i \in \mathbb{N}$. Ist X_n bekannt, so können aus den Werten x_n von X_n, alle möglichen Werte von x_{n+1} mit ihren Wahrscheinlichkeiten angegeben werden. Dazu sei d_n der zufällige Bedarf in der n-ten Periode. Ist $x_n > s$, so wird keine Bestellung aufgegeben und es gilt $x_{n+1} = x_n - d_n$. Ist im anderen Fall $x_n \leq s$, so wird eine Bestellung aufgegeben und der Lagerbestand (bei einer Lieferzeit von Null und einem unendlich schnellen Lagerzugang) wird auf S angehoben und es gilt $x_{n+1} = S - d_n$. Liegt eine von Null abweichende (gegebenenfalls stochastische) Lieferzeit vor, so wird statt des physischen Bestandes (für x_n in der n-ten Periode) der so genannte disponible Bestand verwendet. Mit diesem wird im Abschnitt 6.4 gerechnet und er besteht aus dem physischen Bestand plus den ausstehenden Bestellungen minus den Rückständen aufgrund von Lieferunfähigkeit (also den Fehlmengen). Die folgenden Überlegungen gelten auch für den disponiblen Bestand.

Damit handelt es sich bei einer solchen Sequenz von Beständen um einen Markov-Prozess (s. den Abschnitt „Präliminarien" im Internet) und da der Bedarf in den einzelnen Perioden durch die gleiche Verteilung hervorgerufen wird, sind die Übergangswahrscheinlichkeiten stationär. Der Bestand zu Beginn der n-ten Periode hat die Dichte φ_n und bezieht sich auf die Dichte φ_{n-1} aufgrund der in Markov-Prozessen typischen rekursiven Beziehung. Im Allgemeinen wird diese Folge von Dichten gegen eine Grenzdichte φ konvergieren; i. e. $\lim_{n \to \infty}(\varphi_n) = \varphi$. Damit lassen sich die oben angegebenen X_1, X_2, ... durch eine Zufallsvariable mit der Dichte φ beschreiben, sofern der Prozess hinreichend lang beobachtet wird; bzw. $(X_n)_{n=1}^{\infty}$ lässt sich durch eine Zufallsvariable mit der Dichte φ beschreiben.

Dadurch existiert der Erwartungswert aller Kosten pro Periode. Ist die Grenzdichte φ bekannt, so lässt sich dieser Erwartungswert für den Fall einer Lieferzeit von Null (i. e. unendlich schnellen) wie folgt angeben. Für jeden Bestand x werden die erwarteten Bestellmengen-, Lagerhaltungs- und Fehlmengenkosten pro Periode zu der Verteilung von X mit der Dichte $\varphi(x)$ (laut der Grenzdichte) angegeben. Ist beim Beginn einer Periode $x \leq s$, so wird eine Menge von $S-x$ bestellt. Dann betragen die Bestellmengenkosten $K+c\cdot(S-x)$ und die Summe aus erwarteten Lagerhaltungs- und Fehlmengenkosten laute $L_E(S)$. $L_E(y)$ hängt, wie beim Einperiodenmodell, lediglich vom vorliegenden Bestand (insbesondere nach einer Bestellung) ab. Der Erwartungswert der Kosten pro Periode beträgt deswegen

$$\int_{-\infty}^{s}\left(K+c\cdot(S-x)+L_E(S)\right)\cdot\varphi(x)\,dx$$

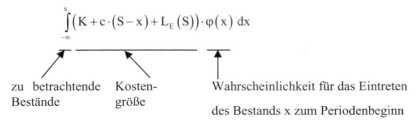

zu betrachtende Bestände — Kostengröße — Wahrscheinlichkeit für das Eintreten des Bestands x zum Periodenbeginn

Ist, im anderen Fall, bei einer Periode $x>s$, so wird keine Bestellung vorgenommen und die Summe aus Lagerhaltungs- und Fehlmengenkosten beträgt $L_E(x)$. Der Erwartungswert der Kosten pro Periode ist nun

$$\int_{s}^{\infty} L_E(x)\cdot\varphi(x)\,dx$$

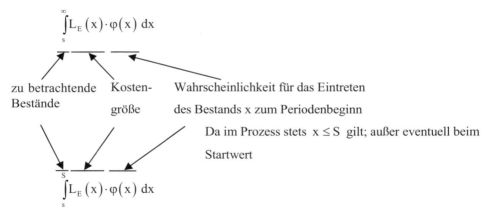

zu betrachtende Bestände — Kostengröße — Wahrscheinlichkeit für das Eintreten des Bestands x zum Periodenbeginn

Da im Prozess stets $x \leq S$ gilt; außer eventuell beim Startwert

$$\int_{s}^{S} L_E(x)\cdot\varphi(x)\,dx$$

Damit lautet der Erwartungswert der Gesamtkosten:

$$\int_{-\infty}^{s}\left(K+c\cdot(S-x)+L_E(S)\right)\cdot\varphi(x)\,dx + \int_{s}^{S} L_E(x)\cdot\varphi(x)\,dx$$

$$= \left(K+c\cdot S+L_E(S)\right)\cdot \int_{-\infty}^{s}\varphi(x)\,dx - c\cdot\int_{-\infty}^{s} x\cdot\varphi(x)\,dx + \int_{s}^{S} L_E(x)\cdot\varphi(x)\,dx.$$

Es sei nochmals betont, dass die Formel auch bei einer stochastischen Lieferzeit gilt, in dem der disponible Lagerbestand verwendet wird. In diesem Fall ist die Beeinflussung durch die Lieferzeit bereits in der Dichte φ enthalten. Es ist im Sinne der oben erwähnten Schwierigkeiten für die Integration von stochastischen Lieferzeiten im Allgemeinen nicht möglich, die Dichte zu berechnen.

6.3 Grundlegende Resultate zur optimalen Lösung des Mehrperiodenmodells

Liegt keine Lieferzeit (oder eine konstante) vor, so lässt sich die Grenzdichte mit Hilfe der Erneuerungstheorie (s. den Abschnitt „Präliminarien" im Internet) wie folgt bestimmen. Wie bisher auch, wird nur der Fall mit einer Lieferzeit von Null behandelt.

Das Ziel ist, wie bisher, die Berechnung des Erwartungswerts der Gesamtkosten pro Zeiteinheit, wobei die kleinste Zeiteinheit eine Periode ist; eine Division durch die Periodenlänge ergäbe eine noch kleinere Zeiteinheit. Wie im Einperiodenmodell (oder beim klassischen Losgrößenverfahren) werden zunächst die erwarteten Kosten pro Bestellzyklus berechnet und diese dann durch die erwartete Dauer eines Bestellzyklus dividiert; also

$$C = \frac{\text{erwartete Kosten pro Bestellzyklus}}{\text{erwartete Dauer eines Bestellzyklus}}.$$

Der Bestellzyklus ist die Zeit zwischen zwei aufeinanderfolgenden Bestellungen. Da ein stochastischer Bedarf vorliegt, können unterschiedlich viele Perioden vergehen, bis der kumulierte Bedarf nach einer Bestellung die Größe $(S-s)$ zum ersten mal überschritten hat, so dass eine Bestellung (erneut) ausgelöst wird.

Es sei t die Periode, an deren Beginn eine Bestellung aufgegeben wird, so dass wegen des unmittelbaren Lagerzugangs zu Periodenbeginn $x_t = S$ gilt. Es sei $T(S-s)$ die, von $(S-s)$ abhängige, Anzahl an Perioden, nach der (von t aus) der kumulierte Bedarf zum ersten Mal größer als $(S-s)$ ist; also $\sum_{i=1}^{T(S-s)} d_{t+i-1} > (S-s)$ gilt. Somit ist $t' = t + T(S-s)$ der nächste Bestellpunkt. Die Länge $T(S-s)$ ist deswegen eine diskrete Zufallsvariable, die durch die Wahrscheinlichkeit definiert ist, dass $\sum_{i=1}^{T(S-s)} D_i > (S-s)$ gilt.

Zu den (oben angegebenen unabhängigen Zufallsvariablen $(D_n)_{n=1}^{\infty}$) lässt sich der aufgetretende Bedarf nach n Perioden, für alle $n \in \mathbb{N}$, durch die Zufallsvariable $S_n = \sum_{i=1}^{n} D_i$ beschreiben. Seine Verteilungsfunktion ($\Phi_n(q) = P(S_n \leq q)$ für alle $n \in \mathbb{N}$) beschreibt nun die Wahrscheinlichkeit dafür, dass der aufgetretene Bedarf nach n Perioden kleiner oder gleich einem vorgegebenen Wert q ist.

In der Erneuerungstheorie (s. den Abschnitt „Präliminarien" im Internet) wird das größte n mit $S_n \leq q$ untersucht. Es handelt sich um eine Zufallsvariable (Zählprozess) $N(q)$, die mit $S_0 = 0$ formal definiert ist durch:

Formel 33: Für ein $q \geq 0$ ist $N(q) = \max\{n | S_n \leq q, n \in \mathbb{N} \cup \{0\}\}$.

Dieser Zählprozess $N(q)$ spiegelt die Anzahl der vonstatten gegangenen Erneuerungen im Intervall $(0, q]$ wider.

Aus der Definition von $N(S-s)$ folgt:

Formel 34: $\quad T(S-s) = 1 + N(S-s)$.

In der Erneuerungstheorie wird die Erneuerungsfunktion $M(q) = E(N(q))$ analysiert. Für sie gilt (s. den Abschnitt „Präliminarien" im Internet):

$$M(q) = \sum_{n=1}^{\infty} \Phi_n(q) \text{ und } M(q) < \infty \text{ für alle } q > 0.$$

Also ergibt sich insgesamt (mit den Eigenschaften eines Erwartungswerts; s. den Abschnitt „Präliminarien" im Internet)

Formel 35: $\quad$ der Erwartungswert eines Bestellzyklus:

$$E(T(S-s)) = 1 + E(N(S-s)) = 1 + M(S-s).$$

Bei einem erwarteten Bestellzyklus von $(1 + M(S-s))$ Perioden

Formel 36: $\quad$ beträgt der auftretende (erwartete) Bedarf im Bestellzyklus $(1 + M(S-s)) \cdot E(D)$.

Damit fällt der Bestand im Bestellzyklus im Mittel von S auf $(S - (1 + M(S-s)) \cdot E(D))$. Da ein Bestellzyklus beendet ist, wenn der Bestand den Bestellpunkt s erreicht oder unterschritten hat, wird beim erwarteten Bestand von $(S - (1 + M(S-s)) \cdot E(D))$ dieser auf den Wert S angehoben. Die erwartete Bestellmenge in einem Bestellzyklus lautet deswegen

Formel 37: $\quad$ erwartete Bestellmenge in einem Bestellzyklus: $(1 + M(S-s)) \cdot E(D)$.

Damit lauten

Formel 38: $\quad$ die Bestellkosten je Bestellzyklus: $K + c \cdot (1 + M(S-s)) \cdot E(D)$.

Die mittleren Lagerhaltungs- und Fehlmengenkosten je Bestellzyklus ergeben sich aus den Erwartungswerten dieser Kosten je Periode eines (beliebigen) Bestellzyklus. Für die folgenden Überlegungen wird auf eine konkrete Angabe des Erwartungswerts von der Summe aus Lagerhaltungs- und Fehlmengenkosten ($L_E(y)$ zu einem Anfangslagerbestand von y zu Periodenbeginn) einer Periode verzichtet. Für in diesem Sinne vollständige Formeln beim Vorliegen einer konstanten Lieferzeit sei auf die Arbeit von Klemm und Mikut (s. [KlMi72]) für den Fall einer diskreten Verteilung für die Bedarfe und auf die Arbeit von Robrade (s. [Robr91]) bei einer kontinuierlichen Bedarfsverteilung verwiesen. Nun werden die einzelnen Perioden nach Beginn eines (beliebigen) Bestellzyklus mit der, oben eingeführten, Zufallsvariable S_n für den kumulierten Bedarf nach n Perioden, $n \in \mathbb{N}$, analysiert. Hier wird der Fall

6.3 Grundlegende Resultate zur optimalen Lösung des Mehrperiodenmodells

einer kontinuierlichen Zufallsvariable S_n mit der Verteilungsfunktion Φ_n und der Dichte φ_n behandelt; für das Vorgehen bei einer diskreten Verteilung sei auf die Arbeit von Klemm und Mikut (s. [KlMi72]) verwiesen. Es sei (wieder) t die Periode, an deren Beginn eine Bestellung aufgegeben wird.

1. Periode   Nach der Bestellung ist wegen des unmittelbaren Lagerzugangs zu Periodenbeginn $x_t = S$. Deswegen entstehen stets die Kosten $L_E(S)$.

2. Periode   Gilt $S_1 \leq (S-s)$, so wird keine Bestellung aufgegeben. Dann beträgt der Bestand zu Beginn der 2. Periode $x_{t+1} = S - S_1$. Da S_1 nun alle Werte z in $[0,(S-s)]$ mit einer Wahrscheinlichkeit von $\varphi_1(z)$ annimmt und für dieses z die erwarteten Lagerhaltungs- und Fehlmengenkosten in dieser Periode $L_E(S-z)$ lauten, betragen die erwarteten Lagerhaltungs- und Fehlmengenkosten in der 2. Periode: $\int_0^{S-s} L_E(S-z) \cdot \varphi_1(z) \, dz$.

...

n. Periode   Gilt $S_{n-1} \leq (S-s)$, so wird keine Bestellung aufgegeben. Dann beträgt der Bestand zu Beginn der n-ten Periode $x_{t+n-1} = S - S_{n-1}$. S_{n-1} nimmt nun alle Werte (z) zwischen 0 und $(S-s)$ mit einer Wahrscheinlichkeit von $\varphi_{n-1}(z)$ an, und für dieses z lauten die erwarteten Lagerhaltungs- und Fehlmengenkosten in dieser Periode $L_E(S-z)$. Dann beschreibt das Integral $\int_0^{S-s} L_E(S-z) \cdot \varphi_{n-1}(z) \, dz$ die erwarteten Lagerhaltungs- und Fehlmengenkosten in der n-ten Periode.

Die Summe dieser zu erwartenden Lagerhaltungs- und Fehlmengenkosten in den einzelnen Perioden sind die zu erwartenden Lagerhaltungs- und Fehlmengenkosten für einen (beliebigen) Bestellzyklus:

$$L(S) + \sum_{n=2}^{\infty} \int_0^{S-s} L_E(S-z) \cdot \varphi_{n-1}(z) \, dz = L(S) + \sum_{n=1}^{\infty} \int_0^{S-s} L_E(S-z) \cdot \varphi_n(z) \, dz.$$

Bei der Summe $\sum_{n=1}^{\infty} \varphi_n(z)$ handelt es sich um die Erneuerungsdichte $m(z)$, die durch den Grenzwert $\lim_{z \to z_0} \frac{E(N(z)) - E(N(z_0))}{z - z_0}$, also gleich $\frac{dM(z)}{dz}$, sofern die Ableitung existiert, definiert ist. Damit ist ein Satz über die Vertauschung von Summation und Integration (s. den Abschnitt „Präliminarien" im Internet) anwendbar und es gilt:

Formel 39: $\quad = L(S) + \int_0^{S-s} L_E(S-z) \cdot \sum_{n=1}^{\infty} \varphi_n(z) \, dz \quad \text{bzw.} \quad = L(S) + \int_0^{S-s} L_E(S-z) \cdot m(z) \, dz.$

Damit setzen sich diese Kosten zusammen aus den erwarteten Lagerhaltungs- und Fehlmengenkosten der stets existierenden ersten Periode in einem (beliebigen) Bestellzyklus (also dem ersten Term) und den Kosten (der zweite Term), die im Mittel während des manchmal längeren restlichen Teils von einem Bestellzyklus zusätzlich anfallen.

Die Summe der beiden hergeleiteten Kosten sind die erwarteten Gesamtkosten für einen beliebigen Bestellzyklus, also $K + c \cdot (1 + M(S-s)) \cdot E(D) + L(S) + \int_0^{S-s} L_E(S-z) \cdot m(z) \, dz$ (s. Formel 38 und Formel 39). Ihre Division durch die zu erwartende Anzahl an Perioden für einen Bestellzyklus ergibt die zu erwartenden Gesamtkosten je Periode.

Formel 40: Die erwarteten Gesamtkosten pro Periode betragen

$$C(s,S) = \frac{K + c \cdot (1 + M(S-s)) \cdot E(D) + L(S) + \int_0^{S-s} L_E(S-z) \cdot m(z) \, dz}{1 + M(S-s)}$$

$$= c \cdot E(D) + \frac{K + L(S) + \int_0^{S-s} L_E(S-z) \cdot m(z) \, dz}{1 + M(S-s)}.$$

Diese Formel ist bereits in der Arbeit von Arrow, Harris und Marschak (s. [ArHM51]) angegeben. Ihre Minimierung liefert die optimale Bestellpolitik; wobei in der Literatur meistens $(S-s)$ durch q ersetzt wird. Für die konkrete Gestalt der Grenzdichte sei auf die Arbeit von Scarf (s. [Scar63]) verwiesen.

Für spezielle Bedarfsverteilungen können geschlossene Formeln für (dann) q und S angegeben werden. Im Falle einer Exponentialverteilung für den Bedarf ist q gleich der klassischen Losgrößenformel mit konstantem Bedarf (i. e. $q = \sqrt{\frac{2 \cdot K \cdot E(D)}{h}}$), s. [Scar63]. Die Betrachtung einer solchen Verteilung ist motiviert durch den zentralen Grenzsatz der Erneuerungstheorie (s. den Abschnitt „Präliminarien" im Internet), nach dem die Bedarfsverteilungen durch Exponentialverteilungen approximiert werden dürfen. Nach diesem Ansatz wurde die Approximation von Roberts und Wagner entwickelt (s. [KlMi72]).

Bisher wurde eine Bestellentscheidung ausschließlich zu Beginn einer Periode gefällt, wodurch zwischen zwei Bestellentscheidungen eine fest vorgegebene Länge liegt, nämlich die Periodenlänge. Dies korreliert mit dem in der industriellen Praxis üblichen Vorgehen, nach dem die registrierten Nachfragemengen auf diskrete Perioden bezogen werden. Wie im Abschnitt 6.1 ausgeführt, liegt damit eine diskrete Zeitachse mit einem periodischen Nachfrageprozess vor, der eine Zeitfolge bildet. In der industriellen Praxis ist auch ein zufälliger zeitlicher Abstand zwischen (direkt) aufeinanderfolgenden Bedarfen möglich. Dieser wird weiterhin als Periode bezeichnet und die Länge der einzelnen Perioden kann durch einen stationären Prozess (s. den Abschnitt „Präliminarien" im Internet) mit einem gemeinsamen, endlichen Erwartungswert μ und einer gemeinsamen, endlichen Standardabweichung σ beschrieben werden. Die mathematische Beschreibung eines solchen Lagerhaltungssystems ist mit den Methoden dieses Abschnitts möglich, allerdings ist sie deutlich komplizierter; sie ist, einschließlich ihrer optimalen Lösung, in [KlMi72] angegeben.

6.4 Eine optimale (s,S)-Politik zur Lösung eines Mehrperiodenmodells

Gegenstand dieses Abschnitts ist ein Lagerhaltungsproblem über einem unendlich langen Planungshorizont, der in Perioden mit identischer und endlicher Länge zerfällt. Wie im einführenden Abschnitt (Einleitung) und in dem zur Berechnung der Nachfragemenge (s. Abschnitt 6.1) begründet wurde, treten in den einzelnen Perioden zufällige Bedarfe auf und die Lieferzeiten sind ebenfalls zufällig. Aufgrund der Überlegungen im Abschnitt 6.3 über grundlegende Resultate zur optimalen Lösung des Mehrperiodenmodells werden die zu erwartenden Gesamtkosten durch eine (s,S)-Bestellpolitik minimiert. Deswegen wird eine (s,S)-Bestellpolitik dem Folgenden zugrunde gelegt.

Die prinzipielle Arbeitsweise einer (s,S)-Bestellpolitik wird, zur besseren Lesbarkeit dieses Abschnitts, wiederholt (und ist damit ohne Abschnitt 6.3 verständlich). Grundlage ist ein fest vorgegebener zeitlicher Abstand zwischen zwei (direkt) aufeinanderfolgenden Bestandserfassungen. Bei einer solchen periodischen Bestandsüberwachung wird der Lagerbestand in regelmäßigen Abständen, in dieser Ausarbeitung am Anfang einer Periode (in der industriellen Praxis typischerweise zu Beginn eines Tages) oder alternativ an deren Ende, aktualisiert (andere feste Zeitpunkte innerhalb einer Periode sind genauso gut möglich). Es sei betont, dass der Anfang einer Periode und das Ende seiner Vorperiode zeitlich zusammenfallen. Bestandsreduzierungen, die innerhalb einer solchen Überwachungsperiode auftreten, werden daher erst nach einer zeitlichen Verzögerung erkannt. Aufgrund dieser Bestandserfassung entscheidet die (s,S)-Bestellpolitik (wie bisher auch) über eine Bestellung zu Periodenbeginn (z.B. zu Beginn eines Tages) und löst diese, im positiven Fall, (also zu Periodenbeginn) aus.

Beispiel 11 (Entwicklung des Lagerbestands bei Einsatz einer (s,S)-Politik)

Die Arbeitsweise zeigt sich in der Betrachtung des Lagerbestands im Zeitablauf und wird nun exemplarisch für ein Beobachtungsintervall über 13 Perioden erläutert. Der dabei auftretende Bestandsverlauf ist in Abbildung 8 aufgezeichnet. Am Anfang des Beobachtungsintervalls beträgt der Bestand 80 Mengeneinheiten (ME). Es handelt sich um den Bestand am Ende der 0-ten Periode; in Abbildung 8 geht diese von 0 bis 1, ganz allgemein geht die i-te Periode von i bis $(i+1)$. Der Bedarf der 1. Periode reduziert den physischen Bestand um 10 ME auf 70 ME. Hierbei handelt es sich um den Bestand am Ende der 1. Periode bzw. am

Anfang der 2. Periode. Ganz allgemein berechnet sich der Bestand zu Beginn der $(i+1)$-ten Periode (x_{i+1}) aus dem Bestand zu Beginn der i-ten Periode (x_i) minus dem Bedarf in der i-ten Periode (d_i), also $x_{i+1} = x_i - d_i$. Maßgeblich sind folglich die Zeitpunkte zu Beginn einer Periode (die mit dem Ende der Vorperiode zusammenfallen). Da die Lagerhaltungskosten für eine Periode aufgrund des Bestands an ihrem Periodenende berechnet werden (wie in diesem Buch generell – so wie auch in der Literatur), ist die Bestandsentwicklung als Stufe eingezeichnet. Dabei drückt die Stufe aus, dass die in einer Periode benötigten ME bereits zu Beginn der Periode entnommen werden. Eine gerade Verbindungslinie zwischen den Punkten würde den Eindruck erwecken, als läge ein gleichmäßiger Lagerabgang vor, was definitiv im Allgemeinen nicht zutrifft. Die nächsten beiden Perioden reduzieren den Bestand um 15 und 20 ME auf 55 und 35 ME (am Beginn der jeweiligen Folgeperiode). Durch den Bedarf von 10 ME in der 4. Periode wird der physische Bestellbestand von 25 ME zu Periodenbeginn der 5. Periode erreicht. Dadurch wird zu Beginn der 5. Periode eine Bestellung von 60 ME ausgelöst, die eine Lieferzeit von drei Perioden haben soll. Wegen dem Bedarf von 5 ME in Periode 5 beträgt der physische Bestand am Ende der 5. Periode, also zu Beginn der 6. Periode, gerade 20 ME. Durch die offene Bestellung von 60 ME liegt dann ein für die Disposition verfügbarer Bestand von (20 ME + 60 ME =) 80 ME vor. Dieser wird als disponibler Bestand bezeichnet (im Detail wird er noch in Definition 9, und zwar in erweiterter Form, definiert werden) und durch eine gestrichelte Linie gekennzeichnet. Auch hier wird die Bestandsentwicklung als eine Stufe eingezeichnet, wobei angenommen wird, dass der disponible Bestand unmittelbar mit dem Aufsetzen einer Bestellung verfügbar ist, also zu Beginn von Periode 5. Die Erfüllung der Lieferung erfolgt in den Perioden 5, 6 und 7, und führt zu einem Lagerzugang in der 8. Periode, der zur Deckung des Bedarfs in der 8. Periode noch genutzt werden kann. In diesen Perioden tritt in Summe ein Bedarf von (5 ME + 10 ME + 5 ME =) 20 ME auf, so dass der physische Bestand am Ende der 7. Periode, also kurz vor dem Eintreffen des Nachschubs in Periode 8, (25 ME – 20 ME =) 5 ME beträgt; entsprechend lautet der disponible Bestand dann 65 ME. Da der Lagerzugang in der 8. Periode genutzt werden darf, lautet der physische Bestand am Ende der 8. Periode bzw. zu Beginn der 9. Periode (5 ME + 60 ME – 10 ME =) 55 ME, wobei 10 ME der Bedarf in der 8. Periode ist. Es sei betont, dass in dieser Periode keine Lieferunfähigkeit auftritt. Die Darstellung in der Abbildung 8 ergibt sich aus der Art und Weise der Stufenbildung; maßgeblich sind wieder die einzelnen Punkte zu Beginn bzw. am Ende einer Periode, wie sie im Text angegeben sind. Da keine Bestellung mehr aussteht, fallen nun disponibler und physischer Bestand wieder zusammen. Ein überdurchschnittlicher Lagerabgang von 30 ME in der 9. Periode führt dazu, dass der physische Bestellbestand von 25 ME zu Beginn der 10. Periode bereits erreicht wird. Dadurch wird zu Beginn der 10. Periode eine Bestellung von 60 ME ausgelöst, die nun eine Lieferzeit bzw. Wiederbeschaffungszeit von zwei Perioden haben soll; also aus den Perioden 10 und 11 besteht. Der Bedarf von 10 ME in Periode 10 führt zu einem physischen Bestand von 5 ME am Ende von Periode 10. Und der Bedarf von 10 ME in Periode 11 führt zu einem Fehlbestand von -5 ME am Ende der 11. Periode; dies ist durch einen (nicht existierenden) physischen Bestand von -5 ME in Abbildung 8 dargestellt. Wie bei der ersten Bestellung begründet, lautet der disponible Bestand am Ende der 10. Periode (25 ME + 60 ME – 20 ME =) 65 ME und am Ende der 11. Periode (65 ME – 10 ME =) 55 ME. Der Lagerzugang von 60 ME in der 12. Periode wird zur Auslieferung der Fehlmenge am Ende

6.4 Eine optimale (s,S)-Politik zur Lösung eines Mehrperiodenmodells

der 11. Periode und zur Deckung des Bedarfs von 10 ME in der 12. Periode verwendet, weswegen der Bestand am Ende der 12. Periode gerade (–5 ME + 60 ME – 10 ME =) 45 ME ist. Der Bedarf von 15 ME in der 13. Periode führt zu einem Endbestand von (45 ME – 15 ME =) 30 ME in diesem Beobachtungsintervall. Abschließend sei zu dem Beispiel angemerkt, dass das Bestellniveau nie erreicht wird, da während der Wiederbeschaffungszeit der Lagerbestand weiter absinkt, und zwar unter den Bestellbestand s; s. Abbildung 8.

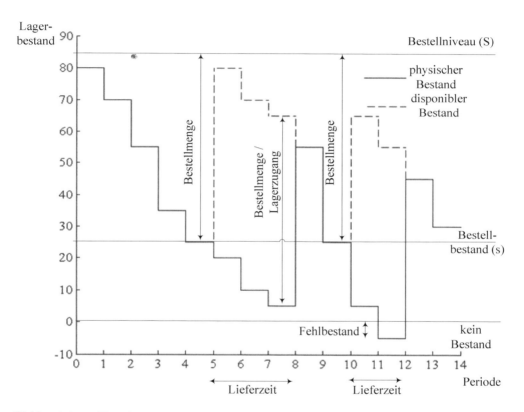

Abbildung 8: Entwicklung des Lagerbestands bei Einsatz einer (s,S)-Politik

Im Folgenden werden zentrale Bestandteile einer (s,S)-Bestellpolitik formal definiert.

Beim Mehrperiodenmodell wird stets (im Rahmen dieser Ausarbeitung) angenommen, dass alle Nachfragemengen, die aufgrund mangelnder Lieferfähigkeit des Lagers nicht unverzüglich ausgeliefert werden können, als so genannte Fehlmengen (Rückstandsaufträge) vorgemerkt und bei nächster Gelegenheit bevorzugt ausgeliefert werden. Hierbei handelt es sich um ein für die industrielle Anwendung typisches Vorgehen, welches in der Literatur durchgehend zugrunde gelegt wird (s. beispielsweise [ScGS63], [Hoch69], [KlMi72] oder [Temp05]).

Formel 41: Eine Fehlmenge wird vorgemerkt und bevorzugt ausgeliefert.

Mit dieser Annahme sind neben dem physischen Bestand auch die ausstehenden Bestellungen und die Fehlmengen bei einer Bestellentscheidung zu berücksichtigen. Dies führt zu der Beobachtung eines so genannten disponiblen Lagerbestands.

Definition 9 (disponibler Lagerbestand eines Produkts)

Betrachtet wird die Lagerhaltung für ein Produkt. Zu einem (beliebigen) Zeitpunkt t bezeichne I_t^P den Lagerbestand des Produkts, $Bestell_t$ die Summe über die noch ausstehenden Bestellmengen und F_t die Rückstände aufgrund von Lieferunfähigkeit (also die Fehlmenge). Dann ist sein disponibler Lagerbestand $\left(I_t^D\right)$ definiert durch $I_t^D = I_t^P + Bestell_t - F_t$.

Die (s,S)-Politik vollzieht sich dadurch, dass der disponible Lagerbestand I^d periodengenau mit dem Bestellbestand (Bestellpunkt) s verglichen wird, d. h., zu Periodenbeginn (oder Alternativ am Ende der Vorperiode) wird überprüft, ob eine Bestellung durchzuführen ist.

Damit geht der Lagerdisponent nach folgender Entscheidungsregel vor:

Definition 10 (Entscheidungsregel für eine (s,S)-Politik zur Lösung eines Mehrperiodenmodells)

Gegeben sei ein Mehrperiodenmodell mit einem Bestellpunkt s und einem Bestellniveau S. Die Entscheidungsregel für eine (s,S)-Politik zur Lösung eines Mehrperiodenmodells ist definiert durch: Zu Beginn einer (beliebigen) Periode t wird der disponible Bestand I_t^D überprüft und immer dann, wenn der disponible Lagerbestand den Bestellpunkt s erreicht oder unterschritten hat (variable Termine), wird eine Lagerbestellung der variablen Höhe $\left(S - I_t^D\right)$ ausgelöst, die nach einer Wiederbeschaffungszeit l im Lager eintrifft.

Nach diesem Vorgehen wird ein Lager ausschließlich durch

- den Bestellbestand (Bestellpunkt) s und
- das Bestellniveau S

gesteuert. Gesucht sind solche Werte für diese Steuerungsgrößen s und S, bei denen die zu erwartenden Gesamtkosten (pro Zeiteinheit) minimal sind. Diese werden durch s_{opt} und S_{opt} bezeichnet. Es sei erwähnt, dass beim Einperiodenmodell der Bestellpunkt s und das Bestellniveau S das Ergebnis der Minimierung einer von s und S unabhängigen Kostenfunktion sind und diese deswegen optimal sind.

Es sei angemerkt, dass, wie bei Losgrößenproblemen mit deterministisch-dynamischem Bedarf, die Lagerhaltungskosten für die am Ende einer Periode gelagerte Produktmenge berechnet werden. Dies bedeutet, dass die in einer Periode benötigten Einheiten bereits zu Beginn der Periode entnommen werden. Ihre Zwischenlagerung vor ihrem Verbrauch verursacht keine Kosten. Genauso trifft eine Lieferung tatsächlich im Laufe einer Periode ein. Wegen des Einlagerungsprozesses ist sie am Ende einer Periode bzw. am Anfang der nächsten Periode im Lager physisch verfügbar und kann somit zur Deckung des Bedarfs der Fol-

6.4 Eine optimale (s,S)-Politik zur Lösung eines Mehrperiodenmodells

geperiode verwendet werden. Auch hier auftretende Zwischenlagerungen verursachen keine Kosten. Dieses Vorgehen entspricht dem in der industriellen Praxis üblichen, bei dem der Bestand in Unternehmen im Allgemeinen höchstens einmal am Tag überprüft wird. Die Kostenberechnung bezieht sich dann auf diesen Meßpunkt. Das Fällen von Bestellentscheidungen wie auch das Aufsetzen von Bestellungen zu Beginn einer Periode korrelliert mit einer solchen Kostenberechnung.

Der Bestellbestand s bestimmt somit den Bestell(-zeit)punkt (genauer die Periode) in dem die nächste Bestellung aufgegeben wird, während das Bestellniveau S die Höhe der Bestellmenge beeinflusst. Da die Bedarfe und die Wiederbeschaffungszeiten zufällig sind, sind sowohl der Bestellpunkt als auch die jeweilige Bestellmenge (nämlich die Differenz $(S-x)$, wobei x der Bestand zum Bestellzeitpunkt ist) im Zeitablauf variabel (und könnten durch Zufallsvariablen beschrieben werden).

Angenommen eine Lagerbestellung (B) würde zum Zeitpunkt t ausgelöst. Da der disponible Bestand mit dem Bestellpunkt verglichen wird, kann eine Bestellung (und auch mehrere Bestellungen) ausgelöst werden, bevor B zu einem Lagerzugang führt. Folglich können mehrere offene Bestellungen im System existieren. Dieser Fall tritt vor allem bei stark schwankendem Bedarf auf.

Nach dem Absetzen einer Bestellung vergeht eine Wiederbeschaffungszeit (l), bevor die bestellte Ware verfügbar ist und der Kundenbedarf gedeckt werden kann. Deshalb erfolgt eine Bestellung, solange das Lager noch ausreichend gefüllt ist, um während des Wiederbeschaffungszeitraumes lieferfähig zu sein. Wurde die Bestellung genau beim Vorliegen des Meldebestands s im Lager (also am Bestellpunkt) aufgegeben, so tritt nur dann keine Lagerfehlmengensituation am Ende der Wiederbeschaffungszeit auf, wenn der gesamte Bedarf während der Wiederbeschaffungszeit kleiner als der Lagerbestand zum Bestellzeitpunkt ist.

Wie oben bereits erläutert wurde, folgt der Bedarf einem Zufallsprozess. Dadurch kann der Bedarf in der Wiederbeschaffungszeit als eine nichtnegative Zufallsvariable angesehen werden, auch dann, wenn die Wiederbeschaffungszeit konstant ist. Angenommen dieser Bedarf in der Wiederbeschaffungszeit schwankt symmetrisch um seinen Erwartungswert, und dieser Erwartungswert ist identisch mit dem Meldebestand s. Dann tritt in der Hälfte aller Wiederbeschaffungszeiträume ein Lagerfehlbestand auf. Wird der Meldebestand erhöht, so reduziert sich der relative Anteil an Lagerfehlbestandssituationen. Viele Zufallsprozesse folgen einer Normalverteilung, wodurch beliebig große Abweichungen vom Erwartungswert auftreten (allerdings nimmt die Wahrscheinlichkeit für das Auftreten einer Abweichung mit zunehmender Größe ab). Das Auftreten solcher (beliebig großer) Abweichungen bedeutet folglich: Ein Ausschluss von Lieferunfähigkeit ist nur bei unendlich großem Meldebestand möglich.

Angenommen der Bedarf wäre konstant, wie beim klassischen Losgrößenmodell, so wird diese Eigenschaft auch beim Auftreten von zufälligen Wiederbeschaffungszeiten, womit nach dem Abschnitt über die Berechnung von Nachfragemengen zu rechnen ist, hervorgerufen, da dann der Bedarf in der Wiederbeschaffungszeit zufällig ist und wie oben durch eine nichtnegative Zufallsvariable beschrieben werden kann. Damit treten die gleichen Entscheidungsprobleme auf.

Am Ende der einzelnen Wiederbeschaffungszeiträume liegen also nichtnegative und negative Lagerbestände vor. Wegen den stochastischen Einflussgrößen ist ein Maß für ihre Größe der Erwartungswert (bzw. der Durchschnitt) des Netto-Lagerbestandes bevor eine Lieferung eintrifft. Dieser Erwartungswert wird als Sicherheitsbestand bezeichnet; formal wird dieser später in Definition 14 definiert werden. Ist s größer als der erwartete Bedarf, so ist der Sicherheitsbestand positiv. Damit bedeutet die obige Aussage: Ein Ausschluss von Lieferunfähigkeit ist ausschließlich bei einem unendlich großen Sicherheitsbestand möglich. Unter stochastischen Bedingungen ist es also in der Regel nicht zu vermeiden, dass in einigen Perioden der physische Lagerbestand (also der Bestand, der sich zum Betrachtungszeitpunkt t tatsächlich (physisch) in dem Lager befindet) erschöpft ist und ein Bedarf für ein Produkt erst nach einer Wartezeit erfüllt werden kann. Es sei hier an die generelle Annahme erinnert, dass der Lagerprozess, der diesem Lagerhaltungsmodell zugrunde liegt, voraussetzt, dass sich die Nachfrage bei Lieferunfähigkeit nicht verringert, sondern direkt nach dem nächsten Lagerzugang befriedigt wird (s. Formel 41).

Deswegen dient der Bestellpunkt zur Versorgung des Bedarfs in einem Wiederbeschaffungszeitraum und deswegen zur Sicherstellung einer ausreichenden Versorgung der Nachfrage bei stochastischem Bedarf und/oder stochastischer Dauer der Wiederbeschaffungszeit. Durch die Wiederbeschaffungszeit wird somit ein Risikoraum gebildet und die Nachfragemenge in diesem Risikoraum ist unter stochastischen Bedingungen deswegen von besonderem Interesse. Ihre mathematische Berechnung wurde im Abschnitt „Berechnung von Nachfragemengen" hergeleitet.

Damit liegt eine Erweiterung des im Abschnitt „Grundlegende Resultate zur optimalen Lösung des Mehrperiodenmodells" betrachteten Mehrperiodenmodells um Wiederbeschaffungszeiten vor. Im Hinblick auf die industrielle Anwendbarkeit sollen jedoch stochastische Wiederbeschaffungszeiten zugelassen werden. Um diese behandeln zu können, wird die ebendort bereits formulierte Anregung aufgegriffen, nach der die Bestellungen in der Reihenfolge, in der sie aufgegeben wurden, im Lager eintreffen. Dieses Vorgehen wurde erstmalig von Hadley und Whitin in [HaWi63] vorgeschlagen. Ferner wird dem Lager eine hohe Lieferfähigkeit unterstellt, was in der industriellen Praxis der Regelfall sein dürfte und wodurch einfache Kostenfunktionen entstehen. Es handelt sich um die Annahme (3) in der nun folgenden Definition 11.

Insgesamt führt dies zu den folgenden Annahmen, die der weiteren Betrachtung zugrunde gelegt werden und die sich an den in der Literatur üblichen orientieren. Es werden weitgehend die gleichen Begriffe wir beim Einperiodenmodell (s. Definition 2) verwendet, so dass die dort angegebenen zusätzlichen Erläuterungen (s. Bemerkung 2) sinngemäß auch hier gelten.

Definition 11 (Annahmen bei einer (s,S)-Bestellpolitik mit periodischer Bestellentscheidung und Optimierungsproblem)

Für die Lagerhaltung eines Produkts seien gegeben:

1. Die Periodenbedarfe d_1, d_2, ..., mit Mengeneinheit (ME) als Einheit, sind (wie bei den Prognoseverfahren; s. den Abschnitt über Prognoseverfahren) durch unabhängige Zu-

6.4 Eine optimale (s,S)-Politik zur Lösung eines Mehrperiodenmodells

fallsvariablen D_1, D_2, ... beschrieben und bilden einen stationären Prozess mit dem gemeinsamen, endlichen Erwartungswert μ und der gemeinsamen, endlichen Standardabweichung σ (s. den Abschnitt „Präliminarien" im Internet). Zu diesen Kenngrößen sei D die (gemeinsame) Zufallsvariable mit dem Erwartungswert $E(D) = \mu$ und der Standardabweichung $\sigma(D) = \mu$ sowie der Verteilungsfunktion Φ_D. Wieder ist d, mit $d \geq 0$, ein konkreter Wert von D mit Einheit ME.

2. Sind die Wiederbeschaffungszeiten stochastisch, dann wird davon ausgegangen, dass, falls mehrere Lagerbestellungen gleichzeitig ausstehen, sie in der Reihenfolge, in der sie aufgegeben worden sind, im Lager eintreffen.
3. Der Anteil der durchschnittlichen Rückstandsmenge (Fehlmenge) im Vergleich zum durchschnittlichen physischen Lagerbestand ist vernachlässigbar gering.
4. Variable Produktions- oder Einkaufskosten c pro Mengeneinheit; die Einheit von c ist Geldeinheit (GE) / Mengeneinheit (ME); beachte $c \geq 0$. Sofern die Produktions- oder Einkaufskosten in jedem Fall auftreten sollen und nicht (zur Vereinfachung ignoriert werden dürfen) ist $c > 0$.
5. Ein fixer Kostensatz (Rüstkosten bzw. Bestellkosten) K fällt bei jeder Bestellung an; die Einheit von K ist Geldeinheit (GE) / Rüstvorgang; beachte $K \geq 0$.
6. Jede gelagerte Produkteinheit verursacht Lagerkosten in Höhe von h Geldeinheiten (GE) pro Periode (PE) (entspricht einer Zeiteinheit (ZE)); die Einheit von h ist $\frac{GE}{PE}$ bzw. $\frac{GE}{ZE}$; beachte $h > 0$.
7. Fehlmengenkosten p pro Mengeneinheit (ME) unbefriedigter Nachfrage; die Einheit von p ist GE/ME. Der Fall $p \leq c$ bedeutet, dass die Entscheidung nichts zu bestellen kostenminimal ist. Daher gilt $p > c$.
8. Der Bestellpunkt ist stets positiv.

Die Lagerhaltungspolitik, bei der für ein s als Bestellpunkt und ein S als Bestellniveau zu Beginn jeder Periode die Entscheidungsregel für eine (s,S)-Politik zur Lösung eines Mehrperiodenmodells (nach Definition 10) angewendet wird, heißt (s,S)-Bestellpolitik mit periodischer Bestellentscheidung. Der Erwartungswert der dabei auftretenden Kosten pro Zeiteinheit sei durch $C(s,S)$ bezeichnet. Das Optimierungsproblem zu einer (s,S)-Bestellpolitik mit periodischer Bestellentscheidung besteht in der Suche nach einem globalen Minimum von $C(s,S)$ über $\mathbb{R}^2$.

Es sei angemerkt, dass die Annahme einer stationären Nachfrageverteilung für die industrielle Praxis zwar nicht realistisch ist, die auftretende Veränderung aber dadurch berücksichtigt werden kann, indem über eine neue Berechnung der Parameter diese Parameter angepasst werden; s. auch die Anmerkungen zu auftretenden Veränderungen bei den Prognoseverfahren, beispielsweise am Ende des Abschnitts über den gleitenden Durchschnitt.

Für das Weitere wird häufig die Zeit zwischen zwei Bestellungen betrachtet und wie folgt definiert.

Definition 12 (Bestellzyklus)

Betrachtet wird die Lagerhaltung für ein Produkt. Es seien t und t' zwei Zeitpunkte, an denen zwei direkt aufeinanderfolgende Bestellungen erteilt worden sind. Dann heißt der Zeitraum von t nach t' Bestellzyklus.

Im Folgenden werden die zu erwartenden Kosten pro Zeiteinheit von einer (s,S)-Bestellpolitik mit periodischer Bestellentscheidung berechnet. Diese Kosten hängen von dem Bestellpunkt s und dem Bestellniveau S ab und die zugehörige Funktion $(C(s,S))$ besteht aus den drei Komponenten

- die erwarteten Bestellkosten pro Zeiteinheit $(E(BK)))$,
- die erwarteten Lagerhaltungskosten pro Zeiteinheit $(E(LK)))$ und
- die erwarteten Fehlmengenkosten pro Zeiteinheit $(E(FK)))$,

die additiv zu den Gesamtkosten zusammengesetzt werden

$$C(s,S) = E(BK) + E(LK) + E(FK).$$

Wie im Abschnitt „Grundlegende Resultate zur optimalen Lösung des Mehrperiodenmodells" werden zunächst die einzelnen zu erwartenden Kosten für einen Bestellzyklus und die zu erwartende Dauer eines Bestellzyklus berechnet. Die Division der Summe an zu erwartenden Kosten für einen Bestellzyklus durch die zu erwartende Dauer eines Bestellzyklus ergibt dann die zu erwartenden Kosten pro Zeiteinheit.

Im Abschnitt „Grundlegende Resultate zur optimalen Lösung des Mehrperiodenmodells" wurde die zu erwartende Dauer eines Bestellzyklus für eine (s,S)-Bestellpolitik berechnet. Bei dieser (s,S)-Bestellpolitik wird die Bestellregel, die auch bei der hier verfolgten (s,S)-Bestellpolitik mit periodischer Bestellentscheidung verwendet wird, auf den physischen Lagerbestand angewandt und die berücksichtigte Lieferzeit ist gleich Null. Da in den disponiblen Lagerbestand die Bestellmenge unmittelbar mit dem Erteilen der Bestellung eingeht, ist die Lieferzeit bei der hier verwendeten (s,S)-Bestellpolitik mit periodischer Bestellentscheidung bezogen auf den disponiblen Lagerbestand ebenfalls gleich Null. Somit sind beide Bestellpolitiken identisch und die dort hergeleitete Formel für die Berechnung der zu erwartenden Dauer eines Bestellzyklus gilt auch hier. Es sei betont, dass der Bestellzyklus für den disponiblen Lagerbestand und der Bestellzyklus für den physischen Lagerbestand übereinstimmen. Damit gilt nach Formel 35 das Lemma 15.

Lemma 15 (Erwartungswert von der Anzahl an Perioden eines Bestellzyklus)

Betrachtet wird die Lagerhaltung für ein Produkt, die nach einer (s,S)-Bestellpolitik mit periodischer Bestellentscheidung gesteuert wird. Der Erwartungswert von der Anzahl an

Perioden von einem Bestellzyklus (also die Anzahl an Perioden zwischen zwei aufeinanderfolgenden Bestellungen) beträgt: $1 + M(S-s)$ Perioden.

Mit Lemma 15 beträgt

Formel 42: der erwartete Bedarf in einem Bestellzyklus: $(1 + M(S-s)) \cdot E(D)$.

Damit fällt der disponible Bestand im Bestellzyklus im Mittel auf $(S - (1 + M(S-s)) \cdot E(D))$ und zwar von S aus. Da ein Bestellzyklus genau dann beendet ist, wenn der disponible Bestand den Bestellpunkt s erreicht oder unterschritten hat, wird beim erwarteten disponiblen Bestand von $(S - (1 + M(S-s)) \cdot E(D))$ dieser auf den Wert S angehoben. Die erwartete Bestellmenge zu Beginn von einem Bestellzyklus ist deswegen

Formel 43: erwartete Bestellmenge: $(1 + M(S-s)) \cdot E(D)$.

Wegen der Schwierigkeit zur Berechnung von $M(S-s)$ werden nun alternative Formeln hergeleitet; dabei werden die gerade hergeleiteten Formeln verwendet. Die Herleitung basiert auf der folgenden Analyse der Berechnung der Nachfragemenge in der Wiederbeschaffungszeit. Beginnt jede Wiederbeschaffungszeit mit dem Bestellpunkt s als Lageranfangsbestand (also dem Bestellbestand – der alternative Begriff zum Bestellpunkt), so kann der erwartete Endbestand am Ende der Wiederbeschaffungszeit, also kurz vor dem Eintreffen einer Lieferung, mit den Formeln aus dem Abschnitt 6.1 „Berechnung von Nachfragemengen" berechnet werden (s. Lemma 1 und Lemma 3). Allerdings wird beim Auslösen einer Bestellung in der Regel der Bestellbestand s unterschritten. Zur Illustration wird wieder die Entwicklung des Lagerbestands im Zeitablauf nach Beispiel 11 betrachtet.

Beispiel 12 (Entwicklung des Lagerbestands mit Unterschreiten des Bestellbestands bei Einsatz einer (s,S)-Politik; Fortsetzung von Beispiel 11)

Es werden die Bedarfe für die Perioden 1 bis 3 und 5 bis 13 aus dem Beispiel 11 (s. auch die Abbildung 8) und der gleiche Anfangslagerbestand wie im Beispiel 11 verwendet. Gegenüber Beispiel 11 wird lediglich der Bedarf für die Periode 4 um 4 ME auf 14 ME erhöht. Dadurch beträgt der Bestand zu Beginn der 5. Periode gerade 21 ME und der Bestellbestand wird folglich um 4 ME unterschritten. Die zu Beginn der 5. Periode ausgelöst Bestellung beträgt dann aufgrund des Defizits 64 ME. Wegen den Bedarfen von 5 ME, 10 ME und 5 ME in den Perioden 5, 6, und 7 betragen die Bestände an den jeweiligen Periodenenden 16 ME, 6 ME und 1 ME. Wegen der höheren Bestellmenge haben diese Periodenenden den gleichen disponiblen Lagerbestand wie in Abbildung 8. Und aus dem gleichen Grund liegt nach der Einlieferung dieser Bestellung der gleiche physische Bestand wie in Abbildung 8 vor. Folglich stimmen die Bestände am Ende der restlichen Perioden ebenfalls mit denen nach Abbildung 8 überein. Diese Bestandsentwicklung ist in Abbildung 9 dargestellt. Das Defizit hat also keinen Einfluss auf den disponiblen Bestand, erhöht jedoch die Wahrscheinlichkeit einer Lieferunfähigkeit im Wiederbeschaffungszeitraum.

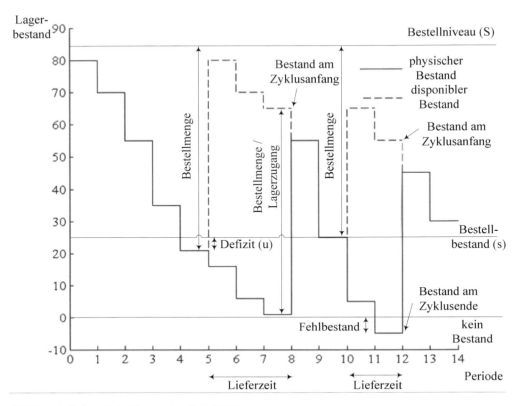

Abbildung 9: Defizit u beim Einsatz einer (s,S)-Politik

Definition 13 (Defizit bei einer (s,S)-Bestellpolitik)

Betrachtet wird die Lagerhaltung für ein Produkt, die nach einer (s,S)-Bestellpolitik gesteuert wird. Die zufällige Differenz zwischen dem Bestellbestand und dem Lagerbestand zu Beginn der Wiederbeschaffungszeit heißt Defizit („undershoot"). Die zugehörige Zufallsvariable wird durch U und auftretende konkrete Einzelwerte werden durch u bezeichnet.

Tritt bei einer konkreten Bestellentscheidung ein Defizit von u auf, so ist die Bestellmenge zum Auffüllen auf das Bestellniveau (nach der Bestellregel) $((S-s)+u)$. Mit dem Erwartungswert von U $(E(U))$ lautet somit

Formel 44: der Erwartungswert der Bestellmenge: $(S-s)+E(U)$.

6.4 Eine optimale (s,S)-Politik zur Lösung eines Mehrperiodenmodells

Wegen der Gleichheit der Formel 43 mit der Formel 44 gilt

$$(1 + M(S-s)) \cdot E(D) = (S-s) + E(U)$$

$$\Leftrightarrow \quad 1 + M(S-s) = \frac{(S-s) + E(U)}{E(D)}.$$

Also lautet, nach Lemma 15,

Formel 45: der Erwartungswert von der Anzahl an Perioden eines Bestellzyklus: $\frac{(S-s) + E(U)}{E(D)}$.

Ebenfalls mit der Erneuerungstheorie lässt sich der Erwartungswert zum Defizit auf das erste und zweite Moment zum Bedarf zurückführen (s. Lemma 16), wodurch Formeln entstehen, die nur noch von dem bekannten D abhängen. Es sei angemerkt, dass die Verteilungsfunktion (im kontinuierlichen Fall) und die Wahrscheinlichkeit (im diskreten Fall) ebenfalls nur von dem bekannten D abhängen; dies ist im Beweis zu Lemma 16 begründet. Für die Entwicklung der folgenden Formeln ist der Einfluss des Defizits U von hoher Bedeutung, weswegen von der Beziehung nach Lemma 16 keinen Gebrauch gemacht wird.

Lemma 16 (Berechnung des Erwartungswerts zum Defizit über Momente zum Bedarf)

Betrachtet wird die Lagerhaltung für ein Produkt, die nach einer (s,S)-Bestellpolitik mit periodischer Bestellentscheidung gesteuert wird. Die Periodennachfrage wird durch die Zufallsvariable D und das Defizit zu Beginn der Wiederbeschaffungszeit wird durch die Zufallsvariable U beschrieben. Dann gilt: $E(U) = \frac{E(D^2) + Var(D)}{2 \cdot E(D)}$.

Beweis: s. Abschnitt zu stochastischen Lagerhaltungspolitiken im Internet.

Mit Formel 44 und Formel 45 lassen sich die erwarteten (mittleren) Bestellkosten pro Zeiteinheit, $(E(BK))$, wie folgt berechnen, s. auch Abbildung 10. Es handelt sich um die Bestellkosten, die pro Bestellzyklus anfallen, multipliziert mit der erwarteten Anzahl von Bestellzyklen pro Zeiteinheit.

Die pro Bestellzyklus anfallenden Kosten errechnen sich über die erwartete Bestellmenge in einem Bestellzyklus nach Formel 44 durch $K + c \cdot ((S-s) + E(U))$.

Zur Berechnung der Bestellkosten pro Zeiteinheit sind die pro Bestellzyklus anfallenden Kosten durch die erwartete Bestellzyklusdauer zu dividieren. Nach Formel 45 ergibt sich insgesamt:

$$E(BK)) = \frac{K + c \cdot ((S-s) + E(U))}{\frac{(S-s) + E(U)}{E(D)}} \quad \text{also}$$

Formel 46: $\quad E(BK)) = \left(K + c \cdot ((S-s) + E(U))\right) \cdot \frac{E(D)}{(S-s) + E(U)}.$

(Bemerkung: Mit $q = (S-s) + E(U)$ entspricht dieses Vorgehen der Aufstellung der Kostenfunktion beim klassischen Losgrößenverfahren mit konstantem Bedarf (mit $E(D)$ (hier) statt D (dort).)

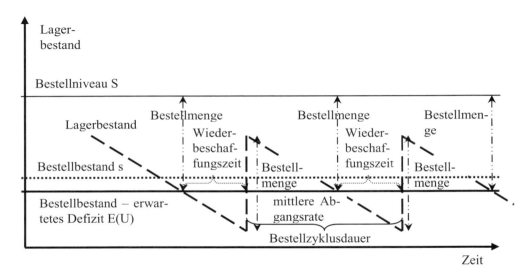

Abbildung 10: mittleres Verhalten des physischen Lagerbestands bei einer (s,S)-Lagerpolitik

Die erwarteten Lagerhaltungskosten pro Zeiteinheit $(E(LK)))$ ist der erwartete Lagerbestand pro Zeiteinheit multipliziert mit dem Lagerkostensatz. Die Berechnung des erwarteten Lagerbestands wird im Folgenden hergeleitet.

Aufgrund der Arbeitsweise eines (s,S)-Modells mit periodischer Bestellentscheidung wird beim Erreichen (oder Unterschreiten) eines Bestellpunkts durch den disponiblen Bestand x eine Bestellung von $(S-x)$ angestoßen. Wegen der Annahme (2) in Definition 11 ist ein „Überholen" von Bestellaufträgen nicht möglich. Dies bedeutet: Wird ein Bestellauftrag (A) zum Zeitpunkt t bei einem disponiblen Lagerbestand von x angestoßen, so treffen die Bestellmengen zu allen (zu diesem Zeitpunkt) noch ausstehenden (offenen) Bestellungen vor dem Zeitpunkt ein, an dem die Bestellmenge zu A ins Lager geliefert werden wird. Mit einer

6.4 Eine optimale (s,S)-Politik zur Lösung eines Mehrperiodenmodells

Wiederbeschaffungszeit von l_A (zu A) handelt es sich um den Zeitpunkt $t+l_A$. Mit der gleichen Argumentation können alle nach dem Zeitpunkt t aufgesetzten Bestellaufträge nicht vor dem Zeitpunkt $t+l_A$ beendet sein. Mit anderen Worten: Alle zum Zeitpunkt t offenen Bestellmengen, die die Differenz zwischen dem tatsächlichen physischen Bestand und dem disponiblen Bestand ausmachen, und die gerade aufgesetzte Bestellmenge, aber keine weitere Menge, müssen zum Zeitpunkt $t+l_A$ ins Lager geliefert worden sein. Wie oben bereits verdeutlicht wurde, kann dieser konkrete Bestellauftrag A zum Zeitpunkt t zu einer Lieferunfähigkeit führen. Da alle eventuell zusätzlich vorhandenen offenen Bestellungen vor dem Zeitpunkt $t+l_A$ ins Lager geliefert sein werden, ist dies genau dann der Fall, wenn der Bestellbestand kleiner als der auftretende Bedarf im Zeitraum $[t, t+l_A]$ plus dem eventuell vorliegenden Defizit ist (und zwar gegenüber dem Bestellbestand zum Zeitpunkt t). Entscheidend jedoch ist, dass die durch die Bestellung A verursachte Lieferunfähigkeit unabhängig davon ist, ob noch offene Bestellungen vorliegen und vor allem, wann diese eintreffen werden. Da diese Überlegung für jeden Bestellzeitpunkt gilt, gilt somit insgesamt:

Formel 47: Die Lieferfähigkeit ist ausschließlich dadurch bestimmt, ob die Summe aus dem gesamten Bedarf (y) in der Wiederbeschaffungszeit und dem Defizit (u) (gegenüber dem Bestellbestand) zu Beginn der Wiederbeschaffungszeit den Bestellbestand s überschreitet.

Aufgrund von Formel 47 ist die Wirkung eines Bestellbestands s auf die Lieferfähigkeit unabhängig von dem Vorliegen von offenen Bestellungen zu einem Bestellzeitpunkt. Mit anderen Worten: Für die Analyse der Wirkung eines Bestellbestands s auf die Lieferfähigkeit kann angenommen werden, dass zum Bestellzeitpunkt keine Bestellung aussteht. Diese Unabhängigkeit von dem Vorliegen offener Bestellungen gilt auch für die Kosten, die in einem (beliebigen) Wiederbeschaffungszeitraum anfallen. Dies wird bei der im Abschnitt 6.3 über grundlegende Resultate zur optimalen Lösung des Mehrperiodenmodells erwähnten Arbeit von Klemm und Mikut (in [KLMi72]) zur Berechnung der mittleren Lagerungs- und Fehlmengenkosten genutzt.

Die nun folgenden Überlegungen erweitern die obigen zur Lieferunfähigkeit, die auch zur Einführung eines Sicherheitsbestands führten, und formalisieren diese.

Wegen der gemeinsamen Zufallsvariablen D für die Nachfragemengen in den einzelnen Perioden, ist, wie im Abschnitt 6.1 über die Berechnung der Nachfragemengen nachgewiesen wurde, die Nachfragemenge in der Wiederbeschaffungszeit durch eine Zufallsvariable Y mit Dichte φ_Y und Verteilungsfunktion Φ_Y im stetigen Fall und Verteilung $(y, P_Y(Y=y))$ im diskreten Fall beschrieben. Für die erwartete Lieferunfähigkeit bedeutet Formel 47: Keine Lieferunfähigkeit ist zu erwarten, wenn der Bestellbestand s ausreicht, um die Summe aus der erwarteten Nachfragemenge in der WBZ, E(Y), und dem erwarteten Defizit, E(U), (gegenüber dem Bestellbestand) zu Beginn der Wiederbeschaffungszeit zu decken. Also ist $s = E(Y) + E(U)$ und der zu erwartende Lagerbestand am Ende einer Wiederbeschaffungszeit ist gleich Null. Da jedoch Y und U Zufallsvariablen sind, treten, beim Vorliegen einer Streuung von Y und U, sowohl größere als auch kleinere Werte der Zufallsvariablen

$Y^* = Y + U$ als $\left(E(Y) + E(U)\right)$ auf, und es kommt zu negativen Lagerbeständen am Ende von Wiederbeschaffungszeiträumen. Ihre Wahrscheinlichkeit lässt sich durch eine Erhöhung des Bestellbestands reduzieren. Dadurch kommt es zu einem positiven zu erwartenden Lagerbestand der Form $\left(s - E(Y) - E(U)\right)$. Wie oben bereits erwähnt wurde, wird dieser als Sicherheitsbestand bezeichnet und es handelt sich um ein Maß für die Lieferfähigkeit. Seine formale Definition lautet:

Definition 14 (Sicherheitsbestand einer (s,S)-Bestellpolitik mit periodischer Bestellentscheidung)

Betrachtet wird die Lagerhaltung für ein Produkt, die nach einer (s,S)-Bestellpolitik mit periodischer Bestellentscheidung gesteuert wird. Zu einer (konkreten) Bestellung (Wiederbeschaffung) sei u das Defizit gegenüber dem Bestellbestand (s) zu Beginn der Wiederbeschaffungszeit, und y sei die Nachfrage während dieses Wiederbeschaffungszeitraums. Die zufällige Zahl $I^N_{V-Lz-B} = s - y - u$ heißt der (Netto-) Lagerbestand kurz vor Eintreffen dieser (konkreten) Wiederbeschaffungsbestellung. Sie lässt sich durch die Zufallsvariable $(s - Y - U)$ beschreiben. Der Sicherheitsbestand ist definiert durch den Erwartungswert dieser Zufallsvariable, also durch $SB = E(s - Y - U)$.

Bemerkung 7 (Sicherheitsbestand)

- Zu einer (konkreten) Wiederbeschaffungsbestellung gibt der (Netto-)Lagerbestand I^N_{V-Lz-B} die Menge an, um die die Nachfrage während dieses Wiederbeschaffungszeitraums (y) hätte höher sein dürfen, bevor eine Lieferunfähigkeit vorliegt.
- Der Sicherheitsbestand ist definiert als Erwartungswert von diesen (Netto-)Lagerbeständen $\left(I^N_{V-Lz-B}\right)$ über alle (unendlich viele) Perioden.

Über das folgende Lemma 17 wird die oben bereits angegebene Berechnungsformel für den Sicherheitsbestand bewiesen.

Lemma 17 (Berechnung des Sicherheitsbestands)

Betrachtet wird die Lagerhaltung für ein Produkt, die nach einer (s,S)-Bestellpolitik mit periodischer Bestellentscheidung gesteuert wird. Für den Sicherheitsbestand gilt: $SB = s - E(Y) - E(U)$.

Beweis: s. Abschnitt zu stochastischen Lagerhaltungspolitiken im Internet.

Nun wird die Berechnung des Erwartungswerts des Lagerbestands weiter verfolgt. Dazu ist für eine beliebige Periode t der Nettolagerbestand $\left(I^N_t\right)$ in Periode t gleich der Differenz von dem physischen Lagerbestand $\left(I^P_t\right)$ in Periode t und der Rückstände in Periode t aufgrund von Lieferunfähigkeit bzw. offenen (i. e. noch zu liefernden) Aufträgen, also von Fehlmengen (F_t), in Periode t:

6.4 Eine optimale (s,S)-Politik zur Lösung eines Mehrperiodenmodells

Formel 48: $\quad I_t^N = I_t^P - F_t\quad$ für eine beliebige Periode t.

Damit gilt für deren Erwartungswerte der Zusammenhang (aufgrund des Erwartungswerts der Summe zweier Zufallsvariablen im Abschnitt „Präliminarien" im Internet)

Formel 49: $\quad E\left(I^N\right) = E\left(I^P\right) - E(F)$.

Wegen der Annahme (3) in Definition 11 (nach der der Anteil der durchschnittlichen Fehlmenge (i. e. Rückstandsmenge bzw. offenen Aufträge) im Vergleich zum durchschnittlichen physischen Lagerbestand vernachlässigbar gering ist) ist $E(F) = 0$ und mit Formel 49 gilt:

Formel 50: $\quad E\left(I^N\right) \approx E\left(I^P\right)$.

Mit der Definition des Sicherheitsbestands (s. Definition 14 bzw. die zu ihr gehörende Bemerkung 7) gilt für den Sicherheitsbestand

$SB = E\left(I_{V-Lz-B}^N\right)$, $\quad$ dabei ist I_{V-Lz-B}^N der (Netto-) Lagerbestand kurz vor Eintreffen einer (konkreten) Wiederbeschaffungsbestellung.

Durch Einsetzen von Formel 50 ergibt sich:

$SB \approx E\left(I_{V-Lz-B}^P\right)$, $\quad$ dabei ist I_{V-Lz-B}^P der physische Lagerbestand kurz vor Eintreffen einer (konkreten) Wiederbeschaffungsbestellung.

Wegen der Formel für den Sicherheitsbestand nach Lemma 17 gilt:

Formel 51: $\quad E\left(I_{V-Lz-B}^P\right) \approx s - E(Y^*) = s - E(Y) - E(U)$.

Es sei angemerkt, dass mit der Formel $E\left(I_{V-Lz-B}^P\right) = \int_0^s \left(s - y^*\right) \cdot \varphi_{Y^*}\left(y^*\right) dy^*$ ein genaueres Ergebnis erzielbar ist.

Nun wird der physische Lagerbestand $\left(I_{N-Lz-B}^P\right)$ kurz nach Eintreffen einer (konkreten) Wiederbeschaffungsbestellung betrachtet. Mit dem Erwartungswert der Bestellmenge von $(S-s) + E(U)$, beträgt sein Erwartungswert $E\left(I_{N-Lz-B}^P\right) = E\left(I_{V-Lz-B}^P\right) + (S-s) + E(U)$ und daher mit Formel 51 $E\left(I_{N-Lz-B}^P\right) \approx s - E(Y) - E(U) + (S-s) + E(U) = S - E(Y)$.

(Dies ist plausibel, da ein Defizit durch eine höhere Bestellmenge ausgeglichen wird. Der disponible Bestand S (unmittelbar nach dem Anstoßen einer Bestellung) wird nur durch den Verbrauch in der Wiederbeschaffungszeit reduziert. Nach Eingang einer Lieferung ist daher der physische Bestand gleich $S - E(Y)$.)

Nach den Modellannahmen ist der mittlere Bedarf über die Zeit konstant. Damit fällt im Mittel der physische Bestand linear in einem Bestellzyklus von $E\left(I_{N-Lz-B}^{P}\right) \approx S - E(Y)$ kurz nach dem Eintreffen einer Wiederbeschaffungsbestellung auf $E\left(I_{V-Lz-B}^{P}\right) \approx s - E(Y) - E(U)$ unmittelbar bevor die nächste Wiederbeschaffungsbestellung eintrifft; s. Abbildung 11. Damit lautet der mittlere Bestand in einem Bestellzyklus τ eben ungefähr $\dfrac{\left((S-s) + E(U)\right) \cdot \tau}{2}$ plus $SB \cdot \tau$ und damit ist der mittlere Bestand pro Zeiteinheit ungefähr $\dfrac{1}{2} \cdot \left((S-s) + E(U)\right) + SB$. Somit gilt nach der Formel für den Sicherheitsbestand in Lemma 17

Formel 52: $\quad E\left(I^{P}\right) \approx \dfrac{1}{2} \cdot \left((S-s) + E(U)\right) + s - E(Y) - E(U) = \dfrac{1}{2} \cdot \left(S + s - E(U)\right) - E(Y)$.

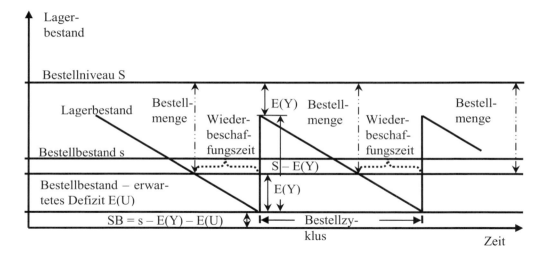

Abbildung 11: mittleres Verhalten des physischen Lagerbestands bei einer (s,S)-Lagerpolitik

Mit Formel 50 gilt somit: $E\left(I^{N}\right) \approx \dfrac{1}{2} \cdot \left(S + s - E(U)\right) - E(Y)$.

Gilt jedoch die Annahme (3) in Definition 11 nicht, so ist $E\left(I^{N}\right) < E\left(I^{P}\right)$. Dann führt die Verwendung von Formel 52 zu einer Unterschätzung des physischen Lagerbestands. Verbal lässt sich dies Ergebnis wie folgt begründen: Bei der Berechnung des Erwartungswerts des physischen Lagerbestands werden sowohl positive als auch negative Lagerbestände berücksichtigt. Negative Lagerbestände entsprechen einer Rückstellung und bei Rückstellungen ist die gelagerte Menge Null und nichtnegativ. Deswegen wird der physische Lagerbestand unterschätzt. Eine exakte Berechnung des tatsächlichen mittleren physischen Lagerbestands ist ziemlich kompliziert und wurde nur für spezielle Nachfrageverteilungen entwickelt.

Bei den meisten realen Systemen sind die Zeiträume von Lieferunfähigkeit sehr klein, weswegen die Annahme (3) in Definition 11 eine vernünftige Approximation darstellt.

Damit lauten die erwarteten Lagerhaltungskosten:

Formel 53: $\quad E(LK)) = \left(\frac{1}{2} \cdot (S + s - E(U)) - E(Y) \right) \cdot h$.

Die erwarteten Fehlmengenkosten pro Zeiteinheit $(E(FK)))$ sind die erwarteten Fehlmengenkosten, die pro Bestellzyklus anfallen, multipliziert mit dem Inversen der erwarteten Anzahl an Bestellzyklen pro Zeiteinheit (nach oben $\frac{E(D)}{(S-s)+E(U)}$; s. Formel 45 bzw. Formel 46). Die erwarteten Fehlmengenkosten pro Bestellzyklus sind die mit p multiplizierten erwarteten Fehlmengen in einem Bestellzyklus.

Nach Formel 47 hängt die Lieferunfähigkeit, und damit die Fehlmenge in einem Bestellzyklus, von dem Bestellbestand s ab. Die durchschnittlich in einem Bestellzyklus auftretende Fehlmenge ist gleich der Differenz zwischen dem Fehlbestand am Ende des Bestellzyklus $I_{End}^{f}(s)$ und dem Fehlbestand am Anfang des Bestellzyklus $I_{Anf}^{f}(s)$, also der Ausdruck $F(s) = I_{End}^{f}(s) - I_{Anf}^{f}(s)$. Da nach Annahme (3) in der Definition 11 der Anteil der durchschnittlichen Fehlmenge im Vergleich zum durchschnittlichen physischen Lagerbestand vernachlässigbar gering ist, dürfte $E(I_{Anf}^{f}(s)) = 0$ vorliegen. Also ist $E(F(s)) = E(I_{End}^{f}(s))$.

Am Ende von einem (konkreten) Bestellzyklus, d. h. unmittelbar vor dem Eintreffen einer mittleren Bestellung der Höhe $(S-s) + E(U)$, ist $(y^* - s)$ die Ausprägung der Zufallsvariablen „Fehlmenge", wobei y^* die Gesamtnachfrage als Summe aus dem Defizit (u) zu Beginn der Wiederbeschaffungszeit und der Nachfrage in der Wiederbeschaffungszeit (y) bezeichnet – also $y^* = y + u$. Die zufälligen Zahlen y^* werden durch die Zufallsvariable Y^* beschrieben.

Zunächst wird eine kontinuierliche Verteilung für die Zufallsvariable Y^* betrachtet. Mit ihrer Dichte $\varphi_{Y^*}(y^*)$ beträgt der Fehlbestand

$$E(I_{End}^{f}(s)) = \int_{s}^{\infty} (y^* - s) \cdot \varphi_{Y^*}(y^*) \, dy^*$$

Nach der bereits verbal formulierten Gesamtformel für $E(FK))$ ist

Formel 54: $\quad E(FK)) = p \cdot \dfrac{E(D)}{(S-s)+E(U)} \cdot \int\limits_{s}^{\infty} (y^* - s) \cdot \varphi_{Y^*}(y^*) \, dy^*$.

Bei einer diskreten Nachfrageverteilung von Y^*, mit $P_{Y^*}(Y^* = y^*)$ gleich der Wahrscheinlichkeit für das Auftreten der Gesamtnachfragemenge y^* und y^*_{max} gleich der größten auftretenden Gesamtnachfragemenge, sofern sie existiert, ansonsten ist $y^*_{max} = \infty$, beträgt der Fehlbestand am Ende von einem Bestellzyklus

$$E\left(I^{f}_{End}(s)\right) = \sum_{y^*=s+1}^{y^*_{max}} (y^* - s) \cdot P(Y^* = y^*).$$

Nach der bereits verbal formulierten Gesamtformel für $E(FK))$ ist

Formel 55: $\quad E(FK)) = p \cdot \dfrac{E(D)}{(S-s)+E(U)} \cdot \left(\sum\limits_{y^*=s+1}^{y^*_{max}} (y^* - s) \cdot P(Y^* = y^*) \right)$.

Die gesamte Kostenfunktion lautet

- im Fall einer kontinuierlichen Verteilung

    Formel 56: $\quad C(s,S) = \quad \left(K + c \cdot ((S-s) + E(U))\right) \cdot \dfrac{E(D)}{(S-s)+E(U)}$

    $\qquad + \left(\dfrac{1}{2} \cdot (S+s-E(U)) - E(Y)\right) \cdot h$

    $\qquad + p \cdot \dfrac{E(D)}{(S-s)+E(U)} \cdot \int\limits_{s}^{\infty} (y^* - s) \cdot \varphi_{Y^*}(y^*) \, dy^*$

- und bei einer diskreten Verteilung

    Formel 57: $\quad C(s,S) = \quad \left(K + c \cdot ((S-s) + E(U))\right) \cdot \dfrac{E(D)}{(S-s)+E(U)}$

    $\qquad + \left(\dfrac{1}{2} \cdot (S+s-E(U)) - E(Y)\right) \cdot h$

    $\qquad + p \cdot \dfrac{E(D)}{(S-s)+E(U)} \cdot \left(\sum\limits_{y^*=s+1}^{y^*_{max}} (y^* - s) \cdot P(Y^* = y^*) \right)$.

Damit lautet das Optimierungsproblem: Gesucht ist ein globales Minimum von C über $\mathbb{R}^2$.

6.4 Eine optimale (s,S)-Politik zur Lösung eines Mehrperiodenmodells

Um problemlos differenzieren zu können und auch die Sätze zu notwendigen und hinreichenden Bedingungen von Optimierungsproblemen (aus dem Abschnitt über die mathematischen Grundlagen von Optimierungsproblemen) anwenden zu können, wird nur eine kontinuierliche Verteilung für Y^* mit einer stetigen Dichte betrachtet. Dann ist nach dem Fundamentalsatz der Differential- und Integralrechnung (s. den Abschnitt „Präliminarien" im Internet) das Integral über diese stetige Dichte eine stetig differenzierbare Funktion. Eine Erweiterung der Aussagen auf allgemeinere Verteilungen ist in meinen Augen möglich. Hierauf wird zugunsten der Darstellung des prinzipiellen Vorgehens verzichtet. Statt der Optimierung des Erwartungswerts des Bestellniveaus S kann auch der Erwartungswert der Bestellmenge $q = (S-s) + E(U)$ (s. Formel 44) optimiert werden. Dies führt zu

Formel 58:
$$C(s,q) = (K + c \cdot q) \cdot \frac{E(D)}{q} + \left(s - E(Y^*) + \frac{q}{2}\right) \cdot h$$
$$+ p \cdot \frac{E(D)}{q} \cdot \int_s^\infty (y^* - s) \cdot \varphi_{Y^*}(y^*) \, dy^* .$$

Unter Ausnutzung der Eigenschaften von $C(s,q)$ wird im Folgenden eine optimale Lösung analytisch bestimmt. Um den Satz aus dem Abschnitt über die mathematischen Grundlagen von Optimierungsproblemen über die notwendige Optimalitätsbedingung 1. Ordnung, die auch hinreichend ist, anwenden zu können, wird gezeigt, dass ein Optimierungsproblem mit konvexem zulässigen Bereich in $\mathbb{R}^2$ vorliegt, dessen Zielfunktion (nämlich $C(s,q)$) dort konvex ist und überall stetige partielle Ableitungen bis zur 1. Ordnung besitzt; s. Lemma 18. Dann legt $\nabla C(x^*) = 0$ eine Bestimmungsgleichung für einen globalen Minimalpunkt (x^*) von C auf $\mathbb{R}^2$ fest.

Lemma 18 (Konvexität von $C(s,q)$)

Die Funktion $C(s,q)$ ist auf den echt positiven Paaren in $\mathbb{R}^2$ konvex und $C(s,q)$ besitzt dort überall stetige partielle Ableitungen bis zur 1. Ordnung.

Beweis: s. Abschnitt zu stochastischen Lagerhaltungspolitiken im Internet.

Nach dem obigen Vorgehen wird die Kostenfunktion C nach s und q abgeleitet. Es ergibt sich mit

$$\frac{\partial C(s,q)}{\partial s} = h + p \cdot \frac{E(D)}{q} \cdot \frac{\partial E(F(s))}{\partial s} \quad \text{mit} \quad E(F(s)) = \int_s^\infty (y^* - s) \cdot \varphi_{Y^*}(y^*) \, dy^*$$

und mit $\dfrac{\partial E(F(s))}{\partial s} = -P(Y^* > s)$ schließlich

Formel 59: $\dfrac{\partial C(s,q)}{\partial s} = h - p \cdot \dfrac{E(D)}{q} \cdot P(Y^* > s)$

und

Formel 60: $\dfrac{\partial C(s,q)}{\partial q} = -\dfrac{K \cdot E(D)}{q^2} + \dfrac{h}{2} - p \cdot \dfrac{E(D)}{q^2} \cdot E(F(s))$.

Das Nullsetzen der beiden Formeln und deren Umformen nach s und q ergibt:

im Fall von Formel 59

$h - p \cdot \dfrac{E(D)}{q} \cdot P(Y^* > s) = 0 \Leftrightarrow h = p \cdot \dfrac{E(D)}{q} \cdot P(Y^* > s) \Leftrightarrow P(Y^* > s) = \dfrac{h \cdot q}{p \cdot E(D)}$

$\Leftrightarrow 1 - P(Y^* \leq s) = \dfrac{h \cdot q}{p \cdot E(D)} \Leftrightarrow 1 - \Phi_{Y^*}(s) = \dfrac{h \cdot q}{p \cdot E(D)} \Leftrightarrow \Phi_{Y^*}(s) = 1 - \dfrac{h \cdot q}{p \cdot E(D)}$

$\Leftrightarrow s = \Phi_{Y^*}^{-1}\left(1 - \dfrac{h \cdot q}{p \cdot E(D)}\right)$

und im Fall von Formel 60

$-\dfrac{K \cdot E(D)}{q^2} + \dfrac{h}{2} - p \cdot \dfrac{E(D)}{q^2} \cdot E(F(s)) = 0 \Leftrightarrow \dfrac{h}{2} = \dfrac{K \cdot E(D) + p \cdot E(D) \cdot E(F(s))}{q^2}$

$\Leftrightarrow q = \sqrt{\dfrac{2 \cdot E(D) \cdot (K + p \cdot E(F(s)))}{h}}$.

Also insgesamt:

Formel 61: $s_{opt} = \Phi_{Y^*}^{-1}\left(1 - \dfrac{h \cdot q_{opt}}{p \cdot E(D)}\right)$

und

Formel 62: $q_{opt} = \sqrt{\dfrac{2 \cdot E(D) \cdot \left(K + p \cdot \int_{s_{opt}}^{\infty} (y^* - s_{opt}) \cdot \varphi_{Y^*}(y^*)\, dy^*\right)}{h}}$.

Damit lassen sich der Erwartungswert des optimalen Bestellbestands und der Erwartungswert der optimalen Bestellmenge nicht unabhängig voneinander berechnen.

6.4 Eine optimale (s,S)-Politik zur Lösung eines Mehrperiodenmodells

Möglich ist die Durchführung einer Iteration, die auf der folgenden Idee basiert: Zunächst wird eine Anfangslösung für die Bestellmenge errechnet, in dem Fehlmengen ausgeschlossen werden; dazu kann implizit $p = 0$ – in Formel 62 – gesetzt werden. Das Ergebnis ist identisch mit der Bestellmengenberechnung nach dem klassischen Losgrößemodell mit konstantem Bedarf (s. den Abschnitt über einstufige Losgrößenverfahren). Diese Anfangsbestellmenge wird in Formel 61 eingesetzt, wodurch ein Anfangsbestellbestand berechnet wird. Das Einsetzen dieses Anfangsbestellbestands in Formel 62 führt zu der zweiten Bestellmenge und ihr Einsetzen in Formel 61 liefert den zweiten Bestellbestand. Dieses Vorgehen wird solange wiederholt, bis zwei aufeinanderfolgende Bestellmengen und Bestellbestände nahezu identisch sind.

Im Einzelnen hat der Algorithmus die folgende Gestalt:

Algorithmus 1 (simultane Optimierung von Bestellbestand und Bestellmenge)

Voraussetzungen:

- Annahmen nach Definition 11
- Die Gesamtnachfragemenge in der Wiederbeschaffungszeit wird durch die stetige Zufallsvariable Y^* mit der Dichte φ_{Y^*} und der Verteilungsfunktion Φ_{Y^*} beschrieben.
- Abweichungsgrenze (ε) für zwei aufeinanderfolgende Bestellmengen bzw. Bestellpunkte

Datenstrukturen:

- $s[1..\infty]$ für die Bestellbestände
- $q[1..\infty]$ für die Bestellmengen

Anweisungen:

$i = 1$;

$$q[i] = \sqrt{\frac{2 \cdot E(D) \cdot K}{h}} \; ; \qquad \text{(Setze quasi } p = 0\text{)}$$

$$s[i] = \Phi_{Y^*}^{-1}\left(1 - \frac{h \cdot q[i]}{p \cdot E(D)}\right);$$

Repeat

$\quad i = i + 1$;

$$q[i] = \sqrt{\frac{2 \cdot E(D) \cdot \left(K + p \cdot \int\limits_{s[i-1]}^{\infty} \left(y^* - s[i-1]\right) \cdot \varphi_{Y^*}\left(y^*\right) dy^*\right)}{h}} \; ;$$

$$s[i] = \Phi_{Y^*}^{-1}\left(1 - \frac{h \cdot q[i]}{p \cdot E(D)}\right);$$

until $\left(\left|\left(q[i] - q[i-1]\right)\right| \leq \varepsilon \text{ and } \left|\left(s[i] - s[i-1]\right)\right| \leq \varepsilon\right)$.

Die Konvergenz des Verfahrens ist aus folgenden Gründen gewährleistet. Die in der 1. Iteration berechnete Bestellmenge basiert auf einer im Allgemeinen erheblichen Unterschätzung der „optimalen" Fehlmenge und damit auf einer Überschätzung des optimalen Bestellbestands s_{opt}. Daher ist der Wert q_{opt}^1 niedriger als die optimale Bestellmenge q_{opt}. Für die lagerbedingte Lieferzeit eines Auftrags hat dies zur Folge, dass im Vergleich zur kostenminimalen Situation ein zu geringer Anteil des „Lieferzeit-Risikos" durch die Höhe der Bestellmenge absorbiert wird. Denn je höher die Bestellmenge ist, umso länger ist ein durchschnittlicher Bestellzyklus und umso geringer ist der relative Anteil der Länge der Wiederbeschaffungszeit, in der allein eine lagerbedingte Lieferzeit auftreten kann, an der Gesamtlänge von einem Bestellzyklus. Dies führt nun in der folgenden Iteration zu einer im Vergleich zum Start des Verfahrens (1. Iteration) geringeren Überschätzung des optimalen Bestellbestands s_{opt}. Da aber die Fehlmenge mit sinkendem Bestellbestand s_{opt}^1 steigt, ist die Schätzung der optimalen Bestellmenge q_{opt}^1 gemäß der Formel 62 nun höher als in der vorangegangenen Iteration. Der Wert q_{opt}^1 absorbiert nun einen – zunächst noch geringen, aber im Verlaufe des Verfahrens kontinuierlich steigenden – Anteil des „Lieferzeit-Risikos", wodurch in der nächsten Iteration der Bestellbestand s_{opt}^2 weiter sinken kann. Ein Ansteigen von s_{opt}^2 ist wegen der Absorbierung des „Lieferzeit-Risikos" nicht möglich. Damit ist die Folge $\left(s_{opt}^i\right)_{i=1}^{\infty}$ monoton fallend. Wegen deren Monotonie ist die Folge $\left(q_{opt}^i\right)_{i=1}^{\infty}$ monoton steigend. Mathematisch wird im Abschnitt zu stochastischen Lagerhaltungspolitiken im Internet die Monotonie dieser beiden Folgen begründet. Da der Bestellbestand nicht beliebig klein wird und die Bestellmenge nicht beliebig hoch wird, existieren die Grenzwerte $\lim_{i \to \infty} s_{opt}^i$ und $\lim_{i \to \infty} q_{opt}^i$. Im Einzelnen ist ein negativer Bestellbestand wegen Annahme (3) in der Definition 11 ausgeschlossen. Der größte mögliche Wert für die Bestellmenge ergibt sich durch Einsetzen der unteren Schranke für den Bestellbestand von Null ($-\infty$ ist ebenso möglich) in das Integral. Diese Schranke lautet: $\sqrt{\dfrac{2 \cdot E(D) \cdot \left(K + p \cdot \left(E\left(Y^*\right) - s\right)\right)}{h}}$. Mathematisch werden diese Schranken im Abschnitt zu stochastischen Lagerhaltungspolitiken im Internet bewiesen. Werden in zwei aufeinanderfolgenden Iterationen (im Algorithmus) die gleichen Werte für die Bestellmenge und den Bestellbestand berechnet, so werden in allen folgenden Iterationen die gleichen Werte berechnet. Deswegen terminiert der Algorithmus.

Das Verfahren stellt damit eine schrittweise Anpassung der vorläufigen Schätzwerte der Bestellmenge und des Bestellbestands (sowie der Fehlmenge) an ihre optimalen Werte dar. Das optimale Verhältnis von Bestellbestand und Bestellmenge ist dann erreicht, wenn eine

6.4 Eine optimale (s,S)-Politik zur Lösung eines Mehrperiodenmodells

kostenminimale Verteilung des „Lieferzeit-Risikos" auf den Bestellbestand s und die Bestellmenge q vorliegt.

Zur Anwendung des Verfahrens sind ein Integral der Form $\int_{s}^{\infty}(y^* - s) \cdot \varphi_{Y^*}(y^*) dy^*$ und das Inverse der Verteilungsfunktion $\left(\Phi_{Y^*}^{-1}\right)$ zu berechnen. Im Abschnitt 6.1 zur Berechnung der Nachfragemengen wurde eine Formel zur Berechnung der Nachfragemenge in der Wiederbeschaffungszeit aus der Wahrscheinlichkeit für die Periodennachfragemengen entwickelt. Wünschenswert wäre eine Möglichkeit der Berechnung der Wahrscheinlichkeit zu der Zufallsvariable Y^* ebenfalls aus der Wahrscheinlichkeit für die Periodennachfragemengen.

Eine solche Aussage lässt sich mit Hilfe der Erneuerungstheorie unter der Annahme entwickeln, dass der Bestellpunkt s sehr viel kleiner als die Bestellmenge S ist (also s ≫ S). Dies erfolgt durch eine Approximation der Dichte $\varphi_{Y^*}(y^*)$ durch $\varphi_{Y^*}(y^*) = \frac{1}{E(D)} \cdot \left[P(Y \le y^*) - P(Z \le y^*)\right]$, wobei die Zufallsvariable Z die gesamte Nachfrage in der Wiederbeschaffungszeit plus der Nachfragemenge in der Überwachungsperiode, in der der Bestand den Bestellpunkt s erreicht oder unterschreitet, beschreibt; formal ist sie in Lemma 19 angegeben.

Lemma 19 (Approximation der Dichte $\varphi_{Y^*}(y^*)$)

Betrachtet wird die Lagerhaltung für ein Produkt, die nach einer (s,S)-Bestellpolitik mit periodischer Bestellentscheidung gesteuert wird. Die Nachfrage in der Wiederbeschaffungszeit wird durch die Zufallsvariable Y und das Defizit zu Beginn der Wiederbeschaffungszeit wird durch die Zufallsvariable U beschrieben. Die Zufallsvariable $Y^* = Y + U$ beschreibt die Gesamtnachfrage als Summe aus dem Defizit zu Beginn der Wiederbeschaffungszeit und der Nachfrage in der Wiederbeschaffungszeit. Ihre Dichte sei φ_{Y^*}. Die Zufallsvariable Z beschreibt die gesamte Nachfrage in der Wiederbeschaffungszeit plus der Nachfragemenge in der Periode, in der der Bestand den Bestellpunkt s erreicht oder unterschreitet. Dann gilt:

$$\varphi_{Y^*}(y^*) = \frac{1}{E(D)} \cdot \left[P(Y \le y^*) - P(Z \le y^*)\right].$$

Beweis: s. Abschnitt zu stochastischen Lagerhaltungspolitiken im Internet.

Sind beispielsweise die Periodennachfragemengen normalverteilt, so lässt sich wegen Lemma 19 die Berechnung von $\int_{s}^{\infty}(y^* - s) \cdot \varphi_{Y^*}(y^*) dy^*$ und $\Phi_{Y^*}^{-1}$ auf Integrale über die Dichte und die Verteilungsfunktion der Standardnormalverteilung zurückführen. Es sei angemerkt, dass hierzu ein erheblicher Rechenaufwand notwendig ist. Die prinzipielle Vorgehensweise ist bereits durch eine (s,S)-Bestellpolitik darstellbar, bei der kein Defizit mehr auftritt. Dadurch handelt es sich bei der Zufallsvariablen Y^* $(= Y + U)$ tatsächlich um die Zufallsvariable Y. Für diese (s,S)-Bestellpolitik gilt:

Formel 63:   Zum Zeitpunkt der Auslösung einer Lagerbestellung ist der disponible Lagerbestand genau gleich s.

Diese Eigenschaft eines Bestellpunkts ist genau dann erfüllt, wenn

1. der disponible Lagerbestand nach jedem Abgang vom disponiblen Lagerbestand überwacht wird und
2. die nachgefragte Menge zwischen zwei aufeinanderfolgenden Inspektionen des Lagers entweder 0 oder 1 ist.

Wäre nur die Bedingung (1) erfüllt, so zeigt das folgende, die Bedingung (2) verletzende Beispiel, dass Formel 63 in der Regel nicht zutrifft. Im Beispiel betrage der aktuelle Lagerbestand 55 Einheiten, der Bestellbestand sei 49 Einheiten und eine aktuelle Bestellung über 13 Einheiten träfe ein. Dann würde die Befriedigung dieser Bestellung zu einem Lagerbestand von 42 Einheiten führen und damit würde der Bestellbestand um 7 Einheiten unterschritten. Trotzdem wird in der Literatur einer solchen (s,S)-Bestellpolitik, welche die Bedingung (1), aber nicht die Bedingung (2) erfüllt, das Zutreffen von Formel 63 unterstellt. Dann ist die Bestellmenge stets $q = S - s$ und damit konstant. Eine solche Bestellpolitik ist wegen der kontinuierlichen Bestandsüberwachung unter der Bezeichnung (s,q)-Bestellpolitik mit kontinuierlicher Bestellentscheidung etabliert.

Ihre, unter Einhaltung von Formel 63, korrekte Definition lautet:

Definition 15 (Annahmen bei einer (s,q)-Bestellpolitik mit kontinuierlicher Bestellentscheidung und Optimierungsproblem)

Für die Lagerhaltung eines Produkts seien die gleichen Prämissen wie bei einer (s,S)-Bestellpolitik mit periodischer Bestellentscheidung gegeben. Die Lagerhaltungspolitik, bei der für ein s als Bestellbestand und ein S als Bestellniveau nach jedem Abgang vom disponiblen Lagerbestand mit der Menge von 0 oder 1 die Entscheidungsregel für eine (s,S)-Politik zur Lösung eines Mehrperiodenmodells (nach Definition 10) angewendet wird, heißt (s,q)-Bestellpolitik mit kontinuierlicher Bestellentscheidung. Der Erwartungswert der dabei auftretenden Kosten pro Zeiteinheit sei wieder durch $C(s,q)$ bezeichnet. Das Optimierungsproblem zu einer (s,q)-Bestellpolitik mit kontinuierlicher Bestellentscheidung besteht in der Suche nach einem globalen Minimum von $C(s,q)$ über $\mathbb{R}^2$.

Es sei angemerkt, dass die Wiederbeschaffungszeiten dann berücksichtigen dürften, dass zu jedem Zeitpunkt, beispielsweise innerhalb eines Tages, der Bestellbestand erreicht wird.

Wie als Zielsetzung von der Bedingung in Formel 63 bereits formuliert wurde, gelten die in diesem Abschnitt entwickelten Formeln und der Algorithmus 1 auch bei einer (s,q)-Bestellpolitik mit kontinuierlicher Bestellentscheidung, sofern im Kern die Zufallsvariable $Y^* \ (= Y + U)$ durch die Zufallsvariable Y ersetzt wird. Der folgende Satz beschreibt die Details.

6.4 Eine optimale (s,S)-Politik zur Lösung eines Mehrperiodenmodells

Satz 2 (Formeln und Herleitung bei einer (s,q)-Bestellpolitik mit kontinuierlicher Bestellentscheidung)

Für eine (s,q)-Bestellpolitik mit kontinuierlicher Bestellentscheidung sind in den Formeln dieses Abschnitts (vor allem von Formel 44 bis Formel 63) und dem Algorithmus 1

- die Zufallsvariable Y^* durch die Zufallsvariable Y, einschließlich ihrer Ausprägungen y^* und y,
- $S-s$ durch q sowie
- $E(U)$ durch 0

zu ersetzen.

Beweis: s. Abschnitt zu stochastischen Lagerhaltungspolitiken im Internet.

Zur Anwendung von Algorithmus 1 bei einer kontinuierlichen Bestandsüberwachung aufgrund von Satz 2 bietet es sich an, für konkrete Zufallsvariablen das Integral der Form $\int_s^\infty (y-s) \cdot \varphi_Y(y)\, dy$ und das Inverse der Verteilungsfunktion $\left(\Phi_Y^{-1}\right)$ zu vereinfachen. Im Fall einer $\mathcal{N}(\mu,\sigma^2)$-verteilten Zufallsvariable (Y) für die Beschreibung der Nachfragemengen in der Wiederbeschaffungszeit ergeben sich die folgenden Formeln. Zu ihrer Herleitung wird die in Lemma 20 genannte Beziehung benötigt.

Lemma 20 (Berechnung der Verlustfunktion 1. Ordnung einer $\mathcal{N}(\mu,\sigma^2)$-verteilten Zufallsvariable)

Die Verlustfunktion 1. Ordnung zu einer $\mathcal{N}(\mu,\sigma^2)$-verteilten Zufallsvariable lässt sich wie folgt auf die Verlustfunktion 1. Ordnung einer standardnormalverteilten Zufallsvariable zurückführen:

$$\Phi^1_{\mathcal{N}(\mu,\sigma^2)}(y) = \int_y^\infty (d-y) \cdot \varphi_{\mathcal{N}(\mu,\sigma^2)}(d)\, dd = \sigma \cdot \Phi^1_{\mathcal{N}(0,1)}(v) \quad \text{mit } v = \frac{y-\mu}{\sigma}.$$

Beweis: s. Abschnitt zu stochastischen Lagerhaltungspolitiken im Internet.

Zunächst sei die Berechnung von s_{opt} betrachtet. Die Formel 61 ändert sich zu:

$$\Phi_{\mathcal{N}(\mu,\sigma^2)}(s_{opt}) = 1 - \frac{h \cdot q_{opt}}{p \cdot E(D)}$$

und mit $\Phi_{\mathcal{N}(\mu,\sigma^2)}(x) = \Phi_{\mathcal{N}(0,1)}\left(\frac{x-E(Y)}{\sigma(Y)}\right)$, nach Formel 24, ist

$$\Phi_{\mathcal{N}(0,1)}\left(\frac{s_{opt}-E(Y)}{\sigma(Y)}\right) = 1 - \frac{h \cdot q_{opt}}{p \cdot E(D)} \Leftrightarrow \left(\frac{s_{opt}-E(Y)}{\sigma(Y)}\right) = \Phi^{-1}_{\mathcal{N}(0,1)}\left(1 - \frac{h \cdot q_{opt}}{p \cdot E(D)}\right)$$

Formel 64: $\quad\Leftrightarrow\quad s_{opt} = E(Y) + \Phi_{N(0,1)}^{-1}\left(1 - \dfrac{h \cdot q_{opt}}{p \cdot E(D)}\right) \cdot \sigma(Y).$

Nun zur Berechnung von q_{opt} nach Formel 62. Mit Lemma 20 ergibt sich:

Formel 65: $\quad q_{opt} = \sqrt{\dfrac{2 \cdot E(D) \cdot \left(K + p \cdot \sigma(Y) \cdot \Phi_{N(0,1)}^{1}(v_{opt})\right)}{h}} \quad$ mit $v_{opt} = \dfrac{s_{opt} - E(Y)}{\sigma(Y)}.$

Durch Vergleich mit der Nebenbedingung in Formel 65 ist $\Phi_{N(0,1)}^{-1}\left(1 - \dfrac{h \cdot q_{opt}}{p \cdot E(D)}\right)$ nach Formel 64 gleich v_{opt}. Dies ist hilfreich bei der Anwendung von Algorithmus 1, wie Beispiel 13 noch zeigen wird.

Für die Kostenfunktion nach Formel 58 ergibt sich (wiederum durch Anwendung von Lemma 20):

Formel 66: $\quad C(s,q) =$

$$(K + c \cdot q) \cdot \dfrac{E(D)}{q} + \left(s - E(Y) + \dfrac{q}{2}\right) \cdot h + p \cdot \dfrac{E(D)}{q} \cdot \sigma(Y) \cdot \Phi_{N(0,1)}^{1}(v)$$

mit $v = \dfrac{s - E(Y)}{\sigma(Y)}.$

Diese Formeln führen zu einer Version von Algorithmus 1 für $Y^* = Y$ und einer $N(\mu, \sigma^2)$-Verteilung für die Nachfragemengen in der Wiederbeschaffungszeit. Damit werden nun für die Lieferung von Befestigungsschrauben für die Tischproduktion der optimale Bestellbestand und das optimale Bestellniveau berechnet.

Beispiel 13 (Befestigungsschrauben für die Tischproduktion, Fortsetzung von Beispiel 2)

Die Nachfrage (D) der Befestigungsschrauben sei normalverteilt mit dem Erwartungswert $E(D) = 184000 \dfrac{\text{Stück}}{\text{Jahr}}$ und der Standardabweichung $\sigma(D) = 3400 \dfrac{\text{Stück}}{\text{Jahr}}$. Die Nachfragen zwischen Tagen sind unabhängig voneinander und es wird an 230 Tagen im Jahr produziert. Die fixen Bestellkosten betragen $K = 50 \dfrac{\text{€}}{\text{Bestellung}}$, die variablen Bestellkosten betragen $c = 1,2 \dfrac{\text{€}}{\text{Stück}}$ und als Lagerhaltungskostensatz wird $h = 0,3 \dfrac{\text{€}}{\dfrac{\text{Stück}}{\text{Jahr}}}$ angesetzt. Bei Fehlmengen von Befestigungsschrauben kommt es in der Tischproduktion zu Störungen. Die Komponenten der Tische werden lackiert und deren Montage wird soweit wie möglich vorberei-

6.4 Eine optimale (s,S)-Politik zur Lösung eines Mehrperiodenmodells

tet. Bis eine neue Lieferung an Befestigungsschrauben eintrifft, werden diese Komponenten zwischengelagert. Diese derartig verzögerte Montage führt zu geschätzten Mehrkosten von $p = 3 \frac{\text{€}}{\text{Stück}}$. Die Befestigungsschrauben werden in Polen gefertigt und werden nach 5 Tagen angeliefert; sie haben also eine Lieferzeit von L = 5 Tagen.

Nach Lemma 2 ist die Zufallsvariable zur Beschreibung der Nachfragemenge in der Wiederbeschaffungszeit ebenfalls normalverteilt und mit den in Lemma 2 angegebenen Formeln ergibt sich

- der Erwartungswert von

$$E(Y) = E(D) \cdot L = 184000 \frac{\text{Stück}}{\text{Jahr}} \cdot \frac{5 \text{ Tage}}{230 \frac{\text{Tage}}{\text{Jahr}}} = 4000 \text{ Stück und}$$

- die Standardabweichung von

$$\sigma(Y) = \sigma(D) \cdot \sqrt{L} = 3400 \frac{\text{Stück}}{\text{Jahr}} \cdot \sqrt{\frac{5}{230}} \text{Jahre} = 501,3 \text{ Stück}.$$

Nach Algorithmus 1 wird eine Anfangsbestellmenge $(q[1])$ berechnet durch

$$q[1] = \sqrt{\frac{2 \cdot E(D) \cdot K}{h}} = \sqrt{\frac{2 \cdot 184000 \frac{\text{Stück}}{\text{Jahr}} \cdot 50\text{€}}{0,3 \frac{\text{€}}{\text{Stück}}}} = 7831,56 \text{ Stück}.$$

Zur Bestimmung des Anfangsbestellpunkts $(s[1])$ nach Formel 64 wird zunächst der zugehörige v-Wert $(v[1])$ bestimmt durch

$$1 - \frac{h \cdot q[1]}{p \cdot E(D)} = 1 - \frac{0,3 \frac{\text{€}}{\text{Stück}} \cdot (7831,56 \text{ Stück})}{3 \frac{\text{€}}{\text{Stück}} \cdot 184000 \frac{\text{Stück}}{\text{Jahr}}} = 0,9957$$

und nachschlagen in Tabelle 9 (im Anhang zu diesem Abschnitt) ergibt für $v[1] = \Phi^{-1}_{N(0,1)}(0,9957)$ bzw. $\Phi_{N(0,1)}(v[1]) = 0,9957$ den Wert $v[1] = 2,63$.

Damit lautet der Anfangsbestellpunkt (nach Formel 64):

$$s[1] = E(Y) + v[1] \cdot \sigma(Y) = (4000 \text{ Stück}) + 2,63 \cdot (501,3 \text{ Stück}) = 5318,42 \text{ Stück}.$$

In der ersten Iteration wird zunächst die Bestellmenge (nach Formel 65) aktualisiert. Nach Tabelle 10 (im Anhang zu diesem Abschnitt) ist $\Phi^1_{N(0,1)}(2,63) = 0,0013$. Einsetzen (nach Formel 65) ergibt:

$$q[2] = \sqrt{\frac{2 \cdot E(D) \cdot \left(K + p \cdot \left(\sigma(Y) \cdot \Phi^1_{N(0,1)}(v[1])\right)\right)}{h}}$$

$$= \sqrt{\frac{2 \cdot 184000 \frac{\text{Stück}}{\text{Jahr}} \cdot \left(50\text{€} + 0,0013 \cdot (501,3 \text{ Stück}) \cdot 3 \frac{\text{€}}{\text{Stück}}\right)}{0,3 \frac{\text{€}}{\text{Stück}} \cdot \text{Jahr}}}$$

$= 7983,2$ Stück.

Nun erfolgt die Aktualisierung des Bestellpunkts (Formel 64): Wie bei der Berechnung des Anfangsbestellpunkts wird zunächst der zugehörige v-Wert $(v[2])$ bestimmt durch

$$1 - \frac{h \cdot q[2]}{p \cdot E(D)} = 1 - \frac{0,3 \frac{\text{€}}{\text{Stück} \cdot \text{Jahr}} \cdot (7983,2 \text{ Stück})}{3 \frac{\text{€}}{\text{Stück}} \cdot 184000 \frac{\text{Stück}}{\text{Jahr}}} = 0,9957$$

und nachschlagen in Tabelle 9 (im Anhang zu diesem Abschnitt) für $v[2] = \Phi^{-1}_{N(0,1)}(0,9957)$ ergibt erneut den Wert $(v[2] =) 2,63$.

Damit lautet der Bestellpunkt (nach Formel 64):

$s[2] = E(Y) + v[2] \cdot \sigma(Y) = (4000 \text{ Stück}) + 2,63 \cdot (501,3 \text{ Stück}) = 5318,42 \text{ Stück}$.

Gegenüber der Anfangsbestellmenge weicht diese Aktualisierung der Bestellmenge noch relativ deutlich ab, weswegen eine weitere Iteration durchzuführen ist. Sie führt bereits zu den gleichen Ergebnissen wie bei der gerade durchgeführten Iteration. Damit kann keine weitere Iteration zu anderen Ergebnissen führen und der Algorithmus terminiert. Zum Vergleich sind auch die Werte angegeben, wenn die Bestellmenge und der Bestellbestand (sofort) gerundet werden. Dadurch ergibt sich weder ein anderes Ergebnis noch eine andere Konvergenzgeschwindigkeit.

6.4 Eine optimale (s,S)-Politik zur Lösung eines Mehrperiodenmodells

Iteration	Bestellmenge	Bestellbestand	Bestellmenge (gerundet)	Bestellbestand (gerundet)
1 (Anfangswerte)	7831,56 Stück	5318,42 Stück	7832 Stück	5318 Stück
2	7983,2 Stück	5318,42 Stück	7983 Stück	5318 Stück
3	7983,2 Stück	5318,42 Stück	7983 Stück	5318 Stück

Tabelle 7: Wert der Bestellmenge und des -punkts je Iteration; einschließlich den gerundeten Werten

Die optimale Lösung lautet: Sinkt der Lagerbestand auf 5318,42 (5318) Befestigungsschrauben, werden 7983,2 (7983) Befestigungsschrauben bestellt.

Damit lassen sich die einzelnen Kosten ausrechnen (in Klammern für die gerundeten Werte von Bestellmenge und -bestand):

Über Formel 46, s. auch Formel 66, lauten die erwarteten Bestellkosten

$$E(BK)) = \left(K + c \cdot q_{opt}\right) \cdot \frac{E(D)}{q_{opt}}$$

$$= \left((50\ €) + 1{,}2\frac{€}{\text{Stück}} \cdot (7983{,}2\ \text{Stück})\right) \cdot \frac{184000\frac{\text{Stück}}{\text{Jahr}}}{7983{,}2\ \text{Stück}}$$

$$= 221952{,}42\frac{€}{\text{Jahr}} \qquad \left(221952{,}45\frac{€}{\text{Jahr}}\right).$$

Mit Formel 53, s. auch Formel 66, betragen die erwarteten Lagerhaltungskosten

$$E(LK)) = \left(s_{opt} - E(Y) + \frac{q_{opt}}{2}\right) \cdot h$$

$$= \left((5318{,}42\ \text{Stück}) - (4000\ \text{Stück}) + \frac{7983{,}2\ \text{Stück}}{2}\right) \cdot 0{,}3\frac{\frac{€}{\text{Stück}}}{\text{Jahr}}$$

$$= 1593{,}01\frac{€}{\text{Jahr}} \quad \left(1592{,}85\frac{€}{\text{Jahr}}\right).$$

Für die erwarteten Fehlmengenkosten ergeben sich über Formel 54 einschließlich ihrer Anpassung bei einer normalverteilten Nachfragemenge pro Periode (s. auch Formel 66):

$$E(FK) = p \cdot \frac{E(D)}{q_{opt}} \cdot \sigma(Y) \cdot \Phi^1_{N(0,1)}\left(v_{opt}\right) \text{ mit } v_{opt} = \frac{s_{opt} - E(Y)}{\sigma(Y)}$$

$$= 3\frac{\text{€}}{\text{Stück}} \cdot \frac{184000\frac{\text{Stück}}{\text{Jahr}}}{(7983,2 \text{ Stück})} \cdot (501,3 \text{ Stück}) \cdot 0,0013$$

$$= 45,06 \frac{\text{€}}{\text{Jahr}} \quad \left(45,06 \frac{\text{€}}{\text{Jahr}}\right).$$

Damit betragen die erwarteten Gesamtkosten als Summe obiger Einzelkosten nach Formel 66

$$C(s_{opt}, q_{opt}) = 221952,42 \frac{\text{€}}{\text{Jahr}} + 1593,01 \frac{\text{€}}{\text{Jahr}} + 45,06 \frac{\text{€}}{\text{Jahr}} = 223590,49 \frac{\text{€}}{\text{Jahr}}.$$

Über Lemma 17 lautet die Höhe des Sicherheitsbestands (in Klammern mit gerundeten Werten)

$$SB = s_{opt} - E(Y) = 5318,42 \text{ Stück} - 4000 \text{ Stück} = 1318,42 \text{ Stück} \quad (1318 \text{ Stück}).$$

In diesem Beispiel ist die Abweichung zwischen den optimalen Werten für die Bestellmenge und den Bestellbestand gegenüber der Anfangslösung sehr klein. Im Fall der Bestellmenge beträgt sie 1,94 % und bei dem Bestellbestand ist der Anfangswert bereits optimal. Die simultane Berechnung von Bestellmenge und Bestellbestand führt nur zu geringfügig besseren Resultaten. Auf der Kostenseite ist der Unterschied zwischen 223590,93 € bei der Anfangslösung und 223590,49 € im Optimum ebenfalls verschwindend gering.

Allerdings existieren Datenkonstellationen, bei denen sich Bestellmenge und Bestellbestand stark beeinflussen. Aufgrund der Konvergenzanalyse von deren iterativer Berechnung (nach Algorithmus 1) liegt generell eine Unterschätzung der Bestellmenge vor. Daher ist zu erwarten, dass dieser Effekt bei zunehmendem Lagerhaltungskostensatz (h) (und auch bei geringen fixen Bestellkosten) zunehmend deutlicher auftritt. Wie ebenfalls bei der Konvergenzanalyse begründet worden ist, führt ein zu geringer relativer Anteil der Länge der Wiederbeschaffungszeit, in der allein eine lagerbedingte Lieferzeit auftreten kann, an der Gesamtlänge eines Bestellzyklus, zu einer Überschätzung des Bestellbestands. Diese Situation tritt bei einer zunehmenden Lieferzeit zunehmend deutlicher auf. Es sei angemerkt, dass bei dem Fehlmengenkostensatz (p) eine starke Beeinflussung zu erwarten ist, sofern dieser abnimmt. Dann nimmt nämlich $1 - \frac{h \cdot q[i]}{p \cdot E(D)}$ ab und wegen der Monotonie der Verteilungsfunktionen nimmt s zu (die Argumente im Beweis zum Korollar über die Monotonie von $\left(s_{opt}^i\right)_{i=1}^{\infty}$ und $\left(q_{opt}^i\right)_{i=1}^{\infty}$ (im Abschnitt zu stochastischen Lagerhaltungspolitiken im Internet) sind zum Teil auch hier anwendbar und detaillieren diese Begründung). Die variablen Produktions- und Bestellkosten (c) beeinflussen die Berechnung der Bestellmenge (nach Formel 62) und des Bestellbestands (nach Formel 61) nicht, weswegen dieser Parameter diesen Effekt nicht hervorruft. Der Parameter c beeinflusst die Kostenfunktion (nach Formel 58) durch einen von der Berechnung der Bestellmenge (q) und dem Bestellbestand (s) unabhängigen Term.

6.4 Eine optimale (s,S)-Politik zur Lösung eines Mehrperiodenmodells

Deswegen liegt eine zunehmende (und schließlich signifikante) Kostenreduktion durch die Anwendung des Verfahrens bei zunehmender Verringerung des Kostensatzes vor.

Das folgende Beispiel demonstriert eine signifikante gegenseitige Beeinflussung von Bestellmenge und Bestellbestand durch Variation der Lieferzeit und dem Lagerhaltungskostensatz. Eine Variation der anderen Parameter (p und K sowie c) würde zeigen, dass dieser Effekt bei deren Abnahme auftritt. Da die Kostensätze verbessert und nicht verschlechtert werden sollten, wird auf deren Darstellung verzichtet.

Beispiel 14 (Hersteller von Spezialtischen)

Ein Hersteller von Spezialtischen verkauft täglich im Mittel 200 Tische mit einer Streuung von 50 Tischen. Der fixe Kostensatz (K) für eine Bestellung beträgt 75 €, bei Fehlmengen lautet der Kostensatz (p) 40 € und die variablen Bestellkosten (c) betragen 1 €. Eine Variation der Lieferzeit (l) (zwischen 1 und 5 Tagen) und von dem Lagerkostensatz (h) (zwischen 1 € und 20 €) ist in Tabelle 8 angegeben. Die Ergebnisse bestätigen: Desto kleiner die Lieferzeit bzw. der Lagerkostensatz ist, umso eher kann auf eine simultane Berechnung von Bestellmenge und Bestellbestand verzichtet werden.

Parameter		Bestellmenge und -bestände					
l [Tage]	h [€]	q[1] [Stück]	q_{opt} [Stück]	Differenz [%]	s[1] [Stück]	s_{opt} [Stück]	Differenz [%]
1	1	173,21	193,03	10,27	301,04	298,76	0,76
	5	77,46	102,22	24,22	283,02	276,15	2,43
	10	54,77	83,64	34,52	274,37	262,80	4,22
	20	38,73	74,85	48,26	264,99	244,43	7,76
5	1	173,21	221,24	21,71	1225,93	1214,26	0,95
	5	77,46	145,16	46,64	1185,64	1149,4	3,06
	10	54,77	141,96	62,42	1166,29	1103,43	5,39
	20	38,73	174,6	77,82	1145,33	1017,87	11,13

Tabelle 8: Abweichungen zwischen Anfangslösung (mit [1] gekennzeichnet) und optimaler Lösung

Parameter		Kosten		
l [Tage]	h [€]	C[1] [€]	Optimum	Differenz [%]
1	1	492,79	491,78	0,2
	5	1106,34	1091,84	1,31
	10	1711,67	1664,45	2,76
	20	2744,81	2585,51	5,8
5	1	640,6	635,5	0,8
	5	1747,91	1672,81	4,3
	10	2903,18	2653,95	8,6
	20	4932,91	4049,64	17,91

Fortsetzung von Tabelle 8: Abweichungen zwischen Anfangslösung (mit [1] gekennzeichnet) und optimaler Lösung; die Bezugsgröße für die Differenz ist stets der größere Wert

6.5 Anhang

Die folgende Tabelle enthält die Werte der Verteilungsfunktion $\Phi_{N(0,1)}(x)$ einer $N(0,1)$-verteilten Zufallsvariable.

	–0,09	–0,08	–0,07	+0,06	–0,05	–0,04	–0,03	–0,02	–0,01	0,00
–3.9	0,0000	0,0000	0,0000	0,0000	0,0000	0,0000	0,0000	0,0000	0,0000	0,0000
–3.8	0,0001	0,0001	0,0001	0,0001	0,0001	0,0001	0,0001	0,0001	0,0001	0,0001
–3.7	0,0001	0,0001	0,0001	0,0001	0,0001	0,0001	0,0001	0,0001	0,0001	0,0001
–3.6	0,0001	0,0001	0,0001	0,0001	0,0001	0,0001	0,0001	0,0001	0,0002	0,0002
–3.5	0,0002	0,0002	0,0002	0,0002	0,0002	0,0002	0,0002	0,0002	0,0002	0,0002
–3.4	0,0002	0,0003	0,0003	0,0003	0,0003	0,0003	0,0003	0,0003	0,0003	0,0003
–3.3	0,0003	0,0004	0,0004	0,0004	0,0004	0,0004	0,0004	0,0005	0,0005	0,0005
–3.2	0,0005	0,0005	0,0005	0,0006	0,0006	0,0006	0,0006	0,0006	0,0007	0,0007
–3.1	0,0007	0,0007	0,0008	0,0008	0,0008	0,0008	0,0009	0,0009	0,0009	0,0010
–3.0	0,0010	0,0010	0,0011	0,0011	0,0011	0,0012	0,0012	0,0013	0,0013	0,0013
–2.9	0,0014	0,0014	0,0015	0,0015	0,0016	0,0016	0,0017	0,0018	0,0018	0,0019
–2.8	0,0019	0,0020	0,0021	0,0021	0,0022	0,0023	0,0023	0,0024	0,0025	0,0026
–2.7	0,0026	0,0027	0,0028	0,0029	0,0030	0,0031	0,0032	0,0033	0,0034	0,0035
–2.6	0,0036	0,0037	0,0038	0,0039	0,0040	0,0041	0,0043	0,0044	0,0045	0,0047
–2.5	0,0048	0,0049	0,0051	0,0052	0,0054	0,0055	0,0057	0,0059	0,0060	0,0062
–2.4	0,0064	0,0066	0,0068	0,0069	0,0071	0,0073	0,0075	0,0078	0,0080	0,0082
–2.3	0,0084	0,0087	0,0089	0,0091	0,0094	0,0096	0,0099	0,0102	0,0104	0,0107
–2.2	0,0110	0,0113	0,0116	0,0119	0,0122	0,0125	0,0129	0,0132	0,0136	0,0139
–2.1	0,0143	0,0146	0,0150	0,0154	0,0158	0,0162	0,0166	0,0170	0,0174	0,0179
–2.0	0,0183	0,0188	0,0192	0,0197	0,0202	0,0207	0,0212	0,0217	0,0222	0,0228

Tabelle 9: Werte der Verteilungsfunktion $\Phi_{N(0,1)}(x)$ *zu einer* $N(0,1)$*-verteilten Zufallsvariable*

	−0,09	−0,08	−0,07	+0,06	−0,05	−0,04	−0,03	−0,02	−0,01	0,00
−1.9	0,0233	0,0239	0,0244	0,0250	0,0256	0,0262	0,0268	0,0274	0,0281	0,0287
−1.8	0,0294	0,0301	0,0307	0,0314	0,0322	0,0329	0,0336	0,0344	0,0351	0,0359
−1.7	0,0367	0,0375	0,0384	0,0392	0,0401	0,0409	0,0418	0,0427	0,0436	0,0446
−1.6	0,0455	0,0465	0,0475	0,0485	0,0495	0,0505	0,0516	0,0526	0,0537	0,0548
−1.5	0,0559	0,0571	0,0582	0,0594	0,0606	0,0618	0,0630	0,0643	0,0655	0,0668
−1.4	0,0681	0,0694	0,0708	0,0721	0,0735	0,0749	0,0764	0,0778	0,0793	0,0808
−1.3	0,0823	0,0838	0,0853	0,0869	0,0885	0,0901	0,0918	0,0934	0,0951	0,0968
−1.2	0,0985	0,1003	0,1020	0,1038	0,1056	0,1075	0,1093	0,1112	0,1131	0,1151
−1.1	0,1170	0,1190	0,1210	0,1230	0,1251	0,1271	0,1292	0,1314	0,1335	0,1357
−1.0	0,1379	0,1401	0,1423	0,1446	0,1469	0,1492	0,1515	0,1539	0,1562	0,1587
−0.9	0,1611	0,1635	0,1660	0,1685	0,1711	0,1736	0,1762	0,1788	0,1814	0,1841
−0.8	0,1867	0,1894	0,1922	0,1949	0,1977	0,2005	0,2033	0,2061	0,2090	0,2119
−0.7	0,2148	0,2177	0,2206	0,2236	0,2266	0,2296	0,2327	0,2358	0,2389	0,2420
−0.6	0,2451	0,2483	0,2514	0,2546	0,2578	0,2611	0,2643	0,2676	0,2709	0,2743
−0.5	0,2776	0,2810	0,2843	0,2877	0,2912	0,2946	0,2981	0,3015	0,3050	0,3085
−0.4	0,3121	0,3156	0,3192	0,3228	0,3264	0,3300	0,3336	0,3372	0,3409	0,3446
−0.3	0,3483	0,3520	0,3557	0,3594	0,3632	0,3669	0,3707	0,3745	0,3783	0,3821
−0.2	0,3859	0,3897	0,3936	0,3974	0,4013	0,4052	0,4090	0,4129	0,4168	0,4207
−0.1	0,4247	0,4286	0,4325	0,4364	0,4404	0,4443	0,4483	0,4522	0,4562	0,4602
−0.0	0,4641	0,4681	0,4721	0,4761	0,4801	0,4840	0,4880	0,4920	0,4960	0,5000

Fortsetzung von Tabelle 9: Werte der Verteilungsfunktion $\Phi_{N(0,1)}(x)$ zu einer $N(0,1)$-verteilten Zufallsvariable

	+ 0,00	+ 0,01	+ 0,02	+ 0,03	+ 0,04	+ 0,05	+ 0,06	+ 0,07	+ 0,08	+ 0,09
0.0	0,5000	0,5040	0,5080	0,5120	0,5160	0,5199	0,5239	0,5279	0,5319	0,5359
0.1	0,5398	0,5438	0,5478	0,5517	0,5557	0,5596	0,5636	0,5675	0,5714	0,5753
0.2	0,5793	0,5832	0,5871	0,5910	0,5948	0,5987	0,6026	0,6064	0,6103	0,6141
0.3	0,6179	0,6217	0,6255	0,6293	0,6331	0,6368	0,6406	0,6443	0,6480	0,6517
0.4	0,6554	0,6591	0,6628	0,6664	0,6700	0,6736	0,6772	0,6808	0,6844	0,6879
0.5	0,6915	0,6950	0,6985	0,7019	0,7054	0,7088	0,7123	0,7157	0,7190	0,7224
0.6	0,7257	0,7291	0,7324	0,7357	0,7389	0,7422	0,7454	0,7486	0,7517	0,7549
0.7	0,7580	0,7611	0,7642	0,7673	0,7704	0,7734	0,7764	0,7794	0,7823	0,7852
0.8	0,7881	0,7910	0,7939	0,7967	0,7995	0,8023	0,8051	0,8078	0,8106	0,8133
0.9	0,8159	0,8186	0,8212	0,8238	0,8264	0,8289	0,8315	0,8340	0,8365	0,8389
1.0	0,8413	0,8438	0,8461	0,8485	0,8508	0,8531	0,8554	0,8577	0,8599	0,8621
1.1	0,8643	0,8665	0,8686	0,8708	0,8729	0,8749	0,8770	0,8790	0,8810	0,8830
1.2	0,8849	0,8869	0,8888	0,8907	0,8925	0,8944	0,8962	0,8980	0,8997	0,9015
1.3	0,9032	0,9049	0,9066	0,9082	0,9099	0,9115	0,9131	0,9147	0,9162	0,9177
1.4	0,9192	0,9207	0,9222	0,9236	0,9251	0,9265	0,9279	0,9292	0,9306	0,9319
1.5	0,9332	0,9345	0,9357	0,9370	0,9382	0,9394	0,9406	0,9418	0,9429	0,9441
1.6	0,9452	0,9463	0,9474	0,9484	0,9495	0,9505	0,9515	0,9525	0,9535	0,9545
1.7	0,9554	0,9564	0,9573	0,9582	0,9591	0,9599	0,9608	0,9616	0,9625	0,9633
1.8	0,9641	0,9649	0,9656	0,9664	0,9671	0,9678	0,9686	0,9693	0,9699	0,9706
1.9	0,9713	0,9719	0,9726	0,9732	0,9738	0,9744	0,9750	0,9756	0,9761	0,9767
2.0	0,9772	0,9778	0,9783	0,9788	0,9793	0,9798	0,9803	0,9808	0,9812	0,9817

Fortsetzung von Tabelle 9: Werte der Verteilungsfunktion $\Phi_{N(0,1)}(x)$ zu einer $N(0,1)$-verteilten Zufallsvariable

	+ 0,00	+ 0,01	+ 0,02	+ 0,03	+ 0,04	+ 0,05	+ 0,06	+ 0,07	+ 0,08	+ 0,09
2.1	0,9821	0,9826	0,9830	0,9834	0,9838	0,9842	0,9846	0,9850	0,9854	0,9857
2.2	0,9861	0,9864	0,9868	0,9871	0,9875	0,9878	0,9881	0,9884	0,9887	0,9890
2.3	0,9893	0,9896	0,9898	0,9901	0,9904	0,9906	0,9909	0,9911	0,9913	0,9916
2.4	0,9918	0,9920	0,9922	0,9925	0,9927	0,9929	0,9931	0,9932	0,9934	0,9936
2.5	0,9938	0,9940	0,9941	0,9943	0,9945	0,9946	0,9948	0,9949	0,9951	0,9952
2.6	0,9953	0,9955	0,9956	0,9957	0,9959	0,9960	0,9961	0,9962	0,9963	0,9964
2.7	0,9965	0,9966	0,9967	0,9968	0,9969	0,9970	0,9971	0,9972	0,9973	0,9974
2.8	0,9974	0,9975	0,9976	0,9977	0,9977	0,9978	0,9979	0,9979	0,9980	0,9981
2.9	0,9981	0,9982	0,9982	0,9983	0,9984	0,9984	0,9985	0,9985	0,9986	0,9986
3.0	0,9987	0,9987	0,9987	0,9988	0,9988	0,9989	0,9989	0,9989	0,9990	0,9990
3.1	0,9990	0,9991	0,9991	0,9991	0,9992	0,9992	0,9992	0,9992	0,9993	0,9993
3.2	0,9993	0,9993	0,9994	0,9994	0,9994	0,9994	0,9994	0,9995	0,9995	0,9995
3.3	0,9995	0,9995	0,9995	0,9996	0,9996	0,9996	0,9996	0,9996	0,9996	0,9997
3.4	0,9997	0,9997	0,9997	0,9997	0,9997	0,9997	0,9997	0,9997	0,9997	0,9998
3.5	0,9998	0,9998	0,9998	0,9998	0,9998	0,9998	0,9998	0,9998	0,9998	0,9998
3.6	0,9998	0,9998	0,9999	0,9999	0,9999	0,9999	0,9999	0,9999	0,9999	0,9999
3.7	0,9999	0,9999	0,9999	0,9999	0,9999	0,9999	0,9999	0,9999	0,9999	0,9999
3.8	0,9999	0,9999	0,9999	0,9999	0,9999	0,9999	0,9999	0,9999	0,9999	0,9999
3.9	1,0000	1,0000	1,0000	1,0000	1,0000	1,0000	1,0000	1,0000	1,0000	1,0000

Fortsetzung von Tabelle 9: Werte der Verteilungsfunktion $\Phi_{N(0,1)}(x)$ *zu einer* $N(0,1)$ *-verteilten Zufallsvariable*

6.5 Anhang

Die Werte der Verlustfunktion 1. Ordnung $\left(\Phi^1_{\mathcal{N}(0,1)}(x)\right)$ zu einer $\mathcal{N}(0,1)$-verteilten Zufallsvariable werden wie folgt bestimmt:

- für $x < -3{,}09$: $\Phi^1_{\mathcal{N}(0,1)}(x) \approx -x$,
- für $x > 3{,}09$: $\Phi^1_{\mathcal{N}(0,1)}(x) \approx 0$ und
- für $-3{,}09 \leq x \leq 3{,}09$ nach der Tabelle 10.

Hinweis: die Spaltenbezeichnung gibt die zweite Nachkommastelle an.

	0	1	2	3	4	5	6	7	8	9
−3.0	3.0004	3.0104	3.0204	3.0303	3.0403	3.0503	3.0603	3.0703	3.0803	3.0903
−2.9	2.9005	2.9105	2.9205	2.9305	2.9405	2.9505	2.9604	2.9704	2.9804	2.9904
−2.8	2.8008	2.8107	2.8207	2.8307	2.8407	2.8506	2.8606	2.8706	2.8806	2.8906
−2.7	2.7011	2.7110	2.7210	2.7310	2.7409	2.7509	2.7609	2.7708	2.7808	2.7908
−2.6	2.6015	2.6114	2.6214	2.6313	2.6413	2.6512	2.6612	2.6712	2.6811	2.6911
−2.5	2.5020	2.5119	2.5219	2.5318	2.5418	2.5517	2.5617	2.5716	2.5816	2.5915
−2.4	2.4027	2.4126	2.4226	2.4325	2.4424	2.4523	2.4623	2.4722	2.4821	2.4921
−2.3	2.3037	2.3136	2.3235	2.3334	2.3433	2.3532	2.3631	2.3730	2.3829	2.3928
−2.2	2.2049	2.2147	2.2246	2.2345	2.2444	2.2542	2.2641	2.2740	2.2839	2.2938
−2.1	2.1065	2.1163	2.1261	2.1360	2.1458	2.1556	2.1655	2.1753	2.1852	2.1950
−2.0	2.0085	2.0183	2.0280	2.0378	2.0476	2.0574	2.0672	2.0770	2.0868	2.0966
−1.9	1.9111	1.9208	1.9305	1.9402	1.9500	1.9597	1.9694	1.9792	1.9890	1.9987
−1.8	1.8143	1.8239	1.8336	1.8432	1.8529	1.8626	1.8723	1.8819	1.8916	1.9013
−1.7	1.7183	1.7278	1.7374	1.7470	1.7566	1.7662	1.7758	1.7854	1.7950	1.8046
−1.6	1.6232	1.6327	1.6422	1.6516	1.6611	1.6706	1.6801	1.6897	1.6992	1.7087
−1.5	1.5293	1.5386	1.5480	1.5574	1.5667	1.5761	1.5855	1.5949	1.6044	1.6138

Tabelle 10: Werte der Verlustfunktion 1. Ordnung $\left(\Phi^1_{\mathcal{N}(0,1)}\right)$ zu einer $\mathcal{N}(0,1)$-verteilten Zufallsvariable

	0	1	2	3	4	5	6	7	8	9
−1.4	1.4367	1.4459	1.4551	1.4643	1.4736	1.4828	1.4921	1.5014	1.5107	1.5200
−1.3	1.3455	1.3546	1.3636	1.3727	1.3818	1.3909	1.4000	1.4092	1.4183	1.4275
−1.2	1.2561	1.2650	1.2738	1.2827	1.2917	1.3006	1.3095	1.3185	1.3275	1.3365
−1.1	1.1686	1.1773	1.1859	1.1946	1.2034	1.2121	1.2209	1.2296	1.2384	1.2473
−1.0	1.0833	1.0917	1.1002	1.1087	1.1172	1.1257	1.1342	1.1428	1.1514	1.1600
−0.9	1.0004	1.0086	1.0168	1.0250	1.0333	1.0416	1.0499	1.0582	1.0665	1.0749
−0.8	0.9202	0.9281	0.9360	0.9440	0.9520	0.9600	0.9680	0.9761	0.9842	0.9923
−0.7	0.8429	0.8505	0.8581	0.8658	0.8734	0.8812	0.8889	0.8967	0.9045	0.9123
−0.6	0.7687	0.7759	0.7833	0.7906	0.7980	0.8054	0.8128	0.8203	0.8278	0.8353
−0.5	0.6978	0.7047	0.7117	0.7187	0.7257	0.7328	0.7399	0.7471	0.7542	0.7614
−0.4	0.6304	0.6370	0.6436	0.6503	0.6569	0.6637	0.6704	0.6772	0.6840	0.6909
−0.3	0.5668	0.5730	0.5792	0.5855	0.5918	0.5981	0.6045	0.6109	0.6174	0.6239
−0.2	0.5069	0.5127	0.5186	0.5244	0.5304	0.5363	0.5424	0.5484	0.5545	0.5606
−0.1	0.4509	0.4564	0.4618	0.4673	0.4728	0.4784	0.4840	0.4897	0.4954	0.5011
0.0	0.3989	0.3940	0.3890	0.3841	0.3793	0.3744	0.3697	0.3649	0.3602	0.3556
0.1	0.3509	0.3464	0.3418	0.3373	0.3328	0.3284	0.3240	0.3197	0.3154	0.3111
0.2	0.3069	0.3027	0.2986	0.2944	0.2904	0.2863	0.2824	0.2784	0.2745	0.2706
0.3	0.2668	0.2630	0.2592	0.2555	0.2518	0.2481	0.2445	0.2409	0.2374	0.2339
0.4	0.2304	0.2270	0.2236	0.2203	0.2169	0.2137	0.2104	0.2072	0.2040	0.2009
0.5	0.1978	0.1947	0.1917	0.1887	0.1857	0.1828	0.1799	0.1771	0.1742	0.1714

Fortsetzung von Tabelle 10: Werte der Verlustfunktion 1. Ordnung $\left(\Phi^1_{N(0,1)}\right)$ zu einer $N(0,1)$ –verteilten Zufallsvariable

6.5 Anhang

	0	1	2	3	4	5	6	7	8	9
0.6	0.1687	0.1659	0.1633	0.1606	0.1580	0.1554	0.1528	0.1503	0.1478	0.1453
0.7	0.1429	0.1405	0.1381	0.1358	0.1334	0.1312	0.1289	0.1267	0.1245	0.1223
0.8	0.1202	0.1181	0.1160	0.1140	0.1120	0.1100	0.1080	0.1061	0.1042	0.1023
0.9	0.1004	0.0986	0.0968	0.0950	0.0933	0.0916	0.0899	0.0882	0.0865	0.0849
1.0	0.0833	0.0817	0.0802	0.0787	0.0772	0.0757	0.0742	0.0728	0.0714	0.0700
1.1	0.0686	0.0673	0.0659	0.0646	0.0634	0.0621	0.0609	0.0596	0.0584	0.0573
1.2	0.0561	0.0550	0.0538	0.0527	0.0517	0.0506	0.0495	0.0485	0.0475	0.0465
1.3	0.0455	0.0446	0.0436	0.0427	0.0418	0.0409	0.0400	0.0392	0.0383	0.0375
1.4	0.0367	0.0359	0.0351	0.0343	0.0336	0.0328	0.0321	0.0314	0.0307	0.0300
1.5	0.0293	0.0286	0.0280	0.0274	0.0267	0.0261	0.0255	0.0249	0.0244	0.0238
1.6	0.0232	0.0227	0.0222	0.0216	0.0211	0.0206	0.0201	0.0197	0.0192	0.0187
1.7	0.0183	0.0178	0.0174	0.0170	0.0166	0.0162	0.0158	0.0154	0.0150	0.0146
1.8	0.0143	0.0139	0.0136	0.0132	0.0129	0.0126	0.0123	0.0119	0.0116	0.0113
1.9	0.0111	0.0108	0.0105	0.0102	0.0100	0.0097	0.0094	0.0092	0.0090	0.0087
2.0	0.0085	0.0083	0.0080	0.0078	0.0076	0.0074	0.0072	0.0070	0.0068	0.0066
2.1	0.0065	0.0063	0.0061	0.0060	0.0058	0.0056	0.0055	0.0053	0.0052	0.0050
2.2	0.0049	0.0047	0.0046	0.0045	0.0044	0.0042	0.0041	0.0040	0.0039	0.0038
2.3	0.0037	0.0036	0.0035	0.0034	0.0033	0.0032	0.0031	0.0030	0.0029	0.0028
2.4	0.0027	0.0026	0.0026	0.0025	0.0024	0.0023	0.0023	0.0022	0.0021	0.0021
2.5	0.0020	0.0019	0.0019	0.0018	0.0018	0.0017	0.0017	0.0016	0.0016	0.0015

Fortsetzung von Tabelle 10: Werte der Verlustfunktion 1. Ordnung $\left(\Phi^1_{N(0,1)}\right)$ zu einer $N(0,1)$-verteilten Zufallsvariable

	0	1	2	3	4	5	6	7	8	9
2.6	0.0015	0.0014	0.0014	0.0013	0.0013	0.0012	0.0012	0.0012	0.0011	0.0011
2.7	0.0011	0.0010	0.0010	0.0010	0.0009	0.0009	0.0009	0.0008	0.0008	0.0008
2.8	0.0008	0.0007	0.0007	0.0007	0.0007	0.0006	0.0006	0.0006	0.0006	0.0006
2.9	0.0005	0.0005	0.0005	0.0005	0.0005	0.0005	0.0004	0.0004	0.0004	0.0004
3.0	0.0004	0.0004	0.0004	0.0003	0.0003	0.0003	0.0003	0.0003	0.0003	0.0003

Fortsetzung von Tabelle 10: Werte der Verlustfunktion 1. Ordnung $\left(\Phi^1_{\mathcal{N}(0,1)}\right)$ zu einer $\mathcal{N}(0,1)$-verteilten Zufallsvariable

Abkürzungsverzeichnis

Abkürzungsverzeichnis zum Abschnitt 1

A	Koeffizientenmatrix eines Optimierungsproblems
b	Restriktionsvektor eines Optimierungsproblems
c	Zielfunktionsvektor eines Optimierungsproblems
C^m	Menge der auf $\mathbb{R}^n$ (bzw. einer Teilmenge von $\mathbb{R}^n$, je nach Anwendungsfall) definierten reellwertigen Funktionen, die überall stetige partielle Ableitungen bis zur m-ten Ordnung besitzen
f bzw. F	Zielfunktion eines Optimierungsproblems
g_i	Nebenbedingung bzw. Restriktion eines Optimierungsproblems
∇	Für eine differenzierbare Funktion f ist ∇f $(= \text{grad } f)$ der Gradient von f
i	Laufvariable für Entscheidungsvariablen
j	Laufvariable für Nebenbedingungen bzw. Restriktionen
M	Zulässiger Bereich eines Optimierungsproblems
m	(Sehr häufig) Anzahl an Nebenbedingungen bzw. Restriktionen
$\min_{x \in M} f(x)$	Minimum einer Funktion f über eine Teilmenge M des Definitionsbereichs von f
n	(Sehr häufig) Anzahl an Entscheidungsvariablen
O	Optimierungsproblem

x_i	Entscheidungsvariable eines Optimierungsproblems
x^*	Optimaler Punkt eines Optimierungsproblems oder zulässiger Punkt
$Z(x^*)$	Menge aller zulässigen Richtungen in einem zulässigen Punkt x^* eines Optimierungsproblems
$\mathcal{L}$	Lagrange-Funktion zu einem Optimierungsproblem

Abkürzungsverzeichnis zum Abschnitt 2

α	Glättungsparameter bei einer exponentiellen Glättung
β_0	konstantes Niveau
b_0	Achsenabschnitt bei konstantem Niveau und linearem Trend
$b_{0,t}$	Achsenabschnitt bei konstantem Niveau und linearem Trend bezogen auf den Zeitpunkt t
b_1	Steigung bei linearem Trend
$b_{1,t}$	Steigung bei linearem Trend bezogen auf den Zeitpunkt t
C	Prognosefehlerquadratsumme
C_w	gewichtete Prognosefehlerquadratsumme
C_α	gewichtete Prognosefehlerquadratsumme mit Gewichtungsfaktor α
$\text{Cov}(X,Y)$	Kovarianz zwischen zwei Zufallsvariablen X und Y
e_t	(Zufallsvariable für den) Prognosefehler für die Periode t
ε_t	(Zufallsvariable für die) irreguläre Komponente für die Periode t
$(e_t)_{t=1}^{\infty}$	stochastischer Prozess der Prognosefehler
$(\varepsilon_t)_{t=1}^{\infty}$ $(=\{\varepsilon\})$	stochastischer Prozess der Störvariablen
$f(t)$	Prognosemodell zum Bedarfsverlauf über die Zeit t
$\hat{f}(t)$	Schätzfunktion zum Bedarfsverlauf über die Zeit t
$\mu_{e,t,n}$ $(\mu_{e,t})$	Erwartungswert (Mittelwert) der Prognosefehler für die Periode t bezogen auf die letzten n Beobachtungswerte (bzw. ohne Angabe von n)
μ_ε	Erwartungswert (Mittelwertfunktion) des stochastischen Prozesses der Störvariablen
$\mu(X)$	Erwartungswert (Mittelwertfunktion) zu einer Zufallsvariablen X

$= E(X)$	
$\mu(X_t)$ $= E(X_t)$	Erwartungswert (Mittelwertfunktion) eines stochastischen Prozesses $(X_t)_{t=1}^{\infty}$
p_{t+j}	Prognosewert für die Periode $(t+j)$
$\sigma_{e,t,n}$ $(\sigma_{e,t})$	Standardabweichung der Prognosefehler für die Periode t bezogen auf die letzten n Beobachtungswerte (bzw. ohne Angabe von n)
σ_e	Streuungsfunktion des stochastischen Prozesses der Prognosefehler
σ_ε	Streuungsfunktion des stochastischen Prozesses der Störvariablen
$\sigma(X)$	Streuungsfunktion (Standardabweichung) zu einer Zufallsvariablen X
$\sigma(X_t)$	Streuungsfunktion eines stochastischen Prozesses $(X_t)_{t=1}^{\infty}$
t	Periode
$Var_{e,t,n}$ $(Var_{e,t})$	Varianz der Prognosefehler für die Periode t bezogen auf die letzten n Beobachtungswerte (bzw. ohne Angabe von n)
$Var(X)$	Varianzfunktion zu einer Zufallsvariablen X
$Var(X_t)$	Varianzfunktion eines stochastischen Prozesses $(X_t)_{t=1}^{\infty}$
w_k	Gewichtung der Abweichung des k-ten Beobachtungswerts vom k-ten Prognosewert
y_t	Beobachtungswert in der Periode t
Y_t	Zufallsvariable zu den Beobachtungswerten in der Periode t
$(Y_t)_{t=1}^{\infty}$ $(=\{Y\})$	Stochastischer Prozess zu Zeitfolgen (bzw. Bedarfsfolgen)
$y_t^{(1)}$	Prognosewert für die Periode $(t+1)$, also $y_t^{(1)} = p_{t+1}$, aufgrund der exponentiellen Glättung 1. Ordnung
$y_t^{(2)}$	Prognosewert für die Periode $(t+1)$ aufgrund der zweifachen Anwendung der exponentiellen Glättung 1. Ordnung

Abkürzungsverzeichnis zum Abschnitt 3

α	Stationencharakteristik
α_1	Stationenart und -anordnung

$\alpha_1 = \circ$	eine verfügbare Station
$\alpha_1 = IP$	identische parallele Stationen
$\alpha_1 = UP$	uniforme parallele Stationen
$\alpha_1 = HP$	heterogene parallele Stationen
$\alpha_1 = F$	Fließfertigung (flow shop problem)
$\alpha_1 = PF$	Permutations-Fließfertigung (permutation flow shop problem)
$\alpha_1 = J$	Werkstattfertigung (job shop problem)
$\alpha_1 = O$	Open-Shop-Problem
α_2	Auftragsanzahl
a_i	Auftragsfreigabe- oder Bereitstellungszeitpunkt bzw. -termin des i-ten Auftrags
A_i	i-ter Auftrag
$\left(A_{i_j}\right)_{j=1}^N$	Folge von Aufträgen
$\mathcal{A}$	Auftragsreihenfolge (bzw. Auftragsfolge)
β	Auftragscharakteristik
β_1	Auftragsanzahl
β_2	Arbeitsganganzahl bzw. Operationenanzahl
β_3	Bearbeitungszeiten
β_4	Bereitstellungszeiten
β_5	Unterbrechung
β_6	Endtermine

Abkürzungsverzeichnis

β_7	Reihenfolgebeziehungen
D_i	Durchlaufzeit vom i-ten Auftrag
f_i	(gewünschter) Endtermin des i-ten Auftrags
F_i	Fertigstellungstermin des i-ten Auftrags
γ	Zielsetzung
$G_{(\Re,L)}$	konjunktiver Graph zu einer zulässigen Lösung eines $[1|\, a_i, n_i\,|Z]$-Problems
$G_\Re$	disjunktiver Graph zu einem $[J|\,|\gamma]$-Problem
$G_\Re^R$	Auftragsfolgegraph zu einem $[J|\,|\gamma]$-Problem
k_i	Kostenfunktion
$k_{i,m}$	Kapazitätsbedarf von Auftrag A_i auf Station m je Periode
K_m	Periodenkapazität der Station m
$(j_k)_{k=1}^{O_i}$	Folge der Nummern der Stationen für die Operationen (Arbeitsgänge) von einem Auftrag A_i
$(M_{j_k})_{k=1}^{O_i}$	Bezeichnung (i.S.v. Namen der Stationen) zu einer Stationenfolge $(j_k)_{k=1}^{O_i}$ zu einem Auftrag A_i
n_i	Nachlaufzeit des Auftrags A_i
$n_{i,k,j}$	Nachlaufzeit für den Arbeitsgang $o_{i,k}$; also Operation $o_{i,k}$ benötigt nach seiner Bearbeitung auf der Station j noch mindestens $n_{i,k,j}$ Zeiteinheiten
$o_{i,k}$	Arbeitsgang für die Bearbeitung der k-ten Operation des i-ten Auftrags
O_i	Anzahl an Arbeitsgängen des Auftrags A_i
p_j	Produktionsgeschwindigkeit der Station j
$\mathcal{P}$	Belegungsplan eines Ressourcenbelegungsproblems

Prec	Precedence contraints (Reihenfolgebeziehungen)
Pmtn	Preemption (Unterbrechbarkeit)
π	Problem
$\mathfrak{R}$	Ressourcenbelegungsplanungsproblem oder Ressourcenbelegungsproblem
t_i	(Grund-)Bearbeitungszeit für Auftrag A_i
$t_{i,j}$	Bearbeitungszeit (oder -dauer) von Auftrag i auf Station j
$t_{i,k,j}$	Bearbeitungszeit der k-ten Operation des i-ten Auftrags auf der j-ten Station
t_S	Startzeitpunkt eines Arbeitsgangs bzw. einer Operation
t_E	Endzeitpunkt eines Arbeitsgangs bzw. einer Operation
T_i	Terminabweichung vom i-ten Auftrag
V_i	Verspätung vom i-ten Auftrag
w_i	Gewichtungsfaktor vom Fertigstellungszeitpunkt zum i-ten Auftrag bzw. Weg in einem Graphen
$x_{i,t}$	Binärvariable, die den Wert 1 annimmt, wenn der Auftrag A_i zum Zeitpunkt t (in einer Periode) beendet wird
X_{max}	Maximum von Werten (X_i)
X	Summe von Werten (X_i)
$\overline{X}$	Mittelwert von Werten (X_i)
Z	Zykluszeit (also gleich F_{max})
Z	Z ist eine Zuteilung; im Detail ist genauer $Z = (M_j, A_i, o_{i,k}, t_S, t_E)$ mit der Bedeutung: (geplante) Bearbeitung der k-ten Operation des i-ten Auftrags $(o_{i,k})$ auf der Station M_j vom Zeitpunkt t_S bis zum Zeitpunkt t_E
$\rightarrow$	„schwieriger als"

[a, ..., a']	Weg von einem Knoten a (Startknoten) bis zu einem Knoten a' (Endknoten) in einem Graphen bzw. eine Folge von Stationen, Aufträgen etc. (je nach Sinnzusammenhang)
<a, ..., a']	Liste von Elementen a bis a'

Abkürzungsverzeichnis zum Abschnitt 4

b_t	Kapazität einer Station in einer Periode t bei einem PCSLLSP
$b_{j,t}$	verfügbare Kapazität der Station j in Periode t bei einem CLSP
c_i	variable Kosten c_i einer Einheit von Produkt i
C	maximale Kosten
$C(q)$, $C(m)$	Gesamtkosten
C^I	Lagerkapazität
d	Bedarfsrate von einem Produkt
d_t	Bedarf von einem Produkt in der Periode t (beim Losgrößenmodell mit dynamischem Bedarf)
$d_{k,t}$	Bedarf des Produkts k in Periode t (beim Losgrößenmodell mit dynamischem Bedarf)
E	Pfeilmenge in einem Graphen zu einem SLULSP
h	Lagerkosten
h_k	Lagerkosten für ein Produkt k
f	Hilfsfunktion im Abschnitt „die Macht von zwei Politiken"
g	$g = \dfrac{h \cdot d}{2}$: Hilfsgröße im Abschnitt „die Macht von zwei Politiken"
G	Graph zu einem SLULSP
GE	Geldeinheit
I(t)	Lagerbestand zum Zeitpunkt t
I_0	Anfangslagerbestand; Lagerbestand am Ende von Periode 0
j	häufig eine Bezeichnung für eine Station
k_{opt}	das k bei einem optimalen 2^x-Zyklus (2^x-Losgrößenpolitik), also $\tau_{2^x} = \tau_B \cdot 2^{k_{opt}}$
$k(\mathcal{P})$	Knotenfolge zu einer Losgrößenpolitik $\mathcal{P}$
J	Anzahl an Stationen von einem CLSP $(j = 1, 2, ..., J)$

K	Anzahl an Produkten von einem CLSP $(k=1,2,...,K)$
K	fixer Rüst- bzw. Bestellkostensatz bei Modellen mit konstantem Bedarf
$K(w)$	Kosten des Wegs w in einem Graphen zu einem SLULSP
κ	Kostenveränderungsgrad
$L(\tau)$	Lagerhaltungskosten in Abhängigkeit von τ
m	Anzahl an Bestellungen bei einem Modell mit endlichem Horizont
m_{opt}	optimale Anzahl an Bestellungen bei einem Modell mit endlichem Horizont
M	große Zahl bei einem Losgrößenmodell mit dynamischem Bedarf (M muss größer als die maximale mögliche Losgröße sein)
M	Bewertung in einem Graphen zu einem SLULSP oder ICSLLSP
$m_{\tau,t}$	Bewertung eines Pfeils (τ,t) in einem Graphen zu einem SLULSP oder ICSLLSP
ME	Mengeneinheit
o	endliche Transport- und Einlagerungsgeschwindigkeit
PE	Periodeneinheit
p	endliche Produktionsgeschwindigkeit
η	Auslastungsgrad
$\mathcal{P}$	Losgrößenpolitik
$\mathcal{P}^{opt}$	optimale Losgrößenpolitik
$\mathcal{P}(w)$	Lospolitik zu einem Weg w in einem Graphen zu einem SLULSP
q	Losgröße bzw. Bestellmenge
q_i	i-te Los in einer Losgrößenpolitik
q_{opt}	wirtschaftliche Losgröße bzw. Bestellmenge (also optimales Los beim Losgrößenmodell mit konstanten Bedarf)
q_{opt}^{ganz}	optimale ganzzahlige Losgröße
$q_i(u)$	Los in Abhängigkeit von dem Lagrange-Multiplikator u
q_i^{L-opt}	optimales Los unter Berücksichtigung von Lagrange-Multiplikatoren
q_t	Los in Periode t (beim Losgrößenmodell mit dynamischem Bedarf)
q_t^{opt}	optimales Los in Periode t (beim Losgrößenmodell mit dynamischem Bedarf)
$q_{k,t}$	Los des Produkts k in Periode t bei einem CLSP
r	Rüstzeit (bei einem Losgrößenmodell mit konstanten Bedarf)
s	fixer Rüst- bzw. Bestellkostensatz bei Modellen mit deterministisch-dynamischen Bedarf
s_k	fixer Rüst- bzw. Bestellkostensatz für ein Produkt k bei einem CLSP
τ	Reichweite eines Loses beim Losgrößenmodell mit deterministisch-dynamischen Bedarf
τ	Zyklusdauer beim Losgrößenmodell mit konstanten Bedarf
τ_{opt}	optimale Zyklusdauer

τ_{opt}^{ganz}	optimale ganzzahlige Zyklusdauer
τ_i	Zeit zwischen der Auflage des i-ten und des (i+1)-ten Loses
τ_B	Grundplanungsperiode
τ_{2^x}	optimaler 2^x-Zyklus (2^x-Losgrößenpolitik); $\tau_{2^x} = \tau_B \cdot 2^k$ bzw. $\tau_{2^x} = \tau_B \cdot 2^{k_{opt}}$
tb	Bearbeitungszeit für eine Einheit eines Produkts auf einer Station bei einem PCSLLSP
$tb_{k,j}$	Bearbeitungszeit für eine Einheit von Produkt k auf Station j bei einem CLSP
$tr_{k,j}$	Rüstzeit für Produkt k an Station j bei einem CLSP
T	Planungshorizont; je nach Zusammenhang als Intervallgrenze oder als Anzahl an Planungsperioden
y_0	Anfangslagerbestand (beim Losgrößenmodell mit dynamischen Bedarf)
y_t	Lagerbestand am Ende der Periode t
y_T	Lagerendbestand (beim Losgrößenmodell mit dynamischen Bedarf)
$y_{k,t}$	Lagerbestand für Produkt k am Ende der Periode t ($y_{k,0}$ ist der Anfangslagerbestand zu Beginn der ersten Periode)
γ_t	binäre Rüstungsvariable in Periode t
$\gamma_{k,t}$	binäre Rüstungsvariable für Produkt k in Periode t
u	Lagrange-Multiplikator
V	Knotenmenge in einem Graphen zu einem SLULSP
Z	Zielfunktion
ZE	Zeiteinheit

Es sei angemerkt, dass die gleichen Bezeichnungen wie in Standardwerken verwendet werden. Dadurch wird der fixe Rüst- bzw. Bestellkostensatz bei Modellen mit konstantem Bedarf (statische Modelle) durch K und bei Modellen mit deterministisch-dynamischen Bedarf durch s bezeichnet.

Abkürzungsverzeichnis zum Abschnitt 5

$a_{k,j}$	Direktbedarfskoeffizient zwischen den Erzeugnissen k und j; d.h. Anzahl an Mengeneinheiten des Erzeugnisses k, die zur Produktion einer Mengeneinheit des Erzeugnisses j benötigt werden
$b_{j,t}$	verfügbare Kapazität der Ressource j in Periode t
$Brutto_{k,t}$	Bruttobedarf für Produkt k in Periode t
$d_{k,t}$	Primärbedarf für Produkt k in Periode t
$Dispon_{k,t}$	disponibler Lagerbestand für Produkt k in Periode t

Abkürzungsverzeichnis

E	Pfeilmenge
$\gamma_{k,t}$	binäre Rüstvariable für Arbeitsgang bzw. Produkt k in Periode t
G	Graph
h_k	Lagerkostensatz für Produkt k
J	Anzahl an Ressourcen $(j = 1, 2, ..., J)$
$\mathcal{K}_j$	Indexmenge der Arbeitsgänge, die durch die Ressource j vollzogen werden
K	Anzahl an Produkte $(k = 1, 2, ..., K)$
LA_k	Anfangslagerbestand für Produkt k
$L_{k,t}$	Lagerbestand für Produkt k am Ende von Periode t bzw. zu Beginn der (Folge-) Periode $(t+1)$
$LZ_{k,t}$	geplanter Lagerzugang für Produkt k in Periode t
$Netto_{k,t}$	Nettobedarf für Produkt k in Periode t
$\mathcal{N}_k$	Indexmenge der dem Erzeugnis k direkt übergeordneten Erzeugnisse (Nachfolger des Erzeugnisses k)
$p_{k,t}$	variable Produktionskosten für Produkt k in Periode t
$PAuf_{k,t}$	Produktionsauftrag für Produkt k in Periode t
$q_{k,t}$	Produktionsauftrag für Produkt k in Periode t
r_j	Gesamtbedarf des übergeordneten Erzeugnisses j
$r_{j,t}$	Gesamtbedarf des übergeordneten Erzeugnisses j in Periode t
s_k	Rüstkosten für Produkt k
tb_k	Stückbearbeitungszeit für Arbeitsgang k
tr_k	Rüstzeit für Arbeitsgang k
t	Periode
t_A	Anfangsperiode
t_B	Endperiode
T	Länge des Planungszeitraums in Perioden (t = 1, 2, ..., T)
u	Dispositionsstufe
y_k	Sekundärbedarf eines Erzeugnisses k (beim Verfahren zur programmorientierten Materialbedarfsrechnung)
$y_{k,t}$	Sekundärbedarf eines Erzeugnisses k in der Periode t (beim Verfahren zur programmorientierten Materialbedarfsrechnung)
$y_{k,t}$	Lagerbestand für Produkt k am Ende der Periode t (beim allgemeinen mehrstufigen Mehrproduktmodell)
V	Knotenmenge
ω	Pfeilbewertung
z_k	Vorlaufzeit eines Produktionsauftrags für Produkt k
$ZB_{k,t}$	zusätzlicher Bedarf für Produkt k in Periode t

Es sei angemerkt, dass die gleichen Bezeichnungen wie in Standardwerken verwendet werden. Dadurch hat $y_{k,t}$ eine kontextabhängige Bedeutung.

Abkürzungsverzeichnis zum Abschnitt 6

Bestell_t	ausstehende Bestellmenge zum Zeitpunkt t
BK	Bestellkosten pro Zeiteinheit
c	variable Produktions- oder Einkaufskosten pro Mengeneinheit
$C(s,q)$	Kostenfunktion zu einer (s,q)-Lagerhaltungspolitik
$C(s,S)$	Kostenfunktion zu einer (s,S)-Lagerhaltungspolitik
$C_E^u(x)$	Erwartungswert der Gesamtkosten, in Abhängigkeit von einem Anfangslagerbestand x, bei einer Bestellung von u
$C_E^*(x)$	Erwartungswert der minimalen Gesamtkosten, in Abhängigkeit von einem Anfangslagerbestand x
$C_i^*(x_i)$	erwartete minimale Gesamtkosten in der Periode i
$C^*(x)$	erwartete minimale Gesamtkosten bei einem unendlich-periodischen Modell
C^+	erwartete Gesamtkosten für den Fall, dass die Menge $u > 0$ bestellt wird
C^-	erwartete Gesamtkosten für den Fall, dass nichts bestellt wird
δ	Kroneckersymbol
d	konkreter Wert für die Nachfragemenge in einer Periode, bei einer kontinuierlichen Verteilung
D	Zufallsvariable für die Nachfragemenge in einer Periode
d_i	konkreter Wert für die Nachfragemenge in der Periode i, bei einer diskreten Verteilung
d_{min}	minimaler Wert für die Nachfragemenge in einer Periode, bei einer diskreten Verteilung
d_{max}	maximaler Wert für die Nachfragemenge in einer Periode, bei einer diskreten Verteilung
D_i	Zufallsvariable für die Nachfragemenge in der Periode i
$E(X)$	Erwartungswert für eine beliebige Zufallsvariable X, wie beispielsweise D zur Beschreibung der Periodennachfragemengen oder Y zur Beschreibung der Nachfragemengen in der Wiederbeschaffungszeit
$FK_E(y)$	erwartete Fehlmengenkosten (mit Lagerbestand y)
FK	Fehlmengenkosten pro Zeiteinheit
F	neu auftretende Fehlmenge in einem Bestellzyklus, Zufallsvariable für die gesamte in einem Bestellzyklus neu auftretende Fehlmenge
F_Y	Zufallsvariable für die in der Wiederbeschaffungszeit neu auftretende Fehlmenge
F_t	Rückstände aufgrund von Lieferunfähigkeit, also Fehlmenge, zum Zeit-

	punkt t
$F(s)$	in einem Bestellzyklus in Abhängigkeit von s auftretende Fehlmenge
GE	Geldeinheit
φ_X	Dichtefunktion für eine Zufallsvariable X, wie beispielsweise D zur Beschreibung der Periodennachfragemengen oder Y zur Beschreibung der Nachfragemengen in der Wiederbeschaffungszeit
Φ_X, Φ	Verteilungsfunktion für eine beliebige Zufallsvariable X, wie beispielsweise D zur Beschreibung der Periodennachfragemengen oder Y zur Beschreibung der Nachfragemengen in der Wiederbeschaffungszeit; auf die Angabe der Zufallsvariable wird verzichtet, sofern sie aus dem Zusammenhang klar ist
$\varphi_{N(\mu,\sigma^2)}$	Dichtefunktion für eine beliebige $N(\mu,\sigma^2)$-verteilte Zufallsvariable
$\Phi_{N(\mu,\sigma^2)}$	Verteilungsfunktion für eine beliebige $N(\mu,\sigma^2)$-verteilte Zufallsvariable
$\Phi^1_{N(\mu,\sigma^2)}$	Verlustfunktion 1. Ordnung zu einer beliebigen $N(\mu,\sigma^2)$-verteilten Zufallsvariable
$G(y)$	Hilfsfunktion zur Berechnung von $C_E^*(x)$
h	Lagerkostensatz
I_t^D	disponibler Lagerbestand zum Zeitpunkt t
I_t^P	physischer Lagerbestand zum Zeitpunkt t
I_t^N	Netto-Lagerbestand zum Zeitpunkt t
I^P	physischer Lagerbestand
I^N	Netto-Lagerbestand
I_{V-Lz-B}^P	physischer Lagerbestand kurz vor Eintreffen einer (konkreten) Wiederbeschaffungsbestellung
I_{V-Lz-B}^N	(Netto-)Lagerbestand kurz vor Eintreffen einer (konkreten) Wiederbeschaffungsbestellung
$I_{Anf}^f(s)$	Fehlbestand am Anfang eines Bestellzyklus, in Abhängigkeit von s
$I_{End}^f(s)$	Fehlbestand am Ende eines Bestellzyklus, in Abhängigkeit von s
κ	Lagrangefaktor
K	fixer Kostensatz (Rüstkosten) je Bestellung
l	konkreter Wert für die Wiederbeschaffungszeit eines Produkts
l_{min}	minimaler Wert für die Wiederbeschaffungszeit eines Produkts, bei einer diskreten Verteilung
l_{max}	maximaler Wert für die Wiederbeschaffungszeit eines Produkts, bei einer diskreten Verteilung
L	Wiederbeschaffungszeit eines Produkts, Zufallsvariable für die Wiederbeschaffungszeit eines Produkts
$LK_E(y)$	erwartete Lagerungskosten (mit Lagerbestand y)
$L_E(y)$	erwartete Fehlmengen- und Lagerungskosten für eine Periode (auch beim

	Mehrperiodenmodell) (mit Lagerbestand y)
LK	Lagerhaltungskosten
ME	Mengeneinheit
PE	Periode
p	Fehlmengenkosten bei unbefriedigter Nachfrage
q	konstante Bestellmenge
q_{opt}	optimale (konstante) Bestellmenge
$s\;(s_{opt})$	optimaler Bestellpunkt (Meldebestand)
$S\;(S_{opt})$	optimales Bestellniveau oder optimale Bestellgrenze
$(s_i)_{i=1}^{\infty}$	Folge von Bestellpunkten
s^*	Häufungspunkt zu einer Folge von Bestellpunkten $(s_i)_{i=1}^{\infty}$
$(S_i)_{i=1}^{\infty}$	Folge von Bestellniveaus
S^*	Häufungspunkt zu einer Folge von Bestellniveaus $(S_i)_{i=1}^{\infty}$
u	bestellte (oder produzierte) Menge zu Beginn einer Periode
u_i	bestellte (oder produzierte) Menge zu Beginn der i-ten Periode
u	Differenz (Defizit) zwischen Bestellbestand und dem (tatsächlichen) Lagerbestand zu Beginn einer Wiederbeschaffungszeit
U	Zufallsvariable für die Differenz (Defizit) zwischen Bestellbestand und dem (tatsächlichen) Lagerbestand zu Beginn einer Wiederbeschaffungszeit
$VAR(X))$	Varianz für eine beliebige Zufallsvariable X, wie beispielsweise D zur Beschreibung der Periodennachfragemengen oder Y zur Beschreibung der Nachfragemengen in der Wiederbeschaffungszeit
$W(x,\cdot)$	Hilfsfunktion zur Berechnung von $C_E^*(x)$
WBZ	Wiederbeschaffungszeit
x	Anfangslagerbestand
x_{i+1}	Lagerbestand am Ende der i-ten Periode bzw. zu Beginn der (Folge-) Periode $(i+1)$
X_{i+1}	Zufallsvariable für den Lagerbestand am Ende der i-ten Periode bzw. zu Beginn der (Folge-) Periode $(i+1)$
y	Lagerbestand unmittelbar nach Lieferung der bestellten Menge
y_i	tatsächlicher Lagerbestand unmittelbar nach Eingang der Bestellung in der i-ten Periode
y	konkreter Wert der Zufallsvariable für die Wahrscheinlichkeitsverteilung der Nachfragemenge in der Wiederbeschaffungszeit
Y	Zufallsvariable für die Wahrscheinlichkeitsverteilung der Nachfragemenge in der Wiederbeschaffungszeit
y_{min}	minimaler Wert für die Nachfragemenge in einem Wiederbeschaffungszeitintervall, bei einer diskreten Verteilung
y_{max}	maximaler Wert für die Nachfragemenge in einem Wiederbeschaffungszeitintervall, bei einer diskreten Verteilung

y^*	Gesamtnachfrage als Summe aus dem Defizit (u) zu Beginn der Wiederbeschaffungszeit und der Nachfrage in der Wiederbeschaffungszeit (y), also $y^* = y + u$
Y^*	Zufallsvariable für die Wahrscheinlichkeitsverteilung der Gesamtnachfrage also der Nachfragemenge in der Wiederbeschaffungszeit (Y) plus der Differenz (Defizit) zwischen dem Bestellbestand und dem (tatsächlichen) Lagerbestand zu Beginn der Wiederbeschaffungszeit (U), also $Y^* = Y + U$
y^*_{max}	größte auftretende Gesamtnachfragemenge (existiert sie nicht, so ist $y^*_{max} = \infty$)
$Y^{(l)}$	Summe der Nachfragemengen aus l aufeinanderfolgenden Perioden
$y^{(l)}$	konkreter Wert für die Summe der Nachfragemengen aus l aufeinanderfolgenden Perioden
$z^*(x)$	optimale Bestellpolitik (bzw. Bestellregel), in Abhängigkeit von einem Anfangslagerbestand x

Literatur

[AdBZ88] *Adams, J.; Balas, E.; Zawack, D.*: The shifting bottleneck procedure for job shop scheduling. In: Management Science 34 (1988), S. 391–401.

[Afen82] *Afentakis, P.*: Issues in Material Requirements Planning Systems. Ph. D. thesis, Graduate School of Management. University of Rochester, 1982.

[Afen87] *Afentakis, P.*: A parallel heuristic algorithm for lot-sizing in multistage production systems. In: IIE Transactions 19 (1987), S. 34–42.

[AFGK84] *Afentakis, P.; Gavish, B.; Karmarkar, U. S.*: Computational efficient optimal solutions to the lot-sizing problem in multistage assembly systems. In: Management Science 30 (1984), S. 222–239.

[AgPa90] *Aggarwal, A.; Park, J. K.*: Improved Algorithms for Economic Lot-Size Problems. Working Paper, Laboratory for Computer Science, MIT, Cambridge, MA, USA, 1990.

[AqSm80] *Aquilano, N.; Smith, D.*: A formal set of algorithms for project scheduling with critical path Scheduling/Material requirements planning. In: Journal of Operations Management 1(2) (1980), S. 57–67.

[ArHM51] *Arrow, K.; Harris, T.; Marschak, J.*: Optimal Inventory Policy. Econometrica, 19 (1951), S. 250–272.

[ArKS60] *Arrow, K.; Karlin, S.; Suppes; P.* (Hrsg.): Mathematical Methods in Social Sciences. Standford University Press, Stanford, USA, 1960.

[ArMu71] *Arthanari, T. S.; Mukhopadhyay, A. C.*: A note on a paper by W. Szwarc. In: Naval Research Logistics Quarterly, Vol. 18 (1971), S. 135–138.

[Assf76] *Assfalg, H.*: Lagerhaltungsmodelle für mehrere Produkte. Hain Verlag, 1976.

[BDMS78] *Baker, K. R.; Dixon, P.; Magazine, M. J.; Silver, E. A.*: An Algorithm for the Dynamic Lot-Size Problem with Time-Varying Production Capacity Constraints. In: Management Science 24 (1978), S. 1710–1720.

[Bake74] *Baker, K. R.*: Introduction to Sequencing und Scheduling, New York, 1974.

[Bala69] *Balas, E.*: Machine sequencing via disjunctive graphs: an implicit enumeration algorithm. In: Operations Research 17 (1969), S. 941–957.

[BaBe89]   Bartmann, D., Beckmann M.: Lagerhaltung, Modelle und Methoden. Springer Verlag, Berlin, 1989.

[Bast90]   Bastian, M.: Lot trees: a unifying view and efficient implementation of forward procedures for the dynamic lot-size problem. In: Computer & Operations Research 17 (1990), S. 255–263.

[Beie93]   Beier, H.: Rationalisierungspotenziale in der Fertigung. In: Perspektiven in der Fertigung – Tagesseminar der IHK Karlsruhe, Oktober 1993.

[Bell57]   Bellmann, R.: Dynamic Programming. Princeton University Press, Princeton, N.J, USA, 1957.

[BeEN82]   Bellmann, R.; Esogbue, A. O.; Nabeshima, I.: Mathematical Aspects of Scheduling & Applications. Pergamon Press, New York, USA, 1982.

[BeGG55]   Bellmann, R.; Glicksberg, I.; Gross, O.: On theptimal Inventory Equation. Management Science 2 (1955), S. 83–104.

[Biet78]   Biethahn, J.: Optimierung und Simulation. Gabler-Verlag, Wiesbaden, 1978.

[BlMi82]   Blackburn, J.; Millen, R.: Improved heuristics for multi-stage requirements planning systems. In: Management Science 28 (1982), S. 44–56.

[Bol80]   Bol, G.: Lineare Optimierung. Athenäum Taschenbücher, Athenäum, 1980.

[BrSe81]   Bronstein, I. N.; Semendjajew, K. A.: Taschenbuch der Mathematik. Teubner Verlagsgesellschaft, Leipzig, 1981 (20. Auflage).

[Bruc81a]   Brucker, P.: Scheduling. Akademische Verlaggesellschaft, Wiesbaden 1981.

[Bruc81b]   Brucker, P.: Minimizing maximum lateness in a two-machine unit-time job shop. In: Computing 27 (1981), S. 367–370.

[Bruc03]   Brucker, P.: Scheduling Algorithms. Springer Verlag. Osnabrück 2003.

[Brun70]   Brunnberg, J.: Optimale Lagerhaltung bei ungenauen Daten, 1970.

[BrCS74]   Bruno, J.; Coffmann Jr., E. G.; Sethi, R.: Scheduling independent tasks to reduce mean finishing time. In: Comunications of the ACM, 17 (1974). S. 382–387.

[Carl82]   Carlier, J.: The one-machine sequencing problem. In Journal of Operations Research 11 (1982), S. 42–47.

[ChZh94]   Chen, F.; Zheng, Y. S.: Lower Bounds for Multi-Echelon Stochastic Inventory Systems. In: Management Science 40 (1994), S. 1426–1443.

[ClSc60]   Clark, A. J.; Scarf, H. E.: Optimal Policies for a Multi-Echelon Inventory Problem. In: Management Science 6 (1960), S. 475–490.

[CoMM67]   Conway, R. W.; Maxwell, W. L.; Miller, L. W.: Theory of scheduling. Addison-Wesley, 1967.

[CoWe71]   Collatz, L.; Wetterling, W.: Optimierungsaufgaben. Springer Verlag, Berlin, 1971.

[Cox65]   Cox, D.: Erneuerungstheorie. Oldenbourg Verlag, München 1965.

[Ders95]   Derstroff, M.: Mehrstufige Losgrößenplanung mit Kapazitätsbeschränkungen. Physica, Heidelberg, 1995.

[DoSV93]   Domscke, W.; Scholl, A.; Voss, S.: Produktionsplanung – Ablauforganisatorische Aspekte. Springer Verlag, Darmstadt, 1993.

[DoDr06]   Domschke, W.; Drexl, A.: Einführung in Operations Research Springer Verlag, Berlin, 2006

[DrKi97]   Drexl, A.; Kimms, A.: Lot sizing and scheduling – survey and extensions. In European Journal of Operational research 99 (1997), S. 221–235.

[DuLe90]   Du, J.; Leung, J. Y.-T.: Minimizing total tardiness on one machine is NP-hard. In: Mathematics of Operations Research 15 (1990), S. 483–495.

[EnLu83]   Endl, K.; Luh, W.: Analysis I – Eine integrierte Darstellung. Akademische Verlagsgesellschaft Wiesbaden, Gießen, 1983.

[EnLu81]   Endl, K.; Luh, W.: Analysis II – Eine integrierte Darstellung. Akademische Verlagsgesellschaft, Gießen, 1981 (5. Auflage).

[EpSc81]   Eppen, G.; Schrage, L.: Centralized Ordering Policies in a Multiwarehouse System with Lead Times and Random Demand. In: Schwarz, L.: Multi-Level Production/Inventory Control Systems: Theory and Practice. North-Holland Publishing Company, Amsterdam, 1981.

[Erle90]   Erlenkotter, D: Ford Whitman Harris and the Economic Order Quantity Model. In: Operations Research 38 (1990), S. 937–946.

[FeTz91]   Federgruen, A.; Tzur, M.: A Simple Forward Algorithm to Solve General Dynamic Lot Sizing Models with n periods in $O(n\log n)$ or $O(n)$ time. In: Management Science 37 (1991), S. 909–925.

[FeZi84a]   Federgruen, A; Zipkin, P.: Approximation of Dynamic, Multi-Location Production and Inventory Problems. In: Management Science 30 (1984), S. 69–84.

[FeZi84b]   Federgruen, A; Zipkin, P.: Computational Issues in the Infinite Horizon, Multi-Echelon Inventory Model. In: Operations Research 32 (1984), S. 818–836.

[FeZi84c]   Federgruen, A; Zipkin, P.: Allocation Policies and Cost Approximation for Multi-Location Inventory Systems. In: Naval Research Logistics Quarterly 31 (1984), S. 97–131.

[FlKl71] *Florian, M.; Klein, M.*: Deterministic Production Planning with Concave Costs and Capacity Constraints. In: Management Science 18 (1971), S. 12–20.

[Fren82] *French, S.*: Sequencing and scheduling: An introduction to the mathematics of the job-shop. Horwood, Chichester, 1982.

[Gal89] *Gal, T.*: Grundlagen des Operations Research. Band I, Springer Verlag, Berlin, 1989.

[GaJS76] *Garey, M. R.; Johnson, D. S.; Sethi, R.*: The complexity of flowshop and jobshop scheduling. In: Mathematics of Operations Research 1 (1976), S. 117–129.

[Geor95] *Georgi, G.*: Job Shop Scheduling in der Produktion. Physika-Verlag, Heidelberg, 1995.

[GLLR79] *Graham, R. L.; Lawler, E. L.; Lenstra, J. K.; Rinnooy Kan, A. H. G.*: Optimization and approximation in deterministic sequencing and scheduling. In: Annals of Discrete Mathematics 5 (1979), S. 287–326.

[Grav81] *Graves, S.*: Multi-stage lot-sizing: An iterative procedure. In: L. Schwarz (Hrsg.). Multi-Level Production/Inventory Controls Systems: Theory und Practice. New York, North Holland, 1981.

[Gron04] *Gronau, N.*: Enterprise Resource Planning und Supply Chain Management. Oldenbourg Verlag, Potsdam, 2004.

[Grün98] *Grünert, T.*: Multi-Level Sequence-Dependent Dynamic Lotsizing and Scheduling. Shaker-Verlag, Aachen, 1998.

[Gude03] *Gudehus, T.*: Logistik – Grundlagen, Verfahren und Strategien. Springer Verlag, Hamburg, 2003 (2. Auflage).

[Gute83] *Gutenberg, E.*: Grundlagen der Betriebswirtschaftslehre, Volume 1: Die Produktion. Springer Verlag, Berlin, 1983.

[HaWi63] *Hadley, G; Whitin, T. M.*: Analysis of Inventory Systems. Englewood Cliff, Prentice Hall, New Jersey, 1963.

[Häde02] *Häder, M.* (Hrsg.): Delphi-Befragungen. VS-Verlag für Sozialwissenschaften, Wiesbaden, 2002.

[Helb94] *Helber, S.*: Kapazitätsorientierte Losgrößenplanung in PPS-Systemen. M&P, Verlag für Wissenschaft und Forschung, Stuttgart, 1994.

[Hend84] *Henderson, B. D.*: Die Erfahrungskurve in der Unternehmensstrategie. Campus-Verlag, 2. Auflage, Frankfurt am Main, 1984.

[Hein87] *Heinrich, C. E.*: Mehrstufige Losgrößenplanung in hierarchisch strukturierten Produktionsplanungssystemen. Springer Verlag, Berlin, 1987.

[HeSc86]   *Heinrich, C. E.; Schneeweiß, C.*: Multi-stage lot-sizing for general production systems. In *Axsäter, C.; Schneeweiß, C.; Silver, E.* (Hrsg.): Multi-Stage Production Planning and Inventory Control, Berlin, 1986.

[Herr96]   *Herrmann, F.*: Modifizierte Verzweige- und Begrenze-Verfahren zur Belegungsplanung in der Produktion. Schriftenreihe des Lehrstuhls für Anlagensteuerungstechnik der Universität Dortmund, Band 4/96 (Dissertation), Shaker Verlag, Aachen, 1996.

[HiLi02]   *Hillier, F. S.; Lieberman, G. J.*: Operations Research. Oldenbourg Verlag, München Berlin, 1997.

[Hoch69]   *Hochstädter D.*: Stochastische Lagerhaltungsmodelle. Springer Verlag, Berlin, 1969.

[Hors79]   *Horst, R.*: Nichtlineare Optimierung. Carl Hanser Verlag, München Wien, 1979.

[HoSa76]   *Horowitz, E.; Sahni, S.*: Exact and Approximate Algorithms for Scheduling Nonidentical Processors. Journal of the ACM, Vol. 23 (1976), S. 317–327.

[Igle63a]   *Iglehart, D. L.*: Optimality of (s, S) Policies in the Infinite Horizon Dynamic Inventory Problem. In: Management Science 9 (1963), S. 259–267.

[Igle63b]   *Iglehart, D. L.*: Dynamic Programming and Stationary Analysis in Inventory Problems. In: *Scarf H.; Guilford, D.; Shelly, M.* (Hrsg.): Multi-Stage Inventory Models and Techniques, Stanford University Press, Stanford CA, USA, 1963, S. 1–31.

[IgKa62]   *Iglehart, D. L.; Karlin, S.*: Optimal Policy for Dynamic Inventory Process with Nonstationary Stochastic Demands. In: *Arror, K. J.; Karlin, S; Scarf, H.* (Hrsg.): Studies in Applied Probability and Management Science, Standford University Press, Stanford, USA, 1962, Kapitel 8.

[JaBi99]   *Jahnke, H.; Biskup, D.*: Planung und Steuerung der Produktion. Verlag Moderne Industrie, Bielefeld, 1999.

[John54]   *Johnson, S. M.*: Optimal Two- and Three-Stage Production Schedules with Setup Times included. In: Naval Research Logistics Quarterly Vol. 1 (1954), S. 61–68.

[Kapl68]   *Kaplan, R.S.*: A Dynamic Inventory Model with Stochastic Lead Time. T.R. no. 46, Department of Operations Research, College of Engineering, Cornell University, Ithaca N.Y. 14850, April 1968.

[KaSc58]   *Karlin, S.; Scarf, H.*: Inventory Models and Related Stochastic Processes. In: *Arror, K. J.; Karlin, S; Scarf, H.* (Hrsg.): Studies in the Mathematical Theory of Inventory and Production, Standford University Press, Stanford, USA, 1958, Kapitel 17.

[Karp72]   *Karp, R. M.*: Reducibility among combinatorial problems. In: *Miller, R. E.; Thatcher, J. W.* (Hrsg.): Complexity of computer computation, Plenum Press, New York 1972, S. 85–103.

[KlMi72]   *Klemm, H.; Mikut, M.*: Lagerhaltungsmodelle. Verlag Die Wirtschaft, Jena und Dresden, 1972.

[Kow77]   *Kowalsky, H.-J.*: Einführung in die Lineare Algebra. Walter de Gruynter, Berlin, 1977.

[KüHe04]   *Küpper, H.; Helber, S.*: Ablauforganisation in Produktion und Logistik. Schäffer und Poeschel, München und Hannover, 2004 (3. Auflage).

[Kurb05]   *Kurbel, K.*: Produktionsplanung und -steuerung im Enterprise Resource Planning und Supply Chain Management. Oldenbourg Verlag, Frankfurt/Oder, 2005.

[LvEV83]   *Lambrecht, M.; van der Eecken, J.; Vanderveken, H.*: A comparative study of lot sizing procedures for multi-stage assembly systems. In: OR Spektrum 5 (1983), S. 33–43.

[Lawl83]   *Lawler, E. L.*: Recent Results in the Theory of Machine Scheduling. In: *Bachem, A; Grötschel, M; Korte B.* (Hrsg.): Mathematical Programming – The State of the Art, Springer Verlag, Berlin, 1983, S. 202–234.

[LLRS93]   *Lawler, E. L.; Lenstra, J. K; Rinnooy Kan, A. H. G.; Shmoys, D. B.*: Sequencing and Scheduling – Algorithms and Complexity. In: *Graves, S. C.; Rinnooy Kan, A. H. G.; Zipkin, P. H.* (Editors): Logistics of Production and Inventory. Handbooks in Operations Research and Management Science, Vol. 4, North Holland Publishing Company, Amsterdam, 1993, S. 445–522.

[LeNa93]   *Lee, H. L.; Nahmias, S.*: Single Product, Single Location Models. In: *Graves, S. C.; Rinnooy Kan, A. H. G.; Zipkin, P. H.* (Hrsg): Logistics of Production and Inventory. Handbooks in Operations Research and Management Science, Vol. 4, North Holland Publishing Company, Amsterdam, 1993, S. 3–55.

[LRKB77]   *Lenstra, J. K.; Rinnooy Kan, A. H. G.; Brucker, P.*: Computational complexity of diskrete optimization problems. In: Annals of Discrete Mathematics 4 (1979), S. 121–140.

[LeRK79]   *Lenstra, J. K.; Rinnooy Kan, A. H. G.; Brucker, P.*: Complexity of machine scheduling problems. In: Annals of Discrete Mathematics 1 (1977), S. 343–362.

[LiLY04]   *Liu, L.; Liu, X.; Yao, D. D.*: Analysis and optimization of a multistage inventory-queue system. In: Management Science 50 (2004), S. 365–380.

[Maes87]   *Maes, J.*: Capacitated lotsizing techniques in manufacturing resource planning. Ph. D. thesis, Katholieke Universiteit Leuven, 1987.

[MaMW91]   *Maes, J.; McClain, J.; van Wassenhove, L.*: Mutilevel capacitated lotsizing complexity and LP-based heuristics. In: European Journal of Operational Research 53 (1991), S. 131–148.

[MavW91]   *Maes, J.; van Wassenhove, L.*: Capacitated dynamic lotsizing heuristics for serial systems. In: International Journal of Production Research 29 (1991), S. 1235–1249.

[MaGrö00]   Marti, K.; Gröger, D.: Einführung in die lineare und nicht lineare Optimierung. Physika Verlag, Heidelberg New York, 2000.

[McNa60]   McNaughton, R.: Scheduling with deadlines and loss functions. In: Management Science 6 (1960), S. 1–12.

[MeRä05]   Mertens, P.; Rässler, S. (Hrsg.): Prognoserechnung. Physica-Verlag, Heidelberg, 2005.

[MeHa85]   Meyer, M.; Hansen, K.: Planungsverfahren des Operations Research. Vahlen-Verlag, 3. Auflage, München, 1985.

[MiSc99]   Mittler, M.; Schömig, A. K.: Comparison of Dispatching Rules for Semiconductor Manufacturing using Large Facility Models. In: Proceedings of the 1999 Winter Simulation Conference, S. 709–713.

[MoRK83]   Monma, C. L.; Rinnooy Kan, A. H. G.: A concise survey of efficiently solvable special cases of the permutation flow-shop problem. In: Revue française d'Automatique, Informatique et de Recherche Operationnelle 17 (1983), S. 105–119.

[Moor68]   Moore, J. M.: An n job, one machine sequencing algorithm for minimizing the number of late jobs. In: Management Science 15, 1968, S. 102–109.

[MuRo93]   Muckstadt, J. M.; Roundy, R. O.: Analysis of Multistage Production Systems. In Graves, S. C.; Rinnooy Kan, A. H. G.; Zipkin, P. H. (Hrsg.): Handbooks in Operations Research and Management Science, the volume on Logistics of Prodution and Inventoty, North-Holland, Amsterdam, 1993, S. 59 – 131.

[MuTh63]   Muth, J. F.; Thompson, G. L.: Industrial Scheduling. Wiley, New York, 1963.

[Nahm05]   Nahmias, S.: Production and Operation Analysis. Irwin / Mc Graw Hill, Burr Ridge, Illinois, 2005 (5. Auflage).

[NeMo02]   Neumann, K.; Morlock, M.: Operations Research. Carl Hanser Verlag, Karlsruhe, 2002 (2. Auflage).

[Neum77]   Neumann, Klaus: Operations-Research-Verfahren, Band II. Carl Hanser Verlag, Karlsruhe, 1977.

[Neum90]   Neumann, K.: Stochastic project networks. In: Lecture Notes in Economics and Mathematical Systems 344, Springer Verlag, Berlin, 1990.

[Pfoh04]   Pfohl, H.-C.: Logistikmanagement - Konzeption und Funktionen. Springer Verlag, 2004.

[Port90]   Porteus, E. L.: Stochastic Inventory Theory. In: Heyman, D. P.; Sobel, M. J. (Hrsg.): Handbooks in Operations Research and Management Science, the volume on Stochastic Models. North-Holland, Amsterdam, 1990, S. 605 – 652.

[PoSW91]   Potts, C. N.; Shmoys, D. B.; Williamson, D. P.: Permutation versus Non-Permutation Flow-Shop Schedules. In: Operations Research Letters Vol. 10 (1991), S. 281–284.

[Rao81]   Rao, V.: Optimal Lot Sizing for Acyclic Multi-Stage Production Systems. Ph. D. thesis, School of Industrial und Systems Engineering, Georgia Institute of Technology, 1981.

[Robr91]   Robrade, A.: Dynamische Einprodukt-Lagerhaltungsmodelle bei periodischer Bestandsüberwachung. Physica-Verlag, Hamburg, 1991.

[Rosl86]   Rosling, K.: Optimal lot-sizing for dynamic assembly systems. In *Axsäter, C.; Schneeweiß, C.; Silver, E.* (Hrsg.): Multi-Stage Production Planning and Inventory Control, Berlin, 1986, S. 119 – 131.

[Rosl89]   Rosling, K.: Optimal Inventory Policies for Assembly Systems Under Random Demand. In: Operations Research 37 (1989), S. 565–579.

[Ropp68]   Ropp, W.: Einführung in die Theorie der Lagerhaltung. 1968.

[Roun85]   Roundy, R.: 98%-Effective Integer-Ratio Lot-Sizing for One-Warehouse Multi-Retailer Systems. In: Management Science 31 (1985), S. 1416–1430.

[Salo91]   Salomon, M.: Deterministic lotsizing models for production planning. Springer Verlag, Berlin, 1991.

[Scar59]   Scarf, H. E.: The Optimality of (S,s)-Policies in the Dynamic Inventory Problem. In: *Arror, K. J.; Karlin, S; Suppes; P* (Hrsg.): Mathematical Methods in Social Sciences. Standford University Press, Stanford, USA, 1959, S. 196–202.

[Scar60]   Scarf, H. E.: Optimal Policies for the Inventory Problem with Stochastic Lead Time. Planning Research Copporation, PRC R-181, Los Angeles, 1960.

[Scar63]   Scarf, H. E.: A Survey of Analytic Techniques in Inventory Theory. In *Scarf, H. E.; Gilford, Dorothy M.; Shelly, Maynard W.*: Multistage inventory models and techniques. Standford University Press, Stanford, USA, 1963, S. 185–225.

[ScGS63]   Scarf, H. E.; Gilford, D. M.; Shelly, M. W.: Multistage inventory models and techniques. Standford University Press, Stanford, USA, 1963.

[Sche91]   Schenk, H. Y.: Entscheidungshorizonte im deterministischen dynamischen Lagerhaltungsmodell. Physica-Verlag, Frankfurt am Main, 1991.

[Schi05]   Schira, J.: Statistische Methoden der VWL und BWL – Theorie und Praxis. Pearson, Duisburg, 2005.

[Schn81]   Schneeweiß C.: Modellierung industrieller Lagerhaltungssysteme. Springer Verlag, Mannheim, 1981.

[Schn79]   Schneider H.: Servicegrade in Lagerhaltungsmodellen. M+M Wissenschaftsverlag, Berlin, 1979.

[Schö00]   Schömig, A. K.: OR Probleme in Mikrochipfertigung. In: Proceedings Symposium on Operations Research, 2000, S. 339–344.

[SiPP98]   Silver, E; Pyke, D. F.; Peterson, R.: Inventory Management and Production Planning and Scheduling. Wiley, New York, 1998 (3. Auflage).

[SiEr98a]   Simpson, N.; Erenguc, S.: Improved heuristic methods for multiple stage production planning. In: Computers & Operations Research 25 (1998), S. 611–623.

[SiEr98b]   Simpson, N.; Erenguc, S.: Production planning in multiple stage manufacturing environments with joint costs, limited resources and sec-tip times. Working paper. University of Florida, Gainesville. Florida, 1998.

[Sitt01]   Sitters, R. A.: Two NP-hardness results for preemptive minisum scheduling for unrelated parallel machines. In: Proceedings 8th International IPCO conference, volume 2081 of Lecture Notes in Computer Science, Springer Verlag, 2001, S. 396–405.

[Smit56]   Smith, W. E.: Various optimizers for single-stage production. In: Naval Research Logistics Quarterly 3 (1956), S. 59–66.

[Smit80]   Smith, D.: A Combined Critical Path Method-Material Requirements Planning Model For Project Scheduling Subject To Resource Constraints. Ph. D. thesis, University of Arizona Graduate School of Management, Arizona, 1980.

[SoSh95]   Sotskov, Y. N; Shakhlevich, N. V.: NP-hardness of shop-scheduling problems with three jobs. In: Discrete Applied Mathematics, 59 (3) (1995), S. 237–266.

[Stad00]   Stadtler, H.: Improved rolling schedules for the dynamic single-level lotsizing problem. In: Management Science 46 (2000), S. 318–326.

[StNa80]   Steinberg, E.; Napier, H: Optimal multi-level lot sizing for requirements planning systems. In: Management Science 26 (1980), S. 1258–1271.

[Stoe79]   Stoer, J.: Einführung in die numerische Mathematik. Band I, Springer Verlag, Berlin, 1979.

[Such96]   Suchanek, B.: Sicherheitsbestände zur Einhaltung von Servicegraden. 1996.

[Temp83]   Tempelmeier, H.: Lieferzeit-orientierte Lagerungs- und Auslieferungsplanung. Physica-Verlag, Trier, 1983.

[Temp02]   Tempelmeier, H.: Materiallogistik. Springer Verlag, Köln, 2002.

[Temp05]   Tempelmeier, H.: Bestandsmanagement in Supply Chains. Books on Demand GmbH, Norderstedt, Köln, 2005.

[TeDe96]   Tempelmeier. H.; Derstroff, M: A lagrangean heuristic for multi-item multi-level constrained lotsizing with setup times. In: Management Science 42 (1996), S. 738 – 757.

[TeHe94]   *Tempelmeier, H.; Helber, S.*: A heuristic for dynamic multi-item multi-level capacitated lotsizing for general product structures. In: European Journal of Operational Research 75 (1994), S. 296–311.

[Trux72]   *Trux, W.*: Einkauf und Lagerdisposition mit Datenverarbeitung. Moderne Industrie, München, 2005 (2. Auflage).

[VeWa65]   *Veinott, A.; Wagner, H.*: Computing Optimal (s, S) Inventory Policies. In: Management Science 11 (1965) S. 525–552.

[WvHK92]   *Wagelmans, A.; van Hoesel, S.; Kolen, A.*: Economic Lot Sizing: An $O(n \log n)$ Algorithm that Runs in Linear Time in the Wagner-Whitin Case. In: Operations Research 40 (1992), Suppl. No. 1, S. S145 – S156.

[WaWi58]   *Wagner, H. M.; Whitin, T. M.*: Dynamic version of the economic lot size model. In: Management Science 5 (1958) S. 89 – 96.

[Wein95]   *Weingarten, U.*: Ressourceneinsatzplanung bei Werkstattproduktion. Physica-Verlag, Heidelberg, 1995.

[Wiss77]   *Wissebach, B.*: Beschaffung der Materialwirtschaft. Neue Wirtschafts-Briefe, Herne – Berlin, 1977.

[Zhen91]   *Zheng, Y. S.*: A Simple Proof for the Optimality of (s, S) Policies for Infinite Horizon Inventory Problems. In: J. Appl. Prob. 28 (1991), S. 802–810.

[ZhFe91]   *Zheng, Y. S.; Federgruen, A*: Finding Optimal (s, S) Policies is About as Simple as Evaluating a Single Policy. In: Operations Research 39 (1991), S. 654–665.

[Zipk00]   *Zipkin, P. H.*: Foundations of Inventory Management. Irwin, Burr Ridge, IL, USA, 2000.

Index

(s,q)-Bestellpolitik mit kontinuierlicher
　　Bestellentscheidung 410
(S,S)-Bestellpolitik 364
(s,S)-Bestellpolitik 364, 387
(s,S)-Bestellpolitik mit periodischer
　　Bestellentscheidung 393
　　Kosten 394
(s,S)-Politik
　　Entscheidungsparameter 390
　　Entscheidungsregel 390

A

abgeleiteter Bedarf 283
Advanced Planner and Optimizer 284
Algorithmus
　　Dispositionsstufenverfahren 297
　　Dispositionsstufenverfahren mit optimaler Lösung der SLULSP 310
　　Erweitertes Dispositionsstufenverfahren 303
　　Grundverfahren 293
　　Simultane Optimierung von Bestellbestand und Bestellmenge 407
analytisch 293
Anfangslagerbestand 287
Arbeitsgang
　　einplanbar 143
　　kritisch 146
　　nicht zugeteilt 143
　　nicht-kritisch 146
　　startbereit 143
Arbeitsganganzahl 133
Auftragsanzahl 133
Auftragscharakteristik 134
Auftragsfolge 135

Auftragsfolgegraph 198
　　Auftragsreihenfolge 199
　　Belegungsplan 199
Auftragsfolgetabelle 136
Auftragsreihenfolge 135
　　Folge von Zuteilungen 146
　　zulässig 145
Auftragszahl 138
Auslastungsgrad der Produktion 235
ausstehende Bestellung 290

B

Baugruppe 281
Baustufenverfahren 294
Bearbeitungszeit 133
Bedarf für die Auflösung 290
Bedarf
　　Bestandteile 64
　　saisonal 64
Bedarfsauflösung 298
Bedarfsrechnung
　　analytisch 294
　　synthetisch 294
Bedarfsverlauf
　　gleichmäßiger 71
　　regelmäßig 63
　　sporadisch 71
　　stark schwankend 71
　　ungleichmäßiger 71
　　unregelmäßig 63
Belegungsplan
　　aktiv 143
Belegungsplan
　　Auftragsfolgegraph 200
　　zulässig 136
　　Auftragsreihenfolge 145

semi-aktiv 143
verzögerungsfrei 143
Bellmannsche Optimalitätsbedingung 376
Beobachtungswert 64, 68
Bereitstellungszeit 133
Bestellbestand 391
Bestellgrenze 364
   Runden 369
Bestellkosten 397
Bestellmenge 207
   ausstehend 390
Bestellniveau 364, 391
Bestellpunkt 364
Bestellregel 361, 364
   optimale 364
Bestellungen
   mehrere offen 391
Bestellzyklus 383, 394
   zu erwartende Dauer 394
   zu erwartende Kosten 394
Bruttobedarfsrechnung 284, 285

C
Capacitated Lot Sizing Problem 274

D
Defizit 396
Dekomposition
   erzeugnisorientiert 322
   periodenorient 322
   produktbezogen 320
Demand Planning 62
Differenzfilter 101
Dilemma der Ablaufplanung 142
Direktbedarfskoeffizient 280, 286
Discrete Lotsizing and Scheduling Problem 276
disjunktiver Graph 192
Dispositionsstufe 295, 296
Durchlaufzeit 139, 209, 217, 331
dynamisch 280

E
Eckpunkt 14

EDD-Regel
   Earliest Due Date 150
Einlagerungsgeschwindigkeit 230
Einlagerungsprozess 390
Einperiodenmodell 340, 350
   Berechnung von s 366
   Berechnung von S 365
Einzelteil 281
Endtermin 134
Engpaß 276, 334
Enterprise Resource Planning System 62
Entscheidungshorizont 264
   PCSLLSP 273
   schwach 274
Entscheidungsvariable 23, 25, 378
ERD-Regel
   Earliest Release Date 160
Erfahrungskurveneffekt 9
Erneuerungstheorie 383
Erzeugnisbaum 281
Erzeugnisstruktur 280, 282
Erzeugniszusammenhang 280
exponentielle Glättung 1. Ordnung 87
   Analyse 92
   Glättungsparameter 94
   Güte 94
   Mittelwert vom Prognosefehler 99
   normalverteilte Prognose 99
   Optimierungsproblem 85
exponentielle Glättung 2. Ordnung 126
   Optimierungsproblem 117
Extrempunkt 14

F
Fehlmengen 217, 381, 389
Fehlmengenkosten 403
Fertigstellungszeitpunkt 139
Fertigungsstufe 281
Fließfertigung 138
   getaktet 179
   Permutation 138
   ungetaktet 178

G
geplanter Lagerzugang 290

Index 453

gerichteter Graph 280
Gesamtbearbeitungszeit 140
Gesamtbedarf 284, 286
geschlossene Produktion 230, 237
gleitender Durchschnitt
    n-periodisch ungewogen 74
    n-periodisch ungewogen, Güte 80
    n-periodisch ungewogen, Mittelwert vom Prognosefehler 83
    n-periodisch ungewogen, normalverteilte Prognose 84
    n-periodisch ungewogen, Rekursionsformel 98
    n-periodisch ungewogen, typische Werte für n 83
    Optimierungsproblem 73
Gozintograph 282
Gozintoverfahren 294
Grenzdichte 381
Grobterminierung 284, 287
Grundverfahren 293

H
Hauptproduktionsprogramm
    kurzfristig 294
Hyperfläche 37

I
Inventory Capacitated Single-Level Lot Sizing Problem 266

J
Jensen's Ungleichheit 18
Johnson-Bedingung 181

K
Kapazitätsbedingung 324, 331
Kapazitätsrestriktion 279
Karush-Kuhn-Tucker-Bedingung 50
klassische Losgrößenmodell 209
Koeffizientenmatrix 23, 25
konjunktive Graph 168
konkave Funktion 17
konvexe Funktion 17
konvexe Hülle 15

konvexe Menge 13
Konvexkombination 13
Kostenfunktion 149
Kostenveränderungsgrad 215, 237
KOZ-Regel
    Kürzeste Operationszeit 152
kurzfristiges Hauptproduktionsprogramm 288

L
Lagerbestand
    disponibler 390
    netto 400
    unterschätzen 402
Lagerbestandsentwicklung 387
    Defizit 395
Lagerbilanzgleichung 252
Lagerhaltungskosten 390, 398
Lagerhaltungssystem 341
Lagerkapazität 266
Lagrange Relaxation 322
Lagrange-Funktion 47
Lagrange-Multiplikator 47
Lieferunfähigkeit 391
Lieferzeit 262
    konstant 378
    stochastisch 378
lineare Regressionsrechnung
    n-periodisch 107
    n-periodisch, Mittelwert vom Prognosefehler 114
    Optimierungsproblem 103
lineares Gleichungssystem 292
Linksverschiebung
    global 143
    lokal 143
Los 207
Losgröße 208
Losgrößenproblem 208
low level code 295

M
Markov-Prozess 381
Materialbedarfsrechnung
    lineares Gleichungssytem 294
maximale Kosten 244

Maximalpunkt
  globaler 6
  lokaler 5
Mehrperiodenmodell 340, 374
  stochastischer Ansatz 380
Mehrperiodenmodell
  Verteilung 345
Mehrproduktmodell
  kapazitiert 274
mehrstufige Mehrproduktproduktion
  Annahmen 312
mehrstufiges Losgrößenproblem 279
Meldebestand 364
min max-Politik 364
Mindestvorlaufzeit 333
minimale Gesamtkosten
  Erwartungswert 365
Minimalpunkt
  globaler 6
  lokal, streng 43
  lokaler 5
Mischungsprobleme 5
Modell
  CLSP 274
  ICSLLSP 266
  PCSLLSP 271
  SLULSP 253
Modell
  MLULSP 315
Modell
  unendlich-periodisch 379
Multi-Level Uncapacitated Lot Sizing
  Problem 315
multiple lineare Regressionsrechnung
  n-periodisch 115
  n-periodisch, Mittelwert vom
  Prognosefehler 116

N

Nachfolger eines Erzeugnisses 286
Nachfrage 339
  diskret 343
  stetig 343
Nachfrage
  sporadisch 343

Nachfrageprognose 339
Nachfrageunsicherheit 341
Nachfrageverlauf
  Grundtypen 63
Nachfrageverteilung 343
Nachfrageverteilung
  empirisch 343
Nachfrageverteilung
  gammaverteilt 344
  normalverteilt 343, 345
  theoretisch 343
Nachfrageverteilung
  stationär 393
Nachlaufzeit 161
Nebenbedingung 6
  nicht-linear 12
Nettobedarfsrechnung 284, 286
Newsvendor Problem 340
Non-Sequential Incremental Part Period
  Algorithm 323
Normalprozess 67
Nullbestand-Bestelleigenschaft 210, 218

O

offene Produktion 230, 237
Open Shop-Problem 138
Operationenanzahl 133
optimale Bestellgrenze 361
optimale Bestellpolitik 362
optimale Lagerhaltungspolitik 377
optimaler Bestellpunkt 364
optimaler Punkt 6
Optimierung
  linear, Standardproblem 25
Optimierungsproblem 6, 376
  alternative Darstellung 7
  dual 55
  Existenzfragen 8
  ganzzahlig 5, 29
  konvex 45
  linear 9
  linear dual 57
  linear in Normalform 23
  linear primal 57
  linear und ganzzahlig 29

Index 455

nicht-linear 9
primal 55
Produktionsprogrammplanung 5
regulär 58

P

periodenabhängige Daten 262
Periodenlänge 256
Periodenlänge
   zufällig 387
periodischen Bestandsüberwachung 387
Permutationsplan 180
Pfeil
   disjunktiv 192
   konjunktiv 192
physischer Lagerbestand 289
Planung
   rollend 303, 336
Planungshorizonte 264
PPS-System 135
   Fertigungssteuerung 142
Primärbedarf 288
Problem
   schwieriger als 141
Production Capacitated Single-Level Lot
   Sizing Problem 271
Produktionsauftrag 290
Produktionsgeschwindigkeit 217
Produktionskapazität 217, 270
Produktionskapazitätsbedingung 267, 272
Produktionskoeffizient 280
Produktionslos 207
Produktionsplanungs- und steuerungssystem
   62
Produktionsplanungsproblem
   allgemeine 3
Produktionsprogramm 4
Produktionsprogrammplanung
   Beispiel 1
Produktionsprozessmodell 284
Prognosefehler 67, 68
   Mittelwert 68
   Standardabweichung 68
   Varianz 68
Prognosemodell 62, 67

Prognoseverfahren 288
   qualitativ 61
   quantitativ 62
Prognosewert 64, 68
   ex-ante 69
   ex-post 68
programmorientiert errechneter Bedarf 288
programmorientierte Materialbedarfsrechnung
   280

R

Regenerationseigenschaft 254
   im PCSLLSP 272
Reichweite 255, 267
Reihenfolgebeziehung 155
Renettingverfahren 294
reservierter Bestand 290
Ressourcenbelegungsplanung
   mathematisches Optimierungsmodel 147
Ressourcenbelegungsplanungsproblem 140
   deterministisch 134
   semi-deterministisch 135
   stochastisch 135
Restriktion 6
Restriktionsvektor 23, 25
rollenden Planung 262
Rückgabe 290
Rückstandsaufträge 381, 389
Rüstbedingung 253
Rüsten 240
Rüstzeit 210, 217, 275
Rüstzeitoptimierung
   systematisch 276

S

Sägezahn-ähnlicher Verlauf 210
Sattelpunkt 48
Schätzfunktion 67
Schleife 292
Schlupfvariable 23, 24
Sekundärbedarf 283, 286, 288
Sekundärbedarfsberechnung 298
Selektion 198
   vollständig 198
Sicherheitsbestand 290, 392, 400

Sicherheitsgrad 69
Simultanplanungskonzept
   erzeugnisbezogen 331
Single-Level Uncapacitated Lot Sizing
   Problem 253
Slaterbedingung 49
Station
   belegt 143
   heterogen parallel 137
   identisch parallel 137
   uniform parallel 137
   verfügbar 137
stationär 62
stationärer Punkt 39
Stationencharakteristik 138
Stationendominanz 184
Stationenfolge 135
Stationenfolgetabelle 136
Stationenreihenfolge 135
Statisch
   mehrstufiges Losgrößenproblem 280
stochastische Lagerhaltungspolitik 83
stochastischer Prozess 65
   Realisation 65
Störpegel zur Zeitfolge 71
Störvariable 65
Sukzessivplanung
   phasenbezogene 325
Supply Chain Mangementsystemen 62

T
Transportprobleme 5

V
Variationskoeffizient zur Zeitfolge 71
Verbindungsstrecke 14
Verfahren
   Graves 321
   Heinrich 321
Verlustfunktion 1. Ordnung 369
Verschnittprobleme 5

Verteilungsfunktion 346
Vorlaufzeit 287, 290, 330
vorlaufzeitverschobener Nettobedarf 287

W
Wagner-Whitin-Modell 252
Weg
   längster 297
Wiederbeschaffungszeit 346
   deterministisch 347
   diskret 349
   normalverteilt 348
   stochastisch 346, 348
Wiederbeschaffungszeitraum 347
wirtschaftliche Bestellmenge 213
work in process-Bestand 230

Z
Zeitachse
   diskret 347
Zeitfolge
   Strukturbruch 68
Zeitfolgenprognose 62
Zeitungsstandbesitzerproblem 340
Zielfunktion 6, 25
   Definitionsbereich 8
   nicht-linear 9
Zielfunktionsvektor 23, 25
Zufallsprozess
   reiner 67
Zufallsvariable
   allgemeine 346
zulässige Richtung 36
zulässiger Bereich 6, 26
Zulässigkeitsbereich 6, 26
zusätzlicher Bedarf 288
Zwischenprodukt 279
zyklenfrei 282
zyklisch 283
Zyklusdauer 211

Torsten Czenskowsky/
Jochem Piontek

Logistikcontrolling

**Marktorientiertes Controlling
der Logistik und der Supply Chain**

2007; 276 Seiten; Hardcover
ISBN 978-3-88640-129-1

Angesichts der Globalisierung nehmen die weltweiten Verkehrströme ständig zu. Davon ist Deutschland als geographisch zentraler Staat in Europa besonders betroffen. Hier nimmt nicht nur die Beschäftigung mit dem Thema Logistik zu, sondern sie wird auch immer spezieller. Seit der endgültigen Öffnung des Güterverkehrsmarktes hat das Logistikcontrolling stark an Bedeutung gewonnen, da die Anbieter logistischer Dienstleistungen versuchen, zum einen nach innen Kostentransparenz zu erzeugen, zum anderen aber auch die Kosteninformationen für die externe Preisbildung zu nutzen. Der Gegenpart der Dienstleisterseite, die verladende Wirtschaft, d.h. die Industrie und der Handel, befinden sich vor dem Hintergrund der Globalisierung im starken internationalen Wettbewerb.

Dieses Buch ist ein Beitrag die erkannte Lücke des Controlling von Logistikdienstleistern und in der Verladerlogistik zu schließen.

Deutscher Betriebswirte-Verlag GmbH

Bleichstraße 20-22 · 76593 Gernsbach, Deutschland
Tel. +49 7224 9397-151 · **Fax +49 7224 9397-905** · www.betriebswirte-verlag.de

Moderne BWL

Henner Schierenbeck, Claudia B. Wöhle
Grundzüge der Betriebswirtschaftslehre
17., völlig überarbeitete und aktualisierte
Auflage 2008 | 935 S. | gebunden
€ 29,80 | ISBN 978-3-486-58772-2

Das Wissen um betriebswirtschaftliche Grundtatbestände ist eine notwendige Voraussetzung für jeden, der in Betrieben an verantwortlicher Stelle tätig ist oder sich als Studierender auf eine solche Tätigkeit vorbereitet. Dabei kommt es häufig nicht so sehr auf ein spezifisches Detailwissen, als vielmehr auf die Fähigkeit an, betriebswirtschaftliche Zusammenhänge konzeptionell zu erfassen und betriebliche Probleme in ihrem spezifisch ökonomischen Wesenskern zu begreifen. Aufbau und Inhalt des Lehrbuches sind von dieser Grundüberlegung geprägt.

Ebenfalls erhältlich ist die Dozentenausgabe mit CD-ROM für € 39,80.

Das Buch richtet sich an Studierende der Betriebswirtschaftslehre sowie an Teilnehmer anderer wirtschaftsnaher Studiengänge.

Prof. Dr. Dres. h.c. Henner Schierenbeck lehrt am Institut für Betriebswirtschaftslehre an der Universität Basel.

Univ.-Prof. Dr. Claudia B. Wöhle lehrt Betriebswirtschaftslehre an der Paris Lodron-Universität Salzburg.

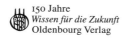
150 Jahre
Wissen für die Zukunft
Oldenbourg Verlag

Bestellen Sie in Ihrer Fachbuchhandlung oder direkt bei uns: Tel: 089/45051-248, Fax: 089/45051-333
verkauf@oldenbourg.de

Durchblick im Dschungel der Kennzahlen

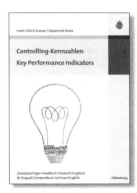

Hans-Ulrich Krause, Dayanand Arora
Controlling-Kennzahlen –
Key Performance Indicators
Zweisprachiges Handbuch Deutsch/Englisch –
Bi-lingual Compendium German/English
2008 | 666 S. | gebunden
€ 49,80 | ISBN 978-3-486-58207-9

Es gibt eine Vielzahl von Controlling-Kennzahlen. Was sie genau bedeuten und welchen betriebswirtschaftlichen Aussagegehalt sie haben, ist allerdings sowohl für Studierende als auch für Praktiker nicht immer auf den ersten Blick erkennbar.

Dieses Buch hilft dabei, im Dschungel der Controllling-Kennzahlen den Durchblick zu behalten – und dies nicht nur auf Deutsch, sondern auch auf Englisch.

Dieses Buch ist der ideale Begleiter durch ein betriebswirtschaftliches Studium und gibt auch Praktikern nützliche Tipps bei der Verwendung und Interpretation von Controlling-Kennzahlen.

Über die Autoren:
Professor Dr. Hans-Ulrich Krause ist Inhaber einer Professur für Betriebswirtschaftslehre mit Schwerpunkt »Controlling/Rechnungswesen« an der Fachhochschule für Technik und Wirtschaft Berlin.

Professor Dr. Dayanand Arora ist Inhaber einer Professur für Betriebswirtschaftslehre mit Schwerpunkt »Finanz- und Rechnungswesen« an der Fachhochschule für Technik und Wirtschaft Berlin.

150 Jahre
Wissen für die Zukunft
Oldenbourg Verlag

Bestellen Sie in Ihrer Fachbuchhandlung oder direkt bei uns: Tel: 089/45051-248, Fax: 089/45051-333
verkauf@oldenbourg.de

Alles zur BWL in einem Kompendium

Hans Corsten, Michael Reiß (Hrsg.)
Betriebswirtschaftslehre
4., vollständig überarbeitete und wesentlich erweiterte Auflage 2008
Reihe Lehr- und Handbücher der Betriebswirtschaftslehre

Band 1:
710 Seiten, gebunden
€ 29,80 | ISBN 978-3-486-58652-7

Band 2:
613 Seiten, gebunden
€ 29,80 | ISBN 978-3-486-58653-4

Modernes, gut verständliches Kompendium der Betriebswirtschaftslehre, das das umfassende Gesamtspektrum der modernen Betriebswirtschaftslehre in anwendungsorientierter Form vermittelt.
Band 1 umfasst die Themenbereiche Grundlagen, Internes Rechnungswesen, Externes Rechnungswesen, Beschaffung, Produktion und Logistik, Marketing, Investition und Finanzierung.
Band 2 umfasst die Themenbereiche Planung und Entscheidung, Controlling, Führung, Informationsmanagement, Technologie- und Innovationsmanagement, Strategisches Management, Internationales Management.

Das Buch richtet sich in erster Linie an Studierende der BWL, VWL und des Wirtschaftsingenieurwesens. Das Buch setzt am Beginn des Grundstudiums an und eignet sich zudem hervorragend zum Selbststudium.

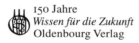
150 Jahre
Wissen für die Zukunft
Oldenbourg Verlag

Bestellen Sie in Ihrer Fachbuchhandlung oder direkt bei uns: Tel: 089/45051-248, Fax: 089/45051-333
verkauf@oldenbourg.de

Erfolg mit Projekten

Hans Corsten, Ralf Gössinger
Projektmanagement
Einführung

2. Auflage 2008 | 335 S. | gebunden | € 29,80
ISBN 978-3-486-58606-0

Dieses Lehrbuch gibt Studenten der Wirtschaftswissenschaften, des Wirtschaftsingenieurwesens, aber auch Fachfremden eine Einführung in Fragen des Projektmanagement. Zunächst werden dem Leser terminologische Grundlagen vorgestellt, die ihm zeigen sollen, dass die Begriffe »Projekt« und »Projektmanagement« zwar in aller Munde sind, jedoch eine allgemein akzeptierte Definition bisher nicht vorliegt. Im Anschluss daran werden die Aufgabenbereiche und Erfolgsfaktoren des Projektmanagement – von der Projektorganisation bis zum Qualitätsmanagement – skizziert und einer kritischen Analyse unterzogen.

Das Buch richtet sich insbesondere an Studierende der Wirtschaftswissenschaften und des Wirtschaftsingenieurwesens, aber auch an Fachfremde und Praktiker.

Über die Autoren:

Univ.-Prof. Dr. habil. Hans Corsten ist Inhaber des Lehrstuhls für Produktionswirtschaft an der Universität Kaiserslautern.

Frau Hilde Corsten ist freie Mitarbeiterin am Lehrstuhl für Produktionswirtschaft der Universiät Kaiserslautern.

Prof. Dr. Ralf Gössinger ist Inhaber des Lehrstuhls für Produktion und Logistik an der Universität Dortmund.

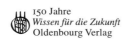
150 Jahre
Wissen für die Zukunft
Oldenbourg Verlag

Bestellen Sie in Ihrer Fachbuchhandlung oder
direkt bei uns: Tel: 089/45051-248, Fax: 089/45051-333
verkauf@oldenbourg.de

Unternehmenserfolg durch Wertmanagement

Jürgen Stiefl, Kolja von Westerholt
Wertorientiertes Management
Wie der Unternehmenswert gesteigert werden kann - mit Fallstudien und Lösungen
2008. X, 235 S., Br.
€ 29,80
ISBN 978-3-486-58323-6

Ein Buch voller Umsetzungshinweise.

Erfolgreiches Wertmanagement sollte das oberste Ziel einer jeden Unternehmung sein, denn es erhöht die Zufriedenheit der Anteilseigner und verbessert die Beurteilung des Unternehmens durch Banken, Analysten sowie Ratingagenturen. Gleichsam berücksichtigt es die Interessen sowohl der Kunden durch innovative, bedarfsgerechte Produkte und Leistungen als auch die der Lieferanten durch ausreichende Liquidität und Abnahmevolumen. Es motiviert die Mitarbeiter durch anspruchsvolle unternehmerische Aufgaben und sichert ferner Arbeitsplätze. Das vorliegende Buch zeigt auf, mit welchen Instrumentarien dies alles erreicht werden kann.

Das Buch richtet sich an Studierende der Betriebswirtschaftslehre sowie an Praktiker, die einen fundanmentalen Einblick in die Frage der Wertorientierung suchen.

Prof. Dr. Jürgen Stiefl lehrt Volks- und Betriebswirtschaftslehre, insbesondere Finanzierung an der Fachhochschule Aalen.

Kolja von Westerholt ist Geschäftsführer der OFW Student Consulting and Research (OSCAR) GmbH.

Oldenbourg

Spannende Leseproben
zu zahlreichen Wirtschaftsbüchern finden Sie unter
www.oldenbourg-wissenschaftsverlag.de.